LAW
BIG DATA
法律大数据
案由法条关联丛书

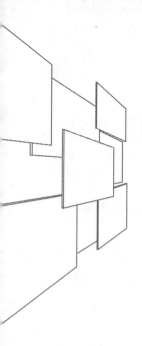

LAW
BIG DATA
法律大数据

案由法条关联丛书

丛书主编 王 竹

数据分析：四川大学法学院法律大数据实验室
数据支持：法合实验室

DISPUTES OVER CONTRACT, NEGOTIORUM
GESTIO AND UNJUST ENRICHMENT

合同、无因管理、不当得利纠纷

主编 侯国跃

北京大学出版社
PEKING UNIVERSITY PRESS

图书在版编目(CIP)数据

合同、无因管理、不当得利纠纷/侯国跃主编. —北京:北京大学出版社,2017.12

(法律大数据·案由法条关联丛书)

ISBN 978-7-301-28925-9

Ⅰ. ①合… Ⅱ. ①侯… Ⅲ. ①合同纠纷—案例—中国 ②民事纠纷—案例—中国 Ⅳ. ①D923.65②D925.105

中国版本图书馆 CIP 数据核字(2017)第 263546 号

书　　　名	合同、无因管理、不当得利纠纷 HETONG、WUYIN GUANLI、BUDANG DELI JIUFEN
著作责任者	侯国跃　主编
丛书策划	陆建华
责任编辑	王丽环　苏燕英
标准书号	ISBN 978-7-301-28925-9
出版发行	北京大学出版社
地　　　址	北京市海淀区成府路 205 号　100871
网　　　址	http://www.pup.cn　http://www.yandayuanzhao.com
电子信箱	yandayuanzhao@163.com
新浪微博	@北京大学出版社　@北大出版社燕大元照法律图书
电　　　话	邮购部 62752015　发行部 62750672　编辑部 62117788
印　刷　者	三河市博文印刷有限公司
经　销　者	新华书店
	880 毫米×1230 毫米　A5　35.75 印张　1204 千字 2017 年 12 月第 1 版　2017 年 12 月第 1 次印刷
定　　　价	109.00 元

未经许可,不得以任何方式复制或抄袭本书之部分或全部内容。
版权所有,侵权必究
举报电话: 010-62752024　电子信箱: fd@pup.pku.edu.cn
图书如有印装质量问题,请与出版部联系,电话: 010-62756370

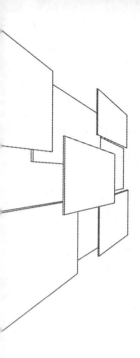

法律大数据·案由法条关联丛书 编委会

主 任

王 竹

副主任

徐继敏 魏 东

编委会成员（按照姓氏拼音排序）

陈宝贵 范围 侯国跃 刘召成 汪灏 王皓
王竹 魏东 徐继敏 徐鹏 张晓远 张新峰

数据分析

四川大学法学院法律大数据实验室

数据支持

法合实验室

总目录

快速入门指南 …………………………………………… 0001

丛书编写说明 …………………………………………… 0003

《合同、无因管理、不当得利纠纷》分册编写说明 ………… 0011

目录 ……………………………………………………… 0013

第一编　案由关联法条索引 …………………………… 0001

第二编　核心法律条文主要适用案由及关联法条索引 ……… 0207

第三编　本书关联法条全文 …………………………… 0907

法律规范性文件简全称对照索引表 …………………… 1077

后记 ……………………………………………………… 1091

快速入门指南

本丛书基于"法合实验室"提供的"千万级"的裁判文书库和"百万级"法律规范性文件库,由"星云律例"(Galawxy)法律大数据引擎和法律专业团队联袂提供如下快速检索功能:

1. 通过本书第一编"案由关联法条索引"快速检索在该案由下**最常见**适用的**全部**法律规范性文件**条文**,并按照法条相关度星级(★)进行排序。

2. 通过本书第二编"核心法律条文主要适用案由及关联法条索引"快速检索核心法律每个条文主要适用的**案由**和该**同时适用**的法律规范性文件**条文**,并按照法条相关度星级(★)进行排序。

3. 通过本书第三编"本书关联法条全文",可以查阅本书涉及的**全部**法律规范性文件的**条文**全文。

4. 本书涉及的每个**案由**和每部**法律**规范性文件首页,以及《法律规范性文件**简全称对照索引表**》均配有"法合二维码",手机扫码可以直接进入"法合案由"和"法合法规"大数据平台,检索与最高人民法院"中国裁判文书网"同步更新的司法实务动态和法律规范性文件更新,更多的法律大数据逐步更新上线!

5. 读者也可以直接访问:www.LawSum.com,获取"法合实验室"的全部法律大数据资源!

更多检索功能和详细使用说明,参见本书《丛书编写说明》和各分册编写说明。

丛书编写说明

1. 丛书内容编排方式

本丛书根据人民法院立案时采用的民事、刑事、行政立案案由编写各分册,并根据案由相关度作适当合并。

每分册分为"案由关联法条索引""核心法律条文主要适用案由及关联法条索引"和"本书关联法条全文"三编。其中,每分册第一编"案由关联法条索引"和第二编"核心法律条文主要适用案由及关联法条索引"只列出法律规范性文件名称简称和条文号及其条文主旨,第三编"本书关联法条全文"列出相关法律条文的正文可按需查阅。三编既可以进行交叉检索查阅,又避免了篇幅的重复。

1.1 "案由关联法条索引"

每分册第一编"案由关联法条索引"按照案由顺序展开,每个案由一般再分为"主要适用的法条及其相关度"和"常见适用的其他法条"两部分。

"主要适用的法条及其相关度"部分,参考最高人民法院《关于裁判文书引用法律、法规等规范性法律文件的规定》(法释〔2009〕14号)第3—5条的规定,分析依法可以在裁判文书中作为裁判依据引用的全国性、实体性的法律、法规和司法解释等法律规范性文件及其相关度。在排列顺序上,按照法律、法律解释、行政法规、行政法规解释、司法解释、部门规章的顺序排列;相同顺位法律规范性文件按照各自权重最高法条的权重排列。

"常见适用的其他法条"(不区分星级)部分则列出在裁判文书数量较大的案由中,尽管实际引用率相对不高,但法律专业人士根据经验认为仍然具有重要性的法律条文。[①] 如果"常见适用的其他法条"的显著度不高,则不予罗列。

对于案件数量极少的案由,由于不具备进行法律大数据分析的前提,则

[①] 之所以出现这种情况,是由于最高人民法院发布的部分案由细化程度不够,导致部分条文适用的相关度被淡化。未来"法律大数据实验室"将在法律大数据分析的基础上提出案由的细化建议,方便司法适用。

仅列出全部的"常见适用的法条"(不区分星级),供读者参考。极少数案由尚无足够数量判决书可供法律大数据分析,本丛书也在相应位置予以说明。

1.2 "核心法律条文主要适用案由及关联法条索引"

每分册第二编"核心法律条文主要适用案由及关联法条索引"选择每分册案由对应的核心法律①、法规(一般是实体性法律②)和重要行政法规,按照法律条文顺序展开,每个条文之下,除了由"法律大数据实验室"拟定的条文主旨和条文正文之外,分为"主要适用的案由及其相关度"和"同时适用的法条及其相关度"两个部分。

"主要适用的案由及其相关度"是指本条文在超过3 000万份裁判文书中,主要适用于哪些案由以及相关度。

"同时适用的法条及其相关度"是指本法条在被判决书作为裁判依据时,同时被引用的其他法律条文及其相关度。

1.3 "本书关联法条全文"

每分册第三编"本书关联法条全文"列出了第一编和第二编涉及的全部法律条文的条文主旨和条文内容,但不重复列出每分册第二编的核心法律③,也不列出在每分册没有涉及的法律条文。在每部法律规范性文件名称和每个条文的条文主旨之后,根据在每分册涵盖案由中的整体被引用情况和法律专业人士的经验判断,根据权重标记为★★★★★到★。

2. 法合码 = 法合索引码 + 法合二维码

为方便查阅,"法律大数据实验室"与"法合实验室"共同设计了"法合码",包括"法合索引码"与"法合二维码"两部分。在"法合码"网站(Key.LawSum.com)输入"法合索引码"或者通过手机扫描"法合二维码"后,均可进入对应的"法合码"页面。

---

① 考虑到《民法通则》的特殊法律地位,本编按照其各章最相关的主题纳入各分册。
② 除了实体法,对程序法上包含的少数实体性法律规范,本丛书也作为实体性规范纳入第二编。
③ 考虑到《民法通则》的特殊法律地位,本分册第二编列出了《民法通则》部分条文的,在第三编如有涉及,仍然按照前两编列出的条文序号列出相应的《民法通则》条文全文。

2.1 "法合索引码"

其以不同字母开头索引不同类别的法律大数据资源,现阶段包括"法规索引码"和"案由索引码"两类。

2.1.1 "法规索引码"以字母 L 开头,对每部法律规范性文件进行编码,例如"L1.1.1《中华人民共和国宪法》"。

2.1.2 "案由索引码"以案件类型区分。

民事案由以字母 M 开头,按照《民事案件案由规定》(法[2011]42 号)的四级案由序号编号,例如"M9.30.347.1 公共场所管理人责任纠纷"。

刑事案由以字母 X 开头,按照罪名所在刑法分则主要条文的章、节、条、款命名;历次"修正案"增加的"之一""之二""之三"等条款以条序号加"-1""-2""-3"等表示;同一款有多个罪名的,按照顺序命名,例如"X3.4.177-1.2 窃取、收买、非法提供信用卡信息罪"。①

行政案由以字母 Z 开头,按照《最高人民法院关于规范行政案件案由的通知》(法发[2004]2 号)的规定,由"行政管理范围""行政行为种类"和"是否涉及行政赔偿"三段序号进行组合;"行政管理范围"有二级分类的,标记为 1、2、3……;不涉及行政赔偿的,标记为 0,涉及行政赔偿的标记为 1,例如"Z13.1.0 道路交通行政处罚"和"Z13.0.1 道路交通行政赔偿"。②

2.2 "法合二维码"

本丛书在全部案由和每部法律规范性文件标题旁边均附有由"法合二维码"及其对应的"法合索引码"组成的完整"法合码"。用户可以根据需要直接扫描"法合二维码",查看详细内容和更新信息,并享受"法合码"的部分免费服务。

3. 丛书检索功能

本丛书经过专业法律团队的精心编排,实现多种快速检索法律规范性文件条文(现阶段仅限于法律、行政法规和司法解释)和案由(部分案由需要跨分册检索)的核心功能,并通过"法合码"提供扩展检索功能和更新服务。

---

① 唯一的例外是"骗购外汇罪"。该罪名的法律依据是《全国人民代表大会常务委员会关于惩治骗购外汇、逃汇和非法买卖外汇犯罪的决定》第 1 条,序号列为"X0.1.1",以指称"刑法之外"的"第 1 部"立法机关决定的"第 1 条"规定的罪名。

② 这样编号的好处是能够涵盖所有可能的行政案由种类,但实务中并非所有的行政部门都可以作出全部 27 种行政行为,所以部分编号可能为空。

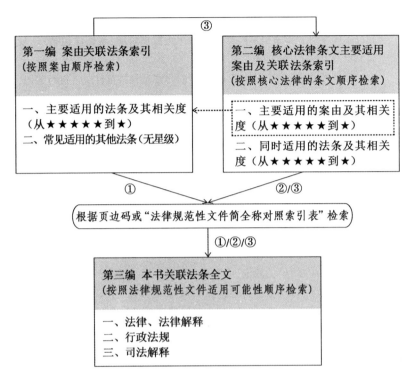

说明:

1. 上图为"使用说明"所述本书核心检索功能①②③检索方式的演示图;虚线为根据第二编的"案由"为第一编切换的路径。

2. 除"核心检索功能"外,本书还具有"扩展检索功能":不仅可通过"法合码"(手机扫"法合二维码"或电脑检索"法合索引码")替代"核心检索功能",还能提供内容更新服务。

核心检索功能①:通过"案由"快速检索可能适用的全部法条

适用情形:读者已经确定要适用的案由,希望查找可能适用的全部法条。

第一步:利用第一编"案由关联法条索引"提供的每个案由的"主要适用的法条及其相关度"和"常见适用的其他法条",协助读者根据案由索引,按照从★★★★★到★的顺序,通过浏览【条文主旨】快速地检索到可能适用的全部法条条文序号。

第二步:按照条文序号,在本书第三编"本书关联法条全文"找到条文的全文。读者可以通过法律规范性文件简称对应的页边码,或者通过本书《法律规范性文件简全称对照索引表》找到其所在的页码。

核心检索功能②：通过"核心法律条文"快速检索可能适用的案由和其他关联法条

适用情形：读者已经确定要适用的"核心法律条文"，希望确定可能适用的案由和查找其他关联法条。

第一步：利用第二编"核心法律条文主要适用案由及关联法条索引"提供的每个核心法律条文的"主要适用的案由及其相关度"，协助读者根据核心法律条文索引，按照从★★★★★到★的顺序，通过浏览案由名称快速地检索到可能适用的案由。（如果可能适用多个案由，如存在违约和侵权的请求权竞合，可以转而使用"核心检索功能①"尝试通过不同案由进行检索，以比较以哪种案由提起诉讼更为有利。）

第二步：利用第二编"核心法律条文主要适用案由及关联法条索引"提供的每个核心法律条文的"同时适用的法条及其相关度"，协助读者根据核心法律法条索引，按照从★★★★★到★的顺序，通过浏览【条文主旨】快速地检索到可能同时适用的全部法律条文法条序号。

第三步：按照条文序号，在本书第三编"本书关联法条全文"找到条文的全文。读者可以通过法律规范性文件简称对应的页边码，或者通过本书《法律规范性文件简全称对照索引表》找到其所在的页码。

核心检索功能③：通过"案由＋核心法律条文"快速检索可能适用的全部法条

适用情形：读者已经确定要适用的案由，且有能力识别可能适用的"核心法律条文"，希望快速查找可能适用的全部其他法条。

第一步：利用第一编"案由关联法条索引"提供的每个案由的"主要适用的法条及其相关度"和"常见适用的其他法条"，协助读者根据案由索引，按照从★★★★★到★的顺序，通过浏览【条文主旨】快速地检索到可能适用的"核心法律条文"的条文序号。

第二步：对于每个可能适用的"核心法律条文"，再利用第二编"核心法律条文主要适用案由及关联法条索引"提供的每个核心法律条文的"同时适用的法条及其相关度"，协助读者根据核心法律法条索引，按照从★★★★★到★的顺序，通过浏览【条文主旨】快速地检索到全部可能同时适用法律条文的法条序号。（如果可能适用多个案由，如存在违约和侵权的请求权竞合，可以转而使用"核心检索功能①"尝试通过不同案由进行检索或者再利用"核心检索功能③"第一步尝试通过不同案由进行检索,以比较以哪种案由提起诉讼更为有利。)

第三步:按照条文序号,在本书第三编"本书关联法条全文"找到条文的全文。读者可以通过法律规范性文件简称对应的页边码,或者通过本书《法律规范性文件简全称对照索引表》找到其所在的页码。

扩展检索功能:通过"法合码"实现上述功能和更新服务

方法一:手机扫描"法合二维码"。

每个案由和每部法律规范性文件标题旁边均附有"法合二维码",或利用本书《法律规范性文件简全称对照索引表》,按照法律规范性文件简称的拼音顺序检索到每部法律规范性文件的"法合二维码"。通过手机扫描"法合二维码"进入"法合码"系统后,按照提示即可更加方便地辅助实现上述检索功能。

方法二:输入"法合索引码"。

每个"法合二维码"下均有对应的"法合索引码",访问"法合码"网站(Key.LawSum.com),按照提示输入"法合索引码",就可以获得和手机扫描"法合二维码"相同的服务。

4. 其他

4.1 相关度

本丛书所称"相关度",是对超过3 000万份裁判文书案由和裁判依据进行大数据分析,在裁判依据实际引用情况的基础上,参考法律专业人士的经验判断进行调整后,根据权重标记为★★★★★到★。极少数法条尚无足够数量判决书可供法律大数据分析,本丛书也在相应位置予以了说明。

4.2 本丛书所称"法条",为"法律规范性文件条文"的简称;所称"法律条文"为"法律及法律解释文件条文"的简称。

4.3 页边码

本丛书第一、二编的页边码,为所对应法律规范性文件在本书第三编的页码。

4.4 法律规范性文件简全称对照索引表

为了最大限度地方便查阅和节约篇幅,本丛书每分册第一编和第二编中涉及的法律规范性文件名称采用简称,并制作《法律规范性文件简全称对照索引表》,对全书中涉及的所有法律条文均标记条文主旨。

该表的设计有利于法律规范性文件简全称的对照,并可用于在本书检索或扫码获取法律规范性文件内容。

本丛书涉及的每部法律规范性文件简称,均由"法律大数据实验室"根据裁判文书中法院在说理部分引用时常见的缩略方式,参考法律专业人士的缩略习惯确定,希望通过进一步的规范来建立法律规范性文件简称的使用标准。

本丛书涉及的条文主旨均由"法律大数据实验室"根据法律专业人士通行的使用习惯,并尽量照顾到每个条文中的每款内容进行编写,希望通过进一步的规范来建立条文主旨的编写标准。

王 竹

2017年6月30日

《合同、无因管理、不当得利纠纷》分册编写说明

《合同、无因管理、不当得利纠纷》一书是"法律大数据·案由法条关联丛书"的第四本。就本书的编写情况,在此作简要说明。

1. 数据分析单位

本书的法律大数据分析由"法合实验室"提供数据支持,"法律大数据实验室"负责数据分析。

2. 数据分析范围

本书的法律大数据分析全样本为"中国裁判文书网"自2014年1月1日到2017年8月31日公布的超过3000万份裁判文书。

3. 案由涵盖范围

《民事案件案由规定》(法[2011]42号)的第四部分"合同、无因管理、不当得利纠纷"(M4项下合计169个案由)。

4. 核心法律选取

4.1 选取范围

本书选取的核心法律包括《合同法》全文(428个条文)和《民法通则》第五章"民事权利"第二节"债权"的第84条、第86条、第87条、第92条和第93条5个条文,共计433个条文。

4.2 选取理由

尽管《民法总则》已经于2017年3月15日由第十二届全国人民代表大会第五次会议通过,并即将自2017年10月1日施行,但在较长的时间内还不会全面替代《民法通则》第五章"民事权利"第二节"债权"的适用。而根据"法律大数据实验室"的分析,实务中部分法官高度依赖《民法通则》。可以预见,《民法通则》被废止之前,本书选取的《民法通则》的5个条文仍然将有较高频率的适用。未来《民法总则》生效后,"法律大数据实验室"将持续跟踪,并更新法律适用的实际情况。

5. 人工干预措施

本书编写过程中,在各案由和各核心法律法条大数据分析结果上,经过征求法学研究和司法实务人员的意见,对部分数据进行了人工干预。主要干预措施如下:

第一,根据对法律条文本身和所适用的裁判文书内容进行的大数据分析提示,部分法条可能被错误引用,经过人工确定后进行了相应的干预。

第二,部分法律的新修改条文和新颁布的司法解释本身尚未被适用或者仅被少量适用,但根据对裁判文书历史数据的大数据分析,进行了一定的预测性干预,其效果仅具有提示性。

第三,部分司法解释尽管在近年来公布的案例中仍然存在少数适用的情形,但已经被废止,从本书的实用性角度出发,为避免混淆,予以了删除。

本书编写过程受到裁判文书数据数量、质量和分布的客观限制,可能与实务存在一定的偏差,敬请读者谅解。也欢迎读者提出宝贵意见和建议。

侯国跃

西南政法大学民商法学院教授、博士生导师

2017 年 9 日 1 日

目 录

第一编
案由关联法条索引

M4　合同、无因管理、不当得利纠纷 ················ ★★★★ 0003

M4.10　合同纠纷 ························· ★★★★★ 0004

  M4.10.66　缔约过失责任纠纷 ·················· ★★★ 0008

  M4.10.67　确认合同效力纠纷 ·················· ★★★ 0008

    M4.10.67.1　确认合同有效纠纷 ················ ★★★ 0011

    M4.10.67.2　确认合同无效纠纷 ················ ★★★ 0012

  M4.10.68　债权人代位权纠纷 ·················· ★★★ 0013

  M4.10.69　债权人撤销权纠纷 ·················· ★★★ 0014

  M4.10.70　债权转让合同纠纷 ·················· ★★★ 0015

  M4.10.71　债务转移合同纠纷 ·················· ★★★ 0016

  M4.10.72　债权债务概括转移合同纠纷 ············· ★★ 0018

  M4.10.73　悬赏广告纠纷 ····················· ★ 0019

  M4.10.74　买卖合同纠纷 ··················· ★★★★ 0019

    M4.10.74.1　分期付款买卖合同纠纷 ············· ★★★★ 0021

    M4.10.74.2　凭样品买卖合同纠纷 ··············· ★★★ 0022

    M4.10.74.3　试用买卖合同纠纷 ················· ★★ 0023

    M4.10.74.4　互易纠纷 ······················ ★★ 0024

    M4.10.74.5　国际货物买卖合同纠纷 ·············· ★★ 0025

    M4.10.74.6　网络购物合同纠纷 ················· ★★ 0026

    M4.10.74.7　电视购物合同纠纷 ················· ★ 0028

  M4.10.75　招标投标买卖合同纠纷 ················ ★★ 0029

M4.10.76　拍卖合同纠纷 ······················· ★★ 0031
M4.10.77　建设用地使用权合同纠纷 ················· ★★ 0032
　　M4.10.77.1　建设用地使用权出让合同纠纷 ········· ★★★ 0034
　　M4.10.77.2　建设用地使用权转让合同纠纷 ········· ★★★ 0035
M4.10.78　临时用地合同纠纷 ······················ ★ 0036
M4.10.79　探矿权转让合同纠纷 ···················· ★ 0038
M4.10.80　采矿权转让合同纠纷 ··················· ★★ 0039
M4.10.81　房地产开发经营合同纠纷 ················· ★★ 0040
　　M4.10.81.1　委托代建合同纠纷 ················ ★★ 0041
　　M4.10.81.2　合资、合作开发房地产合同纠纷 ······· ★★★ 0043
　　M4.10.81.3　项目转让合同纠纷 ················ ★★ 0044
M4.10.82　房屋买卖合同纠纷 ··················· ★★★★ 0045
　　M4.10.82.1　商品房预约合同纠纷 ·············· ★★★ 0047
　　M4.10.82.2　商品房预售合同纠纷 ············· ★★★★ 0048
　　M4.10.82.3　商品房销售合同纠纷 ············· ★★★★ 0050
　　M4.10.82.4　商品房委托代理销售合同纠纷 ········· ★★ 0052
　　M4.10.82.5　经济适用房转让合同纠纷 ············ ★★ 0053
　　M4.10.82.6　农村房屋买卖合同纠纷 ············ ★★★ 0053
M4.10.83　房屋拆迁安置补偿合同纠纷 ·············· ★★★ 0054
M4.10.84　供用电合同纠纷 ····················· ★★★ 0056
M4.10.85　供用水合同纠纷 ····················· ★★★ 0057
M4.10.86　供用气合同纠纷 ····················· ★★★ 0058
M4.10.87　供用热力合同纠纷 ··················· ★★★ 0058
M4.10.88　赠与合同纠纷 ······················ ★★★ 0059
　　M4.10.88.1　公益事业捐赠合同纠纷 ·············· ★ 0060
　　M4.10.88.2　附义务赠与合同纠纷 ··············· ★★ 0061
M4.10.89　借款合同纠纷 ····················· ★★★★ 0061
　　M4.10.89.1　金融借款合同纠纷 ·············· ★★★★ 0063
　　M4.10.89.2　同业拆借纠纷 ···················· ★ 0065

M4.10.89.3	企业借贷纠纷 …………………… ★★★★	0066
M4.10.89.4	民间借贷纠纷 …………………… ★★★★★	0067
M4.10.89.5	小额借款合同纠纷 ……………… ★★★★★	0069
M4.10.89.6	金融不良债权转让合同纠纷 ………… ★★	0070
M4.10.89.7	金融不良债权追偿纠纷 …………… ★★★	0072
M4.10.90	保证合同纠纷 …………………… ★★★★	0074
M4.10.91	抵押合同纠纷 …………………… ★★★	0076
M4.10.92	质押合同纠纷 …………………… ★★	0077
M4.10.93	定金合同纠纷 …………………… ★★★	0080
M4.10.94	进出口押汇纠纷 ………………… ★★	0081
M4.10.95	储蓄存款合同纠纷 ……………… ★★★	0082
M4.10.96	银行卡纠纷 ……………………… ★★★	0083
M4.10.96.1	借记卡纠纷 …………………… ★★★	0084
M4.10.96.2	信用卡纠纷 …………………… ★★★★	0084
M4.10.97	租赁合同纠纷 …………………… ★★★★★	0085
M4.10.97.1	土地租赁合同纠纷 …………… ★★★★	0088
M4.10.97.2	房屋租赁合同纠纷 …………… ★★★★	0091
M4.10.97.3	车辆租赁合同纠纷 …………… ★★★★	0094
M4.10.97.4	建筑设备租赁合同纠纷 ……… ★★★★	0096
M4.10.98	融资租赁合同纠纷 ……………… ★★★★	0097
M4.10.99	承揽合同纠纷 …………………… ★★★★★	0100
M4.10.99.1	加工合同纠纷 ………………… ★★★★	0101
M4.10.99.2	定作合同纠纷 ………………… ★★★★	0102
M4.10.99.3	修理合同纠纷 ………………… ★★★★	0103
M4.10.99.4	复制合同纠纷 ………………… ★★★	0105
M4.10.99.5	测试合同纠纷 ………………… ★	0105
M4.10.99.6	检验合同纠纷 ………………… ★	0106
M4.10.99.7	铁路机车、车辆建造合同纠纷 ………………	0107

M4.10.100	建设工程合同纠纷	★★★★ 0107
M4.10.100.1	建设工程勘察合同纠纷	★★ 0109
M4.10.100.2	建设工程设计合同纠纷	★★★ 0110
M4.10.100.3	建设工程施工合同纠纷	★★★★★ 0111
M4.10.100.4	建设工程价款优先受偿权纠纷	★★ 0113
M4.10.100.5	建设工程分包合同纠纷	★★★★ 0114
M4.10.100.6	建设工程监理合同纠纷	★★ 0116
M4.10.100.7	装饰装修合同纠纷	★★★★ 0116
M4.10.100.8	铁路修建合同纠纷	★ 0118
M4.10.100.9	农村建房施工合同纠纷	★★★★ 0119
M4.10.101	运输合同纠纷	★★★★ 0121
M4.10.101.1	公路旅客运输合同纠纷	★★★★ 0123
M4.10.101.2	公路货物运输合同纠纷	★★★★ 0125
M4.10.101.3	水路旅客运输合同纠纷	★ 0126
M4.10.101.4	水路货物运输合同纠纷	★★ 0127
M4.10.101.5	航空旅客运输合同纠纷	★★ 0127
M4.10.101.6	航空货物运输合同纠纷	★★ 0128
M4.10.101.7	出租汽车运输合同纠纷	★★★ 0129
M4.10.101.8	管道运输合同纠纷	0130
M4.10.101.9	城市公交运输合同纠纷	★★★ 0130
M4.10.101.10	联合运输合同纠纷	★ 0131
M4.10.101.11	多式联运合同纠纷	★ 0132
M4.10.101.12	铁路货物运输合同纠纷	★ 0133
M4.10.101.13	铁路旅客运输合同纠纷	★ 0133
M4.10.101.14	铁路行李运输合同纠纷	0136
M4.10.101.15	铁路包裹运输合同纠纷	0136
M4.10.101.16	国际铁路联运合同纠纷	0136
M4.10.102	保管合同纠纷	★★★ 0136
M4.10.103	仓储合同纠纷	★★★ 0137

| M4.10.104 | 委托合同纠纷 ★★★★ 0138
| M4.10.104.1 | 进出口代理合同纠纷 ★★★ 0140
| M4.10.104.2 | 货运代理合同纠纷 ★★★ 0141
| M4.10.104.3 | 民用航空运输销售代理合同纠纷 ★ 0141
| M4.10.104.4 | 诉讼、仲裁、人民调解代理合同纠纷 ★★★ 0142
| M4.10.105 | 委托理财合同纠纷 ★★★ 0143
| M4.10.105.1 | 金融委托理财合同纠纷 ★ 0144
| M4.10.105.2 | 民间委托理财合同纠纷 ★★★ 0146
| M4.10.106 | 行纪合同纠纷 ★★ 0147
| M4.10.107 | 居间合同纠纷 ★★★★ 0148
| M4.10.108 | 补偿贸易纠纷 0149
| M4.10.109 | 借用合同纠纷 ★★★ 0149
| M4.10.110 | 典当纠纷 ★★★★ 0151
| M4.10.111 | 合伙协议纠纷 ★★★★ 0153
| M4.10.112 | 种植、养殖回收合同纠纷 ★★★★ 0154
| M4.10.113 | 彩票、奖券纠纷 ★★ 0156
| M4.10.114 | 中外合作勘探开发自然资源合同纠纷 0157
| M4.10.115 | 农业承包合同纠纷 ★★★ 0157
| M4.10.116 | 林业承包合同纠纷 ★★★ 0158
| M4.10.117 | 渔业承包合同纠纷 ★★★ 0159
| M4.10.118 | 牧业承包合同纠纷 ★★ 0160
| M4.10.119 | 农村土地承包合同纠纷 ★★★★ 0161
| M4.10.119.1 | 土地承包经营权转包合同纠纷 ★★★ 0166
| M4.10.119.2 | 土地承包经营权转让合同纠纷 ★★ 0167
| M4.10.119.3 | 土地承包经营权互换合同纠纷 ★★ 0169
| M4.10.119.4 | 土地承包经营权入股合同纠纷 ★ 0170
| M4.10.119.5 | 土地承包经营权抵押合同纠纷 ★ 0171
| M4.10.119.6 | 土地承包经营权出租合同纠纷 ★★★★ 0172

M4.10.120	服务合同纠纷	★★★★ 0174
M4.10.120.1	电信服务合同纠纷	★★★★ 0176
M4.10.120.2	邮寄服务合同纠纷	★★ 0176
M4.10.120.3	医疗服务合同纠纷	★★★ 0177
M4.10.120.4	法律服务合同纠纷	★★★ 0179
M4.10.120.5	旅游合同纠纷	★★★ 0179
M4.10.120.6	房地产咨询合同纠纷	★★ 0181
M4.10.120.7	房地产价格评估合同纠纷	★ 0181
M4.10.120.8	旅店服务合同纠纷	★★★ 0182
M4.10.120.9	财会服务合同纠纷	★★ 0183
M4.10.120.10	餐饮服务合同纠纷	★★★★ 0184
M4.10.120.11	娱乐服务合同纠纷	★★★ 0185
M4.10.120.12	有线电视服务合同纠纷	★ 0185
M4.10.120.13	网络服务合同纠纷	★★ 0186
M4.10.120.14	教育培训合同纠纷	★★★ 0187
M4.10.120.15	物业服务合同纠纷	★★★★★ 0188
M4.10.120.16	家政服务合同纠纷	★★ 0190
M4.10.120.17	庆典服务合同纠纷	★★ 0190
M4.10.120.18	殡葬服务合同纠纷	★ 0191
M4.10.120.19	农业技术服务合同纠纷	★★ 0192
M4.10.120.20	农机作业服务合同纠纷	★★ 0192
M4.10.120.21	保安服务合同纠纷	★★ 0193
M4.10.120.22	银行结算合同纠纷	★ 0194
M4.10.121	演出合同纠纷	★★ 0196
M4.10.122	劳务合同纠纷	★★★★★ 0196
M4.10.123	离退休人员返聘合同纠纷	★★ 0198
M4.10.124	广告合同纠纷	★★★★ 0198
M4.10.125	展览合同纠纷	★★ 0200
M4.10.126	追偿权纠纷	★★★★★ 0200

M4.10.127　请求确认人民调解协议效力…………………… ★ 0202

M4.11　不当得利纠纷 ……………………………………… 0203
　M4.11.128　不当得利纠纷 …………………………… ★★★★ 0203

M4.12　无因管理纠纷 ……………………………………… 0204
　M4.12.129　无因管理纠纷 …………………………… ★★★★ 0204

第二编
核心法律条文主要适用案由及关联法条索引

中华人民共和国合同法 ……………………………… ★★★★★ 0209
总则 …………………………………………………………… 0209
第一章　一般规定 …………………………………………… 0209
　第1条【合同法立法目的】…………………………… ★★★★ 0209
　第2条【合同法的调整对象：合同的定义】………………… ★★ 0210
　第3条【合同当事人平等原则】……………………………… ★★ 0212
　第4条【合同自愿原则】……………………………………… ★★★ 0217
　第5条【公平原则：合同权利义务确定的原则】…………… ★★★★ 0220
　第6条【诚实信用原则】……………………………… ★★★★ 0223
　第7条【遵纪守法原则】……………………………… ★★★★ 0226
　第8条【依法成立的合同的法律约束力】…………… ★★★★★ 0229
第二章　合同的订立 ………………………………………… 0232
　第9条【合同当事人资格：民事权利能力、民事行为能力；可委托
　　　　代理人订立合同的规定】…………………………… ★★★ 0232
　第10条【合同的订立形式；合同的书面形式】……………… ★★★ 0235
　第11条【书面形式的含义】…………………………………… ★★ 0236
　第12条【合同内容一般包括的条款；示范文本】…………… ★★ 0238
　第13条【订立合同的方式：要约、承诺】…………………… ★★★ 0242
　第14条【要约的定义及其构成要件】………………………… ★★ 0243
　第15条【要约邀请及其主要类型】…………………………… ★★★ 0245
　第16条【要约的生效时间】…………………………………… ★★ 0247

第17条【要约撤回的规则】 ★★★★ 0249

第18条【要约的撤销】 ★★★ 0258

第19条【不得撤销要约的情形】 ★★ 0260

第20条【要约失效的情形】 ★★ 0262

第21条【承诺的概念】 ★★★ 0264

第22条【承诺的方式:通知、行为】 ★ 0266

第23条【承诺的期限】 0269

第24条【承诺期限的起算】 ★★ 0271

第25条【合同成立时间:承诺生效】 ★★★ 0272

第26条【承诺生效时间】 ★★ 0274

第27条【承诺的撤回】 ★ 0276

第28条【新要约】 ★ 0278

第29条【迟到的承诺】 ★★ 0281

第30条【承诺对要约内容的实质性变更】 ★★ 0283

第31条【承诺对要约内容的非实质性变更】 ★★ 0286

第32条【书面合同自双方当事人签字或盖章时成立】 ★★★ 0288

第33条【确认书与合同成立时间】 ★★ 0290

第34条【合同成立的地点】 ★ 0292

第35条【采用合同书形式订立合同的成立地点】 ★ 0295

第36条【应当采用书面形式而未采用书面形式合同成立的条件】 ★★ 0297

第37条【未签字盖章的合同书的成立】 ★★ 0299

第38条【依照国家指令性任务或订货任务订立的合同】 ★ 0301

第39条【提供格式条款方的义务;格式条款的定义】 ★★★ 0304

第40条【格式条款无效情形】 ★★★ 0308

第41条【格式条款的解释方法】 ★★★ 0310

第42条【缔约过失责任;合同订立过程中承担损害赔偿责任的情形】 ★★ 0314

第43条【合同缔结人的保密义务】 ★ 0318

第三章　合同的效力 ··· 0319

第 44 条【合同的生效】··························· ★★★★★ 0319

第 45 条【附条件的合同】·························· ★★★ 0322

第 46 条【附期限的合同】··························· ★★ 0325

第 47 条【限制民事行为能力人订立合同的效力】········· ★★ 0327

第 48 条【无权代理人订立合同的法律后果】············ ★★★ 0330

第 49 条【表见代理的构成及其效力】················· ★★★ 0333

第 50 条【法定代表人超越权限订立合同的效力】········· ★★ 0336

第 51 条【无权处分合同的效力:经追认或取得处分权的

有效】······································ ★★★ 0338

第 52 条【合同无效的法定情形】··················· ★★★★ 0341

第 53 条【合同中免责条款无效的情形】················ ★★ 0344

第 54 条【合同的变更和撤销】························ ★★ 0347

第 55 条【撤销权消灭的法定情形】···················· ★★ 0349

第 56 条【合同无效或被撤销的溯及力;部分无效不影响其他

独立部分的效力】···························· ★★★ 0350

第 57 条【解决争议条款的独立性:合同中有关解决争议方法的

条款的效力不受合同无效、撤销或终止的影响】······ ★★ 0352

第 58 条【合同无效或被撤销的法律后果】············· ★★★ 0354

第 59 条【恶意串通损害国家、集体或第三人利益获得的财产

应返还】····································· ★★ 0355

第四章　合同的履行 ··· 0357

第 60 条【合同履行的原则】······················ ★★★★★ 0357

第 61 条【合同内容约定不明确的处理规则:合同漏洞的

填补】····································· ★★★★ 0360

第 62 条【合同内容约定不明确的履行规则:合同漏洞的

填补】····································· ★★★★ 0362

第 63 条【交付期限与执行价格】······················ ★★ 0363

第 64 条【向第三人履行】···························· ★★ 0365

第 65 条【由第三人履行】···························· ★★ 0367

第66条【同时履行抗辩权】 ★★ 0370

第67条【后履行抗辩权】 ★★ 0371

第68条【不安抗辩权】 ★★★ 0373

第69条【不安抗辩权的行使】 ★★ 0375

第70条【债权人分立、合并或住所变更未通知债务人致债务履行困难的处理】 ★ 0376

第71条【债务人提前履行债务】 ★ 0379

第72条【债务人部分履行债务】 ★ 0381

第73条【债权人代位权】 ★★★ 0384

第74条【债权人的撤销权】 ★★ 0386

第75条【撤销权的行使期限】 ★★ 0388

第76条【合同继续有效的情形：名称变更、负责人变动】 ★★★ 0388

第五章 合同的变更和转让 0390

第77条【变更合同的条件与要求】 ★★★ 0390

第78条【合同变更内容约定不明确的处理】 ★★ 0391

第79条【债权人不得转让合同权利的情形】 ★★★★ 0393

第80条【债权人转让债权的通知义务】 ★★★★ 0395

第81条【债权转让从权利一并转让】 ★★★★ 0397

第82条【债务抗辩转移】 ★★★ 0399

第83条【债权转让中债务人的抵销权】 ★★ 0400

第84条【合同义务的转移】 ★★★★ 0401

第85条【债务人转让义务时新债务人同时获得对于债权人的抗辩权】 ★★ 0403

第86条【从债务随主债务转移、从债务专属于原债务人的除外】 ★★ 0404

第87条【债权转让或债务转移的审批、登记】 ★ 0406

第88条【合同权利义务的概括转移、概括承受】 ★★ 0408

第89条【合同权利和义务一并转让应当适用的有关条款】 ★★ 0410

第90条【当事人合并或分立后合同权利义务的承担】 ★★★ 0412

第六章 合同的权利义务终止 ··· 0414

第91条【合同权利义务终止的法定情形】·············· ★★★ 0414

第92条【后合同义务】·· ★★ 0416

第93条【合同的约定解除：协商一致；约定条件成就】··· ★★★★ 0418

第94条【合同的法定解除；法定解除权】················· ★★★★ 0421

第95条【解除权行使期限】···································· ★★ 0423

第96条【合同解除权的行使规则】··························· ★★★ 0425

第97条【合同解除的法律后果】···························· ★★★★ 0427

第98条【结算条款、清理条款效力的独立性】············· ★★★★ 0430

第99条【法定的债务抵销】···································· ★★ 0432

第100条【约定的债务抵销】·································· ★★ 0434

第101条【标的物提存的法定情形】·························· ★ 0436

第102条【标的物提存后债务人的通知义务】··············· ★ 0438

第103条【标的物提存后的风险负担、孳息归属、费用负担】······ ★ 0440

第104条【提存物的领取与领取权的消灭】················ ★★ 0444

第105条【债的免除：债权人免除债务行为的效力】········· ★★ 0446

第106条【债权债务混同的处理】··························· ★★★ 0448

第七章 违约责任 ··· 0450

第107条【合同约束力；违约责任】······················ ★★★★★ 0450

第108条【预期违约责任】·································· ★★★★ 0452

第109条【违约责任的承担：付款义务的继续履行】··· ★★★★★ 0454

第110条【非金钱债务的继续履行及其例外；债权人不得要求对方继续履行的情形】··············· ★★★ 0455

第111条【违约责任的承担：质量不符合约定的违约责任】·· ★★★ 0457

第112条【违约责任的承担：损失赔偿与其他责任的并存】·· ★★★★ 0459

第113条【违约责任的承担：损失赔偿】················· ★★★★ 0461

第114条【违约金的约定及其调整】····················· ★★★★ 0463

第115条【定金罚则】····································· ★★★★ 0466

第 116 条【同时约定违约金和定金时的择一适用】……………… ★★ 0467

第 117 条【因不可抗力不能履行合同的责任；不可抗力的
定义】…………………………………………… ★★ 0469

第 118 条【因不可抗力不能履行合同时的通知与证明】……… ★★ 0470

第 119 条【防止违约损失扩大的措施；防损义务及不履行的后果；
防损费用的承担】……………………………… ★★★ 0472

第 120 条【双方违约应各自承担违约责任】………………… ★★★ 0473

第 121 条【因第三人原因造成违约情况下的责任承担】…… ★★★ 0475

第 122 条【违约责任与侵权责任的竞合】…………………… ★★★ 0476

第八章　其他规定 …………………………………………………… 0478

第 123 条【其他法律对合同另有规定的适用；特别法优先
适用】………………………………………………… ★ 0478

第 124 条【无名合同的法律适用】……………………… ★★ 0480

第 125 条【合同的解释；合同条款理解不一致的解释规则】… ★★ 0482

第 126 条【涉外合同的法律适用】……………………… ★★ 0484

第 127 条【行政主管部门对合同监督与管理】……………… ★ 0487

第 128 条【合同争议的解决方式】………………………… ★ 0489

第 129 条【合同争议提起诉讼或申请仲裁的期限】………… ★ 0491

分则 ………………………………………………………… ★ 0493

第九章　买卖合同 ……………………………………………… 0493

第 130 条【买卖合同的定义】……………………… ★★★★ 0493

第 131 条【买卖合同的内容】…………………………… ★★ 0494

第 132 条【买卖合同的标的物】………………………… ★★ 0495

第 133 条【标的物所有权的转移：交付】…………… ★★★ 0496

第 134 条【标的物所有权的保留】…………………… ★★★ 0498

第 135 条【出卖人的义务：交付、移转所有权】…… ★★★ 0499

第 136 条【出卖人的义务：交付单证、交付资料】…… ★★★ 0500

第 137 条【买卖有知识产权的标的物中知识产权的归属】……… ★ 0502

第 138 条【出卖人标的物的交付期间】……………… ★★★ 0503

第 139 条【标的物的交付期限的确定】……………… ★★ 0504

第140条【买受人已占有标的物时交付时间的认定】…………★ 0505
第141条【买卖合同标的物的交付地点】……………………★ 0507
第142条【标的物的风险承担：随交付而移转】……………★ 0509
第143条【买受人违约交付的风险承担】……………………★ 0511
第144条【在途标的物买卖合同的风险转移】………………★★ 0512
第145条【交付地点不明确需要运输的买卖合同标的物的
　　　　风险转移规则】……………………………………★ 0513
第146条【买受人不履行接收标的物义务的风险负担】……★ 0515
第147条【出卖人违约未交付有关单证和资料的不影响标的物
　　　　损毁、灭失风险的转移】………………………★ 0517
第148条【出卖人根本违约的情况：出卖人承担标的物风险】……★★ 0518
第149条【买受人的风险承担不影响出卖人承担违约责任】……★ 0520
第150条【出卖人的权利瑕疵担保义务】……………………★★ 0521
第151条【出卖人权利瑕疵担保责任之例外：买受人订立合同时
　　　　知道或应当知道标的物存在权利瑕疵的处理】…★ 0523
第152条【买受人中止支付价款权】…………………………★ 0525
第153条【出卖人的质量瑕疵担保义务】……………………★★ 0527
第154条【标的物质量要求没有约定或约定不明时的认定
　　　　规则】……………………………………………★★ 0529
第155条【出卖人违反质量瑕疵担保义务的违约责任】……★★★ 0530
第156条【标的物包装方式】…………………………………★★ 0532
第157条【买受人的及时检验义务】…………………………★★ 0534
第158条【买受人的检验、通知义务】………………………★★★ 0535
第159条【买受人应支付价款的数额认定】…………………★★★★★ 0537
第160条【买受人支付价款地点】……………………………★★ 0538
第161条【买受人支付价款的时间】…………………………★★★★★ 0539
第162条【出卖人多交标的物的处理】………………………★ 0540
第163条【买卖合同标的物孳息的归属】……………………★ 0541
第164条【标的物的主物、从物不符合约定时解除合同的效力】……★ 0543
第165条【数物买卖合同的解除】……………………………★ 0544
第166条【分批交付标的物的情况下解除合同的情形】……★ 0545

第 167 条【分期付款买卖合同出卖人的法定解除权】……… ★★★ 0547

第 168 条【凭样品买卖合同】………………………………… ★ 0549

第 169 条【凭样品买卖合同样品存在隐蔽瑕疵的处理】…… ★ 0552

第 170 条【试用买卖的试用期间】…………………………… ★ 0554

第 171 条【试用买卖中买受人对标的物的购买】…………… ★ 0557

第 172 条【招标投标买卖的法律适用】……………………… ★ 0559

第 173 条【拍卖的法律适用】………………………………… ★ 0560

第 174 条【买卖合同准用于有偿合同；有偿合同参照买卖
合同】……………………………………………… ★★★ 0563

第 175 条【互易合同参照买卖合同的规定】………………… ★ 0565

第十章 供用电、水、气、热力合同 …………………………… 0567

第 176 条【供用电合同的概念】……………………………… ★★ 0567

第 177 条【供用电合同的内容】……………………………… ★ 0568

第 178 条【供用电合同的履行地点】………………………… ★ 0569

第 179 条【供电人的安全供电义务及违约责任】…………… ★★ 0570

第 180 条【供电人中断供电时的通知义务和赔偿责任】…… ★ 0570

第 181 条【供电人的抢修义务】……………………………… ★ 0573

第 182 条【用电人交付电费的义务和逾期交付电费的违约
责任】……………………………………………… ★★ 0574

第 183 条【用电人安全用电的义务及损害赔偿责任】……… ★ 0575

第 184 条【供用水、供用气、供用热力合同参照适用供用电
合同的规定】……………………………………… ★★★ 0577

第十一章 赠与合同 ………………………………………………… 0577

第 185 条【赠与合同的概念】………………………………… ★★ 0577

第 186 条【赠与的任意撤销及限制】………………………… ★★ 0580

第 187 条【赠与的财产应依法办理登记等手续】…………… ★★ 0581

第 188 条【受赠人的交付请求权】…………………………… ★ 0582

第 189 条【赠与人故意或重大过失致使赠与财产损毁、灭失的
赔偿责任】………………………………………… ★ 0583

第 190 条【附义务赠与】……………………………………… ★★ 0585

第191条【赠与财产存在瑕疵的责任】………………… ★ 0586

第192条【赠与人的法定撤销情形及撤销权行使期间】……… ★★ 0588

第193条【赠与人的继承人或法定代理人的撤销权及行使期间】… ★ 0589

第194条【撤销赠与的效力】…………………………… ★ 0591

第195条【赠与义务的免除】…………………………… ★ 0592

第十二章 借款合同 ………………………………………… 0594

第196条【借款合同的定义】………………… ★★★★ 0594

第197条【借款合同的形式和内容】…………… ★★★ 0596

第198条【借款合同中的担保及法律适用】……… ★★★ 0598

第199条【借款合同借款人的告知义务】………… ★★ 0600

第200条【借款利息不得预先扣除；预先扣除后按实际数额
　　　　 计算借款额度】……………………… ★★★★ 0602

第201条【借贷款双方未按约定提供或收取借款的违约
　　　　 责任】………………………………… ★★★★ 0603

第202条【贷款人的检查监督权利、借款人的提供财务报表等
　　　　 义务】………………………………… ★★ 0605

第203条【借款人未按照约定的借款用途使用借款的后果】… ★★★ 0606

第204条【金融机构贷款业务的利率确定】……… ★★★ 0608

第205条【借款利息支付期限的确定】………… ★★★★ 0610

第206条【借款期限的认定】………………… ★★★★ 0611

第207条【逾期还款的责任承担：支付利息】…… ★★★★ 0613

第208条【提前偿还借款；实际借款期间计算利息】…… ★★★ 0614

第209条【贷款展期】……………………………… ★★★ 0616

第210条【自然人之间借款合同的生效：提供借款时】…… ★★★★ 0617

第211条【自然人之间借款合同利息的规制】…… ★★★★ 0618

第十三章 租赁合同 ………………………………………… 0620

第212条【租赁合同的定义】………………… ★★★★ 0620

第213条【租赁合同的内容】…………………………… ★★ 0622

第214条【租赁期限的规定】…………………………… ★★ 0623

第215条【租赁合同的书面形式要求】………………… ★★ 0624

第216条【出租人义务：交付租赁物、保持租赁物的用途】…… ★★ 0625

第217条【承租人义务：按照约定方法使用租赁物】………… ★★ 0627

第218条【承租人按约定使用租赁物致使租赁物损耗的责任】… ★ 0629

第219条【承租人没有按约定方式或租赁物使用性质使用租赁物致损的法律后果】……………………………………… ★★ 0631

第220条【出租人的维修义务】……………………………… ★★ 0633

第221条【租赁物的维修和维修费负担】………………… ★★★ 0634

第222条【承租人的租赁物保管义务及其赔偿责任】………… ★★ 0636

第223条【承租人对租赁物进行改善或增设他物的规定】…… ★★ 0637

第224条【承租人转租租赁物的前提条件及后果】…………… ★★ 0639

第225条【租赁期间因占有、使用租赁物获得的收益的归属】 … ★ 0641

第226条【承租人租金支付期限的确定规则】……………… ★★★★ 0643

第227条【出租人的租金支付请求权以及合同解除权】…… ★★★ 0645

第228条【出租人的权利瑕疵担保责任；承租人的及时通知义务】…………………………………………………… ★★ 0646

第229条【买卖不破租赁：租赁物发生所有权变动时不影响租赁合同效力】………………………………………… ★★ 0648

第230条【房屋承租人的优先购买权】……………………… ★★ 0649

第231条【租赁物发生损毁、灭失后承租人的请求权】………… ★ 0651

第232条【不定期租赁】……………………………………… ★★ 0653

第233条【承租人解除合同的情形：租赁物危及承租人的安全或健康】…………………………………………… ★ 0654

第234条【共同居住人继续租赁房屋的权利】………………… ★ 0656

第235条【租赁期间届满承租人的租赁物返还义务、返还的租赁物的应有状态】…………………………………… ★★★ 0658

第236条【不定期租赁：租赁期满继续使用租赁物、出租人没有提出异议】…………………………………………… ★★ 0660

第十四章 融资租赁合同 …………………………………… 0661

第237条【融资租赁合同的定义】………………………… ★★★★ 0661

第238条【融资租赁合同的内容】…………………………… ★★ 0662

第239条【租赁物买卖合同标的物的交付与受领】…… ★ 0664

第240条【承租人的索赔权】…………………… ★★ 0665

第241条【租赁物买卖合同内容的变更】………… ★ 0667

第242条【租赁物的所有权】…………………… ★★★ 0668

第243条【融资租赁合同的租金】……………… ★★ 0670

第244条【租赁物不符合约定或不符合使用目的的处理】…… ★★ 0671

第245条【出租人保证承租人对租赁物的占有和使用】…… ★ 0673

第246条【出租人对租赁物致第三人损害不承担责任的规则】…… ★★ 0674

第247条【承租人的义务】……………………… ★ 0676

第248条【承租人的租金支付义务、出租人的租金支付请求权以及合同解除权】…………………… ★★★★ 0678

第249条【出租人的租赁物的收回权和承租人的要求租赁物价值的部分返还权】…………………… ★★★ 0679

第250条【租赁期间届满时租赁物的归属】……… ★★★ 0680

第十五章 承揽合同 …………………………………………… 0682

第251条【承揽合同的定义;承揽的种类】…… ★★★★ 0682

第252条【承揽合同的内容】…………………… ★★ 0683

第253条【承揽人独自完成主要工作的义务】…… ★★ 0684

第254条【承揽人可将辅助性工作交第三人完成并对工作成果负责】…………………………… ★ 0685

第255条【定作人对承揽人选用材料的检验权利】…… 0687

第256条【定作人按约提供材料的义务、承揽人对材料的及时检验义务;承揽人不得擅自更换材料、零部件】…… ★ 0688

第257条【定作人不合理要求的处理规则;承揽人的通知义务、定作人的赔偿责任】………………… ★ 0690

第258条【定作人中途变更承揽要求的责任承担】…… ★ 0692

第259条【定作人的协助义务及后果】………… ★ 0693

第260条【承揽人接受定作人监督检查的义务】…… ★ 0695

第261条【承揽合同工作成果的交付和验收】…… ★★ 0697

第262条【承揽人违约责任的承担方式】……… ★★ 0698

第263条【定作人报酬支付的期限】 ★★★★ 0699
第264条【承揽人的留置权】 ★★ 0700
第265条【承揽人对材料和工作成果的保管责任】 ★ 0701
第266条【承揽人的保密义务】 ★ 0703
第267条【共同承揽人的责任承担:连带责任】 ★ 0704
第268条【定作人的合同解除权与损失承担】 ★ 0705

第十六章 建设工程合同 0707

第269条【建设工程合同的定义】 ★★★★ 0707
第270条【建设工程合同的形式】 ★★ 0708
第271条【建设工程的招投标活动应当公开、公平、公正】 ★ 0710
第272条【建设工程合同的发包、承包和分包;第三人与总承包人或发包人的连带责任;禁止全部转包;禁止分包单位再分包;主体结构施工】 ★★★★ 0712
第273条【国家重大建设工程合同的订立】 ★ 0714
第274条【勘察、设计合同的内容】 ★ 0715
第275条【施工合同的内容】 ★★ 0717
第276条【建设工程的监理】 ★ 0718
第277条【发包人对建设工程作业的检查权利】 ★ 0719
第278条【隐蔽工程发包人的检查权及承包人的求偿权】 ★ 0722
第279条【建筑工程的竣工验收及交付使用】 ★★★★ 0724
第280条【勘察、设计人对勘察、设计质量的责任】 ★ 0725
第281条【施工人对建设工程质量的责任;发包人的修理或返工、改建请求权与违约责任】 ★★ 0727
第282条【承包人在建设工程合理使用期限内的质量保证责任】 ★ 0729
第283条【发包人未按约定的时间和要求提供原材料、设备、场地、资金、技术资料的违约责任】 ★★ 0732
第284条【发包人致使工程中途停建、缓建的法律责任】 ★★ 0733
第285条【发包人致使勘察、设计返工、停工或修改设计的费用承担】 ★ 0735

第286条【发包人未按约定支付价款时承包人的催告权和建设工程
　　　　优先受偿权】························★★★★ 0738
第287条【建设工程合同参照适用承揽合同的规定】·········★★ 0739
第十七章 运输合同·································· 0740
第288条【运输合同的定义】······················★★★ 0740
第289条【公共运输承运人的强制缔约义务】···········★ 0742
第290条【承运人的按时运输、安全运输义务】········★★★ 0743
第291条【承运人按照约定或者通常运输路线进行运输的
　　　　义务】····························★★ 0745
第292条【旅客、托运人或收货人支付票款或者运输费用的
　　　　义务】···························★★★ 0747
第293条【客运合同的成立时间：交付客票】··········★★★ 0748
第294条【旅客持有效客票乘运的义务和票款的补交、
　　　　加收及拒运】·························★ 0749
第295条【退票或变更手续的办理】····················· 0750
第296条【限量携带行李】························★ 0751
第297条【禁止携带或夹带危险品或违禁品；对违规者的处理】·····★ 0752
第298条【承运人的告知义务】······················ 0753
第299条【延迟运输的处理】······················· 0755
第300条【承运人擅自变更运输工具而降低服务标准的处理】···★ 0757
第301条【承运人在运输过程中对患有疾病、分娩、遇险旅客的
　　　　救助义务】··························★ 0758
第302条【运输过程中旅客伤亡；承运人承担赔偿责任】·····★★★ 0759
第303条【承运人对旅客自带物品、托运行李的损害赔偿
　　　　责任】····························★★ 0761
第304条【托运人对承运人的告知义务；托运人的损害赔偿
　　　　责任】·····························★ 0762
第305条【货物运输审批、检验等手续的办理】··········★★ 0764
第306条【货物包装】··························★ 0765

第 307 条【易燃、易爆、有毒、有腐蚀性、有放射性等危险物品的
　　　　 托运】…………………………………………………… ★ 0766
第 308 条【运输合同的变更与损失赔偿】……………………… ★ 0768
第 309 条【承运人的通知义务和收货人的及时提货义务及责任】… ★ 0770
第 310 条【收货人检验货物的规定】…………………………… ★ 0771
第 311 条【承运人的货损责任及抗辩事由】………………… ★★ 0773
第 312 条【货物运输损害赔偿的计算方法】………………… ★★ 0774
第 313 条【单式联运多个承运人的责任承担】……………… ★ 0775
第 314 条【货物在运输过程中因不可抗力灭失的运费收取】…… ★ 0776
第 315 条【承运人的留置权】…………………………………… ★ 0777
第 316 条【承运人提存货物】…………………………………… ★ 0778
第 317 条【多式联运经营人的权利和义务】…………………… ★ 0780
第 318 条【多式联运经营人区段运输的责任约定】…………… 0780
第 319 条【多式联运单据】……………………………………… ★ 0781
第 320 条【托运人的损害赔偿责任】…………………………… ★ 0781
第 321 条【多式联运经营人的赔偿责任和责任限额】………… 0782

第十八章　技术合同 …………………………………………… 0782

第 322 条【技术合同的概念】…………………………………… ★ 0782
第 323 条【技术合同的订立原则】……………………………… 0784
第 324 条【技术合同的内容】…………………………………… ★ 0785
第 325 条【技术合同价款、报酬或使用费的支付方式】……… ★ 0786
第 326 条【法人或其他组织的职务技术成果的使用与转让；
　　　　 职务技术成果的定义】………………………………… ★ 0787
第 327 条【完成技术成果的个人对非职务技术成果的使用与转让】… 0788
第 328 条【技术成果完成人的权利】…………………………… 0789
第 329 条【技术合同无效的情形】……………………………… 0789
第 330 条【技术开发合同的定义】……………………………… ★ 0789
第 331 条【委托开发合同委托人的主要义务】………………… ★ 0792
第 332 条【委托开发合同中研究开发人的义务】……………… ★ 0793

第333条【委托开发合同中委托人的违约责任】…… ★ 0794
第334条【研究开发人的违约责任】…… ★ 0796
第335条【合作开发合同中当事人的义务】…… ★ 0797
第336条【合作开发合同中当事人的违约责任】…… ★ 0798
第337条【技术开发合同的解除】…… 0799
第338条【技术开发合同的风险责任承担；当事人的通知义务
　　　　与责任】…… ★ 0799
第339条【委托开发完成的发明创造的成果归属与分享】…… 0800
第340条【合作开发完成的发明创造的成果归属与分享】…… ★ 0801
第341条【委托开发或合作开发完成的技术秘密成果的使用权、
　　　　转让权及利益分配】…… 0801
第342条【技术转让合同的种类及形式】…… ★ 0801
第343条【技术转让合同的约定内容】…… 0802
第344条【专利实施许可合同的效力】…… ★ 0802
第345条【专利实施许可合同让与人的义务】…… ★ 0803
第346条【专利实施许可合同受让人的义务】…… 0803
第347条【技术秘密转让合同让与人的义务】…… 0804
第348条【技术秘密转让合同受让人的义务】…… 0805
第349条【技术转让合同让与人的保证义务】…… ★ 0806
第350条【技术转让合同受让人的保密义务】…… 0807
第351条【技术让与人的违约责任】…… ★ 0808
第352条【技术受让人未按约支付使用费的责任承担】…… ★ 0809
第353条【受让人按约定实施专利、使用技术秘密的侵权责任
　　　　承担】…… ★ 0811
第354条【对技术转让合同中后续改进技术成果分享办法的规定】… 0811
第355条【技术进出口合同或专利、专利申请合同的法律适用】…… 0811
第356条【对技术咨询合同和技术服务合同的界定】…… ★ 0811
第357条【技术咨询合同委托人的义务】…… ★ 0813
第358条【技术咨询合同受托人的义务】…… ★ 0814
第359条【技术咨询合同委托人未提供必要的资料和数据的责任；
　　　　技术咨询合同受托人未按约定提出咨询报告的违约责任；

　　　　技术咨询合同委托人的责任】……………………………… 0815
　第360条【技术服务合同委托人义务】……………………… ★ 0817
　第361条【技术服务合同的受托人义务】…………………… ★ 0818
　第362条【技术服务合同中委托人与受托人的违约责任】…… ★ 0819
　第363条【技术咨询合同、技术服务合同中新创技术成果的
　　　　归属】……………………………………………… ★ 0820
　第364条【技术中介合同、技术培训合同的法律适用】…………… 0821

第十九章　保管合同 …………………………………………… 0822

　第365条【保管合同的定义】………………………………… ★★ 0822
　第366条【寄存人的保管费支付义务】……………………… ★ 0823
　第367条【保管合同的成立:保管物交付】………………… ★ 0824
　第368条【保管人给付保管凭证的义务】…………………… ★ 0825
　第369条【保管人对保管物的妥善保管义务】……………… ★ 0826
　第370条【寄存人的实告知义务及损害赔偿责任】……………… 0827
　第371条【保管人的亲自保管义务及损害赔偿责任】……… ★ 0828
　第372条【保管人不得使用或许可第三人使用保管物的义务】… ★ 0829
　第373条【第三人主张权利时保管人对寄存人的返还义务和
　　　　通知义务】………………………………………… ★ 0831
　第374条【保管物毁损、灭失时保管人的损害赔偿责任】…… ★★ 0832
　第375条【寄存货币、有价证券或其他贵重物品时的声明义务
　　　　与损害赔偿责任】………………………………… ★ 0833
　第376条【保管物的领取时间】……………………………… ★ 0834
　第377条【保管人归还原物及孳息的义务】………………… ★★ 0835
　第378条【保管可替代物:返还同种类物】………………… ★ 0836
　第379条【保管费的支付期限】……………………………… ★ 0837
　第380条【保管人的留置权】………………………………… ★ 0839

第二十章　仓储合同 …………………………………………… 0840

　第381条【仓储合同的定义】………………………………… ★★ 0840
　第382条【仓储合同生效时间】……………………………… ★ 0841

第 383 条【易燃、易爆、有毒、有腐蚀性、有放射性等危险物品或者
　　　　　易变质物品的仓储】…………………………………… ★ 0842
第 384 条【保管人对入库仓储物的验收与责任】………………… ★ 0843
第 385 条【仓单的交付】…………………………………………… ★ 0844
第 386 条【仓单的内容】…………………………………………… ★ 0845
第 387 条【仓单的性质及背书转让】……………………………… ★ 0846
第 388 条【保管人同意存货人或仓单持有人检查仓储物或提取
　　　　　样品的义务】………………………………………… ★ 0847
第 389 条【保管人的通知义务】…………………………………… ★ 0847
第 390 条【保管人在仓储物变质或有其他损坏下的催告义务及必要
　　　　　处置后的通知义务】…………………………………… ★ 0849
第 391 条【仓储物的提取时间】…………………………………… ★ 0850
第 392 条【仓储物的提取规则】…………………………………… ★ 0851
第 393 条【保管人对仓储物提取的催告权、提存权】…………… ★ 0853
第 394 条【保管不善致仓储物损毁、灭失时保管人的责任承担】…… ★ 0854
第 395 条【仓储合同参照适用保管合同的规定】………………… ★ 0855

第二十一章　委托合同 ……………………………………………… 0856

第 396 条【委托合同的界定】……………………………… ★★★ 0856
第 397 条【委托权限】……………………………………… ★★ 0857
第 398 条【处理委托事务的费用】………………………… ★★ 0858
第 399 条【受托人应当按照委托人的指示处理委托事务】… ★★ 0859
第 400 条【受托人亲自处理委托事务的义务和转委托】…… ★ 0860
第 401 条【受托人的报告义务】…………………………… ★★ 0862
第 402 条【受托人以自己名义与第三人订立合同的法律
　　　　　效果】………………………………………… ★★★ 0863
第 403 条【委托人的介入权与第三人的选择权】………… ★★ 0865
第 404 条【受托人转移受托事务所得利益的义务】……… ★★ 0868
第 405 条【委托人支付报酬的义务】……………………… ★★ 0869
第 406 条【因受托人过错致委托人损失的赔偿责任】…… ★★ 0870
第 407 条【受托人的损失求偿权】………………………… ★★ 0871

第 408 条【另行委托第三人处理委托事务的损失赔偿处理】……… 0872

第 409 条【受托人的连带责任】…………………………… ★★ 0873

第 410 条【委托合同的随时解除及解除后的赔偿责任】…… ★★ 0874

第 411 条【委托合同的法定终止:委托人或受托人死亡、丧失民事行为
　　　　能力或破产】………………………………………… ★ 0876

第 412 条【委托合同的法定终止将损害委托人利益时,受托人的继续
　　　　处理受托事务的义务】………………………………… 0878

第 413 条【委托合同法定终止时受托人的继承人、法定代理人或
　　　　清算组织的义务】……………………………………… ★ 0879

第二十二章　行纪合同 ………………………………………… 0879

第 414 条【行纪合同的定义】……………………………… ★ 0879

第 415 条【行纪人处理委托事务的费用负担】…………… ★ 0881

第 416 条【行纪人妥善保管委托物的义务】……………… ★ 0882

第 417 条【行纪人对有瑕疵或容易腐烂、变质委托物的处分】… ★ 0884

第 418 条【行纪人按照委托人指定的价格进行买卖的规定】…… ★ 0884

第 419 条【卖出或买入具有市场定价的商品时行纪人的介入权】… 0885

第 420 条【行纪人对委托物的提存】……………………………… 0886

第 421 条【行纪人与第三人订立合同的效力】…………… ★ 0887

第 422 条【委托人的报酬支付义务和行纪人的留置权】…… ★ 0889

第 423 条【行纪合同参照适用委托合同的规定】………… ★ 0890

第二十三章　居间合同 ………………………………………… 0892

第 424 条【居间合同的界定】……………………………… ★★ 0892

第 425 条【居间人的如实报告义务;居间人故意隐瞒重要事实或
　　　　提供虚假情况的责任】………………………………… ★★ 0892

第 426 条【居间人促成合同成立时的报酬请求权及居间费用
　　　　负担义务】……………………………………………… ★★ 0893

第 427 条【居间人未促成居间合同时居间费用的负担】…… ★★ 0894

附则 ……………………………………………………………… 0895

第 428 条【合同法的施行时间及废止条款】……………… ★ 0895

中华人民共和国民法通则 ················· ★★★★★ 0896

第五章　民事权利 ······································· 0896

　第二节　债权 ··· 0896

　　第84条【债的界定】 ························· ★★★★ 0896

　　第86条【数人债权债务:按份分享权利、按份分担义务】 ······ ★★ 0899

　　第87条【连带债权与连带债务】 ·············· ★★★★ 0900

　　第92条【不当得利应返还】 ··················· ★★★★ 0902

　　第93条【无因管理必要费用的偿付请求权】 ········· ★★ 0904

第三编
本书关联法条全文*

一、法律 ·· 0909

　中华人民共和国担保法 ························ ★★★★★ 0909

　中华人民共和国民法通则 ······················ ★★★★★ 0916

　中华人民共和国物权法 ·························· ★★★ 0927

　中华人民共和国保险法 ·························· ★★★ 0937

　中华人民共和国土地管理法 ······················· ★★ 0942

　中华人民共和国农村土地承包法 ··················· ★★ 0945

　中华人民共和国道路交通安全法 ··················· ★★ 0952

　中华人民共和国婚姻法 ··························· ★★ 0953

　中华人民共和国公司法 ··························· ★★ 0955

　中华人民共和国建筑法 ···························· ★ 0958

　中华人民共和国侵权责任法 ························ ★ 0960

　中华人民共和国著作权法 ·························· ★ 0963

　中华人民共和国消费者权益保护法 ·················· ★ 0966

　中华人民共和国商业银行法 ·························· 0970

---

* 本书第三编所列法律规范性文件是在第一、二编中被引用过的法条的节选。

中华人民共和国劳动法 ………………………………………… 0972
中华人民共和国继承法 ………………………………………… 0973
中华人民共和国拍卖法 ………………………………………… 0975
中华人民共和国种子法 ………………………………………… 0978
中华人民共和国水法 …………………………………………… 0979
中华人民共和国产品质量法 …………………………………… 0980
中华人民共和国招标投标法 …………………………………… 0981
中华人民共和国劳动合同法 …………………………………… 0983
中华人民共和国食品安全法 …………………………………… 0985
中华人民共和国旅游法 ………………………………………… 0988
中华人民共和国个人所得税法 ………………………………… 0989
中华人民共和国电力法 ………………………………………… 0990
中华人民共和国村民委员会组织法 …………………………… 0991
中华人民共和国民办教育促进法 ……………………………… 0992
中华人民共和国矿产资源法 …………………………………… 0993
中华人民共和国劳动争议调解仲裁法 ………………………… 0994
中华人民共和国税收征收管理法 ……………………………… 0995
中华人民共和国邮政法 ………………………………………… 0996
中华人民共和国涉外民事关系法律适用法 …………………… 0997
中华人民共和国铁路法 ………………………………………… 0997
中华人民共和国人民调解法 …………………………………… 0999
中华人民共和国仲裁法 ………………………………………… 0999
中华人民共和国城市房地产管理法 …………………………… 1000
中华人民共和国专利法 ………………………………………… 1001
中华人民共和国消防法 ………………………………………… 1001
中华人民共和国证券法 ………………………………………… 1002
中华人民共和国海商法 ………………………………………… 1003
中华人民共和国个人独资企业法 ……………………………… 1004
中华人民共和国安全生产法 …………………………………… 1004

中华人民共和国社会保险法 …………………………………… 1005
中华人民共和国广告法 ………………………………………… 1006
中华人民共和国合伙企业法 …………………………………… 1007
中华人民共和国海域使用管理法 ……………………………… 1008

二、行政法规 …………………………………………………… 1009

物业管理条例 ………………………………………… ★★★ 1009
城市房地产开发经营管理条例 …………………………… ★ 1012
中华人民共和国电信条例 …………………………………… 1013
机动车交通事故责任强制保险条例 ………………………… 1013
电力供应与使用条例 ………………………………………… 1014
国有土地上房屋征收与补偿条例 …………………………… 1015
中华人民共和国民办教育促进法实施条例 ………………… 1016
探矿权采矿权转让管理办法 ………………………………… 1016
中华人民共和国招标投标法实施条例 ……………………… 1017
国有资产评估管理办法 ……………………………………… 1018
农药管理条例 ………………………………………………… 1018
中华人民共和国劳动合同法实施条例 ……………………… 1020
建设工程质量管理条例 ……………………………………… 1020

三、司法解释 …………………………………………………… 1022

最高人民法院关于适用《中华人民共和国婚姻法》
  若干问题的解释(二) ………………………… ★★★★ 1022
最高人民法院关于审理民间借贷案件适用法律若干
  问题的规定 ………………………………………… ★★★ 1023
最高人民法院关于适用《中华人民共和国担保法》
  若干问题的解释 …………………………………… ★★★ 1024
最高人民法院关于审理买卖合同纠纷案件适用法律
  问题的解释 ………………………………………… ★★★ 1028
最高人民法院关于审理建设工程施工合同纠纷案件
  适用法律问题的解释 ……………………………… ★★★ 1031

最高人民法院关于适用《中华人民共和国合同法》
  若干问题的解释(二) ······ ★★★ 1035
最高人民法院关于审理人身损害赔偿案件适用法律
  若干问题的解释 ······ ★★★ 1038
最高人民法院关于审理商品房买卖合同纠纷案件适用
  法律若干问题的解释 ······ ★★★ 1042
最高人民法院关于审理物业服务纠纷案件具体应用法律
  若干问题的解释 ······ ★★ 1046
最高人民法院关于贯彻执行《中华人民共和国民法通则》
  若干问题的意见(试行) ······ ★★ 1047
最高人民法院关于审理城镇房屋租赁合同纠纷案件具体
  应用法律若干问题的解释 ······ ★ 1049
最高人民法院关于审理融资租赁合同纠纷案件适用法律
  问题的解释 ······ ★ 1053
最高人民法院关于审理道路交通事故损害赔偿案件适用
  法律若干问题的解释 ······ 1054
最高人民法院关于适用《中华人民共和国合同法》
  若干问题的解释(一) ······ 1056
最高人民法院关于人民法院民事执行中查封、扣押、
  冻结财产的规定 ······ 1058
最高人民法院关于建设工程价款优先受偿权问题的批复 ······ 1059
最高人民法院关于审理涉及金融资产管理公司收购、管理、处置国有
  银行不良贷款形成的资产的案件适用法律若干问题的规定 ······ 1060
最高人民法院关于审理涉及农村土地承包纠纷案件适用法律
  问题的解释 ······ 1061
最高人民法院关于确定民事侵权精神损害赔偿责任若干
  问题的解释 ······ 1062
最高人民法院关于审理旅游纠纷案件适用法律若干
  问题的规定 ······ 1063
最高人民法院关于审理涉及人民调解协议的民事案件
  的若干规定 ······ 1064
最高人民法院关于审理存单纠纷案件的若干规定 ······ 1065

最高人民法院关于审理涉及国有土地使用权合同纠纷
　　案件适用法律问题的解释 …………………………… 1067
最高人民法院关于适用《中华人民共和国保险法》
　　若干问题的解释(二) ………………………………… 1068
最高人民法院关于适用《中华人民共和国婚姻法》
　　若干问题的解释(一) ………………………………… 1069
最高人民法院关于审理海上货运代理纠纷案件若干
　　问题的规定 …………………………………………… 1070
最高人民法院关于金融资产管理公司收购、处置银行
　　不良资产有关问题的补充通知 ……………………… 1070
最高人民法院关于审理劳动争议案件适用法律若干
　　问题的解释(二) ……………………………………… 1071
最高人民法院关于审理劳动争议案件适用法律若干
　　问题的解释(三) ……………………………………… 1071
最高人民法院关于适用《中华人民共和国婚姻法》
　　若干问题的解释(三) ………………………………… 1072
最高人民法院关于审理劳动争议案件适用法律若干
　　问题的解释 …………………………………………… 1072
最高人民法院关于适用简易程序审理民事案件的
　　若干规定 ……………………………………………… 1073
最高人民法院关于涉港澳民商事案件司法文书送达
　　问题若干规定 ………………………………………… 1074
最高人民法院关于在审理经济纠纷案件中涉及经济
　　犯罪嫌疑若干问题的规定 …………………………… 1074
最高人民法院关于审理铁路运输人身损害赔偿纠纷
　　案件适用法律若干问题的解释 ……………………… 1075
最高人民法院关于审理食品药品纠纷案件适用法律
　　若干问题的规定 ……………………………………… 1075
最高人民法院关于审理技术合同纠纷案件适用法律
　　若干问题的解释 ……………………………………… 1076

法律规范性文件简全称对照索引表 ………………………… 1077

后记 ……………………………………………………………… 1091

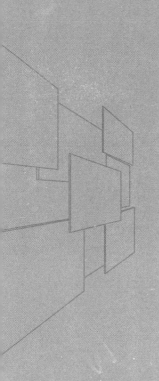

第一编
案由关联法条索引

M4　合同、无因管理、不当得利纠纷　★★★★

一、主要适用的法条及其相关度

	主要适用的法条	相关度	
民法通则	第108条【债务清偿:分期偿还、强制偿还】	★★★★★	0916
	第84条【债的定义】	★★★★	
	第106条【民事责任归责原则;违约责任;过错侵权责任;无过错侵权责任】	★	
	第134条【承担民事责任的主要方式】	★	
合同法	第60条【合同履行的原则】	★★	0209
	第107条【合同约束力;违约责任】	★★	
	第206条【借款期限的认定】	★	
婚姻法司法解释二	第24条【离婚时夫妻一方所欠债务的处理】	★	1022

二、常见适用的其他法条

	常见适用的其他法条	相关度	
担保法	第18条【连带责任保证的定义;连带责任的承担】		0909
	第19条【保证方式不明时的连带责任担保】		
	第21条【保证担保的范围;没有约定、约定不明时的担保范围】		
	第31条【保证人的追偿权】		

	常见适用的其他法条	相关度
0209 合同法	第 8 条【依法成立的合同的法律约束力】	
	第 109 条【违约责任的承担;付款义务的继续履行】	
	第 114 条【违约金的约定及其调整】	
	第 159 条【买受人应支付价款的数额认定】	
	第 207 条【逾期还款的责任承担;支付利息】	
0916 民法通则	第 5 条【合法的民事权益受法律保护】	
	第 90 条【借贷关系】	
	第 92 条【不当得利应返还】	
	第 111 条【违约履行合同义务的后果;继续履行;补救;赔偿损失】	

M4.10 合同纠纷 ★★★★★

一、主要适用的法条及其相关度

	主要适用的法条	相关度
0209 合同法	第 60 条【合同履行的原则】	★★★★★
	第 107 条【合同约束力;违约责任】	★★★★★
	第 8 条【依法成立的合同的法律约束力】	★★★
	第 44 条【合同的生效】	★★★
	第 109 条【违约责任的承担;付款义务的继续履行】	★★★
	第 52 条【合同无效的法定情形】	★★
	第 93 条【合同的约定解除;协商一致;约定条件成就】	★★
	第 94 条【合同的法定解除;法定解除权】	★★
	第 97 条【合同解除的法律后果】	★★

	主要适用的法条	相关度	
合同法	第114条【违约金的约定及其调整】	★★	0209
	第206条【借款期限的认定】	★★	
	第207条【逾期还款的责任承担:支付利息】	★★	
	第6条【诚实信用原则】	★	
	第58条【合同无效或被撤销的法律后果】	★	
	第113条【违约责任的承担:损失赔偿】	★	
	第159条【买受人应支付价款的数额认定】	★	
	第205条【借款利息支付期限的确定】	★	
保险法	第14条【投保人和保险人的义务】	★★★	0937
	第10条【保险合同和保险合同主体的定义】	★★	
	第23条【保险人赔付义务的履行及程序】	★★	
	第64条【查明保险事故的费用由保险人承担】	★★	
	第65条【责任保险的赔偿规则】	★★	
	第13条【保险合同的成立与生效】	★	
	第17条【保险人对保险合同中格式条款的说明义务;保险人对保险合同中免责条款的提示说明义务、违反该义务时免责条款无效】	★	
	第57条【保险事故发生时被保险人减损义务及费用承担】	★	
民法通则	第84条【债的定义】	★★	0916
	第108条【债务清偿:分期偿还、强制偿还】	★★	
	第106条【民事责任归责原则:违约责任;过错侵权责任;无过错侵权责任】	★	
担保法	第18条【连带责任保证的定义;连带责任的承担】	★★	0909
	第21条【保证担保的范围;没有约定、约定不明时的担保范围】	★★	
	第31条【保证人的追偿权】	★	

		主要适用的法条	相关度
0952	道路交通安全法	第76条【交通事故赔偿责任的一般条款】	★

■ 二、常见适用的其他法条

		常见适用的其他法条	相关度
0937	保险法	第2条【保险的定义】	
		第5条【保险活动当事人的诚实信用原则】	
		第55条【保险价值的确定规则】	
		第60条【保险人代位权的行使规则】	
		第66条【责任保险仲裁或诉讼中保险人承担的费用】	
0909	担保法	第12条【多人保证责任的承担】	
		第19条【保证方式不明时的连带责任担保】	
0209	合同法	第2条【合同法的调整对象;合同的定义】	
		第5条【公平原则:合同权利义务确定的原则】	
		第10条【合同的订立形式;合同的书面形式】	
		第54条【合同的变更和撤销】	
		第62条【合同内容约定不明确的履行规则;合同漏洞的填补】	
		第91条【合同权利义务终止的法定情形】	
		第96条【合同解除权的行使规则】	
		第108条【预期违约责任】	
		第112条【违约责任的承担:损失赔偿与其他责任的并存】	
		第130条【买卖合同的定义】	
		第161条【买受人支付价款的时间】	

	常见适用的其他法条	相关度
合同法	第196条【借款合同定义】	0209
	第226条【承租人租金支付期限的确定规则】	
	第263条【定作人报酬支付的期限】	
民法通则	第4条【民事活动的基本原则:自愿、公平、等价有偿、诚实信用】	0916
	第5条【合法的民事权益受法律保护】	
	第111条【违约履行合同义务的后果:继续履行;补救;赔偿损失】	
侵权责任法	第16条【人身损害赔偿项目:一般人身损害赔偿项目、伤残赔偿项目、死亡赔偿项目】	0960
人身损害赔偿司法解释	第17条【人身损害赔偿项目:一般人身损害赔偿项目、伤残赔偿项目、死亡赔偿项目】	1038
	第19条【医疗费的计算标准】	
	第20条【误工费的计算标准】	
	第21条【护理费的计算标准】	
	第23条【伙食费、住宿费的计算标准】	
合同法司法解释二	第29条【违约金的数额及其调整:适当减少】	1035
婚姻法司法解释二	第24条【离婚时夫妻一方所欠债务的处理】	1022

M4.10.66 缔约过失责任纠纷 ★★★

▨ 主要适用的法条及其相关度

	主要适用的法条	相关度
合同法	第42条【缔约过失责任;合同订立过程中承担损害赔偿责任的情形】	★★★★★
	第58条【合同无效或被撤销的法律后果】	★★
	第6条【诚实信用原则】	★
	第60条【合同履行的原则】	★
	第107条【合同约束力;违约责任】	★

M4.10.67 确认合同效力纠纷 ★★★★

▨ 一、主要适用的法条及其相关度

	主要适用的法条	相关度
合同法	第44条【合同的生效】	★★★★★
	第52条【合同无效的法定情形】	★★★★★
	第8条【依法成立的合同的法律约束力】	★★★★
	第60条【合同履行的原则】	★★★
	第51条【无权处分合同的效力;经追认或取得处分权的有效】	★★
	第54条【合同的变更和撤销】	★★
	第58条【合同无效或被撤销的法律后果】	★★
	第107条【合同约束力;违约责任】	★★
	第6条【诚实信用原则】	★
	第32条【书面合同自双方当事人签字或盖章时成立】	★

	主要适用的法条	相关度	
合同法	第56条【合同无效或被撤销的溯及力;部分无效不影响其他独立部分的效力】	★	0209
	第94条【合同的法定解除;法定解除权】	★	
	第130条【买卖合同的定义】	★	
民法通则	第55条【民事法律行为的有效条件】	★	0916
物权法	第15条【设立、变更、转让、消灭不动产物权的合同的效力;合同成立时生效】	★	0927

■ 二、常见适用的其他法条

	常见适用的其他法条	相关度	
合同法	第4条【合同自愿原则】		0209
	第7条【遵纪守法原则】		
	第9条【合同当事人资格;民事权利能力、民事行为能力;可委托代理人订立合同的规定】		
	第10条【合同的订立形式;合同的书面形式】		
	第45条【附条件的合同】		
	第48条【无权代理人订立合同的法律后果】		
	第49条【表见代理的构成及其效力】		
	第55条【撤销权消灭的法定情形】		
	第93条【合同的约定解除;协商一致;约定条件成就】		
	第96条【合同解除权的行使规则】		
	第135条【出卖人的义务;交付、移转所有权】		
婚姻法	第17条【夫妻共同财产的范围】		0953

		常见适用的其他法条	相关度
0916	民法通则	第4条【民事活动的基本原则:自愿、公平、等价有偿、诚实信用】	
		第5条【合法的民事权益受法律保护】	
		第54条【民事法律行为的定义】	
		第57条【民事法律行为的效力】	
		第58条【民事行为无效的法定情形】	
0942	土地管理法	第62条【农村村民的宅基地及住宅用地规定】	
		第63条【农民集体所有的土地使用权的用途限制】	
0927	物权法	第9条【不动产物权的登记生效原则;国家自然资源所有权登记的特殊规定】	
		第97条【共有人对共有财产进行处分或重大修缮时的表决权规则】	
		第106条【善意取得的构成条件】	
1047	民通意见	第1条【公民的民事权利能力自出生时开始:户籍证明、医院出具的出生证明、其他证明】	
1028	买卖合同司法解释	第3条【不能以出卖人在缔约时对标的物没有所有权或处分权为由主张合同无效;出卖人未取得所有权或处分权致使标的物所有权不能转移买受人可以要求出卖人承担违约责任或解除合同主张损害赔偿】	
1042	商品房买卖合同纠纷司法解释	第1条【商品房买卖合同的定义】	
1035	合同法司法解释二	第14条【合同无效的情形:"强制性规定"的定义】	

M4.10.67.1 确认合同有效纠纷 ★★★★

一、主要适用的法条及其相关度

	主要适用的法条	相关度	
合同法	第44条【合同的生效】	★★★★★	0209
	第8条【依法成立的合同的法律约束力】	★★★	
	第52条【合同无效的法定情形】	★★★	
	第60条【合同履行的原则】	★★★	
	第107条【合同约束力:违约责任】	★★	
	第32条【书面合同自双方当事人签字或盖章时成立】	★	
	第130条【买卖合同的定义】	★	
民法通则	第55条【民事法律行为的有效条件】	★	0916
物权法	第15条【设立、变更、转让、消灭不动产物权的合同的效力:合同成立时生效】	★	0927

二、常见适用的其他法条

	常见适用的其他法条	相关度	
合同法	第6条【诚实信用原则】		0209
	第9条【合同当事人资格:民事权利能力、民事行为能力;可委托代理人订立合同的规定】		
	第49条【表见代理的构成及其效力】		
	第51条【无权处分合同的效力:经追认或取得处分权的有效】		
	第114条【违约金的约定及其调整】		
	第135条【出卖人的义务:交付、移转所有权】		

0012　合同、无因管理、不当得利纠纷

0916

	常见适用的其他法条	相关度
民法通则	第57条【民事法律行为的效力】	
	第85条【合同的定义】	
	第106条【民事责任归责原则；违约责任；过错侵权责任；无过错侵权责任】	
	第111条【违约履行合同义务的后果：继续履行；补救；赔偿损失】	

M4.10.67.2　确认合同无效纠纷 ★★★★

一、主要适用的法条及其相关度

0209

	主要适用的法条	相关度
合同法	第52条【合同无效的法定情形】	★★★★★
	第58条【合同无效或被撤销的法律后果】	★★★
	第44条【合同的生效】	★★
	第51条【无权处分合同的效力；经追认或取得处分权的有效】	★★
	第8条【依法成立的合同的法律约束力】	★
	第56条【合同无效或被撤销的溯及力；部分无效不影响其他独立部分的效力】	★

二、常见适用的其他法条

0209

	常见适用的其他法条	相关度
合同法	第6条【诚实信用原则】	
	第7条【遵纪守法原则】	
	第48条【无权代理人订立合同的法律后果】	
	第49条【表见代理的构成及其效力】	
	第54条【合同的变更和撤销】	
	第60条【合同履行的原则】	

	常见适用的其他法条	相关度	
婚姻法	第17条【夫妻共同财产的范围】		0953
民法通则	第5条【合法的民事权益受法律保护】		0916
	第55条【民事法律行为的有效条件】		
	第58条【民事行为无效的法定情形】		
土地管理法	第2条【我国土地所有制度：社会主义公有制；依法征收征用；有偿使用】		0942
	第62条【农村村民的宅基地及住宅用地规定】		
	第63条【农民集体所有的土地使用权的用途限制】		
物权法	第97条【共有人对共有财产进行处分或重大修缮时的表决权规则】		0927
	第106条【善意取得的构成条件】		
民通意见	第1条【公民的民事权利能力自出生时开始；户籍证明、医院出具的出生证明、其他证明】		1047
买卖合同司法解释	第3条【不能以出卖人在缔约时对标的物没有所有权或处分权为由主张合同无效；出卖人未取得所有权或处分权致使标的物所有权不能转移买受人可以要求出卖人承担违约责任或解除合同主张损害赔偿】		1028

M4.10.68 债权人代位权纠纷 ★★★

■ 主要适用的法条及其相关度

	主要适用的法条	相关度	
合同法	第73条【债权人代位权】	★★★★★	0209
	第60条【合同履行的原则】	★	
	第107条【合同约束力；违约责任】	★	
	第206条【借款期限的认定】	★	

		主要适用的法条	相关度
1056	合同法司法解释一	第11条【债权人的代位权；债权人提起代位权诉讼的条件】	★★★
		第13条【债权人的代位权；对债务人怠于行使其到期债权，对偿权人造成损害的界定；次债务人的举证责任】	★★
		第20条【认定代位权成立的法律后果】	★★
		第19条【代位权诉讼债权人胜诉时诉讼费的负担规则】	★
1058	民事执行查封扣押冻结财产规定	第14条【对被执行人与他人共有的财产进行查封、扣押、冻结的决定】	★

M4.10.69 债权人撤销权纠纷 ★★★★

一、主要适用的法条及其相关度

		主要适用的法条	相关度
0209	合同法	第74条【债权人的撤销权】	★★★★★
		第75条【撤销权的行使期限】	★★
		第54条【合同的变更和撤销】	★

二、常见适用的其他法条

		常见适用的其他法条	相关度
0209	合同法	第52条【合同无效的法定情形】	
		第58条【合同无效或被撤销的法律后果】	
1035	合同法司法解释二	第19条【明显不合理的低价的确认；视为明显不合理的低价的情形；视为明显不合理的高价的情形；债务人以明显不合理的高价收购他人财产的撤销】	

	常见适用的其他法条	相关度	
合同法司法解释一	第25条【债权人的撤销权；债权人行使撤销权的效力】；债权人撤销权诉讼的合并审理】		1056
	第26条【行使撤销权的必要费用负担】		

M4.10.70 债权转让合同纠纷 ★★★★

M4.10.70

一、主要适用的法条及其相关度

	主要适用的法条	相关度	
合同法	第79条【债权人不得转让合同权利的情形】	★★★★★	0209
	第80条【债权人转让债权的通知义务】	★★★★★	
	第60条【合同履行的原则】	★★★	
	第81条【债权转让从权利一并转让】	★★★	
	第107条【合同约束力；违约责任】	★★★	
	第206条【借款期限的认定】	★★★	
	第207条【逾期还款的责任承担：支付利息】	★★★	
	第8条【依法成立的合同的法律约束力】	★★	
	第205条【借款利息支付期限的确定】	★★	
	第82条【债务抗辩转移】	★	
	第109条【违约责任的承担：付款义务的继续履行】	★	
	第196条【借款合同定义】	★	
	第211条【自然人之间借款合同利息的规制】	★	
民法通则	第108条【债务清偿：分期偿还、强制偿还】	★★	0916
	第84条【债的定义】	★	
担保法	第18条【连带责任保证的定义；连带责任的承担】	★★	0909
	第21条【保证担保的范围；没有约定、约定不明时的担保范围】	★★	
	第31条【保证人的追偿权】	★	

0016 合同、无因管理、不当得利纠纷

		主要适用的法条	相关度
1022	婚姻法司法解释二	第24条【离婚时夫妻一方所欠债务的处理】	★

二、常见适用的其他法条

		常见适用的其他法条	相关度
0909	担保法	第19条【保证方式不明时的连带责任担保】	
		第22条【主债权转让时保证人的保证责任】	
		第33条【抵押、抵押权人、抵押人以及抵押物的概念】	
0209	合同法	第44条【合同的生效】	
		第114条【违约金的约定及其调整】	
		第159条【买受人应支付价款的数额认定】	
		第161条【买受人支付价款的时间】	
0916	民法通则	第90条【借贷关系】	
		第106条【民事责任归责原则;违约责任;过错侵权责任;无过错侵权责任】	

M4.10.71 债务转移合同纠纷 ★★★★

一、主要适用的法条及其相关度

		主要适用的法条	相关度
0209	合同法	第84条【合同义务的转移】	★★★★★
		第60条【合同履行的原则】	★★★
		第107条【合同约束力;违约责任】	★★★
		第8条【依法成立的合同的法律约束力】	★★
		第86条【从债务随主债务转移、从债务专属于原债务人的除外】	★★
		第206条【借款期限的认定】	★★

	主要适用的法条	相关度	
合同法	第44条【合同的生效】	★	0209
	第85条【债务人转让义务时新债务人同时获得对于债权人的抗辩权】	★	
	第109条【违约责任的承担:付款义务的继续履行】	★	
	第207条【逾期还款的责任承担:支付利息】	★	
民法通则	第108条【债务清偿:分期偿还、强制偿还】	★★★	0916
	第84条【债的定义】	★★	

■ 二、常见适用的其他法条

	常见适用的其他法条	相关度	
担保法	第18条【连带责任保证的定义;连带责任的承担】		0909
	第19条【保证方式不明时的连带责任担保】		
	第21条【保证担保的范围;没有约定、约定不明时的担保范围】		
	第31条【保证人的追偿权】		
合同法	第77条【变更合同的条件与要求】		0209
	第80条【债权人转让债权的通知义务】		
	第88条【合同权利义务的概括转移、概括承受】		
	第114条【违约金的约定及其调整】		
	第196条【借款合同定义】		
	第205条【借款利息支付期限的确定】		
	第211条【自然人之间借款合同利息的规制】		
民法通则	第44条【企业法人分立、合并后的登记公告与债权债务的承继】		0916
	第90条【借贷关系】		
	第106条【民事责任归责原则:违约责任;过错侵权责任;无过错侵权责任】		

M4.10.72 债权债务概括转移合同纠纷 ★★

主要适用的法条及其相关度

	主要适用的法条	相关度
合同法	第60条【合同履行的原则】	★★★★★
	第88条【合同权利义务的概括转移、概括承受】	★★★★★
	第107条【合同约束力;违约责任】	★★★★★
	第8条【依法成立的合同的法律约束力】	★★★
	第79条【债权人不得转让合同权利的情形】	★★★
	第80条【债权人转让债权的通知义务】	★★★
	第84条【合同义务的转移】	★★★
	第89条【合同权利和义务一并转让应当适用的有关条款】	★★
	第109条【违约责任的承担;付款义务的继续履行】	★★
	第114条【违约金的约定及其调整】	★★
	第44条【合同的生效】	★
	第52条【合同无效的法定情形】	★
	第54条【合同的变更和撤销】	★
	第58条【合同无效或被撤销的法律后果】	★
	第81条【债权转让从权利一并转让】	★
	第86条【从债务随主债务转移、从债务专属于原债务人的除外】	★
	第94条【合同的法定解除;法定解除权】	★
	第96条【合同解除权的行使规则】	★
	第97条【合同解除的法律后果】	★
	第159条【买受人应支付价款的数额认定】	★
	第206条【借款期限的认定】	★
	第207条【逾期还款的责任承担;支付利息】	★

	主要适用的法条	相关度	
民法通则	第84条【债的定义】	★	0916
	第108条【债务清偿:分期偿还、强制偿还】	★	
担保法	第18条【连带责任保证的定义;连带责任的承担】	★	0909

M4.10.73 悬赏广告纠纷 ·· ★

M4.10.73

■ 常见适用的法条

	常见适用的法条	相关度	
合同法	第6条【诚实信用原则】		0209
	第60条【合同履行的原则】		
	第109条【违约责任的承担:付款义务的继续履行】		
民法通则	第5条【合法的民事权益受法律保护】		0916
	第106条【民事责任归责原则:违约责任;过错侵权责任;无过错侵权责任】		

M4.10.74 买卖合同纠纷 ·· ★★★★★

M4.10.74

■ 一、主要适用的法条及其相关度

	主要适用的法条	相关度	
合同法	第107条【合同约束力;违约责任】	★★★★★	0209
	第159条【买受人应支付价款的数额认定】	★★★★★	
	第161条【买受人支付价款的时间】	★★★★	
	第60条【合同履行的原则】	★★★	
	第109条【违约责任的承担:付款义务的继续履行】	★★★	
	第130条【买卖合同的定义】	★★★	
	第8条【依法成立的合同的法律约束力】	★★	
	第44条【合同的生效】	★★	

		主要适用的法条	相关度
0209	合同法	第62条【合同内容约定不明确的履行规则;合同漏洞的填补】	★
		第113条【违约责任的承担;损失赔偿】	★
0916	民法通则	第84条【债的定义】	★★
		第108条【债务清偿;分期偿还、强制偿还】	★★
0909	担保法	第18条【连带责任保证的定义;连带责任的承担】	★
1028	买卖合同司法解释	第24条【买卖合同逾期付款违约金的适用规则】	★★
1022	婚姻法司法解释二	第24条【离婚时夫妻一方所欠债务的处理】	★

■ 二、常见适用的其他法条

		常见适用的其他法条	相关度
0909	担保法	第19条【保证方式不明时的连带责任担保】	
		第21条【保证担保的范围;没有约定、约定不明时的担保范围】	
		第31条【保证人的追偿权】	
0209	合同法	第6条【诚实信用原则】	
		第10条【合同的订立形式;合同的书面形式】	
		第61条【合同内容约定不明确的处理规则;合同漏洞的填补】	
		第94条【合同的法定解除;法定解除权】	
		第97条【合同解除的法律后果】	
		第112条【违约责任的承担;损失赔偿与其他责任的并存】	
0916	民法通则	第106条【民事责任归责原则;违约责任;过错侵权责任;无过错侵权责任】	

	常见适用的其他法条	相关度	
合同法司法解释二	第29条【违约金的数额及其调整：适当减少】		1035

M4.10.74.1 分期付款买卖合同纠纷 ★★★★

一、主要适用的法条及其相关度

	主要适用的法条	相关度	
合同法	第107条【合同约束力：违约责任】	★★★★★	0209
	第159条【买受人应支付价款的数额认定】	★★★★★	
	第60条【合同履行的原则】	★★★★	
	第109条【违约责任的承担：付款义务的继续履行】	★★★★	
	第161条【买受人支付价款的时间】	★★★★	
	第8条【依法成立的合同的法律约束力】	★★★	
	第114条【违约金的约定及其调整】	★★★	
	第130条【买卖合同的定义】	★★★	
	第167条【分期付款买卖合同出卖人的法定解除权】	★★	
	第44条【合同的生效】	★	
	第113条【违约责任的承担：损失赔偿】	★	
民法通则	第108条【债务清偿：分期偿还、强制偿还】	★★★	0916
	第84条【债的定义】	★★	
担保法	第18条【连带责任保证的定义；连带责任的承担】	★★	0909
	第21条【保证担保的范围；没有约定、约定不明时的担保范围】	★★	
	第31条【保证人的追偿权】	★	
买卖合同司法解释	第24条【买卖合同逾期付款违约金的适用规则】	★	1028

■ 二、常见适用的其他法条

		常见适用的其他法条	相关度
0909	担保法	第19条【保证方式不明时的连带责任担保】	
0209	合同法	第6条【诚实信用原则】	
		第62条【合同内容约定不明确的履行规则;合同漏洞的填补】	
		第94条【合同的法定解除;法定解除权】	
		第97条【合同解除的法律后果】	
		第112条【违约责任的承担:损失赔偿与其他责任的并存】	
		第206条【借款期限的认定】	
0916	民法通则	第106条【民事责任归责原则;违约责任;过错侵权责任;无过错侵权责任】	
		第111条【违约履行合同义务的后果:继续履行;补救;赔偿损失】	
1022	婚姻法司法解释二	第24条【离婚时夫妻一方所欠债务的处理】	

M4.10.74.2 凭样品买卖合同纠纷 ★★★

■ 主要适用的法条及其相关度

		主要适用的法条	相关度
0916	民法通则	第108条【债务清偿:分期偿还、强制偿还】	★★★★★
		第84条【债的定义】	★★★★
		第106条【民事责任归责原则;违约责任;过错侵权责任;无过错侵权责任】	★

	主要适用的法条	相关度	
合同法	第60条【合同履行的原则】	★★★★★	0209
	第107条【合同约束力：违约责任】	★★★★★	
	第130条【买卖合同的定义】	★★★★★	
	第159条【买受人应支付价款的数额认定】	★★★★★	
	第109条【违约责任的承担：付款义务的继续履行】	★★★★	
	第161条【买受人支付价款的时间】	★★★	
	第8条【依法成立的合同的法律约束力】	★★	
	第44条【合同的生效】	★	
	第114条【违约金的约定及其调整】	★	
公司法	第3条【公司法人制度】	★	0955
买卖合同司法解释	第24条【买卖合同逾期付款违约金的适用规则】	★	1028

M4.10.74.3 试用买卖合同纠纷 ★★

■ 主要适用的法条及其相关度

	主要适用的法条	相关度	
合同法	第60条【合同履行的原则】	★★★★★	0209
	第107条【合同约束力：违约责任】	★★★★	
	第109条【违约责任的承担：付款义务的继续履行】	★★★	
	第8条【依法成立的合同的法律约束力】	★★	
	第114条【违约金的约定及其调整】	★★	
	第159条【买受人应支付价款的数额认定】	★★	
	第161条【买受人支付价款的时间】	★★	
	第44条【合同的生效】	★	
	第58条【合同无效或被撤销的法律后果】	★	

	主要适用的法条	相关度
0209 合同法	第79条【债权人不得转让合同权利的情形】	★
	第130条【买卖合同的定义】	★
	第170条【试用买卖的试用期间】	★
	第171条【试用买卖中买受人对标的物的购买】	★
0916 民法通则	第92条【不当得利应返还】	★
1028 买卖合同司法解释	第24条【买卖合同逾期付款违约金的适用规则】	★

M4.10.74.4 互易纠纷 ★★

■ 主要适用的法条及其相关度

	主要适用的法条	相关度
0209 合同法	第60条【合同履行的原则】	★★★★★
	第107条【合同约束力:违约责任】	★★★★
	第175条【互易合同参照买卖合同的规定】	★★★★
	第8条【依法成立的合同的法律约束力】	★★★
	第114条【违约金的约定及其调整】	★★★
	第159条【买受人应支付价款的数额认定】	★★★
	第161条【买受人支付价款的时间】	★★★
	第62条【合同内容约定不明确的履行规则:合同漏洞的填补】	★★
	第108条【预期违约责任】	★★
	第110条【非金钱债务的继续履行及其例外:债权人不得要求对方继续履行的情形】	★★
	第135条【出卖人的义务:交付、移转所有权】	★★
	第6条【诚实信用原则】	★

	主要适用的法条	相关度	
合同法	第10条【合同的订立形式;合同的书面形式】	★	0209
	第44条【合同的生效】	★	
	第61条【合同内容约定不明确的处理规则:合同漏洞的填补】	★	
	第94条【合同的法定解除;法定解除权】	★	
	第97条【合同解除的法律后果】	★	
	第109条【违约责任的承担:付款义务的继续履行】	★	
	第120条【双方违约应各自承担违约责任】	★	
	第130条【买卖合同的定义】	★	
	第154条【标的物质量要求没有约定或约定不明时的认定规则】	★	
民法通则	第84条【债的定义】	★★★	0916
	第88条【合同内容约定不明确的处理规则;合同漏洞的填补】	★★★	
	第108条【债务清偿:分期偿还、强制偿还】	★★	

M4.10.74.5 国际货物买卖合同纠纷 ★★

■ 主要适用的法条及其相关度

	主要适用的法条	相关度	
合同法	第107条【合同约束力;违约责任】	★★★★★	0209
	第60条【合同履行的原则】	★★★★	
	第159条【买受人应支付价款的数额认定】	★★★	
	第161条【买受人支付价款的时间】	★★★	
	第44条【合同的生效】	★★	
	第94条【合同的法定解除;法定解除权】	★★	
	第109条【违约责任的承担:付款义务的继续履行】	★★	

		主要适用的法条	相关度
0209	合同法	第8条【依法成立的合同的法律约束力】	★
		第97条【合同解除的法律后果】	★
		第112条【违约责任的承担:损失赔偿与其他责任的并存】	★
		第113条【违约责任的承担:损失赔偿】	★
		第114条【违约金的约定及其调整】	★
		第130条【买卖合同的定义】	★
0997	涉外民事关系法律适用法	第41条【合同的法律适用】	★★★★
0909	担保法	第18条【连带责任保证的定义;连带责任的承担】	★
		第31条【保证人的追偿权】	★

M4.10.74.6 网络购物合同纠纷 ★★

主要适用的法条及其相关度

		主要适用的法条	相关度
0966	消保法	第55条【经营者的惩罚性赔偿责任】	★★★★★
		第20条【经营者的法定义务】	★★★
		第44条【网络交易平台提供者的责任】	★★★
		第2条【消费者保护法的调整范围】	★
		第4条【经营者与消费者进行交易时应当遵循的原则】	★
		第8条【消费者享有知情权】	★
		第16条【经营者的法定义务、约定义务和诚信义务以及禁止性规定】	★
		第40条【消费者因购买、使用商品或服务遭受损害的赔偿主体:生产者、销售者;先行赔偿人的追偿权】	★
		第45条【发布虚假广告或进行虚假宣传的责任承担】	★

	主要适用的法条	相关度	
食品安全法	第96条【食品进口相关企业的登记和备案义务】	★★★	0985
	第28条【食品安全国家标准的制定及审查】	★	
	第29条【地方特色食品的地方安全标准的制定、备案和废止】	★	
	第39条【食品添加剂生产的许可制度】	★	
	第67条【预包装食品上标签标明的事项】	★	
	第148条【消费者因食品受到损害时的求偿权：首负责制与追偿；惩罚性赔偿】	★	
合同法	第54条【合同的变更和撤销】	★★	0209
	第60条【合同履行的原则】	★★	
	第113条【违约责任的承担：损失赔偿】	★★	
	第8条【依法成立的合同的法律约束力】	★	
	第58条【合同无效或被撤销的法律后果】	★	
	第93条【合同的约定解除：协商一致；约定条件成就】	★	
	第97条【合同解除的法律后果】	★	
	第107条【合同约束力：违约责任】	★	
	第130条【买卖合同的定义】	★	
侵权责任法	第47条【产品责任的惩罚性赔偿】	★	0960
产品质量法	第40条【销售者的责任承担】	★	0980

M4.10.74.7 电视购物合同纠纷 ★

■ 常见适用的法条

		常见适用的法条	相关度
1006	广告法	第54条【消费者组织的监督义务】	
		第55条【发布虚假广告的责任】	
0209	合同法	第8条【依法成立的合同的法律约束力】	
		第44条【合同的生效】	
		第60条【合同履行的原则】	
		第94条【合同的法定解除;法定解除权】	
		第97条【合同解除的法律后果】	
		第107条【合同约束力:违约责任】	
		第111条【违约责任的承担:质量不符合约定的违约责任】	
		第113条【违约责任的承担:损失赔偿】	
		第130条【买卖合同的定义】	
0985	食品安全法	第2条【食品安全法的调整范围】	
		第3条【食品安全工作以预防为主的监督管理制度的建立】	
		第19条【食品安全的风险评估机制】	
		第20条【相关行政部门及时互相通报食品、食用农产品安全风险监测等信息的规定】	
		第96条【食品进口相关企业的登记和备案义务】	
0966	消保法	第7条【消费者人身、财产安全不受损害的权利】	
		第9条【消费者的自主选择权】	
		第11条【消费者因消费活动遭受的损害有依法获得赔偿的权利】	

	常见适用的法条	相关度	
消保法	第25条【经营者采用网络、电视、电话、邮购等方式销售商品的退货义务及例外】		0966
	第45条【发布虚假广告或进行虚假宣传的责任承担】		
	第48条【经营者应当对消费者承担责任的情形】		
	第54条【经营者对依法经有关行政部门认定为不合格商品的退货义务】		
	第55条【经营者的惩罚性赔偿责任】		
食品药品纠纷司法解释	第5条【食品药品纠纷违约与侵权的不同举证责任】		1075

M4.10.75 招标投标买卖合同纠纷 ……………★★

M4.10.75

■ 主要适用的法条及其相关度

	主要适用的法条	相关度	
合同法	第60条【合同履行的原则】	★★★★★	0209
	第107条【合同约束力；违约责任】	★★★★★	
	第15条【要约邀请及其主要类型】	★★★	
	第42条【缔约过失责任；合同订立过程中承担损害赔偿责任的情形】	★★★	
	第172条【招标投标买卖的法律适用】	★★★	
	第6条【诚实信用原则】	★★	
	第8条【依法成立的合同的法律约束力】	★	
	第13条【订立合同的方式：要约、承诺】	★	
	第14条【要约的定义及其构成要件】	★	
	第16条【要约的生效时间】	★	
	第44条【合同的生效】	★	

		主要适用的法条	相关度
0209	合同法	第45条【附条件的合同】	★
		第94条【合同的法定解除;法定解除权】	★
		第97条【合同解除的法律后果】	★
		第109条【违约责任的承担;付款义务的继续履行】	★
		第114条【违约金的约定及其调整】	★
0981	招标投标法	第5条【招标投标活动应当遵循的原则:公开、公平、公正和诚实信用】	★★★
		第34条【开标时间与地点】	★★★
		第45条【中标结果的通知;中标通知书的法律效力】	★★★
		第46条【合同的签订;履约保证金】	★★★
		第35条【开标】	★★
		第36条【投标文件的拆封与宣读、开标过程应记录存档】	★★
		第37条【评标委员会的职责与组成】	★★
		第10条【招标的方式:公开招标;邀请招标】	★
0916	民法通则	第108条【债务清偿:分期偿还、强制偿还】	★★★
		第84条【债的定义】	★
1017	招标投标法实施条例	第57条【招标人和中标人签订书面合同;投标保证金的退还】	★★★
1028	买卖合同司法解释	第24条【买卖合同逾期付款违约金的适用规则】	★★

M4.10.76 拍卖合同纠纷 ★★

■ 主要适用的法条及其相关度

	主要适用的法条	相关度	
合同法	第60条【合同履行的原则】	★★★★★	0209
	第107条【合同约束力;违约责任】	★★★★★	
	第8条【依法成立的合同的法律约束力】	★★★	
	第6条【诚实信用原则】	★★	
	第44条【合同的生效】	★★	
	第52条【合同无效的法定情形】	★★	
	第94条【合同的法定解除;法定解除权】	★★	
	第97条【合同解除的法律后果】	★★	
	第54条【合同的变更和撤销】	★	
	第58条【合同无效或被撤销的法律后果】	★	
	第93条【合同的约定解除;协商一致;约定条件成就】	★	
	第113条【违约责任的承担;损失赔偿】	★	
	第114条【违约金的约定及其调整】	★	
	第173条【拍卖的法律适用】	★	
拍卖法	第39条【买受人支付拍卖物价款的义务和拍卖标的再拍卖时的佣金支付及价款差额补足义务】	★★★	0975
	第61条【拍卖人、委托人的瑕疵担保责任;拍卖人、委托人声明义务、拍卖人的赔偿责任;拍卖人的追偿权、拍卖人、委托人的免责事由;因拍卖标的存在缺陷致人损害请求赔偿的诉讼时效期间与法律适用】	★★★	
	第6条【拍卖标的】	★★	
	第56条【拍卖佣金比例的确定;拍卖未成交时的合理费用】	★★	

0032　合同、无因管理、不当得利纠纷

		主要适用的法条	相关度
0975	拍卖法	第3条【拍卖的定义】	★
		第4条【拍卖活动遵循的原则：公开、公平、公正、诚实信用】	★
		第18条【拍卖人有权要求委托人说明标的来源和瑕疵；拍卖人对竞买人的说明义务】	★
		第24条【拍卖人交付价款、转移拍卖标的的义务】	★
		第31条【委托人移交拍卖标的的义务】	★
		第40条【买受人未按约定取得拍卖标的时拍卖人或委托人的违约责任；买受人未按约定受领拍卖标的的费用承担】	★
		第52条【拍卖成交确认书的签署】	★
		第55条【拍卖标的证照变更、产权过户手续的办理】	★
0916	民法通则	第4条【民事活动的基本原则：自愿、公平、等价有偿、诚实信用】	★
		第106条【民事责任归责原则：违约责任；过错侵权责任；无过错侵权责任】	★
		第108条【债务清偿：分期偿还、强制偿还】	★

M4.10.77

M4.10.77　建设用地使用权合同纠纷 ………………… ★★

▪ 主要适用的法条及其相关度

		主要适用的法条	相关度
0209	合同法	第8条【依法成立的合同的法律约束力】	★★★★★
		第60条【合同履行的原则】	★★★★★
		第52条【合同无效的法定情形】	★★★★
		第107条【合同约束力：违约责任】	★★★★
		第58条【合同无效或被撤销的法律后果】	★★★
		第97条【合同解除的法律后果】	★★★

	主要适用的法条	相关度	
合同法	第32条【书面合同自双方当事人签字或盖章时成立】	★★	0209
	第94条【合同的法定解除;法定解除权】	★★	
	第114条【违约金的约定及其调整】	★★	
	第44条【合同的生效】	★	
	第56条【合同无效或被撤销的溯及力;部分无效不影响其他独立部分的效力】	★	
	第91条【合同权利义务终止的法定情形】	★	
	第109条【违约责任的承担:付款义务的继续履行】	★	
	第112条【违约责任的承担:损失赔偿与其他责任的并存】	★	
	第126条【涉外合同的法律适用】	★	
	第130条【买卖合同的定义】	★	
	第135条【出卖人的义务:交付、移转所有权】	★	
民法通则	第108条【债务清偿:分期偿还、强制偿还】	★★	0916
	第4条【民事活动的基本原则:自愿、公平、等价有偿、诚实信用】	★	
	第63条【代理的界定及不得代理的情形】	★	
	第135条【诉讼时效期间:两年】	★	
	第137条【诉讼时效期间的起算日和最长保护期限】	★	
土地管理法	第2条【我国土地所有制度:社会主义公有制;依法征收征用;有偿使用】	★★	0942
	第63条【农民集体所有的土地使用权的用途限制】	★	

		主要适用的法条	相关度
0927	物权法	第144条【建设用地使用权流转的形式要件与期限限制】	★★
		第9条【不动产物权的登记生效原则;国家自然资源所有权登记的特殊规定】	★
		第14条【不动产物权变动的登记及生效时间】	★
		第15条【设立、变更、转让、消灭不动产物权的合同的效力:合同成立时生效】	★
		第143条【建设用地使用权的流转方式】	★
		第145条【建设用地使用权流转登记】	★
1000	房地产管理法	第15条【土地使用权出让合同:书面形式、合同主体】	★
		第18条【改变约定的土地用途】	★
1067	国有土地使用权合同纠纷司法解释	第9条【未取得出让土地使用权证书的土地使用权转让合同的效力】	★

M4.10.77.1 建设用地使用权出让合同纠纷 ……… ★★★

■ 主要适用的法条及其相关度

		主要适用的法条	相关度
0209	合同法	第60条【合同履行的原则】	★★★★★
		第107条【合同约束力:违约责任】	★★★★★
		第114条【违约金的约定及其调整】	★★★★
		第8条【依法成立的合同的法律约束力】	★★★
		第44条【合同的生效】	★★
		第109条【违约责任的承担:付款义务的继续履行】	▲▲
		第52条【合同无效的法定情形】	★
		第58条【合同无效或被撤销的法律后果】	★

	主要适用的法条	相关度	
合同法	第94条【合同的法定解除;法定解除权】	★	0209
	第97条【合同解除的法律后果】	★	
	第113条【违约责任的承担:损失赔偿】	★	
合同法司法解释二	第29条【违约金的数额及其调整:适当减少】	★	1035
审理民间借贷案件规定	第30条【同时约定逾期利率、违约金、其他费用的适用规则】	★	1023

M4.10.77.2 建设用地使用权转让合同纠纷 ★★★

■ 主要适用的法条及其相关度

	主要适用的法条	相关度	
合同法	第60条【合同履行的原则】	★★★★★	0209
	第107条【合同约束力:违约责任】	★★★★★	
	第8条【依法成立的合同的法律约束力】	★★★	
	第44条【合同的生效】	★★★	
	第52条【合同无效的法定情形】	★★★	
	第58条【合同无效或被撤销的法律后果】	★★★	
	第94条【合同的法定解除;法定解除权】	★★	
	第97条【合同解除的法律后果】	★★	
	第114条【违约金的约定及其调整】	★★	
	第6条【诚实信用原则】	★	
	第51条【无权处分合同的效力:经追认或取得处分权的有效】	★	
	第56条【合同无效或被撤销的溯及力;部分无效不影响其他独立部分的效力】	★	

		主要适用的法条	相关度
0209	合同法	第91条【合同权利义务终止的法定情形】	★
		第93条【合同的约定解除：协商一致；约定条件成就】	★
		第109条【违约责任的承担：付款义务的继续履行】	★
0909	担保法	第12条【多人保证责任的承担】	★
		第13条【保证合同的订立形式：书面形式】	★
		第15条【保证合同的内容：主债权、债务履行期限、保证方式、保证范围、保证期间】	★
		第19条【保证方式不明时的连带责任担保】	★
0927	物权法	第15条【设立、变更、转让、消灭不动产物权的合同的效力：合同成立时生效】	★
0942	土地管理法	第63条【农民集体所有的土地使用权的用途限制】	★
1067	国有土地使用权合同纠纷司法解释	第9条【未取得出让土地使用权证书的土地使用权转让合同的效力】	★
1035	合同法司法解释二	第29条【违约金的数额及其调整：适当减少】	★

M4.10.78 临时用地合同纠纷 ······ ★

■ 常见适用的法条

		常见适用的法条	相关度
0991	村委会组织法	第24条【经村民会议讨论决定方可办理的事项；村民代表会议需经村民会议授权】	

	常见适用的法条	相关度
海域使用管理法	第27条【海域使用权的变更、转让和继承】	1008
合同法	第6条【诚实信用原则】	0209
	第8条【依法成立的合同的法律约束力】	
	第52条【合同无效的法定情形】	
	第54条【合同的变更和撤销】	
	第58条【合同无效或被撤销的法律后果】	
	第60条【合同履行的原则】	
	第77条【变更合同的条件与要求】	
	第88条【合同权利义务的概括转移、概括承受】	
	第93条【合同的约定解除:协商一致;约定条件成就】	
	第94条【合同的法定解除;法定解除权】	
	第107条【合同约束力:违约责任】	
	第109条【违约责任的承担:付款义务的继续履行】	
	第114条【违约金的约定及其调整】	
	第212条【租赁合同的定义】	
	第226条【承租人租金支付期限的确定规则】	
民法通则	第84条【债的定义】	0916
	第85条【合同的定义】	
	第106条【民事责任归责原则:违约责任;过错侵权责任;无过错侵权责任】	
农村土地承包法	第16条【土地承包方的权利:使用、收益、流转、组织生产、获得补偿】	0945

0038 合同、无因管理、不当得利纠纷

		常见适用的法条	相关度
0942	土地管理法	第13条【依法登记的土地的所有权和使用权受法律保护】	
		第57条【临时使用土地的报批;不得改变临时用地的用途;临时使用土地的期限】	
0927	物权法	第42条【不动产的征收及其补偿】	
		第132条【承包地被征收时的补偿请求权】	

M4.10.79 探矿权转让合同纠纷 ★

常见适用的法条

		常见适用的法条	相关度
0209	合同法	第6条【诚实信用原则】	
		第8条【依法成立的合同的法律约束力】	
		第9条【合同当事人资格:民事权利能力、民事行为能力;可委托代理人订立合同的规定】	
		第44条【合同的生效】	
		第52条【合同无效的法定情形】	
		第56条【合同无效或被撤销的溯及力;部分无效不影响其他独立部分的效力】	
		第58条【合同无效或被撤销的法律后果】	
		第60条【合同履行的原则】	
		第94条【合同的法定解除;法定解除权】	
		第97条【合同解除的法律后果】	
		第107条【合同约束力;违约责任】	
0993	矿产资源法	第3条【矿产资源的归属:国家所有;勘查、开采矿产资源的条件】	
		第6条【探矿权、采矿权可以转让的情形】	

	常见适用的法条	相关度
民法通则	第84条【债的定义】	0916
	第108条【债务清偿：分期偿还、强制偿还】	
探矿采矿权转让管理办法	第3条【探矿权、采矿权可以转让的情形】	1016
	第5条【探矿权转让的法定条件】	
	第10条【探矿权、采矿权转让的程序】	
合同法司法解释一	第9条【未办批准、登记手续的合同效力】	1056

M4.10.80　采矿权转让合同纠纷 ★★

■ 主要适用的法条及其相关度

	主要适用的法条	相关度	
合同法	第44条【合同的生效】	★★★★★	0209
	第60条【合同履行的原则】	★★★★★	
	第52条【合同无效的法定情形】	★★★★	
	第58条【合同无效或被撤销的法律后果】	★★★★	
	第107条【合同约束力：违约责任】	★★★★	
	第8条【依法成立的合同的法律约束力】	★★★	
	第94条【合同的法定解除：法定解除权】	★★★	
	第97条【合同解除的法律后果】	★★★	
	第114条【违约金的约定及其调整】	★★★	
	第6条【诚实信用原则】	★★	
	第93条【合同的约定解除：协商一致；约定条件成就】	★★	
	第1条【合同法立法目的】	★	
	第10条【合同的订立形式；合同的书面形式】	★	

		主要适用的法条	相关度
0209	合同法	第51条【无权处分合同的效力:经追认或取得处分权的有效】	★
		第56条【合同无效或被撤销的溯及力;部分无效不影响其他独立部分的效力】	★
		第96条【合同解除权的行使规则】	★
		第109条【违约责任的承担:付款义务的继续履行】	★
0993	矿产资源法	第6条【探矿权、采矿权可以转让的情形】	★★★★
		第3条【矿产资源的归属:国家所有;勘查、开采矿产资源的条件】	★★
0916	民法通则	第108条【债务清偿:分期偿还、强制偿还】	★★
		第43条【企业法人对其经营活动承担民事责任】	★
		第84条【债的定义】	★
		第134条【承担民事责任的主要方式】	★
1016	探矿采矿权转让管理办法	第3条【探矿权、采矿权可以转让的情形】	★★
		第10条【探矿权、采矿权转让的程序】	★★
1056	合同法司法解释一	第9条【未办批准、登记手续的合同效力】	★
1035	合同法司法解释二	第8条【未履行合同批准或登记手续的处理】	★
		第27条【违约金的数额及其调整】	★
		第29条【违约金的数额及其调整:适当减少】	★

M4.10.81

M4.10.81 房地产开发经营合同纠纷 ★★

■ 主要适用的法条及其相关度

		主要适用的法条	相关度
0209	合同法	第60条【合同履行的原则】	★★★★★
		第107条【合同约束力:违约责任】	★★★★

	主要适用的法条	相关度	
合同法	第8条【依法成立的合同的法律约束力】	★★★	0209
	第52条【合同无效的法定情形】	★★★	
	第114条【违约金的约定及其调整】	★★★	
	第44条【合同的生效】	★★	
	第58条【合同无效或被撤销的法律后果】	★★	
	第94条【合同的法定解除；法定解除权】	★★	
	第97条【合同解除的法律后果】	★★	
	第93条【合同的约定解除：协商一致；约定条件成就】	★	
	第96条【合同解除权的行使规则】	★	
	第109条【违约责任的承担：付款义务的继续履行】	★	
	第113条【违约责任的承担：损失赔偿】	★	
民法通则	第4条【民事活动的基本原则：自愿、公平、等价有偿、诚实信用】	★	0916
	第5条【合法的民事权益受法律保护】	★	
	第106条【民事责任归责原则：违约责任；过错侵权责任；无过错侵权责任】	★	
国有土地使用权合同纠纷司法解释	第14条【合作开发房地产合同的定义】	★	1067

M4.10.81.1 委托代建合同纠纷 ★★

■ 主要适用的法条及其相关度

	主要适用的法条	相关度	
合同法	第60条【合同履行的原则】	★★★★★	0209
	第52条【合同无效的法定情形】	★★★★	

		主要适用的法条	相关度
0209	合同法	第8条【依法成立的合同的法律约束力】	★★★
		第44条【合同的生效】	★★★
		第58条【合同无效或被撤销的法律后果】	★★★
		第94条【合同的法定解除;法定解除权】	★★★
		第107条【合同约束力:违约责任】	★★★
		第114条【违约金的约定及其调整】	★★
		第7条【遵纪守法原则】	★
		第67条【后履行抗辩权】	★
		第91条【合同权利义务终止的法定情形】	★
		第97条【合同解除的法律后果】	★
		第109条【违约责任的承担:付款义务的继续履行】	★
		第396条【委托合同的界定】	★
		第398条【处理委托事务的费用】	★
		第404条【受托人转移受托事务所得利益的义务】	★
0916	民法通则	第1条【民法通则的立法目的】	★
		第6条【民事活动应遵守法律和国家政策】	★
		第84条【债的定义】	★
		第108条【债务清偿:分期偿还、强制偿还】	★
1012	城市房地产管理条例	第9条【房地产开发企业资质等级的核定】	★★★
1035	合同法司法解释二	第29条【违约金的数额及其调整:适当减少】	★

M4.10.81.2 合资、合作开发房地产合同纠纷 ……… ★★★

■ 主要适用的法条及其相关度

	主要适用的法条	相关度	
合同法	第60条【合同履行的原则】	★★★★★	0209
	第107条【合同约束力:违约责任】	★★★★	
	第8条【依法成立的合同的法律约束力】	★★★	
	第44条【合同的生效】	★★★	
	第97条【合同解除的法律后果】	★★★	
	第52条【合同无效的法定情形】	★★	
	第58条【合同无效或被撤销的法律后果】	★★	
	第94条【合同的法定解除;法定解除权】	★★	
	第114条【违约金的约定及其调整】	★★	
	第6条【诚实信用原则】	★	
	第56条【合同无效或被撤销的溯及力;部分无效不影响其他独立部分的效力】	★	
	第93条【合同的约定解除:协商一致;约定条件成就】	★	
	第113条【违约责任的承担:损失赔偿】	★	
民法通则	第4条【民事活动的基本原则:自愿、公平、等价有偿、诚实信用】	★	0916
	第108条【债务清偿:分期偿还、强制偿还】	★	
国有土地使用权合同纠纷司法解释	第14条【合作开发房地产合同的定义】	★	1067
	第15条【房地产开发合同当事人应具备的经营资质与房地产开发合同的效力】	★	

M4.10.81.3 项目转让合同纠纷 ★★

■ 主要适用的法条及其相关度

		主要适用的法条	相关度
	合同法	第60条【合同履行的原则】	★★★★★
		第107条【合同约束力;违约责任】	★★★★
		第8条【依法成立的合同的法律约束力】	★★★
		第44条【合同的生效】	★★★
		第52条【合同无效的法定情形】	★★★
		第58条【合同无效或被撤销的法律后果】	★★★
		第94条【合同的法定解除;法定解除权】	★★★
		第97条【合同解除的法律后果】	★★★
		第114条【违约金的约定及其调整】	★★★
		第96条【合同解除权的行使规则】	★★
		第6条【诚实信用原则】	★
		第56条【合同无效或被撤销的溯及力;部分无效不影响其他独立部分的效力】	★
		第91条【合同权利义务终止的法定情形】	★
		第93条【合同的约定解除:协商一致;约定条件成就】	★
		第109条【违约责任的承担:付款义务的继续履行】	★
		第110条【非金钱债务的继续履行及其例外;债权人不得要求对方继续履行的情形】	★
		第112条【违约责任的承担:损失赔偿与其他责任的并存】	★
		第113条【违约责任的承担:损失赔偿】	★
	物权法	第191条【抵押期间抵押财产转让应当遵循的规则】	★

	主要适用的法条	相关度	
担保法	第18条【连带责任保证的定义;连带责任的承担】	★	0909
	第21条【保证担保的范围;没有约定、约定不明时的担保范围】	★	
	第90条【定金的形式、定金的交付期限、定金合同的生效时间】	★	
买卖合同司法解释	第24条【买卖合同逾期付款违约金的适用规则】	★	1028

M4.10.82 房屋买卖合同纠纷 ★★★★★

M4.10.82

一、主要适用的法条及其相关度

	主要适用的法条	相关度	
合同法	第60条【合同履行的原则】	★★★★★	0209
	第107条【合同约束力;违约责任】	★★★★★	
	第8条【依法成立的合同的法律约束力】	★★★	
	第44条【合同的生效】	★★★	
	第114条【违约金的约定及其调整】	★★★	
	第52条【合同无效的法定情形】	★★	
	第58条【合同无效或被撤销的法律后果】	★★	
	第93条【合同的约定解除:协商一致;约定条件成就】	★★	
	第94条【合同的法定解除:法定解除权】	★★	
	第97条【合同解除的法律后果】	★★	
	第130条【买卖合同的定义】	★★	
	第135条【出卖人的义务:交付、移转所有权】	★★	
	第6条【诚实信用原则】	★	
	第113条【违约责任的承担:损失赔偿】	★	
	第115条【定金罚则】	★	

		主要适用的法条	相关度
0927	物权法	第15条【设立、变更、转让、消灭不动产物权的合同的效力;合同成立时生效】	★
0916	民法通则	第135条【诉讼时效期间:两年】	★
1042	商品房买卖合同纠纷司法解释	第18条【在法定期限内商品房买受人未取得房屋权属证书的出卖人应承担违约责任】	★★
		第2条【预售许可证是商品房预售合同的生效条件】	★
1035	合同法司法解释二	第29条【违约金的数额及其调整:适当减少】	★

■ 二、常见适用的其他法条

		常见适用的其他法条	相关度
0209	合同法	第5条【公平原则:合同权利义务确定的原则】	
		第56条【合同无效或被撤销的溯及力;部分无效不影响其他独立部分的效力】	
		第96条【合同解除权的行使规则】	
		第109条【违约责任的承担:付款义务的继续履行】	
		第110条【非金钱债务的继续履行及其例外:债权人不得要求对方继续履行的情形】	
		第138条【出卖人标的物的交付期间】	
		第159条【买受人应支付价款的数额认定】	
		第161条【买受人支付价款的时间】	
0916	民法通则	第4条【民事活动的基本原则:自愿、公平、等价有偿、诚实信用】	
		第5条【合法的民事权益受法律保护】	
		第84条【债的定义】	

	常见适用的其他法条	相关度	
民法通则	第106条【民事责任归责原则;违约责任;过错侵权责任;无过错侵权责任】		0916
	第108条【债务清偿:分期偿还、强制偿还】		
	第137条【诉讼时效期间的起算日和最长保护期限】		
物权法	第9条【不动产物权的登记生效原则;国家自然资源所有权登记的特殊规定】		0927
商品房买卖合同纠纷司法解释	第5条【商品房买卖合同的认定】		1042
	第16条【商品房买卖合同违约金的调整】		

M4.10.82.1 商品房预约合同纠纷 ★★★

■ 主要适用的法条及其相关度

	主要适用的法条	相关度	
合同法	第60条【合同履行的原则】	★★★★★	0209
	第94条【合同的法定解除;法定解除权】	★★★★★	
	第97条【合同解除的法律后果】	★★★★★	
	第107条【合同约束力;违约责任】	★★★★	
	第8条【依法成立的合同的法律约束力】	★★★	
	第44条【合同的生效】	★★★	
	第58条【合同无效或被撤销的法律后果】	★★★	
	第93条【合同的约定解除;协商一致;约定条件成就】	★★★	
	第115条【定金罚则】	★★★	
	第52条【合同无效的法定情形】	★★	
	第56条【合同无效或被撤销的溯及力;部分无效不影响其他独立部分的效力】	★	

0048　合同、无因管理、不当得利纠纷

		主要适用的法条	相关度
0209	合同法	第96条【合同解除权的行使规则】	★
		第98条【结算条款、清理条款效力的独立性】	★
		第113条【违约责任的承担:损失赔偿】	★
		第114条【违约金的约定及其调整】	★
0909	担保法	第89条【定金及其罚则】	★
0916	民法通则	第134条【承担民事责任的主要方式】	★
1042	商品房买卖合同纠纷司法解释	第4条【定金罚则:以认购、订购、预订方式收受定金的处理】	★★★
		第5条【商品房买卖合同的认定】	★★
		第2条【预售许可证是商品房预售合同的生效条件】	★
1028	买卖合同司法解释	第2条【当事人签订预约合同约定在将来一定期限内订立买卖合同而不履行订立买卖合同的义务的处理】	★

M4.10.82.2　商品房预售合同纠纷 ★★★★★

一、主要适用的法条及其相关度

		主要适用的法条	相关度
0209	合同法	第60条【合同履行的原则】	★★★★★
		第107条【合同约束力:违约责任】	★★★★★
		第114条【违约金的约定及其调整】	★★★★★
		第8条【依法成立的合同的法律约束力】	★★★
		第44条【合同的生效】	★★★
		第93条【合同的约定解除:协商一致;约定条件成就】	★★
		第97条【合同解除的法律后果】	★★
		第52条【合同无效的法定情形】	★
		第94条【合同的法定解除;法定解除权】	★

	主要适用的法条	相关度	
民法通则	第135条【诉讼时效期间:两年】	★★	0916
	第137条【诉讼时效期间的起算日和最长保护期限】	★	
合同法司法解释二	第29条【违约金的数额及其调整:适当减少】	★★	1035
	第27条【违约金的数额及其调整】	★	
商品房买卖合同纠纷司法解释	第16条【商品房买卖合同违约金的调整】	★★	1042
	第18条【在法定期限内商品房买受人未取得房屋权属证书的出卖人应承担违约责任】	★★	

■ 二、常见适用的其他法条

	常见适用的其他法条	相关度	
合同法	第5条【公平原则:合同权利义务确定的原则】		0209
	第6条【诚实信用原则】		
	第39条【提供格式条款方的义务;格式条款的定义】		
	第40条【格式条款无效情形】		
	第41条【格式条款的解释方法】		
	第54条【合同的变更和撤销】		
	第58条【合同无效或被撤销的法律后果】		
	第96条【合同解除权的行使规则】		
	第110条【非金钱债务的继续履行及其例外:债权人不得要求对方继续履行的情形】		
	第113条【违约责任的承担:损失赔偿】		
	第130条【买卖合同的定义】		
	第135条【出卖人的义务:交付、移转所有权】		
建筑法	第61条【建筑工程竣工验收及交付使用】		0958

0050　合同、无因管理、不当得利纠纷

		常见适用的其他法条	相关度
0916	民法通则	第106条【民事责任归责原则；违约责任；过错侵权责任；无过错侵权责任】	
		第140条【诉讼时效期间的中断】	
1012	城市房地产管理条例	第33条【手续办理时间；商品房买卖土地使用权变更和房屋所有权登记】	
1042	商品房买卖合同纠纷司法解释	第14条【交付使用的房屋面积与商品房买卖合同约定面积不符时的处理规则】	
		第17条【商品房买卖合同没有约定违约金或者损失赔偿额计算方法时的参照标准】	

M4.10.82.3

M4.10.82.3　商品房销售合同纠纷 ★★★★★

■ 一、主要适用的法条及其相关度

		主要适用的法条	相关度
0209	合同法	第60条【合同履行的原则】	★★★★★
		第107条【合同约束力；违约责任】	★★★★★
		第114条【违约金的约定及其调整】	★★★★
		第8条【依法成立的合同的法律约束力】	★★★
		第44条【合同的生效】	★★★
		第6条【诚实信用原则】	★
		第93条【合同的约定解除：协商一致；约定条件成就】	★
		第94条【合同的法定解除；法定解除权】	★
		第97条【合同解除的法律后果】	★
		第113条【违约责任的承担：损失赔偿】	★
		第130条【买卖合同的定义】	★
		第138条【出卖人标的物的交付期间】	★

	主要适用的法条	相关度	
民法通则	第135条【诉讼时效期间：两年】	★★	0916
商品房买卖合同纠纷司法解释	第18条【在法定期限内商品房买受人未取得房屋权属证书的出卖人应承担违约责任】	★★	1042
	第16条【商品房买卖合同违约金的调整】	★	
合同法司法解释二	第29条【违约金的数额及其调整：适当减少】	★	1035

二、常见适用的其他法条

	常见适用的其他法条	相关度	
合同法	第5条【公平原则：合同权利义务确定的原则】		0209
	第39条【提供格式条款方的义务；格式条款的定义】		
	第40条【格式条款无效情形】		
	第52条【合同无效的法定情形】		
	第96条【合同解除权的行使规则】		
	第110条【非金钱债务的继续履行及其例外：债权人不得要求对方继续履行的情形】		
	第121条【因第三人原因造成违约情况下的责任承担】		
	第135条【出卖人的义务：交付、移转所有权】		
建筑法	第61条【建筑工程竣工验收及交付使用】		0958
民法通则	第111条【违约履行合同义务的后果：继续履行；补救；赔偿损失】		0916
	第137条【诉讼时效期间的起算日和最长保护期限】		

合同、无因管理、不当得利纠纷

	常见适用的其他法条	相关度
1042 商品房买卖合同纠纷司法解释	第14条【交付使用的房屋面积与商品房买卖合同约定面积不符时的处理规则】	

M4.10.82.4 商品房委托代理销售合同纠纷 ……………★★

■ 主要适用的法条及其相关度

	主要适用的法条	相关度
0209 合同法	第60条【合同履行的原则】	★★★★★
	第107条【合同约束力;违约责任】	★★★★★
	第8条【依法成立的合同的法律约束力】	★★★
	第109条【违约责任的承担:付款义务的继续履行】	★★★
	第114条【违约金的约定及其调整】	★★★
	第405条【委托人支付报酬的义务】	★★★
	第93条【合同的约定解除:协商一致;约定条件成就】	★★
	第94条【合同的法定解除;法定解除权】	★★
	第97条【合同解除的法律后果】	★★
	第6条【诚实信用原则】	★
	第44条【合同的生效】	★
	第96条【合同解除权的行使规则】	★
	第98条【结算条款、清理条款效力的独立性】	★
	第113条【违约责任的承担:损失赔偿】	★
	第396条【委托合同的界定】	★
	第397条【委托权限】	★
	第402条【受托人以自己名义与第三人订立合同的法律效果】	★
	第410条【委托合同的随时解除及解除后的赔偿责任】	★

M4.10.82.5 经济适用房转让合同纠纷 ★★

■ 主要适用的法条及其相关度

	主要适用的法条	相关度	
合同法	第60条【合同履行的原则】	★★★★★	0209
	第8条【依法成立的合同的法律约束力】	★★★★	
	第107条【合同约束力:违约责任】	★★★	
	第6条【诚实信用原则】	★★	
	第44条【合同的生效】	★★	
	第52条【合同无效的法定情形】	★★	
	第58条【合同无效或被撤销的法律后果】	★	
	第94条【合同的法定解除;法定解除权】	★	
	第97条【合同解除的法律后果】	★	
	第130条【买卖合同的定义】	★	
	第135条【出卖人的义务:交付、移转所有权】	★	
物权法	第9条【不动产物权的登记生效原则;国家自然资源所有权登记的特殊规定】	★	0927

M4.10.82.6 农村房屋买卖合同纠纷 ★★★

■ 主要适用的法条及其相关度

	主要适用的法条	相关度	
合同法	第52条【合同无效的法定情形】	★★★★★	0209
	第58条【合同无效或被撤销的法律后果】	★★★★★	
	第44条【合同的生效】	★★★	
	第60条【合同履行的原则】	★★★	
	第8条【依法成立的合同的法律约束力】	★★	
	第107条【合同约束力:违约责任】	★★	

		主要适用的法条	相关度
0209	合同法	第6条【诚实信用原则】	★
		第56条【合同无效或被撤销的溯及力;部分无效不影响其他独立部分的效力】	★
		第94条【合同的法定解除;法定解除权】	★
		第130条【买卖合同的定义】	★
		第135条【出卖人的义务:交付、移转所有权】	★
0942	土地管理法	第63条【农民集体所有的土地使用权的用途限制】	★★
		第8条【城市市区的土地:国家所有;农村和城市郊区的土地:农民集体所有;宅基地和自留地、自留山:农民集体所有】	★
		第10条【农民集体所有土地的经营、管理规则】	★
		第62条【农村村民的宅基地及住宅用地规定】	★
0927	物权法	第15条【设立、变更、转让、消灭不动产物权的合同的效力:合同成立时生效】	★
		第153条【宅基地使用权取得、行使和转让适用的法律规范】	★

M4.10.83 房屋拆迁安置补偿合同纠纷 ★★★★

一、主要适用的法条及其相关度

		主要适用的法条	相关度
0209	合同法	第8条【依法成立的合同的法律约束力】	★★★★★
		第60条【合同履行的原则】	★★★★★
		第107条【合同约束力;违约责任】	★★★★
		第2条【合同法的调整对象:合同的定义】	★★★
		第44条【合同的生效】	★★★
		第54条【合同的变更和撤销】	★★★
		第55条【撤销权消灭的法定情形】	★★★

	主要适用的法条	相关度	
合同法	第6条【诚实信用原则】	★★	0209
	第114条【违约金的约定及其调整】	★★	
	第5条【公平原则:合同权利义务确定的原则】	★	
	第52条【合同无效的法定情形】	★	
民法通则	第5条【合法的民事权益受法律保护】	★★	0916
	第85条【合同的定义】	★★	
合同法司法解释二	第29条【违约金的数额及其调整:适当减少】	★★	1035

二、常见适用的其他法条

	常见适用的其他法条	相关度	
合同法	第62条【合同内容约定不明确的履行规则:合同漏洞的填补】		0209
	第94条【合同的法定解除;法定解除权】		
	第97条【合同解除的法律后果】		
	第109条【违约责任的承担:付款义务的继续履行】		
	第110条【非金钱债务的继续履行及其例外;债权人不得要求对方继续履行的情形】		
	第113条【违约责任的承担:损失赔偿】		
民法通则	第4条【民事活动的基本原则:自愿、公平、等价有偿、诚实信用】		0916
	第84条【债的定义】		
	第106条【民事责任归责原则:违约责任;过错侵权责任;无过错侵权责任】		
	第135条【诉讼时效期间:两年】		
	第137条【诉讼时效期间的起算日和最长保护期限】		

		常见适用的其他法条	相关度
1015	土地房屋征收补偿条例	第25条【房屋征收部门与被征收人补偿协议的订立与履行】	

M4.10.84 供用电合同纠纷 ★★★★

一、主要适用的法条及其相关度

		主要适用的法条	相关度
0209	合同法	第182条【用电人交付电费的义务和逾期交付电费的违约责任】	★★★★★
		第60条【合同履行的原则】	★★★
		第107条【合同约束力:违约责任】	★★★
		第176条【供用电合同的概念】	★★★
		第8条【依法成立的合同的法律约束力】	★★
		第114条【违约金的约定及其调整】	★★
		第44条【合同的生效】	★
		第109条【违约责任的承担:付款义务的继续履行】	★
		第113条【违约责任的承担:损失赔偿】	★
0916	民法通则	第108条【债务清偿:分期偿还、强制偿还】	★

二、常见适用的其他法条

		常见适用的其他法条	相关度
0990	电力法	第33条【供电企业电费的记录和收取:国家核定电价和用电计量装置、入户查电收费人员出示有关证件的义务、用户提供方便和交费的义务】	
0209	合同法	第179条【供电人的安全供电义务及违约责任】	

	常见适用的其他法条	相关度	
民法通则	第84条【债的定义】		0916
	第106条【民事责任归责原则:违约责任;过错侵权责任;无过错侵权责任】		
	第135条【诉讼时效期间:两年】		
	第137条【诉讼时效期间的起算日和最长保护期限】		
电力供应与使用条例	第27条【供用电合同当事人的权利义务】		1014
	第39条【用电人逾期交付电费的法律责任】		

M4.10.85 供用水合同纠纷 ★★★

M4.10.85

■ 主要适用的法条及其相关度

	主要适用的法条	相关度	
合同法	第184条【供用水、供用气、供用热力合同参照适用供用电合同的规定】	★★★★★	0209
	第182条【用电人交付电费的义务和逾期交付电费的违约责任】	★★★★	
	第60条【合同履行的原则】	★★★	
	第107条【合同约束力:违约责任】	★★★	
	第176条【供用电合同的概念】	★★	
	第8条【依法成立的合同的法律约束力】	★	
	第109条【违约责任的承担:付款义务的继续履行】	★	
	第179条【供电人的安全供电义务及违约责任】	★	
民法通则	第84条【债的定义】	★	0916
	第108条【债务清偿:分期偿还、强制偿还】	★	

0058 合同、无因管理、不当得利纠纷

		主要适用的法条	相关度
0979	水法	第55条【使用水工程供应的水应缴纳水费、水价的确定原则及具体办法的制定】	★
		第70条【拒不缴纳、拖延缴纳或者拖欠水资源费的法律责任】	★
0955	公司法	第14条【分公司的法律地位;子公司的法律地位】	★

M4.10.86 供用气合同纠纷 ★★★

■ 主要适用的法条及其相关度

		主要适用的法条	相关度
0209	合同法	第182条【用电人交付电费的义务和逾期交付电费的违约责任】	★★★★★
		第184条【供用水、供用气、供用热力合同参照适用供用电合同的规定】	★★★★★
		第107条【合同约束力:违约责任】	★★★
		第176条【供用电合同的概念】	★★★
		第60条【合同履行的原则】	★★
		第8条【依法成立的合同的法律约束力】	★
		第109条【违约责任的承担:付款义务的继续履行】	★
		第114条【违约金的约定及其调整】	★

M4.10.87 供用热力合同纠纷 ★★★★

■ 一、主要适用的法条及其相关度

		主要适用的法条	相关度
0209	合同法	第182条【用电人交付电费的义务和逾期交付电费的违约责任】	★★★★★

	主要适用的法条	相关度	
合同法	第184条【供用水、供用气、供用热力合同参照适用供用电合同的规定】	★★★★★	0209
	第60条【合同履行的原则】	★★★	
	第107条【合同约束力:违约责任】	★★★	
	第8条【依法成立的合同的法律约束力】	★★	
	第109条【违约责任的承担:付款义务的继续履行】	★★	
	第176条【供用电合同的概念】	★★	

■ 二、常见适用的其他法条

	常见适用的其他法条	相关度	
合同法	第10条【合同的订立形式;合同的书面形式】		0209
	第44条【合同的生效】		
	第114条【违约金的约定及其调整】		
民法通则	第84条【债的定义】		0916
	第108条【债务清偿:分期偿还、强制偿还】		

M4.10.88 赠与合同纠纷 ······ ★★★

M4.10.88

■ 主要适用的法条及其相关度

	主要适用的法条	相关度	
合同法	第185条【赠与合同的概念】	★★★★★	0209
	第186条【赠与的任意撤销及限制】	★★★★	
	第187条【赠与的财产应依法办理登记等手续】	★★★	
	第192条【赠与人的法定撤销情形及撤销权行使期间】	★★★	

	主要适用的法条	相关度
0209	合同法	第60条【合同履行的原则】	★★
		第8条【依法成立的合同的法律约束力】	★
		第44条【合同的生效】	★
		第52条【合同无效的法定情形】	★
		第188条【受赠人的交付请求权】	★
		第190条【附义务赠与】	★
		第194条【撤销赠与的效力】	★
0927	物权法	第9条【不动产物权的登记生效原则；国家自然资源所有权登记的特殊规定】	★
0953	婚姻法	第17条【夫妻共同财产的范围】	★
1022	婚姻法司法解释二	第8条【离婚财产分割协议的效力】	★
1069	婚姻法司法解释一	第17条【夫妻对共有财产有平等处理权的理解】	★
1047	民通意见	第1条【公民的民事权利能力自出生时开始；户籍证明、医院出具的出生证明、其他证明】	★

M4.10.88.1 公益事业捐赠合同纠纷 ·························· ★

▓ 常见适用的法条

	常见适用的法条	相关度
0209	合同法	第185条【赠与合同的概念】	
		第186条【赠与的任意撤销及限制】	
		第195条【赠与义务的免除】	

M4.10.88.2 附义务赠与合同纠纷 ·················· ★★

■ 主要适用的法条及其相关度

	主要适用的法条	相关度	
合同法	第 190 条【附义务赠与】	★★★★★	0209
	第 192 条【赠与人的法定撤销情形及撤销权行使期间】	★★★★	
	第 185 条【赠与合同的概念】	★★★	
	第 8 条【依法成立的合同的法律约束力】	★★	
	第 60 条【合同履行的原则】	★★	
	第 186 条【赠与的任意撤销及限制】	★★	
	第 194 条【撤销赠与的效力】	★★	
	第 44 条【合同的生效】	★	
	第 94 条【合同的法定解除;法定解除权】	★	
	第 187 条【赠与的财产应依法办理登记等手续】	★	

M4.10.89 借款合同纠纷 ·················· ★★★★

■ 一、主要适用的法条及其相关度

	主要适用的法条	相关度	
合同法	第 206 条【借款期限的认定】	★★★★★	0209
	第 207 条【逾期还款的责任承担:支付利息】	★★★★★	
	第 205 条【借款利息支付期限的确定】	★★★★	
	第 60 条【合同履行的原则】	★★★	
	第 107 条【合同约束力;违约责任】	★★★	
	第 196 条【借款合同定义】	★★★	
	第 8 条【依法成立的合同的法律约束力】	★★	
	第 44 条【合同的生效】	★★	

		主要适用的法条	相关度
0209	合同法	第93条【合同的约定解除:协商一致;约定条件成就】	★
		第198条【借款合同中的担保及法律适用】	★
0909	担保法	第18条【连带责任保证的定义;连带责任的承担】	★★★★
		第21条【保证担保的范围;没有约定、约定不明时的担保范围】	★★★
		第31条【保证人的追偿权】	★★★
		第33条【抵押、抵押权人、抵押人以及抵押物的概念】	★★
		第6条【保证的定义】	★
		第12条【多人保证责任的承担】	★
		第53条【抵押权实现的方式和程序】	★
0916	民法通则	第108条【债务清偿:分期偿还、强制偿还】	★★
		第84条【债的定义】	★
		第90条【借贷关系】	★
0927	物权法	第179条【抵押权的界定】	★
1022	婚姻法司法解释二	第24条【离婚时夫妻一方所欠债务的处理】	★★

二、常见适用的其他法条

		常见适用的其他法条	相关度
0909	担保法	第14条【保证合同的分别订立与合并订立】	
		第19条【保证方式不明时的连带责任担保】	
		第26条【连带责任保证的保证期间】	
		第41条【抵押物登记及其合同的生效】	
		第46条【抵押担保的范围】	

	常见适用的其他法条	相关度	
合同法	第94条【合同的法定解除;法定解除权】		0209
	第97条【合同解除的法律后果】		
	第114条【违约金的约定及其调整】		
	第204条【金融机构贷款业务的利率确定】		
	第211条【自然人之间借款合同利息的规制】		
民法通则	第106条【民事责任归责原则:违约责任;过错侵权责任;无过错侵权责任】		0916
物权法	第176条【混合担保规则】		0927
	第180条【可抵押财产的范围】		
	第195条【抵押权实现的条件、方式和程序】		
担保法司法解释	第42条【保证人追偿权的行使与诉讼时效】		1024

M4.10.89.1　金融借款合同纠纷　·············★★★★★

M4.10.89.1

■ 一、主要适用的法条及其相关度

	主要适用的法条	相关度	
合同法	第205条【借款利息支付期限的确定】	★★★★★	0209
	第206条【借款期限的认定】	★★★★★	
	第207条【逾期还款的责任承担:支付利息】	★★★★★	
	第60条【合同履行的原则】	★★★	
	第107条【合同约束力:违约责任】	★★★	
	第196条【借款合同定义】	★★★	
	第8条【依法成立的合同的法律约束力】	★★	
	第44条【合同的生效】	★	
	第198条【借款合同中的担保及法律适用】	★	

		主要适用的法条	相关度
0909	担保法	第18条【连带责任保证的定义;连带责任的承担】	★★★★
		第21条【保证担保的范围;没有约定、约定不明时的担保范围】	★★★
		第31条【保证人的追偿权】	★★★
		第12条【多人保证责任的承担】	★★
		第33条【抵押、抵押权人、抵押人以及抵押物的概念】	★★
		第53条【抵押权实现的方式和程序】	★★
		第6条【保证的定义】	★
		第14条【保证合同的分别订立与合并订立】	★
		第46条【抵押担保的范围】	★
0927	物权法	第176条【混合担保规则】	★
		第179条【抵押权的界定】	★
0916	民法通则	第108条【债务清偿;分期偿还、强制偿还】	★
1022	婚姻法司法解释二	第24条【离婚时夫妻一方所欠债务的处理】	★★
1024	担保法司法解释	第42条【保证人追偿权的行使与诉讼时效】	★

■ 二、常见适用的其他法条

		常见适用的其他法条	相关度
0909	担保法	第26条【连带责任保证的保证期间】	
		第41条【抵押物登记及其合同的生效】	
0209	合同法	第93条【合同的约定解除;协商一致;约定条件成就】	
		第94条【合同的法定解除;法定解除权】	

	常见适用的其他法条	相关度
民法通则	第 84 条【债的定义】	0916
	第 90 条【借贷关系】	
物权法	第 173 条【担保物权的担保范围】	0927
	第 180 条【可抵押财产的范围】	
	第 187 条【不动产抵押权登记时设立】	
	第 195 条【抵押权实现的条件、方式和程序】	
	第 203 条【最高额抵押规则】	
担保法司法解释	第 19 条【连带共同保证的认定】	1024
	第 20 条【连带共同保证的责任承担】	

M4.10.89.2 同业拆借纠纷 ★

■ 常见适用的法条

	常见适用的法条	相关度
合同法	第 60 条【合同履行的原则】	0209
	第 107 条【合同约束力:违约责任】	
	第 113 条【违约责任的承担:损失赔偿】	
民法通则	第 62 条【附条件的民事法律行为及其生效】	0916
	第 84 条【债的定义】	
	第 134 条【承担民事责任的主要方式】	
	第 135 条【诉讼时效期间:两年】	

M4.10.89.3 企业借贷纠纷 ★★★★

一、主要适用的法条及其相关度

		主要适用的法条	相关度
	合同法	第206条【借款期限的认定】	★★★★★
		第207条【逾期还款的责任承担:支付利息】	★★★★★
		第205条【借款利息支付期限的确定】	★★★★
		第60条【合同履行的原则】	★★★
		第107条【合同约束力:违约责任】	★★★
		第196条【借款合同定义】	★★★
		第8条【依法成立的合同的法律约束力】	★★
		第52条【合同无效的法定情形】	★★
		第58条【合同无效或被撤销的法律后果】	★★
	担保法	第18条【连带责任保证的定义;连带责任的承担】	★★★★
		第21条【保证担保的范围;没有约定、约定不明时的担保范围】	★★★
		第31条【保证人的追偿权】	★★★
	民法通则	第84条【债的定义】	★
		第90条【借贷关系】	★
		第108条【债务清偿:分期偿还、强制偿还】	★

二、常见适用的其他法条

		常见适用的其他法条	相关度
	担保法	第5条【担保合同的界定及其与主债权合同的关系;担保合同无效的责任承担规则】	
		第6条【保证的定义】	
		第12条【多人保证责任的承担】	

	常见适用的其他法条	相关度	
担保法	第19条【保证方式不明时的连带责任担保】		0909
	第26条【连带责任保证的保证期间】		
	第33条【抵押、抵押权人、抵押人以及抵押物的概念】		
合同法	第44条【合同的生效】		0209
	第114条【违约金的约定及其调整】		
	第211条【自然人之间借款合同利息的规制】		
审理民间借贷案件规定	第26条【民间借贷年利率的限定】		1023
	第29条【逾期利率的处理规则】		
担保法司法解释	第8条【主合同无效导致担保合同无效时担保人责任】		1024
	第42条【保证人追偿权的行使与诉讼时效】		
婚姻法司法解释二	第24条【离婚时夫妻一方所欠债务的处理】		1022

M4.10.89.4 民间借贷纠纷 ★★★★★

一、主要适用的法条及其相关度

	主要适用的法条	相关度	
合同法	第206条【借款期限的认定】	★★★★★	0209
	第107条【合同约束力：违约责任】	★★★	
	第196条【借款合同定义】	★★★	
	第205条【借款利息支付期限的确定】	★★★	
	第207条【逾期还款的责任承担：支付利息】	★★★	
	第211条【自然人之间借款合同利息的规制】	★★★	

		主要适用的法条	相关度
0209	合同法	第60条【合同履行的原则】	★★
		第210条【自然人之间借款合同的生效；提供借款时】	★★
		第8条【依法成立的合同的法律约束力】	★
0916	民法通则	第90条【借贷关系】	★★★
		第108条【债务清偿：分期偿还、强制偿还】	★★★
		第84条【债的定义】	★★
0909	担保法	第18条【连带责任保证的定义；连带责任的承担】	★★
		第19条【保证方式不明时的连带责任担保】	★★
		第21条【保证担保的范围；没有约定、约定不明时的担保范围】	★★
		第31条【保证人的追偿权】	★★
		第26条【连带责任保证的保证期间】	★
1022	婚姻法司法解释二	第24条【离婚时夫妻一方所欠债务的处理】	★★
1023	审理民间借贷案件规定	第26条【民间借贷年利率的限定】	★
		第29条【逾期利率的处理规则】	★

二、常见适用的其他法条

		常见适用的其他法条	相关度
0209	合同法	第44条【合同的生效】	
		第114条【违约金的约定及其调整】	
		第200条【借款利息不得预先扣除；预先扣除后按实际数额计算借款额度】	
0916	民法通则	第106条【民事责任归责原则：违约责任；过错侵权责任；无过错侵权责任】	

M4.10.89.5 小额借款合同纠纷

一、主要适用的法条及其相关度

	主要适用的法条	相关度	
合同法	第205条【借款利息支付期限的确定】	★★★★★	0209
	第206条【借款期限的认定】	★★★★★	
	第207条【逾期还款的责任承担:支付利息】	★★★★★	
	第60条【合同履行的原则】	★★★	
	第107条【合同约束力:违约责任】	★★★	
	第196条【借款合同定义】	★★★	
	第8条【依法成立的合同的法律约束力】	★★	
	第44条【合同的生效】	★	
	第114条【违约金的约定及其调整】	★	
	第211条【自然人之间借款合同利息的规制】	★	
担保法	第18条【连带责任保证的定义;连带责任的承担】	★★★★★	0909
	第21条【保证担保的范围;没有约定、约定不明时的担保范围】	★★★★	
	第31条【保证人的追偿权】	★★★	
	第6条【保证的定义】	★★	
	第12条【多人保证责任的承担】	★★	
	第14条【保证合同的分别订立与合并订立】	★	
	第33条【抵押、抵押权人、抵押人以及抵押物的概念】	★	
婚姻法司法解释二	第24条【离婚时夫妻一方所欠债务的处理】	★★	1022

0070　合同、无因管理、不当得利纠纷

■ 二、常见适用的其他法条

		常见适用的其他法条	相关度
0909	担保法	第19条【保证方式不明时的连带责任担保】	
		第26条【连带责任保证的保证期间】	
		第46条【抵押担保的范围】	
		第53条【抵押权实现的方式和程序】	
0209	合同法	第198条【借款合同中的担保及法律适用】	
0916	民法通则	第84条【债的定义】	
		第90条【借贷关系】	
		第108条【债务清偿:分期偿还、强制偿还】	
0927	物权法	第176条【混合担保规则】	
		第179条【抵押权的界定】	
1023	审理民间借贷案件规定	第26条【民间借贷年利率的限定】	
1024	担保法司法解释	第19条【连带共同保证的认定】	
		第20条【连带共同保证的责任承担】	
		第42条【保证人追偿权的行使与诉讼时效】	

M4.10.89.6　金融不良债权转让合同纠纷 ················ ★★

■ 主要适用的法条及其相关度

		主要适用的法条	相关度
0209	合同法	第79条【债权人不得转让合同权利的情形】	★★★★★
		第80条【债权人转让债权的通知义务】	★★★★★
		第206条【借款期限的认定】	★★★★★
		第207条【逾期还款的责任承担:支付利息】	★★★★★

	主要适用的法条	相关度	
合同法	第81条【债权转让从权利一并转让】	★★★★	0209
	第205条【借款利息支付期限的确定】	★★★★	
	第8条【依法成立的合同的法律约束力】	★★★	
	第60条【合同履行的原则】	★★★	
	第107条【合同约束力:违约责任】	★★★	
	第196条【借款合同定义】	★★★	
	第44条【合同的生效】	★	
	第198条【借款合同中的担保及法律适用】	★	
担保法	第18条【连带责任保证的定义;连带责任的承担】	★★★★★	0909
	第31条【保证人的追偿权】	★★★★	
	第21条【保证担保的范围;没有约定、约定不明时的担保范围】	★★★	
	第33条【抵押、抵押权人、抵押人以及抵押物的概念】	★★★	
	第12条【多人保证责任的承担】	★★	
	第14条【保证合同的分别订立与合并订立】	★★	
	第41条【抵押物登记及其合同的生效】	★	
	第46条【抵押担保的范围】	★	
	第57条【作为担保人的第三人的追偿权】	★	
	第59条【最高额抵押的定义】	★	
	第60条【最高额抵押的适用范围】	★	
民法通则	第108条【债务清偿:分期偿还、强制偿还】	★★	0916
	第84条【债的定义】	★	
物权法	第176条【混合担保规则】	★	0927
	第203条【最高额抵押规则】	★	
继承法	第33条【继承遗产与清偿债务】	★	0973

		主要适用的法条	相关度
1024	担保法司法解释	第42条【保证人追偿权的行使与诉讼时效】	★★
1060	收购、管理、处置国有银行不良贷款形成的资产案件规定	第6条【金融资产管理公司受让国有银行债权后原债权银行履行通知义务的方式;债务人以原债权银行转让债权未履行通知义务为由进行抗辩的处理】	★
		第7条【逾期归还贷款的利息计算方法】	★

M4.10.89.7 金融不良债权追偿纠纷 ★★★

主要适用的法条及其相关度

		主要适用的法条	相关度
0209	合同法	第79条【债权人不得转让合同权利的情形】	★★★★★
		第80条【债权人转让债权的通知义务】	★★★★★
		第205条【借款利息支付期限的确定】	★★★★★
		第206条【借款期限的认定】	★★★★★
		第207条【逾期还款的责任承担:支付利息】	★★★★★
		第81条【债权转让从权利一并转让】	★★★★
		第60条【合同履行的原则】	★★★
		第107条【合同约束力:违约责任】	★★
		第8条【依法成立的合同的法律约束力】	★
		第44条【合同的生效】	★
		第196条【借款合同定义】	★

	主要适用的法条	相关度	
担保法	第18条【连带责任保证的定义;连带责任的承担】	★★★★★	0909
	第21条【保证担保的范围;没有约定、约定不明时的担保范围】	★★★★	
	第31条【保证人的追偿权】	★★★	
	第14条【保证合同的分别订立与合并订立】	★★	
	第22条【主债权转让时保证人的保证责任】	★★	
	第12条【多人保证责任的承担】	★	
	第33条【抵押、抵押权人、抵押人以及抵押物的概念】	★	
	第41条【抵押物登记及其合同的生效】	★	
物权法	第179条【抵押权的界定】	★★★	0927
	第203条【最高额抵押规则】	★★★	
	第176条【混合担保规则】	★★	
	第195条【抵押权实现的条件、方式和程序】	★★	
	第180条【可抵押财产的范围】	★	
	第187条【不动产抵押权登记时设立】	★	
	第192条【抵押权的从属性】	★	
民法通则	第84条【债的定义】	★	0916
	第108条【债务清偿:分期偿还、强制偿还】	★	
	第135条【诉讼时效期间:两年】	★	
收购、管理、处置国有银行不良贷款形成的资产案件规定	第6条【金融资产管理公司受让国有银行债权后原债权银行履行通知义务的方式;债务人以原债权银行转让债权未履行通知义务为由进行抗辩的处理】	★★★	1060
	第9条【金融资产管理公司受让有抵押担保的债权:原抵押权继续有效】	★★	

		主要适用的法条	相关度
1070	收购、处置银行不良资产补充通知	第2条【国有商业银行向金融资产管理公司转让不良贷款,或者金融资产管理公司收购、处置不良贷款时的担保债权】	★

M4.10.90 保证合同纠纷 ★★★★★

一、主要适用的法条及其相关度

		主要适用的法条	相关度
0909	担保法	第18条【连带责任保证的定义;连带责任的承担】	★★★★★
		第21条【保证担保的范围;没有约定、约定不明时的担保范围】	★★★★★
		第19条【保证方式不明时的连带责任担保】	★★★
		第31条【保证人的追偿权】	★★★
		第6条【保证的定义】	★★
		第12条【多人保证责任的承担】	★★
		第26条【连带责任保证的保证期间】	★★
		第4条【反担保及其法律适用】	★
0209	合同法	第60条【合同履行的原则】	★★★
		第107条【合同约束力:违约责任】	★★★
		第205条【借款利息支付期限的确定】	★★★
		第206条【借款期限的认定】	★★★
		第207条【逾期还款的责任承担:支付利息】	★★★
		第8条【依法成立的合同的法律约束力】	★★
		第196条【借款合同定义】	★★
		第211条【自然人之间借款合同利息的规制】	★★
		第44条【合同的生效】	★

	主要适用的法条	相关度	
合同法	第114条【违约金的约定及其调整】	★	0209
	第210条【自然人之间借款合同的生效：提供借款时】	★	
民法通则	第108条【债务清偿：分期偿还、强制偿还】	★★	0916
	第84条【债的定义】	★	
	第90条【借贷关系】	★	
担保法司法解释	第20条【连带共同保证的责任承担】	★	1024
	第32条【保证合同约定的保证期间有瑕疵时保证期间的确定规则】	★	
	第42条【保证人追偿权的行使与诉讼时效】	★	

二、常见适用的其他法条

	常见适用的其他法条	相关度	
担保法	第14条【保证合同的分别订立与合并订立】		0909
合同法	第198条【借款合同中的担保及法律适用】		0209
	第200条【借款利息不得预先扣除；预先扣除后按实际数额计算借款额度】		
物权法	第176条【混合担保规则】		0927
审理民间借贷案件规定	第26条【民间借贷年利率的限定】		1023
	第29条【逾期利率的处理规则】		
担保法司法解释	第19条【连带共同保证的认定】		1024
	第22条【保证合同的成立】		
	第33条【主合同对主债务履行期限没有约定或约定不明时保证期间的起算】		

合同、无因管理、不当得利纠纷

		常见适用的其他法条	相关度
1024	担保法司法解释	第34条【保证合同诉讼时效的起算】	
		第126条【连带保证债权人的诉权】	
1022	婚姻法司法解释二	第24条【离婚时夫妻一方所欠债务的处理】	

M4.10.91 抵押合同纠纷 ★★★

主要适用的法条及其相关度

		主要适用的法条	相关度
0909	担保法	第52条【抵押权的从属性】	★★★★★
		第33条【抵押、抵押权人、抵押人以及抵押物的概念】	★★★
		第53条【抵押权实现的方式和程序】	★★★
		第4条【反担保及其法律适用】	★★
		第46条【抵押担保的范围】	★★
		第18条【连带责任保证的定义;连带责任的承担】	★
		第21条【保证担保的范围;没有约定、约定不明时的担保范围】	★
		第31条【保证人的追偿权】	★
		第41条【抵押物登记及其合同的生效】	★
0209	合同法	第205条【借款利息支付期限的确定】	★★★★
		第206条【借款期限的认定】	★★★★
		第207条【逾期还款的责任承担:支付利息】	★★★★
		第60条【合同履行的原则】	★★★
		第107条【合同约束力:违约责任】	★★★
		第8条【依法成立的合同的法律约束力】	★★
		第196条【借款合同定义】	★★

	主要适用的法条	相关度	
合同法	第44条【合同的生效】	★	0209
	第52条【合同无效的法定情形】	★	
	第58条【合同无效或被撤销的法律后果】	★	
	第91条【合同权利义务终止的法定情形】	★	
	第93条【合同的约定解除:协商一致;约定条件成就】	★	
	第94条【合同的法定解除;法定解除权】	★	
物权法	第179条【抵押权的界定】	★★	0927
	第170条【担保物权人的优先受偿权:债务人不履行到期债务或发生约定的实现担保物权的情形】	★	
	第176条【混合担保规则】	★	
	第177条【担保物权消灭的情形】	★	
	第180条【可抵押财产的范围】	★	
	第187条【不动产抵押权登记时设立】	★	
	第195条【抵押权实现的条件、方式和程序】	★	
	第202条【抵押权的行使期间】	★	
婚姻法司法解释二	第24条【离婚时夫妻一方所欠债务的处理】	★	1022

M4.10.92 质押合同纠纷 ★★

■ 主要适用的法条及其相关度

	主要适用的法条	相关度	
合同法	第60条【合同履行的原则】	★★★★★	0209
	第107条【合同约束力;违约责任】	★★★★★	
	第8条【依法成立的合同的法律约束力】	★★★★	
	第44条【合同的生效】	★★★	

		主要适用的法条	相关度
0209	合同法	第6条【诚实信用原则】	★★
		第206条【借款期限的认定】	★★
		第52条【合同无效的法定情形】	★
		第54条【合同的变更和撤销】	★
		第58条【合同无效或被撤销的法律后果】	★
		第62条【合同内容约定不明确的履行规则;合同漏洞的填补】	★
		第114条【违约金的约定及其调整】	★
		第196条【借款合同定义】	★
		第205条【借款利息支付期限的确定】	★
		第207条【逾期还款的责任承担:支付利息】	★
0909	担保法	第63条【动产质押的定义】	★★★★★
		第71条【质物返还与质权实现】	★★★★
		第64条【质押合同的订立形式及其生效时间】	★★★
		第67条【质押担保的范围:主债权、利息、违约金、损害赔偿金、质物保管费用、实现质权的费用】	★★
		第75条【可质押的权利的范围】	★★
		第18条【连带责任保证的定义;连带责任的承担】	★
		第21条【保证担保的范围;没有约定、约定不明时的担保范围】	★
		第68条【质权人的孳息收取权】	★
		第74条【质权的从属性】	★
		第76条【票据出质的范围、形式以及质押合同的生效】	★
		第78条【股权、质权的设立:合同形式、生效时间、股权限制】	★
		第81条【权利质押的法律适用】	★

	主要适用的法条	相关度	
物权法	第177条【担保物权消灭的情形】	★★★	0927
	第208条【质权的概念与质权的实现;质押双方的概念】	★★★	
	第210条【质权设立的形式;质权合同的内容】	★★	
	第214条【质权人擅自处分质押财产的损害赔偿责任】	★★	
	第219条【质物返还与质权实现】	★★	
	第226条【基金份额、股权出质的权利质权设立;出质人处分基金份额、股权的限制】	★★	
	第172条【担保合同及其从属性;担保合同无效后的责任承担】	★	
	第212条【质权的设立】	★	
	第220条【出质人对于质权人的及时行使质权的请求权】	★	
	第223条【可出质的权利的范围】	★	
	第224条【有价证券出质的形式要件以及质权生效时间】	★	
	第229条【权利质权的法律适用】	★	
民法通则	第5条【合法的民事权益受法律保护】	★	0916
	第84条【债的定义】	★	
担保法司法解释	第85条【债权人对以特户、封金、保证金等形式特定化后的金钱担保的优先受偿】	★	1024
	第95条【质权人的权利及怠于返还质物的责任】	★	

M4.10.93 定金合同纠纷 ★★★

主要适用的法条及其相关度

		主要适用的法条	相关度
0209	合同法	第115条【定金罚则】	★★★★★
		第60条【合同履行的原则】	★★★
		第8条【依法成立的合同的法律约束力】	★★
		第107条【合同约束力:违约责任】	★★
		第44条【合同的生效】	★
		第52条【合同无效的法定情形】	★
		第58条【合同无效或被撤销的法律后果】	★
		第94条【合同的法定解除;法定解除权】	★
		第97条【合同解除的法律后果】	★
0909	担保法	第89条【定金及其罚则】	★★★★
		第90条【定金的形式、定金的交付期限、定金合同的生效时间】	★★
		第91条【定金的数额限制】	★
0916	民法通则	第84条【债的定义】	★
1024	担保法司法解释	第115条【定金罚则】	★★
		第120条【因一方迟延履行或其他违约行为致使合同目的不能实现的定金罚则的适用规则】	★
1042	商品房买卖合同纠纷司法解释	第4条【定金罚则:以认购、订购、预订方式收受定金的处理】	★

M4.10.94 进出口押汇纠纷 ★★

■ 主要适用的法条及其相关度

	主要适用的法条	相关度	
担保法	第18条【连带责任保证的定义;连带责任的承担】	★★★★★	0909
	第31条【保证人的追偿权】	★★★★	
	第21条【保证担保的范围;没有约定、约定不明时的担保范围】	★★★	
	第28条【混合担保时保证责任的承担】	★★	
	第12条【多人保证责任的承担】	★	
	第33条【抵押、抵押权人、抵押人以及抵押物的概念】	★	
合同法	第205条【借款利息支付期限的确定】	★★★★★	0209
	第206条【借款期限的认定】	★★★★★	
	第207条【逾期还款的责任承担:支付利息】	★★★★★	
	第107条【合同约束力:违约责任】	★★★★	
	第8条【依法成立的合同的法律约束力】	★	
	第60条【合同履行的原则】	★	
	第196条【借款合同定义】	★	
物权法	第176条【混合担保规则】	★	0927
	第187条【不动产抵押权登记时设立】	★	
	第203条【最高额抵押规则】	★	
民法通则	第84条【债的定义】	★	0916
担保法司法解释	第42条【保证人追偿权的行使与诉讼时效】	★	1024

合同、无因管理、不当得利纠纷

M4.10.95 储蓄存款合同纠纷 ★★★

主要适用的法条及其相关度

	主要适用的法条	相关度
合同法	第60条【合同履行的原则】	★★★★★
	第107条【合同约束力;违约责任】	★★★★★
	第8条【依法成立的合同的法律约束力】	★★★
	第5条【公平原则;合同权利义务确定的原则】	★
	第6条【诚实信用原则】	★
	第44条【合同的生效】	★
	第49条【表见代理的构成及其效力】	★
	第113条【违约责任的承担:损失赔偿】	★
	第120条【双方违约应各自承担违约责任】	★
商业银行法	第6条【商业银行保障存款人合法权益的义务】	★★
	第33条【商业银行存款本金和利息支付的保证义务】	★★
	第29条【商业银行办理个人储蓄存款业务的原则:存款自愿、取款自由、存款有息、为存款人保密;除了法律有特别规定外商业银行有权拒绝对个人储蓄存款的查询、冻结、扣划】	★
民法通则	第43条【企业法人对其经营活动承担民事责任】	★
	第63条【代理的界定及不得代理的情形】	★
	第106条【民事责任归责原则:违约责任;过错侵权责任;无过错侵权责任】	★
继承法	第3条【遗产范围】	★
	第10条【继承人范围及继承顺序】	★

	主要适用的法条	相关度	
审理存单纠纷案件规定	第5条【一般存单纠纷案件的认定和处理】	★	1065

M4.10.96 银行卡纠纷 ······ ★★★

主要适用的法条及其相关度

	主要适用的法条	相关度	
合同法	第60条【合同履行的原则】	★★★★★	0209
	第107条【合同约束力:违约责任】	★★★★★	
	第206条【借款期限的认定】	★★★★★	
	第207条【逾期还款的责任承担:支付利息】	★★★★★	
	第205条【借款利息支付期限的确定】	★★★	
	第44条【合同的生效】	★★	
	第8条【依法成立的合同的法律约束力】	★	
	第114条【违约金的约定及其调整】	★	
	第120条【双方违约应各自承担违约责任】	★	
	第196条【借款合同定义】	★	
商业银行法	第6条【商业银行保障存款人合法权益的义务】	★	0970
民法通则	第84条【债的定义】	★	0916
	第108条【债务清偿:分期偿还、强制偿还】	★	

合同、无因管理、不当得利纠纷

M4.10.96.1

M4.10.96.1　借记卡纠纷 ……………………………… ★★★

■ 主要适用的法条及其相关度

	主要适用的法条	相关度
合同法	第107条【合同约束力;违约责任】	★★★★★
	第60条【合同履行的原则】	★★★★
	第120条【双方违约应各自承担违约责任】	★★★
	第8条【依法成立的合同的法律约束力】	★★
	第5条【公平原则;合同权利义务确定的原则】	★
	第113条【违约责任的承担:损失赔偿】	★
商业银行法	第6条【商业银行保障存款人合法权益的义务】	★★

M4.10.96.2

M4.10.96.2　信用卡纠纷 ……………………………… ★★★★★

■ 一、主要适用的法条及其相关度

	主要适用的法条	相关度
合同法	第107条【合同约束力;违约责任】	★★★★★
	第206条【借款期限的认定】	★★★★★
	第207条【逾期还款的责任承担:支付利息】	★★★★★
	第60条【合同履行的原则】	★★★★
	第8条【依法成立的合同的法律约束力】	★★★
	第205条【借款利息支付期限的确定】	★★★
	第114条【违约金的约定及其调整】	★★
	第44条【合同的生效】	★
	第196条【借款合同定义】	★

	主要适用的法条	相关度	
担保法	第18条【连带责任保证的定义;连带责任的承担】	★★	0909
	第21条【保证担保的范围;没有约定、约定不明时的担保范围】	★	
民法通则	第84条【债的定义】	★	0916

二、常见适用的其他法条

	常见适用的其他法条	相关度	
担保法	第31条【保证人的追偿权】		0909
	第33条【抵押、抵押权人、抵押人以及抵押物的概念】		
民法通则	第106条【民事责任归责原则:违约责任;过错侵权责任;无过错侵权责任】		0916
	第108条【债务清偿:分期偿还、强制偿还】		
婚姻法司法解释二	第24条【离婚时夫妻一方所欠债务的处理】		1022

M4.10.97 租赁合同纠纷 ★★★★★

一、主要适用的法条及其相关度

	主要适用的法条	相关度	
合同法	第60条【合同履行的原则】	★★★★★	0209
	第107条【合同约束力:违约责任】	★★★★★	
	第226条【承租人租金支付期限的确定规则】	★★★★★	

		主要适用的法条	相关度
0209	合同法	第212条【租赁合同的定义】	★★★★
		第8条【依法成立的合同的法律约束力】	★★★
		第94条【合同的法定解除;法定解除权】	★★★
		第97条【合同解除的法律后果】	★★★
		第109条【违约责任的承担:付款义务的继续履行】	★★★
		第114条【违约金的约定及其调整】	★★★
		第227条【出租人的租金支付请求权以及合同解除权】	★★★
		第235条【租赁期间届满承租人的租赁物返还义务、返还的租赁物的应有状态】	★★★
		第44条【合同的生效】	★★
		第52条【合同无效的法定情形】	★★
		第58条【合同无效或被撤销的法律后果】	★★
		第93条【合同的约定解除:协商一致;约定条件成就】	★★
		第96条【合同解除权的行使规则】	★★
		第113条【违约责任的承担:损失赔偿】	★★
		第222条【承租人的租赁物保管义务及其赔偿责任】	★★
		第232条【不定期租赁】	★★
		第236条【不定期租赁:租赁期满继续使用租赁物、出租人没有提出异议】	★★
		第6条【诚实信用原则】	★
		第216条【出租人义务:交付租赁物、保持租赁物的用途】	★

	主要适用的法条	相关度	
民法通则	第84条【债的定义】	★★	0916
	第108条【债务清偿:分期偿还、强制偿还】	★★	
	第106条【民事责任归责原则:违约责任;过错侵权责任;无过错侵权责任】	★	
担保法	第18条【连带责任保证的定义;连带责任的承担】	★	0909
	第19条【保证方式不明时的连带责任担保】	★	
	第21条【保证担保的范围;没有约定、约定不明时的担保范围】	★	
合同法司法解释二	第29条【违约金的数额及其调整:适当减少】	★	1035

■ 二、常见适用的其他法条

	常见适用的其他法条	相关度	
担保法	第31条【保证人的追偿权】		0909
公司法	第14条【分公司的法律地位;子公司的法律地位】		0955
合同法	第5条【公平原则:合同权利义务确定的原则】		0209
	第56条【合同无效或被撤销的溯及力;部分无效不影响其他独立部分的效力】		
	第61条【合同内容约定不明确的处理规则:合同漏洞的填补】		
	第62条【合同内容约定不明确的履行规则:合同漏洞的填补】		
	第91条【合同权利义务终止的法定情形】		
	第98条【结算条款、清理条款效力的独立性】		
	第108条【预期违约责任】		

0088　合同、无因管理、不当得利纠纷

		常见适用的其他法条	相关度
0209	合同法	第112条【违约责任的承担:损失赔偿与其他责任的并存】	
		第213条【租赁合同的内容】	
		第215条【租赁合同的书面形式要求】	
		第219条【承租人没有按约定方式或租赁物使用性质使用租赁物致损的法律后果】	
		第224条【承租人转租租赁物的前提条件及后果】	
0916	民法通则	第4条【民事活动的基本原则:自愿、公平、等价有偿、诚实信用】	
		第5条【合法的民事权益受法律保护】	
		第134条【承担民事责任的主要方式】	
0927	物权法	第39条【所有权的内容】	
1049	城镇房屋租赁合同纠纷司法解释	第5条【房屋租赁合同无效时使用费的支付义务;当事人的损害赔偿请求权】	
1022	婚姻法司法解释二	第24条【离婚时夫妻一方所欠债务的处理】	

M4.10.97.1　土地租赁合同纠纷 ★★★★

一、主要适用的法条及其相关度

		主要适用的法条	相关度
0209	合同法	第60条【合同履行的原则】	★★★★★
		第94条【合同的法定解除;法定解除权】	★★★★
		第107条【合同约束力:违约责任】	★★★★
		第226条【承租人租金支付期限的确定规则】	★★★★

	主要适用的法条	相关度	
合同法	第8条【依法成立的合同的法律约束力】	★★★	0209
	第44条【合同的生效】	★★★	
	第52条【合同无效的法定情形】	★★★	
	第58条【合同无效或被撤销的法律后果】	★★★	
	第97条【合同解除的法律后果】	★★★	
	第212条【租赁合同的定义】	★★★	
	第227条【出租人的租金支付请求权以及合同解除权】	★★★	
	第235条【租赁期间届满承租人的租赁物返还义务、返还的租赁物的应有状态】	★★★	
	第93条【合同的约定解除:协商一致;约定条件成就】	★★	
	第96条【合同解除权的行使规则】	★★	
	第109条【违约责任的承担:付款义务的继续履行】	★★	
	第114条【违约金的约定及其调整】	★★	
	第232条【不定期租赁】	★★	
	第56条【合同无效或被撤销的溯及力;部分无效不影响其他独立部分的效力】	★	
	第236条【不定期租赁:租赁期满继续使用租赁物、出租人没有提出异议】	★	
土地管理法	第63条【农民集体所有的土地使用权的用途限制】	★★	0942
民法通则	第108条【债务清偿:分期偿还、强制偿还】	★	0916
	第134条【承担民事责任的主要方式】	★	

■ 二、常见适用的其他法条

	常见适用的其他法条	相关度
合同法	第5条【公平原则:合同权利义务确定的原则】	
	第6条【诚实信用原则】	
	第10条【合同的订立形式;合同的书面形式】	
	第61条【合同内容约定不明确的处理规则:合同漏洞的填补】	
	第77条【变更合同的条件与要求】	
	第91条【合同权利义务终止的法定情形】	
	第98条【结算条款、清理条款效力的独立性】	
	第108条【预期违约责任】	
	第113条【违约责任的承担:损失赔偿】	
	第214条【租赁期限的规定】	
	第215条【租赁合同的书面形式要求】	
	第216条【出租人义务:交付租赁物、保持租赁物的用途】	
	第224条【承租人转租租赁物的前提条件及后果】	
民法通则	第4条【民事活动的基本原则:自愿、公平、等价有偿、诚实信用】	
	第5条【合法的民事权益受法律保护】	
	第84条【债的定义】	
	第106条【民事责任归责原则:违约责任;过错侵权责任;无过错侵权责任】	
	第111条【违约履行合同义务的后果:继续履行;补救;赔偿损失】	

	常见适用的其他法条	相关度	
农村土地承包法	第8条【农村土地承包应遵守的原则;国家鼓励农民和农村集体经济组织增加土地投入】		0945
	第32条【家庭土地承包经营权的流转方式】		
	第33条【土地承包经营权流转应遵循的原则】		
	第56条【土地承包合同违约应承担违约责任】		
土地管理法	第36条【非农业建设占用地的规定】		0942
	第44条【农用地转为建设用地的审批】		
合同法司法解释二	第29条【违约金的数额及其调整:适当减少】		1035

M4.10.97.2 房屋租赁合同纠纷 ★★★★★

M4.10.97.2

一、主要适用的法条及其相关度

	主要适用的法条	相关度	
合同法	第60条【合同履行的原则】	★★★★★	0209
	第107条【合同约束力;违约责任】	★★★★★	
	第226条【承租人租金支付期限的确定规则】	★★★★	
	第8条【依法成立的合同的法律约束力】	★★★	
	第93条【合同的约定解除:协商一致;约定条件成就】	★★★	
	第94条【合同的法定解除;法定解除权】	★★★	
	第97条【合同解除的法律后果】	★★★	
	第114条【违约金的约定及其调整】	★★★	
	第212条【租赁合同的定义】	★★★	
	第227条【出租人的租金支付请求权以及合同解除权】	★★★	

		主要适用的法条	相关度
0209	合同法	第235条【租赁期间届满承租人的租赁物返还义务、返还的租赁物的应有状态】	★★★
		第44条【合同的生效】	★★
		第52条【合同无效的法定情形】	★★
		第58条【合同无效或被撤销的法律后果】	★★
		第96条【合同解除权的行使规则】	★★
		第109条【违约责任的承担:付款义务的继续履行】	★★
		第232条【不定期租赁】	★★
		第236条【不定期租赁:租赁期满继续使用租赁物、出租人没有提出异议】	★★
		第6条【诚实信用原则】	★
		第91条【合同权利义务终止的法定情形】	★
		第98条【结算条款、清理条款效力的独立性】	★
		第113条【违约责任的承担:损失赔偿】	★
		第215条【租赁合同的书面形式要求】	★
		第216条【出租人义务:交付租赁物、保持租赁物的用途】	★
		第224条【承租人转租租赁物的前提条件及后果】	★
1049	城镇房屋租赁合同纠纷司法解释	第5条【房屋租赁合同无效时使用费的支付义务;当事人的损害赔偿请求权】	★
1035	合同法司法解释二	第29条【违约金的数额及其调整:适当减少】	★

二、常见适用的其他法条

	常见适用的其他法条	相关度	
担保法	第18条【连带责任保证的定义；连带责任的承担】		0909
	第19条【保证方式不明时的连带责任担保】		
	第21条【保证担保的范围；没有约定、约定不明时的担保范围】		
	第26条【连带责任保证的保证期间】		
合同法	第5条【公平原则；合同权利义务确定的原则】		0209
	第56条【合同无效或被撤销的溯及力；部分无效不影响其他独立部分的效力】		
	第61条【合同内容约定不明确的处理规则；合同漏洞的填补】		
	第76条【合同继续有效的情形；名称变更、负责人变动】		
	第108条【预期违约责任】		
	第112条【违约责任的承担；损失赔偿与其他责任的并存】		
	第119条【防止违约损失扩大的措施；防损义务及不履行的后果；防损费用的承担】		
	第229条【买卖不破租赁；租赁物发生所有权变动时不影响租赁合同效力】		
民法通则	第4条【民事活动的基本原则；自愿、公平、等价有偿、诚实信用】		0916
	第5条【合法的民事权益受法律保护】		
	第84条【债的定义】		

		常见适用的其他法条	相关度
0916	民法通则	第106条【民事责任归责原则:违约责任;过错侵权责任;无过错侵权责任】	
		第108条【债务清偿:分期偿还、强制偿还】	
		第136条【短期诉讼时效:一年】	
0927	物权法	第34条【权利人的返还原物请求权】	
1049	城镇房屋租赁合同纠纷司法解释	第18条【出租人对逾期腾房占有使用费的支付请求权:房屋租赁合同无效、履行期限届满、或者解除时】	

M4.10.97.3 车辆租赁合同纠纷 ★★★★

一、主要适用的法条及其相关度

		主要适用的法条	相关度
0209	合同法	第60条【合同履行的原则】	★★★★★
		第107条【合同约束力:违约责任】	★★★★★
		第226条【承租人租金支付期限的确定规则】	★★★★★
		第212条【租赁合同的定义】	★★★★
		第109条【违约责任的承担:付款义务的继续履行】	★★★
		第114条【违约金的约定及其调整】	★★★
		第227条【出租人的租金支付请求权以及合同解除权】	★★★
		第8条【依法成立的合同的法律约束力】	★★
		第97条【合同解除的法律后果】	★★
		第235条【租赁期间届满承租人的租赁物返还义务、返还的租赁物的应有状态】	★★
		第44条【合同的生效】	★

	主要适用的法条	相关度	
合同法	第93条【合同的约定解除;协商一致;约定条件成就】	★	0209
	第94条【合同的法定解除;法定解除权】	★	
	第113条【违约责任的承担:损失赔偿】	★	
	第219条【承租人没有按约定方式或租赁物使用性质使用租赁物致损的法律后果】	★	
	第222条【承租人的租赁物保管义务及其赔偿责任】	★	
民法通则	第108条【债务清偿:分期偿还、强制偿还】	★★	0916
	第84条【债的定义】	★	
担保法	第18条【连带责任保证的定义;连带责任的承担】	★	0909
	第21条【保证担保的范围;没有约定、约定不明时的担保范围】	★	

二、常见适用的其他法条

	常见适用的其他法条	相关度	
担保法	第6条【保证的定义】		0909
	第19条【保证方式不明时的连带责任担保】		
	第31条【保证人的追偿权】		
合同法	第6条【诚实信用原则】		0209
	第112条【违约责任的承担:损失赔偿与其他责任的并存】		
	第232条【不定期租赁】		
	第236条【不定期租赁:租赁期满继续使用租赁物、出租人没有提出异议】		
民法通则	第106条【民事责任归责原则:违约责任;过错侵权责任;无过错侵权责任】		0916

M4.10.97.4　建筑设备租赁合同纠纷 ·················· ★★★★

■ 一、主要适用的法条及其相关度

	主要适用的法条	相关度
合同法	第107条【合同约束力;违约责任】	★★★★★
	第226条【承租人租金支付期限的确定规则】	★★★★★
	第60条【合同履行的原则】	★★★★
	第212条【租赁合同的定义】	★★★★
	第109条【违约责任的承担;付款义务的继续履行】	★★★
	第114条【违约金的约定及其调整】	★★★
	第222条【承租人的租赁物保管义务及其赔偿责任】	★★★
	第227条【出租人的租金支付请求权以及合同解除权】	★★★
	第8条【依法成立的合同的法律约束力】	★★
	第235条【租赁期间届满承租人的租赁物返还义务、返还的租赁物的应有状态】	★★
	第44条【合同的生效】	★
	第94条【合同的法定解除;法定解除权】	★
民法通则	第108条【债务清偿;分期偿还、强制偿还】	★

■ 二、常见适用的其他法条

	常见适用的其他法条	相关度
担保法	第18条【连带责任保证的定义;连带责任的承担】	
	第19条【保证方式不明时的连带责任担保】	

	常见适用的其他法条		相关度
担保法	第21条【保证担保的范围；没有约定、约定不明时的担保范围】		0909
	第31条【保证人的追偿权】		
公司法	第14条【分公司的法律地位；子公司的法律地位】		0955
合同法	第49条【表见代理的构成及其效力】		0209
	第93条【合同的约定解除：协商一致；约定条件成就】		
	第97条【合同解除的法律后果】		
	第112条【违约责任的承担：损失赔偿与其他责任的并存】		
	第113条【违约责任的承担：损失赔偿】		
	第232条【不定期租赁】		
	第236条【不定期租赁：租赁期满继续使用租赁物、出租人没有提出异议】		
民法通则	第43条【企业法人对其经营活动承担民事责任】		0916
	第84条【债的定义】		
	第106条【民事责任归责原则：违约责任；过错侵权责任；无过错侵权责任】		
合同法司法解释二	第29条【违约金的数额及其调整：适当减少】		1035

M4.10.98 融资租赁合同纠纷 ★★★★★

一、主要适用的法条及其相关度

	主要适用的法条	相关度	
合同法	第248条【承租人的租金支付义务、出租人的租金支付请求权以及合同解除权】	★★★★★	0209
	第60条【合同履行的原则】	★★★★	

		主要适用的法条	相关度
0209	合同法	第107条【合同约束力;违约责任】	★★★★
		第114条【违约金的约定及其调整】	★★★★
		第237条【融资租赁合同的定义】	★★★
		第8条【依法成立的合同的法律约束力】	★★
		第93条【合同的约定解除:协商一致;约定条件成就】	★★
		第97条【合同解除的法律后果】	★★
		第108条【预期违约责任】	★★
		第109条【违约责任的承担;付款义务的继续履行】	★★
		第242条【租赁物的所有权】	★★
0909	担保法	第18条【连带责任保证的定义;连带责任的承担】	★★★★
		第21条【保证担保的范围;没有约定、约定不明时的担保范围】	★★★
		第31条【保证人的追偿权】	★★★
		第6条【保证的定义】	★
0916	民法通则	第84条【债的定义】	★★
		第106条【民事责任归责原则:违约责任;过错侵权责任;无过错侵权责任】	★★
1053	融资租赁合同司法解释	第20条【承租人逾期履行付款义务的出租人有权要求支付逾期利息、相应违约金】	★★
		第22条【出租人依法解除融资租赁合同可以同时请求收回租赁物并赔偿损失;融资租赁合同损失赔偿范围的确定】	★
1022	婚姻法司法解释二	第24条【离婚时夫妻一方所欠债务的处理】	★
1024	担保法司法解释	第42条【保证人追偿权的行使与诉讼时效】	★

二、常见适用的其他法条

	常见适用的其他法条	相关度	
担保法	第1条【担保法的立法目的】		0909
	第12条【多人保证责任的承担】		
合同法	第1条【合同法立法目的】		0209
	第5条【公平原则:合同权利义务确定的原则】		
	第44条【合同的生效】		
	第79条【债权人不得转让合同权利的情形】		
	第80条【债权人转让债权的通知义务】		
	第94条【合同的法定解除;法定解除权】		
	第96条【合同解除权的行使规则】		
	第98条【结算条款、清理条款效力的独立性】		
	第113条【违约责任的承担:损失赔偿】		
	第243条【融资租赁合同的租金】		
	第249条【出租人的租赁物收回权和承租人的要求租赁物价值部分返还权】		
	第250条【租赁期间届满时租赁物的归属】		
婚姻法	第17条【夫妻共同财产的范围】		0953
	第19条【夫妻财产约定制】		
融资租赁合同司法解释	第21条【出租人的租金支付请求权以及合同解除权】		1053

M4.10.99 承揽合同纠纷 ★★★★★

一、主要适用的法条及其相关度

	主要适用的法条	相关度
合同法	第263条【定作人报酬支付的期限】	★★★★★
	第107条【合同约束力;违约责任】	★★★★
	第251条【承揽合同的定义;承揽的种类】	★★★★
	第60条【合同履行的原则】	★★★
	第109条【违约责任的承担:付款义务的继续履行】	★★★
	第8条【依法成立的合同的法律约束力】	★★
	第114条【违约金的约定及其调整】	★★
	第44条【合同的生效】	★
	第94条【合同的法定解除:法定解除权】	★
	第97条【合同解除的法律后果】	★
	第113条【违约责任的承担:损失赔偿】	★
	第262条【承揽人违约责任的承担方式】	★
民法通则	第108条【债务清偿:分期偿还、强制偿还】	★★
	第84条【债的定义】	★

二、常见适用的其他法条

	常见适用的其他法条	相关度
合同法	第6条【诚实信用原则】	
	第10条【合同的订立形式;合同的书面形式】	
	第61条【合同内容约定不明确的处理规则:合同漏洞的填补】	
	第62条【合同内容约定不明确的履行规则:合同漏洞的填补】	

	常见适用的其他法条	相关度	
合同法	第112条【违约责任的承担:损失赔偿与其他责任的并存】		0209
	第159条【买受人应支付价款的数额认定】		
	第161条【买受人支付价款的时间】		
	第261条【承揽合同工作成果的交付和验收】		
民法通则	第106条【民事责任归责原则:违约责任;过错侵权责任;无过错侵权责任】		0916

M4.10.99.1 加工合同纠纷 ★★★★

一、主要适用的法条及其相关度

	主要适用的法条	相关度	
合同法	第107条【合同约束力:违约责任】	★★★★★	0209
	第263条【定作人报酬支付的期限】	★★★★★	
	第60条【合同履行的原则】	★★★	
	第109条【违约责任的承担:付款义务的继续履行】	★★★	
	第251条【承揽合同的定义;承揽的种类】	★★★	
	第8条【依法成立的合同的法律约束力】	★	
	第113条【违约责任的承担:损失赔偿】	★	
民法通则	第108条【债务清偿:分期偿还、强制偿还】	★	0916

二、常见适用的其他法条

	常见适用的其他法条	相关度	
合同法	第44条【合同的生效】		0209
	第61条【合同内容约定不明确的处理规则:合同漏洞的填补】		
	第94条【合同的法定解除;法定解除权】		

0102 合同、无因管理、不当得利纠纷

		常见适用的其他法条	相关度
0209	合同法	第97条【合同解除的法律后果】	
		第112条【违约责任的承担:损失赔偿与其他责任的并存】	
		第114条【违约金的约定及其调整】	
		第159条【买受人应支付价款的数额认定】	
		第161条【买受人支付价款的时间】	
0916	民法通则	第84条【债的定义】	
1022	婚姻法司法解释二	第24条【离婚时夫妻一方所欠债务的处理】	

M4.10.99.2

M4.10.99.2 定作合同纠纷 ★★★★

一、主要适用的法条及其相关度

		主要适用的法条	相关度
0209	合同法	第107条【合同约束力:违约责任】	★★★★★
		第263条【定作人报酬支付的期限】	★★★★★
		第109条【违约责任的承担:付款义务的继续履行】	★★★★
		第60条【合同履行的原则】	★★★
		第251条【承揽合同的定义;承揽的种类】	★★★
		第8条【依法成立的合同的法律约束力】	★★
		第114条【违约金的约定及其调整】	★★
		第113条【违约责任的承担:损失赔偿】	★

二、常见适用的其他法条

		常见适用的其他法条	相关度
0909	担保法	第18条【连带责任保证的定义;连带责任的承担】	

	常见适用的其他法条	相关度	
合同法	第44条【合同的生效】		0209
	第94条【合同的法定解除;法定解除权】		
	第97条【合同解除的法律后果】		
	第112条【违约责任的承担:损失赔偿与其他责任的并存】		
	第159条【买受人应支付价款的数额认定】		
	第161条【买受人支付价款的时间】		
	第261条【承揽合同工作成果的交付和验收】		
民法通则	第84条【债的定义】		0916
	第108条【债务清偿:分期偿还、强制偿还】		
买卖合同司法解释	第24条【买卖合同逾期付款违约金的适用规则】		1028

M4.10.99.3 修理合同纠纷 ★★★★

一、主要适用的法条及其相关度

	主要适用的法条	相关度	
合同法	第60条【合同履行的原则】	★★★★★	0209
	第107条【合同约束力:违约责任】	★★★★★	
	第251条【承揽合同的定义;承揽的种类】	★★★★★	
	第263条【定作人报酬支付的期限】	★★★★★	
	第109条【违约责任的承担:付款义务的继续履行】	★★★★	
	第8条【依法成立的合同的法律约束力】	★★★	
	第44条【合同的生效】	★	
	第113条【违约责任的承担:损失赔偿】	★	

0104 合同、无因管理、不当得利纠纷

		主要适用的法条	相关度
0916	民法通则	第84条【债的定义】	★★★
		第108条【债务清偿:分期偿还、强制偿还】	★★★
		第106条【民事责任归责原则:违约责任;过错侵权责任;无过错侵权责任】	★

二、常见适用的其他法条

		常见适用的其他法条	相关度
0209	合同法	第6条【诚实信用原则】	
		第10条【合同的订立形式;合同的书面形式】	
		第61条【合同内容约定不明确的处理规则:合同漏洞的填补】	
		第62条【合同内容约定不明确的履行规则:合同漏洞的填补】	
		第112条【违约责任的承担:损失赔偿与其他责任的并存】	
		第114条【违约金的约定及其调整】	
		第159条【买受人应支付价款的数额认定】	
		第161条【买受人支付价款的时间】	
		第262条【承揽人违约责任的承担方式】	
		第264条【承揽人的留置权】	
0927	物权法	第230条【留置权的一般规定】	
1022	婚姻法司法解释二	第24条【离婚时夫妻一方所欠债务的处理】	

M4.10.99.4 复制合同纠纷 ★★★

■ 主要适用的法条及其相关度

	主要适用的法条	相关度	
著作权法	第3条【作品应具备的条件;作品的表现形式】	★★★★★	0963
	第10条【著作权的内容】	★★★★★	
	第11条【著作权的一般归属:作者】	★★★★★	
	第24条【著作权许可使用合同】	★★★★★	
	第48条【著作权侵犯行为及其法律责任】	★★★★★	
	第49条【侵犯著作权或与著作权有关的权利的赔偿责任标准】	★★★★★	

M4.10.99.5 测试合同纠纷 ★

■ 常见适用的法条

	常见适用的法条	相关度	
合同法	第8条【依法成立的合同的法律约束力】		0209
	第44条【合同的生效】		
	第49条【表见代理的构成及其效力】		
	第60条【合同履行的原则】		
	第107条【合同约束力:违约责任】		
	第109条【违约责任的承担:付款义务的继续履行】		
	第114条【违约金的约定及其调整】		
	第232条【不定期租赁】		
	第235条【租赁期间届满承租人的租赁物返还义务、返还的租赁物的应有状态】		
	第236条【不定期租赁:租赁期满继续使用租赁物、出租人没有提出异议】		

0106　合同、无因管理、不当得利纠纷

		常见适用的其他法条	相关度
0209	合同法	第251条【承揽合同的定义；承揽的种类】	
		第263条【定作人报酬支付的期限】	
		第360条【技术服务合同委托人义务】	
0983	劳动合同法	第39条【用人单位可以单方解除劳动合同的情形】	

M4.10.99.6

M4.10.99.6　检验合同纠纷 ……………………… ★

■ 常见适用的法条

		常见适用的法条	相关度
0955	公司法	第34条【股东红利分配规则；公司新增资本时股东的优先认购权】	
		第98条【股份有限公司股东大会的组成及其法律地位】	
0209	合同法	第8条【依法成立的合同的法律约束力】	
		第60条【合同履行的原则】	
		第94条【合同的法定解除；法定解除权】	
		第107条【合同约束力；违约责任】	
		第109条【违约责任的承担；付款义务的继续履行】	
		第112条【违约责任的承担；损失赔偿与其他责任的并存】	
		第113条【违约责任的承担；损失赔偿】	
		第114条【违约金的约定及其调整】	
		第130条【买卖合同的定义】	
		第159条【买受人应支付价款的数额认定】	
		第161条【买受人支付价款的时间】	

	常见适用的其他法条	相关度	
合同法	第251条【承揽合同的定义;承揽的种类】		0209
	第263条【定作人报酬支付的期限】		

M4.10.99.7 铁路机车、车辆建造合同纠纷

说明:本案由尚无足够数量判决书可供法律大数据分析。

M4.10.100 建设工程合同纠纷 ★★★★

■ 一、主要适用的法条及其相关度

	主要适用的法条	相关度	
合同法	第60条【合同履行的原则】	★★★★★	0209
	第107条【合同约束力;违约责任】	★★★★★	
	第109条【违约责任的承担;付款义务的继续履行】	★★★★	
	第8条【依法成立的合同的法律约束力】	★★★	
	第52条【合同无效的法定情形】	★★★	
	第269条【建设工程合同的定义】	★★★	
	第286条【发包人未按约定支付价款时承包人的催告权和建设工程优先受偿权】	★★★	
	第44条【合同的生效】	★★	
	第58条【合同无效或被撤销的法律后果】	★★	
	第114条【违约金的约定及其调整】	★★	
	第279条【建筑工程的竣工验收及交付使用】	★★	
	第272条【建设工程合同的发包、承包和分包;第三人与总承包人或发包人的连带责任;禁止全部转包;禁止分包单位再分包;主体结构施工】	★	

		主要适用的法条	相关度
0916	民法通则	第108条【债务清偿;分期偿还、强制偿还】	★★★
		第84条【债的定义】	★★
		第106条【民事责任归责原则;违约责任;过错侵权责任;无过错侵权责任】	★
1031	建设工程合同纠纷司法解释	第1条【建设工程施工合同无效的情形】	★★★
		第17条【拖欠工程价款利息的计付标准】	★★★
		第18条【建设工程应付款时间】	★★★
		第26条【建设施工纠纷中实际施工人起诉时被告的认定】	★★
		第16条【建设工程的计价:工程量变化、质量标准变化、竣工验收不合格时】	★

■ 二、常见适用的其他法条

		常见适用的其他法条	相关度
0955	公司法	第14条【分公司的法律地位;子公司的法律地位】	
0209	合同法	第6条【诚实信用原则】	
		第61条【合同内容约定不明确的处理规则;合同漏洞的填补】	
		第94条【合同的法定解除;法定解除权】	
		第97条【合同解除的法律后果】	
		第112条【违约责任的承担:损失赔偿与其他责任的并存】	
		第113条【违约责任的承担:损失赔偿】	
		第263条【定作人报酬支付的期限】	
0958	建筑法	第26条【承包建筑工程的单位应具备的资格及禁止性规定】	

	常见适用的其他法条	相关度	
民法通则	第5条【合法的民事权益受法律保护】		0916
	第43条【企业法人对其经营活动承担民事责任】		
	第111条【违约履行合同义务的后果:继续履行;补救;赔偿损失】		
	第135条【诉讼时效期间:两年】		
建设工程合同纠纷司法解释	第14条【建设工程实际竣工日期有争议时的不同处理规则】		1031
	第19条【建设工程的工程量确认;签证或其他证据】		

M4.10.100.1 建设工程勘察合同纠纷 ★★

主要适用的法条及其相关度

	主要适用的法条	相关度	
合同法	第60条【合同履行的原则】	★★★★★	0209
	第107条【合同约束力;违约责任】	★★★★★	
	第8条【依法成立的合同的法律约束力】	★★★	
	第109条【违约责任的承担:付款义务的继续履行】	★★★	
	第114条【违约金的约定及其调整】	★★★	
	第269条【建设工程合同的定义】	★★★	
	第286条【发包人未按约定支付价款时承包人的催告权和建设工程优先受偿权】	★★	
	第44条【合同的生效】	★	
	第113条【违约责任的承担:损失赔偿】	★	
	第263条【定作人报酬支付的期限】	★	
民法通则	第108条【债务清偿:分期偿还、强制偿还】	★	0916

合同、无因管理、不当得利纠纷

		主要适用的法条	相关度
1031	建设工程合同纠纷司法解释	第17条【拖欠工程价款利息的计付标准】	★
		第18条【建设工程应付款时间】	★
1035	合同法司法解释二	第29条【违约金的数额及其调整:适当减少】	★

M4.10.100.2 建设工程设计合同纠纷 ★★★

主要适用的法条及其相关度

		主要适用的法条	相关度
0209	合同法	第60条【合同履行的原则】	★★★★★
		第107条【合同约束力:违约责任】	★★★★★
		第8条【依法成立的合同的法律约束力】	★★★
		第109条【违约责任的承担:付款义务的继续履行】	★★★
		第114条【违约金的约定及其调整】	★★★
		第269条【建设工程合同的定义】	★★
		第44条【合同的生效】	★
		第52条【合同无效的法定情形】	★
		第58条【合同无效或被撤销的法律后果】	★
		第93条【合同的约定解除:协商一致;约定条件成就】	★
		第94条【合同的法定解除;法定解除权】	★
		第97条【合同解除的法律后果】	★
		第286条【发包人未按约定支付价款时承包人的催告权和建设工程优先受偿权】	★
0958	建筑法	第13条【从事建筑活动的单位应当按法定条件划分资质等级并应在其资质等级范围内从事建筑活动】	★

M4.10.100.3 建设工程施工合同纠纷 ★★★★★

一、主要适用的法条及其相关度

	主要适用的法条	相关度	
合同法	第60条【合同履行的原则】	★★★★★	0209
	第107条【合同约束力;违约责任】	★★★★★	
	第109条【违约责任的承担:付款义务的继续履行】	★★★★	
	第8条【依法成立的合同的法律约束力】	★★★	
	第52条【合同无效的法定情形】	★★★	
	第269条【建设工程合同的定义】	★★★	
	第286条【发包人未按约定支付价款时承包人的催告权和建设工程优先受偿权】	★★★	
	第44条【合同的生效】	★★	
	第58条【合同无效或被撤销的法律后果】	★★	
	第114条【违约金的约定及其调整】	★★	
	第272条【建设工程合同的发包、承包和分包;第三人与总承包人或发包人的连带责任;禁止全部转包;禁止分包单位再分包;主体结构施工】	★★	
	第279条【建筑工程的竣工验收及交付使用】	★★	
	第6条【诚实信用原则】	★	
	第94条【合同的法定解除;法定解除权】	★	
	第97条【合同解除的法律后果】	★	
	第113条【违约责任的承担:损失赔偿】	★	
	第263条【定作人报酬支付的期限】	★	
民法通则	第108条【债务清偿:分期偿还、强制偿还】	★★★	0916
	第84条【债的定义】	★★	
	第106条【民事责任归责原则:违约责任;过错侵权责任;无过错侵权责任】	★	

0112 合同、无因管理、不当得利纠纷

		主要适用的法条	相关度
0955	公司法	第14条【分公司的法律地位;子公司的法律地位】	★
0958	建筑法	第26条【承包建筑工程的单位应具备的资格及禁止性规定】	★
1031	建设工程合同纠纷司法解释	第17条【拖欠工程价款利息的计付标准】	★★★★
		第18条【建设工程应付款时间】	★★★
		第26条【建设施工纠纷中实际施工人起诉时被告的认定】	★★★
		第16条【建设工程的计价:工程量变化、质量标准变化、竣工验收不合格时】	★★
		第14条【建设工程实际竣工日期有争议时的不同处理规则】	★

二、常见适用的其他法条

		常见适用的其他法条	相关度
0209	合同法	第5条【公平原则:合同权利义务确定的原则】	
		第49条【表见代理的构成及其效力】	
		第56条【合同无效或被撤销的溯及力;部分无效不影响其他独立部分的效力】	
		第61条【合同内容约定不明确的处理规则:合同漏洞的填补】	
		第62条【合同内容约定不明确的履行规则:合同漏洞的填补】	
		第93条【合同的约定解除:协商一致;约定条件成就】	
		第112条【违约责任的承担:损失赔偿与其他责任的并存】	

第一编 案由关联法条索引 0113

	常见适用的其他法条	相关度	
民法通则	第4条【民事活动的基本原则:自愿、公平、等价有偿、诚实信用】		0916
	第5条【合法的民事权益受法律保护】		
	第43条【企业法人对其经营活动承担民事责任】		
	第111条【违约履行合同义务的后果:继续履行;补救;赔偿损失】		
	第135条【诉讼时效期间:两年】		
建设工程合同纠纷司法解释	第19条【建设工程的工程量确认:签证或其他证据】		1031

M4.10.100.4 建设工程价款优先受偿权纠纷 ★★

M4.10.100.4

主要适用的法条及其相关度

	主要适用的法条	相关度	
合同法	第286条【发包人未按约定支付价款时承包人的催告权和建设工程优先受偿权】	★★★★★	0209
	第60条【合同履行的原则】	★	
	第107条【合同约束力:违约责任】	★	
	第269条【建设工程合同的定义】	★	
建设工程价款优先受偿权问题的批复	第3条【建设工程价款的范围】	★★★	1059
	第4条【建设工程承包人行使优先权的期限】	★★★	

M4.10.100.5 建设工程分包合同纠纷 ★★★★

一、主要适用的法条及其相关度

	主要适用的法条	相关度
合同法	第52条【合同无效的法定情形】	★★★★★
	第60条【合同履行的原则】	★★★★★
	第107条【合同约束力:违约责任】	★★★★★
	第109条【违约责任的承担:付款义务的继续履行】	★★★★
	第8条【依法成立的合同的法律约束力】	★★★
	第58条【合同无效或被撤销的法律后果】	★★★
	第269条【建设工程合同的定义】	★★★
	第272条【建设工程合同的发包、承包和分包:第三人与总承包人或发包人的连带责任;禁止全部转包;禁止分包单位再分包;主体结构施工】	★★★
	第114条【违约金的约定及其调整】	★★
	第286条【发包人未按约定支付价款时承包人的催告权和建设工程优先受偿权】	★★
	第44条【合同的生效】	★
	第279条【建筑工程的竣工验收及交付使用】	★
民法通则	第84条【债的定义】	★★★
	第108条【债务清偿:分期偿还、强制偿还】	★★★
	第43条【企业法人对其经营活动承担民事责任】	★
	第106条【民事责任归责原则:违约责任;过错侵权责任;无过错侵权责任】	★
公司法	第14条【分公司的法律地位;子公司的法律地位】	★★

	主要适用的法条	相关度	
建设工程合同纠纷司法解释	第1条【建设工程施工合同无效的情形】	★★★★★	1031
	第17条【拖欠工程价款利息的计付标准】	★★★★	
	第18条【建设工程应付款时间】	★★★	
	第26条【建设施工纠纷中实际施工人起诉时被告的认定】	★★★	
	第16条【建设工程的计价:工程量变化、质量标准变化、竣工验收不合格时】	★	

二、常见适用的其他法条

	常见适用的其他法条	相关度	
合同法	第6条【诚实信用原则】		0209
	第49条【表见代理的构成及其效力】		
	第56条【合同无效或被撤销的溯及力;部分无效不影响其他独立部分的效力】		
	第94条【合同的法定解除;法定解除权】		
	第97条【合同解除的法律后果】		
	第113条【违约责任的承担:损失赔偿】		
	第263条【定作人报酬支付的期限】		
建筑法	第26条【承包建筑工程的单位应具备的资格及禁止性规定】		0958
	第28条【禁止承包单位全部转包其承包的工程及肢解后分包给他人】		
	第29条【建筑工程分包的条件、责任承担和禁止规定】		
民法通则	第5条【合法的民事权益受法律保护】		0916
	第63条【代理的界定及不得代理的情形】		
	第135条【诉讼时效期间:两年】		

		常见适用的其他法条	相关度
1031	建设工程合同纠纷司法解释	第14条【建设工程实际竣工日期有争议时的不同处理规则】	
		第19条【建设工程的工程量确认:签证或其他证据】	

M4.10.100.6 建设工程监理合同纠纷 ★★

主要适用的法条及其相关度

		主要适用的法条	相关度
0209	合同法	第60条【合同履行的原则】	★★★★★
		第107条【合同约束力:违约责任】	★★★★★
		第8条【依法成立的合同的法律约束力】	★★★
		第109条【违约责任的承担:付款义务的继续履行】	★★★
		第276条【建设工程的监理】	★★★
		第405条【委托人支付报酬的义务】	★★★
		第44条【合同的生效】	★★
		第94条【合同的法定解除:法定解除权】	★
		第97条【合同解除的法律后果】	★
		第113条【违约责任的承担:损失赔偿】	★
		第114条【违约金的约定及其调整】	★
		第269条【建设工程合同的定义】	★

M4.10.100.7 装饰装修合同纠纷 ★★★★

一、主要适用的法条及其相关度

		主要适用的法条	相关度
0209	合同法	第60条【合同履行的原则】	★★★★★
		第107条【合同约束力:违约责任】	★★★★★

	主要适用的法条	相关度	
合同法	第109条【违约责任的承担:付款义务的继续履行】	★★★★	0209
	第8条【依法成立的合同的法律约束力】	★★★	
	第44条【合同的生效】	★★	
	第52条【合同无效的法定情形】	★★	
	第94条【合同的法定解除;法定解除权】	★★	
	第97条【合同解除的法律后果】	★★	
	第114条【违约金的约定及其调整】	★★	
	第263条【定作人报酬支付的期限】	★★	
	第269条【建设工程合同的定义】	★★	
	第58条【合同无效或被撤销的法律后果】	★	
	第251条【承揽合同的定义;承揽的种类】	★	
	第286条【发包人未按约定支付价款时承包人的催告权和建设工程优先受偿权】	★	
民法通则	第84条【债的定义】	★★	0916
	第108条【债务清偿:分期偿还、强制偿还】	★★	
建设工程合同纠纷司法解释	第1条【建设工程施工合同无效的情形】	★★	1031
	第17条【拖欠工程价款利息的计付标准】	★★	
	第18条【建设工程应付款时间】	★	

■ 二、常见适用的其他法条

	常见适用的其他法条	相关度	
合同法	第6条【诚实信用原则】		0209
	第10条【合同的订立形式;合同的书面形式】		
	第93条【合同的约定解除:协商一致;约定条件成就】		
	第112条【违约责任的承担:损失赔偿与其他责任的并存】		

0118　合同、无因管理、不当得利纠纷

		常见适用的其他法条	相关度
0209	合同法	第113条【违约责任的承担：损失赔偿】	
		第279条【建筑工程的竣工验收及交付使用】	
0916	民法通则	第5条【合法的民事权益受法律保护】	
		第106条【民事责任归责原则：违约责任；过错侵权责任；无过错侵权责任】	
1031	建设工程合同纠纷司法解释	第14条【建设工程实际竣工日期有争议时的不同处理规则】	
		第16条【建设工程的计价：工程量变化、质量标准变化、竣工验收不合格时】	
		第26条【建设施工纠纷中实际施工人起诉时被告的认定】	
1035	合同法司法解释二	第29条【违约金的数额及其调整：适当减少】	

M4.10.100.8　铁路修建合同纠纷 ★

■ 常见适用的法条

		常见适用的法条	相关度
0955	公司法	第64条【国有独资公司的定义及其设立和组织机构的法律适用】	
0209	合同法	第8条【依法成立的合同的法律约束力】	
		第49条【表见代理的构成及其效力】	
		第60条【合同履行的原则】	
		第61条【合同内容约定不明确的处理规则：合同漏洞的填补】	
		第93条【合同的约定解除：协商一致；约定条件成就】	
		第107条【合同约束力：违约责任】	

	常见适用的其他法条	相关度	
合同法	第109条【违约责任的承担：付款义务的继续履行】		0209
	第110条【非金钱债务的继续履行及其例外：债权人不得要求对方继续履行的情形】		
	第113条【违约责任的承担：损失赔偿】		
	第114条【违约金的约定及其调整】		
民法通则	第63条【代理的界定及不得代理的情形】		0916
	第111条【违约履行合同义务的后果：继续履行；补救；赔偿损失】		
建设工程合同纠纷司法解释	第17条【拖欠工程价款利息的计付标准】		1031

M4.10.100.9 农村建房施工合同纠纷 ★★★★

一、主要适用的法条及其相关度

	主要适用的法条	相关度	
合同法	第60条【合同履行的原则】	★★★★★	0209
	第109条【违约责任的承担：付款义务的继续履行】	★★★★★	
	第107条【合同约束力；违约责任】	★★★★	
	第8条【依法成立的合同的法律约束力】	★★★	
	第269条【建设工程合同的定义】	★★★	
	第44条【合同的生效】	★★	
	第52条【合同无效的法定情形】	★★	
	第263条【定作人报酬支付的期限】	★★	
	第61条【合同内容约定不明确的处理规则：合同漏洞的填补】	★	
	第62条【合同内容约定不明确的履行规则：合同漏洞的填补】	★	

		主要适用的法条	相关度
0209	合同法	第111条【违约责任的承担:质量不符合约定的违约责任】	★
		第286条【发包人未按约定支付价款时承包人的催告权和建设工程优先受偿权】	★
0916	民法通则	第108条【债务清偿:分期偿还、强制偿还】	★★★
		第84条【债的定义】	★★
1031	建设工程合同纠纷司法解释	第1条【建设工程施工合同无效的情形】	★★
		第17条【拖欠工程价款利息的计付标准】	★★
		第18条【建设工程应付款时间】	★

二、常见适用的其他法条

		常见适用的其他法条	相关度
0209	合同法	第5条【公平原则:合同权利义务确定的原则】	
		第6条【诚实信用原则】	
		第10条【合同的订立形式;合同的书面形式】	
		第58条【合同无效或被撤销的法律后果】	
		第93条【合同的约定解除:协商一致;约定条件成就】	
		第94条【合同的法定解除;法定解除权】	
		第97条【合同解除的法律后果】	
		第113条【违约责任的承担:损失赔偿】	
		第114条【违约金的约定及其调整】	
		第251条【承揽合同的定义;承揽的种类】	
		第262条【承揽人违约责任的承担方式】	
		第279条【建筑工程的竣工验收及交付使用】	
		第281条【施工人对建设工程质量的责任;发包人的修理或返工、改建请求权与违约责任】	

	常见适用的其他法条	相关度	
建筑法	第26条【承包建筑工程的单位应具备的资格及禁止性规定】		0958
	第83条【《中华人民共和国建筑法》的效力范围】		
民法通则	第4条【民事活动的基本原则:自愿、公平、等价有偿、诚实信用】		0916
	第106条【民事责任归责原则:违约责任;过错侵权责任;无过错侵权责任】		
建设工程合同纠纷司法解释	第14条【建设工程实际竣工日期有争议时的不同处理规则】		1031
	第16条【建设工程的计价:工程量变化、质量标准变化、竣工验收不合格时】		

M4.10.101 运输合同纠纷 ★★★★

一、主要适用的法条及其相关度

	主要适用的法条	相关度	
合同法	第60条【合同履行的原则】	★★★★★	0209
	第107条【合同约束力;违约责任】	★★★★★	
	第288条【运输合同的定义】	★★★★★	
	第292条【旅客、托运人或收货人支付票款或者运输费用的义务】	★★★★	
	第109条【违约责任的承担:付款义务的继续履行】	★★★	
	第311条【承运人的货损责任及抗辩事由】	★★★	
	第8条【依法成立的合同的法律约束力】	★★	
	第290条【承运人的按时运输、安全运输义务】	★★	
	第302条【运输过程中旅客伤亡:承运人承担赔偿责任】	★★	
	第312条【货物运输损害赔偿的计算方法】	★★	

0122　合同、无因管理、不当得利纠纷

		主要适用的法条	相关度
0209	合同法	第44条【合同的生效】	★
		第113条【违约责任的承担：损失赔偿】	★
0916	民法通则	第108条【债务清偿：分期偿还、强制偿还】	★★★
		第84条【债的定义】	★★
		第106条【民事责任归责原则：违约责任；过错侵权责任；无过错侵权责任】	★
1038	人身损害赔偿司法解释	第17条【人身损害赔偿项目：一般人身损害赔偿项目、伤残赔偿项目、死亡赔偿项目】	★
		第19条【医疗费的计算标准】	★
		第20条【误工费的计算标准】	★
		第21条【护理费的计算标准】	★
		第22条【交通费的计算标准】	★
		第23条【伙食费、住宿费的计算标准】	★

■ 二、常见适用的其他法条

		常见适用的其他法条	相关度
0937	保险法	第65条【责任保险的赔偿规则】	
0209	合同法	第6条【诚实信用原则】	
		第10条【合同的订立形式；合同的书面形式】	
		第62条【合同内容约定不明确的履行规则：合同漏洞的填补】	
		第112条【违约责任的承担：损失赔偿与其他责任的并存】	
		第114条【违约金的约定及其调整】	
		第122条【违约责任与侵权责任的竞合】	

	常见适用的其他法条		相关度
合同法	第291条【承运人按照约定或者通常运输路线进行运输的义务】		0209
	第293条【客运合同的成立时间：交付客票】		
民法通则	第35条【民事合伙的债务承担规则】		0916
	第43条【企业法人对其经营活动承担民事责任】		
	第111条【违约履行合同义务的后果：继续履行；补救；赔偿损失】		
侵权责任法	第16条【人身损害赔偿项目：一般人身损害赔偿项目、伤残赔偿项目、死亡赔偿项目】		0960
人身损害赔偿司法解释	第24条【营养费的计算标准】		1038
	第25条【残疾赔偿金的计算标准】		

M4.10.101.1 公路旅客运输合同纠纷 ････････････ ★★★★

一、主要适用的法条及其相关度

	主要适用的法条	相关度	
合同法	第302条【运输过程中旅客伤亡：承运人承担赔偿责任】	★★★★★	0209
	第290条【承运人的按时运输、安全运输义务】	★★★	
	第60条【合同履行的原则】	★★	
	第107条【合同约束力：违约责任】	★★	
	第122条【违约责任与侵权责任的竞合】	★★	
	第288条【运输合同的定义】	★★	
	第293条【客运合同的成立时间：交付客票】	★★	
保险法	第65条【责任保险的赔偿规则】	★★	0937

0124　合同、无因管理、不当得利纠纷

		主要适用的法条	相关度
0960	侵权责任法	第16条【人身损害赔偿项目：一般人身损害赔偿项目、伤残赔偿项目、死亡赔偿项目】	★★
1038	人身损害赔偿司法解释	第17条【人身损害赔偿项目：一般人身损害赔偿项目、伤残赔偿项目、死亡赔偿项目】	★★★
		第19条【医疗费的计算标准】	★★★
		第20条【误工费的计算标准】	★★★
		第21条【护理费的计算标准】	★★★
		第22条【交通费的计算标准】	★★★
		第23条【伙食费、住宿费的计算标准】	★★★
		第24条【营养费的计算标准】	★★★
		第25条【残疾赔偿金的计算标准】	★★★
		第28条【被扶养人生活费数额的确定】	★

二、常见适用的其他法条

		常见适用的其他法条	相关度
0937	保险法	第10条【保险合同和保险合同主体的定义】	
		第14条【投保人和保险人的义务】	
		第64条【查明保险事故的费用由保险人承担】	
		第66条【责任保险仲裁或诉讼中保险人承担的费用】	
0952	道路交通安全法	第76条【交通事故赔偿责任的一般条款】	
0209	合同法	第8条【依法成立的合同的法律约束力】	
		第113条【违约责任的承担：损失赔偿】	
0916	民法通则	第106条【民事责任归责原则：违约责任；过错侵权责任；无过错侵权责任】	
		第119条【人身损害赔偿项目：一般人身损害赔偿项目、伤残赔偿项目、死亡赔偿项目】	

	常见适用的其他法条	相关度	
侵权责任法	第6条【过错责任原则；过错推定责任原则】		0960
人身损害赔偿司法解释	第18条【精神损害抚慰金的请求权及其法律适用】		1038
	第35条【人身损害赔偿相关统计数据概念的界定】		

M4.10.101.2 公路货物运输合同纠纷 ★★★★

一、主要适用的法条及其相关度

	主要适用的法条	相关度	
合同法	第60条【合同履行的原则】	★★★★★	0209
	第107条【合同约束力；违约责任】	★★★★★	
	第288条【运输合同的定义】	★★★★★	
	第292条【旅客、托运人或收货人支付票款或者运输费用的义务】	★★★★★	
	第109条【违约责任的承担：付款义务的继续履行】	★★★★	
	第311条【承运人的货损责任及抗辩事由】	★★★	
	第312条【货物运输损害赔偿的计算方法】	★★★	
	第8条【依法成立的合同的法律约束力】	★★	
	第44条【合同的生效】	★★	
	第290条【承运人的按时运输、安全运输义务】	★★	
	第113条【违约责任的承担：损失赔偿】	★	
民法通则	第84条【债的定义】	★★	0916
	第108条【债务清偿：分期偿还、强制偿还】	★★	

二、常见适用的其他法条

	常见适用的其他法条	相关度
0209 合同法	第6条【诚实信用原则】	
	第10条【合同的订立形式;合同的书面形式】	
	第39条【提供格式条款方的义务;格式条款的定义】	
	第40条【格式条款无效情形】	
	第62条【合同内容约定不明确的履行规则;合同漏洞的填补】	
	第112条【违约责任的承担:损失赔偿与其他责任的并存】	
	第114条【违约金的约定及其调整】	
	第291条【承运人按照约定或者通常运输路线进行运输的义务】	
	第304条【托运人对承运人的告知义务;托运人的损害赔偿责任】	
0916 民法通则	第106条【民事责任归责原则:违约责任;过错侵权责任;无过错侵权责任】	
1022 婚姻法司法解释二	第24条【离婚时夫妻一方所欠债务的处理】	

M4.10.101.3 水路旅客运输合同纠纷 ★

常见适用的法条

	常见适用的法条	相关度
0209 合同法	第293条【客运合同的成立时间:交付客票】	
	第302条【运输过程中旅客伤亡:承运人承担赔偿责任】	

	常见适用的法条	相关度	
人身损害赔偿司法解释	第19条【医疗费的计算标准】		1038
	第22条【交通费的计算标准】		
	第23条【伙食费、住宿费的计算标准】		

M4.10.101.4　水路货物运输合同纠纷 ·················· ★★

M4.10.101.4

▓ 主要适用的法条及其相关度

	主要适用的法条	相关度	
合同法	第107条【合同约束力;违约责任】	★★★★★	0209
	第292条【旅客、托运人或收货人支付票款或者运输费用的义务】	★★★★★	
	第60条【合同履行的原则】	★★★	
	第288条【运输合同的定义】	★★★	
	第109条【违约责任的承担:付款义务的继续履行】	★★	
	第311条【承运人的货损责任及抗辩事由】	★	
	第312条【货物运输损害赔偿的计算方法】	★	
民法通则	第5条【合法的民事权益受法律保护】	★★★	0916
	第108条【债务清偿:分期偿还、强制偿还】	★	

M4.10.101.5　航空旅客运输合同纠纷 ·················· ★★

M4.10.101.5

▓ 主要适用的法条及其相关度

	主要适用的法条	相关度	
侵权责任法	第2条【侵权责任一般条款;民事权益的范围】	★★★★★	0960
	第6条【过错责任原则;过错推定责任原则】	★★★★★	

合同、无因管理、不当得利纠纷

		主要适用的法条	相关度
0209	合同法	第107条【合同约束力；违约责任】	★★
		第299条【延迟运输的处理】	★★
		第5条【公平原则；合同权利义务确定的原则】	★
		第6条【诚实信用原则】	★
		第39条【提供格式条款方的义务；格式条款的定义】	★
		第40条【格式条款无效情形】	★
		第41条【格式条款的解释方法】	★
		第60条【合同履行的原则】	★
		第112条【违约责任的承担：损失赔偿与其他责任的并存】	★
		第113条【违约责任的承担：损失赔偿】	★
		第117条【因不可抗力不能履行合同的责任；不可抗力的定义】	★
		第290条【承运人的按时运输、安全运输义务】	★
0916	民法通则	第5条【合法的民事权益受法律保护】	★

M4.10.101.6 航空货物运输合同纠纷 ★★

■ **主要适用的法条及其相关度**

		主要适用的法条	相关度
0209	合同法	第107条【合同约束力；违约责任】	★★★★★
		第60条【合同履行的原则】	★★★★
		第109条【违约责任的承担：付款义务的继续履行】	★★★★
		第292条【旅客、托运人或收货人支付票款或者运输费用的义务】	★★★
		第112条【违约责任的承担：损失赔偿与其他责任的并存】	★★

	主要适用的法条	相关度	
合同法	第288条【运输合同的定义】	★★	0209
	第8条【依法成立的合同的法律约束力】	★	
	第65条【由第三人履行】	★	
	第113条【违约责任的承担:损失赔偿】	★	
	第114条【违约金的约定及其调整】	★	

M4.10.101.7 出租汽车运输合同纠纷 ★★★

■ 主要适用的法条及其相关度

	主要适用的法条	相关度	
合同法	第302条【运输过程中旅客伤亡:承运人承担赔偿责任】	★★★★★	0209
	第290条【承运人的按时运输、安全运输义务】	★★★	
	第107条【合同约束力:违约责任】	★★	
	第288条【运输合同的定义】	★★	
	第60条【合同履行的原则】	★	
	第122条【违约责任与侵权责任的竞合】	★	
	第293条【客运合同的成立时间:交付客票】	★	
保险法	第65条【责任保险的赔偿规则】	★	0937
人身损害赔偿司法解释	第17条【人身损害赔偿项目:一般人身损害赔偿项目、伤残赔偿项目、死亡赔偿项目】	★★★	1038
	第19条【医疗费的计算标准】	★★★	
	第21条【护理费的计算标准】	★★★	
	第22条【交通费的计算标准】	★★★	
	第20条【误工费的计算标准】	★★	
	第23条【伙食费、住宿费的计算标准】	★★	

	主要适用的法条	相关度
1038 人身损害赔偿司法解释	第24条【营养费的计算标准】	★
	第25条【残疾赔偿金的计算标准】	★

M4.10.101.8 管道运输合同纠纷

说明:本案由尚无足够数量判决书可供法律大数据分析。

M4.10.101.9 城市公交运输合同纠纷  ★★★

■ 主要适用的法条及其相关度

		主要适用的法条	相关度
0209	合同法	第302条【运输过程中旅客伤亡:承运人承担赔偿责任】	★★★★★
		第290条【承运人的按时运输、安全运输义务】	★★★
		第107条【合同约束力:违约责任】	★★
		第288条【运输合同的定义】	★★
		第122条【违约责任与侵权责任的竞合】	★
		第293条【客运合同的成立时间:交付客票】	★
0966	消保法	第41条【企业变更后的责任主体:消费者合法权益受到损害可以向分立、合并后的企业要求赔偿】	★★
		第19条【经营者发现其提供的商品或者服务存在缺陷应当采取的措施】	★
		第54条【经营者对依法经有关行政部门认定为不合格商品的退货义务】	★
0960	侵权责任法	第16条【人身损害赔偿项目:一般人身损害赔偿项目、伤残赔偿项目、死亡赔偿项目】	★

	主要适用的法条	相关度	
人身损害赔偿司法解释	第17条【人身损害赔偿项目:一般人身损害赔偿项目、伤残赔偿项目、死亡赔偿项目】	★★★	1038
	第19条【医疗费的计算标准】	★★	
	第20条【误工费的计算标准】	★★	
	第21条【护理费的计算标准】	★★	
	第22条【交通费的计算标准】	★★	
	第23条【伙食费、住宿费的计算标准】	★★	
	第24条【营养费的计算标准】	★★	
	第25条【残疾赔偿金的计算标准】	★	

M4.10.101.10 联合运输合同纠纷 ★

常见适用的法条

	常见适用的法条	相关度	
合同法	第60条【合同履行的原则】		0209
	第107条【合同约束力:违约责任】		
	第109条【违约责任的承担:付款义务的继续履行】		
	第120条【双方违约应各自承担违约责任】		
	第288条【运输合同的定义】		
	第290条【承运人的按时运输、安全运输义务】		
	第311条【承运人的货损责任及抗辩事由】		
	第312条【货物运输损害赔偿的计算方法】		
	第313条【单式联运多个承运人的责任承担】		

		常见适用的法条	相关度
0916	民法通则	第29条【个体工商户、农村承包经营户债务承担的财产范围】	
		第84条【债的定义】	
		第106条【民事责任归责原则：违约责任；过错侵权责任；无过错侵权责任】	
		第108条【债务清偿：分期偿还、强制偿还】	
1022	婚姻法司法解释二	第24条【离婚时夫妻一方所欠债务的处理】	

M4.10.101.11 多式联运合同纠纷 ★

常见适用的法条

		常见适用的法条	相关度
1003	海商法	第55条【货物灭失、损坏赔偿额的计算；货物实际价格的确定】	
		第71条【提单的定义和主要功能】	
		第102条【多式联运合同的定义】	
0209	合同法	第107条【合同约束力：违约责任】	
		第109条【违约责任的承担：付款义务的继续履行】	
		第292条【旅客、托运人或收货人支付票款或者运输费用的义务】	
		第311条【承运人的货损责任及抗辩事由】	
		第312条【货物运输损害赔偿的计算方法】	
		第317条【多式联运经营人的权利和义务】	
0916	民法通则	第108条【债务清偿：分期偿还、强制偿还】	

M4.10.101.12　铁路货物运输合同纠纷 ★

■ 常见适用的法条

	常见适用的法条	相关度
合同法	第 60 条【合同履行的原则】	0209
	第 107 条【合同约束力:违约责任】	
	第 109 条【违约责任的承担:付款义务的继续履行】	
	第 291 条【承运人按照约定或者通常运输路线进行运输的义务】	
	第 292 条【旅客、托运人或收货人支付票款或者运输费用的义务】	
民法通则	第 106 条【民事责任归责原则:违约责任;过错侵权责任;无过错侵权责任】	0916
	第 135 条【诉讼时效期间:两年】	
铁路法	第 17 条【铁路运输企业的赔偿责任;托运人或者旅客自愿投保】	0997

M4.10.101.13　铁路旅客运输合同纠纷 ★

■ 常见适用的法条

	常见适用的法条	相关度
合同法	第 5 条【公平原则:合同权利义务确定的原则】	0209
	第 8 条【依法成立的合同的法律约束力】	
	第 44 条【合同的生效】	
	第 60 条【合同履行的原则】	
	第 77 条【变更合同的条件与要求】	
	第 107 条【合同约束力:违约责任】	

		常见适用的法条	相关度
0209	合同法	第113条【违约责任的承担:损失赔偿】	
		第120条【双方违约应各自承担违约责任】	
		第121条【因第三人原因造成违约情况下的责任承担】	
		第288条【运输合同的定义】	
		第290条【承运人的按时运输、安全运输义务】	
		第292条【旅客、托运人或收货人支付票款或者运输费用的义务】	
		第293条【客运合同的成立时间:交付客票】	
		第294条【旅客持有效客票乘运的义务和票款的补交、加收及拒运】	
		第295条【退票或变更手续的办理】	
		第298条【承运人的告知义务】	
		第299条【延迟运输的处理】	
		第301条【承运人在运输过程中对患有疾病、分娩、遇险旅客的救助义务】	
		第302条【运输过程中旅客伤亡:承运人承担赔偿责任】	
0916	民法通则	第63条【代理的界定及不得代理的情形】	
		第119条【人身损害赔偿项目:一般人身损害赔偿项目、伤残赔偿项目、死亡赔偿项目】	
0997	铁路法	第10条【保证安全、正点到达】	
		第11条【铁路运输合同】	
		第12条【保证按票乘车】	
		第25条【铁路旅客票价率和货物、行李运价率以及相关杂费项目标准的确定】	
		第58条【因铁路行车事故及其他铁路运营事故造成人身伤亡时铁路运输企业的责任承担规则】	

	常见适用的法条	相关度
民通意见	第72条【显失公平的认定】	1047
人身损害赔偿司法解释	第17条【人身损害赔偿项目：一般人身损害赔偿项目、伤残赔偿项目、死亡赔偿项目】	1038
	第19条【医疗费的计算标准】	
	第20条【误工费的计算标准】	
	第21条【护理费的计算标准】	
	第22条【交通费的计算标准】	
	第23条【伙食费、住宿费的计算标准】	
	第24条【营养费的计算标准】	
	第25条【残疾赔偿金的计算标准】	
	第27条【丧葬费的计算标准】	
	第28条【被扶养人生活费数额的确定】	
	第29条【死亡赔偿金的计算标准】	
	第35条【人身损害赔偿相关统计数据概念的界定】	
铁路人身损害司法解释	第12条【铁路运输人身损害中的违约责任和侵权责任】	1075

M4.10.101.14 铁路行李运输合同纠纷

说明:本案由尚无足够数量判决书可供法律大数据分析。

M4.10.101.15 铁路包裹运输合同纠纷

说明:本案由尚无足够数量判决书可供法律大数据分析。

M4.10.101.16 国际铁路联运合同纠纷

说明:本案由尚无足够数量判决书可供法律大数据分析。

M4.10.102 保管合同纠纷 ★★★

主要适用的法条及其相关度

	主要适用的法条	相关度
合同法	第365条【保管合同的定义】	★★★★★
合同法	第374条【保管物毁损、灭失时保管人的损害赔偿责任】	★★★★★
合同法	第60条【合同履行的原则】	★★★
合同法	第107条【合同约束力:违约责任】	★★★
合同法	第367条【保管合同的成立:保管物交付】	★★★
合同法	第376条【保管物的领取时间】	★★★
合同法	第366条【寄存人的保管费支付义务】	★★
合同法	第369条【保管人对保管物的妥善保管义务】	★★
合同法	第377条【保管人归还原物及孳息的义务】	★★
合同法	第378条【保管可替代物:返还同种类物】	★★
合同法	第8条【依法成立的合同的法律约束力】	★
合同法	第44条【合同的生效】	★
合同法	第379条【保管费的支付期限】	★

	主要适用的法条	相关度	
物业管理条例	第36条【物业服务企业提供服务的义务与责任】	★	1009

M4.10.103 仓储合同纠纷 ······ ★★★

主要适用的法条及其相关度

	主要适用的法条	相关度	
合同法	第381条【仓储合同的定义】	★★★★★	0209
	第394条【保管不善致仓储物损毁、灭失时保管人的责任承担】	★★★★★	
	第107条【合同约束力:违约责任】	★★★★	
	第60条【合同履行的原则】	★★★	
	第8条【依法成立的合同的法律约束力】	★★	
	第109条【违约责任的承担:付款义务的继续履行】	★	
	第114条【违约金的约定及其调整】	★	
	第382条【仓储合同生效时间】	★	
	第384条【保管人对入库仓储物的验收与责任】	★	
	第391条【仓储物的提取时间】	★	
	第395条【仓储合同参照适用保管合同的规定】	★	
民法通则	第75条【个人财产:合法财产受法律保护】	★★	0916
	第84条【债的定义】	★★	
	第108条【债务清偿:分期偿还、强制偿还】	★★	
	第117条【侵害财产权的责任承担方式:返还财产、折价赔偿;恢复原状、折价赔偿;赔偿损失】	★★	

	主要适用的法条	相关度
侵权责任法	第4条【多种法律责任并存时侵权责任优先】	★★
	第6条【过错责任原则;过错推定责任原则】	★★
	第35条【个人劳务责任:提供劳务者致害责任、提供劳务者受害责任】	★★

M4.10.104 委托合同纠纷 ★★★★

一、主要适用的法条及其相关度

	主要适用的法条	相关度
合同法	第60条【合同履行的原则】	★★★★★
	第107条【合同约束力:违约责任】	★★★★★
	第396条【委托合同的界定】	★★★★
	第8条【依法成立的合同的法律约束力】	★★★
	第114条【违约金的约定及其调整】	★★★
	第404条【受托人转移受托事务所得利益的义务】	★★★
	第405条【委托人支付报酬的义务】	★★★
	第94条【合同的法定解除;法定解除权】	★★
	第97条【合同解除的法律后果】	★★
	第109条【违约责任的承担:付款义务的继续履行】	★★
	第398条【处理委托事务的费用】	★★
	第406条【因受托人过错致委托人损失的赔偿责任】	★★
	第410条【委托合同的随时解除及解除后的赔偿责任】	★★
	第44条【合同的生效】	★
	第52条【合同无效的法定情形】	★

	主要适用的法条	相关度	
合同法	第93条【合同的约定解除：协商一致；约定条件成就】	★	0209
	第399条【受托人应当按照委托人的指示处理委托事务】	★	
担保法	第6条【保证的定义】	★★	0909
	第18条【连带责任保证的定义；连带责任的承担】	★★	
	第19条【保证方式不明时的连带责任担保】	★★	
民法通则	第108条【债务清偿：分期偿还、强制偿还】	★	0916

二、常见适用的其他法条

	常见适用的其他法条	相关度	
担保法	第21条【保证担保的范围；没有约定、约定不明时的担保范围】		0909
	第26条【连带责任保证的保证期间】		
	第31条【保证人的追偿权】		
合同法	第6条【诚实信用原则】		0209
	第10条【合同的订立形式；合同的书面形式】		
	第58条【合同无效或被撤销的法律后果】		
	第91条【合同权利义务终止的法定情形】		
	第96条【合同解除权的行使规则】		
	第113条【违约责任的承担：损失赔偿】		
	第397条【委托权限】		
	第401条【受托人的报告义务】		
	第402条【受托人以自己名义与第三人订立合同的法律效果】		

		常见适用的其他法条	相关度
0916	民法通则	第5条【合法的民事权益受法律保护】	
		第84条【债的定义】	
		第106条【民事责任归责原则；违约责任；过错侵权责任；无过错侵权责任】	

M4.10.104.1 进出口代理合同纠纷 ★★★

主要适用的法条及其相关度

		主要适用的法条	相关度
0209	合同法	第107条【合同约束力；违约责任】	★★★★★
		第60条【合同履行的原则】	★★★
		第109条【违约责任的承担；付款义务的继续履行】	★★
		第114条【违约金的约定及其调整】	★★
		第398条【处理委托事务的费用】	★★
		第405条【委托人支付报酬的义务】	★★
		第8条【依法成立的合同的法律约束力】	★
		第396条【委托合同的界定】	★
		第404条【受托人转移受托事务所得利益的义务】	★
0909	担保法	第18条【连带责任保证的定义；连带责任的承担】	★★★
		第21条【保证担保的范围；没有约定、约定不明时的担保范围】	★★
		第31条【保证人的追偿权】	★★

M4.10.104.2 货运代理合同纠纷 ……………………… ★★★

主要适用的法条及其相关度

	主要适用的法条	相关度	
合同法	第107条【合同约束力;违约责任】	★★★★★	0209
	第60条【合同履行的原则】	★★★	
	第398条【处理委托事务的费用】	★★★	
	第109条【违约责任的承担:付款义务的继续履行】	★★	
	第396条【委托合同的界定】	★★	
	第405条【委托人支付报酬的义务】	★★	
	第112条【违约责任的承担:损失赔偿与其他责任的并存】	★	
	第113条【违约责任的承担:损失赔偿】	★	
	第114条【违约金的约定及其调整】	★	
审理海上货运代理纠纷案件规定	第9条【货运代理企业获取合理费用的权利】	★	1070
合同法司法解释二	第29条【违约金的数额及其调整:适当减少】	★	1035

M4.10.104.3 民用航空运输销售代理合同纠纷 ………… ★

常见适用的法条

	常见适用的法条	相关度	
合同法	第8条【依法成立的合同的法律约束力】		0209
	第45条【附条件的合同】		
	第60条【合同履行的原则】		

0142　合同、无因管理、不当得利纠纷

	常见适用的法条	相关度
0209 合同法	第107条【合同约束力;违约责任】	
	第109条【违约责任的承担:付款义务的继续履行】	
	第112条【违约责任的承担:损失赔偿与其他责任的并存】	
	第159条【买受人应支付价款的数额认定】	
	第161条【买受人支付价款的时间】	
	第167条【分期付款买卖合同出卖人的法定解除权】	
	第396条【委托合同的界定】	
	第398条【处理委托事务的费用】	
	第405条【委托人支付报酬的义务】	
	第406条【因受托人过错致委托人损失的赔偿责任】	
0916 民法通则	第84条【债的定义】	
	第106条【民事责任归责原则:违约责任;过错侵权责任;无过错侵权责任】	
	第108条【债务清偿:分期偿还、强制偿还】	

M4.10.104.4

M4.10.104.4　诉讼、仲裁、人民调解代理合同纠纷 …… ★★★

主要适用的法条及其相关度

	主要适用的法条	相关度
0209 合同法	第107条【合同约束力;违约责任】	★★★★★
	第405条【委托人支付报酬的义务】	★★★★★
	第60条【合同履行的原则】	★★★★
	第8条【依法成立的合同的法律约束力】	★★★

	主要适用的法条	相关度
合同法	第109条【违约责任的承担:付款义务的继续履行】	★★★
	第396条【委托合同的界定】	★★★
	第6条【诚实信用原则】	★
	第44条【合同的生效】	★
	第113条【违约责任的承担:损失赔偿】	★
	第114条【违约金的约定及其调整】	★
	第398条【处理委托事务的费用】	★
	第410条【委托合同的随时解除及解除后的赔偿责任】	★

0209

M4.10.105 委托理财合同纠纷 ★★★

■ 主要适用的法条及其相关度

	主要适用的法条	相关度
合同法	第60条【合同履行的原则】	★★★★★
	第107条【合同约束力:违约责任】	★★★★★
	第8条【依法成立的合同的法律约束力】	★★
	第39条【提供格式条款方的义务;格式条款的定义】	★★
	第41条【格式条款的解释方法】	★★
	第206条【借款期限的认定】	★★
	第396条【委托合同的界定】	★★
	第52条【合同无效的法定情形】	★
	第58条【合同无效或被撤销的法律后果】	★
	第109条【违约责任的承担:付款义务的继续履行】	★
	第205条【借款利息支付期限的确定】	★
	第207条【逾期还款的责任承担:支付利息】	★

0209

		主要适用的法条	相关度
0209	合同法	第397条【委托权限】	★
		第404条【受托人转移受托事务所得利益的义务】	★
		第409条【受托人的连带责任】	★
		第410条【委托合同的随时解除及解除后的赔偿责任】	★
0909	担保法	第18条【连带责任保证的定义；连带责任的承担】	★★★
		第21条【保证担保的范围；没有约定、约定不明时的担保范围】	★★
0955	公司法	第3条【公司法人制度】	★
		第20条【禁止股东权利滥用；滥用股东权利的法律责任】	★
0916	民法通则	第84条【债的定义】	★
		第108条【债务清偿：分期偿还、强制偿还】	★

M4.10.105.1 金融委托理财合同纠纷 ★

常见适用的法条

		常见适用的法条	相关度
0909	担保法	第18条【连带责任保证的定义；连带责任的承担】	
		第21条【保证担保的范围；没有约定、约定不明时的担保范围】	
		第31条【保证人的追偿权】	
0955	公司法	第4条【公司股东权利】	
		第20条【禁止股东权利滥用；滥用股东权利的法律责任】	
1007	合伙企业法	第2条【合伙企业的类型：普通合伙企业、有限合伙企业】	

	常见适用的法条	相关度	
合同法	第5条【公平原则;合同权利义务确定的原则】		0209
	第7条【遵纪守法原则】		
	第8条【依法成立的合同的法律约束力】		
	第44条【合同的生效】		
	第52条【合同无效的法定情形】		
	第54条【合同的变更和撤销】		
	第56条【合同无效或被撤销的溯及力;部分无效不影响其他独立部分的效力】		
	第58条【合同无效或被撤销的法律后果】		
	第60条【合同履行的原则】		
	第94条【合同的法定解除;法定解除权】		
	第97条【合同解除的法律后果】		
	第107条【合同约束力;违约责任】		
	第114条【违约金的约定及其调整】		
	第122条【违约责任与侵权责任的竞合】		
	第205条【借款利息支付期限的确定】		
	第206条【借款期限的认定】		
	第207条【逾期还款的责任承担:支付利息】		
民法通则	第4条【民事活动的基本原则:自愿、公平、等价有偿、诚实信用】		0916
	第84条【债的定义】		
	第111条【违约履行合同义务的后果:继续履行;补救;赔偿损失】		
	第112条【违反合同的赔偿责任;对违约金数额及损失赔偿额计算方法的约定】		
侵权责任法	第6条【过错责任原则;过错推定责任原则】		0960

0146　合同、无因管理、不当得利纠纷

		常见适用的法条	相关度
0927	物权法	第179条【抵押权的界定】	
1002	证券法	第145条【禁止证券公司及其从业人员私下接受委托】	

M4.10.105.2　民间委托理财合同纠纷 ★★★

■ 主要适用的法条及其相关度

		主要适用的法条	相关度
0209	合同法	第60条【合同履行的原则】	★★★★★
		第107条【合同约束力;违约责任】	★★★★★
		第206条【借款期限的认定】	★★★
		第207条【逾期还款的责任承担;支付利息】	★★★
		第396条【委托合同的界定】	★★
		第6条【诚实信用原则】	★
		第8条【依法成立的合同的法律约束力】	★
		第39条【提供格式条款方的义务;格式条款的定义】	★
		第41条【格式条款的解释方法】	★
		第52条【合同无效的法定情形】	★
		第58条【合同无效或被撤销的法律后果】	★
		第196条【借款合同定义】	★
		第205条【借款利息支付期限的确定】	★
		第404条【受托人转移受托事务所得利益的义务】	★
		第406条【因受托人过错致委托人损失的赔偿责任】	★
0955	公司法	第20条【禁止股东权利滥用;滥用股东权利的法律责任】	★★

	主要适用的法条	相关度	
担保法	第18条【连带责任保证的定义;连带责任的承担】	★★	0909
	第21条【保证担保的范围;没有约定、约定不明时的担保范围】	★	
民法通则	第108条【债务清偿:分期偿还、强制偿还】	★	0916

M4.10.106　行纪合同纠纷 ★★

■ 主要适用的法条及其相关度

	主要适用的法条	相关度	
合同法	第60条【合同履行的原则】	★★★★★	0209
	第107条【合同约束力;违约责任】	★★★★★	
	第414条【行纪合同的定义】	★★★★★	
	第8条【依法成立的合同的法律约束力】	★★★	
	第93条【合同的约定解除:协商一致;约定条件成就】	★★	
	第94条【合同的法定解除;法定解除权】	★★	
	第97条【合同解除的法律后果】	★★	
	第109条【违约责任的承担:付款义务的继续履行】	★★	
	第404条【受托人转移受托事务所得利益的义务】	★★	
	第422条【委托人的报酬支付义务和行纪人的留置权】	★★	
	第423条【行纪合同参照适用委托合同的规定】	★★	
	第44条【合同的生效】	★	
	第114条【违约金的约定及其调整】	★	
	第406条【因受托人过错致委托人损失的赔偿责任】	★	

		主要适用的法条	相关度
0209	合同法	第410条【委托合同的随时解除及解除后的赔偿责任】	★
		第415条【行纪人处理委托事务的费用负担】	★
		第416条【行纪人妥善保管委托物的义务】	★
		第418条【行纪人按照委托人指定的价格进行买卖的规定】	★
		第421条【行纪人与第三人订立合同的效力】	★
0916	民法通则	第108条【债务清偿：分期偿还、强制偿还】	★

M4.10.107 居间合同纠纷 ★★★★

一、主要适用的法条及其相关度

		主要适用的法条	相关度
0209	合同法	第424条【居间合同的界定】	★★★★★
		第426条【居间人促成合同成立时的报酬请求权及居间费用负担义务】	★★★★★
		第60条【合同履行的原则】	★★★★
		第107条【合同约束力；违约责任】	★★★★
		第8条【依法成立的合同的法律约束力】	★★★
		第427条【居间人未促成居间合同时居间费用的负担】	★★★
		第114条【违约金的约定及其调整】	★★
		第425条【居间人的如实报告义务；居间人故意隐瞒重要事实或提供虚假情况的责任】	★★
		第6条【诚实信用原则】	★
		第44条【合同的生效】	★
		第109条【违约责任的承担：付款义务的继续履行】	★

二、常见适用的其他法条

	常见适用的其他法条	相关度	
合同法	第 5 条【公平原则:合同权利义务确定的原则】		0209
	第 40 条【格式条款无效情形】		
	第 52 条【合同无效的法定情形】		
	第 58 条【合同无效或被撤销的法律后果】		
	第 94 条【合同的法定解除;法定解除权】		
	第 97 条【合同解除的法律后果】		
	第 113 条【违约责任的承担:损失赔偿】		
民法通则	第 4 条【民事活动的基本原则:自愿、公平、等价有偿、诚实信用】		0916
	第 5 条【合法的民事权益受法律保护】		
	第 108 条【债务清偿:分期偿还、强制偿还】		

M4.10.108 补偿贸易纠纷

说明:本案由尚无足够数量判决书可供法律大数据分析。

M4.10.109 借用合同纠纷  ★★★

■ 主要适用的法条及其相关度

	主要适用的法条	相关度	
合同法	第 60 条【合同履行的原则】	★★★★★	0209
	第 107 条【合同约束力:违约责任】	★★★★★	
	第 8 条【依法成立的合同的法律约束力】	★★★	
	第 206 条【借款期限的认定】	★★	
	第 44 条【合同的生效】	★	

		主要适用的法条	相关度
0209	合同法	第62条【合同内容约定不明确的履行规则;合同漏洞的填补】	★
		第109条【违约责任的承担:付款义务的继续履行】	★
		第113条【违约责任的承担:损失赔偿】	★
		第196条【借款合同定义】	★
		第205条【借款利息支付期限的确定】	★
		第207条【逾期还款的责任承担:支付利息】	★
0916	民法通则	第84条【债的定义】	★★
		第106条【民事责任归责原则:违约责任;过错侵权责任;无过错侵权责任】	★★
		第108条【债务清偿:分期偿还、强制偿还】	★★
		第5条【合法的民事权益受法律保护】	★
		第71条【财产所有权的定义】	
		第117条【侵害财产权的责任承担方式:返还财产、折价赔偿;恢复原状、折价赔偿;赔偿损失】	★
		第134条【承担民事责任的主要方式】	★
0927	物权法	第34条【权利人的返还原物请求权】	★
		第39条【所有权的内容】	★
0909	担保法	第18条【连带责任保证的定义;连带责任的承担】	★
		第19条【保证方式不明时的连带责任担保】	★
		第21条【保证担保的范围;没有约定、约定不明时的担保范围】	★
1047	民通意见	第1条【公民的民事权利能力自出生时开始:户籍证明、医院出具的出生证明、其他证明】	★★★★
		第126条【借用实物的归还方式】	★★
		第127条【因管理、使用不善造成借用物毁损的赔偿责任】	★

M4.10.110　典当纠纷　★★★★

一、主要适用的法条及其相关度

	主要适用的法条	相关度	
合同法	第107条【合同约束力:违约责任】	★★★★★	0209
	第60条【合同履行的原则】	★★★★	
	第206条【借款期限的认定】	★★★★	
	第8条【依法成立的合同的法律约束力】	★★★	
	第114条【违约金的约定及其调整】	★★★	
	第205条【借款利息支付期限的确定】	★★★	
	第207条【逾期还款的责任承担:支付利息】	★★★	
	第44条【合同的生效】	★★	
	第196条【借款合同定义】	★	
担保法	第18条【连带责任保证的定义;连带责任的承担】	★★★★	0909
	第21条【保证担保的范围;没有约定、约定不明时的担保范围】	★★★	
	第33条【抵押、抵押权人、抵押人以及抵押物的概念】	★★★	
	第53条【抵押权实现的方式和程序】	★★★	
	第31条【保证人的追偿权】	★★	
	第46条【抵押担保的范围】	★★	
物权法	第179条【抵押权的界定】	★★★	0927
	第176条【混合担保规则】	★★	
	第187条【不动产抵押权登记时设立】	★★	
	第195条【抵押权实现的条件、方式和程序】	★★	
婚姻法司法解释二	第24条【离婚时夫妻一方所欠债务的处理】	★	1022

■ 二、常见适用的其他法条

		常见适用的其他法条	相关度
0909	担保法	第6条【保证的定义】	
		第26条【连带责任保证的保证期间】	
		第28条【混合担保时保证责任的承担】	
		第41条【抵押物登记及其合同的生效】	
		第63条【动产质押的定义】	
		第71条【质物返还与质权实现】	
0209	合同法	第109条【违约责任的承担:付款义务的继续履行】	
		第200条【借款利息不得预先扣除;预先扣除后按实际数额计算借款额度】	
0916	民法通则	第84条【债的定义】	
		第90条【借贷关系】	
		第108条【债务清偿:分期偿还、强制偿还】	
0927	物权法	第170条【担保物权人的优先受偿权;债务人不履行到期债务或发生约定的实现担保物权的情形】	
		第173条【担保物权的担保范围】	
		第180条【可抵押财产的范围】	
		第203条【最高额抵押规则】	
		第208条【质权的概念与质权的实现;质押双方的概念】	
		第212条【质权的设立】	
		第219条【质物返还与质权实现】	
		第226条【基金份额、股权出质的权利质权设立;出质人处分基金份额、股权的限制】	
1024	担保法司法解释	第22条【保证合同的成立】	

M4.10.111 合伙协议纠纷 ★★★★

一、主要适用的法条及其相关度

	主要适用的法条	相关度	
民法通则	第30条【个人合伙的定义】	★★★★★	0916
	第108条【债务清偿:分期偿还、强制偿还】	★★★★	
	第31条【书面合伙协议应当载明的事项】	★★★	
	第32条【合伙财产的归属、管理和使用】	★★★	
	第84条【债的定义】	★★★	
	第35条【民事合伙的债务承担规则】	★★	
	第106条【民事责任归责原则:违约责任;过错侵权责任;无过错侵权责任】	★★	
	第34条【合伙事务的执行】	★	
	第111条【违约履行合同义务的后果:继续履行;补救;赔偿损失】	★	
合同法	第60条【合同履行的原则】	★★★★	0209
	第107条【合同约束力:违约责任】	★★★★	
	第8条【依法成立的合同的法律约束力】	★★	
	第44条【合同的生效】	★	
	第94条【合同的法定解除;法定解除权】	★	
	第97条【合同解除的法律后果】	★	
	第109条【违约责任的承担:付款义务的继续履行】	★	
	第114条【违约金的约定及其调整】	★	
民通意见	第55条【合伙终止时合伙财产处理规则】	★★	1047
	第52条【合伙人的退伙及其赔偿责任】	★	
婚姻法司法解释二	第24条【离婚时夫妻一方所欠债务的处理】	★	1022

二、常见适用的其他法条

	常见适用的其他法条	相关度
0909 担保法	第19条【保证方式不明时的连带责任担保】	
	第21条【保证担保的范围;没有约定、约定不明时的担保范围】	
0209 合同法	第6条【诚实信用原则】	
	第52条【合同无效的法定情形】	
	第93条【合同的约定解除:协商一致;约定条件成就】	
	第113条【违约责任的承担:损失赔偿】	
	第206条【借款期限的认定】	
	第207条【逾期还款的责任承担:支付利息】	
0916 民法通则	第4条【民事活动的基本原则:自愿、公平、等价有偿、诚实信用】	
	第5条【合法的民事权益受法律保护】	
	第134条【承担民事责任的主要方式】	
1047 民通意见	第47条【民事合伙的债务承担规则】	
	第50条【认定合伙关系:无合伙协议且未登记时的认定方式】	
	第54条【合伙人退伙时合伙财产的分割】	

M4.10.112 种植、养殖回收合同纠纷 ★★★★

一、主要适用的法条及其相关度

	主要适用的法条	相关度
0209 合同法	第60条【合同履行的原则】	★★★★★
	第107条【合同约束力:违约责任】	★★★
	第8条【依法成立的合同的法律约束力】	★★

	主要适用的法条	相关度	
合同法	第44条【合同的生效】	★★	0209
	第94条【合同的法定解除;法定解除权】	★★	
	第109条【违约责任的承担:付款义务的继续履行】	★★	
	第159条【买受人应支付价款的数额认定】	★	
民法通则	第108条【债务清偿:分期偿还、强制偿还】	★★★★	0916
	第84条【债的定义】	★★★	

二、常见适用的其他法条

	常见适用的其他法条	相关度	
公司法	第3条【公司法人制度】		0955
	第14条【分公司的法律地位;子公司的法律地位】		
合同法	第52条【合同无效的法定情形】		0209
	第56条【合同无效或被撤销的溯及力;部分无效不影响其他独立部分的效力】		
	第58条【合同无效或被撤销的法律后果】		
	第61条【合同内容约定不明确的处理规则;合同漏洞的填补】		
	第97条【合同解除的法律后果】		
	第98条【结算条款、清理条款效力的独立性】		
	第113条【违约责任的承担;损失赔偿】		
	第114条【违约金的约定及其调整】		
	第130条【买卖合同的定义】		
	第161条【买受人支付价款的时间】		
民法通则	第106条【民事责任归责原则:违约责任;过错侵权责任;无过错侵权责任】		0916
种子法	第26条【植物新品种权的授予规则】		0978
	第31条【种子生产经营许可证的审核、核发】		

		常见适用的其他法条	相关度
1022	婚姻法司法解释二	第24条【离婚时夫妻一方所欠债务的处理】	

M4.10.113 彩票、奖券纠纷 ★★

主要适用的法条及其相关度

		主要适用的法条	相关度
0916	民法通则	第108条【债务清偿：分期偿还、强制偿还】	★★★★★
		第4条【民事活动的基本原则：自愿、公平、等价有偿、诚实信用】	★★★
		第84条【债的定义】	★★★
		第106条【民事责任归责原则：违约责任；过错侵权责任；无过错侵权责任】	★
0209	合同法	第107条【合同约束力：违约责任】	★★★★★
		第60条【合同履行的原则】	★★★★
		第109条【违约责任的承担：付款义务的继续履行】	★★★★
		第8条【依法成立的合同的法律约束力】	★★★
		第159条【买受人应支付价款的数额认定】	★★★
		第6条【诚实信用原则】	★★
		第161条【买受人支付价款的时间】	★★
		第39条【提供格式条款方的义务；格式条款的定义】	★
		第44条【合同的生效】	★
		第124条【无名合同的法律适用】	★
		第130条【买卖合同的定义】	★
		第206条【借款期限的认定】	★

M4.10.114 中外合作勘探开发自然资源合同纠纷

说明:本案由尚无足够数量判决书可供法律大数据分析。

M4.10.115 农业承包合同纠纷 ······ ★★★

■ 主要适用的法条及其相关度

	主要适用的法条	相关度	
合同法	第60条【合同履行的原则】	★★★★★	0209
	第107条【合同约束力;违约责任】	★★★★★	
	第8条【依法成立的合同的法律约束力】	★★★	
	第94条【合同的法定解除;法定解除权】	★★★	
	第44条【合同的生效】	★★	
	第52条【合同无效的法定情形】	★★	
	第93条【合同的约定解除:协商一致;约定条件成就】	★★	
	第97条【合同解除的法律后果】	★★	
	第109条【违约责任的承担:付款义务的继续履行】	★★	
	第58条【合同无效或被撤销的法律后果】	★	
	第91条【合同权利义务终止的法定情形】	★	
	第113条【违约责任的承担:损失赔偿】	★	
	第114条【违约金的约定及其调整】	★	
民法通则	第108条【债务清偿:分期偿还、强制偿还】	★★	0916
	第84条【债的定义】	★	
	第106条【民事责任归责原则;违约责任;过错侵权责任;无过错侵权责任】	★	
	第134条【承担民事责任的主要方式】	★	

合同、无因管理、不当得利纠纷

		主要适用的法条	相关度
0945	农村土地承包法	第56条【土地承包合同违约应承担违约责任】	★★
		第9条【集体土地所有者和承包方的合法权益受国家保护】	★
		第10条【合法的土地承包经营权流转受法律保护】	★
		第16条【土地承包方的权利:使用、收益、流转、组织生产、获得补偿】	★
		第22条【农村土地承包合同的生效日期和土地承包经营权的取得时间】	★
		第32条【家庭土地承包经营权的流转方式】	★
		第34条【土地承包经营权流转的主体及其权利】	★
		第37条【土地承包经营权流转合同的签订方式与条件;土地承包经营权流转合同的主要条款】	★
		第45条【土地承包的方式和程序;以其他方式承包农村土地时合同内容的确定】	★
0927	物权法	第34条【权利人的返还原物请求权】	★

M4.10.116 林业承包合同纠纷 ★★★

主要适用的法条及其相关度

		主要适用的法条	相关度
0209	合同法	第60条【合同履行的原则】	★★★★★
		第8条【依法成立的合同的法律约束力】	★★★★
		第107条【合同约束力;违约责任】	★★★★
		第44条【合同的生效】	★★★
		第52条【合同无效的法定情形】	★★★
		第94条【合同的法定解除;法定解除权】	★★★
		第97条【合同解除的法律后果】	★★
		第6条【诚实信用原则】	★

	主要适用的法条	相关度	
合同法	第51条【无权处分合同的效力：经追认或取得处分权的有效】	★	0209
	第58条【合同无效或被撤销的法律后果】	★	
	第91条【合同权利义务终止的法定情形】	★	
	第93条【合同的约定解除：协商一致；约定条件成就】	★	
	第96条【合同解除权的行使规则】	★	
	第98条【结算条款、清理条款效力的独立性】	★	
	第109条【违约责任的承担：付款义务的继续履行】	★	
	第114条【违约金的约定及其调整】	★	
民法通则	第5条【合法的民事权益受法律保护】	★	0916
	第84条【债的定义】	★	
	第106条【民事责任归责原则：违约责任；过错侵权责任；无过错侵权责任】	★	
	第108条【债务清偿：分期偿还、强制偿还】	★	
农村土地承包法	第48条【集体经济组织以外的单位或者个人承包的规定】	★	0945
	第56条【土地承包合同违约应承担违约责任】	★	
物权法	第125条【土地承包经营权人的权利】	★	0927

M4.10.117　渔业承包合同纠纷 .... ★★★

M4.10.117

■ 主要适用的法条及其相关度

	主要适用的法条	相关度	
合同法	第60条【合同履行的原则】	★★★★★	0209
	第107条【合同约束力：违约责任】	★★★★★	
	第8条【依法成立的合同的法律约束力】	★★★	

	主要适用的法条	相关度
合同法	第44条【合同的生效】	★★★
	第94条【合同的法定解除;法定解除权】	★★
	第6条【诚实信用原则】	★
	第52条【合同无效的法定情形】	★
	第91条【合同权利义务终止的法定情形】	★
	第93条【合同的约定解除:协商一致;约定条件成就】	★
	第97条【合同解除的法律后果】	★
	第109条【违约责任的承担:付款义务的继续履行】	★
	第113条【违约责任的承担:损失赔偿】	★
	第114条【违约金的约定及其调整】	★

M4.10.118 牧业承包合同纠纷 ★★

主要适用的法条及其相关度

	主要适用的法条	相关度
合同法	第60条【合同履行的原则】	★★★★★
	第8条【依法成立的合同的法律约束力】	★★★
	第44条【合同的生效】	★★★
	第94条【合同的法定解除;法定解除权】	★★★
	第107条【合同约束力:违约责任】	★★★
	第97条【合同解除的法律后果】	★★
	第5条【公平原则:合同权利义务确定的原则】	★
	第6条【诚实信用原则】	★
	第52条【合同无效的法定情形】	★

	主要适用的法条	相关度	
合同法	第58条【合同无效或被撤销的法律后果】	★	0209
	第93条【合同的约定解除:协商一致;约定条件成就】	★	
	第109条【违约责任的承担:付款义务的继续履行】	★	
民法通则	第4条【民事活动的基本原则:自愿、公平、等价有偿、诚实信用】	★	0916
	第106条【民事责任归责原则:违约责任;过错侵权责任;无过错侵权责任】	★	
	第108条【债务清偿:分期偿还、强制偿还】	★	
	第134条【承担民事责任的主要方式】	★	

M4.10.119 农村土地承包合同纠纷……★★★★

一、主要适用的法条及其相关度

	主要适用的法条	相关度	
合同法	第60条【合同履行的原则】	★★★★★	0209
	第107条【合同约束力:违约责任】	★★★★	
	第8条【依法成立的合同的法律约束力】	★★★	
	第44条【合同的生效】	★★★	
	第93条【合同的约定解除:协商一致;约定条件成就】	★★★	
	第94条【合同的法定解除;法定解除权】	★★★	
	第97条【合同解除的法律后果】	★★★	
	第52条【合同无效的法定情形】	★★	
	第58条【合同无效或被撤销的法律后果】	★★	
	第77条【变更合同的条件与要求】	★★	
	第98条【结算条款、清理条款效力的独立性】	★★	

		主要适用的法条	相关度
0209	合同法	第109条【违约责任的承担:付款义务的继续履行】	★★
		第91条【合同权利义务终止的法定情形】	★
		第96条【合同解除权的行使规则】	★
		第114条【违约金的约定及其调整】	★
		第402条【受托人以自己名义与第三人订立合同的法律效果】	★
0945	农村土地承包法	第9条【集体土地所有者和承包方的合法权益受国家保护】	★★
		第16条【土地承包方的权利:使用、收益、流转、组织生产、获得补偿】	★★
		第22条【农村土地承包合同的生效日期和土地承包经营权的取得时间】	★★
		第32条【家庭土地承包经营权的流转方式】	★★
		第45条【土地承包的方式和程序:以其他方式承包农村土地时合同内容的确定】	★★
		第56条【土地承包合同违约应承担违约责任】	★★
		第5条【农村集体经济组织成员的土地承包权】	★
		第37条【土地承包经营权流转合同的签订方式与条件;土地承包经营权流转合同的主要条款】	★
0916	民法通则	第108条【债务清偿:分期偿还、强制偿还】	★★
		第5条【合法的民事权益受法律保护】	★
		第43条【企业法人对其经营活动承担民事责任】	★
		第84条【债的定义】	★
		第106条【民事责任归责原则:违约责任;过错侵权责任;无过错侵权责任】	★
		第134条【承担民事责任的主要方式】	★

二、常见适用的其他法条

	常见适用的其他法条	相关度	
村委会组织法	第 24 条【经村民会议讨论决定方可办理的事项;村民代表会议需经村民会议授权】		0991
合同法	第 5 条【公平原则;合同权利义务确定的原则】		0209
	第 6 条【诚实信用原则】		
	第 10 条【合同的订立形式;合同的书面形式】		
	第 36 条【应当采用书面形式而未采用书面形式合同成立的条件】		
	第 51 条【无权处分合同的效力;经追认或取得处分权的有效】		
	第 56 条【合同无效或被撤销的溯及力;部分无效不影响其他独立部分的效力】		
	第 61 条【合同内容约定不明确的处理规则;合同漏洞的填补】		
	第 108 条【预期违约责任】		
	第 113 条【违约责任的承担:损失赔偿】		
	第 212 条【租赁合同的定义】		
	第 226 条【承租人租金支付期限的确定规则】		
	第 232 条【不定期租赁】		
	第 235 条【租赁期间届满承租人的租赁物返还义务、返还的租赁物的应有状态】		
民法通则	第 4 条【民事活动的基本原则:自愿、公平、等价有偿、诚实信用】		0916
	第 85 条【合同的定义】		
	第 117 条【侵害财产权的责任承担方式:返还财产、折价赔偿;恢复原状、折价赔偿;赔偿损失】		

		常见适用的其他法条	相关度
0945	农村土地承包法	第3条【国家实行农村土地承包经营制度;农村土地承包方式:农村集体经济组织内部的家庭承包方式,招标、拍卖、公开协商等承包方式】	
		第4条【农村土地承包关系长期稳定;土地所有权性质不变,禁止承包地买卖】	
		第10条【合法的土地承包经营权流转受法律保护】	
		第12条【农村土地承包发包方的认定】	
		第13条【农村土地发包方的权利】	
		第15条【对家庭承包中的承包方的认定】	
		第17条【农村土地承包方的义务】	
		第18条【土地承包应遵循的原则】	
		第20条【土地的承包期:耕地为三十年、草地为三十年至五十年、林地为三十年至七十年】	
		第21条【土地发包方应当与承包方签订书面承包合同;承包合同的条款】	
		第23条【土地承包经营权证或林权证等证书的颁发、登记和费用收取】	
		第26条【承包期内承包地的合理收回】	
		第27条【承包期内承包地的合理调整】	
		第33条【土地承包经营权流转应遵循的原则】	
		第34条【土地承包经营权流转的主体及其权利】	
		第36条【土地承包经营权流转中相关费用由双方当事人协商确定、流转收益归承包方所有】	
		第39条【土地承包经营权的转包和转租】	
		第44条【采用其他承包方式承包的农村用地的法律适用】	

	常见适用的其他法条	相关度
农村土地承包法	第 48 条【集体经济组织以外的单位或者个人承包的规定】	0945
	第 51 条【因土地承包经营发生纠纷的争议解决办法】	
	第 53 条【侵害承包方土地承包经营权的责任:承担民事责任】	
	第 54 条【农村土地发包方承担民事责任的方式、承担民事责任的法定情形】	
侵权责任法	第 15 条【侵权责任的主要承担方式】	0960
物权法	第 34 条【权利人的返还原物请求权】	0927
	第 125 条【土地承包经营权人的权利】	
	第 127 条【土地承包经营权设立的时间;土地承包经营权的确认:发证、登记】	
农村土地承包纠纷司法解释	第 6 条【因发包方违法收回、调整承包地,或者因发包方收回承包方弃耕、撂荒的承包地产生的纠纷的处理规则】	1061
	第 17 条【对转包、出租地流转期限与承包地交回时间的规定;承包方对提高土地生产能力的投入的相应补偿】	
合同法司法解释二	第 26 条【情势变更规则】	1035

M4.10.119.1　土地承包经营权转包合同纠纷 ……… ★★★

主要适用的法条及其相关度

	主要适用的法条	相关度
合同法	第60条【合同履行的原则】	★★★★★
	第8条【依法成立的合同的法律约束力】	★★★
	第94条【合同的法定解除；法定解除权】	★★★
	第107条【合同约束力；违约责任】	★★★
	第109条【违约责任的承担；付款义务的继续履行】	★★★
	第114条【违约金的约定及其调整】	★★★
	第97条【合同解除的法律后果】	★★
	第44条【合同的生效】	★
	第52条【合同无效的法定情形】	★
	第93条【合同的约定解除；协商一致；约定条件成就】	★
农村土地承包法	第32条【家庭土地承包经营权的流转方式】	★★★★★
	第39条【土地承包经营权的转包和转租】	★★★
	第9条【集体土地所有者和承包方的合法权益受国家保护】	★
	第10条【合法的土地承包经营权流转受法律保护】	★
	第16条【土地承包方的权利：使用、收益、流转、组织生产、获得补偿】	★
	第33条【土地承包经营权流转应遵循的原则】	★
	第34条【土地承包经营权流转的主体及其权利】	★
	第36条【土地承包经营权流转中相关费用由双方当事人协商确定、流转收益归承包方所有】	★
	第37条【土地承包经营权流转合同的签订方式与条件；土地承包经营权流转合同的主要条款】	★
	第56条【土地承包合同违约应承担违约责任】	★

	主要适用的法条	相关度	
民法通则	第84条【债的定义】	★	0916
	第108条【债务清偿：分期偿还、强制偿还】	★	
合同法司法解释二	第29条【违约金的数额及其调整：适当减少】	★★	1035
农村土地承包纠纷司法解释	第16条【家庭承包纠纷中情势变更的适用】	★	1061
	第17条【对转包、出租地流转期限与承包地交回时间的规定；承包方对提高土地生产能力的投入的相应补偿】	★	

M4.10.119.2 土地承包经营权转让合同纠纷 ★★

■ 主要适用的法条及其相关度

	主要适用的法条	相关度	
农村土地承包法	第32条【家庭土地承包经营权的流转方式】	★★★★★	0945
	第37条【土地承包经营权流转合同的签订方式与条件；土地承包经营权流转合同的主要条款】	★★★★★	
	第33条【土地承包经营权流转应遵循的原则】	★★★	
	第10条【合法的土地承包经营权流转受法律保护】	★★	
	第2条【农村土地的范围】	★	
	第9条【集体土地所有者和承包方的合法权益受国家保护】	★	
	第20条【土地的承包期：耕地为三十年、草地为三十年至五十年、林地为三十年至七十年】	★	
	第34条【土地承包经营权流转的主体及其权利】	★	
	第36条【土地承包经营权流转中相关费用由双方当事人协商确定、流转收益归承包方所有】	★	
	第41条【土地承包经营权重新承包】	★	

		主要适用的法条	相关度
0209	合同法	第52条【合同无效的法定情形】	★★★★★
		第60条【合同履行的原则】	★★★★★
		第107条【合同约束力;违约责任】	★★★★★
		第8条【依法成立的合同的法律约束力】	★★★★
		第58条【合同无效或被撤销的法律后果】	★★★★
		第44条【合同的生效】	★★★
		第97条【合同解除的法律后果】	★★★
		第56条【合同无效或被撤销的溯及力;部分无效不影响其他独立部分的效力】	★★
		第93条【合同的约定解除:协商一致;约定条件成就】	★★
		第94条【合同的法定解除;法定解除权】	★★
		第109条【违约责任的承担:付款义务的继续履行】	★★
		第51条【无权处分合同的效力:经追认或取得处分权的有效】	★
		第91条【合同权利义务终止的法定情形】	★
		第113条【违约责任的承担:损失赔偿】	★
		第114条【违约金的约定及其调整】	★
0927	物权法	第128条【土地承包经营权的流转】	★★
0916	民法通则	第108条【债务清偿:分期偿还、强制偿还】	★★
		第5条【合法的民事权益受法律保护】	★
		第84条【债的定义】	★
		第106条【民事责任归责原则:违约责任;过错侵权责任;无过错侵权责任】	★
1061	农村土地承包纠纷司法解释	第13条【未经发包方同意转让土地承包经营权无效】	★★★

M4.10.119.3 土地承包经营权互换合同纠纷 ………… ★★

主要适用的法条及其相关度

	主要适用的法条	相关度	
农村土地承包法	第32条【家庭土地承包经营权的流转方式】	★★★★★	0945
	第40条【土地承包经营权的互换】	★★★★★	
	第33条【土地承包经营权流转应遵循的原则】	★★	
	第37条【土地承包经营权流转合同的签订方式与条件；土地承包经营权流转合同的主要条款】	★★	
	第1条【农村土地承包法立法目的】	★	
	第10条【合法的土地承包经营权流转受法律保护】	★	
	第34条【土地承包经营权流转的主体及其权利】	★	
	第38条【土地承包经营权流转的方式、登记的效力】	★	
合同法	第8条【依法成立的合同的法律约束力】	★★	0209
	第44条【合同的生效】	★★	
	第52条【合同无效的法定情形】	★★	
	第60条【合同履行的原则】	★★	
	第36条【应当采用书面形式而未采用书面形式合同成立的条件】	★	
	第58条【合同无效或被撤销的法律后果】	★	
	第94条【合同的法定解除；法定解除权】	★	
	第107条【合同约束力；违约责任】	★	
物权法	第125条【土地承包经营权人的权利】	★	0927
	第128条【土地承包经营权的流转】	★	
民法通则	第4条【民事活动的基本原则：自愿、公平、等价有偿、诚实信用】	★	0916

		主要适用的法条	相关度
1061	农村土地承包纠纷司法解释	第14条【承包方依法采取转包、出租、互换或其他方式流转土地承包经营权的合同未报发包方备案不当然无效】	★

M4.10.119.4 土地承包经营权入股合同纠纷 ★

常见适用的法条

		常见适用的法条	相关度
0209	合同法	第8条【依法成立的合同的法律约束力】	
		第44条【合同的生效】	
		第52条【合同无效的法定情形】	
		第54条【合同的变更和撤销】	
		第56条【合同无效或被撤销的溯及力;部分无效不影响其他独立部分的效力】	
		第60条【合同履行的原则】	
		第93条【合同的约定解除:协商一致;约定条件成就】	
		第94条【合同的法定解除;法定解除权】	
		第96条【合同解除权的行使规则】	
		第107条【合同约束力;违约责任】	
		第114条【违约金的约定及其调整】	
		第119条【防止违约损失扩大的措施;防损义务及不履行的后果;防损费用的承担】	
0916	民法通则	第106条【民事责任归责原则;违约责任;过错侵权责任;无过错侵权责任】	

	常见适用的法条	相关度
农村土地承包法	第5条【农村集体经济组织成员的土地承包权】	0945
	第9条【集体土地所有者和承包方的合法权益受国家保护】	
	第12条【农村土地承包发包方的认定】	
	第33条【土地承包经营权流转应遵循的原则】	
	第42条【承包方之间可将土地承包经营权入股】	
合同法司法解释二	第26条【情势变更规则】	1035
	第29条【违约金的数额及其调整:适当减少】	

M4.10.119.5 土地承包经营权抵押合同纠纷 ★

■ 常见适用的法条

	常见适用的法条	相关度
合同法	第1条【合同法立法目的】	0209
	第52条【合同无效的法定情形】	
	第58条【合同无效或被撤销的法律后果】	
民法通则	第4条【民事活动的基本原则:自愿、公平、等价有偿、诚实信用】	0916
	第84条【债的定义】	
	第106条【民事责任归责原则:违约责任;过错侵权责任;无过错侵权责任】	
	第108条【债务清偿:分期偿还、强制偿还】	
农村土地承包纠纷司法解释	第15条【以土地承包经营权抵押或抵偿债务的无效及责任承担】	1061

M4.10.119.6 土地承包经营权出租合同纠纷 ······ ★★★★

一、主要适用的法条及其相关度

	主要适用的法条	相关度
合同法	第60条【合同履行的原则】	★★★★★
	第94条【合同的法定解除;法定解除权】	★★★★★
	第97条【合同解除的法律后果】	★★★★★
	第107条【合同约束力;违约责任】	★★★★★
	第93条【合同的约定解除:协商一致;约定条件成就】	★★★★
	第8条【依法成立的合同的法律约束力】	★★★
	第109条【违约责任的承担:付款义务的继续履行】	★★★
	第114条【违约金的约定及其调整】	★★★
	第44条【合同的生效】	★★
	第52条【合同无效的法定情形】	★★
	第112条【违约责任的承担:损失赔偿与其他责任的并存】	★★
	第212条【租赁合同的定义】	★★
	第226条【承租人租金支付期限的确定规则】	★★
	第56条【合同无效或被撤销的溯及力;部分无效不影响其他独立部分的效力】	★
	第58条【合同无效或被撤销的法律后果】	★
	第96条【合同解除权的行使规则】	★
	第98条【结算条款、清理条款效力的独立性】	★
	第113条【违约责任的承担:损失赔偿】	★

	主要适用的法条	相关度	
农村土地承包法	第32条【家庭土地承包经营权的流转方式】	★★★★	0945
	第34条【土地承包经营权流转的主体及其权利】	★★★	
	第10条【合法的土地承包经营权流转受法律保护】	★★	
	第33条【土地承包经营权流转应遵循的原则】	★★	
	第37条【土地承包经营权流转合同的签订方式与条件;土地承包经营权流转合同的主要条款】	★★	
	第39条【土地承包经营权的转包和转租】	★★	
	第36条【土地承包经营权流转中相关费用由双方当事人协商确定、流转收益归承包方所有】	★	
民法通则	第106条【民事责任归责原则:违约责任;过错侵权责任;无过错侵权责任】	★★	0916
	第134条【承担民事责任的主要方式】	★	
合同法司法解释二	第29条【违约金的数额及其调整:适当减少】	★★	1035

■ 二、常见适用的其他法条

	常见适用的其他法条	相关度	
合同法	第6条【诚实信用原则】		0209
	第10条【合同的订立形式;合同的书面形式】		
	第32条【书面合同自双方当事人签字或盖章时成立】		
	第108条【预期违约责任】		
	第227条【出租人的租金支付请求权以及合同解除权】		
	第232条【不定期租赁】		
	第235条【租赁期间届满承租人的租赁物返还义务、返还的租赁物的应有状态】		
	第402条【受托人以自己名义与第三人订立合同的法律效果】		

		常见适用的其他法条	相关度
0916	民法通则	第5条【合法的民事权益受法律保护】	
		第6条【民事活动应遵守法律和国家政策】	
		第63条【代理的界定及不得代理的情形】	
		第108条【债务清偿:分期偿还、强制偿还】	
		第111条【违约履行合同义务的后果;继续履行;补救;赔偿损失】	
0945	农村土地承包法	第4条【农村土地承包关系长期稳定;土地所有权性质不变,禁止承包地买卖】	
		第8条【农村土地承包应遵守的原则;国家鼓励农民和农村集体经济组织增加土地投入】	
		第9条【集体土地所有者和承包方的合法权益受国家保护】	
		第35条【对土地承包期内发包方的禁止性规定】	
		第56条【土地承包合同违约应承担违约责任】	
0942	土地管理法	第4条【土地用途管制制度】	
		第12条【改变土地权属和用途的程序:办理土地变更登记手续】	
		第44条【农用地转为建设用地的审批】	
0927	物权法	第37条【物权侵害中的损害赔偿和其他民事责任请求权】	

M4.10.120 服务合同纠纷 ★★★★

一、主要适用的法条及其相关度

		主要适用的法条	相关度
0209	合同法	第60条【合同履行的原则】	★★★★★
		第107条【合同约束力;违约责任】	★★★★★
		第8条【依法成立的合同的法律约束力】	★★★

	主要适用的法条	相关度	
合同法	第94条【合同的法定解除;法定解除权】	★★★	0209
	第97条【合同解除的法律后果】	★★★	
	第109条【违约责任的承担:付款义务的继续履行】	★★★	
	第114条【违约金的约定及其调整】	★★	
	第44条【合同的生效】	★	
	第93条【合同的约定解除:协商一致;约定条件成就】	★	
民法通则	第108条【债务清偿:分期偿还、强制偿还】	★	0916

■ 二、常见适用的其他法条

	常见适用的其他法条	相关度	
公司法	第20条【禁止股东权利滥用;滥用股东权利的法律责任】		0955
	第28条【股东出资义务的履行及其违约责任】		
	第163条【公司建立财务会计制度的法定义务】		
	第171条【公司法定会计账簿制度;公司资产存储账户的限制规定】		
合同法	第5条【公平原则:合同权利义务确定的原则】		0209
	第6条【诚实信用原则】		
	第91条【合同权利义务终止的法定情形】		
	第113条【违约责任的承担:损失赔偿】		
民法通则	第84条【债的定义】		0916
	第106条【民事责任归责原则;违约责任;过错侵权责任;无过错侵权责任】		
	第111条【违约履行合同义务的后果:继续履行;补救;赔偿损失】		

0176　合同、无因管理、不当得利纠纷

M4.10.120.1　电信服务合同纠纷 ·············· ★★★★

一、主要适用的法条及其相关度

		主要适用的法条	相关度
0209	合同法	第107条【合同约束力;违约责任】	★★★★★
		第60条【合同履行的原则】	★★★★
		第114条【违约金的约定及其调整】	★★★
		第8条【依法成立的合同的法律约束力】	★★
		第44条【合同的生效】	★★
		第109条【违约责任的承担:付款义务的继续履行】	★★
		第6条【诚实信用原则】	★
1013	电信条例	第35条【因各种原因影响电信服务时的报告义务及损失承担】	★★★★

二、常见适用的其他法条

		常见适用的其他法条	相关度
0209	合同法	第94条【合同的法定解除;法定解除权】	
		第108条【预期违约责任】	
0916	民法通则	第108条【债务清偿:分期偿还、强制偿还】	

M4.10.120.2　邮寄服务合同纠纷 ·············· ★★

主要适用的法条及其相关度

		主要适用的法条	相关度
0209	合同法	第107条【合同约束力;违约责任】	★★★★★
		第60条【合同履行的原则】	★★★★
		第109条【违约责任的承担:付款义务的继续履行】	★★★
		第8条【依法成立的合同的法律约束力】	★★

	主要适用的法条	相关度	
合同法	第113条【违约责任的承担;损失赔偿】	★★	0209
	第311条【承运人的货损责任及抗辩事由】	★★	
	第6条【诚实信用原则】	★	
	第39条【提供格式条款方的义务;格式条款的定义】	★	
	第40条【格式条款无效情形】	★	
	第44条【合同的生效】	★	
	第304条【托运人对承运人的告知义务;托运人的损害赔偿责任】	★	
	第312条【货物运输损害赔偿的计算方法】	★	
邮政法	第45条【邮件和汇款的损失赔偿】	★	0996
	第47条【邮政企业对给据邮件的损失的赔偿】	★	

M4.10.120.3 医疗服务合同纠纷 ★★★

M4.10.120.3

主要适用的法条及其相关度

	主要适用的法条	相关度	
合同法	第60条【合同履行的原则】	★★★★★	0209
	第107条【合同约束力;违约责任】	★★★★★	
	第109条【违约责任的承担;付款义务的继续履行】	★★★★	
	第8条【依法成立的合同的法律约束力】	★★★	
	第44条【合同的生效】	★	
侵权责任法	第16条【人身损害赔偿项目:一般人身损害赔偿项目、伤残赔偿项目、死亡赔偿项目】	★★★	0960
	第54条【医疗损害的过错责任与替代责任】	★★★	
	第6条【过错责任原则;过错推定责任原则】	★	
	第22条【人身权益侵害精神损害赔偿的请求权】	★	

		主要适用的法条	相关度
0916	民法通则	第84条【债的定义】	★★
		第106条【民事责任归责原则:违约责任;过错侵权责任;无过错侵权责任】	★★
		第108条【债务清偿:分期偿还、强制偿还】	★★
		第5条【合法的民事权益受法律保护】	★
		第119条【人身损害赔偿项目:一般人身损害赔偿项目、伤残赔偿项目、死亡赔偿项目】	★
0973	继承法	第33条【继承遗产与清偿债务】	★
1038	人身损害赔偿司法解释	第17条【人身损害赔偿项目:一般人身损害赔偿项目、伤残赔偿项目、死亡赔偿项目】	★★★
		第18条【精神损害抚慰金的请求权及其法律适用】	★★
		第19条【医疗费的计算标准】	★★
		第21条【护理费的计算标准】	★★
		第22条【交通费的计算标准】	★★
		第23条【伙食费、住宿费的计算标准】	★★
		第20条【误工费的计算标准】	★
		第24条【营养费的计算标准】	★
		第25条【残疾赔偿金的计算标准】	★
		第27条【丧葬费的计算标准】	★
		第28条【被扶养人生活费数额的确定】	★
		第29条【死亡赔偿金的计算标准】	★
1062	精神损害赔偿司法解释	第8条【致人精神损害的责任方式】	★
		第10条【精神损害赔偿数额的确定标准】	★

M4.10.120.4 法律服务合同纠纷 ★★★

■ 主要适用的法条及其相关度

	主要适用的法条	相关度	
合同法	第60条【合同履行的原则】	★★★★★	0209
	第107条【合同约束力:违约责任】	★★★★★	
	第109条【违约责任的承担:付款义务的继续履行】	★★★★	
	第405条【委托人支付报酬的义务】	★★★★	
	第8条【依法成立的合同的法律约束力】	★★★	
	第396条【委托合同的界定】	★★	
	第44条【合同的生效】	★	
	第114条【违约金的约定及其调整】	★	
民法通则	第84条【债的定义】	★	0916
	第108条【债务清偿:分期偿还、强制偿还】	★	

M4.10.120.5 旅游合同纠纷 ★★★

■ 主要适用的法条及其相关度

	主要适用的法条	相关度	
合同法	第60条【合同履行的原则】	★★★★★	0209
	第107条【合同约束力:违约责任】	★★★★★	
	第8条【依法成立的合同的法律约束力】	★★★	
	第44条【合同的生效】	★★	
	第113条【违约责任的承担:损失赔偿】	★★	
	第6条【诚实信用原则】	★	
	第94条【合同的法定解除:法定解除权】	★	
	第97条【合同解除的法律后果】	★	
	第109条【违约责任的承担:付款义务的继续履行】	★	
	第122条【违约责任与侵权责任的竞合】	★	

		主要适用的法条	相关度
0988	旅游法	第71条【由于地接社、履行辅助人的原因导致违约时的责任承担;由于公共交通经营者的原因造成旅游者人身损害、财产损失时的责任承担规则】	★★
		第70条【旅行社不履行包价旅游合同义务或者履行合同义务不符合约定以及在旅行者自行活动期间未尽提示、救助义务的责任承担】	★
0916	民法通则	第4条【民事活动的基本原则:自愿、公平、等价有偿、诚实信用】	★
		第5条【合法的民事权益受法律保护】	★
0955	公司法	第14条【分公司的法律地位;子公司的法律地位】	★
0937	保险法	第65条【责任保险的赔偿规则】	★
1038	人身损害赔偿司法解释	第17条【人身损害赔偿项目:一般人身损害赔偿项目、伤残赔偿项目、死亡赔偿项目】	★★
		第19条【医疗费的计算标准】	★★
		第20条【误工费的计算标准】	★★
		第21条【护理费的计算标准】	★★
		第22条【交通费的计算标准】	★★
		第23条【伙食费、住宿费的计算标准】	★
		第24条【营养费的计算标准】	★
		第25条【残疾赔偿金的计算标准】	★
1063	旅游纠纷司法解释	第7条【旅游经营者、旅游辅助服务者未尽到安全保障义务的责任承担;因第三人的行为造成旅游者损害的责任承担规则】	★★
		第3条【旅游合同纠纷中的违约责任和侵权责任案由选择】	★

M4.10.120.6 房地产咨询合同纠纷 ★★

▨ 主要适用的法条及其相关度

	主要适用的法条	相关度	
合同法	第60条【合同履行的原则】	★★★★★	0209
合同法	第107条【合同约束力:违约责任】	★★★★	
合同法	第109条【违约责任的承担:付款义务的继续履行】	★★★	
合同法	第8条【依法成立的合同的法律约束力】	★★	
合同法	第94条【合同的法定解除;法定解除权】	★	
合同法	第97条【合同解除的法律后果】	★	
合同法	第114条【违约金的约定及其调整】	★	
合同法	第396条【委托合同的界定】	★	
民法通则	第84条【债的定义】	★	0916
民法通则	第108条【债务清偿:分期偿还、强制偿还】	★	

M4.10.120.7 房地产价格评估合同纠纷 ★

▨ 常见适用的法条

	常见适用的法条	相关度	
合同法	第6条【诚实信用原则】		0209
合同法	第8条【依法成立的合同的法律约束力】		
合同法	第44条【合同的生效】		
合同法	第60条【合同履行的原则】		
合同法	第61条【合同内容约定不明确的处理规则:合同漏洞的填补】		
合同法	第62条【合同内容约定不明确的履行规则:合同漏洞的填补】		
合同法	第79条【债权人不得转让合同权利的情形】		

0182　合同、无因管理、不当得利纠纷

		常见适用的法条	相关度
0209	合同法	第84条【合同义务的转移】	
		第107条【合同约束力:违约责任】	
		第109条【违约责任的承担:付款义务的继续履行】	
		第112条【违约责任的承担:损失赔偿与其他责任的并存】	
		第113条【违约责任的承担:损失赔偿】	
		第360条【技术服务合同委托人义务】	
		第405条【委托人支付报酬的义务】	
0916	民法通则	第84条【债的定义】	
		第106条【民事责任归责原则:违约责任;过错侵权责任;无过错侵权责任】	
		第108条【债务清偿:分期偿还、强制偿还】	
0960	侵权责任法	第6条【过错责任原则;过错推定责任原则】	
		第15条【侵权责任的主要承担方式】	

M4.10.120.8

M4.10.120.8　旅店服务合同纠纷 ………………… ★★★

■ 主要适用的法条及其相关度

		主要适用的法条	相关度
0209	合同法	第60条【合同履行的原则】	★★★★★
		第107条【合同约束力:违约责任】	★★★★★
		第109条【违约责任的承担:付款义务的继续履行】	★★★
		第8条【依法成立的合同的法律约束力】	★★
		第113条【违约责任的承担:损失赔偿】	★
		第114条【违约金的约定及其调整】	★
0916	民法通则	第108条【债务清偿:分期偿还、强制偿还】	★★
		第84条【债的定义】	★

	主要适用的法条	相关度	
侵权责任法	第37条【管理人或者组织者违反安全保障义务的侵权责任;补充责任】	★	0960

M4.10.120.9 财会服务合同纠纷 ★★

■ 主要适用的法条及其相关度

	主要适用的法条	相关度	
合同法	第60条【合同履行的原则】	★★★★★	0209
	第107条【合同约束力;违约责任】	★★★★★	
	第109条【违约责任的承担:付款义务的继续履行】	★★★★	
	第405条【委托人支付报酬的义务】	★★★	
	第396条【委托合同的界定】	★★	
	第8条【依法成立的合同的法律约束力】	★	
	第44条【合同的生效】	★	
	第61条【合同内容约定不明确的处理规则:合同漏洞的填补】	★	
	第62条【合同内容约定不明确的履行规则:合同漏洞的填补】	★	
	第113条【违约责任的承担:损失赔偿】	★	
	第360条【技术服务合同委托人义务】	★	
民法通则	第84条【债的定义】	★	0916
	第108条【债务清偿:分期偿还、强制偿还】	★	

M4.10.120.10 餐饮服务合同纠纷 ★★★★

一、主要适用的法条及其相关度

	主要适用的法条	相关度
合同法	第60条【合同履行的原则】	★★★★★
	第107条【合同约束力;违约责任】	★★★★★
	第109条【违约责任的承担:付款义务的继续履行】	★★★★★
	第8条【依法成立的合同的法律约束力】	★★
	第44条【合同的生效】	★
	第62条【合同内容约定不明确的履行规则:合同漏洞的填补】	★
	第159条【买受人应支付价款的数额认定】	★
民法通则	第108条【债务清偿:分期偿还、强制偿还】	★★★★
	第84条【债的定义】	★★★
	第106条【民事责任归责原则:违约责任;过错侵权责任;无过错侵权责任】	★

二、常见适用的其他法条

	常见适用的其他法条	相关度
合同法	第6条【诚实信用原则】	
	第10条【合同的订立形式;合同的书面形式】	
	第61条【合同内容约定不明确的处理规则:合同漏洞的填补】	
	第112条【违约责任的承担:损失赔偿与其他责任的并存】	
	第113条【违约责任的承担:损失赔偿】	
	第161条【买受人支付价款的时间】	

M4.10.120.11 娱乐服务合同纠纷 ★★★

■ 主要适用的法条及其相关度

	主要适用的法条	相关度	
合同法	第107条【合同约束力;违约责任】	★★★★★	0209
	第44条【合同的生效】	★★★★	
	第63条【交付期限与执行价格】	★★★★	
	第8条【依法成立的合同的法律约束力】	★★★	
	第60条【合同履行的原则】	★★★	
	第97条【合同解除的法律后果】	★★★	
	第39条【提供格式条款方的义务;格式条款的定义】	★★	
	第93条【合同的约定解除:协商一致;约定条件成就】	★	
	第94条【合同的法定解除;法定解除权】	★	
	第109条【违约责任的承担:付款义务的继续履行】	★	
消保法	第42条【借用营业执照经营致害的责任承担规则】	★★★★	0966
	第53条【预付款购物中经营者的义务及违约责任】	★★★★	

M4.10.120.12 有线电视服务合同纠纷 ★

■ 常见适用的法条

	常见适用的法条	相关度	
合同法	第6条【诚实信用原则】		0209
	第8条【依法成立的合同的法律约束力】		
	第10条【合同的订立形式;合同的书面形式】		
	第60条【合同履行的原则】		

0186　合同、无因管理、不当得利纠纷

0209

	常见适用的法条	相关度
合同法	第61条【合同内容约定不明确的处理规则：合同漏洞的填补】	
	第62条【合同内容约定不明确的履行规则：合同漏洞的填补】	
	第93条【合同的约定解除：协商一致；约定条件成就】	
	第94条【合同的法定解除；法定解除权】	
	第96条【合同解除权的行使规则】	
	第107条【合同约束力；违约责任】	
	第108条【预期违约责任】	
	第109条【违约责任的承担：付款义务的继续履行】	
	第113条【违约责任的承担：损失赔偿】	
	第114条【违约金的约定及其调整】	
	第159条【买受人应支付价款的数额认定】	
	第161条【买受人支付价款的时间】	
	第263条【定作人报酬支付的期限】	

M4.10.120.13

M4.10.120.13　网络服务合同纠纷 ……………… ★★

■ 主要适用的法条及其相关度

0209

	主要适用的法条	相关度
合同法	第60条【合同履行的原则】	★★★★★
	第107条【合同约束力；违约责任】	★★★★
	第94条【合同的法定解除；法定解除权】	★★★
	第97条【合同解除的法律后果】	★★★
	第114条【违约金的约定及其调整】	★★★
	第8条【依法成立的合同的法律约束力】	★★
	第109条【违约责任的承担：付款义务的继续履行】	★★

	主要适用的法条	相关度	
合同法	第6条【诚实信用原则】	★	0209
	第93条【合同的约定解除:协商一致;约定条件成就】	★	
	第113条【违约责任的承担:损失赔偿】	★	

M4.10.120.14 教育培训合同纠纷 ★★★

■ 主要适用的法条及其相关度

	主要适用的法条	相关度	
合同法	第8条【依法成立的合同的法律约束力】	★★★★★	0209
	第60条【合同履行的原则】	★★★★★	
	第94条【合同的法定解除;法定解除权】	★★★★★	
	第107条【合同约束力:违约责任】	★★★★★	
	第97条【合同解除的法律后果】	★★★★	
	第44条【合同的生效】	★★	
	第52条【合同无效的法定情形】	★	
	第58条【合同无效或被撤销的法律后果】	★	
	第62条【合同内容约定不明确的履行规则:合同漏洞的填补】	★	
	第66条【同时履行抗辩权】	★	
	第93条【合同的约定解除:协商一致;约定条件成就】	★	
	第113条【违约责任的承担:损失赔偿】	★	
民法通则	第5条【合法的民事权益受法律保护】	★	0916
	第66条【无权代理的法律后果;代理人不履行职责,损害被代理人利益的民事责任;代理人和第三人的连带责任】	★	
	第87条【连带债权与连带债务】	★	

0188 合同、无因管理、不当得利纠纷

		主要适用的法条	相关度
1016	民办教育促进法	第36条【民办学校的法人财产权】	★
1016	民办教育促进法实施条例	第8条【民办学校举办人的出资规则;民办学校举办人资金筹集禁止情形】	★

M4.10.120.15 物业服务合同纠纷 ★★★★★

一、主要适用的法条及其相关度

		主要适用的法条	相关度
0209	合同法	第60条【合同履行的原则】	★★★★★
		第107条【合同约束力;违约责任】	★★★★★
		第8条【依法成立的合同的法律约束力】	★★★
		第109条【违约责任的承担:付款义务的继续履行】	★★★
		第114条【违约金的约定及其调整】	★★★
		第44条【合同的生效】	★★
0916	民法通则	第84条【债的定义】	★★
		第106条【民事责任归责原则;违约责任;过错侵权责任;无过错侵权责任】	★★
		第108条【债务清偿:分期偿还、强制偿还】	★
1009	物业管理条例	第42条【物业服务费用的交纳主体】	★★★★★
		第7条【物业管理中业主的义务】	★★★
		第67条【业主逾期不交纳物业服务费用的处理:督促限期交纳、起诉】	★★
		第21条【前期物业服务合同的签订】	★
		第41条【物业服务收费标准的确定原则】	★

二、常见适用的其他法条

	常见适用的其他法条	相关度	
合同法	第52条【合同无效的法定情形】		0209
	第111条【违约责任的承担:质量不符合约定的违约责任】		
民法通则	第4条【民事活动的基本原则:自愿、公平、等价有偿、诚实信用】		0916
	第5条【合法的民事权益受法律保护】		
	第111条【违约履行合同义务的后果:继续履行;补救;赔偿损失】		
	第135条【诉讼时效期间:两年】		
物权法	第78条【业主大会和业主委员会决定的效力】		0927
物业管理条例	第2条【物业管理的定义】		1009
	第6条【物业管理中业主的权利】		
	第12条【业主大会的议事规则】		
	第15条【业主委员会的性质与职责】		
	第36条【物业服务企业提供服务的义务与责任】		
物业服务纠纷司法解释	第5条【业主对违规收费的抗辩权、返还请求权】		1046
合同法司法解释二	第29条【违约金的数额及其调整:适当减少】		1035

M4.10.120.16　家政服务合同纠纷 ★★

■ 主要适用的法条及其相关度

	主要适用的法条	相关度
合同法	第60条【合同履行的原则】	★★★★★
	第107条【合同约束力;违约责任】	★★★★
	第8条【依法成立的合同的法律约束力】	★★★
	第109条【违约责任的承担:付款义务的继续履行】	★★★
	第44条【合同的生效】	★★
	第93条【合同的约定解除:协商一致;约定条件成就】	★
劳动合同法	第47条【经济补偿金的支付标准】	★
	第87条【用人单位违法解除或终止劳动合同的赔偿金支付】	★
劳动合同法实施条例	第27条【经济补偿月工资的计算】	★

M4.10.120.17　庆典服务合同纠纷 ★★

■ 主要适用的法条及其相关度

	主要适用的法条	相关度
合同法	第60条【合同履行的原则】	★★★★★
	第107条【合同约束力;违约责任】	★★★★★
	第8条【依法成立的合同的法律约束力】	★★★
	第109条【违约责任的承担:付款义务的继续履行】	★★★
	第114条【违约金的约定及其调整】	★★

	主要适用的法条	相关度
合同法	第44条【合同的生效】	★
	第111条【违约责任的承担;质量不符合约定的违约责任】	★

0209

M4.10.120.18 殡葬服务合同纠纷 ★

■ 常见适用的法条

	常见适用的法条	相关度
合同法	第52条【合同无效的法定情形】	
	第60条【合同履行的原则】	
	第64条【向第三人履行】	
	第84条【合同义务的转移】	
	第94条【合同的法定解除;法定解除权】	
	第107条【合同约束力;违约责任】	
	第108条【预期违约责任】	
	第109条【违约责任的承担;付款义务的继续履行】	
民法通则	第4条【民事活动的基本原则:自愿、公平、等价有偿、诚实信用】	
	第7条【公序良俗原则】	
	第65条【委托代理的形式;授权委托书的内容;委托书授权不明时的责任承担方式;被代理人与代理人承担连带责任】	
	第84条【债的定义】	
	第108条【债务清偿:分期偿还、强制偿还】	
合同法司法解释二	第14条【合同无效的情形:"强制性规定"的定义】	

0209

0916

1035

M4.10.120.19 农业技术服务合同纠纷 ★★

主要适用的法条及其相关度

	主要适用的法条	相关度
合同法	第60条【合同履行的原则】	★★★★★
	第107条【合同约束力;违约责任】	★★★★★
	第117条【因不可抗力不能履行合同的责任;不可抗力的定义】	★★★
	第8条【依法成立的合同的法律约束力】	★
	第37条【未签字盖章的合同书的成立】	★
	第93条【合同的约定解除:协商一致;约定条件成就】	★
	第108条【预期违约责任】	★
	第109条【违约责任的承担:付款义务的继续履行】	★
	第322条【技术合同的概念】	★
	第362条【技术服务合同中委托人与受托人的违约责任】	★

M4.10.120.20 农机作业服务合同纠纷 ★★

主要适用的法条及其相关度

	主要适用的法条	相关度
合同法	第60条【合同履行的原则】	★★★★★
	第107条【合同约束力;违约责任】	★★★★★
	第109条【违约责任的承担:付款义务的继续履行】	★★★★★
	第8条【依法成立的合同的法律约束力】	★
	第44条【合同的生效】	★
	第124条【无名合同的法律适用】	★

	主要适用的法条	相关度	
合同法	第251条【承揽合同的定义；承揽的种类】	★	0209
	第263条【定作人报酬支付的期限】	★	
民法通则	第108条【债务清偿：分期偿还、强制偿还】	★★	0916
	第84条【债的定义】	★	

M4.10.120.21 保安服务合同纠纷 ★★

■ 主要适用的法条及其相关度

	主要适用的法条	相关度	
合同法	第60条【合同履行的原则】	★★★★★	0209
	第107条【合同约束力；违约责任】	★★★★★	
	第109条【违约责任的承担：付款义务的继续履行】	★★★★	
	第114条【违约金的约定及其调整】	★★★	
	第8条【依法成立的合同的法律约束力】	★★	
	第44条【合同的生效】	★	
劳动合同法	第46条【用人单位应向劳动者支付经济补偿金的情形】	★★★	0983
	第47条【经济补偿金的支付标准】	★★	
	第9条【用人单位招用劳动者时的禁止事项】		
	第30条【用人单位的劳动报酬支付义务；劳动者申请支付令的条件】	★	
	第38条【劳动者可以单方解除劳动合同的情形】	★	
	第87条【用人单位违法解除或终止劳动合同的赔偿金支付】	★	
劳动争议调解仲裁法	第27条【劳动争议仲裁时效；劳动争议仲裁时效中断；劳动争议仲裁时效中止；对拖欠劳动报酬申请仲裁的时效规定】	★★★	0994
	第6条【劳动争议案件的举证责任】	★	

0194 合同、无因管理、不当得利纠纷

		主要适用的法条	相关度
0972	劳动法	第44条【加班工资支付标准:延长工作时间、休息日加班又不能安排补休、法定休假日加班】	★★
		第72条【社会保险基金资金来源;强制缴纳社会保险费】	★
1072	劳动争议案件司法解释一	第3条【法院对超出仲裁申请期限的劳动争议案件的处理规则】	★★

M4.10.120.22　银行结算合同纠纷 ·················· ★

※ 常见适用的法条

		常见适用的法条	相关度
0209	合同法	第5条【公平原则:合同权利义务确定的原则】	
		第6条【诚实信用原则】	
		第8条【依法成立的合同的法律约束力】	
		第14条【要约的定义及其构成要件】	
		第21条【承诺的概念】	
		第25条【合同成立时间;承诺生效】	
		第26条【承诺生效时间】	
		第44条【合同的生效】	
		第52条【合同无效的法定情形】	
		第60条【合同履行的原则】	
		第107条【合同约束力;违约责任】	
		第113条【违约责任的承担:损失赔偿】	
		第119条【防止违约损失扩大的措施:防损义务及不履行的后果;防损费用的承担】	

	常见适用的法条	相关度	
合同法	第124条【无名合同的法律适用】		0209
	第396条【委托合同的界定】		
	第399条【受托人应当按照委托人的指示处理委托事务】		
	第406条【因受托人过错致委托人损失的赔偿责任】		
民法通则	第29条【个体工商户、农村承包经营户债务承担的财产范围】		0916
	第36条【法人的定义；法人民事权利能力和民事行为能力的存续期间】		
	第58条【民事行为无效的法定情形】		
	第106条【民事责任归责原则：违约责任；过错侵权责任；无过错侵权责任】		
	第111条【违约履行合同义务的后果：继续履行；补救；赔偿损失】		
	第113条【双方违约应分别承担各自的民事责任】		
	第134条【承担民事责任的主要方式】		
	第135条【诉讼时效期间：两年】		
商业银行法	第8条【商业银行应依法开展业务并维护国家及社会公共利益】		0970
担保法司法解释	第118条【未约定定金性质；主张定金权利不予支持】		1024

M4.10.121　演出合同纠纷 ★★

■ 主要适用的法条及其相关度

	主要适用的法条	相关度
合同法	第60条【合同履行的原则】	★★★★★
	第107条【合同约束力；违约责任】	★★★★★
	第109条【违约责任的承担：付款义务的继续履行】	★★★
	第44条【合同的生效】	★★
	第114条【违约金的约定及其调整】	★★
	第6条【诚实信用原则】	★
	第8条【依法成立的合同的法律约束力】	★
	第10条【合同的订立形式；合同的书面形式】	★
	第93条【合同的约定解除：协商一致；约定条件成就】	★
	第94条【合同的法定解除；法定解除权】	★
	第97条【合同解除的法律后果】	★
	第113条【违约责任的承担：损失赔偿】	★
民法通则	第108条【债务清偿：分期偿还、强制偿还】	★

M4.10.122　劳务合同纠纷 ★★★★★

■ 一、主要适用的法条及其相关度

	主要适用的法条	相关度
合同法	第60条【合同履行的原则】	★★★★★
	第109条【违约责任的承担：付款义务的继续履行】	★★★★★
	第107条【合同约束力；违约责任】	★★★
	第8条【依法成立的合同的法律约束力】	★★
	第44条【合同的生效】	★

	主要适用的法条	相关度	
民法通则	第108条【债务清偿:分期偿还、强制偿还】	★★★★★	0916
	第84条【债的定义】	★★★★	
	第106条【民事责任归责原则:违约责任;过错侵权责任;无过错侵权责任】	★★★	
	第5条【合法的民事权益受法律保护】	★	
	第35条【民事合伙的债务承担规则】	★	
	第111条【违约履行合同义务的后果:继续履行;补救;赔偿损失】	★	
建设工程合同纠纷司法解释	第26条【建设施工纠纷中实际施工人起诉时被告的认定】	★	1031

二、常见适用的其他法条

	常见适用的其他法条	相关度	
合同法	第6条【诚实信用原则】		0209
	第10条【合同的订立形式;合同的书面形式】		
	第62条【合同内容约定不明确的履行规则:合同漏洞的填补】		
	第113条【违约责任的承担:损失赔偿】		
劳动法	第50条【劳动者工资支付的法定形式与禁止性规定】		0972
民法通则	第4条【民事活动的基本原则:自愿、公平、等价有偿、诚实信用】		0916
	第43条【企业法人对其经营活动承担民事责任】		
	第85条【合同的定义】		
	第87条【连带债权与连带债务】		

		常见适用的其他法条	相关度
0916	民法通则	第88条【合同内容约定不明确的处理规则;合同漏洞的填补】	
		第134条【承担民事责任的主要方式】	
1022	婚姻法司法解释二	第24条【离婚时夫妻一方所欠债务的处理】	

M4.10.123 离退休人员返聘合同纠纷 ★★

▍主要适用的法条及其相关度

		主要适用的法条	相关度
0916	民法通则	第108条【债务清偿:分期偿还、强制偿还】	★★★★★
		第5条【合法的民事权益受法律保护】	★
0209	合同法	第60条【合同履行的原则】	★★★★
		第109条【违约责任的承担:付款义务的继续履行】	★★★
		第8条【依法成立的合同的法律约束力】	★★
		第107条【合同约束力:违约责任】	★
1071	劳动争议案件司法解释三	第7条【用人单位与其招用的已经依法享受养老保险待遇或领取退休金的人员发生用工争议按劳务关系处理的规定】	★★★

M4.10.124 广告合同纠纷 ★★★★

▍一、主要适用的法条及其相关度

		主要适用的法条	相关度
0209	合同法	第60条【合同履行的原则】	★★★★★
		第107条【合同约束力:违约责任】	★★★★★
		第109条【违约责任的承担:付款义务的继续履行】	★★★★

	主要适用的法条	相关度	
合同法	第8条【依法成立的合同的法律约束力】	★★★	0209
	第114条【违约金的约定及其调整】	★★★	
	第44条【合同的生效】	★	
	第97条【合同解除的法律后果】	★	

二、常见适用的其他法条

	常见适用的其他法条	相关度	
公司法	第14条【分公司的法律地位；子公司的法律地位】		0955
合同法	第6条【诚实信用原则】		0209
	第93条【合同的约定解除：协商一致；约定条件成就】		
	第94条【合同的法定解除；法定解除权】		
	第112条【违约责任的承担：损失赔偿与其他责任的并存】		
	第113条【违约责任的承担：损失赔偿】		
	第251条【承揽合同的定义；承揽的种类】		
	第263条【定作人报酬支付的期限】		
民法通则	第84条【债的定义】		0916
	第108条【债务清偿：分期偿还、强制偿还】		
合同法司法解释二	第29条【违约金的数额及其调整：适当减少】		1035

M4.10.125 展览合同纠纷 ★★

■ 主要适用的法条及其相关度

	主要适用的法条	相关度
合同法	第107条【合同约束力;违约责任】	★★★★★
	第60条【合同履行的原则】	★★★★
	第97条【合同解除的法律后果】	★★★
	第109条【违约责任的承担:付款义务的继续履行】	★★★
	第8条【依法成立的合同的法律约束力】	★★
	第94条【合同的法定解除;法定解除权】	★★
	第6条【诚实信用原则】	★
	第113条【违约责任的承担:损失赔偿】	★
	第114条【违约金的约定及其调整】	★

M4.10.126 追偿权纠纷 ★★★★★

■ 一、主要适用的法条及其相关度

	主要适用的法条	相关度
担保法	第31条【保证人的追偿权】	★★★★★
	第18条【连带责任保证的定义;连带责任的承担】	★★★
	第21条【保证担保的范围;没有约定、约定不明时的担保范围】	★★★
	第4条【反担保及其法律适用】	★★
	第12条【多人保证责任的承担】	★★
	第6条【保证的定义】	★

	主要适用的法条	相关度	
合同法	第60条【合同履行的原则】	★★★	0209
	第107条【合同约束力;违约责任】	★★★	
	第8条【依法成立的合同的法律约束力】	★★	
	第114条【违约金的约定及其调整】	★★	
	第44条【合同的生效】	★	
	第205条【借款利息支付期限的确定】	★	
	第206条【借款期限的认定】	★	
	第207条【逾期还款的责任承担:支付利息】	★	
民法通则	第108条【债务清偿:分期偿还、强制偿还】	★★	0916
	第84条【债的定义】	★	
婚姻法司法解释二	第24条【离婚时夫妻一方所欠债务的处理】	★★	1022
担保法司法解释	第20条【连带共同保证的责任承担】	★	1024
道路交通事故司法解释	第18条【保险公司在交强险责任限额范围内赔偿的情形;保险公司的追偿权;追偿权的诉讼时效期间】	★	1054

■ 二、常见适用的其他法条

	常见适用的其他法条	相关度	
担保法	第19条【保证方式不明时的连带责任担保】		0909
	第33条【抵押、抵押权人、抵押人以及抵押物的概念】		
	第46条【抵押担保的范围】		
	第53条【抵押权实现的方式和程序】		

	常见适用的其他法条	相关度
0209 合同法	第113条【违约责任的承担:损失赔偿】	
	第196条【借款合同定义】	
0916 民法通则	第87条【连带债权与连带债务】	
	第89条【担保债务履行的方式:保证;抵押;定金;留置】	
	第106条【民事责任归责原则:违约责任;过错侵权责任;无过错侵权责任】	
0927 物权法	第176条【混合担保规则】	
	第179条【抵押权的界定】	
1024 担保法司法解释	第19条【连带共同保证的认定】	
	第42条【保证人追偿权的行使与诉讼时效】	

M4.10.127 请求确认人民调解协议效力 ★

■ 主要适用的法条及其相关度

	主要适用的法条	相关度
0209 合同法	第107条【合同约束力:违约责任】	★★★
	第44条【合同的生效】	★★
	第60条【合同履行的原则】	★★
	第8条【依法成立的合同的法律约束力】	★
	第52条【合同无效的法定情形】	★
	第54条【合同的变更和撤销】	★
0999 人民调解法	第31条【调解协议的效力:当事人履行协议、人民调解委员会监督、督促履行】	★★
	第32条【经人民调解委员会调解达成协议,可就协议的履行和内容提起诉讼】	★

	主要适用的法条	相关度	
民法通则	第 4 条【民事活动的基本原则:自愿、公平、等价有偿、诚实信用】	★	0916
	第 54 条【民事法律行为的定义】	★	
	第 55 条【民事法律行为的有效条件】	★	
	第 57 条【民事法律行为的效力】	★	
	第 84 条【债的定义】	★	
	第 106 条【民事责任归责原则:违约责任;过错侵权责任;无过错侵权责任】	★	
	第 108 条【债务清偿:分期偿还、强制偿还】	★	
审理调解协议案件规定	第 1 条【民事调解协议的性质及法律效力】	★★★★	1064
	第 4 条【民事调解协议有效的条件】	★★★★	
	第 3 条【人民调解协议案件的双方当事人的举证责任:请求对方履行、变更、撤销、确认无效时】	★★★	
	第 5 条【调解协议无效的情形】	★★	
	第 2 条【人民调解协议案件的起诉与受理:请求对方履行、变更、撤销、确认无效时】	★	
	第 6 条【可变更、可撤销的调解协议】	★	

M4.11 不当得利纠纷

M4.11.128 不当得利纠纷 ·········· ★★★★★

■ 一、主要适用的法条及其相关度

	主要适用的法条	相关度	
民法通则	第 92 条【不当得利应返还】	★★★★★	0916
	第 108 条【债务清偿:分期偿还、强制偿还】	★★	

0204　合同、无因管理、不当得利纠纷

		主要适用的法条	相关度
0916	民法通则	第5条【合法的民事权益受法律保护】	★
		第84条【债的定义】	★
		第134条【承担民事责任的主要方式】	★

■ 二、常见适用的其他法条

		常见适用的其他法条	相关度
0209	合同法	第60条【合同履行的原则】	
		第107条【合同约束力;违约责任】	
0916	民法通则	第106条【民事责任归责原则;违约责任;过错侵权责任;无过错侵权责任】	
		第117条【侵害财产权的责任承担方式:返还财产、折价赔偿;恢复原状、折价赔偿;赔偿损失】	
		第135条【诉讼时效期间:两年】	
1047	民通意见	第131条【不当利益返还:原物、孳息、其他利益】	

M4.12　无因管理纠纷

M4.12.129　无因管理纠纷 ………………………… ★★★★

■ 一、主要适用的法条及其相关度

		主要适用的法条	相关度
0916	民法通则	第93条【无因管理必要费用的偿付请求权】	★★★★★

■ 二、常见适用的其他法条

	常见适用的其他法条	相关度	
民法通则	第108条【债务清偿:分期偿还、强制偿还】		0916
民通意见	第1条【公民的民事权利能力自出生时开始:户籍证明、医院出具的出生证明、其他证明】		1047

第二编
核心法律条文主要适用案由及关联法条索引

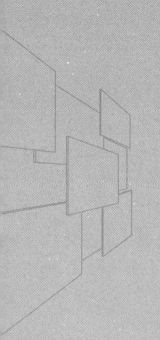

中华人民共和国合同法①

★★★★★

(1999年3月15日第九届全国人民代表大会第二次会议通过,自1999年10月1日起施行)

总则

第一章 一般规定

第1条【合同法立法目的】 ★★★★

为了保护合同当事人的合法权益,维护社会经济秩序,促进社会主义现代化建设,制定本法。

一、主要适用的案由及其相关度

案由编号	主要适用的案由	相关度
M4.10.74	买卖合同纠纷	★★★★
M4.10.89	借款合同纠纷	★★★
M4.10.89.1	金融借款合同纠纷	★★★
M4.10.89.4	民间借贷纠纷	★★★★★
M4.10	合同纠纷	★★
M4.10.82	房屋买卖合同纠纷	★
M4.10.97	租赁合同纠纷	★

---

① 简称《合同法》。

二、同时适用的法条及其相关度

	同时适用的法条	相关度
0909 担保法	第1条【担保法的立法目的】	★★★★★
0916 民法通则	第1条【民法通则的立法目的】	★★★★
0209 合同法	第60条【合同履行的原则】	★★
	第107条【合同约束力：违约责任】	★★
	第206条【借款期限的认定】	★★
	第207条【逾期还款的责任承担：支付利息】	★

第2条【合同法的调整对象：合同的定义】 ★★

本法所称合同是平等主体的自然人、法人、其他组织之间设立、变更、终止民事权利义务关系的协议。

婚姻、收养、监护等有关身份关系的协议，适用其他法律的规定。

一、主要适用的案由及其相关度

案由编号	主要适用的案由	相关度
M4.10	合同纠纷	★★★★★
M4.10.83	房屋拆迁安置补偿合同纠纷	★★★
M4.10.74	买卖合同纠纷	★★
M4.10.89.4	民间借贷纠纷	★★
M4.10.122	劳务合同纠纷	★
M4.10.82	房屋买卖合同纠纷	★
M4.10.82.2	商品房预售合同纠纷	★
M4.10.100.3	建设工程施工合同纠纷	★
M4.10.97.2	房屋租赁合同纠纷	★

二、同时适用的法条及其相关度

	同时适用的法条	相关度	
合同法	第8条【依法成立的合同的法律约束力】	★★★★★	0209
	第54条【合同的变更和撤销】	★★★★	
	第55条【撤销权消灭的法定情形】	★★★★	
	第60条【合同履行的原则】	★★★	
	第94条【合同的法定解除;法定解除权】	★★	
	第107条【合同约束力;违约责任】	★★	
	第44条【合同的生效】	★	
民法通则	第84条【债的定义】	★★★★★	0916
	第108条【债务清偿:分期偿还、强制偿还】	★★★★★	
	第90条【借贷关系】	★★★	
	第106条【民事责任归责原则:违约责任;过错侵权责任;无过错侵权责任】	★★★	
	第55条【民事法律行为的有效条件】	★★	
	第85条【合同的定义】	★★	
	第4条【民事活动的基本原则:自愿、公平、等价有偿、诚实信用】	★	
	第54条【民事法律行为的定义】	★	
	第88条【合同内容约定不明确的处理规则;合同漏洞的填补】	★	
担保法	第6条【保证的定义】	★★★	0909
	第18条【连带责任保证的定义;连带责任的承担】	★★★	
	第21条【保证担保的范围;没有约定、约定不明时的担保范围】	★★★	
	第31条【保证人的追偿权】	★★★	

0212 合同、无因管理、不当得利纠纷

		同时适用的法条	相关度
0937	保险法	第10条【保险合同和保险合同主体的定义】	★★★
		第14条【投保人和保险人的义务】	★★★
		第2条【保险的定义】	★★
		第13条【保险合同的成立与生效】	★★
		第64条【查明保险事故的费用由保险人承担】	★
1042	商品房买卖合同纠纷司法解释	第16条【商品房买卖合同违约金的调整】	★★★
		第25条【涉及担保贷款合同解除的审理程序】	★★★
		第24条【解除商品房担保贷款合同:商品房买卖合同无效、商品房买卖合同被撤销、商品房买卖合同被解除】	★★
1035	合同法司法解释二	第28条【违约金的数额及其调整:增加】	★★
		第29条【违约金的数额及其调整:适当减少】	★★
		第27条【违约金的数额及其调整】	★
1024	担保法司法解释	第42条【保证人追偿权的行使与诉讼时效】	★★
		第23条【最高额保证合同的担保范围】	★

第3条【合同当事人平等原则】 ★★

合同当事人的法律地位平等,一方不得将自己的意志强加给另一方。

一、主要适用的案由及其相关度

案由编号	主要适用的案由	相关度
M4.10.82	房屋买卖合同纠纷	★★★★★
M4.10.82.1	商品房预约合同纠纷	★
M4.10.82.2	商品房预售合同纠纷	★★
M4.10	合同纠纷	★★★★★
M4.10.74	买卖合同纠纷	★★★
M4.10.120.15	物业服务合同纠纷	★★★
M4.10.83	房屋拆迁安置补偿合同纠纷	★★★

案由编号	主要适用的案由	相关度
M4.10.97	租赁合同纠纷	★★
M4.10.97.1	土地租赁合同纠纷	★
M4.10.97.2	房屋租赁合同纠纷	★★★★
M8.27.317	财产保险合同纠纷	★★
M4.10.100.3	建设工程施工合同纠纷	★★
M4.10.89	借款合同纠纷	★
M4.10.89.1	金融借款合同纠纷	★
M4.10.89.4	民间借贷纠纷	★★★★
M4.10.119	农村土地承包合同纠纷	★
M4.10.67	确认合同效力纠纷	★
M4.10.67.1	确认合同有效纠纷	★
M4.10.67.2	确认合同无效纠纷	★
M6.17	劳动争议	★
M4.10.107	居间合同纠纷	★
M4.10.116	林业承包合同纠纷	★

■ 二、同时适用的法条及其相关度

	同时适用的法条	相关度
合同法	第4条【合同自愿原则】	★★★★★
	第5条【公平原则:合同权利义务确定的原则】	★★★★★
	第6条【诚实信用原则】	★★★★★
	第8条【依法成立的合同的法律约束力】	★★★★★
	第60条【合同履行的原则】	★★★
	第107条【合同约束力:违约责任】	★★★
	第44条【合同的生效】	★★

		同时适用的法条	相关度
0209	合同法	第2条【合同法的调整对象;合同的定义】	★
		第7条【遵纪守法原则】	★
		第10条【合同的订立形式;合同的书面形式】	★
		第52条【合同无效的法定情形】	★
		第54条【合同的变更和撤销】	★
		第55条【撤销权消灭的法定情形】	★
		第58条【合同无效或被撤销的法律后果】	★
		第93条【合同的约定解除:协商一致;约定条件成就】	★
		第94条【合同的法定解除;法定解除权】	★
		第97条【合同解除的法律后果】	★
		第114条【违约金的约定及其调整】	★
		第207条【逾期还款的责任承担:支付利息】	★
0916	民法通则	第4条【民事活动的基本原则:自愿、公平、等价有偿、诚实信用】	★★★★★
		第5条【合法的民事权益受法律保护】	★★★
		第84条【债的定义】	★★★
		第108条【债务清偿:分期偿还、强制偿还】	★★★
		第134条【承担民事责任的主要方式】	★★★
		第55条【民事法律行为的有效条件】	★★
		第106条【民事责任归责原则:违约责任;过错侵权责任;无过错侵权责任】	★★
		第2条【民法通则的调整范围:平等民事主体间的财产、人身关系】	★
		第3条【民事主体的地位平等】	★
		第6条【民事活动应遵守法律和国家政策】	★

	同时适用的法条	相关度	
民法通则	第54条【民事法律行为的定义】	★	0916
	第57条【民事法律行为的效力】	★	
	第85条【合同的定义】	★	
	第88条【合同内容约定不明确的处理规则;合同漏洞的填补】	★	
	第90条【借贷关系】	★	
	第93条【无因管理必要费用的偿付请求权】	★	
	第111条【违约履行合同义务的后果;继续履行;补救;赔偿损失】	★	
保险法	第5条【保险活动当事人的诚实信用原则】	★★★	0937
	第17条【保险人对保险合同中格式条款的说明义务;保险人对保险合同中免责条款的提示说明义务、违反该义务时免责条款无效】	★★★	
	第23条【保险人赔付义务的履行及程序】	★★★	
	第57条【保险事故发生时被保险人减损义务及费用承担】	★★	
	第11条【保险合同订立的公平自愿原则】	★	
	第14条【投保人和保险人的义务】	★	
	第19条【保险合同格式条款无效的法定情形】	★	
	第42条【被保险人的保险金作为遗产处理的情形及规则】	★	
担保法	第18条【连带责任保证的定义;连带责任的承担】	★★★	0909
	第21条【保证担保的范围;没有约定、约定不明时的担保范围】	★★★	
	第3条【从事担保活动的基本原则】	★★	
	第6条【保证的定义】	★★	
	第7条【保证人的资格:具有代为清偿债务的能力】	★	
	第19条【保证方式不明时的连带责任担保】	★	

		同时适用的法条	相关度
0927	物权法	第4条【国家、集体和私人物权的平等保护原则】	★
		第9条【不动产物权的登记生效原则;国家自然资源所有权登记的特殊规定】	★
		第34条【权利人的返还原物请求权】	★
		第35条【权利人享有的排除妨害请求权与消除危险请求权】	★
		第186条【抵押权的禁止流押条款】	★
0945	农村土地承包法	第3条【国家实行农村土地承包经营制度;农村土地承包方式:农村集体经济组织内部的家庭承包方式,招标、拍卖、公开协商等承包方式】	★
		第10条【合法的土地承包经营权流转受法律保护】	★
		第32条【家庭土地承包经营权的流转方式】	★
		第45条【土地承包的方式和程序:以其他方式承包农村土地时合同内容的确定】	★
0966	消保法	第9条【消费者的自主选择权】	★
1042	商品房买卖合同纠纷司法解释	第4条【定金罚则:以认购、订购、预订方式收受定金的处理】	★★★
1049	城镇房屋租赁合同纠纷司法解释	第2条【出租人就未取得许可证建设的房屋所订立的租赁合同的效力】	★★
		第5条【房屋租赁合同无效时使用费的支付义务;当事人的损害赔偿请求权】	★★
1047	民通意见	第1条【公民的民事权利能力自出生时开始:户籍证明、医院出具的出生证明、其他证明】	★★

	同时适用的法条	相关度	
保险法司法解释二	第 11 条【保险人是否履行提示、说明义务的认定标准】	★	1068
	第 19 条【保险人不得以被保险人或受益人未要求第三者承担责任为由拒绝承担保险责任；被保险人取得的第三者赔偿不足弥补财产损失的可要求保险人承担赔偿责任】	★	
买卖合同司法解释	第 2 条【当事人签订预约合同约定在将来一定期限内订立买卖合同而不履行订立买卖合同的义务的处理】	★	1028
婚姻法司法解释二	第 24 条【离婚时夫妻一方所欠债务的处理】	★	1022
担保法司法解释	第 19 条【连带共同保证的认定】	★	1024
	第 20 条【连带共同保证的责任承担】	★	

第 4 条【合同自愿原则】 ★★★

当事人依法享有自愿订立合同的权利,任何单位和个人不得非法干预。

一、主要适用的案由及其相关度

案由编号	主要适用的案由	相关度
M4.10.82	房屋买卖合同纠纷	★★★★★
M4.10.82.1	商品房预约合同纠纷	★★
M4.10.82.2	商品房预售合同纠纷	★★
M4.10.82.3	商品房销售合同纠纷	★
M4.10	合同纠纷	★★★★
M4.10.74	买卖合同纠纷	★★★★
M4.10.97	租赁合同纠纷	★★★
M4.10.97.2	房屋租赁合同纠纷	★★★★
M4.10.83	房屋拆迁安置补偿合同纠纷	★★

案由编号	主要适用的案由	相关度
M4.10.89	借款合同纠纷	★★
M4.10.89.1	金融借款合同纠纷	★★★
M4.10.89.4	民间借贷纠纷	★★★★★
M4.10.100.3	建设工程施工合同纠纷	★
M4.10.67	确认合同效力纠纷	★
M4.10.67.1	确认合同有效纠纷	★
M4.10.67.2	确认合同无效纠纷	★
M6.17	劳动争议	★
M4.10.120.15	物业服务合同纠纷	★
M8.21.249	股权转让纠纷	★
M4.10.122	劳务合同纠纷	★
M4.10.119	农村土地承包合同纠纷	★
M8.27.317	财产保险合同纠纷	★

二、同时适用的法条及其相关度

	同时适用的法条	相关度
合同法	第8条【依法成立的合同的法律约束力】	★★★★★
	第3条【合同当事人平等原则】	★★★
	第5条【公平原则：合同权利义务确定的原则】	★★★
	第6条【诚实信用原则】	★★★
	第44条【合同的生效】	★★★
	第60条【合同履行的原则】	★★★
	第107条【合同约束力：违约责任】	★★★
	第7条【遵纪守法原则】	★★
	第52条【合同无效的法定情形】	★★
	第205条【借款利息支付期限的确定】	★★
	第206条【借款期限的认定】	★★
	第207条【逾期还款的责任承担：支付利息】	★★

	同时适用的法条	相关度	
合同法	第2条【合同法的调整对象;合同的定义】	★	0209
	第94条【合同的法定解除;法定解除权】	★	
	第114条【违约金的约定及其调整】	★	
	第196条【借款合同定义】	★	
担保法	第18条【连带责任保证的定义;连带责任的承担】	★★★	0909
	第21条【保证担保的范围;没有约定、约定不明时的担保范围】	★★★	
	第6条【保证的定义】	★	
	第12条【多人保证责任的承担】	★	
	第19条【保证方式不明时的连带责任担保】	★	
	第31条【保证人的追偿权】	★	
民法通则	第4条【民事活动的基本原则:自愿、公平、等价有偿、诚实信用】	★★	0916
	第84条【债的定义】	★★	
	第5条【合法的民事权益受法律保护】	★	
	第55条【民事法律行为的有效条件】	★	
	第90条【借贷关系】	★	
	第106条【民事责任归责原则:违约责任;过错侵权责任;无过错侵权责任】	★	
	第108条【债务清偿:分期偿还、强制偿还】	★	
物权法	第15条【设立、变更、转让、消灭不动产物权的合同的效力;合同成立时生效】	★	0927
	第39条【所有权的内容】	★	
商品房买卖合同纠纷司法解释	第1条【商品房买卖合同的定义】	★	1042

第5条【公平原则:合同权利义务确定的原则】 ★★★★

当事人应当遵循公平原则确定各方的权利和义务。

一、主要适用的案由及其相关度

案由编号	主要适用的案由	相关度
M4.10.74	买卖合同纠纷	★★★★★
M4.10	合同纠纷	★★★★★
M4.10.82	房屋买卖合同纠纷	★★★★
M4.10.82.2	商品房预售合同纠纷	★★★★★
M4.10.82.3	商品房销售合同纠纷	★★★
M4.10.97	租赁合同纠纷	★★★
M4.10.97.2	房屋租赁合同纠纷	★★★★
M4.10.83	房屋拆迁安置补偿合同纠纷	★★★
M4.10.122	劳务合同纠纷	★★★
M4.10.98	融资租赁合同纠纷	★★★
M4.10.100.3	建设工程施工合同纠纷	★★
M4.10.89	借款合同纠纷	★★
M4.10.89.1	金融借款合同纠纷	★★★
M4.10.89.4	民间借贷纠纷	★★★
M4.10.120	服务合同纠纷	★★
M4.10.120.15	物业服务合同纠纷	★★★★
M4.10.107	居间合同纠纷	★★
M4.10.99	承揽合同纠纷	★★
M4.10.126	追偿权纠纷	★
M4.10.104	委托合同纠纷	★
M4.10.95	储蓄存款合同纠纷	★

二、同时适用的法条及其相关度

	同时适用的法条	相关度	
合同法	第60条【合同履行的原则】	★★★★★	0209
	第107条【合同约束力;违约责任】	★★★★★	
	第6条【诚实信用原则】	★★★★	
	第8条【依法成立的合同的法律约束力】	★★★★	
	第44条【合同的生效】	★★★	
	第114条【违约金的约定及其调整】	★★★	
	第109条【违约责任的承担:付款义务的继续履行】	★★	
	第206条【借款期限的认定】	★★	
	第93条【合同的约定解除:协商一致;约定条件成就】	★	
	第94条【合同的法定解除:法定解除权】	★	
	第97条【合同解除的法律后果】	★	
	第110条【非金钱债务的继续履行及其例外:债权人不得要求对方继续履行的情形】	★	
	第113条【违约责任的承担:损失赔偿】	★	
	第207条【逾期还款的责任承担:支付利息】	★	
担保法	第18条【连带责任保证的定义;连带责任的承担】	★★★★	0909
	第21条【保证担保的范围;没有约定、约定不明时的担保范围】	★★★★	
	第31条【保证人的追偿权】	★★★	
	第6条【保证的定义】	★	
	第19条【保证方式不明时的连带责任担保】	★	
	第33条【抵押、抵押权人、抵押人以及抵押物的概念】	★	

		同时适用的法条	相关度
0916	民法通则	第4条【民事活动的基本原则：自愿、公平、等价有偿、诚实信用】	★★★★
		第84条【债的定义】	★★★
		第108条【债务清偿：分期偿还、强制偿还】	★★★
		第135条【诉讼时效期间：两年】	★★★
		第5条【合法的民事权益受法律保护】	★★
		第106条【民事责任归责原则：违约责任；过错侵权责任；无过错侵权责任】	★★
		第137条【诉讼时效期间的起算日和最长保护期限】	★★
		第140条【诉讼时效期间的中断】	★★
		第154条【期间的计算】	★★
		第134条【承担民事责任的主要方式】	★
0958	建筑法	第61条【建筑工程竣工验收及交付使用】	★★★
0937	保险法	第14条【投保人和保险人的义务】	★
0970	商业银行法	第6条【商业银行保障存款人合法权益的义务】	★
1012	城市房地产管理条例	第26条【房地产开发企业的虚假广告禁止及商品房预售广告中预售许可证文号的载明义务】	★★★
1009	物业管理条例	第42条【物业服务费用的交纳主体】	★★
		第7条【物业管理中业主的义务】	★
1035	合同法司法解释二	第29条【违约金的数额及其调整：适当减少】	★★★★★
		第10条【格式条款无效情形】	★★
		第6条【免除或限制责任的格式条款的特别提示规则】	★
		第26条【情势变更规则】	★

	同时适用的法条	相关度	
婚姻法司法解释二	第24条【离婚时夫妻一方所欠债务的处理】	★★	1022
物业服务纠纷司法解释	第1条【前期物业服务合同及物业服务合同的约束力】	★	1046
	第6条【未交纳物业费的处理规则】	★	
商品房买卖合同纠纷司法解释	第16条【商品房买卖合同违约金的调整】	★	1042
	第18条【在法定期限内商品房买受人未取得房屋权属证书的出卖人应承担违约责任】	★	
融资租赁合同司法解释	第20条【承租人逾期履行付款义务的出租人有权要求支付逾期利息、相应违约金】	★	1053

第6条【诚实信用原则】 ★★★★

当事人行使权利、履行义务应当遵循诚实信用原则。

■ 一、主要适用的案由及其相关度

案由编号	主要适用的案由	相关度
M4.10.74	买卖合同纠纷	★★★★★
M4.10	合同纠纷	★★★
M4.10.82	房屋买卖合同纠纷	★★★
M4.10.82.2	商品房预售合同纠纷	★
M4.10.82.3	商品房销售合同纠纷	★★
M4.10.89	借款合同纠纷	★★★
M4.10.89.1	金融借款合同纠纷	★★★
M4.10.89.4	民间借贷纠纷	★★★★★
M4.10.97	租赁合同纠纷	★★
M4.10.97.2	房屋租赁合同纠纷	★★★

案由编号	主要适用的案由	相关度
M4.10.122	劳务合同纠纷	★★
M4.10.100.3	建设工程施工合同纠纷	★
M4.10.83	房屋拆迁安置补偿合同纠纷	★
M4.10.120.15	物业服务合同纠纷	★
M4.10.99	承揽合同纠纷	★

■ 二、同时适用的法条及其相关度

	同时适用的法条	相关度
合同法	第8条【依法成立的合同的法律约束力】	★★★★★
	第60条【合同履行的原则】	★★★★★
	第107条【合同约束力:违约责任】	★★★★
	第5条【公平原则:合同权利义务确定的原则】	★★★
	第205条【借款利息支付期限的确定】	★★★
	第206条【借款期限的认定】	★★★
	第207条【逾期还款的责任承担:支付利息】	★★★
	第44条【合同的生效】	★★
	第94条【合同的法定解除;法定解除权】	★★
	第109条【违约责任的承担:付款义务的继续履行】	★★
	第114条【违约金的约定及其调整】	★★
	第130条【买卖合同的定义】	★★
	第159条【买受人应支付价款的数额认定】	★★
	第161条【买受人支付价款的时间】	★★
	第196条【借款合同定义】	★★
	第7条【遵纪守法原则】	★
	第10条【合同的订立形式;合同的书面形式】	★
	第93条【合同的约定解除:协商一致;约定条件成就】	★

	同时适用的法条	相关度	
合同法	第97条【合同解除的法律后果】	★	0209
	第113条【违约责任的承担:损失赔偿】	★	
	第210条【自然人之间借款合同的生效:提供借款时】	★	
	第211条【自然人之间借款合同利息的规制】	★	
担保法	第18条【连带责任保证的定义;连带责任的承担】	★★★★★	0909
	第21条【保证担保的范围;没有约定、约定不明时的担保范围】	★★★	
	第31条【保证人的追偿权】	★★★	
	第6条【保证的定义】	★★	
	第12条【多人保证责任的承担】	★★	
	第19条【保证方式不明时的连带责任担保】	★★	
	第33条【抵押、抵押权人、抵押人以及抵押物的概念】	★★	
	第26条【连带责任保证的保证期间】	★	
	第46条【抵押担保的范围】	★	
民法通则	第4条【民事活动的基本原则:自愿、公平、等价有偿、诚实信用】	★★★	0916
	第84条【债的定义】	★★★	
	第108条【债务清偿:分期偿还、强制偿还】	★★★	
	第5条【合法的民事权益受法律保护】	★★	
	第90条【借贷关系】	★★	
	第106条【民事责任归责原则:违约责任;过错侵权责任;无过错侵权责任】	★★	
婚姻法司法解释二	第24条【离婚时夫妻一方所欠债务的处理】	★★★	1022

	同时适用的法条	相关度
1035 合同法司法解释二	第29条【违约金的数额及其调整:适当减少】	★★
1028 买卖合同司法解释	第24条【买卖合同逾期付款违约金的适用规则】	★

第7条【遵纪守法原则】　　★★★

当事人订立、履行合同,应当遵守法律、行政法规,尊重社会公德,不得扰乱社会经济秩序,损害社会公共利益。

一、主要适用的案由及其相关度

案由编号	主要适用的案由	相关度
M4.10.74	买卖合同纠纷	★★★
M4.10	合同纠纷	★★★
M4.10.82	房屋买卖合同纠纷	★★★
M4.10.82.3	商品房销售合同纠纷	★
M4.10.89	借款合同纠纷	★★
M4.10.89.1	金融借款合同纠纷	★★★
M4.10.89.4	民间借贷纠纷	★★★★★
M4.10.67.2	确认合同无效纠纷	★
M4.10.97	租赁合同纠纷	★
M4.10.97.2	房屋租赁合同纠纷	★★
M4.10.100.3	建设工程施工合同纠纷	★
M4.10.83	房屋拆迁安置补偿合同纠纷	★
M4.10.104	委托合同纠纷	★

二、同时适用的法条及其相关度

	同时适用的法条	相关度
合同法	第6条【诚实信用原则】	★★★★★ 0209
	第8条【依法成立的合同的法律约束力】	★★★★★
	第52条【合同无效的法定情形】	★★★★★
	第60条【合同履行的原则】	★★★★★
	第58条【合同无效或被撤销的法律后果】	★★★★
	第206条【借款期限的认定】	★★★★
	第5条【公平原则:合同权利义务确定的原则】	★★★
	第44条【合同的生效】	★★★
	第56条【合同无效或被撤销的溯及力;部分无效不影响其他独立部分的效力】	★★★
	第107条【合同约束力:违约责任】	★★★
	第114条【违约金的约定及其调整】	★★★
	第196条【借款合同定义】	★★★
	第205条【借款利息支付期限的确定】	★★★
	第4条【合同自愿原则】	★★
	第94条【合同的法定解除;法定解除权】	★★
	第207条【逾期还款的责任承担:支付利息】	★★
	第211条【自然人之间借款合同利息的规制】	★★
	第9条【合同当事人资格:民事权利能力、民事行为能力;可委托代理人订立合同的规定】	★
	第97条【合同解除的法律后果】	★
	第109条【违约责任的承担:付款义务的继续履行】	★
	第113条【违约责任的承担:损失赔偿】	★
	第130条【买卖合同的定义】	★

		同时适用的法条	相关度
0209	合同法	第159条【买受人应支付价款的数额认定】	★
		第212条【租赁合同的定义】	★
0909	担保法	第18条【连带责任保证的定义;连带责任的承担】	★★★
		第21条【保证担保的范围;没有约定、约定不明时的担保范围】	★★★
		第6条【保证的定义】	★
		第12条【多人保证责任的承担】	★
		第19条【保证方式不明时的连带责任担保】	★
		第31条【保证人的追偿权】	★
0916	民法通则	第4条【民事活动的基本原则:自愿、公平、等价有偿、诚实信用】	★
		第5条【合法的民事权益受法律保护】	★
		第6条【民事活动应遵守法律和国家政策】	★
		第84条【债的定义】	★
		第90条【借贷关系】	★
		第106条【民事责任归责原则:违约责任;过错侵权责任;无过错侵权责任】	★
		第108条【债务清偿:分期偿还、强制偿还】	★
1031	建设工程合同纠纷司法解释	第1条【建设工程施工合同无效的情形】	★
		第2条【建设工程施工合同无效时承包人的付款请求权】	★
1042	商品房买卖合同纠纷司法解释	第2条【预售许可证是商品房预售合同的生效条件】	★

第8条【依法成立的合同的法律约束力】　★★★★★

依法成立的合同,对当事人具有法律约束力。当事人应当按照约定履行自己的义务,不得擅自变更或者解除合同。

依法成立的合同,受法律保护。

一、主要适用的案由及其相关度

案由编号	主要适用的案由	相关度
M4.10.74	买卖合同纠纷	★★★★★
M4.10.96.2	信用卡纠纷	★★★★
M4.10.82	房屋买卖合同纠纷	★★★
M4.10.82.2	商品房预售合同纠纷	★★★
M4.10.82.3	商品房销售合同纠纷	★★★
M4.10	合同纠纷	★★★
M4.10.120.15	物业服务合同纠纷	★★★
M4.10.89	借款合同纠纷	★★★
M4.10.89.1	金融借款合同纠纷	★★★★★
M4.10.89.4	民间借贷纠纷	★★★★★
M4.10.97	租赁合同纠纷	★★
M4.10.97.2	房屋租赁合同纠纷	★★★
M4.10.126	追偿权纠纷	★★
M4.10.122	劳务合同纠纷	★★
M4.10.100.3	建设工程施工合同纠纷	★★
M4.10.99	承揽合同纠纷	★★
M4.10.83	房屋拆迁安置补偿合同纠纷	★
M4.10.104	委托合同纠纷	★
M4.10.90	保证合同纠纷	★
M8.27.317	财产保险合同纠纷	★
M8.27	保险纠纷	★

二、同时适用的法条及其相关度

	同时适用的法条	相关度
合同法	第60条【合同履行的原则】	★★★★★
	第107条【合同约束力;违约责任】	★★★★★
	第114条【违约金的约定及其调整】	★★★
	第205条【借款利息支付期限的确定】	★★★
	第206条【借款期限的认定】	★★★
	第207条【逾期还款的责任承担;支付利息】	★★★
	第44条【合同的生效】	★★
	第109条【违约责任的承担:付款义务的继续履行】	★★
	第130条【买卖合同的定义】	★★
	第159条【买受人应支付价款的数额认定】	★★
	第196条【借款合同定义】	★★
	第6条【诚实信用原则】	★
	第93条【合同的约定解除:协商一致;约定条件成就】	★
	第94条【合同的法定解除;法定解除权】	★
	第97条【合同解除的法律后果】	★
	第161条【买受人支付价款的时间】	★
	第211条【自然人之间借款合同利息的规制】	★
担保法	第18条【连带责任保证的定义;连带责任的承担】	★★★★★
	第21条【保证担保的范围;没有约定、约定不明时的担保范围】	★★★★★
	第31条【保证人的追偿权】	★★★★
	第6条【保证的定义】	★★
	第12条【多人保证责任的承担】	★★
	第19条【保证方式不明时的连带责任担保】	★★
	第26条【连带责任保证的保证期间】	★★

	同时适用的法条	相关度	
担保法	第33条【抵押、抵押权人、抵押人以及抵押物的概念】	★★	0909
	第14条【保证合同的分别订立与合并订立】	★	
	第46条【抵押担保的范围】	★	
	第53条【抵押权实现的方式和程序】	★	
民法通则	第84条【债的定义】	★★★	0916
	第108条【债务清偿:分期偿还、强制偿还】	★★★	
	第90条【借贷关系】	★★	
	第106条【民事责任归责原则:违约责任;过错侵权责任;无过错侵权责任】	★★	
	第4条【民事活动的基本原则:自愿、公平、等价有偿、诚实信用】	★	
	第5条【合法的民事权益受法律保护】	★	
	第135条【诉讼时效期间:两年】	★	
物权法	第179条【抵押权的界定】	★★	0927
	第176条【混合担保规则】	★	
	第180条【可抵押财产的范围】	★	
	第187条【不动产抵押权登记时设立】	★	
	第195条【抵押权实现的条件、方式和程序】	★	
保险法	第14条【投保人和保险人的义务】	★★	0937
	第23条【保险人赔付义务的履行及程序】	★	
物业管理条例	第42条【物业服务费用的交纳主体】	★★	1009
	第7条【物业管理中业主的义务】	★	
婚姻法司法解释二	第24条【离婚时夫妻一方所欠债务的处理】	★★★	1022

		同时适用的法条	相关度
1035	合同法司法解释二	第29条【违约金的数额及其调整:适当减少】	★★
1042	商品房买卖合同纠纷司法解释	第18条【在法定期限内商品房买受人未取得房屋权属证书的出卖人应承担违约责任】	★★
1046	物业服务纠纷司法解释	第1条【前期物业服务合同及物业服务合同的约束力】	★★
		第6条【未交纳物业费的处理规则】	★★
1028	买卖合同司法解释	第24条【买卖合同逾期付款违约金的适用规则】	★
1024	担保法司法解释	第42条【保证人追偿权的行使与诉讼时效】	★
1023	审理民间借贷案件规定	第26条【民间借贷年利率的限定】	★
		第29条【逾期利率的处理规则】	★

第二章 合同的订立

第9条【合同当事人资格:民事权利能力、民事行为能力;可委托代理人订立合同的规定】 ★★★

当事人订立合同,应当具有相应的民事权利能力和民事行为能力。

当事人依法可以委托代理人订立合同。

一、主要适用的案由及其相关度

案由编号	主要适用的案由	相关度
M4.10.89.1	金融借款合同纠纷	★★★★★
M4.10.74	买卖合同纠纷	★★★★★
M4.10.89.4	民间借贷纠纷	★★★★

案由编号	主要适用的案由	相关度
M4.10.82	房屋买卖合同纠纷	★★★
M4.10.82.3	商品房销售合同纠纷	★
M4.10	合同纠纷	★★★
M4.10.122	劳务合同纠纷	★★
M4.10.100.3	建设工程施工合同纠纷	★
M4.10.67	确认合同效力纠纷	★
M4.10.67.1	确认合同有效纠纷	★★
M4.10.67.2	确认合同无效纠纷	★★
M4.10.97	租赁合同纠纷	★
M4.10.97.2	房屋租赁合同纠纷	★★
M4.10.83	房屋拆迁安置补偿合同纠纷	★
M4.10.99	承揽合同纠纷	★

■ 二、同时适用的法条及其相关度

	同时适用的法条	相关度
合同法	第8条【依法成立的合同的法律约束力】	★★★★★
	第44条【合同的生效】	★★★★★
	第60条【合同履行的原则】	★★★★★
	第107条【合同约束力；违约责任】	★★★★★
	第10条【合同的订立形式；合同的书面形式】	★★★
	第52条【合同无效的法定情形】	★★★
	第205条【借款利息支付期限的确定】	★★★
	第206条【借款期限的认定】	★★★
	第207条【逾期还款的责任承担：支付利息】	★★★
	第196条【借款合同定义】	★★
	第6条【诚实信用原则】	★

		同时适用的法条	相关度
0209	合同法	第7条【遵纪守法原则】	★
		第32条【书面合同自双方当事人签字或盖章时成立】	★
		第58条【合同无效或被撤销的法律后果】	★
		第94条【合同的法定解除;法定解除权】	★
		第109条【违约责任的承担:付款义务的继续履行】	★
		第114条【违约金的约定及其调整】	★
		第130条【买卖合同的定义】	★
		第159条【买受人应支付价款的数额认定】	★
		第161条【买受人支付价款的时间】	★
		第198条【借款合同中的担保及法律适用】	★
		第211条【自然人之间借款合同利息的规制】	★
		第212条【租赁合同的定义】	★
0909	担保法	第18条【连带责任保证的定义;连带责任的承担】	★★★
		第21条【保证担保的范围;没有约定、约定不明时的担保范围】	★★★
		第6条【保证的定义】	★★
		第12条【多人保证责任的承担】	★★
		第31条【保证人的追偿权】	★
0916	民法通则	第55条【民事法律行为的有效条件】	★
		第63条【代理的界定及不得代理的情形】	★
		第84条【债的定义】	★
		第108条【债务清偿:分期偿还、强制偿还】	★

第 10 条【合同的订立形式；合同的书面形式】 ★★★

当事人订立合同,有书面形式、口头形式和其他形式。

法律、行政法规规定采用书面形式的,应当采用书面形式。当事人约定采用书面形式的,应当采用书面形式。

一、主要适用的案由及其相关度

案由编号	主要适用的案由	相关度
M4.10.74	买卖合同纠纷	★★★★★
M4.10.122	劳务合同纠纷	★★
M4.10	合同纠纷	★★
M4.10.89.4	民间借贷纠纷	★★
M4.10.89.1	金融借款合同纠纷	★
M4.10.99	承揽合同纠纷	★

二、同时适用的法条及其相关度

	同时适用的法条	相关度
合同法	第60条【合同履行的原则】	★★★★★
	第8条【依法成立的合同的法律约束力】	★★★★
	第107条【合同约束力；违约责任】	★★★★
	第44条【合同的生效】	★★★
	第109条【违约责任的承担；付款义务的继续履行】	★★★
	第130条【买卖合同的定义】	★★★
	第159条【买受人应支付价款的数额认定】	★★★
	第6条【诚实信用原则】	★★
	第161条【买受人支付价款的时间】	★★
	第206条【借款期限的认定】	★★
	第62条【合同内容约定不明确的履行规则；合同漏洞的填补】	★
	第114条【违约金的约定及其调整】	★

0236　合同、无因管理、不当得利纠纷

		同时适用的法条	相关度
0209	合同法	第196条【借款合同定义】	★
		第205条【借款利息支付期限的确定】	★
		第207条【逾期还款的责任承担：支付利息】	★
0916	民法通则	第84条【债的定义】	★★
		第108条【债务清偿：分期偿还、强制偿还】	★★
		第106条【民事责任归责原则：违约责任；过错侵权责任；无过错侵权责任】	★
0909	担保法	第18条【连带责任保证的定义；连带责任的承担】	★
		第21条【保证担保的范围；没有约定、约定不明时的担保范围】	★
1028	买卖合同司法解释	第24条【买卖合同逾期付款违约金的适用规则】	★★
		第1条【一方以送货单、收货单、结算单、发票、对账确认函、债权确认书主张买卖合同关系存在时的认定】	★

第11条【书面形式的含义】　★★

书面形式是指合同书、信件和数据电文（包括电报、电传、传真、电子数据交换和电子邮件）等可以有形地表现所载内容的形式。

一、主要适用的案由及其相关度

案由编号	主要适用的案由	相关度
M4.10.74	买卖合同纠纷	★★★★★
M4.10.89.4	民间借贷纠纷	★★★★★
M4.10.89.1	金融借款合同纠纷	★★★★
M4.10	合同纠纷	★
M4.10.68	债权人代位权纠纷	★
M4.10.82	房屋买卖合同纠纷	★
M4.10.97.2	房屋租赁合同纠纷	★
M4.10.99	承揽合同纠纷	★

二、同时适用的法条及其相关度

	同时适用的法条	相关度
合同法	第10条【合同的订立形式;合同的书面形式】	★★★★★
	第107条【合同约束力:违约责任】	★★★★★
	第60条【合同履行的原则】	★★★★
	第206条【借款期限的认定】	★★★★
	第8条【依法成立的合同的法律约束力】	★★★
	第109条【违约责任的承担:付款义务的继续履行】	★★★
	第196条【借款合同定义】	★★★
	第205条【借款利息支付期限的确定】	★★★
	第207条【逾期还款的责任承担:支付利息】	★★★
	第44条【合同的生效】	★★
	第130条【买卖合同的定义】	★★
	第159条【买受人应支付价款的数额认定】	★★
	第197条【借款合同的形式和内容】	★★
	第198条【借款合同中的担保及法律适用】	★★
	第6条【诚实信用原则】	★
	第12条【合同内容一般包括的条款;示范文本】	★
	第13条【订立合同的方式:要约、承诺】	★
	第32条【书面合同自双方当事人签字或盖章时成立】	★
	第61条【合同内容约定不明确的处理规则:合同漏洞的填补】	★
	第73条【债权人代位权】	★
	第94条【合同的法定解除;法定解除权】	★
	第97条【合同解除的法律后果】	★
	第114条【违约金的约定及其调整】	★

0209

		同时适用的法条	相关度
0209	合同法	第161条【买受人支付价款的时间】	★
		第200条【借款利息不得预先扣除;预先扣除后按实际数额计算借款额度】	★
		第204条【金融机构贷款业务的利率确定】	★
		第210条【自然人之间借款合同的生效:提供借款时】	★
0909	担保法	第18条【连带责任保证的定义;连带责任的承担】	★
		第19条【保证方式不明时的连带责任担保】	★
		第21条【保证担保的范围;没有约定、约定不明时的担保范围】	★
0916	民法通则	第84条【债的定义】	★
		第108条【债务清偿:分期偿还、强制偿还】	★
1022	婚姻法司法解释二	第24条【离婚时夫妻一方所欠债务的处理】	★
1028	买卖合同司法解释	第24条【买卖合同逾期付款违约金的适用规则】	★

第12条【合同内容一般包括的条款;示范文本】　★★

合同的内容由当事人约定,一般包括以下条款:

(一) 当事人的名称或者姓名和住所;

(二) 标的;

(三) 数量;

(四) 质量;

(五) 价款或者报酬;

(六) 履行期限、地点和方式;

(七) 违约责任;

(八) 解决争议的方法。

当事人可以参照各类合同的示范文本订立合同。

第二编 核心法律条文主要适用案由及关联法条索引

一、主要适用的案由及其相关度

案由编号	主要适用的案由	相关度
M4.10.74	买卖合同纠纷	★★★★★
M4.10.82	房屋买卖合同纠纷	★★★
M4.10.82.3	商品房销售合同纠纷	★
M4.10	合同纠纷	★★★
M4.10.120.15	物业服务合同纠纷	★★
M4.10.89	借款合同纠纷	★★
M4.10.89.1	金融借款合同纠纷	★
M4.10.89.4	民间借贷纠纷	★★★
M4.10.90	保证合同纠纷	★
M4.10.97	租赁合同纠纷	★
M4.10.97.2	房屋租赁合同纠纷	★
M4.10.122	劳务合同纠纷	★
M8.21.249	股权转让纠纷	★
M4.10.100.3	建设工程施工合同纠纷	★

二、同时适用的法条及其相关度

	同时适用的法条	相关度
合同法	第8条【依法成立的合同的法律约束力】	★★★★★
	第10条【合同的订立形式;合同的书面形式】	★★★★★
	第44条【合同的生效】	★★★★★
	第60条【合同履行的原则】	★★★★★
	第107条【合同约束力:违约责任】	★★★★★
	第6条【诚实信用原则】	★★★
	第18条【要约的撤销】	★★★

		同时适用的法条	相关度
0209	合同法	第61条【合同内容约定不明确的处理规则;合同漏洞的填补】	★★★
		第130条【买卖合同的定义】	★★★
		第13条【订立合同的方式:要约、承诺】	★★
		第14条【要约的定义及其构成要件】	★★
		第21条【承诺的概念】	★★
		第32条【书面合同自双方当事人签字或盖章时成立】	★★
		第62条【合同内容约定不明确的履行规则;合同漏洞的填补】	★★
		第94条【合同的法定解除;法定解除权】	★★
		第109条【违约责任的承担:付款义务的继续履行】	★★
		第114条【违约金的约定及其调整】	★★
		第159条【买受人应支付价款的数额认定】	★★
		第206条【借款期限的认定】	★★
		第207条【逾期还款的责任承担:支付利息】	★★
		第2条【合同法的调整对象:合同的定义】	★
		第4条【合同自愿原则】	★
		第5条【公平原则:合同权利义务确定的原则】	★
		第7条【遵纪守法原则】	★
		第9条【合同当事人资格:民事权利能力、民事行为能力;可委托代理人订立合同的规定】	★
		第11条【书面形式的含义】	★
		第25条【合同成立时间:承诺生效】	★
		第31条【承诺对要约内容的非实质性变更】	★
		第39条【提供格式条款方的义务;格式条款的定义】	★

	同时适用的法条	相关度	
合同法	第42条【缔约过失责任;合同订立过程中承担损害赔偿责任的情形】	★	0209
	第52条【合同无效的法定情形】	★	
	第58条【合同无效或被撤销的法律后果】	★	
	第93条【合同的约定解除:协商一致;约定条件成就】	★	
	第97条【合同解除的法律后果】	★	
	第113条【违约责任的承担:损失赔偿】	★	
	第115条【定金罚则】	★	
	第131条【买卖合同的内容】	★	
	第161条【买受人支付价款的时间】	★	
	第196条【借款合同定义】	★	
	第197条【借款合同的形式和内容】	★	
	第205条【借款利息支付期限的确定】	★	
	第211条【自然人之间借款合同利息的规制】	★	
	第212条【租赁合同的定义】	★	
民法通则	第84条【债的定义】	★★★	0916
	第108条【债务清偿:分期偿还、强制偿还】	★★★	
	第92条【不当得利应返还】	★	
担保法	第18条【连带责任保证的定义;连带责任的承担】	★	0909
	第19条【保证方式不明时的连带责任担保】	★	
	第21条【保证担保的范围;没有约定、约定不明时的担保范围】	★	
	第26条【连带责任保证的保证期间】	★	
物业管理条例	第42条【物业服务费用的交纳主体】	★★	1009

		同时适用的法条	相关度
1035	合同法司法解释二	第1条【认定合同成立的标准;能够确定当事人名称或者姓名、标的和数量;合同欠缺其他内容时的协商补充】	★★
		第2条【合同订立的形式:其他形式】	★
1046	物业服务纠纷司法解释	第1条【前期物业服务合同及物业服务合同的约束力】	★★
1042	商品房买卖合同纠纷司法解释	第5条【商品房买卖合同的认定】	★

第13条【订立合同的方式:要约、承诺】　　★★★

当事人订立合同,采取要约、承诺方式。

一、主要适用的案由及其相关度

案由编号	主要适用的案由	相关度
M4.10.96.2	信用卡纠纷	★★★★★
M4.10.74	买卖合同纠纷	★★
M4.10	合同纠纷	★★
M4.10.82	房屋买卖合同纠纷	★★
M4.10.89.4	民间借贷纠纷	★
M4.10.97	租赁合同纠纷	★

二、同时适用的法条及其相关度

		同时适用的法条	相关度
0209	合同法	第25条【合同成立时间:承诺生效】	★★★★★
		第44条【合同的生效】	★★★★★
		第60条【合同履行的原则】	★★★★★
		第8条【依法成立的合同的法律约束力】	★★★★

	同时适用的法条	相关度	
合同法	第107条【合同约束力;违约责任】	★★★★	0209
	第206条【借款期限的认定】	★★★★	
	第207条【逾期还款的责任承担;支付利息】	★★★★	
	第14条【要约的定义及其构成要件】	★★★	
	第21条【承诺的概念】	★★★	
	第10条【合同的订立形式;合同的书面形式】	★	
	第16条【要约的生效时间】	★	
	第26条【承诺生效时间】	★	
	第32条【书面合同自双方当事人签字或盖章时成立】	★	
	第52条【合同无效的法定情形】	★	
	第58条【合同无效或被撤销的法律后果】	★	
民法通则	第4条【民事活动的基本原则:自愿、公平、等价有偿、诚实信用】	★★★★	0916
	第84条【债的定义】	★★★★	
	第106条【民事责任归责原则:违约责任;过错侵权责任;无过错侵权责任】	★★★★	
公司法	第20条【禁止股东权利滥用;滥用股东权利的法律责任】	★	0955

第14条【要约的定义及其构成要件】 ★★

要约是希望和他人订立合同的意思表示,该意思表示应当符合下列规定:

(一)内容具体确定;

(二)表明经受要约人承诺,要约人即受该意思表示约束。

一、主要适用的案由及其相关度

案由编号	主要适用的案由	相关度
M4.10	合同纠纷	★★★★★

0244 合同、无因管理、不当得利纠纷

案由编号	主要适用的案由	相关度
M4.10.74	买卖合同纠纷	★★★
M4.10.82	房屋买卖合同纠纷	★★★
M4.10.82.2	商品房预售合同纠纷	★
M4.10.82.3	商品房销售合同纠纷	★★★
M4.10.83	房屋拆迁安置补偿合同纠纷	★★
M4.10.89.4	民间借贷纠纷	★
M4.10.97.2	房屋租赁合同纠纷	★
M8.27.317	财产保险合同纠纷	★

二、同时适用的法条及其相关度

	同时适用的法条	相关度
合同法	第21条【承诺的概念】	★★★★★
	第25条【合同成立时间:承诺生效】	★★★★★
	第60条【合同履行的原则】	★★★★★
	第6条【诚实信用原则】	★★★
	第8条【依法成立的合同的法律约束力】	★★★
	第13条【订立合同的方式:要约、承诺】	★★★
	第15条【要约邀请及其主要类型】	★★
	第44条【合同的生效】	★★
	第107条【合同约束力:违约责任】	★★
	第5条【公平原则:合同权利义务确定的原则】	★
	第10条【合同的订立形式;合同的书面形式】	★
	第16条【要约的生效时间】	★
	第19条【不得撤销要约的情形】	★
	第22条【承诺的方式:通知、行为】	★
	第26条【承诺生效时间】	★

	同时适用的法条	相关度	
合同法	第31条【承诺对要约内容的非实质性变更】	★	0209
	第39条【提供格式条款方的义务;格式条款的定义】	★	
	第40条【格式条款无效情形】	★	
	第41条【格式条款的解释方法】	★	
	第159条【买受人应支付价款的数额认定】	★	
民法通则	第5条【合法的民事权益受法律保护】	★★	0916
商品房买卖合同纠纷司法解释	第3条【商品房的销售广告和宣传资料的性质;要约邀请、要约】	★★★	1042
	第1条【商品房买卖合同的定义】	★	

第15条【要约邀请及其主要类型】 ★★★

要约邀请是希望他人向自己发出要约的意思表示。寄送的价目表、拍卖公告、招标公告、招股说明书、商业广告等为要约邀请。

商业广告的内容符合要约规定的,视为要约。

■ 一、主要适用的案由及其相关度

案由编号	主要适用的案由	相关度
M4.10.82	房屋买卖合同纠纷	★
M4.10.82.1	商品房预约合同纠纷	★
M4.10.82.2	商品房预售合同纠纷	★★★★★
M4.10.82.3	商品房销售合同纠纷	★★★
M4.10.74	买卖合同纠纷	★
M4.10.97	租赁合同纠纷	★
M4.10.97.2	房屋租赁合同纠纷	★
M4.10	合同纠纷	★
M4.10.75	招标投标买卖合同纠纷	★

二、同时适用的法条及其相关度

		同时适用的法条	相关度
0209	合同法	第8条【依法成立的合同的法律约束力】	★★★★
		第14条【要约的定义及其构成要件】	★★★★
		第60条【合同履行的原则】	★★★★
		第54条【合同的变更和撤销】	★★★
		第107条【合同约束力;违约责任】	★★★
		第39条【提供格式条款方的义务;格式条款的定义】	★★
		第40条【格式条款无效情形】	★★
		第41条【格式条款的解释方法】	★★
		第13条【订立合同的方式:要约、承诺】	★
		第16条【要约的生效时间】	★
		第21条【承诺的概念】	★
		第25条【合同成立时间;承诺生效】	★
		第42条【缔约过失责任;合同订立过程中承担损害赔偿责任的情形】	★
		第44条【合同的生效】	★
		第94条【合同的法定解除;法定解除权】	★
		第97条【合同解除的法律后果】	★
		第114条【违约金的约定及其调整】	★
0981	招标投标法	第45条【中标结果的通知;中标通知书的法律效力】	★
1042	商品房买卖合同纠纷司法解释	第3条【商品房的销售广告和宣传资料的性质:要约邀请、要约】	★★★★★
		第1条【商品房买卖合同的定义】	★

第16条【要约的生效时间】 ★★

要约到达受要约人时生效。

采用数据电文形式订立合同,收件人指定特定系统接收数据电文的,该数据电文进入该特定系统的时间,视为到达时间;未指定特定系统的,该数据电文进入收件人的任何系统的首次时间,视为到达时间。

一、主要适用的案由及其相关度

案由编号	主要适用的案由	相关度
M4.10.74	买卖合同纠纷	★★★★★
M4.10.82	房屋买卖合同纠纷	★★★★
M4.10.82.2	商品房预售合同纠纷	★★★
M4.10	合同纠纷	★★★★
M9.30.350	机动车交通事故责任纠纷	★★★
M4.10.97	租赁合同纠纷	★★
M4.10.97.2	房屋租赁合同纠纷	★★
M4.10.100.3	建设工程施工合同纠纷	★★
M4.10.99	承揽合同纠纷	★
M4.10.75	招标投标买卖合同纠纷	★
M4.10.89	借款合同纠纷	★
M4.10.89.1	金融借款合同纠纷	★★
M4.10.89.4	民间借贷纠纷	★★★

二、同时适用的法条及其相关度

	同时适用的法条	相关度
合同法	第8条【依法成立的合同的法律约束力】	★★★★★
	第107条【合同约束力:违约责任】	★★★★
	第13条【订立合同的方式:要约、承诺】	★★★★
	第14条【要约的定义及其构成要件】	★★★★
	第25条【合同成立时间:承诺生效】	★★★★

	同时适用的法条	相关度
0209 合同法	第15条【要约邀请及其主要类型】	★★★
	第21条【承诺的概念】	★★★
	第26条【承诺生效时间】	★★★
	第60条【合同履行的原则】	★★★
	第22条【承诺的方式:通知、行为】	★★
	第44条【合同的生效】	★★
	第114条【违约金的约定及其调整】	★★
	第130条【买卖合同的定义】	★★
	第6条【诚实信用原则】	★
	第10条【合同的订立形式;合同的书面形式】	★
	第30条【承诺对要约内容的实质性变更】	★
	第32条【书面合同自双方当事人签字或盖章时成立】	★
	第39条【提供格式条款方的义务;格式条款的定义】	★
	第42条【缔约过失责任;合同订立过程中承担损害赔偿责任的情形】	★
	第94条【合同的法定解除;法定解除权】	★
	第97条【合同解除的法律后果】	★
	第109条【违约责任的承担:付款义务的继续履行】	★
	第113条【违约责任的承担:损失赔偿】	★
	第159条【买受人应支付价款的数额认定】	★
	第196条【借款合同定义】	★
	第205条【借款利息支付期限的确定】	★
	第206条【借款期限的认定】	★
	第207条【逾期还款的责任承担:支付利息】	★
	第211条【自然人之间借款合同利息的规制】	★

同时适用的法条		相关度	
担保法	第18条【连带责任保证的定义;连带责任的承担】	★	0909
	第19条【保证方式不明时的连带责任担保】	★	
	第21条【保证担保的范围;没有约定、约定不明时的担保范围】	★	
侵权责任法	第16条【人身损害赔偿项目;一般人身损害赔偿项目、伤残赔偿项目、死亡赔偿项目】	★	0960
民法通则	第84条【债的定义】	★	0916
	第108条【债务清偿:分期偿还、强制偿还】	★	
道路交通安全法	第76条【交通事故赔偿责任的一般条款】	★	0952
商品房买卖合同纠纷司法解释	第1条【商品房买卖合同的定义】	★	1042
	第3条【商品房的销售广告和宣传资料的性质:要约邀请、要约】	★	
买卖合同司法解释	第24条【买卖合同逾期付款违约金的适用规则】	★	1028

第17条【要约撤回的规则】 ★★★★★

要约可以撤回。撤回要约的通知应当在要约到达受要约人之前或者与要约同时到达受要约人。

一、主要适用的案由及其相关度

案由编号	主要适用的案由	相关度
M4.10.100.3	建设工程施工合同纠纷	★★★★★
M4.10	合同纠纷	★★★★
M4.10.74	买卖合同纠纷	★★★
M9.30.350	机动车交通事故责任纠纷	★★★
M4.10.89	借款合同纠纷	★

合同、无因管理、不当得利纠纷

案由编号	主要适用的案由	相关度
M4.10.89.1	金融借款合同纠纷	★
M4.10.89.4	民间借贷纠纷	★★★
M8.27	保险纠纷	★
M4.10.99	承揽合同纠纷	★
M8.27.317	财产保险合同纠纷	★

二、同时适用的法条及其相关度

	同时适用的法条	相关度
合同法	第1条【合同法立法目的】	
	第2条【合同法的调整对象:合同的定义】	
	第4条【合同自愿原则】	
	第6条【诚实信用原则】	
	第8条【依法成立的合同的法律约束力】	
	第10条【合同的订立形式;合同的书面形式】	
	第13条【订立合同的方式:要约、承诺】	
	第14条【要约的定义及其构成要件】	
	第16条【要约的生效时间】	
	第18条【要约的撤销】	
	第19条【不得撤销要约的情形】	
	第21条【承诺的概念】	
	第22条【承诺的方式:通知、行为】	
	第25条【合同成立时间:承诺生效】	
	第26条【承诺生效时间】	
	第27条【承诺的撤回】	
	第28条【新要约】	

	同时适用的法条	相关度	
合同法	第29条【迟到的承诺】		0209
	第52条【合同无效的法定情形】		
	第58条【合同无效或被撤销的法律后果】		
	第60条【合同履行的原则】		
	第65条【由第三人履行】		
	第93条【合同的约定解除：协商一致；约定条件成就】		
	第107条【合同约束力；违约责任】		
	第109条【违约责任的承担：付款义务的继续履行】		
	第113条【违约责任的承担：损失赔偿】		
	第114条【违约金的约定及其调整】		
	第159条【买受人应支付价款的数额认定】		
	第161条【买受人支付价款的时间】		
	第206条【借款期限的认定】		
	第207条【逾期还款的责任承担：支付利息】		
	第211条【自然人之间借款合同利息的规制】		
	第269条【建设工程合同的定义】		
	第279条【建筑工程的竣工验收及交付使用】		
民法通则	第36条【法人的定义；法人民事权利能力和民事行为能力的存续期间】		0916
	第44条【企业法人分立、合并后的登记公告与债权债务的承继】		
	第49条【企业法定代表人的法律责任】		
	第52条【企业之间或者企业、事业单位之间联营的民事责任】		
	第60条【民事行为部分无效】		

		同时适用的法条	相关度
0916	民法通则	第63条【代理的界定及不得代理的情形】	
		第84条【债的定义】	
		第92条【不当得利应返还】	
		第106条【民事责任归责原则：违约责任；过错侵权责任；无过错侵权责任】	
		第107条【民事责任的免除事由：不可抗力】	
		第108条【债务清偿：分期偿还、强制偿还】	
		第109条【见义勇为的侵权责任和补偿责任】	
		第111条【违约履行合同义务的后果：继续履行；补救；赔偿损失】	
		第119条【人身损害赔偿项目：一般人身损害赔偿项目、伤残赔偿项目、死亡赔偿项目】	
		第135条【诉讼时效期间：两年】	
0960	侵权责任法	第6条【过错责任原则；过错推定责任原则】	
		第13条【连带责任形态的对外承担规则】	
		第14条【连带责任的对内最终责任分担规则；连带责任人的追偿权】	
		第16条【人身损害赔偿项目：一般人身损害赔偿项目、伤残赔偿项目、死亡赔偿项目】	
		第19条【侵害财产造成财产损失的计算方式】	
		第22条【人身权益侵害精神损害赔偿的请求权】	
		第26条【过失相抵：被侵权人过错】	
		第28条【第三人原因】	
		第35条【个人劳务责任：提供劳务者致害责任、提供劳务者受害责任】	
		第48条【机动车交通事故责任的法律适用】	

	同时适用的法条	相关度	
道路交通安全法	第8条【机动车登记制度】		0952
	第10条【机动车登记应接受安全技术检验】		
	第14条【机动车强制报废制度】		
	第65条【行人通过铁路道口时的通行规则】		
	第76条【交通事故赔偿责任的一般条款】		
担保法	第17条【一般保证的含义责任承担;保证人不得行使先诉抗辩权的情形】		0909
	第18条【连带责任保证的定义;连带责任的承担】		
	第19条【保证方式不明时的连带责任担保】		
	第21条【保证担保的范围;没有约定、约定不明时的担保范围】		
	第25条【一般保证的保证期间】		
	第29条【企业法人分支机构订立的保证合同无效时的责任承担】		
	第31条【保证人的追偿权】		
	第79条【知识产权质权的设立;合同形式、生效时间】		
	第84条【留置的适用范围】		
	第90条【定金的形式、定金的交付期限、定金合同的生效时间】		
建筑法	第52条【建筑工程勘察、设计、施工的质量标准】		0958
	第58条【建筑施工企业对工程的施工质量负责;建筑施工企业的施工要求:必须按照工程设计图纸和施工技术标准,不得偷工减料、不得擅自修改工程设计】		

		同时适用的法条	相关度
0937	保险法	第8条【保险业和其他金融业的分业经营原则】	
		第10条【保险合同和保险合同主体的定义】	
		第13条【保险合同的成立与生效】	
		第14条【投保人和保险人的义务】	
		第17条【保险人对保险合同中格式条款的说明义务;保险人对保险合同中免责条款的提示说明义务、违反该义务时免责条款无效】	
		第18条【保险合同应载明的事项】	
		第19条【保险合同格式条款无效的法定情形】	
		第20条【保险合同内容的变更及其法定形式】	
		第21条【投保人和被保险人或受益人的通知义务及其例外】	
		第22条【投保人、被保险人或者受益人的协助理赔义务;保险人的一次性告知原则】	
		第23条【保险人赔付义务的履行及程序】	
		第24条【保险人拒绝理赔的通知义务】	
		第25条【保险人先行支付保险金的义务】	
		第40条【保险合同受益人的人数及其顺位与份额】	
		第55条【保险价值的确定规则】	
		第60条【保险人代位权的行使规则】	
		第64条【查明保险事故的费用由保险人承担】	
		第66条【责任保险仲裁或诉讼中保险人承担的费用】	
		第107条【保险公司设立保险资产管理公司及其活动原则】	
0953	婚姻法	第17条【夫妻共同财产的范围】	
		第19条【夫妻财产约定制】	

	同时适用的法条	相关度	
安全生产法	第60条【安全生产监督管理部门的职责】		1004
物权法	第4条【国家、集体和私人物权的平等保护原则】		0927
	第8条【物权特别法优先规则】		
	第21条【登记错误造成损害的救济规则】		
	第74条【建筑区划内车位、车库的归属规则】		
	第106条【善意取得的构成条件】		
个人独资企业法	第2条【个人独资企业的定义】		1004
	第17条【个人独资企业财产的所有权归属及其转让或继承】		
农村土地承包法	第10条【合法的土地承包经营权流转受法律保护】		0945
	第32条【家庭土地承包经营权的流转方式】		
	第37条【土地承包经营权流转合同的签订方式与条件；土地承包经营权流转合同的主要条款】		
	第61条【国家机关及其工作人员侵害土地承包经营权的法律责任】		
公司法	第14条【分公司的法律地位；子公司的法律地位】		0955
继承法	第10条【继承人范围及继承顺序】		0973
交强险条例	第21条【保险公司在交通事故中的赔偿范围以及不予赔偿的情形】		1013
	第23条【交强险的责任限额及其确定机关】		
物业管理条例	第29条【在办理物业承接验收手续时建设单位应当向物业服务企业移交的资料】		1009
	第42条【物业服务费用的交纳主体】		

		同时适用的法条	相关度
1038	人身损害赔偿司法解释	第4条【共同危险行为人的侵权责任】	
		第8条【用人单位的替代责任;在执行职务中致人损害的赔偿责任;国家赔偿责任】	
		第10条【承揽人致人损害或损害自身时定作人的赔偿责任】	
		第17条【人身损害赔偿项目:一般人身损害赔偿项目、伤残赔偿项目、死亡赔偿项目】	
		第18条【精神损害抚慰金的请求权及其法律适用】	
		第19条【医疗费的计算标准】	
		第20条【误工费的计算标准】	
		第21条【护理费的计算标准】	
		第22条【交通费的计算标准】	
		第23条【伙食费、住宿费的计算标准】	
		第24条【营养费的计算标准】	
		第25条【残疾赔偿金的计算标准】	
1054	道路交通事故司法解释	第3条【挂靠机动车交通事故责任:挂靠人与被挂靠人承担连带责任】	
		第14条【人身伤亡、财产损失的概念】	
		第15条【交通事故财产损失赔偿范围】	
		第16条【交强险和商业三者险并存时的赔付规则】	
		第21条【投保交强险的多辆机动车及依法分别投保交强险的连接使用的牵引车和挂车发生交通事故造成第三人损害时的赔偿责任:各自责任限额、各自责任限额与责任之和的比例、未投保交强险;牵引车和挂车连接使用】	

	同时适用的法条	相关度	
建设工程合同纠纷司法解释	第1条【建设工程施工合同无效的情形】		1031
	第2条【建设工程施工合同无效时承包人的付款请求权】		
	第4条【建设工程非法转包、违法分包、借用资质的处理：合同无效、收缴非法所得】		
	第6条【垫资和垫资利息：按约定、按工程欠款、不予支持】		
	第8条【发包人解除建设工程施工合同的情形】		
	第17条【拖欠工程价款利息的计付标准】		
	第18条【建设工程应付款时间】		
	第26条【建设施工纠纷中实际施工人起诉时被告的认定】		
保险法司法解释二	第9条【免除保险人责任的条款的具体解释】		1068
	第11条【保险人是否履行提示、说明义务的认定标准】		
	第13条【保险人对其明确说明义务的举证责任及其认定】		
婚姻法司法解释二	第24条【离婚时夫妻一方所欠债务的处理】		1022
城镇房屋租赁合同纠纷司法解释	第2条【出租人就未取得许可证建设的房屋所订立的租赁合同的效力】		1049
	第10条【租期届满时经出租人同意的未形成附合的装饰装修物：承租人拆除与恢复原状】		
	第11条【房屋租赁合同解除时对已形成附合的装饰装修物的处理规则】		
民事执行查封扣押冻结财产规定	第19条【被执行人购买的需要办理过户登记的第三人财产作为执行标的物时的查封、扣押、冻结处理】		1058

编号	司法解释	同时适用的法条	相关度
1069	婚姻法司法解释一	第17条【夫妻对共有财产有平等处理权的理解】	
		第18条【第三人知道夫妻财产约定的举证责任】	
1035	合同法司法解释二	第29条【违约金的数额及其调整：适当减少】	
1059	建设工程价款优先受偿权问题的批复	第4条【建设工程承包人行使优先权的期限】	
1062	精神损害赔偿司法解释	第10条【精神损害赔偿数额的确定标准】	
1024	担保法司法解释	第6条【对外担保合同无效情形】	
1028	买卖合同司法解释	第2条【当事人签订预约合同约定在将来一定期限内订立买卖合同而不履行订立买卖合同的义务的处理】	
1061	农村土地承包纠纷司法解释	第17条【对转包、出租地流转期限与承包地交回时间的规定；承包方对提高土地生产能力的投入的相应补偿】	

第18条【要约的撤销】 ★★★

要约可以撤销。撤销要约的通知应当在受要约人发出承诺通知之前到达受要约人。

一、主要适用的案由及其相关度

案由编号	主要适用的案由	相关度
M4.10.89	借款合同纠纷	★★★
M4.10.89.1	金融借款合同纠纷	★★★★★

案由编号	主要适用的案由	相关度
M4.10.89.4	民间借贷纠纷	★★★★
M4.10.90	保证合同纠纷	★★
M4.10.74	买卖合同纠纷	★
M4.10.82	房屋买卖合同纠纷	★
M4.10.82.3	商品房销售合同纠纷	★

二、同时适用的法条及其相关度

	同时适用的法条	相关度	
合同法	第21条【承诺的概念】	★★★★★	0209
	第31条【承诺对要约内容的非实质性变更】	★★★★★	
	第12条【合同内容一般包括的条款;示范文本】	★★	
	第60条【合同履行的原则】	★★	
	第107条【合同约束力:违约责任】	★★	
	第206条【借款期限的认定】	★★	
	第207条【逾期还款的责任承担:支付利息】	★★	
	第6条【诚实信用原则】	★	
	第19条【不得撤销要约的情形】	★	
	第114条【违约金的约定及其调整】	★	
	第205条【借款利息支付期限的确定】	★	
担保法	第20条【保证人的抗辩权】	★★	0909
	第31条【保证人的追偿权】	★★	
	第42条【办理抵押物登记的部门】	★★	
	第18条【连带责任保证的定义;连带责任的承担】	★	
	第19条【保证方式不明时的连带责任担保】	★	
	第24条【债权人与债务人协议变更主合同时保证的效力:取得保证人书面同意】	★	
	第64条【质押合同的订立形式及其生效时间】	★	

		同时适用的法条	相关度
0916	民法通则	第108条【债务清偿:分期偿还、强制偿还】	★
		第111条【违约履行合同义务的后果:继续履行;补救;赔偿损失】	★
1042	商品房买卖合同纠纷司法解释	第18条【在法定期限内商品房买受人未取得房屋权属证书的出卖人应承担违约责任】	★★

第19条【不得撤销要约的情形】 ★★

有下列情形之一的,要约不得撤销:

(一)要约人确定了承诺期限或者以其他形式明示要约不可撤销;

(二)受要约人有理由认为要约是不可撤销的,并已经为履行合同作了准备工作。

一、主要适用的案由及其相关度

案由编号	主要适用的案由	相关度
M4.10.89.4	民间借贷纠纷	★★★★★
M4.10.82.3	商品房销售合同纠纷	★★
M4.10.74	买卖合同纠纷	★

二、同时适用的法条及其相关度

		同时适用的法条	相关度
0209	合同法	第21条【承诺的概念】	★★★★★
		第6条【诚实信用原则】	★★★★
		第18条【要约的撤销】	★★★★
		第31条【承诺对要约内容的非实质性变更】	★★★★
		第206条【借款期限的认定】	★★★★
		第8条【依法成立的合同的法律约束力】	★★★
		第14条【要约的定义及其构成要件】	★★★

	同时适用的法条	相关度	
合同法	第26条【承诺生效时间】	★★★	0209
	第107条【合同约束力:违约责任】	★★★	
	第185条【赠与合同的概念】	★★★	
	第186条【赠与的任意撤销及限制】	★★★	
	第207条【逾期还款的责任承担:支付利息】	★★★	
	第60条【合同履行的原则】	★★	
	第205条【借款利息支付期限的确定】	★★	
	第211条【自然人之间借款合同利息的规制】	★★	
	第17条【要约撤回的规则】	★	
	第20条【要约失效的情形】	★	
	第161条【买受人支付价款的时间】	★	
	第196条【借款合同定义】	★	
担保法	第19条【保证方式不明时的连带责任担保】	★★★★★	0909
	第21条【保证担保的范围;没有约定、约定不明时的担保范围】	★★★	
	第64条【质押合同的订立形式及其生效时间】	★★	
	第6条【保证的定义】	★	
	第18条【连带责任保证的定义;连带责任的承担】	★	
	第29条【企业法人分支机构订立的保证合同无效时的责任承担】	★	
	第31条【保证人的追偿权】	★	
	第60条【最高额抵押的适用范围】	★	
	第90条【定金的形式、定金的交付期限、定金合同的生效时间】	★	
民法通则	第108条【债务清偿:分期偿还、强制偿还】	★★	0916
	第84条【债的定义】	★	
	第90条【借贷关系】	★	

		同时适用的法条	相关度
1023	审理民间借贷案件规定	第26条【民间借贷年利率的限定】	★★
		第29条【逾期利率的处理规则】	★
1022	婚姻法司法解释二	第24条【离婚时夫妻一方所欠债务的处理】	★
1024	担保法司法解释	第22条【保证合同的成立】	★
		第42条【保证人追偿权的行使与诉讼时效】	★

第20条【要约失效的情形】 ★★

有下列情形之一的,要约失效:

(一)拒绝要约的通知到达要约人;

(二)要约人依法撤销要约;

(三)承诺期限届满,受要约人未作出承诺;

(四)受要约人对要约的内容作出实质性变更。

一、主要适用的案由及其相关度

案由编号	主要适用的案由	相关度
M4.10.89	借款合同纠纷	★★★★★
M4.10.89.1	金融借款合同纠纷	★★★
M4.10.89.4	民间借贷纠纷	★★★
M4.10.74	买卖合同纠纷	★★★
M4.10	合同纠纷	★★
M4.10.68	债权人代位权纠纷	★
M4.10.97	租赁合同纠纷	★
M4.10.97.2	房屋租赁合同纠纷	★★
M4.10.82	房屋买卖合同纠纷	★
M4.10.99	承揽合同纠纷	★
M4.10.99.2	定作合同纠纷	★
M4.10.90	保证合同纠纷	★

二、同时适用的法条及其相关度

	同时适用的法条	相关度
合同法	第107条【合同约束力：违约责任】	★★★★★
	第207条【逾期还款的责任承担：支付利息】	★★★★★
	第202条【贷款人的检查监督权利、借款人的提供财务报表等义务】	★★★★
	第13条【订立合同的方式：要约、承诺】	★★★
	第14条【要约的定义及其构成要件】	★★★
	第21条【承诺的概念】	★★★
	第60条【合同履行的原则】	★★★
	第25条【合同成立时间：承诺生效】	★★
	第30条【承诺对要约内容的实质性变更】	★★
	第8条【依法成立的合同的法律约束力】	★
	第11条【书面形式的含义】	★
	第15条【要约邀请及其主要类型】	★
	第16条【要约的生效时间】	★
	第18条【要约的撤销】	★
	第19条【不得撤销要约的情形】	★
	第22条【承诺的方式：通知、行为】	★
	第23条【承诺的期限】	★
	第26条【承诺生效时间】	★
	第32条【书面合同自双方当事人签字或盖章时成立】	★
	第44条【合同的生效】	★
	第73条【债权人代位权】	★
	第97条【合同解除的法律后果】	★

0264　合同、无因管理、不当得利纠纷

		同时适用的法条	相关度
0209	合同法	第109条【违约责任的承担:付款义务的继续履行】	★
		第205条【借款利息支付期限的确定】	★
		第206条【借款期限的认定】	★
0909	担保法	第18条【连带责任保证的定义;连带责任的承担】	★★★★★
		第21条【保证担保的范围;没有约定、约定不明时的担保范围】	★★★★★
		第31条【保证人的追偿权】	★
0916	民法通则	第84条【债的定义】	★
1024	担保法司法解释	第20条【连带共同保证的责任承担】	★★
1022	婚姻法司法解释二	第24条【离婚时夫妻一方所欠债务的处理】	★

第21条【承诺的概念】　　★★★

承诺是受要约人同意要约的意思表示。

一、主要适用的案由及其相关度

案由编号	主要适用的案由	相关度
M4.10	合同纠纷	★★★★
M4.10.89	借款合同纠纷	★★
M4.10.89.1	金融借款合同纠纷	★★★★
M4.10.89.4	民间借贷纠纷	★★★★★
M4.10.74	买卖合同纠纷	★★
M4.10.83	房屋拆迁安置补偿合同纠纷	★★
M4.10.90	保证合同纠纷	★
M4.10.82	房屋买卖合同纠纷	★

二、同时适用的法条及其相关度

	同时适用的法条	相关度
合同法	第14条【要约的定义及其构成要件】	★★★★★
	第25条【合同成立时间:承诺生效】	★★★★★
	第60条【合同履行的原则】	★★★★★
	第18条【要约的撤销】	★★★★
	第6条【诚实信用原则】	★★★
	第31条【承诺对要约内容的非实质性变更】	★★★
	第206条【借款期限的认定】	★★★
	第8条【依法成立的合同的法律约束力】	★★
	第13条【订立合同的方式:要约、承诺】	★★
	第44条【合同的生效】	★★
	第107条【合同约束力:违约责任】	★★
	第205条【借款利息支付期限的确定】	★★
	第207条【逾期还款的责任承担:支付利息】	★★
	第5条【公平原则:合同权利义务确定的原则】	★
	第10条【合同的订立形式;合同的书面形式】	★
	第16条【要约的生效时间】	★
	第19条【不得撤销要约的情形】	★
	第22条【承诺的方式:通知、行为】	★
	第26条【承诺生效时间】	★
	第114条【违约金的约定及其调整】	★
	第196条【借款合同定义】	★
	第210条【自然人之间借款合同的生效:提供借款时】	★
	第211条【自然人之间借款合同利息的规制】	★

0209

	同时适用的法条	相关度
0916 民法通则	第5条【合法的民事权益受法律保护】	★
	第84条【债的定义】	★
	第90条【借贷关系】	★
	第108条【债务清偿:分期偿还、强制偿还】	★
0909 担保法	第18条【连带责任保证的定义;连带责任的承担】	★
	第19条【保证方式不明时的连带责任担保】	★
	第20条【保证人的抗辩权】	★
	第21条【保证担保的范围;没有约定、约定不明时的担保范围】	★
	第31条【保证人的追偿权】	★
	第42条【办理抵押物登记的部门】	★

第22条【承诺的方式:通知、行为】　★

承诺应当以通知的方式作出,但根据交易习惯或者要约表明可以通过行为作出承诺的除外。

一、主要适用的案由及其相关度

案由编号	主要适用的案由	相关度
M4.10.89.4	民间借贷纠纷	★★★★★
M4.10.74	买卖合同纠纷	★★★★★
M4.10	合同纠纷	★★★
M4.10.82	房屋买卖合同纠纷	★
M4.10.82.2	商品房预售合同纠纷	★
M4.10.97	租赁合同纠纷	★
M4.10.97.2	房屋租赁合同纠纷	★★
M4.10.120.10	餐饮服务合同纠纷	★
M9.30.350	机动车交通事故责任纠纷	★

案由编号	主要适用的案由	相关度
M7.19.206	船员劳务合同纠纷	★
M4.10.99.2	定作合同纠纷	★

二、同时适用的法条及其相关度

	同时适用的法条	相关度
合同法	第13条【订立合同的方式:要约、承诺】	★★★★★
	第14条【要约的定义及其构成要件】	★★★★★
	第21条【承诺的概念】	★★★★★
	第25条【合同成立时间:承诺生效】	★★★★
	第8条【依法成立的合同的法律约束力】	★★★
	第10条【合同的订立形式;合同的书面形式】	★★★
	第16条【要约的生效时间】	★★★
	第26条【承诺生效时间】	★★★
	第60条【合同履行的原则】	★★★
	第61条【合同内容约定不明确的处理规则:合同漏洞的填补】	★★★
	第107条【合同约束力:违约责任】	★★★
	第109条【违约责任的承担:付款义务的继续履行】	★★★
	第196条【借款合同定义】	★★★
	第200条【借款利息不得预先扣除;预先扣除后按实际数额计算借款额度】	★★★
	第205条【借款利息支付期限的确定】	★★★
	第206条【借款期限的认定】	★★★
	第23条【承诺的期限】	★★
	第44条【合同的生效】	★★
	第130条【买卖合同的定义】	★★

0268　合同、无因管理、不当得利纠纷

		同时适用的法条	相关度
0209	合同法	第159条【买受人应支付价款的数额认定】	★★
		第15条【要约邀请及其主要类型】	★
		第20条【要约失效的情形】	★
		第30条【承诺对要约内容的实质性变更】	★
		第32条【书面合同自双方当事人签字或盖章时成立】	★
		第42条【缔约过失责任;合同订立过程中承担损害赔偿责任的情形】	★
		第49条【表见代理的构成及其效力】	★
		第52条【合同无效的法定情形】	★
		第77条【变更合同的条件与要求】	★
		第91条【合同权利义务终止的法定情形】	★
		第93条【合同的约定解除:协商一致;约定条件成就】	★
		第94条【合同的法定解除;法定解除权】	★
		第97条【合同解除的法律后果】	★
		第113条【违约责任的承担:损失赔偿】	★
		第114条【违约金的约定及其调整】	★
		第161条【买受人支付价款的时间】	★
		第226条【承租人租金支付期限的确定规则】	★
1028	买卖合同司法解释	第24条【买卖合同逾期付款违约金的适用规则】	★
1074	经济纠纷涉及犯罪嫌疑的规定	第5条【行为人以单位名义进行诈骗活动时的责任划分方式】	★

第23条【承诺的期限】 ★

承诺应当在要约确定的期限内到达要约人。

要约没有确定承诺期限的,承诺应当依照下列规定到达:

(一)要约以对话方式作出的,应当即时作出承诺,但当事人另有约定的除外;

(二)要约以非对话方式作出的,承诺应当在合理期限内到达。

一、主要适用的案由及其相关度

案由编号	主要适用的案由	相关度
M4.10	合同纠纷	★★★★★
M8.27.317	财产保险合同纠纷	★★★
M8.27.317.1	财产损失保险合同纠纷	★
M8.27.317.2	责任保险合同纠纷	★
M4.10.89.4	民间借贷纠纷	★★★
M8.27	保险纠纷	★★★
M4.10.74	买卖合同纠纷	★★
M4.10.82	房屋买卖合同纠纷	★
M4.10.95	储蓄存款合同纠纷	★
M4.10.97	租赁合同纠纷	★
M4.10.97.2	房屋租赁合同纠纷	★★
M4.10.122	劳务合同纠纷	★

二、同时适用的法条及其相关度

	同时适用的法条	相关度
合同法	第14条【要约的定义及其构成要件】	★★★★★
	第21条【承诺的概念】	★★★★
	第13条【订立合同的方式:要约、承诺】	★★★
	第20条【要约失效的情形】	★★★
	第22条【承诺的方式:通知、行为】	★★★

	同时适用的法条	相关度
合同法	第25条【合同成立时间:承诺生效】	★★★
	第60条【合同履行的原则】	★★★
	第8条【依法成立的合同的法律约束力】	★★
	第10条【合同的订立形式;合同的书面形式】	★★
	第16条【要约的生效时间】	★★
	第26条【承诺生效时间】	★★
	第64条【向第三人履行】	★★
	第107条【合同约束力;违约责任】	★★
	第206条【借款期限的认定】	★★
	第2条【合同法的调整对象;合同的定义】	★
	第18条【要约的撤销】	★
	第19条【不得撤销要约的情形】	★
	第29条【迟到的承诺】	★
	第30条【承诺对要约内容的实质性变更】	★
	第31条【承诺对要约内容的非实质性变更】	★
	第34条【合同成立的地点】	★
	第42条【缔约过失责任;合同订立过程中承担损害赔偿责任的情形】	★
	第44条【合同的生效】	★
	第114条【违约金的约定及其调整】	★
	第136条【出卖人的义务:交付单证、交付资料】	★
	第144条【在途标的物买卖合同的风险转移】	★
	第157条【买受人的及时检验义务】	★
	第158条【买受人的检验、通知义务】	★
	第207条【逾期还款的责任承担:支付利息】	★
	第263条【定作人报酬支付的期限】	★

	同时适用的法条	相关度
道路交通安全法	第76条【交通事故赔偿责任的一般条款】	★

0952

第24条【承诺期限的起算】 ★★

要约以信件或者电报作出的,承诺期限自信件载明的日期或者电报交发之日开始计算。信件未载明日期的,自投寄该信件的邮戳日期开始计算。要约以电话、传真等快速通讯方式作出的,承诺期限自要约到达受要约人时开始计算。

一、主要适用的案由及其相关度

案由编号	主要适用的案由	相关度
M4.10.89.4	民间借贷纠纷	★★★★★
M4.10.74	买卖合同纠纷	★★★★★
M4.10.89.1	金融借款合同纠纷	★★

二、同时适用的法条及其相关度

	同时适用的法条	相关度
合同法	第107条【合同约束力;违约责任】	★★★★★
	第206条【借款期限的认定】	★★★★★
	第207条【逾期还款的责任承担;支付利息】	★★★★
	第8条【依法成立的合同的法律约束力】	★★★
	第60条【合同履行的原则】	★★★
	第109条【违约责任的承担;付款义务的继续履行】	★★★
	第130条【买卖合同的定义】	★★★
	第159条【买受人应支付价款的数额认定】	★★★
	第161条【买受人支付价款的时间】	★★★
	第205条【借款利息支付期限的确定】	★★★

0209

		同时适用的法条	相关度
0209	合同法	第196条【借款合同定义】	★★
		第6条【诚实信用原则】	★
		第25条【合同成立时间:承诺生效】	★
		第44条【合同的生效】	★
		第93条【合同的约定解除:协商一致;约定条件成就】	★
		第96条【合同解除权的行使规则】	★
		第97条【合同解除的法律后果】	★
		第113条【违约责任的承担:损失赔偿】	★
		第114条【违约金的约定及其调整】	★
		第211条【自然人之间借款合同利息的规制】	★
0916	民法通则	第108条【债务清偿:分期偿还、强制偿还】	★
1022	婚姻法司法解释二	第24条【离婚时夫妻一方所欠债务的处理】	★★★★★
		第19条【由一方婚前承租、婚后用共同财产购买的房屋属于夫妻共同财产】	★★
1028	买卖合同司法解释	第24条【买卖合同逾期付款违约金的适用规则】	★★★

第25条【合同成立时间:承诺生效】 ★★★

承诺生效时合同成立。

一、主要适用的案由及其相关度

案由编号	主要适用的案由	相关度
M4.10.96.2	信用卡纠纷	★★★★★
M4.10	合同纠纷	★★★
M4.10.74	买卖合同纠纷	★
M4.10.89.4	民间借贷纠纷	★

案由编号	主要适用的案由	相关度
M4.10.83	房屋拆迁安置补偿合同纠纷	★
M4.10.82	房屋买卖合同纠纷	★
M4.10.97	租赁合同纠纷	★

二、同时适用的法条及其相关度

	同时适用的法条	相关度	
合同法	第60条【合同履行的原则】	★★★★★	0209
	第8条【依法成立的合同的法律约束力】	★★★★	
	第13条【订立合同的方式：要约、承诺】	★★★★	
	第44条【合同的生效】	★★★★	
	第14条【要约的定义及其构成要件】	★★★	
	第21条【承诺的概念】	★★★	
	第107条【合同约束力：违约责任】	★★★	
	第206条【借款期限的认定】	★★★	
	第207条【逾期还款的责任承担：支付利息】	★★★	
	第6条【诚实信用原则】	★★	
	第5条【公平原则：合同权利义务确定的原则】	★	
	第26条【承诺生效时间】	★	
	第31条【承诺对要约内容的非实质性变更】	★	
民法通则	第4条【民事活动的基本原则：自愿、公平、等价有偿、诚实信用】	★★★	0916
	第84条【债的定义】	★★★	
	第106条【民事责任归责原则：违约责任；过错侵权责任；无过错侵权责任】	★★★	
	第5条【合法的民事权益受法律保护】	★	

第26条【承诺生效时间】 ★★

承诺通知到达要约人时生效。承诺不需要通知的,根据交易习惯或者要约的要求作出承诺的行为时生效。

采用数据电文形式订立合同的,承诺到达的时间适用本法第十六条第二款的规定。

一、主要适用的案由及其相关度

案由编号	主要适用的案由	相关度
M4.10.74	买卖合同纠纷	★★★
M4.10	合同纠纷	★★
M4.10.82	房屋买卖合同纠纷	★
M4.10.82.2	商品房预售合同纠纷	★★
M4.10.100.3	建设工程施工合同纠纷	★
M4.10.97	租赁合同纠纷	★
M4.10.89	借款合同纠纷	★
M4.10.89.1	金融借款合同纠纷	★★
M4.10.89.4	民间借贷纠纷	★★★★★

二、同时适用的法条及其相关度

	同时适用的法条	相关度
合同法	第21条【承诺的概念】	★★★★★
	第25条【合同成立时间;承诺生效】	★★★★★
	第60条【合同履行的原则】	★★★★★
	第107条【合同约束力;违约责任】	★★★★★
	第206条【借款期限的认定】	★★★★
	第13条【订立合同的方式;要约、承诺】	★★★
	第14条【要约的定义及其构成要件】	★★★
	第16条【要约的生效时间】	★★★
	第19条【不得撤销要约的情形】	★★★

	同时适用的法条	相关度	
合同法	第44条【合同的生效】	★★★	0209
	第114条【违约金的约定及其调整】	★★★	
	第205条【借款利息支付期限的确定】	★★★	
	第207条【逾期还款的责任承担：支付利息】	★★★	
	第8条【依法成立的合同的法律约束力】	★★	
	第18条【要约的撤销】	★★	
	第22条【承诺的方式：通知、行为】	★★	
	第31条【承诺对要约内容的非实质性变更】	★★	
	第211条【自然人之间借款合同利息的规制】	★★	
	第2条【合同法的调整对象；合同的定义】	★	
	第5条【公平原则：合同权利义务确定的原则】	★	
	第6条【诚实信用原则】	★	
	第10条【合同的订立形式；合同的书面形式】	★	
	第15条【要约邀请及其主要类型】	★	
	第17条【要约撤回的规则】	★	
	第29条【迟到的承诺】	★	
	第30条【承诺对要约内容的实质性变更】	★	
	第32条【书面合同自双方当事人签字或盖章时成立】	★	
	第42条【缔约过失责任；合同订立过程中承担损害赔偿责任的情形】	★	
	第94条【合同的法定解除；法定解除权】	★	
	第97条【合同解除的法律后果】	★	
	第109条【违约责任的承担：付款义务的继续履行】	★	
	第130条【买卖合同的定义】	★	

		同时适用的法条	相关度
0209	合同法	第159条【买受人应支付价款的数额认定】	★
		第161条【买受人支付价款的时间】	★
		第196条【借款合同定义】	★
0909	担保法	第31条【保证人的追偿权】	★★★
		第18条【连带责任保证的定义;连带责任的承担】	★
		第19条【保证方式不明时的连带责任担保】	★
		第21条【保证担保的范围;没有约定、约定不明时的担保范围】	★
0916	民法通则	第108条【债务清偿:分期偿还、强制偿还】	★
1023	审理民间借贷案件规定	第26条【民间借贷年利率的限定】	★★
1024	担保法司法解释	第64条【抵押物孳息的清偿顺序】	★

第27条【承诺的撤回】 ★

承诺可以撤回。撤回承诺的通知应当在承诺通知到达要约人之前或者与承诺通知同时到达要约人。

一、主要适用的案由及其相关度

案由编号	主要适用的案由	相关度
M4.10.89.4	民间借贷纠纷	
M4.10.74	买卖合同纠纷	
M4.10.82	房屋买卖合同纠纷	
M3.7.55	土地承包经营权纠纷	
M4.10.100.3	建设工程施工合同纠纷	
M4.10.107	居间合同纠纷	

案由编号	主要适用的案由	相关度
M4.10.97	租赁合同纠纷	
M4.10.97.2	房屋租赁合同纠纷	
M4.10.97.3	车辆租赁合同纠纷	
M4.10	合同纠纷	

■ 二、同时适用的法条及其相关度

	同时适用的法条	相关度
合同法	第6条【诚实信用原则】	
	第8条【依法成立的合同的法律约束力】	
	第10条【合同的订立形式;合同的书面形式】	
	第18条【要约的撤销】	
	第26条【承诺生效时间】	
	第28条【新要约】	
	第29条【迟到的承诺】	
	第44条【合同的生效】	
	第48条【无权代理人订立合同的法律后果】	
	第60条【合同履行的原则】	
	第61条【合同内容约定不明确的处理规则;合同漏洞的填补】	
	第77条【变更合同的条件与要求】	
	第107条【合同约束力;违约责任】	
	第109条【违约责任的承担:付款义务的继续履行】	
	第113条【违约责任的承担:损失赔偿】	
	第114条【违约金的约定及其调整】	
	第206条【借款期限的认定】	
	第207条【逾期还款的责任承担:支付利息】	

0209

		同时适用的法条	相关度
0909	担保法	第18条【连带责任保证的定义;连带责任的承担】	
		第21条【保证担保的范围;没有约定、约定不明时的担保范围】	
		第31条【保证人的追偿权】	
0960	侵权责任法	第16条【人身损害赔偿项目:一般人身损害赔偿项目、伤残赔偿项目、死亡赔偿项目】	
		第26条【过失相抵:被侵权人过错】	
1023	审理民间借贷案件规定	第29条【逾期利率的处理规则】	
1031	建设工程合同纠纷司法解释	第1条【建设工程施工合同无效的情形】	

第28条【新要约】 ★

受要约人超过承诺期限发出承诺的,除要约人及时通知受要约人该承诺有效的以外,为新要约。

一、主要适用的案由及其相关度

案由编号	主要适用的案由	相关度
M4.10.89.4	民间借贷纠纷	
M7.19.206	船员劳务合同纠纷	
M4.10.89.1	金融借款合同纠纷	
M4.10.74	买卖合同纠纷	
M4.10.82	房屋买卖合同纠纷	
M4.10.82.2	商品房预售合同纠纷	

第二编 核心法律条文主要适用案由及关联法条索引 0279

■ 二、同时适用的法条及其相关度

	同时适用的法条	相关度	
合同法	第8条【依法成立的合同的法律约束力】		0209
	第10条【合同的订立形式；合同的书面形式】		
	第17条【要约撤回的规则】		
	第18条【要约的撤销】		
	第19条【不得撤销要约的情形】		
	第20条【要约失效的情形】		
	第21条【承诺的概念】		
	第22条【承诺的方式：通知、行为】		
	第26条【承诺生效时间】		
	第27条【承诺的撤回】		
	第29条【迟到的承诺】		
	第30条【承诺对要约内容的实质性变更】		
	第32条【书面合同自双方当事人签字或盖章时成立】		
	第33条【确认书与合同成立时间】		
	第34条【合同成立的地点】		
	第36条【应当采用书面形式而未采用书面形式合同成立的条件】		
	第37条【未签字盖章的合同书的成立】		
	第39条【提供格式条款方的义务；格式条款的定义】		
	第41条【格式条款的解释方法】		
	第42条【缔约过失责任；合同订立过程中承担损害赔偿责任的情形】		
	第43条【合同缔结人的保密义务】		
	第44条【合同的生效】		

合同、无因管理、不当得利纠纷

		同时适用的法条	相关度
0209	合同法	第 46 条【附期限的合同】	
		第 60 条【合同履行的原则】	
		第 63 条【交付期限与执行价格】	
		第 80 条【债权人转让债权的通知义务】	
		第 81 条【债权转让从权利一并转让】	
		第 82 条【债务抗辩转移】	
		第 93 条【合同的约定解除:协商一致;约定条件成就】	
		第 94 条【合同的法定解除;法定解除权】	
		第 97 条【合同解除的法律后果】	
		第 107 条【合同约束力:违约责任】	
		第 108 条【预期违约责任】	
		第 113 条【违约责任的承担:损失赔偿】	
		第 114 条【违约金的约定及其调整】	
		第 161 条【买受人支付价款的时间】	
		第 170 条【试用买卖的试用期间】	
		第 171 条【试用买卖中买受人对标的物的购买】	
		第 182 条【用电人交付电费的义务和逾期交付电费的违约责任】	
		第 184 条【供用水、供用气、供用热力合同参照适用供用电合同的规定】	
		第 205 条【借款利息支付期限的确定】	
		第 206 条【借款期限的认定】	
		第 207 条【逾期还款的责任承担:支付利息】	
		第 211 条【自然人之间借款合同利息的规制】	
		第 263 条【定作人报酬支付的期限】	

	同时适用的法条	相关度	
侵权责任法	第26条【过失相抵:被侵权人过错】		0960
审理民间借贷案件规定	第28条【借款本息结算后将利息计入后期借款本金并重新出具债权凭证的本息支付】		1023

第29条【迟到的承诺】 ★★

受要约人在承诺期限内发出承诺,按照通常情形能够及时到达要约人,但因其他原因承诺到达要约人时超过承诺期限的,除要约人及时通知受要约人因承诺超过期限不接受该承诺的以外,该承诺有效。

一、主要适用的案由及其相关度

案由编号	主要适用的案由	相关度
M4.10.74	买卖合同纠纷	★★★★★
M4.10.89.4	民间借贷纠纷	★★★
M4.10.82	房屋买卖合同纠纷	★★★
M4.10.82.3	商品房销售合同纠纷	★★★
M4.10	合同纠纷	★★
M4.10.97	租赁合同纠纷	★
M4.10.97.2	房屋租赁合同纠纷	★★
M4.10.120.15	物业服务合同纠纷	★
M4.10.122	劳务合同纠纷	★
M4.10.100.3	建设工程施工合同纠纷	★

二、同时适用的法条及其相关度

	同时适用的法条	相关度	
合同法	第107条【合同约束力:违约责任】	★★★★★	0209
	第114条【违约金的约定及其调整】	★★★★★	

		同时适用的法条	相关度
0209	合同法	第60条【合同履行的原则】	★★★★
		第8条【依法成立的合同的法律约束力】	★★
		第5条【公平原则:合同权利义务确定的原则】	★
		第6条【诚实信用原则】	★
		第26条【承诺生效时间】	★
		第27条【承诺的撤回】	★
		第44条【合同的生效】	★
		第109条【违约责任的承担:付款义务的继续履行】	★
		第130条【买卖合同的定义】	★
		第159条【买受人应支付价款的数额认定】	★
		第161条【买受人支付价款的时间】	★
		第206条【借款期限的认定】	★
		第207条【逾期还款的责任承担:支付利息】	★
0916	民法通则	第108条【债务清偿:分期偿还、强制偿还】	★★★
		第5条【合法的民事权益受法律保护】	★★
		第84条【债的定义】	★★
		第106条【民事责任归责原则:违约责任;过错侵权责任;无过错侵权责任】	★★
		第107条【民事责任的免除事由:不可抗力】	★
0909	担保法	第18条【连带责任保证的定义;连带责任的承担】	★★
		第21条【保证担保的范围;没有约定、约定不明时的担保范围】	★
1023	审理民间借贷案件规定	第29条【逾期利率的处理规则】	★★★★

	同时适用的法条	相关度	
买卖合同司法解释	第30条【合同损失的过失相抵】	★★★	1028
商品房买卖合同纠纷司法解释	第2条【预售许可证是商品房预售合同的生效条件】	★★★	1042

第30条【承诺对要约内容的实质性变更】 ★★

承诺的内容应当与要约的内容一致。受要约人对要约的内容作出实质性变更的,为新要约。有关合同标的、数量、质量、价款或者报酬、履行期限、履行地点和方式、违约责任和解决争议方法等的变更,是对要约内容的实质性变更。

一、主要适用的案由及其相关度

案由编号	主要适用的案由	相关度
M4.10.74	买卖合同纠纷	★★★★★
M4.10.89.4	民间借贷纠纷	★★★
M4.10.122	劳务合同纠纷	★★
M4.10.82	房屋买卖合同纠纷	★★
M4.10	合同纠纷	★
M6.17.169	劳动合同纠纷	★
M6.17.169.5	追索劳动报酬纠纷	★★
M6.17	劳动争议	★
M4.10.97	租赁合同纠纷	★
M4.10.97.2	房屋租赁合同纠纷	★
M4.10.111	合伙协议纠纷	★

二、同时适用的法条及其相关度

	同时适用的法条	相关度
合同法	第 13 条【订立合同的方式：要约、承诺】	★★★★★
	第 25 条【合同成立时间：承诺生效】	★★★★★
	第 60 条【合同履行的原则】	★★★★★
	第 107 条【合同约束力：违约责任】	★★★★★
	第 14 条【要约的定义及其构成要件】	★★★★
	第 44 条【合同的生效】	★★★★
	第 8 条【依法成立的合同的法律约束力】	★★★
	第 20 条【要约失效的情形】	★★★
	第 21 条【承诺的概念】	★★★
	第 26 条【承诺生效时间】	★★★
	第 29 条【迟到的承诺】	★★★
	第 159 条【买受人应支付价款的数额认定】	★★★
	第 206 条【借款期限的认定】	★★★
	第 207 条【逾期还款的责任承担：支付利息】	★★★
	第 94 条【合同的法定解除；法定解除权】	★★
	第 109 条【违约责任的承担：付款义务的继续履行】	★★
	第 114 条【违约金的约定及其调整】	★★
	第 161 条【买受人支付价款的时间】	★★
	第 205 条【借款利息支付期限的确定】	★★
	第 6 条【诚实信用原则】	★
	第 10 条【合同的订立形式；合同的书面形式】	★
	第 16 条【要约的生效时间】	★
	第 22 条【承诺的方式：通知、行为】	★
	第 23 条【承诺的期限】	★
	第 31 条【承诺对要约内容的非实质性变更】	★

	同时适用的法条	相关度	
合同法	第32条【书面合同自双方当事人签字或盖章时成立】	★	0209
	第35条【采用合同书形式订立合同的成立地点】	★	
	第46条【附期限的合同】	★	
	第61条【合同内容约定不明确的处理规则;合同漏洞的填补】	★	
	第62条【合同内容约定不明确的履行规则;合同漏洞的填补】	★	
	第82条【债务抗辩转移】	★	
	第97条【合同解除的法律后果】	★	
	第112条【违约责任的承担:损失赔偿与其他责任的并存】	★	
	第113条【违约责任的承担:损失赔偿】	★	
	第125条【合同的解释;合同条款理解不一致的解释规则】	★	
	第130条【买卖合同的定义】	★	
	第158条【买受人的检验、通知义务】	★	
	第196条【借款合同定义】	★	
	第211条【自然人之间借款合同利息的规制】	★	
民法通则	第108条【债务清偿:分期偿还、强制偿还】	★★★	0916
	第4条【民事活动的基本原则:自愿、公平、等价有偿、诚实信用】	★	
	第34条【合伙事务的执行】	★	
	第84条【债的定义】	★	
	第88条【合同内容约定不明确的处理规则;合同漏洞的填补】	★	
	第106条【民事责任归责原则:违约责任;过错侵权责任;无过错侵权责任】	★	

		同时适用的法条	相关度
0909	担保法	第21条【保证担保的范围;没有约定、约定不明时的担保范围】	★★
		第6条【保证的定义】	★
		第18条【连带责任保证的定义;连带责任的承担】	★
		第19条【保证方式不明时的连带责任担保】	★
		第31条【保证人的追偿权】	★
0994	劳动争议调解仲裁法	第27条【劳动争议仲裁时效;劳动争议仲裁时效中断;劳动争议仲裁时效中止;对拖欠劳动报酬申请仲裁的时效规定】	★
0937	保险法	第17条【保险人对保险合同中格式条款的说明义务;保险人对保险合同中免责条款的提示说明义务、违反该义务时免责条款无效】	★
1035	合同法司法解释二	第1条【认定合同成立的标准;能够确定当事人名称或者姓名、标的和数量;合同欠缺其他内容时的协商补充】	★
1068	保险法司法解释二	第11条【保险人是否履行提示、说明义务的认定标准】	★
1028	买卖合同司法解释	第24条【买卖合同逾期付款违约金的适用规则】	★
1023	审理民间借贷案件规定	第30条【同时约定逾期利率、违约金、其他费用的适用规则】	★

第31条【承诺对要约内容的非实质性变更】 ★★

承诺对要约的内容作出非实质性变更的,除要约人及时表示反对或者要约表明承诺不得对要约的内容作出任何变更的以外,该承诺有效,合同的内容以承诺的内容为准。

一、主要适用的案由及其相关度

案由编号	主要适用的案由	相关度
M4.10.83	房屋拆迁安置补偿合同纠纷	★★★
M4.10.126	追偿权纠纷	★★
M4.10.90	保证合同纠纷	★
M4.10.89	借款合同纠纷	★
M4.10.89.1	金融借款合同纠纷	★★★★★
M4.10.89.4	民间借贷纠纷	★★★

二、同时适用的法条及其相关度

	同时适用的法条	相关度
合同法	第18条【要约的撤销】	★★★★★
合同法	第21条【承诺的概念】	★★★★★
合同法	第60条【合同履行的原则】	★★★
合同法	第5条【公平原则:合同权利义务确定的原则】	★★
合同法	第8条【依法成立的合同的法律约束力】	★★
合同法	第14条【要约的定义及其构成要件】	★★
合同法	第19条【不得撤销要约的情形】	★★
合同法	第25条【合同成立时间:承诺生效】	★★
合同法	第44条【合同的生效】	★★
合同法	第206条【借款期限的认定】	★★
合同法	第207条【逾期还款的责任承担:支付利息】	★★
合同法	第6条【诚实信用原则】	★
合同法	第26条【承诺生效时间】	★
合同法	第107条【合同约束力:违约责任】	★
合同法	第205条【借款利息支付期限的确定】	★

	同时适用的法条	相关度
0916	民法通则 第5条【合法的民事权益受法律保护】	★★
0909	担保法 第20条【保证人的抗辩权】	★★
	第31条【保证人的追偿权】	★★
	第64条【质押合同的订立形式及其生效时间】	★

第32条【书面合同自双方当事人签字或盖章时成立】　★★★

当事人采用合同书形式订立合同的,自双方当事人签字或者盖章时合同成立。

一、主要适用的案由及其相关度

案由编号	主要适用的案由	相关度
M4.10.82	房屋买卖合同纠纷	★★★★★
M4.10.82.2	商品房预售合同纠纷	★★
M4.10.82.3	商品房销售合同纠纷	★
M4.10.74	买卖合同纠纷	★★★★★
M4.10	合同纠纷	★★★★
M4.10.89	借款合同纠纷	★★★★
M4.10.89.1	金融借款合同纠纷	★★★★★
M4.10.89.4	民间借贷纠纷	★★★★
M4.10.97	租赁合同纠纷	★★
M4.10.97.2	房屋租赁合同纠纷	★★
M4.10.83	房屋拆迁安置补偿合同纠纷	★
M4.10.67	确认合同效力纠纷	★
M4.10.67.1	确认合同有效纠纷	★★
M4.10.67.2	确认合同无效纠纷	★
M4.10.100.3	建设工程施工合同纠纷	★
M4.10.126	追偿权纠纷	★

案由编号	主要适用的案由	相关度
M3.6.39	侵害集体经济组织成员权益纠纷	★
M4.10.107	居间合同纠纷	★
M8.21.249	股权转让纠纷	★
M4.10.120.15	物业服务合同纠纷	★
M3.7.55	土地承包经营权纠纷	★

■ 二、同时适用的法条及其相关度

	同时适用的法条	相关度	
合同法	第44条【合同的生效】	★★★★★	0209
	第60条【合同履行的原则】	★★★★	
	第8条【依法成立的合同的法律约束力】	★★★	
	第107条【合同约束力:违约责任】	★★★	
	第206条【借款期限的认定】	★★★	
	第207条【逾期还款的责任承担:支付利息】	★★★	
	第114条【违约金的约定及其调整】	★★	
	第196条【借款合同定义】	★★	
	第205条【借款利息支付期限的确定】	★★	
	第52条【合同无效的法定情形】	★	
	第94条【合同的法定解除;法定解除权】	★	
	第109条【违约责任的承担:付款义务的继续履行】	★	
	第198条【借款合同中的担保及法律适用】	★	
担保法	第6条【保证的定义】	★★★	0909
	第18条【连带责任保证的定义;连带责任的承担】	★★★	
	第21条【保证担保的范围;没有约定、约定不明时的担保范围】	★★★	
	第12条【多人保证责任的承担】	★★	

		同时适用的法条	相关度
0909	担保法	第26条【连带责任保证的保证期间】	★★
		第31条【保证人的追偿权】	★★
		第2条【担保的目的及方式：保障债权的实现；保证、抵押、质押、留置、定金】	★
		第16条【保证的方式】	★
		第19条【保证方式不明时的连带责任担保】	★
0916	民法通则	第84条【债的定义】	★★
		第108条【债务清偿：分期偿还、强制偿还】	★★
		第85条【合同的定义】	★
0927	物权法	第15条【设立、变更、转让、消灭不动产物权的合同的效力：合同成立时生效】	★
1024	担保法司法解释	第20条【连带共同保证的责任承担】	★

第33条【确认书与合同成立时间】 ★★

当事人采用信件、数据电文等形式订立合同的，可以在合同成立之前要求签订确认书。签订确认书时合同成立。

■ 一、主要适用的案由及其相关度

案由编号	主要适用的案由	相关度
M4.10	合同纠纷	★★
M4.10.89	借款合同纠纷	★
M4.10.89.1	金融借款合同纠纷	★★★★★
M4.10.89.4	民间借贷纠纷	★★★
M4.10.74	买卖合同纠纷	★

二、同时适用的法条及其相关度

	同时适用的法条	相关度	
合同法	第205条【借款利息支付期限的确定】	★★★★★	0209
	第206条【借款期限的认定】	★★★★★	
	第207条【逾期还款的责任承担：支付利息】	★★★★	
	第60条【合同履行的原则】	★★★	
	第107条【合同约束力；违约责任】	★★★	
	第18条【要约的撤销】	★★	
	第41条【格式条款的解释方法】	★★	
	第46条【附期限的合同】	★★	
	第53条【合同中免责条款无效的情形】	★★	
	第2条【合同法的调整对象：合同的定义】	★	
	第8条【依法成立的合同的法律约束力】	★	
	第10条【合同的订立形式；合同的书面形式】	★	
	第21条【承诺的概念】	★	
	第31条【承诺对要约内容的非实质性变更】	★	
	第32条【书面合同自双方当事人签字或盖章时成立】	★	
	第34条【合同成立的地点】	★	
	第57条【解决争议条款的独立性：合同中有关解决争议方法的条款的效力不受合同无效、撤销或终止的影响】	★	
	第92条【后合同义务】	★	
	第196条【借款合同定义】	★	
担保法	第18条【连带责任保证的定义；连带责任的承担】	★★★★★	0909
	第21条【保证担保的范围；没有约定、约定不明时的担保范围】	★★★	

		同时适用的法条	相关度
0909	担保法	第19条【保证方式不明时的连带责任担保】	★★
		第33条【抵押、抵押权人、抵押人以及抵押物的概念】	★★
0916	民法通则	第108条【债务清偿:分期偿还、强制偿还】	★★★
0927	物权法	第144条【建设用地使用权流转的形式要件与期限限制】	★

第34条【合同成立的地点】 ★

承诺生效的地点为合同成立的地点。

采用数据电文形式订立合同的,收件人的主营业地为合同成立的地点;没有主营业地的,其经常居住地为合同成立的地点。当事人另有约定的,按照其约定。

■ 一、主要适用的案由及其相关度

案由编号	主要适用的案由	相关度
M4.10.89.1	金融借款合同纠纷	
M4.10.74	买卖合同纠纷	
M4.10	合同纠纷	
M4.10.89.4	民间借贷纠纷	

■ 二、同时适用的法条及其相关度

		同时适用的法条	相关度
0209	合同法	第5条【公平原则;合同权利义务确定的原则】	
		第8条【依法成立的合同的法律约束力】	
		第12条【合同内容一般包括的条款;示范文本】	
		第13条【订立合同的方式:要约、承诺】	
		第14条【要约的定义及其构成要件】	

	同时适用的法条	相关度
合同法	第16条【要约的生效时间】	
	第18条【要约的撤销】	
	第19条【不得撤销要约的情形】	
	第21条【承诺的概念】	
	第23条【承诺的期限】	
	第25条【合同成立时间:承诺生效】	
	第28条【新要约】	
	第31条【承诺对要约内容的非实质性变更】	
	第32条【书面合同自双方当事人签字或盖章时成立】	
	第33条【确认书与合同成立时间】	
	第36条【应当采用书面形式而未采用书面形式合同成立的条件】	
	第37条【未签字盖章的合同书的成立】	
	第41条【格式条款的解释方法】	
	第42条【缔约过失责任;合同订立过程中承担损害赔偿责任的情形】	
	第46条【附期限的合同】	
	第52条【合同无效的法定情形】	
	第53条【合同中免责条款无效的情形】	
	第60条【合同履行的原则】	
	第61条【合同内容约定不明确的处理规则;合同漏洞的填补】	
	第63条【交付期限与执行价格】	

		同时适用的法条	相关度
0209	合同法	第66条【同时履行抗辩权】	
		第67条【后履行抗辩权】	
		第80条【债权人转让债权的通知义务】	
		第93条【合同的约定解除:协商一致;约定条件成就】	
		第97条【合同解除的法律后果】	
		第107条【合同约束力:违约责任】	
		第108条【预期违约责任】	
		第109条【违约责任的承担:付款义务的继续履行】	
		第111条【违约责任的承担:质量不符合约定的违约责任】	
		第113条【违约责任的承担:损失赔偿】	
		第114条【违约金的约定及其调整】	
		第144条【在途标的物买卖合同的风险转移】	
		第155条【出卖人违反质量瑕疵担保义务的违约责任】	
		第159条【买受人应支付价款的数额认定】	
		第161条【买受人支付价款的时间】	
		第205条【借款利息支付期限的确定】	
		第206条【借款期限的认定】	
		第207条【逾期还款的责任承担:支付利息】	
		第210条【自然人之间借款合同的生效:提供借款时】	
		第211条【自然人之间借款合同利息的规制】	
		第311条【承运人的货损责任及抗辩事由】	
		第312条【货物运输损害赔偿的计算方法】	

第35条【采用合同书形式订立合同的成立地点】 ★

当事人采用合同书形式订立合同的,双方当事人签字或者盖章的地点为合同成立的地点。

一、主要适用的案由及其相关度

案由编号	主要适用的案由	相关度
M4.10.74	买卖合同纠纷	
M4.10.122	劳务合同纠纷	
M4.10.97	租赁合同纠纷	
M4.10	合同纠纷	
M4.10.89	借款合同纠纷	
M4.10.89.1	金融借款合同纠纷	
M4.10.89.4	民间借贷纠纷	
M4.10.99	承揽合同纠纷	

二、同时适用的法条及其相关度

	同时适用的法条	相关度
合同法	第2条【合同法的调整对象:合同的定义】	
	第4条【合同自愿原则】	
	第9条【合同当事人资格:民事权利能力、民事行为能力;可委托代理人订立合同的规定】	
	第10条【合同的订立形式;合同的书面形式】	
	第16条【要约的生效时间】	
	第26条【承诺生效时间】	
	第30条【承诺对要约内容的实质性变更】	
	第32条【书面合同自双方当事人签字或盖章时成立】	
	第33条【确认书与合同成立时间】	

		同时适用的法条	相关度
0209	合同法	第36条【应当采用书面形式而未采用书面形式合同成立的条件】	
		第44条【合同的生效】	
		第60条【合同履行的原则】	
		第94条【合同的法定解除;法定解除权】	
		第107条【合同约束力;违约责任】	
		第109条【违约责任的承担;付款义务的继续履行】	
		第205条【借款利息支付期限的确定】	
		第114条【违约金的约定及其调整】	
		第159条【买受人应支付价款的数额认定】	
		第161条【买受人支付价款的时间】	
		第196条【借款合同定义】	
		第197条【借款合同的形式和内容】	
		第206条【借款期限的认定】	
		第207条【逾期还款的责任承担;支付利息】	
		第212条【租赁合同的定义】	
		第226条【承租人租金支付期限的确定规则】	
		第251条【承揽合同的定义;承揽的种类】	
0916	民法通则	第84条【债的定义】	
		第108条【债务清偿;分期偿还、强制偿还】	
0909	担保法	第18条【连带责任保证的定义;连带责任的承担】	
		第21条【保证担保的范围;没有约定、约定不明时的担保范围】	

第36条【应当采用书面形式而未采用书面形式合同成立的条件】 ★★

法律、行政法规规定或者当事人约定采用书面形式订立合同,当事人未采用书面形式但一方已经履行主要义务,对方接受的,该合同成立。

■ 一、主要适用的案由及其相关度

案由编号	主要适用的案由	相关度
M4.10.74	买卖合同纠纷	★★★★★
M4.10.120.15	物业服务合同纠纷	★★★
M4.10.82	房屋买卖合同纠纷	★★
M4.10.82.3	商品房销售合同纠纷	★
M4.10	合同纠纷	★★
M4.10.87	供用热力合同纠纷	★★
M4.10.100.3	建设工程施工合同纠纷	★
M4.10.119	农村土地承包合同纠纷	★
M4.10.99	承揽合同纠纷	★
M4.10.89.4	民间借贷纠纷	★
M4.10.97.2	房屋租赁合同纠纷	★

■ 二、同时适用的法条及其相关度

	同时适用的法条	相关度
合同法	第60条【合同履行的原则】	★★★★★
	第107条【合同约束力:违约责任】	★★★★★
	第8条【依法成立的合同的法律约束力】	★★★
	第10条【合同的订立形式;合同的书面形式】	★★★
	第44条【合同的生效】	★★★
	第109条【违约责任的承担:付款义务的继续履行】	★★★
	第130条【买卖合同的定义】	★★
	第159条【买受人应支付价款的数额认定】	★★

		同时适用的法条	相关度
0209	合同法	第161条【买受人支付价款的时间】	★★
		第52条【合同无效的法定情形】	★
		第61条【合同内容约定不明确的处理规则;合同漏洞的填补】	★
		第62条【合同内容约定不明确的履行规则;合同漏洞的填补】	★
		第94条【合同的法定解除;法定解除权】	★
		第97条【合同解除的法律后果】	★
		第114条【违约金的约定及其调整】	★
		第182条【用电人交付电费的义务和逾期交付电费的违约责任】	★
		第184条【供用水、供用气、供用热力合同参照适用供用电合同的规定】	★
0916	民法通则	第84条【债的定义】	★★
		第43条【企业法人对其经营活动承担民事责任】	★
		第106条【民事责任归责原则:违约责任;过错侵权责任;无过错侵权责任】	★
		第108条【债务清偿:分期偿还、强制偿还】	★
0945	农村土地承包法	第13条【农村土地发包方的权利】	★
		第32条【家庭土地承包经营权的流转方式】	★
		第37条【土地承包经营权流转合同的签订方式与条件;土地承包经营权流转合同的主要条款】	★
0927	物权法	第15条【设立、变更、转让、消灭不动产物权的合同的效力;合同成立时生效】	★
1009	物业管理条例	第7条【物业管理中业主的义务】	★
		第42条【物业服务费用的交纳主体】	★

	同时适用的法条	相关度	
物业服务纠纷司法解释	第1条【前期物业服务合同及物业服务合同的约束力】	★★	1046
	第6条【未交纳物业费的处理规则】	★★	
买卖合同司法解释	第1条【一方以送货单、收货单、结算单、发票、对账确认函、债权确认书主张买卖合同关系存在时的认定】	★	1028
	第24条【买卖合同逾期付款违约金的适用规则】	★	
建设工程合同纠纷司法解释	第1条【建设工程施工合同无效的情形】	★	1031
	第2条【建设工程施工合同无效时承包人的付款请求权】	★	
	第17条【拖欠工程价款利息的计付标准】	★	
合同法司法解释二	第2条【合同订立的形式:其他形式】	★	1035

第37条【未签字盖章的合同书的成立】 ★★

采用合同书形式订立合同,在签字或者盖章之前,当事人一方已经履行主要义务,对方接受的,该合同成立。

■ 一、主要适用的案由及其相关度

案由编号	主要适用的案由	相关度
M4.10.74	买卖合同纠纷	★★★★★
M4.10.89.4	民间借贷纠纷	★★★
M4.10	合同纠纷	★★★
M4.10.82	房屋买卖合同纠纷	★★★
M4.10.120.15	物业服务合同纠纷	★★★
M8.21.249	股权转让纠纷	★
M4.10.97	租赁合同纠纷	★
M4.10.97.2	房屋租赁合同纠纷	★
M4.10.99	承揽合同纠纷	★

二、同时适用的法条及其相关度

	同时适用的法条	相关度
合同法	第60条【合同履行的原则】	★★★★★
	第44条【合同的生效】	★★★★
	第107条【合同约束力;违约责任】	★★★★
	第8条【依法成立的合同的法律约束力】	★★★
	第32条【书面合同自双方当事人签字或盖章时成立】	★★
	第36条【应当采用书面形式而未采用书面形式合同成立的条件】	★★
	第109条【违约责任的承担:付款义务的继续履行】	★★
	第6条【诚实信用原则】	★
	第10条【合同的订立形式;合同的书面形式】	★
	第52条【合同无效的法定情形】	★
	第93条【合同的约定解除:协商一致;约定条件成就】	★
	第94条【合同的法定解除;法定解除权】	★
	第97条【合同解除的法律后果】	★
	第114条【违约金的约定及其调整】	★
	第130条【买卖合同的定义】	★
	第159条【买受人应支付价款的数额认定】	★
	第161条【买受人支付价款的时间】	★
	第205条【借款利息支付期限的确定】	★
	第206条【借款期限的认定】	★
	第207条【逾期还款的责任承担:支付利息】	★
	第211条【自然人之间借款合同利息的规制】	★
	第402条【受托人以自己名义与第三人订立合同的法律效果】	★
	第403条【委托人的介入权与第三人的选择权】	★

	同时适用的法条	相关度	
担保法	第18条【连带责任保证的定义；连带责任的承担】	★★★	0909
	第21条【保证担保的范围；没有约定、约定不明时的担保范围】	★★	
	第31条【保证人的追偿权】	★	
公司法	第71条【有限责任公司的股权转让】	★	0955
民法通则	第84条【债的定义】	★	0916
	第108条【债务清偿：分期偿还、强制偿还】	★	
物业管理条例	第42条【物业服务费用的交纳主体】	★★	1009
	第21条【前期物业服务合同的签订】	★	
物业服务纠纷司法解释	第1条【前期物业服务合同及物业服务合同的约束力】	★	1046
	第6条【未交纳物业费的处理规则】	★	
买卖合同司法解释	第24条【买卖合同逾期付款违约金的适用规则】	★	1028
合同法司法解释二	第29条【违约金的数额及其调整：适当减少】	★	1035
建设工程合同纠纷司法解释	第17条【拖欠工程价款利息的计付标准】	★	1031

第38条【依照国家指令性任务或订货任务订立的合同】 ★

国家根据需要下达指令性任务或者国家订货任务的，有关法人、其他组织之间应当依照有关法律、行政法规规定的权利和义务订立合同。

■ 一、主要适用的案由及其相关度

案由编号	主要适用的案由	相关度
M6.17	劳动争议	

案由编号	主要适用的案由	相关度
M4.10.97.2	房屋租赁合同纠纷	
M6.17.169	劳动合同纠纷	
M6.17.169.3	劳务派遣合同纠纷	
M6.17.169.6	经济补偿金纠纷	
M4.10.74	买卖合同纠纷	
M4.10.100.3	建设工程施工合同纠纷	
M4.10.89.1	金融借款合同纠纷	
M4.10.82	房屋买卖合同纠纷	

二、同时适用的法条及其相关度

	同时适用的法条	相关度
合同法	第6条【诚实信用原则】	
	第8条【依法成立的合同的法律约束力】	
	第10条【合同的订立形式;合同的书面形式】	
	第12条【合同内容一般包括的条款;示范文本】	
	第17条【要约撤回的规则】	
	第18条【要约的撤销】	
	第21条【承诺的概念】	
	第22条【承诺的方式:通知、行为】	
	第29条【迟到的承诺】	
	第30条【承诺对要约内容的实质性变更】	
	第31条【承诺对要约内容的非实质性变更】	
	第32条【书面合同自双方当事人签字或盖章时成立】	
	第33条【确认书与合同成立时间】	
	第36条【应当采用书面形式而未采用书面形式合同成立的条件】	

	同时适用的法条	相关度	
合同法	第37条【未签字盖章的合同书的成立】		0209
	第46条【附期限的合同】		
	第47条【限制民事行为能力人订立合同的效力】		
	第52条【合同无效的法定情形】		
	第53条【合同中免责条款无效的情形】		
	第56条【合同无效或被撤销的溯及力;部分无效不影响其他独立部分的效力】		
	第58条【合同无效或被撤销的法律后果】		
	第60条【合同履行的原则】		
	第62条【合同内容约定不明确的履行规则:合同漏洞的填补】		
	第74条【债权人的撤销权】		
	第82条【债务抗辩转移】		
	第85条【债务人转让义务时新债务人同时获得对于债权人的抗辩权】		
	第107条【合同约束力:违约责任】		
	第114条【违约金的约定及其调整】		
	第130条【买卖合同的定义】		
	第196条【借款合同定义】		
	第198条【借款合同中的担保及法律适用】		
	第205条【借款利息支付期限的确定】		
	第206条【借款期限的认定】		
	第207条【逾期还款的责任承担:支付利息】		
	第221条【租赁物的维修和维修费负担】		
	第226条【承租人租金支付期限的确定规则】		

	同时适用的法条	相关度
0209 合同法	第227条【出租人的租金支付请求权以及合同解除权】	
	第286条【发包人未按约定支付价款时承包人的催告权和建设工程优先受偿权】	
0972 劳动法	第36条【标准工时制度】	
	第44条【加班工资支付标准:延长工作时间、休息日加班又不能安排补休、法定休假日加班】	
	第72条【社会保险基金资金来源;强制缴纳社会保险费】	

第39条【提供格式条款方的义务;格式条款的定义】 ★★★

采用格式条款订立合同的,提供格式条款的一方应当遵循公平原则确定当事人之间的权利和义务,并采取合理的方式提请对方注意免除或者限制其责任的条款,按照对方的要求,对该条款予以说明。

格式条款是当事人为了重复使用而预先拟定,并在订立合同时未与对方协商的条款。

■ 一、主要适用的案由及其相关度

案由编号	主要适用的案由	相关度
M4.10.74	买卖合同纠纷	★★★
M9.30.350	机动车交通事故责任纠纷	★★★
M4.10	合同纠纷	★★★
M4.10.82	房屋买卖合同纠纷	★★
M4.10.82.2	商品房预售合同纠纷	★★★★★
M4.10.82.3	商品房销售合同纠纷	★★★★
M8.27.317	财产保险合同纠纷	★★
M8.27	保险纠纷	★
M4.10.89.1	金融借款合同纠纷	★
M8.27.318	人身保险合同纠纷	★

案由编号	主要适用的案由	相关度
M8.27.318.2	意外伤害保险合同纠纷	★
M4.10.101	运输合同纠纷	★
M4.10.101.2	公路货物运输合同纠纷	★
M4.10.107	居间合同纠纷	★
M4.10.97.2	房屋租赁合同纠纷	★

■ 二、同时适用的法条及其相关度

	同时适用的法条	相关度	
合同法	第40条【格式条款无效情形】	★★★★★	0209
合同法	第60条【合同履行的原则】	★★★★	
合同法	第107条【合同约束力:违约责任】	★★★★	
合同法	第8条【依法成立的合同的法律约束力】	★★★	
合同法	第41条【格式条款的解释方法】	★★★	
合同法	第44条【合同的生效】	★★★	
合同法	第114条【违约金的约定及其调整】	★★★	
合同法	第5条【公平原则:合同权利义务确定的原则】	★★	
合同法	第6条【诚实信用原则】	★	
合同法	第52条【合同无效的法定情形】	★	
合同法	第97条【合同解除的法律后果】	★	
保险法	第17条【保险人对保险合同中格式条款的说明义务;保险人对保险合同中免责条款的提示说明义务、违反该义务时免责条款无效】	★★★★★	0937
保险法	第14条【投保人和保险人的义务】	★★★	
保险法	第10条【保险合同和保险合同主体的定义】	★★	
保险法	第13条【保险合同的成立与生效】	★★	
保险法	第19条【保险合同格式条款无效的法定情形】	★★	

0306 合同、无因管理、不当得利纠纷

		同时适用的法条	相关度
0937	保险法	第23条【保险人赔付义务的履行及程序】	★★
		第65条【责任保险的赔偿规则】	★★
		第2条【保险的定义】	★
		第18条【保险合同应载明的事项】	★
		第30条【格式条款争议解释规则】	★
		第64条【查明保险事故的费用由保险人承担】	★
		第66条【责任保险仲裁或诉讼中保险人承担的费用】	★
0952	道路交通安全法	第76条【交通事故赔偿责任的一般条款】	★★★
0960	侵权责任法	第16条【人身损害赔偿项目:一般人身损害赔偿项目、伤残赔偿项目、死亡赔偿项目】	★★★
		第6条【过错责任原则;过错推定责任原则】	★★
		第22条【人身权益侵害精神损害赔偿的请求权】	★★
0909	担保法	第18条【连带责任保证的定义;连带责任的承担】	★★
		第21条【保证担保的范围;没有约定、约定不明时的担保范围】	★★
		第31条【保证人的追偿权】	★
0916	民法通则	第135条【诉讼时效期间:两年】	★★
		第106条【民事责任归责原则:违约责任;过错侵权责任;无过错侵权责任】	★
		第119条【人身损害赔偿项目:一般人身损害赔偿项目、伤残赔偿项目、死亡赔偿项目】	★
1035	合同法司法解释二	第10条【格式条款无效情形】	★★★★
		第6条【免除或限制责任的格式条款的特别提示规则】	★★★
		第29条【违约金的数额及其调整:适当减少】	★★
		第14条【合同无效的情形:"强制性规定"的定义】	★

第二编 核心法律条文主要适用案由及关联法条索引 0307

	同时适用的法条	相关度	
商品房买卖合同纠纷司法解释	第18条【在法定期限内商品房买受人未取得房屋权属证书的出卖人应承担违约责任】	★★★	1042
人身损害赔偿司法解释	第17条【人身损害赔偿项目：一般人身损害赔偿项目、伤残赔偿项目、死亡赔偿项目】	★★★	1038
	第18条【精神损害抚慰金的请求权及其法律适用】	★★	
	第19条【医疗费的计算标准】	★★	
	第20条【误工费的计算标准】	★★	
	第21条【护理费的计算标准】	★★	
	第22条【交通费的计算标准】	★★	
	第23条【伙食费、住宿费的计算标准】	★★	
	第24条【营养费的计算标准】	★★	
	第25条【残疾赔偿金的计算标准】	★★	
	第27条【丧葬费的计算标准】	★	
	第28条【被扶养人生活费数额的确定】	★	
	第29条【死亡赔偿金的计算标准】	★	
道路交通事故司法解释	第16条【交强险和商业三者险并存时的赔付规则】	★★★	1054
保险法司法解释二	第11条【保险人是否履行提示、说明义务的认定标准】	★	1068
精神损害赔偿司法解释	第10条【精神损害赔偿数额的确定标准】	★	1062

第40条【格式条款无效情形】 ★★★

格式条款具有本法第五十二条和第五十三条规定情形的,或者提供格式条款一方免除其责任、加重对方责任、排除对方主要权利的,该条款无效。

一、主要适用的案由及其相关度

案由编号	主要适用的案由	相关度
M9.30.350	机动车交通事故责任纠纷	★★★★★
M4.10	合同纠纷	★★★★
M4.10.74	买卖合同纠纷	★★★
M8.27.317	财产保险合同纠纷	★★★
M8.27.317.1	财产损失保险合同纠纷	★
M8.27	保险纠纷	★★
M4.10.82	房屋买卖合同纠纷	★★
M4.10.82.2	商品房预售合同纠纷	★★★★★
M4.10.82.3	商品房销售合同纠纷	★★★
M4.10.107	居间合同纠纷	★
M4.10.120	服务合同纠纷	★
M4.10.120.15	物业服务合同纠纷	★
M4.10.89	借款合同纠纷	★
M4.10.89.1	金融借款合同纠纷	★★
M4.10.89.4	民间借贷纠纷	★
M4.10.97	租赁合同纠纷	★

二、同时适用的法条及其相关度

	同时适用的法条	相关度
合同法	第39条【提供格式条款方的义务;格式条款的定义】	★★★★★
	第60条【合同履行的原则】	★★★★★

	同时适用的法条	相关度	
合同法	第107条【合同约束力:违约责任】	★★★★★	0209
	第8条【依法成立的合同的法律约束力】	★★★	
	第44条【合同的生效】	★★★	
	第114条【违约金的约定及其调整】	★★★	
	第5条【公平原则:合同权利义务确定的原则】	★★	
	第41条【格式条款的解释方法】	★★	
	第52条【合同无效的法定情形】	★★	
	第206条【借款期限的认定】	★★	
	第207条【逾期还款的责任承担:支付利息】	★★	
	第94条【合同的法定解除;法定解除权】	★	
	第97条【合同解除的法律后果】	★	
	第205条【借款利息支付期限的确定】	★	
保险法	第14条【投保人和保险人的义务】	★★★	0937
	第17条【保险人对保险合同中格式条款的说明义务;保险人对保险合同中免责条款的提示说明义务、违反该义务时免责条款无效】	★★	
	第19条【保险合同格式条款无效的法定情形】	★★	
	第23条【保险人赔付义务的履行及程序】	★★	
	第64条【查明保险事故的费用由保险人承担】	★★	
	第65条【责任保险的赔偿规则】	★★	
	第10条【保险合同和保险合同主体的定义】	★	
道路交通安全法	第76条【交通事故赔偿责任的一般条款】	★★★	0952

		同时适用的法条	相关度
0960	侵权责任法	第16条【人身损害赔偿项目：一般人身损害赔偿项目、伤残赔偿项目、死亡赔偿项目】	★★
		第6条【过错责任原则；过错推定责任原则】	★
		第48条【机动车交通事故责任的法律适用】	★
0909	担保法	第18条【连带责任保证的定义；连带责任的承担】	★
		第21条【保证担保的范围；没有约定、约定不明时的担保范围】	★
1035	合同法司法解释二	第10条【格式条款无效情形】	★★
1042	商品房买卖合同纠纷司法解释	第18条【在法定期限内商品房买受人未取得房屋权属证书的出卖人应承担违约责任】	★★
1054	道路交通事故司法解释	第16条【交强险和商业三者险并存时的赔付规则】	★
1038	人身损害赔偿司法解释	第17条【人身损害赔偿项目：一般人身损害赔偿项目、伤残赔偿项目、死亡赔偿项目】	★
		第19条【医疗费的计算标准】	★
		第21条【护理费的计算标准】	★
		第23条【伙食费、住宿费的计算标准】	★

第41条【格式条款的解释方法】 ★★★

对格式条款的理解发生争议的，应当按通常理解予以解释。对格式条款有两种以上解释的，应当作出不利于提供格式条款一方的解释。格式条款和非格式条款不一致的，应当采用非格式条款。

一、主要适用的案由及其相关度

案由编号	主要适用的案由	相关度
M4.10	合同纠纷	★★★
M9.30.350	机动车交通事故责任纠纷	★★★
M8.27.317	财产保险合同纠纷	★★
M8.27.317.1	财产损失保险合同纠纷	★
M4.10.74	买卖合同纠纷	★★
M4.10.82	房屋买卖合同纠纷	★★
M4.10.82.2	商品房预售合同纠纷	★★★★★
M4.10.82.3	商品房销售合同纠纷	★★★
M8.27	保险纠纷	★
M8.27.318	人身保险合同纠纷	★
M4.10.97.2	房屋租赁合同纠纷	★
M4.10.89	借款合同纠纷	★
M4.10.89.1	金融借款合同纠纷	★★★
M4.10.89.4	民间借贷纠纷	★

二、同时适用的法条及其相关度

	同时适用的法条	相关度
合同法	第60条【合同履行的原则】	★★★★★
	第107条【合同约束力;违约责任】	★★★★★
	第8条【依法成立的合同的法律约束力】	★★★★
	第39条【提供格式条款方的义务;格式条款的定义】	★★★★
	第40条【格式条款无效情形】	★★★
	第114条【违约金的约定及其调整】	★★★
	第44条【合同的生效】	★★
	第205条【借款利息支付期限的确定】	★★

0312　合同、无因管理、不当得利纠纷

		同时适用的法条	相关度
0209	合同法	第206条【借款期限的认定】	★★
		第207条【逾期还款的责任承担：支付利息】	★★
		第5条【公平原则：合同权利义务确定的原则】	★
		第6条【诚实信用原则】	★
		第109条【违约责任的承担：付款义务的继续履行】	★
		第125条【合同的解释；合同条款理解不一致的解释规则】	★
		第196条【借款合同定义】	★
0937	保险法	第14条【投保人和保险人的义务】	★★★
		第17条【保险人对保险合同中格式条款的说明义务；保险人对保险合同中免责条款的提示说明义务、违反该义务时免责条款无效】	★★★
		第10条【保险合同和保险合同主体的定义】	★★
		第13条【保险合同的成立与生效】	★★
		第23条【保险人赔付义务的履行及程序】	★★
		第30条【格式条款争议解释规则】	★★
		第65条【责任保险的赔偿规则】	★★
		第2条【保险的定义】	★
		第64条【查明保险事故的费用由保险人承担】	★
0909	担保法	第18条【连带责任保证的定义；连带责任的承担】	★★★
		第21条【保证担保的范围；没有约定、约定不明时的担保范围】	★★
		第31条【保证人的追偿权】	★★
0952	道路交通安全法	第76条【交通事故赔偿责任的一般条款】	★★

	同时适用的法条	相关度	
侵权责任法	第6条【过错责任原则;过错推定责任原则】	★★	0960
	第16条【人身损害赔偿项目:一般人身损害赔偿项目、伤残赔偿项目、死亡赔偿项目】	★★	
	第48条【机动车交通事故责任的法律适用】	★★	
	第22条【人身权益侵害精神损害赔偿的请求权】	★	
民法通则	第135条【诉讼时效期间:两年】	★★	0916
	第140条【诉讼时效期间的中断】	★	
商品房买卖合同纠纷司法解释	第18条【在法定期限内商品房买受人未取得房屋权属证书的出卖人应承担违约责任】	★★	1042
	第3条【商品房的销售广告和宣传资料的性质:要约邀请、要约】	★	
	第14条【交付使用的房屋面积与商品房买卖合同约定面积不符时的处理规则】	★	
	第17条【商品房买卖合同没有约定违约金或者损失赔偿额计算方法时的参照标准】	★	
人身损害赔偿司法解释	第17条【人身损害赔偿项目:一般人身损害赔偿项目、伤残赔偿项目、死亡赔偿项目】	★★	1038
	第18条【精神损害抚慰金的请求权及其法律适用】	★	
	第19条【医疗费的计算标准】	★	
	第20条【误工费的计算标准】	★	
	第21条【护理费的计算标准】	★	
	第22条【交通费的计算标准】	★	
	第23条【伙食费、住宿费的计算标准】	★	
	第25条【残疾赔偿金的计算标准】	★	
道路交通事故司法解释	第16条【交强险和商业三者险并存时的赔付规则】	★★	1054

第 42 条【缔约过失责任;合同订立过程中承担损害赔偿责任的情形】★★

当事人在订立合同过程中有下列情形之一,给对方造成损失的,应当承担损害赔偿责任:

(一)假借订立合同,恶意进行磋商;

(二)故意隐瞒与订立合同有关的重要事实或者提供虚假情况;

(三)有其他违背诚实信用原则的行为。

一、主要适用的案由及其相关度

案由编号	主要适用的案由	相关度
M4.10.66	缔约过失责任纠纷	★★★★★
M4.10	合同纠纷	★★★★
M4.10.82	房屋买卖合同纠纷	★★★
M4.10.82.1	商品房预约合同纠纷	★
M4.10.82.2	商品房预售合同纠纷	★★★
M4.10.82.3	商品房销售合同纠纷	★★
M4.10.74	买卖合同纠纷	★★★
M4.10.104	委托合同纠纷	★
M4.10.97	租赁合同纠纷	★
M4.10.97.2	房屋租赁合同纠纷	★★★
M4.10.89.4	民间借贷纠纷	★
M4.10.75	招标投标买卖合同纠纷	★
M4.10.100	建设工程合同纠纷	★
M4.10.100.3	建设工程施工合同纠纷	★
M4.10.89.1	金融借款合同纠纷	★

二、同时适用的法条及其相关度

	同时适用的法条	相关度
合同法	第6条【诚实信用原则】	★★★★★
	第58条【合同无效或被撤销的法律后果】	★★★★★
	第60条【合同履行的原则】	★★★★★
	第107条【合同约束力;违约责任】	★★★★★
	第94条【合同的法定解除;法定解除权】	★★★★
	第5条【公平原则;合同权利义务确定的原则】	★★★
	第8条【依法成立的合同的法律约束力】	★★★
	第52条【合同无效的法定情形】	★★★
	第97条【合同解除的法律后果】	★★★
	第113条【违约责任的承担;损失赔偿】	★★★
	第32条【书面合同自双方当事人签字或盖章时成立】	★★
	第39条【提供格式条款方的义务;格式条款的定义】	★★
	第41条【格式条款的解释方法】	★★
	第44条【合同的生效】	★★
	第119条【防止违约损失扩大的措施;防损义务及不履行的后果;防损费用的承担】	★★
	第10条【合同的订立形式;合同的书面形式】	★
	第12条【合同内容一般包括的条款;示范文本】	★
	第13条【订立合同的方式:要约、承诺】	★
	第15条【要约邀请及其主要类型】	★
	第25条【合同成立时间:承诺生效】	★
	第40条【格式条款无效情形】	★
	第45条【附条件的合同】	★

0209

0316 合同、无因管理、不当得利纠纷

		同时适用的法条	相关度
0209	合同法	第48条【无权代理人订立合同的法律后果】	★
		第51条【无权处分合同的效力:经追认或取得处分权的有效】	★
		第54条【合同的变更和撤销】	★
		第56条【合同无效或被撤销的溯及力;部分无效不影响其他独立部分的效力】	★
		第57条【解决争议条款的独立性:合同中有关解决争议方法的条款的效力不受合同无效、撤销或终止的影响】	★
		第92条【后合同义务】	★
		第93条【合同的约定解除:协商一致;约定条件成就】	★
		第114条【违约金的约定及其调整】	★
		第115条【定金罚则】	★
		第125条【合同的解释;合同条款理解不一致的解释规则】	★
		第206条【借款期限的认定】	★
		第396条【委托合同的界定】	★
		第410条【委托合同的随时解除及解除后的赔偿责任】	★
0916	民法通则	第4条【民事活动的基本原则:自愿、公平、等价有偿、诚实信用】	★★
		第63条【代理的界定及不得代理的情形】	★★
		第135条【诉讼时效期间:两年】	★★
		第6条【民事活动应遵守法律和国家政策】	★
		第61条【民事行为被确认为无效或者被撤销后的法律后果】	★

	同时适用的法条	相关度	
民法通则	第106条【民事责任归责原则;违约责任;过错侵权责任;无过错侵权责任】	★	0916
	第108条【债务清偿;分期偿还、强制偿还】	★	
	第134条【承担民事责任的主要方式】	★	
	第140条【诉讼时效期间的中断】	★	
公司法	第64条【国有独资公司的定义及其设立和组织机构的法律适用】	★	0955
招标投标法	第34条【开标时间与地点】	★	0981
	第35条【开标】	★	
	第36条【投标文件的拆封与宣读、开标过程应记录存档】	★	
	第37条【评标委员会的职责与组成】	★	
	第45条【中标结果的通知;中标通知书的法律效力】	★	
担保法	第18条【连带责任保证的定义;连带责任的承担】	★	0909
商品房买卖合同纠纷司法解释	第2条【预售许可证是商品房预售合同的生效条件】	★★★	1042
	第5条【商品房买卖合同的认定】	★	
	第9条【买受人可以请求出卖人返还已付购房款及利息、赔偿损失的情形】	★	
买卖合同司法解释	第24条【买卖合同逾期付款违约金的适用规则】	★	1028
合同法司法解释二	第1条【认定合同成立的标准;能够确定当事人名称或者姓名、标的和数量;合同欠缺其他内容时的协商补充】	★	1035

第43条【合同缔结人的保密义务】 ★

当事人在订立合同过程中知悉的商业秘密,无论合同是否成立,不得泄露或者不正当地使用。泄露或者不正当地使用该商业秘密给对方造成损失的,应当承担损害赔偿责任。

一、主要适用的案由及其相关度

案由编号	主要适用的案由	相关度
M4.10.74	买卖合同纠纷	
M4.10	合同纠纷	
M4.10.89.4	民间借贷纠纷	
M4.10.115	农业承包合同纠纷	
M4.10.97	租赁合同纠纷	
M4.10.82	房屋买卖合同纠纷	
M4.10.100	建设工程合同纠纷	
M4.10.100.3	建设工程施工合同纠纷	
M4.10.89.1	金融借款合同纠纷	
M4.10.67.1	确认合同有效纠纷	
M4.10.107	居间合同纠纷	
M4.10.101.2	公路货物运输合同纠纷	

二、同时适用的法条及其相关度

	同时适用的法条	相关度
合同法	第8条【依法成立的合同的法律约束力】	
	第32条【书面合同自双方当事人签字或盖章时成立】	
	第44条【合同的生效】	
	第60条【合同履行的原则】	
	第107条【合同约束力:违约责任】	

	同时适用的法条	相关度	
合同法	第109条【违约责任的承担:付款义务的继续履行】		0209
	第114条【违约金的约定及其调整】		
	第130条【买卖合同的定义】		
	第159条【买受人应支付价款的数额认定】		
	第161条【买受人支付价款的时间】		
	第206条【借款期限的认定】		
民法通则	第43条【企业法人对其经营活动承担民事责任】		0916
	第60条【民事行为部分无效】		
	第108条【债务清偿:分期偿还、强制偿还】		
	第130条【共同侵权行为人的连带责任】		
担保法	第19条【保证方式不明时的连带责任担保】		0909

第三章 合同的效力

第44条【合同的生效】　　　　　　　　　　　★★★★★

依法成立的合同,自成立时生效。

法律、行政法规规定应当办理批准、登记等手续生效的,依照其规定。

■ 一、主要适用的案由及其相关度

案由编号	主要适用的案由	相关度
M4.10.74	买卖合同纠纷	★★★★★
M4.10.82	房屋买卖合同纠纷	★★★★
M4.10.82.2	商品房预售合同纠纷	★★★
M4.10.82.3	商品房销售合同纠纷	★★★
M4.10.89	借款合同纠纷	★★★★
M4.10.89.1	金融借款合同纠纷	★★★★
M4.10.89.4	民间借贷纠纷	★★★★★
M4.10	合同纠纷	★★★

案由编号	主要适用的案由	相关度
M4.10.120.15	物业服务合同纠纷	★★★
M4.10.97	租赁合同纠纷	★★
M4.10.97.2	房屋租赁合同纠纷	★★
M4.10.96.2	信用卡纠纷	★★
M4.10.100.3	建设工程施工合同纠纷	★★
M4.10.126	追偿权纠纷	★★
M4.10.122	劳务合同纠纷	★★
M4.10.99	承揽合同纠纷	★
M4.10.83	房屋拆迁安置补偿合同纠纷	★
M9.30.350	机动车交通事故责任纠纷	★
M4.10.90	保证合同纠纷	★
M4.10.67	确认合同效力纠纷	★
M4.10.67.1	确认合同有效纠纷	★

二、同时适用的法条及其相关度

	同时适用的法条	相关度
合同法	第60条【合同履行的原则】	★★★★★
	第107条【合同约束力:违约责任】	★★★★
	第8条【依法成立的合同的法律约束力】	★★★
	第205条【借款利息支付期限的确定】	★★★
	第206条【借款期限的认定】	★★★
	第207条【逾期还款的责任承担:支付利息】	★★★
	第109条【违约责任的承担:付款义务的继续履行】	★★
	第114条【违约金的约定及其调整】	★★
	第196条【借款合同定义】	★★

同时适用的法条	相关度	
合同法	第93条【合同的约定解除:协商一致;约定条件成就】	★	0209
	第94条【合同的法定解除;法定解除权】	★	
	第97条【合同解除的法律后果】	★	
	第130条【买卖合同的定义】	★	
	第159条【买受人应支付价款的数额认定】	★	
	第161条【买受人支付价款的时间】	★	
	第210条【自然人之间借款合同的生效;提供借款时】	★	
担保法	第18条【连带责任保证的定义;连带责任的承担】	★★★★★	0909
	第21条【保证担保的范围;没有约定、约定不明时的担保范围】	★★★★	
	第6条【保证的定义】	★★★	
	第31条【保证人的追偿权】	★★★	
	第12条【多人保证责任的承担】	★★	
	第19条【保证方式不明时的连带责任担保】	★★	
	第33条【抵押、抵押权人、抵押人以及抵押物的概念】	★★	
	第26条【连带责任保证的保证期间】	★	
	第46条【抵押担保的范围】	★	
	第53条【抵押权实现的方式和程序】	★	
民法通则	第84条【债的定义】	★★	0916
	第108条【债务清偿:分期偿还、强制偿还】	★★	
	第90条【借贷关系】	★	
	第106条【民事责任归责原则:违约责任;过错侵权责任;无过错侵权责任】	★	
	第135条【诉讼时效期间:两年】	★	

		同时适用的法条	相关度
0927	物权法	第176条【混合担保规则】	★★
		第179条【抵押权的界定】	★★
		第15条【设立、变更、转让、消灭不动产物权的合同的效力；合同成立时生效】	★
		第180条【可抵押财产的范围】	★
		第195条【抵押权实现的条件、方式和程序】	★
0937	保险法	第14条【投保人和保险人的义务】	★
1022	婚姻法司法解释二	第24条【离婚时夫妻一方所欠债务的处理】	★★
1035	合同法司法解释二	第29条【违约金的数额及其调整：适当减少】	★
1042	商品房买卖合同纠纷司法解释	第18条【在法定期限内商品房买受人未取得房屋权属证书的出卖人应承担违约责任】	★
1024	担保法司法解释	第42条【保证人追偿权的行使与诉讼时效】	★
1028	买卖合同司法解释	第24条【买卖合同逾期付款违约金的适用规则】	★
1046	物业服务纠纷司法解释	第6条【未交纳物业费的处理规则】	★

第45条【附条件的合同】　　　　　　　　　　★★★

当事人对合同的效力可以约定附条件。附生效条件的合同，自条件成就时生效。附解除条件的合同，自条件成就时失效。

当事人为自己的利益不正当地阻止条件成就的，视为条件已成就；不正当地促成条件成就的，视为条件不成就。

一、主要适用的案由及其相关度

案由编号	主要适用的案由	相关度
M4.10.74	买卖合同纠纷	★★★★★
M4.10	合同纠纷	★★★★★
M4.10.82	房屋买卖合同纠纷	★★★★★
M4.10.82.2	商品房预售合同纠纷	★
M4.10.82.3	商品房销售合同纠纷	★
M4.10.97	租赁合同纠纷	★★
M4.10.97.2	房屋租赁合同纠纷	★★★
M4.10.100.3	建设工程施工合同纠纷	★★
M4.10.89	借款合同纠纷	★
M4.10.89.1	金融借款合同纠纷	★★★
M4.10.89.4	民间借贷纠纷	★★★★
M8.21.249	股权转让纠纷	★
M4.10.99	承揽合同纠纷	★
M4.10.111	合伙协议纠纷	★
M4.10.107	居间合同纠纷	★
M4.10.83	房屋拆迁安置补偿合同纠纷	★
M4.10.104	委托合同纠纷	★
M2.2.12	离婚后财产纠纷	★
M2.2.10	婚约财产纠纷	★
M4.10.67	确认合同效力纠纷	★
M4.10.119	农村土地承包合同纠纷	★
M4.10.122	劳务合同纠纷	★

二、同时适用的法条及其相关度

		同时适用的法条	相关度
0209	合同法	第60条【合同履行的原则】	★★★★★
		第8条【依法成立的合同的法律约束力】	★★★★
		第107条【合同约束力;违约责任】	★★★★
		第44条【合同的生效】	★★★
		第97条【合同解除的法律后果】	★★★
		第93条【合同的约定解除:协商一致;约定条件成就】	★★
		第94条【合同的法定解除;法定解除权】	★★
		第109条【违约责任的承担:付款义务的继续履行】	★★
		第114条【违约金的约定及其调整】	★★
		第205条【借款利息支付期限的确定】	★★
		第206条【借款期限的认定】	★★
		第207条【逾期还款的责任承担:支付利息】	★★
		第6条【诚实信用原则】	★
		第196条【借款合同定义】	★
0909	担保法	第18条【连带责任保证的定义;连带责任的承担】	★★
		第21条【保证担保的范围;没有约定、约定不明时的担保范围】	★★
		第19条【保证方式不明时的连带责任担保】	★
		第31条【保证人的追偿权】	★
0916	民法通则	第4条【民事活动的基本原则:自愿、公平、等价有偿、诚实信用】	★
		第62条【附条件的民事法律行为及其生效】	★
		第84条【债的定义】	★
		第108条【债务清偿:分期偿还、强制偿还】	★

第46条【附期限的合同】 ★★

当事人对合同的效力可以约定附期限。附生效期限的合同,自期限届至时生效。附终止期限的合同,自期限届满时失效。

一、主要适用的案由及其相关度

案由编号	主要适用的案由	相关度
M4.10	合同纠纷	★★★★★
M6.17	劳动争议	★★★★★
M4.10.74	买卖合同纠纷	★★★★★
M4.10.97	租赁合同纠纷	★★★
M4.10.97.2	房屋租赁合同纠纷	★★★★★
M4.10.119	农村土地承包合同纠纷	★★★
M4.10.89.4	民间借贷纠纷	★★★
M8.20.236	挂靠经营合同纠纷	★★★
M4.10.89.1	金融借款合同纠纷	★★
M3.7.55	土地承包经营权纠纷	★
M4.10.82	房屋买卖合同纠纷	★
M4.10.115	农业承包合同纠纷	★
M4.10.99	承揽合同纠纷	★
M4.10.120	服务合同纠纷	★
M6.17.169	劳动合同纠纷	★
M4.10.100.3	建设工程施工合同纠纷	★
M4.10.104	委托合同纠纷	★
M4.10.111	合伙协议纠纷	★
M9.30.350	机动车交通事故责任纠纷	★
M4.10.83	房屋拆迁安置补偿合同纠纷	★

二、同时适用的法条及其相关度

		同时适用的法条	相关度
合同法		第60条【合同履行的原则】	★★★★★
		第44条【合同的生效】	★★★★
		第8条【依法成立的合同的法律约束力】	★★★
		第107条【合同约束力:违约责任】	★★★
		第45条【附条件的合同】	★★
		第47条【限制民事行为能力人订立合同的效力】	★★
		第235条【租赁期间届满承租人的租赁物返还义务、返还的租赁物的应有状态】	★★
		第6条【诚实信用原则】	★
		第7条【遵纪守法原则】	★
		第40条【格式条款无效情形】	★
		第91条【合同权利义务终止的法定情形】	★
		第93条【合同的约定解除:协商一致;约定条件成就】	★
		第94条【合同的法定解除;法定解除权】	★
		第97条【合同解除的法律后果】	★
		第98条【结算条款、清理条款效力的独立性】	★
		第109条【违约责任的承担:付款义务的继续履行】	★
		第114条【违约金的约定及其调整】	★
		第130条【买卖合同的定义】	★
		第206条【借款期限的认定】	★
		第207条【逾期还款的责任承担:支付利息】	★
		第212条【租赁合同的定义】	★
劳动争议调解仲裁法		第27条【劳动争议仲裁时效;劳动争议仲裁时效中断;劳动争议仲裁时效中止;对拖欠劳动报酬申请仲裁的时效规定】	★★

	同时适用的法条	相关度	
劳动法	第44条【加班工资支付标准；延长工作时间、休息日加班又不能安排补休、法定休假日加班】	★★	0972
	第50条【劳动者工资支付的法定形式与禁止性规定】	★★	
农村土地承包法	第9条【集体土地所有者和承包方的合法权益受国家保护】	★★	0945
	第44条【采用其他承包方式承包的农村用地的法律适用】	★★	
	第45条【土地承包的方式和程序；以其他方式承包农村土地时合同内容的确定】	★★	
	第46条【荒山、荒沟、荒丘、荒滩等实行承包经营的方式；承包荒山、荒沟、荒丘、荒滩的法定义务】	★★	
担保法	第18条【连带责任保证的定义；连带责任的承担】	★	0909
	第21条【保证担保的范围；没有约定、约定不明时的担保范围】	★	
保险法	第14条【投保人和保险人的义务】	★	0937

第47条【限制民事行为能力人订立合同的效力】 ★★

限制民事行为能力人订立的合同,经法定代理人追认后,该合同有效,但纯获利益的合同或者与其年龄、智力、精神健康状况相适应而订立的合同,不必经法定代理人追认。

相对人可以催告法定代理人在一个月内予以追认。法定代理人未作表示的,视为拒绝追认。合同被追认之前,善意相对人有撤销的权利。撤销应当以通知的方式作出。

一、主要适用的案由及其相关度

案由编号	主要适用的案由	相关度
M6.17	劳动争议	★★★★★
M4.10.89.4	民间借贷纠纷	★★★

0328 合同、无因管理、不当得利纠纷

案由编号	主要适用的案由	相关度
M4.10.82	房屋买卖合同纠纷	★★
M4.10.74	买卖合同纠纷	★
M4.10.89.1	金融借款合同纠纷	★

二、同时适用的法条及其相关度

	同时适用的法条	相关度
合同法	第46条【附期限的合同】	★★★★★
	第40条【格式条款无效情形】	★★★★
	第58条【合同无效或被撤销的法律后果】	★★★
	第60条【合同履行的原则】	★★★
	第107条【合同约束力:违约责任】	★★★
	第44条【合同的生效】	★★
	第206条【借款期限的认定】	★★
	第7条【遵纪守法原则】	★
	第8条【依法成立的合同的法律约束力】	★
	第9条【合同当事人资格:民事权利能力、民事行为能力;可委托代理人订立合同的规定】	★
	第10条【合同的订立形式;合同的书面形式】	★
	第12条【合同内容一般包括的条款;示范文本】	★
	第13条【订立合同的方式:要约、承诺】	★
	第14条【要约的定义及其构成要件】	★
	第38条【依照国家指令性任务或订货任务订立的合同】	★
	第48条【无权代理人订立合同的法律后果】	★
	第52条【合同无效的法定情形】	★
	第56条【合同无效或被撤销的溯及力,部分无效不影响其他独立部分的效力】	★
	第82条【债务抗辩转移】	★

		同时适用的法条	相关度	
合同法	第85条【债务人转让义务时新债务人同时获得对于债权人的抗辩权】		★	0209
	第87条【债权转让或债务转移的审批、登记】		★	
	第93条【合同的约定解除：协商一致；约定条件成就】		★	
	第97条【合同解除的法律后果】		★	
	第114条【违约金的约定及其调整】		★	
	第130条【买卖合同的定义】		★	
	第205条【借款利息支付期限的确定】		★	
	第207条【逾期还款的责任承担：支付利息】		★	
民法通则	第12条【未成年人的民事行为能力】		★★★	0916
	第58条【民事行为无效的法定情形】		★★	
	第11条【完全民事行为能力人】		★	
	第13条【精神病人的民事行为能力】		★	
	第14条【法定代理人】		★	
	第16条【未成年人的监护人】		★	
劳动法	第72条【社会保险基金资金来源；强制缴纳社会保险费】		★	0972
	第100条【用人单位无故不缴纳社会保险费的处理：责令限期缴纳、加收滞纳金】		★	
担保法	第19条【保证方式不明时的连带责任担保】		★	0909
	第21条【保证担保的范围；没有约定、约定不明时的担保范围】		★	
社会保险法	第63条【用人单位未按时足额缴纳社会保险费的处理】		★	1005
劳动争议案件司法解释三	第1条【法院受理用人单位未办社保且社保机构不能补办而导致劳动者社保待遇损失的赔偿请求】		★	1071
	第9条【劳动者主张加班费时的举证责任】		★	

第48条【无权代理人订立合同的法律后果】 ★★★

行为人没有代理权、超越代理权或者代理权终止后以被代理人名义订立的合同,未经被代理人追认,对被代理人不发生效力,由行为人承担责任。

相对人可以催告被代理人在一个月内予以追认。被代理人未作表示的,视为拒绝追认。合同被追认之前,善意相对人有撤销的权利。撤销应当以通知的方式作出。

一、主要适用的案由及其相关度

案由编号	主要适用的案由	相关度
M4.10.74	买卖合同纠纷	★★★★★
M4.10.82	房屋买卖合同纠纷	★★★
M4.10	合同纠纷	★★★
M4.10.97	租赁合同纠纷	★
M4.10.97.2	房屋租赁合同纠纷	★
M4.10.100.3	建设工程施工合同纠纷	★
M4.10.122	劳务合同纠纷	★
M4.10.89	借款合同纠纷	★
M4.10.89.1	金融借款合同纠纷	★
M4.10.89.4	民间借贷纠纷	★★★
M4.10.67	确认合同效力纠纷	★
M4.10.67.2	确认合同无效纠纷	★★

二、同时适用的法条及其相关度

	同时适用的法条	相关度
合同法	第60条【合同履行的原则】	★★★★★
	第107条【合同约束力;违约责任】	★★★★★
	第58条【合同无效或被撤销的法律后果】	★★★★

	同时适用的法条	相关度	
合同法	第 8 条【依法成立的合同的法律约束力】	★★★	0209
	第 49 条【表见代理的构成及其效力】	★★★	
	第 52 条【合同无效的法定情形】	★★★	
	第 109 条【违约责任的承担:付款义务的继续履行】	★★★	
	第 206 条【借款期限的认定】	★★★	
	第 44 条【合同的生效】	★★	
	第 51 条【无权处分合同的效力:经追认或取得处分权的有效】	★★	
	第 56 条【合同无效或被撤销的溯及力;部分无效不影响其他独立部分的效力】	★★	
	第 114 条【违约金的约定及其调整】	★★	
	第 159 条【买受人应支付价款的数额认定】	★★	
	第 161 条【买受人支付价款的时间】	★★	
	第 205 条【借款利息支付期限的确定】	★★	
	第 207 条【逾期还款的责任承担:支付利息】	★★	
	第 6 条【诚实信用原则】	★	
	第 32 条【书面合同自双方当事人签字或盖章时成立】	★	
	第 93 条【合同的约定解除:协商一致;约定条件成就】	★	
	第 94 条【合同的法定解除;法定解除权】	★	
	第 97 条【合同解除的法律后果】	★	
	第 113 条【违约责任的承担:损失赔偿】	★	
	第 130 条【买卖合同的定义】	★	
	第 196 条【借款合同定义】	★	
	第 212 条【租赁合同的定义】	★	
	第 226 条【承租人租金支付期限的确定规则】	★	

		同时适用的法条	相关度
0916	民法通则	第66条【无权代理的法律后果;代理人不履行职责,损害被代理人利益的民事责任;代理人和第三人的连带责任】	★★★★★
		第84条【债的定义】	★★★
		第108条【债务清偿:分期偿还、强制偿还】	★★★
		第43条【企业法人对其经营活动承担民事责任】	★★
		第55条【民事法律行为的有效条件】	★★
		第106条【民事责任归责原则:违约责任;过错侵权责任;无过错侵权责任】	★★
		第63条【代理的界定及不得代理的情形】	★
		第67条【违法代理的责任承担:被代理人和代理人承担连带责任】	★
		第90条【借贷关系】	★
		第92条【不当得利应返还】	★
		第135条【诉讼时效期间:两年】	★
0909	担保法	第18条【连带责任保证的定义;连带责任的承担】	★★★
		第21条【保证担保的范围;没有约定、约定不明时的担保范围】	★★
		第19条【保证方式不明时的连带责任担保】	★
		第31条【保证人的追偿权】	★
0927	物权法	第106条【善意取得的构成条件】	★
0960	侵权责任法	第6条【过错责任原则;过错推定责任原则】	★

	同时适用的法条	相关度	
建设工程合同纠纷司法解释	第1条【建设工程施工合同无效的情形】	★	1031
	第2条【建设工程施工合同无效时承包人的付款请求权】	★	
	第26条【建设施工纠纷中实际施工人起诉时被告的认定】	★	
合同法司法解释二	第12条【被代理人对合同的追认：履行合同义务】	★	1035
	第29条【违约金的数额及其调整：适当减少】	★	
买卖合同司法解释	第3条【不能以出卖人在缔约时对标的物没有所有权或处分权为由主张合同无效；出卖人未取得所有权或处分权致使标的物所有权不能转移买受人可以要求出卖人承担违约责任或解除合同主张损害赔偿】	★	1028
	第24条【买卖合同逾期付款违约金的适用规则】	★	
婚姻法司法解释二	第24条【离婚时夫妻一方所欠债务的处理】	★	1022

第49条【表见代理的构成及其效力】　★★★

行为人没有代理权、超越代理权或者代理权终止后以被代理人名义订立合同，相对人有理由相信行为人有代理权的，该代理行为有效。

一、主要适用的案由及其相关度

案由编号	主要适用的案由	相关度
M4.10.74	买卖合同纠纷	★★★★★
M4.10.89.4	民间借贷纠纷	★★★
M4.10.82	房屋买卖合同纠纷	★★
M4.10.100.3	建设工程施工合同纠纷	★★
M4.10	合同纠纷	★★
M4.10.97	租赁合同纠纷	★★

案由编号	主要适用的案由	相关度
M4.10.99	承揽合同纠纷	★
M4.10.122	劳务合同纠纷	★
M4.10.67.2	确认合同无效纠纷	★

二、同时适用的法条及其相关度

	同时适用的法条	相关度
合同法	第60条【合同履行的原则】	★★★★★
	第107条【合同约束力;违约责任】	★★★★
	第8条【依法成立的合同的法律约束力】	★★★
	第44条【合同的生效】	★★★
	第109条【违约责任的承担:付款义务的继续履行】	★★★
	第114条【违约金的约定及其调整】	★★★
	第159条【买受人应支付价款的数额认定】	★★★
	第161条【买受人支付价款的时间】	★★★
	第48条【无权代理人订立合同的法律后果】	★★
	第52条【合同无效的法定情形】	★★
	第130条【买卖合同的定义】	★★
	第206条【借款期限的认定】	★★
	第226条【承租人租金支付期限的确定规则】	★★
	第6条【诚实信用原则】	★
	第94条【合同的法定解除;法定解除权】	★
	第97条【合同解除的法律后果】	★
	第113条【违约责任的承担:损失赔偿】	★
	第196条【借款合同定义】	★
	第205条【借款利息支付期限的确定】	★
	第207条【逾期还款的责任承担:支付利息】	★

	同时适用的法条	相关度	
民法通则	第43条【企业法人对其经营活动承担民事责任】	★★★	0916
	第63条【代理的界定及不得代理的情形】	★★★	
	第108条【债务清偿;分期偿还、强制偿还】	★★★	
	第66条【无权代理的法律后果;代理人不履行职责,损害被代理人利益的民事责任;代理人和第三人的连带责任】	★★	
	第84条【债的定义】	★★	
	第90条【借贷关系】	★	
	第106条【民事责任归责原则;违约责任;过错侵权责任;无过错侵权责任】	★	
担保法	第18条【连带责任保证的定义;连带责任的承担】	★★	0909
	第21条【保证担保的范围;没有约定、约定不明时的担保范围】	★★	
	第19条【保证方式不明时的连带责任担保】	★	
	第31条【保证人的追偿权】	★	
公司法	第14条【分公司的法律地位;子公司的法律地位】	★★	0955
买卖合同司法解释	第24条【买卖合同逾期付款违约金的适用规则】	★★	1028
建设工程合同纠纷司法解释	第2条【建设工程施工合同无效时承包人的付款请求权】	★★	1031
	第1条【建设工程施工合同无效的情形】	★	
	第17条【拖欠工程价款利息的计付标准】	★	
婚姻法司法解释二	第24条【离婚时夫妻一方所欠债务的处理】	★	1022
合同法司法解释二	第29条【违约金的数额及其调整;适当减少】	★	1035

第50条【法定代表人超越权限订立合同的效力】 ★★

法人或者其他组织的法定代表人、负责人超越权限订立的合同,除相对人知道或者应当知道其超越权限的以外,该代表行为有效。

一、主要适用的案由及其相关度

案由编号	主要适用的案由	相关度
M4.10.74	买卖合同纠纷	★★★★
M4.10	合同纠纷	★★
M4.10.89	借款合同纠纷	★
M4.10.89.4	民间借贷纠纷	★★★★★
M4.10.100.3	建设工程施工合同纠纷	★
M4.10.82	房屋买卖合同纠纷	★
M4.10.67.2	确认合同无效纠纷	★
M4.10.97	租赁合同纠纷	★

二、同时适用的法条及其相关度

	同时适用的法条	相关度
合同法	第60条【合同履行的原则】	★★★★★
	第107条【合同约束力;违约责任】	★★★★★
	第206条【借款期限的认定】	★★★★
	第44条【合同的生效】	★★★
	第49条【表见代理的构成及其效力】	★★★
	第130条【买卖合同的定义】	★★★
	第207条【逾期还款的责任承担:支付利息】	★★★
	第8条【依法成立的合同的法律约束力】	★★
	第52条【合同无效的法定情形】	★★
	第109条【违约责任的承担:付款义务的继续履行】	★★

	同时适用的法条	相关度	
合同法	第114条【违约金的约定及其调整】	★★	0209
	第161条【买受人支付价款的时间】	★★	
	第196条【借款合同定义】	★★	
	第205条【借款利息支付期限的确定】	★★	
	第211条【自然人之间借款合同利息的规制】	★★	
	第32条【书面合同自双方当事人签字或盖章时成立】	★	
	第58条【合同无效或被撤销的法律后果】	★	
	第94条【合同的法定解除;法定解除权】	★	
	第159条【买受人应支付价款的数额认定】	★	
	第210条【自然人之间借款合同的生效;提供借款时】	★	
民法通则	第43条【企业法人对其经营活动承担民事责任】	★★★★★	0916
	第84条【债的定义】	★★★	
	第108条【债务清偿;分期偿还、强制偿还】	★★★	
	第38条【法定代表人的定义】	★	
	第90条【借贷关系】	★	
担保法	第18条【连带责任保证的定义;连带责任的承担】	★★★	0909
	第21条【保证担保的范围;没有约定、约定不明时的担保范围】	★★★	
	第31条【保证人的追偿权】	★★	
	第19条【保证方式不明时的连带责任担保】	★	
公司法	第14条【分公司的法律地位;子公司的法律地位】	★★	0955
	第16条【公司对外投资或为他人提供担保的条件和限制】	★	

		同时适用的法条	相关度
1024	担保法司法解释	第11条【超越权限订立的担保合同的效力】	★

第51条【无权处分合同的效力：经追认或取得处分权的有效】 ★★★

无处分权的人处分他人财产,经权利人追认或者无处分权的人订立合同后取得处分权的,该合同有效。

一、主要适用的案由及其相关度

案由编号	主要适用的案由	相关度
M4.10.82	房屋买卖合同纠纷	★★★★★
M4.10	合同纠纷	★★★
M4.10.74	买卖合同纠纷	★★
M4.10.97	租赁合同纠纷	★★
M4.10.97.2	房屋租赁合同纠纷	★★★
M4.10.67	确认合同效力纠纷	★★
M4.10.67.1	确认合同有效纠纷	★
M4.10.67.2	确认合同无效纠纷	★★★★★
M3.5.33	返还原物纠纷	★
M4.10.83	房屋拆迁安置补偿合同纠纷	★
M4.10.119	农村土地承包合同纠纷	★
M3.5.32.1	所有权确认纠纷	★
M4.10.89.4	民间借贷纠纷	★
M8.21.249	股权转让纠纷	★
M3.5	物权保护纠纷	★

二、同时适用的法条及其相关度

	同时适用的法条	相关度	
合同法	第58条【合同无效或被撤销的法律后果】	★★★★★	0209
	第52条【合同无效的法定情形】	★★★★	
	第44条【合同的生效】	★★★	
	第56条【合同无效或被撤销的溯及力;部分无效不影响其他独立部分的效力】	★★★	
	第60条【合同履行的原则】	★★★	
	第107条【合同约束力;违约责任】	★★★	
	第8条【依法成立的合同的法律约束力】	★★	
	第6条【诚实信用原则】	★	
	第48条【无权代理人订立合同的法律后果】	★	
	第49条【表见代理的构成及其效力】	★	
	第130条【买卖合同的定义】	★	
	第132条【买卖合同的标的物】	★	
	第224条【承租人转租租赁物的前提条件及后果】		
物权法	第34条【权利人的返还原物请求权】	★★★	0927
	第97条【共有人对共有财产进行处分或重大修缮时的表决权规则】	★★★	
	第106条【善意取得的构成条件】	★★★	
	第9条【不动产物权的登记生效原则;国家自然资源所有权登记的特殊规定】	★★	
	第4条【国家、集体和私人物权的平等保护原则】	★	
	第15条【设立、变更、转让、消灭不动产物权的合同的效力;合同成立时生效】	★	
	第17条【不动产权属证书与不动产登记簿的关系】	★	

		同时适用的法条	相关度
0927	物权法	第35条【权利人享有的排除妨害请求权与消除危险请求权】	★
		第39条【所有权的内容】	★
		第95条【共同共有权】	★
0953	婚姻法	第17条【夫妻共同财产的范围】	★★
0916	民法通则	第4条【民事活动的基本原则:自愿、公平、等价有偿、诚实信用】	★
		第5条【合法的民事权益受法律保护】	★
		第55条【民事法律行为的有效条件】	★
		第58条【民事行为无效的法定情形】	
		第66条【无权代理的法律后果;代理人不履行职责,损害被代理人利益的民事责任;代理人和第三人的连带责任】	★
		第106条【民事责任归责原则:违约责任;过错侵权责任;无过错侵权责任】	★
		第108条【债务清偿:分期偿还、强制偿还】	★
0973	继承法	第10条【继承人范围及继承顺序】	★
1028	买卖合同司法解释	第3条【不能以出卖人在缔约时对标的物没有所有权或处分权为由主张合同无效;出卖人未取得所有权或处分权致使标的物所有权不能转移买受人可以要求出卖人承担违约责任或解除合同主张损害赔偿】	★★
1047	民通意见	第1条【公民的民事权利能力自出生时开始:户籍证明、医院出具的出生证明、其他证明】	★

第 52 条【合同无效的法定情形】　★★★★

有下列情形之一的,合同无效:

（一）一方以欺诈、胁迫的手段订立合同,损害国家利益;

（二）恶意串通,损害国家、集体或者第三人利益;

（三）以合法形式掩盖非法目的;

（四）损害社会公共利益;

（五）违反法律、行政法规的强制性规定。

一、主要适用的案由及其相关度

案由编号	主要适用的案由	相关度
M4.10.82	房屋买卖合同纠纷	★★★★★
M4.10.82.2	商品房预售合同纠纷	★★★
M4.10.82.3	商品房销售合同纠纷	★
M4.10.82.6	农村房屋买卖合同纠纷	★
M4.10	合同纠纷	★★★★
M4.10.74	买卖合同纠纷	★★★
M4.10.97	租赁合同纠纷	★★
M4.10.97.1	土地租赁合同纠纷	★
M4.10.97.2	房屋租赁合同纠纷	★★★
M4.10.100	建设工程合同纠纷	★★
M4.10.100.3	建设工程施工合同纠纷	★★★★★
M4.10.100.5	建设工程分包合同纠纷	★★
M4.10.100.7	装饰装修合同纠纷	★
M4.10.67	确认合同效力纠纷	★★
M4.10.67.1	确认合同有效纠纷	★
M4.10.67.2	确认合同无效纠纷	★★★★★
M4.10.89	借款合同纠纷	★★
M4.10.89.1	金融借款合同纠纷	★
M4.10.89.3	企业借贷纠纷	★

0342 合同、无因管理、不当得利纠纷

案由编号	主要适用的案由	相关度
M4.10.89.4	民间借贷纠纷	★★
M4.10.83	房屋拆迁安置补偿合同纠纷	★
M4.10.120.15	物业服务合同纠纷	★
M4.10.104	委托合同纠纷	★

■ 二、同时适用的法条及其相关度

		同时适用的法条	相关度
0209	合同法	第58条【合同无效或被撤销的法律后果】	★★★★★
		第56条【合同无效或被撤销的溯及力；部分无效不影响其他独立部分的效力】	★★★
		第8条【依法成立的合同的法律约束力】	★★
		第44条【合同的生效】	★★
		第60条【合同履行的原则】	★★
		第107条【合同约束力；违约责任】	★★
		第109条【违约责任的承担：付款义务的继续履行】	★
		第206条【借款期限的认定】	★
		第272条【建设工程合同的发包、承包和分包；第三人与总承包人或发包人的连带责任；禁止全部转包；禁止分包单位再分包；主体结构施工】	★
0942	土地管理法	第63条【农民集体所有的土地使用权的用途限制】	★★★
		第8条【城市市区的土地：国家所有；农村和城市郊区的土地：农民集体所有；宅基地和自留地、自留山：农民集体所有】	★
		第62条【农村村民的宅基地及住宅用地规定】	★
0958	建筑法	第26条【承包建筑工程的单位应具备的资格及禁止性规定】	★★

	同时适用的法条	相关度	
民法通则	第5条【合法的民事权益受法律保护】	★	0916
	第58条【民事行为无效的法定情形】	★	
	第84条【债的定义】	★	
	第108条【债务清偿:分期偿还、强制偿还】	★	
担保法	第5条【担保合同的界定及其与主债权合同的关系;担保合同无效的责任承担规则】	★	0909
	第18条【连带责任保证的定义;连带责任的承担】	★	
	第21条【保证担保的范围;没有约定、约定不明时的担保范围】	★	
建设工程合同纠纷司法解释	第1条【建设工程施工合同无效的情形】	★★★★★	1031
	第2条【建设工程施工合同无效时承包人的付款请求权】	★★★★★	
	第17条【拖欠工程价款利息的计付标准】	★★★	
	第26条【建设施工纠纷中实际施工人起诉时被告的认定】	★★★	
	第18条【建设工程应付款时间】	★★	
	第4条【建设工程非法转包、违法分包、借用资质的处理:合同无效、收缴非法所得】	★	
商品房买卖合同纠纷司法解释	第2条【预售许可证是商品房预售合同的生效条件】	★★★	1042
	第5条【商品房买卖合同的认定】	★	
城镇房屋租赁合同纠纷司法解释	第2条【出租人就未取得许可证建设的房屋所订立的租赁合同的效力】	★★	1049
	第5条【房屋租赁合同无效时使用费的支付义务;当事人的损害赔偿请求权】	★★	
合同法司法解释二	第14条【合同无效的情形:"强制性规定"的定义】	★★	1035

	同时适用的法条	相关度
1024 担保法司法解释	第 8 条【主合同无效导致担保合同无效时担保人责任】	

第 53 条【合同中免责条款无效的情形】 ★★

合同中的下列免责条款无效：

（一）造成对方人身伤害的；

（二）因故意或者重大过失造成对方财产损失的。

■ 一、主要适用的案由及其相关度

案由编号	主要适用的案由	相关度
M4.10.82.2	商品房预售合同纠纷	★★★★★
M9.30.345	提供劳务者受害责任纠纷	★★★★
M9.30.350	机动车交通事故责任纠纷	★★★
M4.10	合同纠纷	★★★
M4.10.101	运输合同纠纷	★★★
M4.10.101.2	公路货物运输合同纠纷	★
M4.10.120	服务合同纠纷	★★★
M4.10.120.5	旅游合同纠纷	★
M1.1.1	生命权、健康权、身体权纠纷	★★★
M4.10.82.3	商品房销售合同纠纷	★★★
M4.10.74	买卖合同纠纷	★★★
M4.10.97	租赁合同纠纷	★★
M4.10.97.2	房屋租赁合同纠纷	★★★★
M4.10.100.3	建设工程施工合同纠纷	★
M4.10.67.2	确认合同无效纠纷	★
M3.5.38	财产损害赔偿纠纷	★
M4.10.89	借款合同纠纷	★

案由编号	主要适用的案由	相关度
M4.10.89.1	金融借款合同纠纷	★★★
M4.10.89.4	民间借贷纠纷	★
M4.10.96.1	借记卡纠纷	★
M4.10.126	追偿权纠纷	★
M4.10.100.7	装饰装修合同纠纷	★

二、同时适用的法条及其相关度

	同时适用的法条	相关度
合同法	第40条【格式条款无效情形】	★★★★★
	第52条【合同无效的法定情形】	★★★★★
	第60条【合同履行的原则】	★★★★★
	第39条【提供格式条款方的义务;格式条款的定义】	★★★★
	第8条【依法成立的合同的法律约束力】	★★★
	第44条【合同的生效】	★★★
	第107条【合同约束力:违约责任】	★★
	第41条【格式条款的解释方法】	★
	第54条【合同的变更和撤销】	★
	第58条【合同无效或被撤销的法律后果】	★
	第96条【合同解除权的行使规则】	★
	第110条【非金钱债务的继续履行及其例外:债权人不得要求对方继续履行的情形】	★
	第205条【借款利息支付期限的确定】	★
	第206条【借款期限的认定】	★
	第207条【逾期还款的责任承担:支付利息】	★
	第311条【承运人的货损责任及抗辩事由】	★
	第312条【货物运输损害赔偿的计算方法】	★

0209

		同时适用的法条	相关度
0960	侵权责任法	第16条【人身损害赔偿项目：一般人身损害赔偿项目、伤残赔偿项目、死亡赔偿项目】	★★
		第6条【过错责任原则；过错推定责任原则】	★
		第22条【人身权益侵害精神损害赔偿的请求权】	★
		第26条【过失相抵：被侵权人过错】	★
		第35条【个人劳务责任；提供劳务者致害责任、提供劳务者受害责任】	★
0916	民法通则	第5条【合法的民事权益受法律保护】	★
		第106条【民事责任归责原则：违约责任；过错侵权责任；无过错侵权责任】	★
		第119条【人身损害赔偿项目：一般人身损害赔偿项目、伤残赔偿项目、死亡赔偿项目】	★
0952	道路交通安全法	第76条【交通事故赔偿责任的一般条款】	★
1038	人身损害赔偿司法解释	第17条【人身损害赔偿项目：一般人身损害赔偿项目、伤残赔偿项目、死亡赔偿项目】	★★
		第19条【医疗费的计算标准】	★★
		第20条【误工费的计算标准】	★★
		第21条【护理费的计算标准】	★★
		第23条【伙食费、住宿费的计算标准】	★★
		第25条【残疾赔偿金的计算标准】	★★
		第10条【承揽人致人损害或损害自身时定作人的赔偿责任】	★
		第11条【雇员在雇佣活动中遭受人身损害时的责任承担】	★
		第18条【精神损害抚慰金的请求权及其法律适用】	★

	同时适用的法条	相关度	
人身损害赔偿司法解释	第22条【交通费的计算标准】	★	1038
	第24条【营养费的计算标准】	★	
	第28条【被扶养人生活费数额的确定】	★	
城镇房屋租赁合同纠纷司法解释	第11条【房屋租赁合同解除时对已形成附合的装饰装修物的处理规则】	★	1049
精神损害赔偿司法解释	第8条【致人精神损害的责任方式】	★	1062
商品房买卖合同纠纷司法解释	第18条【在法定期限内商品房买受人未取得房屋权属证书的出卖人应承担违约责任】	★	1042

第54条【合同的变更和撤销】 ★★★

下列合同,当事人一方有权请求人民法院或者仲裁机构变更或者撤销:

(一)因重大误解订立的;

(二)在订立合同时显失公平的。

一方以欺诈、胁迫的手段或者乘人之危,使对方在违背真实意思的情况下订立的合同,受损害方有权请求人民法院或者仲裁机构变更或者撤销。

当事人请求变更的,人民法院或者仲裁机构不得撤销。

一、主要适用的案由及其相关度

案由编号	主要适用的案由	相关度
M4.10	合同纠纷	★★★★★
M4.10.82	房屋买卖合同纠纷	★★★
M4.10.82.2	商品房预售合同纠纷	★★★★

案由编号	主要适用的案由	相关度
M4.10.82.3	商品房销售合同纠纷	★★★
M4.10.74	买卖合同纠纷	★★★
M4.10.83	房屋拆迁安置补偿合同纠纷	★★★
M9.30.350	机动车交通事故责任纠纷	★★★
M4.10.67	确认合同效力纠纷	★★
M4.10.67.2	确认合同无效纠纷	★★
M4.10.97	租赁合同纠纷	★★
M4.10.97.2	房屋租赁合同纠纷	★★★
M4.10.89.4	民间借贷纠纷	★★
M4.10.104	委托合同纠纷	★★
M8.21.249	股权转让纠纷	★
M4.10.69	债权人撤销权纠纷	★
M9.30.345	提供劳务者受害责任纠纷	★
M1.1.1	生命权、健康权、身体权纠纷	★
M4.10.111	合伙协议纠纷	★
M4.10.120	服务合同纠纷	★

二、同时适用的法条及其相关度

	同时适用的法条	相关度
合同法	第8条【依法成立的合同的法律约束力】	★★★★★
合同法	第55条【撤销权消灭的法定情形】	★★★★★
合同法	第2条【合同法的调整对象:合同的定义】	★★★★
合同法	第44条【合同的生效】	★★★
合同法	第58条【合同无效或被撤销的法律后果】	★★★
合同法	第60条【合同履行的原则】	★★★
合同法	第52条【合同无效的法定情形】	★★
合同法	第107条【合同约束力:违约责任】	★★

	同时适用的法条	相关度	
合同法	第6条【诚实信用原则】	★	0209
	第56条【合同无效或被撤销的溯及力；部分无效不影响其他独立部分的效力】	★	
侵权责任法	第16条【人身损害赔偿项目：一般人身损害赔偿项目、伤残赔偿项目、死亡赔偿项目】	★	0960
民法通则	第59条【可变更或可撤销的民事行为；类型；效力】	★	0916
民通意见	第1条【公民的民事权利能力自出生时开始；户籍证明、医院出具的出生证明、其他证明】	★★	1047
合同法司法解释二	第9条【格式条款的撤销】	★	1035

第55条【撤销权消灭的法定情形】 ★★

有下列情形之一的，撤销权消灭：

（一）具有撤销权的当事人自知道或者应当知道撤销事由之日起一年内没有行使撤销权；

（二）具有撤销权的当事人知道撤销事由后明确表示或者以自己的行为放弃撤销权。

一、主要适用的案由及其相关度

案由编号	主要适用的案由	相关度
M4.10.83	房屋拆迁安置补偿合同纠纷	★★★★★
M4.10	合同纠纷	★★★★
M4.10.82	房屋买卖合同纠纷	★★★
M4.10.82.2	商品房预售合同纠纷	★★
M4.10.82.3	商品房销售合同纠纷	★★
M4.10.74	买卖合同纠纷	★★
M4.10.89.4	民间借贷纠纷	★★
M8.21.249	股权转让纠纷	★

0350　合同、无因管理、不当得利纠纷

案由编号	主要适用的案由	相关度
M4.10.67	确认合同效力纠纷	★
M4.10.67.2	确认合同无效纠纷	★
M9.30.350	机动车交通事故责任纠纷	★
M4.10.97	租赁合同纠纷	★
M4.10.97.2	房屋租赁合同纠纷	★
M4.10.111	合伙协议纠纷	★
M4.10.89.1	金融借款合同纠纷	★
M4.10.69	债权人撤销权纠纷	★

■ 二、同时适用的法条及其相关度

	同时适用的法条	相关度
合同法	第54条【合同的变更和撤销】	★★★★★
	第2条【合同法的调整对象：合同的定义】	★★★★
	第8条【依法成立的合同的法律约束力】	★★★★
	第60条【合同履行的原则】	★★
	第107条【合同约束力；违约责任】	★

第56条【合同无效或被撤销的溯及力；部分无效不影响其他独立部分的效力】 ★★★

无效的合同或者被撤销的合同自始没有法律约束力。合同部分无效，不影响其他部分效力的，其他部分仍然有效。

■ 一、主要适用的案由及其相关度

案由编号	主要适用的案由	相关度
M4.10.82	房屋买卖合同纠纷	★★★★★
M4.10.82.1	商品房预约合同纠纷	★
M4.10.82.2	商品房预售合同纠纷	★
M4.10.82.3	商品房销售合同纠纷	★

案由编号	主要适用的案由	相关度
M4.10	合同纠纷	★★★★
M4.10.97	租赁合同纠纷	★★★
M4.10.97.1	土地租赁合同纠纷	★
M4.10.97.2	房屋租赁合同纠纷	★★★★
M4.10.74	买卖合同纠纷	★★★
M4.10.89	借款合同纠纷	★★
M4.10.89.1	金融借款合同纠纷	★★
M4.10.89.4	民间借贷纠纷	★★★
M4.10.83	房屋拆迁安置补偿合同纠纷	★
M4.10.100	建设工程合同纠纷	★
M4.10.100.3	建设工程施工合同纠纷	★★★
M4.10.100.5	建设工程分包合同纠纷	★
M4.10.119.6	土地承包经营权出租合同纠纷	★
M4.10.120.15	物业服务合同纠纷	★
M4.10.67	确认合同效力纠纷	★
M4.10.67.2	确认合同无效纠纷	★★★
M4.10.112	种植、养殖回收合同纠纷	★

二、同时适用的法条及其相关度

	同时适用的法条	相关度
合同法	第52条【合同无效的法定情形】	★★★★★
	第58条【合同无效或被撤销的法律后果】	★★★★★
	第60条【合同履行的原则】	★★
	第107条【合同约束力：违约责任】	★★
	第8条【依法成立的合同的法律约束力】	★
	第44条【合同的生效】	★

		同时适用的法条	相关度
0209	合同法	第51条【无权处分合同的效力:经追认或取得处分权的有效】	★
		第206条【借款期限的认定】	★
1031	建设工程合同纠纷司法解释	第1条【建设工程施工合同无效的情形】	★
		第2条【建设工程施工合同无效时承包人的付款请求权】	★
1042	商品房买卖合同纠纷司法解释	第2条【预售许可证是商品房预售合同的生效条件】	★
1049	城镇房屋租赁合同纠纷司法解释	第2条【出租人就未取得许可证建设的房屋所订立的租赁合同的效力】	★

第57条【解决争议条款的独立性:合同中有关解决争议方法的条款的效力不受合同无效、撤销或终止的影响】 ★★

合同无效、被撤销或者终止的,不影响合同中独立存在的有关解决争议方法的条款的效力。

一、主要适用的案由及其相关度

案由编号	主要适用的案由	相关度
M4.10.82	房屋买卖合同纠纷	★★★★
M4.10.82.2	商品房预售合同纠纷	★
M4.10	合同纠纷	★★★★
M4.10.74	买卖合同纠纷	★★★
M4.10.97	租赁合同纠纷	★★
M4.10.97.2	房屋租赁合同纠纷	★★★
M4.10.100	建设工程合同纠纷	★★
M4.10.100.3	建设工程施工合同纠纷	★★★★★

案由编号	主要适用的案由	相关度
M4.10.100.5	建设工程分包合同纠纷	★
M4.10.100.7	装饰装修合同纠纷	★
M4.10.89	借款合同纠纷	★
M4.10.89.1	金融借款合同纠纷	★★
M4.10.89.4	民间借贷纠纷	★
M4.10.99	承揽合同纠纷	★
M4.10.67.2	确认合同无效纠纷	★

■ 二、同时适用的法条及其相关度

	同时适用的法条	相关度	
合同法	第52条【合同无效的法定情形】	★★★★★	0209
	第58条【合同无效或被撤销的法律后果】	★★★★★	
	第56条【合同无效或被撤销的溯及力;部分无效不影响其他独立部分的效力】	★★★	
	第8条【依法成立的合同的法律约束力】	★	
	第60条【合同履行的原则】	★	
	第98条【结算条款、清理条款效力的独立性】	★	
	第107条【合同约束力:违约责任】	★	
	第114条【违约金的约定及其调整】	★	
	第272条【建设工程合同的发包、承包和分包;第三人与总承包人或发包人的连带责任;禁止全部转包;禁止分包单位再分包;主体结构施工】	★	
建设工程合同纠纷司法解释	第1条【建设工程施工合同无效的情形】	★★★	1031
	第2条【建设工程施工合同无效时承包人的付款请求权】	★★	
	第16条【建设工程的计价:工程量变化、质量标准变化、竣工验收不合格时】	★	

		同时适用的法条	相关度
1031	建设工程合同纠纷司法解释	第17条【拖欠工程价款利息的计付标准】	★
		第18条【建设工程应付款时间】	★
		第26条【建设施工纠纷中实际施工人起诉时被告的认定】	★
1042	商品房买卖合同纠纷司法解释	第2条【预售许可证是商品房预售合同的生效条件】	★

第58条【合同无效或被撤销的法律后果】 ★★★★

合同无效或者被撤销后,因该合同取得的财产,应当予以返还;不能返还或者没有必要返还的,应当折价补偿。有过错的一方应当赔偿对方因此所受到的损失,双方都有过错的,应当各自承担相应的责任。

▓ 一、主要适用的案由及其相关度

案由编号	主要适用的案由	相关度
M4.10.82	房屋买卖合同纠纷	★★★★★
M4.10.82.2	商品房预售合同纠纷	★★
M4.10.82.3	商品房销售合同纠纷	★
M4.10	合同纠纷	★★★★
M4.10.97	租赁合同纠纷	★★★
M4.10.97.2	房屋租赁合同纠纷	★★★★
M4.10.74	买卖合同纠纷	★★★
M4.10.67.2	确认合同无效纠纷	★★★
M4.10.89	借款合同纠纷	★★
M4.10.89.3	企业借贷纠纷	★
M4.10.89.4	民间借贷纠纷	★★
M4.10.100	建设工程合同纠纷	★★
M4.10.100.3	建设工程施工合同纠纷	★★★★

案由编号	主要适用的案由	相关度
M4.10.100.5	建设工程分包合同纠纷	★★
M4.10.104	委托合同纠纷	★

■ 二、同时适用的法条及其相关度

	同时适用的法条	相关度	
合同法	第52条【合同无效的法定情形】	★★★★★	0209
	第56条【合同无效或被撤销的溯及力;部分无效不影响其他独立部分的效力】	★★★	
	第51条【无权处分合同的效力:经追认或取得处分权的有效】	★	
	第54条【合同的变更和撤销】	★	
土地管理法	第63条【农民集体所有的土地使用权的用途限制】	★	0942
建设工程合同纠纷司法解释	第1条【建设工程施工合同无效的情形】	★★	1031
	第2条【建设工程施工合同无效时承包人的付款请求权】	★★	
商品房买卖合同纠纷司法解释	第2条【预售许可证是商品房预售合同的生效条件】	★★	1042
城镇房屋租赁合同纠纷司法解释	第2条【出租人就未取得许可证建设的房屋所订立的租赁合同的效力】	★★	1049
	第5条【房屋租赁合同无效时使用费的支付义务;当事人的损害赔偿请求权】	★	

第59条【恶意串通损害国家、集体或第三人利益获得的财产应返还】★★

当事人恶意串通,损害国家、集体或者第三人利益的,因此取得的财产收归国家所有或者返还集体、第三人。

0356 合同、无因管理、不当得利纠纷

■ 一、主要适用的案由及其相关度

案由编号	主要适用的案由	相关度
M4.10.74	买卖合同纠纷	★★★★★
M4.10.82	房屋买卖合同纠纷	★
M4.10	合同纠纷	★
M4.10.67.2	确认合同无效纠纷	★

■ 二、同时适用的法条及其相关度

		同时适用的法条	相关度
0209	合同法	第52条【合同无效的法定情形】	★★★★★
		第58条【合同无效或被撤销的法律后果】	★★★
		第60条【合同履行的原则】	★★★
		第107条【合同约束力;违约责任】	★★★
		第161条【买受人支付价款的时间】	★★★
		第56条【合同无效或被撤销的溯及力;部分无效不影响其他独立部分的效力】	★★
		第130条【买卖合同的定义】	★★
		第8条【依法成立的合同的法律约束力】	★
		第44条【合同的生效】	★
		第112条【违约责任的承担:损失赔偿与其他责任的并存】	★
		第113条【违约责任的承担:损失赔偿】	★
		第114条【违约金的约定及其调整】	★
0916	民法通则	第58条【民事行为无效的法定情形】	★
		第61条【民事行为被确认为无效或者被撤销后的法律后果】	★
		第134条【承担民事责任的主要方式】	★

第四章 合同的履行

第60条【合同履行的原则】 ★★★★★

当事人应当按照约定全面履行自己的义务。

当事人应当遵循诚实信用原则,根据合同的性质、目的和交易习惯履行通知、协助、保密等义务。

■ 一、主要适用的案由及其相关度

案由编号	主要适用的案由	相关度
M4.10.74	买卖合同纠纷	★★★★★
M4.10.120.15	物业服务合同纠纷	★★★
M4.10	合同纠纷	★★★
M4.10.82	房屋买卖合同纠纷	★★★
M4.10.82.2	商品房预售合同纠纷	★★★
M4.10.82.3	商品房销售合同纠纷	★★
M4.10.89	借款合同纠纷	★★★
M4.10.89.1	金融借款合同纠纷	★★★★★
M4.10.89.4	民间借贷纠纷	★★★★★
M4.10.96.2	信用卡纠纷	★★★
M4.10.122	劳务合同纠纷	★★
M4.10.97	租赁合同纠纷	★★
M4.10.97.2	房屋租赁合同纠纷	★★
M4.10.126	追偿权纠纷	★★
M4.10.100.3	建设工程施工合同纠纷	★★
M4.10.99	承揽合同纠纷	★★
M4.10.98	融资租赁合同纠纷	★
M8.27.317	财产保险合同纠纷	★

二、同时适用的法条及其相关度

	同时适用的法条	相关度
合同法	第107条【合同约束力;违约责任】	★★★★★
	第8条【依法成立的合同的法律约束力】	★★★
	第44条【合同的生效】	★★★
	第109条【违约责任的承担:付款义务的继续履行】	★★★
	第114条【违约金的约定及其调整】	★★★
	第205条【借款利息支付期限的确定】	★★★
	第206条【借款期限的认定】	★★★
	第207条【逾期还款的责任承担:支付利息】	★★★
	第130条【买卖合同的定义】	★★
	第159条【买受人应支付价款的数额认定】	★★
	第161条【买受人支付价款的时间】	★★
	第196条【借款合同定义】	★★
	第93条【合同的约定解除:协商一致;约定条件成就】	★
	第94条【合同的法定解除;法定解除权】	★
	第97条【合同解除的法律后果】	★
	第210条【自然人之间借款合同的生效:提供借款时】	★
	第211条【自然人之间借款合同利息的规制】	★
担保法	第18条【连带责任保证的定义;连带责任的承担】	★★★★★
	第21条【保证担保的范围;没有约定、约定不明时的担保范围】	★★★★
	第31条【保证人的追偿权】	★★★
	第6条【保证的定义】	★★
	第12条【多人保证责任的承担】	★★
	第19条【保证方式不明时的连带责任担保】	★★

	同时适用的法条	相关度	
担保法	第33条【抵押、抵押权人、抵押人以及抵押物的概念】	★★	0909
	第53条【抵押权实现的方式和程序】	★★	
	第14条【保证合同的分别订立与合并订立】	★	
	第26条【连带责任保证的保证期间】	★	
	第46条【抵押担保的范围】	★	
民法通则	第108条【债务清偿:分期偿还、强制偿还】	★★★	0916
	第84条【债的定义】	★★	
	第90条【借贷关系】	★★	
	第106条【民事责任归责原则:违约责任;过错侵权责任;无过错侵权责任】	★★	
物权法	第179条【抵押权的界定】	★★	0927
	第176条【混合担保规则】	★	
	第195条【抵押权实现的条件、方式和程序】	★	
保险法	第14条【投保人和保险人的义务】	★	0937
物业管理条例	第7条【物业管理中业主的义务】	★	1009
	第42条【物业服务费用的交纳主体】	★	
婚姻法司法解释二	第24条【离婚时夫妻一方所欠债务的处理】	★★	1022
合同法司法解释二	第29条【违约金的数额及其调整:适当减少】	★	1035
物业服务纠纷司法解释	第1条【前期物业服务合同及物业服务合同的约束力】	★	1046
	第6条【未交纳物业费的处理规则】	★	
买卖合同司法解释	第24条【买卖合同逾期付款违约金的适用规则】	★	1028

	同时适用的法条	相关度
1042 商品房买卖合同纠纷司法解释	第18条【在法定期限内商品房买受人未取得房屋权属证书的出卖人应承担违约责任】	★
1024 担保法司法解释	第42条【保证人追偿权的行使与诉讼时效】	★

第61条【合同内容约定不明确的处理规则:合同漏洞的填补】 ★★★★

合同生效后,当事人就质量、价款或者报酬、履行地点等内容没有约定或者约定不明确的,可以协议补充;不能达成补充协议的,按照合同有关条款或者交易习惯确定。

一、主要适用的案由及其相关度

案由编号	主要适用的案由	相关度
M4.10.74	买卖合同纠纷	★★★★★
M4.10.89.4	民间借贷纠纷	★★★★
M4.10.89.1	金融借款合同纠纷	★★
M4.10	合同纠纷	★
M4.10.82	房屋买卖合同纠纷	★
M4.10.97	租赁合同纠纷	★
M4.10.97.2	房屋租赁合同纠纷	★
M4.10.99	承揽合同纠纷	★

二、同时适用的法条及其相关度

	同时适用的法条	相关度
0209 合同法	第60条【合同履行的原则】	★★★★★
	第107条【合同约束力:违约责任】	★★★★★
	第206条【借款期限的认定】	★★★★★

	同时适用的法条	相关度	
合同法	第62条【合同内容约定不明确的履行规则;合同漏洞的填补】	★★★★	0209
	第8条【依法成立的合同的法律约束力】	★★★	
	第109条【违约责任的承担:付款义务的继续履行】	★★★	
	第130条【买卖合同的定义】	★★★	
	第159条【买受人应支付价款的数额认定】	★★★	
	第161条【买受人支付价款的时间】	★★★	
	第207条【逾期还款的责任承担:支付利息】	★★★	
	第44条【合同的生效】	★★	
	第196条【借款合同定义】	★★	
	第205条【借款利息支付期限的确定】	★★	
	第211条【自然人之间借款合同利息的规制】	★★	
	第6条【诚实信用原则】	★	
	第113条【违约责任的承担:损失赔偿】	★	
	第114条【违约金的约定及其调整】	★	
	第263条【定作人报酬支付的期限】	★	
民法通则	第108条【债务清偿:分期偿还、强制偿还】	★★	0916
	第84条【债的定义】	★	
担保法	第18条【连带责任保证的定义;连带责任的承担】	★★	0909
	第21条【保证担保的范围;没有约定、约定不明时的担保范围】	★	
买卖合同司法解释	第24条【买卖合同逾期付款违约金的适用规则】	★	1028

第62条【合同内容约定不明确的履行规则：合同漏洞的填补】 ★★★★
当事人就有关合同内容约定不明确，依照本法第六十一条的规定仍不能确定的，适用下列规定：

（一）质量要求不明确的，按照国家标准、行业标准履行；没有国家标准、行业标准的，按照通常标准或者符合合同目的的特定标准履行。

（二）价款或者报酬不明确的，按照订立合同时履行地的市场价格履行；依法应当执行政府定价或者政府指导价的，按照规定履行。

（三）履行地点不明确，给付货币的，在接受货币一方所在地履行；交付不动产的，在不动产所在地履行；其他标的，在履行义务一方所在地履行。

（四）履行期限不明确的，债务人可以随时履行，债权人也可以随时要求履行，但应当给对方必要的准备时间。

（五）履行方式不明确的，按照有利于实现合同目的的方式履行。

（六）履行费用的负担不明确的，由履行义务一方负担。

■ 一、主要适用的案由及其相关度

案由编号	主要适用的案由	相关度
M4.10.74	买卖合同纠纷	★★★★★
M4.10.89.4	民间借贷纠纷	★★★
M4.10	合同纠纷	★

■ 二、同时适用的法条及其相关度

	同时适用的法条	相关度
合同法	第60条【合同履行的原则】	★★★★★
	第107条【合同约束力：违约责任】	★★★★★
	第159条【买受人应支付价款的数额认定】	★★★★
	第8条【依法成立的合同的法律约束力】	★★★
	第61条【合同内容约定不明确的处理规则：合同漏洞的填补】	★★★
	第109条【违约责任的承担：付款义务的继续履行】	★★★

	同时适用的法条	相关度	
合同法	第130条【买卖合同的定义】	★★★	0209
	第161条【买受人支付价款的时间】	★★★	
	第206条【借款期限的认定】	★★★	
	第44条【合同的生效】	★★	
	第211条【自然人之间借款合同利息的规制】	★★	
	第113条【违约责任的承担：损失赔偿】	★	
	第196条【借款合同定义】	★	
	第205条【借款利息支付期限的确定】	★	
	第207条【逾期还款的责任承担：支付利息】	★	
	第210条【自然人之间借款合同的生效：提供借款时】	★	
民法通则	第84条【债的定义】	★★	0916
	第108条【债务清偿：分期偿还、强制偿还】	★★	
买卖合同司法解释	第24条【买卖合同逾期付款违约金的适用规则】	★★	1028

第63条【交付期限与执行价格】 ★★

执行政府定价或者政府指导价的，在合同约定的交付期限内政府价格调整时，按照交付时的价格计价。逾期交付标的物的，遇价格上涨时，按照原价格执行；价格下降时，按照新价格执行。逾期提取标的物或者逾期付款的，遇价格上涨时，按照新价格执行；价格下降时，按照原价格执行。

一、主要适用的案由及其相关度

案由编号	主要适用的案由	相关度
M4.10.120.11	娱乐服务合同纠纷	★★★★★
M4.10.74	买卖合同纠纷	★★
M4.11.128	不当得利纠纷	★★
M4.10.120.15	物业服务合同纠纷	★

案由编号	主要适用的案由	相关度
M4.10.87	供用热力合同纠纷	★
M4.10	合同纠纷	★
M4.10.102	保管合同纠纷	★
M4.10.89.4	民间借贷纠纷	★
M4.10.99	承揽合同纠纷	★

二、同时适用的法条及其相关度

		同时适用的法条	相关度
0209	合同法	第44条【合同的生效】	★★★★★
		第107条【合同约束力;违约责任】	★★★★★
		第60条【合同履行的原则】	★★★
		第8条【依法成立的合同的法律约束力】	★★
		第109条【违约责任的承担:付款义务的继续履行】	★★
		第10条【合同的订立形式;合同的书面形式】	★
		第61条【合同内容约定不明确的处理规则:合同漏洞的填补】	★
		第62条【合同内容约定不明确的履行规则:合同漏洞的填补】	★
		第114条【违约金的约定及其调整】	★
		第176条【供用电合同的概念】	★
		第184条【供用水、供用气、供用热力合同参照适用供用电合同的规定】	★
0966	消保法	第42条【借用营业执照经营致害的责任承担规则】	★★★★★
		第53条【预付款购物中经营者的义务及违约责任】	★★★★★
0916	民法通则	第84条【债的定义】	★

第64条【向第三人履行】 ★★

当事人约定由债务人向第三人履行债务的,债务人未向第三人履行债务或者履行债务不符合约定,应当向债权人承担违约责任。

一、主要适用的案由及其相关度

案由编号	主要适用的案由	相关度
M4.10.74	买卖合同纠纷	★★★★★
M4.10	合同纠纷	★★★
M4.10.122	劳务合同纠纷	★★
M4.10.82	房屋买卖合同纠纷	★★
M4.10.82.2	商品房预售合同纠纷	★
M4.10.82.3	商品房销售合同纠纷	★
M4.10.89	借款合同纠纷	★
M4.10.89.1	金融借款合同纠纷	★
M4.10.89.4	民间借贷纠纷	★★★★★
M4.10.97	租赁合同纠纷	★
M4.10.97.2	房屋租赁合同纠纷	★
M4.10.99	承揽合同纠纷	★
M4.10.100.3	建设工程施工合同纠纷	★
M4.10.120.15	物业服务合同纠纷	★

二、同时适用的法条及其相关度

	同时适用的法条	相关度
合同法	第107条【合同约束力:违约责任】	★★★★★
	第8条【依法成立的合同的法律约束力】	★★★
	第60条【合同履行的原则】	★★★
	第44条【合同的生效】	★★
	第109条【违约责任的承担:付款义务的继续履行】	★★

合同、无因管理、不当得利纠纷

		同时适用的法条	相关度
0209	合同法	第114条【违约金的约定及其调整】	★★
		第144条【在途标的物买卖合同的风险转移】	★★
		第206条【借款期限的认定】	★★
		第207条【逾期还款的责任承担:支付利息】	★★
		第10条【合同的订立形式;合同的书面形式】	★
		第65条【由第三人履行】	★
		第94条【合同的法定解除;法定解除权】	★
		第113条【违约责任的承担:损失赔偿】	★
		第130条【买卖合同的定义】	★
		第159条【买受人应支付价款的数额认定】	★
		第161条【买受人支付价款的时间】	★
		第205条【借款利息支付期限的确定】	★
		第211条【自然人之间借款合同利息的规制】	★
0916	民法通则	第84条【债的定义】	★★
		第108条【债务清偿:分期偿还、强制偿还】	★★
		第90条【借贷关系】	★
		第106条【民事责任归责原则:违约责任;过错侵权责任;无过错侵权责任】	★
0909	担保法	第18条【连带责任保证的定义;连带责任的承担】	★★
		第12条【多人保证责任的承担】	★
		第21条【保证担保的范围;没有约定、约定不明时的担保范围】	★
		第31条【保证人的追偿权】	★
0952	道路交通安全法	第76条【交通事故赔偿责任的一般条款】	★

	同时适用的法条	相关度	
合同法司法解释二	第29条【违约金的数额及其调整:适当减少】	★	1035

第65条【由第三人履行】 ★★

当事人约定由第三人向债权人履行债务的,第三人不履行债务或者履行债务不符合约定,债务人应当向债权人承担违约责任。

一、主要适用的案由及其相关度

案由编号	主要适用的案由	相关度
M4.10.74	买卖合同纠纷	★★★★★
M9.30.350	机动车交通事故责任纠纷	★★★★
M4.10.89.4	民间借贷纠纷	★★★
M4.10.82	房屋买卖合同纠纷	★★
M4.10	合同纠纷	★★
M4.10.104	委托合同纠纷	★★
M4.10.122	劳务合同纠纷	★★
M4.10.100.3	建设工程施工合同纠纷	★
M4.10.120.14	教育培训合同纠纷	★
M4.10.97	租赁合同纠纷	★
M4.10.99	承揽合同纠纷	★

二、同时适用的法条及其相关度

	同时适用的法条	相关度	
合同法	第107条【合同约束力:违约责任】	★★★★★	0209
	第60条【合同履行的原则】	★★★★	
	第8条【依法成立的合同的法律约束力】	★★★	
	第109条【违约责任的承担:付款义务的继续履行】	★★★	

		同时适用的法条	相关度
0209	合同法	第114条【违约金的约定及其调整】	★★
		第159条【买受人应支付价款的数额认定】	★★
		第6条【诚实信用原则】	★
		第44条【合同的生效】	★
		第45条【附条件的合同】	★
		第64条【向第三人履行】	★
		第79条【债权人不得转让合同权利的情形】	★
		第80条【债权人转让债权的通知义务】	★
		第84条【合同义务的转移】	★
		第94条【合同的法定解除;法定解除权】	★
		第113条【违约责任的承担;损失赔偿】	★
		第130条【买卖合同的定义】	★
		第161条【买受人支付价款的时间】	★
		第205条【借款利息支付期限的确定】	★
		第206条【借款期限的认定】	★
		第207条【逾期还款的责任承担;支付利息】	★
0952	道路交通安全法	第76条【交通事故赔偿责任的一般条款】	★★★
0960	侵权责任法	第16条【人身损害赔偿项目:一般人身损害赔偿项目、伤残赔偿项目、死亡赔偿项目】	★★
		第6条【过错责任原则;过错推定责任原则】	★
		第22条【人身权益侵害精神损害赔偿的请求权】	★
		第48条【机动车交通事故责任的法律适用】	★

	同时适用的法条	相关度	
民法通则	第84条【债的定义】	★★	0916
	第108条【债务清偿:分期偿还、强制偿还】	★★	
	第106条【民事责任归责原则:违约责任;过错侵权责任;无过错侵权责任】	★	
	第119条【人身损害赔偿项目:一般人身损害赔偿项目、伤残赔偿项目、死亡赔偿项目】	★	
担保法	第18条【连带责任保证的定义;连带责任的承担】	★	0909
	第21条【保证担保的范围;没有约定、约定不明时的担保范围】	★	
人身损害赔偿司法解释	第17条【人身损害赔偿项目:一般人身损害赔偿项目、伤残赔偿项目、死亡赔偿项目】	★★	1038
	第18条【精神损害抚慰金的请求权及其法律适用】	★	
	第19条【医疗费的计算标准】	★	
	第20条【误工费的计算标准】	★	
	第21条【护理费的计算标准】	★	
	第22条【交通费的计算标准】	★	
	第23条【伙食费、住宿费的计算标准】	★	
	第25条【残疾赔偿金的计算标准】	★	
	第28条【被扶养人生活费数额的确定】	★	
买卖合同司法解释	第24条【买卖合同逾期付款违约金的适用规则】	★	1028
道路交通事故司法解释	第14条【人身伤亡、财产损失的概念】	★	1054

第66条【同时履行抗辩权】 ★★

当事人互负债务,没有先后履行顺序的,应当同时履行。一方在对方履行之前有权拒绝其履行要求。一方在对方履行债务不符合约定时,有权拒绝其相应的履行要求。

一、主要适用的案由及其相关度

案由编号	主要适用的案由	相关度
M4.10.82	房屋买卖合同纠纷	★★★★★
M4.10.82.2	商品房预售合同纠纷	★
M4.10.82.3	商品房销售合同纠纷	★
M4.10.74	买卖合同纠纷	★★★★
M4.10	合同纠纷	★★★
M4.10.120.15	物业服务合同纠纷	★★★
M4.10.120.14	教育培训合同纠纷	★★
M4.10.89.4	民间借贷纠纷	★★
M4.10.89.1	金融借款合同纠纷	★★
M4.10.100.3	建设工程施工合同纠纷	★
M4.10.99	承揽合同纠纷	★
M4.10.97	租赁合同纠纷	★
M4.10.97.2	房屋租赁合同纠纷	★★
M4.10.83	房屋拆迁安置补偿合同纠纷	★

二、同时适用的法条及其相关度

	同时适用的法条	相关度
合同法	第44条【合同的生效】	★★★★★
	第60条【合同履行的原则】	★★★★★
	第107条【合同约束力;违约责任】	★★★★★
	第8条【依法成立的合同的法律约束力】	★★★
	第6条【诚实信用原则】	★★

	同时适用的法条	相关度	
合同法	第94条【合同的法定解除;法定解除权】	★★	0209
	第97条【合同解除的法律后果】	★★	
	第114条【违约金的约定及其调整】	★★	
	第206条【借款期限的认定】	★★	
	第61条【合同内容约定不明确的处理规则;合同漏洞的填补】	★	
	第67条【后履行抗辩权】	★	
	第93条【合同的约定解除:协商一致;约定条件成就】	★	
	第109条【违约责任的承担:付款义务的继续履行】	★	
	第115条【定金罚则】	★	
	第130条【买卖合同的定义】	★	
	第159条【买受人应支付价款的数额认定】	★	
	第161条【买受人支付价款的时间】	★	
	第207条【逾期还款的责任承担:支付利息】	★	
民法通则	第66条【无权代理的法律后果;代理人不履行职责,损害被代理人利益的民事责任;代理人和第三人的连带责任】	★	0916
	第87条【连带债权与连带债务】	★	
	第108条【债务清偿:分期偿还、强制偿还】	★	
担保法	第18条【连带责任保证的定义;连带责任的承担】	★	0909
	第21条【保证担保的范围;没有约定、约定不明时的担保范围】	★	
	第31条【保证人的追偿权】	★	

第67条【后履行抗辩权】 ★★

当事人互负债务,有先后履行顺序,先履行一方未履行的,后履行一方有权拒绝其履行要求。先履行一方履行债务不符合约定的,后履行一方有权拒绝其相应的履行要求。

一、主要适用的案由及其相关度

案由编号	主要适用的案由	相关度
M4.10.74	买卖合同纠纷	★★★★★
M4.10.82	房屋买卖合同纠纷	★★★★
M4.10.82.2	商品房预售合同纠纷	★★
M4.10.82.3	商品房销售合同纠纷	★
M4.10.120.15	物业服务合同纠纷	★★
M4.10	合同纠纷	★★
M4.10.99	承揽合同纠纷	★
M4.10.99.2	定作合同纠纷	★
M4.10.97	租赁合同纠纷	★
M4.10.97.2	房屋租赁合同纠纷	★
M4.10.100.3	建设工程施工合同纠纷	★
M4.10.89.1	金融借款合同纠纷	★

二、同时适用的法条及其相关度

	同时适用的法条	相关度
合同法	第60条【合同履行的原则】	★★★★★
	第107条【合同约束力;违约责任】	★★★★
	第8条【依法成立的合同的法律约束力】	★★★
	第44条【合同的生效】	★★
	第94条【合同的法定解除;法定解除权】	★★
	第114条【违约金的约定及其调整】	★★
	第93条【合同的约定解除;协商一致;约定条件成就】	★
	第97条【合同解除的法律后果】	★

	同时适用的法条	相关度	
合同法	第109条【违约责任的承担:付款义务的继续履行】	★	0209
	第159条【买受人应支付价款的数额认定】	★	
	第161条【买受人支付价款的时间】	★	

第68条【不安抗辩权】 ★★★

应当先履行债务的当事人,有确切证据证明对方有下列情形之一的,可以中止履行:

(一)经营状况严重恶化;

(二)转移财产、抽逃资金,以逃避债务;

(三)丧失商业信誉;

(四)有丧失或者可能丧失履行债务能力的其他情形。

当事人没有确切证据中止履行的,应当承担违约责任。

一、主要适用的案由及其相关度

案由编号	主要适用的案由	相关度
M4.10.74	买卖合同纠纷	★★★
M4.10.82	房屋买卖合同纠纷	★★
M4.10.82.2	商品房预售合同纠纷	★
M4.10.89	借款合同纠纷	★
M4.10.89.1	金融借款合同纠纷	★★★★
M4.10.89.4	民间借贷纠纷	★★★★★
M4.10	合同纠纷	★
M4.10.97	租赁合同纠纷	★
M4.10.97.2	房屋租赁合同纠纷	★
M4.10.100.3	建设工程施工合同纠纷	★

二、同时适用的法条及其相关度

	同时适用的法条	相关度
合同法	第60条【合同履行的原则】	★★★★★
	第69条【不安抗辩权的行使】	★★★★★
	第107条【合同约束力；违约责任】	★★★★★
	第206条【借款期限的认定】	★★★★
	第8条【依法成立的合同的法律约束力】	★★★
	第94条【合同的法定解除；法定解除权】	★★★
	第196条【借款合同定义】	★★★
	第205条【借款利息支付期限的确定】	★★★
	第207条【逾期还款的责任承担；支付利息】	★★★
	第44条【合同的生效】	★★
	第97条【合同解除的法律后果】	★★
	第108条【预期违约责任】	★★
	第114条【违约金的约定及其调整】	★★
	第211条【自然人之间借款合同利息的规制】	★★
	第67条【后履行抗辩权】	★
	第93条【合同的约定解除；协商一致；约定条件成就】	★
	第96条【合同解除权的行使规则】	★
	第109条【违约责任的承担；付款义务的继续履行】	★
	第113条【违约责任的承担；损失赔偿】	★
	第130条【买卖合同的定义】	★
	第159条【买受人应支付价款的数额认定】	★

	同时适用的法条	相关度	
担保法	第18条【连带责任保证的定义;连带责任的承担】	★★★★	0909
	第31条【保证人的追偿权】	★★★	
	第21条【保证担保的范围;没有约定、约定不明时的担保范围】	★★	
	第33条【抵押、抵押权人、抵押人以及抵押物的概念】	★★	
	第6条【保证的定义】	★	
	第19条【保证方式不明时的连带责任担保】	★	
民法通则	第108条【债务清偿:分期偿还、强制偿还】	★★★	0916
	第90条【借贷关系】	★★	
	第84条【债的定义】	★	
物权法	第176条【混合担保规则】	★	0927
婚姻法司法解释二	第24条【离婚时夫妻一方所欠债务的处理】	★	1022

第69条【不安抗辩权的行使】 ★★

当事人依照本法第六十八条的规定中止履行的,应当及时通知对方。对方提供适当担保时,应当恢复履行。中止履行后,对方在合理期限内未恢复履行能力并且未提供适当担保的,中止履行的一方可以解除合同。

■ 一、主要适用的案由及其相关度

案由编号	主要适用的案由	相关度
M4.10.74	买卖合同纠纷	★★★
M4.10.82	房屋买卖合同纠纷	★★★
M4.10.89	借款合同纠纷	★
M4.10.89.1	金融借款合同纠纷	★★★★★
M4.10.89.4	民间借贷纠纷	★★★★

0376 合同、无因管理、不当得利纠纷

案由编号	主要适用的案由	相关度
M4.10.100.3	建设工程施工合同纠纷	★
M4.10.97.2	房屋租赁合同纠纷	★

■ 二、同时适用的法条及其相关度

		同时适用的法条	相关度
0209	合同法	第68条【不安抗辩权】	★★★★★
		第60条【合同履行的原则】	★★
		第107条【合同约束力;违约责任】	★★
		第8条【依法成立的合同的法律约束力】	★
		第44条【合同的生效】	★
		第94条【合同的法定解除;法定解除权】	★
		第97条【合同解除的法律后果】	★
		第108条【预期违约责任】	★
		第114条【违约金的约定及其调整】	★
		第205条【借款利息支付期限的确定】	★
		第206条【借款期限的认定】	★
		第207条【逾期还款的责任承担:支付利息】	★
0909	担保法	第18条【连带责任保证的定义;连带责任的承担】	★★★
		第31条【保证人的追偿权】	★★
		第21条【保证担保的范围;没有约定、约定不明时的担保范围】	★
0916	民法通则	第90条【借贷关系】	★

第70条【债权人分立、合并或住所变更未通知债务人致债务履行困难的处理】 ★

债权人分立、合并或者变更住所没有通知债务人,致使履行债务发生困难的,债务人可以中止履行或者将标的物提存。

一、主要适用的案由及其相关度

案由编号	主要适用的案由	相关度
M4.10.89.4	民间借贷纠纷	
M4.10.82	房屋买卖合同纠纷	
M4.10.82.2	商品房预售合同纠纷	
M4.10.89.1	金融借款合同纠纷	
M4.10.122	劳务合同纠纷	
M4.10.70	债权转让合同纠纷	
M4.10.119	农村土地承包合同纠纷	
M4.10.97.2	房屋租赁合同纠纷	
M4.10	合同纠纷	
M4.10.100.3	建设工程施工合同纠纷	

二、同时适用的法条及其相关度

	同时适用的法条	相关度
合同法	第8条【依法成立的合同的法律约束力】	
	第44条【合同的生效】	
	第49条【表见代理的构成及其效力】	
	第60条【合同履行的原则】	
	第62条【合同内容约定不明确的履行规则:合同漏洞的填补】	
	第64条【向第三人履行】	
	第68条【不安抗辩权】	
	第79条【债权人不得转让合同权利的情形】	
	第80条【债权人转让债权的通知义务】	
	第81条【债权转让从权利一并转让】	
	第84条【合同义务的转移】	

合同、无因管理、不当得利纠纷

		同时适用的法条	相关度
0209	合同法	第93条【合同的约定解除:协商一致;约定条件成就】	
		第94条【合同的法定解除:法定解除权】	
		第97条【合同解除的法律后果】	
		第100条【约定的债务抵销】	
		第107条【合同约束力:违约责任】	
		第109条【违约责任的承担:付款义务的继续履行】	
		第110条【非金钱债务的继续履行及其例外:债权人不得要求对方继续履行的情形】	
		第114条【违约金的约定及其调整】	
		第130条【买卖合同的定义】	
		第196条【借款合同定义】	
		第205条【借款利息支付期限的确定】	
		第206条【借款期限的认定】	
		第207条【逾期还款的责任承担:支付利息】	
		第210条【自然人之间借款合同的生效:提供借款时】	
		第211条【自然人之间借款合同利息的规制】	
		第269条【建设工程合同的定义】	
0909	担保法	第6条【保证的定义】	
0916	民法通则	第84条【债的定义】	
		第108条【债务清偿:分期偿还、强制偿还】	
		第135条【诉讼时效期间:两年】	
1035	合同法司法解释二	第27条【违约金的数额及其调整】	
		第29条【违约金的数额及其调整:适当减少】	

	同时适用的法条	相关度	
商品房买卖合同纠纷司法解释	第16条【商品房买卖合同违约金的调整】		1042
	第17条【商品房买卖合同没有约定违约金或者损失赔偿额计算方法时的参照标准】		

第71条【债务人提前履行债务】 ★

债权人可以拒绝债务人提前履行债务,但提前履行不损害债权人利益的除外。

债务人提前履行债务给债权人增加的费用,由债务人负担。

一、主要适用的案由及其相关度

案由编号	主要适用的案由	相关度
M4.10.89.4	民间借贷纠纷	
M4.10.89.1	金融借款合同纠纷	
M4.10.74	买卖合同纠纷	

二、同时适用的法条及其相关度

	同时适用的法条	相关度	
合同法	第60条【合同履行的原则】	★★★★★	0209
	第107条【合同约束力:违约责任】	★★★★★	
	第206条【借款期限的认定】	★★★★★	
	第205条【借款利息支付期限的确定】	★★★★	
	第207条【逾期还款的责任承担:支付利息】	★★★★	
	第211条【自然人之间借款合同利息的规制】	★★★	
	第8条【依法成立的合同的法律约束力】	★★	
	第63条【交付期限与执行价格】	★	
	第81条【债权转让从权利一并转让】	★	
	第91条【合同权利义务终止的法定情形】	★	
	第109条【违约责任的承担:付款义务的继续履行】	★	

		同时适用的法条	相关度
0209	合同法	第159条【买受人应支付价款的数额认定】	★
		第161条【买受人支付价款的时间】	★
		第200条【借款利息不得预先扣除;预先扣除后按实际数额计算借款额度】	★
		第208条【提前偿还借款:实际借款期间计算利息】	★
		第209条【贷款展期】	★
		第210条【自然人之间借款合同的生效:提供借款时】	★
0909	担保法	第18条【连带责任保证的定义;连带责任的承担】	★★★
		第21条【保证担保的范围;没有约定、约定不明时的担保范围】	★★★
		第19条【保证方式不明时的连带责任担保】	★★
		第12条【多人保证责任的承担】	★
		第26条【连带责任保证的保证期间】	★
0916	民法通则	第84条【债的定义】	★
		第90条【借贷关系】	★
		第108条【债务清偿:分期偿还、强制偿还】	★
1024	担保法司法解释	第19条【连带共同保证的认定】	★
		第20条【连带共同保证的责任承担】	★
1023	审理民间借贷案件规定	第26条【民间借贷年利率的限定】	★
1035	合同法司法解释二	第21条【债务人的给付不足以清偿全部债务时的抵充顺序】	★

第72条【债务人部分履行债务】　　　★

债权人可以拒绝债务人部分履行债务,但部分履行不损害债权人利益的除外。

债务人部分履行债务给债权人增加的费用,由债务人负担。

■ 一、主要适用的案由及其相关度

案由编号	主要适用的案由	相关度
M8.21.249	股权转让纠纷	
M4.10.74	买卖合同纠纷	
M4.10.122	劳务合同纠纷	
M4.10	合同纠纷	
M4.10.97	租赁合同纠纷	
M4.10.97.2	房屋租赁合同纠纷	
M4.10.82	房屋买卖合同纠纷	
M6.17	劳动争议	
M4.10.83	房屋拆迁安置补偿合同纠纷	
M4.10.99	承揽合同纠纷	
M4.10.89.4	民间借贷纠纷	

■ 二、同时适用的法条及其相关度

	同时适用的法条	相关度
合同法	第2条【合同法的调整对象:合同的定义】	
	第6条【诚实信用原则】	
	第8条【依法成立的合同的法律约束力】	
	第9条【合同当事人资格:民事权利能力、民事行为能力;可委托代理人订立合同的规定】	
	第10条【合同的订立形式;合同的书面形式】	
	第44条【合同的生效】	

	同时适用的法条	相关度
0209	第47条【限制民事行为能力人订立合同的效力】	
	第48条【无权代理人订立合同的法律后果】	
	第52条【合同无效的法定情形】	
	第53条【合同中免责条款无效的情形】	
	第54条【合同的变更和撤销】	
	第58条【合同无效或被撤销的法律后果】	
	第60条【合同履行的原则】	
合同法	第61条【合同内容约定不明确的处理规则:合同漏洞的填补】	
	第62条【合同内容约定不明确的履行规则:合同漏洞的填补】	
	第63条【交付期限与执行价格】	
	第64条【向第三人履行】	
	第75条【撤销权的行使期限】	
	第76条【合同继续有效的情形:名称变更、负责人变动】	
	第77条【变更合同的条件与要求】	
	第78条【合同变更内容约定不明确的处理】	
	第79条【债权人不得转让合同权利的情形】	
	第80条【债权人转让债权的通知义务】	
	第87条【债权转让或债务转移的审批、登记】	
	第91条【合同权利义务终止的法定情形】	
	第92条【后合同义务】	
	第94条【合同的法定解除;法定解除权】	
	第97条【合同解除的法律后果】	

	同时适用的法条	相关度
合同法	第107条【合同约束力;违约责任】	0209
	第109条【违约责任的承担:付款义务的继续履行】	
	第112条【违约责任的承担:损失赔偿与其他责任的并存】	
	第113条【违约责任的承担:损失赔偿】	
	第114条【违约金的约定及其调整】	
	第117条【因不可抗力不能履行合同的责任;不可抗力的定义】	
	第119条【防止违约损失扩大的措施:防损义务及不履行的后果;防损费用的承担】	
	第120条【双方违约应各自承担违约责任】	
	第121条【因第三人原因造成违约情况下的责任承担】	
	第130条【买卖合同的定义】	
	第157条【买受人的及时检验义务】	
	第159条【买受人应支付价款的数额认定】	
	第161条【买受人支付价款的时间】	
	第196条【借款合同定义】	
	第200条【借款利息不得预先扣除;预先扣除后按实际数额计算借款额度】	
	第205条【借款利息支付期限的确定】	
	第206条【借款期限的认定】	
	第207条【逾期还款的责任承担:支付利息】	
	第208条【提前偿还借款:实际借款期间计算利息】	
	第211条【自然人之间借款合同利息的规制】	
	第226条【承租人租金支付期限的确定规则】	

	同时适用的法条	相关度
0209 合同法	第235条【租赁期间届满承租人的租赁物返还义务、返还的租赁物的应有状态】	
	第237条【融资租赁合同的定义】	
	第248条【承租人的租金支付义务、出租人的租金支付请求权以及合同解除权】	
	第251条【承揽合同的定义;承揽的种类】	
	第261条【承揽合同工作成果的交付和验收】	
	第269条【建设工程合同的定义】	
	第286条【发包人未按约定支付价款时承包人的催告权和建设工程优先受偿权】	
	第292条【旅客、托运人或收货人支付票款或者运输费用的义务】	
	第304条【托运人对承运人的告知义务;托运人的损害赔偿责任】	
0916 民法通则	第108条【债务清偿:分期偿还、强制偿还】	
1073 适用简易程序民事案件规定	第30条【拒不到庭或中途退庭的处理:原告撤诉、被告缺席判决;文书送达】	

第73条【债权人代位权】 ★★★

因债务人怠于行使其到期债权,对债权人造成损害的,债权人可以向人民法院请求以自己的名义代位行使债务人的债权,但该债权专属于债务人自身的除外。

代位权的行使范围以债权人的债权为限。债权人行使代位权的必要费用,由债务人负担。

■ 一、主要适用的案由及其相关度

案由编号	主要适用的案由	相关度
M4.10.68	债权人代位权纠纷	★★★★★
M9.30.350	机动车交通事故责任纠纷	★★

二、同时适用的法条及其相关度

	同时适用的法条	相关度	
合同法	第60条【合同履行的原则】	★★★★★	0209
	第44条【合同的生效】	★★★	
	第107条【合同约束力;违约责任】	★★★	
	第206条【借款期限的认定】	★★	
	第8条【依法成立的合同的法律约束力】	★	
	第52条【合同无效的法定情形】	★	
	第109条【违约责任的承担:付款义务的继续履行】	★	
	第205条【借款利息支付期限的确定】	★	
	第207条【逾期还款的责任承担:支付利息】	★	
	第210条【自然人之间借款合同的生效:提供借款时】	★	
	第211条【自然人之间借款合同利息的规制】	★	
道路交通安全法	第76条【交通事故赔偿责任的一般条款】	★★★	0952
民法通则	第106条【民事责任归责原则:违约责任;过错侵权责任;无过错侵权责任】	★★★	0916
	第119条【人身损害赔偿项目:一般人身损害赔偿项目、伤残赔偿项目、死亡赔偿项目】	★★★	
保险法	第23条【保险人赔付义务的履行及程序】	★★★	0937
侵权责任法	第6条【过错责任原则;过错推定责任原则】	★★★	0960
	第15条【侵权责任的主要承担方式】	★★★	
	第16条【人身损害赔偿项目:一般人身损害赔偿项目、伤残赔偿项目、死亡赔偿项目】	★★★	
	第22条【人身权益侵害精神损害赔偿的请求权】	★★★	

	同时适用的法条	相关度
1013 交强险条例	第21条【保险公司在交通事故中的赔偿范围以及不予赔偿的情形】	★★★
	第23条【交强险的责任限额及其确定机关】	★★★
1056 合同法司法解释一	第11条【债权人的代位权:债权人提起代位权诉讼的条件】	★★★★★
	第13条【债权人的代位权:对债务人怠于行使其到期债权,对偿权人造成损害的界定;次债务人的举证责任】	★★★★
	第19条【代位权诉讼债权人胜诉时诉讼费的负担规则】	★★★
	第20条【认定代位权成立的法律后果】	★★★
1038 人身损害赔偿司法解释	第17条【人身损害赔偿项目:一般人身损害赔偿项目、伤残赔偿项目、死亡赔偿项目】	★★★
	第18条【精神损害抚慰金的请求权及其法律适用】	★★★
	第19条【医疗费的计算标准】	★★★
	第20条【误工费的计算标准】	★★★
	第21条【护理费的计算标准】	★★★
	第22条【交通费的计算标准】	★★★
	第23条【伙食费、住宿费的计算标准】	★★★
	第24条【营养费的计算标准】	★★★
	第25条【残疾赔偿金的计算标准】	★★★
	第31条【物质损害赔偿金、精神损害抚慰金的确定与给付:一次性给付】	★★★
	第35条【人身损害赔偿相关统计数据概念的界定】	★★★

第74条【债权人的撤销权】 ★★

因债务人放弃其到期债权或者无偿转让财产,对债权人造成损害的,债权人可以请求人民法院撤销债务人的行为。债务人以明显不合理的低价转让财产,对债权人造成损害,并且受让人知道该情形的,债权人也可以请求人民法院撤销债务人的行为。

撤销权的行使范围以债权人的债权为限。债权人行使撤销权的必要费用,由债务人负担。

一、主要适用的案由及其相关度

案由编号	主要适用的案由	相关度
M4.10.69	债权人撤销权纠纷	★★★★★

二、同时适用的法条及其相关度

	同时适用的法条	相关度	
合同法	第75条【撤销权的行使期限】	★★★★★	0209
	第8条【依法成立的合同的法律约束力】	★	
	第52条【合同无效的法定情形】	★	
	第58条【合同无效或被撤销的法律后果】	★	
	第60条【合同履行的原则】	★	
物权法	第9条【不动产物权的登记生效原则;国家自然资源所有权登记的特殊规定】	★	0927
	第106条【善意取得的构成条件】	★	
民法通则	第4条【民事活动的基本原则:自愿、公平、等价有偿、诚实信用】	★	0916
	第5条【合法的民事权益受法律保护】	★	
	第84条【债的定义】	★	
合同法司法解释一	第25条【债权人的撤销权:债权人行使撤销权的效力;债权人撤销权诉讼的合并审理】	★★★★★	1056
	第26条【行使撤销权的必要费用负担】	★★★★★	
	第24条【债权人的撤销权:债权人撤销权诉讼的第三人追加】	★	
合同法司法解释二	第19条【明显不合理的低价的确认;视为明显不合理的低价的情形;视为明显不合理的高价的情形;债务人以明显不合理的高价收购他人财产的撤销】	★★★★	1035

		同时适用的法条	相关度
1022	婚姻法司法解释二	第24条【离婚时夫妻一方所欠债务的处理】	★

第75条【撤销权的行使期限】 ★★

撤销权自债权人知道或者应当知道撤销事由之日起一年内行使。自债务人的行为发生之日起五年内没有行使撤销权的,该撤销权消灭。

■ 一、主要适用的案由及其相关度

案由编号	主要适用的案由	相关度
M4.10.69	债权人撤销权纠纷	★★★★★

■ 二、同时适用的法条及其相关度

		同时适用的法条	相关度
0209	合同法	第74条【债权人的撤销权】	★★★★★
		第54条【合同的变更和撤销】	★
		第55条【撤销权消灭的法定情形】	★
		第60条【合同履行的原则】	★
1056	合同法司法解释一	第25条【债权人的撤销权;债权人行使撤销权的效力;债权人撤销权诉讼的合并审理】	★

第76条【合同继续有效的情形:名称变更、负责人变动】 ★★★

合同生效后,当事人不得因姓名、名称的变更或者法定代表人、负责人、承办人的变动而不履行合同义务。

■ 一、主要适用的案由及其相关度

案由编号	主要适用的案由	相关度
M4.10.89.1	金融借款合同纠纷	★★★★
M4.10.97.2	房屋租赁合同纠纷	★★★★
M4.10.74	买卖合同纠纷	★

案由编号	主要适用的案由	相关度
M4.10.89.4	民间借贷纠纷	★
M4.10	合同纠纷	★
M4.10.89.5	小额借款合同纠纷	★

二、同时适用的法条及其相关度

	同时适用的法条	相关度	
合同法	第8条【依法成立的合同的法律约束力】	★★★★★	0209
	第107条【合同约束力：违约责任】	★★★★★	
	第205条【借款利息支付期限的确定】	★★★★	
	第206条【借款期限的认定】	★★★★	
	第207条【逾期还款的责任承担：支付利息】	★★★★	
	第60条【合同履行的原则】	★★★	
	第114条【违约金的约定及其调整】	★★★	
	第44条【合同的生效】	★★	
	第196条【借款合同定义】	★★	
	第90条【当事人合并或分立后合同权利义务的承担】	★	
	第109条【违约责任的承担：付款义务的继续履行】	★	
	第198条【借款合同中的担保及法律适用】	★	
担保法	第18条【连带责任保证的定义；连带责任的承担】	★★★★	0909
	第19条【保证方式不明时的连带责任担保】	★★★	
	第21条【保证担保的范围；没有约定、约定不明时的担保范围】	★★★	
	第26条【连带责任保证的保证期间】	★★★	
	第31条【保证人的追偿权】	★★★	

第五章　合同的变更和转让

第77条【变更合同的条件与要求】　★★★

当事人协商一致,可以变更合同。

法律、行政法规规定变更合同应当办理批准、登记等手续的,依照其规定。

一、主要适用的案由及其相关度

案由编号	主要适用的案由	相关度
M4.10.74	买卖合同纠纷	★★★★★
M4.10.82	房屋买卖合同纠纷	★★★★
M4.10.82.2	商品房预售合同纠纷	★★★★
M4.10.82.3	商品房销售合同纠纷	★★
M4.10.119	农村土地承包合同纠纷	★★★
M4.10	合同纠纷	★★★
M4.10.100.3	建设工程施工合同纠纷	★★
M4.10.97	租赁合同纠纷	★★
M4.10.97.2	房屋租赁合同纠纷	★★★
M4.10.99	承揽合同纠纷	★
M4.10.83	房屋拆迁安置补偿合同纠纷	★
M4.10.89	借款合同纠纷	★
M4.10.89.1	金融借款合同纠纷	★
M4.10.89.4	民间借贷纠纷	★★★★
M4.10.122	劳务合同纠纷	★
M4.10.120.15	物业服务合同纠纷	★
M4.10.71	债务转移合同纠纷	★
M4.10.100.7	装饰装修合同纠纷	★

二、同时适用的法条及其相关度

	同时适用的法条	相关度	
合同法	第60条【合同履行的原则】	★★★★★	0209
	第107条【合同约束力:违约责任】	★★★★★	
	第8条【依法成立的合同的法律约束力】	★★★	
	第44条【合同的生效】	★★★	
	第114条【违约金的约定及其调整】	★★★	
	第93条【合同的约定解除:协商一致;约定条件成就】	★★	
	第97条【合同解除的法律后果】	★★	
	第109条【违约责任的承担:付款义务的继续履行】	★★	
	第206条【借款期限的认定】	★★	
	第94条【合同的法定解除;法定解除权】	★	
	第98条【结算条款、清理条款效力的独立性】	★	
	第159条【买受人应支付价款的数额认定】	★	
	第205条【借款利息支付期限的确定】	★	
	第207条【逾期还款的责任承担:支付利息】	★	
	第402条【受托人以自己名义与第三人订立合同的法律效果】	★	
民法通则	第43条【企业法人对其经营活动承担民事责任】	★	0916
合同法司法解释二	第29条【违约金的数额及其调整:适当减少】	★	1035

第78条【合同变更内容约定不明确的处理】 ★★

当事人对合同变更的内容约定不明确的,推定为未变更。

一、主要适用的案由及其相关度

案由编号	主要适用的案由	相关度
M4.10.74	买卖合同纠纷	★★★★★

案由编号	主要适用的案由	相关度
M4.10	合同纠纷	★★★
M4.10.89.4	民间借贷纠纷	★★★
M4.10.97	租赁合同纠纷	★★
M4.10.97.2	房屋租赁合同纠纷	★★★
M4.10.119	农村土地承包合同纠纷	★
M4.10.82	房屋买卖合同纠纷	★
M4.10.100.3	建设工程施工合同纠纷	★
M4.10.89.1	金融借款合同纠纷	★
M4.10.87	供用热力合同纠纷	★

二、同时适用的法条及其相关度

	同时适用的法条	相关度
合同法	第60条【合同履行的原则】	★★★★★
	第77条【变更合同的条件与要求】	★★★★★
	第8条【依法成立的合同的法律约束力】	★★★★
	第107条【合同约束力:违约责任】	★★★★
	第44条【合同的生效】	★★
	第114条【违约金的约定及其调整】	★★
	第61条【合同内容约定不明确的处理规则:合同漏洞的填补】	★
	第84条【合同义务的转移】	★
	第93条【合同的约定解除:协商一致;约定条件成就】	★
	第94条【合同的法定解除;法定解除权】	★
	第96条【合同解除权的行使规则】	★
	第97条【合同解除的法律后果】	★
	第109条【违约责任的承担:付款义务的继续履行】	★

	同时适用的法条	相关度	
合同法	第 130 条【买卖合同的定义】	★	0209
	第 159 条【买受人应支付价款的数额认定】	★	
	第 161 条【买受人支付价款的时间】	★	
	第 206 条【借款期限的认定】	★	
	第 207 条【逾期还款的责任承担:支付利息】	★	
	第 212 条【租赁合同的定义】	★	
	第 226 条【承租人租金支付期限的确定规则】	★	
民法通则	第 84 条【债的定义】	★	0916
	第 108 条【债务清偿:分期偿还、强制偿还】	★	

第 79 条【债权人不得转让合同权利的情形】 ★★★★

债权人可以将合同的权利全部或者部分转让给第三人,但有下列情形之一的除外:

(一) 根据合同性质不得转让;

(二) 按照当事人约定不得转让;

(三) 依照法律规定不得转让。

■ 一、主要适用的案由及其相关度

案由编号	主要适用的案由	相关度
M4.10.70	债权转让合同纠纷	★★★★★
M4.10.74	买卖合同纠纷	★★
M4.10.89	借款合同纠纷	★
M4.10.89.1	金融借款合同纠纷	★★
M4.10.89.4	民间借贷纠纷	★★★★
M4.10.89.7	金融不良债权追偿纠纷	★
M4.10	合同纠纷	★

二、同时适用的法条及其相关度

	同时适用的法条	相关度
合同法	第 80 条【债权人转让债权的通知义务】	★★★★★
	第 60 条【合同履行的原则】	★★★
	第 81 条【债权转让从权利一并转让】	★★★
	第 107 条【合同约束力;违约责任】	★★★
	第 205 条【借款利息支付期限的确定】	★★★
	第 206 条【借款期限的认定】	★★★
	第 207 条【逾期还款的责任承担:支付利息】	★★★
	第 8 条【依法成立的合同的法律约束力】	★★
	第 196 条【借款合同定义】	★★
	第 211 条【自然人之间借款合同利息的规制】	★★
	第 44 条【合同的生效】	★
	第 82 条【债务抗辩转移】	★
	第 109 条【违约责任的承担:付款义务的继续履行】	★
	第 114 条【违约金的约定及其调整】	★
	第 159 条【买受人应支付价款的数额认定】	★
	第 161 条【买受人支付价款的时间】	★
担保法	第 18 条【连带责任保证的定义;连带责任的承担】	★★★★★
	第 21 条【保证担保的范围;没有约定、约定不明时的担保范围】	★★★★
	第 22 条【主债权转让时保证人的保证责任】	★★★
	第 31 条【保证人的追偿权】	★★★
	第 19 条【保证方式不明时的连带责任担保】	★★
	第 33 条【抵押、抵押权人、抵押人以及抵押物的概念】	★★
	第 6 条【保证的定义】	★
	第 12 条【多人保证责任的承担】	★

	同时适用的法条	相关度	
民法通则	第14条【保证合同的分别订立与合并订立】	★	0916
	第26条【连带责任保证的保证期间】	★	
	第53条【抵押权实现的方式和程序】	★	
	第84条【债的定义】	★★★	
	第108条【债务清偿:分期偿还、强制偿还】	★★★	
	第90条【借贷关系】	★★	
物权法	第176条【混合担保规则】	★	0927
	第179条【抵押权的界定】	★	
	第195条【抵押权实现的条件、方式和程序】	★	
	第203条【最高额抵押规则】	★	
婚姻法司法解释二	第24条【离婚时夫妻一方所欠债务的处理】	★★★	1022
收购、管理、处置国有银行不良贷款形成的资产案件规定	第6条【金融资产管理公司受让国有银行债权后原债权银行履行通知义务的方式;债务人以原债权银行转让债权未履行通知义务为由进行抗辩的处理】	★	1060

第80条【债权人转让债权的通知义务】 ★★★★

债权人转让权利的,应当通知债务人。未经通知,该转让对债务人不发生效力。

债权人转让权利的通知不得撤销,但经受让人同意的除外。

■ 一、主要适用的案由及其相关度

案由编号	主要适用的案由	相关度
M4.10.70	债权转让合同纠纷	★★★★★
M4.10.74	买卖合同纠纷	★★

案由编号	主要适用的案由	相关度
M4.10.89	借款合同纠纷	★★
M4.10.89.1	金融借款合同纠纷	★★
M4.10.89.4	民间借贷纠纷	★★★★
M4.10.89.7	金融不良债权追偿纠纷	★
M4.10	合同纠纷	★

二、同时适用的法条及其相关度

	同时适用的法条	相关度
合同法	第79条【债权人不得转让合同权利的情形】	★★★★★
	第206条【借款期限的认定】	★★★★
	第60条【合同履行的原则】	★★★
	第81条【债权转让从权利一并转让】	★★★
	第107条【合同约束力;违约责任】	★★★
	第205条【借款利息支付期限的确定】	★★★
	第207条【逾期还款的责任承担:支付利息】	★★★
	第8条【依法成立的合同的法律约束力】	★★
	第44条【合同的生效】	★★
	第82条【债务抗辩转移】	★★
	第109条【违约责任的承担:付款义务的继续履行】	★★
	第196条【借款合同定义】	★★
	第211条【自然人之间借款合同利息的规制】	★★
	第114条【违约金的约定及其调整】	★
	第159条【买受人应支付价款的数额认定】	★
	第161条【买受人支付价款的时间】	★
	第210条【自然人之间借款合同的生效:提供借款时】	★

	同时适用的法条	相关度	
担保法	第18条【连带责任保证的定义;连带责任的承担】	★★★	0909
	第21条【保证担保的范围;没有约定、约定不明时的担保范围】	★★★	
	第19条【保证方式不明时的连带责任担保】	★★	
	第22条【主债权转让时保证人的保证责任】	★★	
	第31条【保证人的追偿权】	★★	
	第33条【抵押、抵押权人、抵押人以及抵押物的概念】	★	
民法通则	第84条【债的定义】	★★	0916
	第90条【借贷关系】	★★	
	第108条【债务清偿:分期偿还、强制偿还】	★★	
物权法	第179条【抵押权的界定】	★	0927
婚姻法司法解释二	第24条【离婚时夫妻一方所欠债务的处理】	★★	1022

第81条【债权转让从权利一并转让】　　★★★★

债权人转让权利的,受让人取得与债权有关的从权利,但该从权利专属于债权人自身的除外。

■ 一、主要适用的案由及其相关度

案由编号	主要适用的案由	相关度
M4.10.70	债权转让合同纠纷	★★★★★
M4.10.89	借款合同纠纷	★★
M4.10.89.1	金融借款合同纠纷	★★★
M4.10.89.4	民间借贷纠纷	★★★★
M4.10.89.7	金融不良债权追偿纠纷	★★★
M4.10.74	买卖合同纠纷	★★

0398 合同、无因管理、不当得利纠纷

案由编号	主要适用的案由	相关度
M4.10.98	融资租赁合同纠纷	★
M4.10	合同纠纷	★
M4.10.126	追偿权纠纷	★

■ 二、同时适用的法条及其相关度

		同时适用的法条	相关度
0209	合同法	第79条【债权人不得转让合同权利的情形】	★★★★★
		第80条【债权人转让债权的通知义务】	★★★★★
		第206条【借款期限的认定】	★★★★
		第60条【合同履行的原则】	★★★
		第107条【合同约束力;违约责任】	★★★
		第205条【借款利息支付期限的确定】	★★★
		第207条【逾期还款的责任承担:支付利息】	★★★
		第196条【借款合同定义】	★★
		第8条【依法成立的合同的法律约束力】	★
		第82条【债务抗辩转移】	★
		第114条【违约金的约定及其调整】	★
		第211条【自然人之间借款合同利息的规制】	★
0909	担保法	第18条【连带责任保证的定义;连带责任的承担】	★★★
		第21条【保证担保的范围;没有约定、约定不明时的担保范围】	★★★
		第31条【保证人的追偿权】	★★★
		第22条【主债权转让时保证人的保证责任】	★★
		第33条【抵押、抵押权人、抵押人以及抵押物的概念】	★
0916	民法通则	第108条【债务清偿:分期偿还、强制偿还】	★★
		第84条【债的定义】	★

	同时适用的法条	相关度	
物权法	第 179 条【抵押权的界定】	★	0927

第 82 条【债务抗辩转移】 ★★★

债务人接到债权转让通知后,债务人对让与人的抗辩,可以向受让人主张。

■ 一、主要适用的案由及其相关度

案由编号	主要适用的案由	相关度
M4.10.70	债权转让合同纠纷	★★★★★
M4.10.89	借款合同纠纷	★★
M4.10.89.1	金融借款合同纠纷	★★★
M4.10.89.4	民间借贷纠纷	★★★
M4.10.74	买卖合同纠纷	★★
M4.10	合同纠纷	★

■ 二、同时适用的法条及其相关度

	同时适用的法条	相关度	
合同法	第 80 条【债权人转让债权的通知义务】	★★★★★	0209
	第 79 条【债权人不得转让合同权利的情形】	★★★★	
	第 81 条【债权转让从权利一并转让】	★★★	
	第 205 条【借款利息支付期限的确定】	★★★	
	第 206 条【借款期限的认定】	★★★	
	第 207 条【逾期还款的责任承担:支付利息】	★★★	
	第 60 条【合同履行的原则】	★★	
	第 107 条【合同约束力:违约责任】	★★	
	第 211 条【自然人之间借款合同利息的规制】	★	

合同、无因管理、不当得利纠纷

		同时适用的法条	相关度
0909	担保法	第18条【连带责任保证的定义;连带责任的承担】	★★★
		第19条【保证方式不明时的连带责任担保】	★★★
		第22条【主债权转让时保证人的保证责任】	★★
0916	民法通则	第108条【债务清偿:分期偿还、强制偿还】	★

第83条【债权转让中债务人的抵销权】 ★★

债务人接到债权转让通知时,债务人对让与人享有债权,并且债务人的债权先于转让的债权到期或者同时到期的,债务人可以向受让人主张抵销。

■ 一、主要适用的案由及其相关度

案由编号	主要适用的案由	相关度
M4.10.70	债权转让合同纠纷	★★★★★
M4.10.89.4	民间借贷纠纷	★★★
M4.10.74	买卖合同纠纷	★★
M4.10	合同纠纷	★

■ 二、同时适用的法条及其相关度

		同时适用的法条	相关度
0209	合同法	第79条【债权人不得转让合同权利的情形】	★★★★★
		第80条【债权人转让债权的通知义务】	★★★★★
		第82条【债务抗辩转移】	★★★★★
		第81条【债权转让从权利一并转让】	★★★★
		第60条【合同履行的原则】	★★★
		第107条【合同约束力;违约责任】	★★★
		第206条【借款期限的认定】	★★
		第8条【依法成立的合同的法律约束力】	★

	同时适用的法条	相关度	
合同法	第44条【合同的生效】	★	0209
	第84条【合同义务的转移】	★	
	第85条【债务人转让义务时新债务人同时获得对于债权人的抗辩权】	★	
	第86条【从债务随主债务转移、从债务专属于原债务人的除外】	★	
	第87条【债权转让或债务转移的审批、登记】	★	
	第88条【合同权利义务的概括转移、概括承受】	★	
	第89条【合同权利和义务一并转让应当适用的有关条款】	★	
	第99条【法定的债务抵销】	★	
	第207条【逾期还款的责任承担：支付利息】	★	
	第211条【自然人之间借款合同利息的规制】	★	
担保法	第18条【连带责任保证的定义；连带责任的承担】	★	0909
	第19条【保证方式不明时的连带责任担保】	★	
	第21条【保证担保的范围；没有约定、约定不明时的担保范围】	★	
	第31条【保证人的追偿权】	★	
民法通则	第108条【债务清偿：分期偿还、强制偿还】	★	0916
婚姻法司法解释二	第24条【离婚时夫妻一方所欠债务的处理】	★	1022

第84条【合同义务的转移】 ★★★★

债务人将合同的义务全部或者部分转移给第三人的,应当经债权人同意。

0402 合同、无因管理、不当得利纠纷

▓ 一、主要适用的案由及其相关度

案由编号	主要适用的案由	相关度
M4.10.71	债务转移合同纠纷	★★★★
M4.10.74	买卖合同纠纷	★★★
M4.10	合同纠纷	★★
M4.10.89	借款合同纠纷	★★
M4.10.89.1	金融借款合同纠纷	★★
M4.10.89.4	民间借贷纠纷	★★★★★
M4.10.122	劳务合同纠纷	★

▓ 二、同时适用的法条及其相关度

	同时适用的法条	相关度
合同法	第60条【合同履行的原则】	★★★★★
	第107条【合同约束力:违约责任】	★★★★★
	第206条【借款期限的认定】	★★★★★
	第207条【逾期还款的责任承担:支付利息】	★★★★
	第8条【依法成立的合同的法律约束力】	★★★
	第86条【从债务随主债务转移、从债务专属于原债务人的除外】	★★★
	第109条【违约责任的承担:付款义务的继续履行】	★★★
	第196条【借款合同定义】	★★★
	第205条【借款利息支付期限的确定】	★★★
	第211条【自然人之间借款合同利息的规制】	★★★
	第44条【合同的生效】	★★
	第80条【债权人转让债权的通知义务】	★★
	第85条【债务人转让义务时新债务人同时获得对于债权人的抗辩权】	★★

	同时适用的法条	相关度	
合同法	第114条【违约金的约定及其调整】	★★	0209
	第130条【买卖合同的定义】	★★	
	第159条【买受人应支付价款的数额认定】	★★	
	第161条【买受人支付价款的时间】	★★	
	第77条【变更合同的条件与要求】	★	
	第79条【债权人不得转让合同权利的情形】	★	
	第88条【合同权利义务的概括转移、概括承受】	★	
	第108条【预期违约责任】	★	
	第210条【自然人之间借款合同的生效:提供借款时】	★	
民法通则	第108条【债务清偿:分期偿还、强制偿还】	★★★★	0916
	第84条【债的定义】	★★★	
	第90条【借贷关系】	★★	
担保法	第18条【连带责任保证的定义;连带责任的承担】	★★★	0909
	第19条【保证方式不明时的连带责任担保】	★★	
	第21条【保证担保的范围;没有约定、约定不明时的担保范围】	★★	
	第31条【保证人的追偿权】	★★	
婚姻法司法解释二	第24条【离婚时夫妻一方所欠债务的处理】	★★	1022

第85条【债务人转让义务时新债务人同时获得对于债权人的抗辩权】

★★

债务人转移义务的,新债务人可以主张原债务人对债权人的抗辩。

一、主要适用的案由及其相关度

案由编号	主要适用的案由	相关度
M4.10.89.4	民间借贷纠纷	★★★★★
M4.10.71	债务转移合同纠纷	★★★★★
M4.10.74	买卖合同纠纷	★★
M4.10	合同纠纷	★

二、同时适用的法条及其相关度

		同时适用的法条	相关度
0209	合同法	第84条【合同义务的转移】	★★★★★
		第60条【合同履行的原则】	★★★
		第86条【从债务随主债务转移、从债务专属于原债务人的除外】	★★★
		第107条【合同约束力:违约责任】	★★★
		第206条【借款期限的认定】	★★
		第8条【依法成立的合同的法律约束力】	★
		第79条【债权人不得转让合同权利的情形】	★
		第88条【合同权利义务的概括转移、概括承受】	★
		第109条【违约责任的承担:付款义务的继续履行】	★
		第114条【违约金的约定及其调整】	★
		第205条【借款利息支付期限的确定】	★
		第207条【逾期还款的责任承担:支付利息】	★
		第211条【自然人之间借款合同利息的规制】	★
0916	民法通则	第84条【债的定义】	★
		第108条【债务清偿:分期偿还、强制偿还】	★

第86条【从债务随主债务转移、从债务专属于原债务人的除外】 ★★

债务人转移义务的,新债务人应当承担与主债务有关的从债务,但该从债务专属于原债务人自身的除外。

一、主要适用的案由及其相关度

案由编号	主要适用的案由	相关度
M4.10.71	债务转移合同纠纷	★★★★★
M4.10.74	买卖合同纠纷	★★★
M4.10.89	借款合同纠纷	★★
M4.10.89.1	金融借款合同纠纷	★
M4.10.89.4	民间借贷纠纷	★★★★★
M4.10	合同纠纷	★
M4.10.122	劳务合同纠纷	★

二、同时适用的法条及其相关度

	同时适用的法条	相关度	
合同法	第84条【合同义务的转移】	★★★★★	0209
	第60条【合同履行的原则】	★★★	
	第107条【合同约束力;违约责任】	★★★	
	第206条【借款期限的认定】	★★★	
	第85条【债务人转让义务时新债务人同时获得对于债权人的抗辩权】	★★	
	第207条【逾期还款的责任承担;支付利息】	★★	
	第8条【依法成立的合同的法律约束力】	★	
	第88条【合同权利义务的概括转移、概括承受】	★	
	第196条【借款合同定义】	★	
	第205条【借款利息支付期限的确定】	★	
	第211条【自然人之间借款合同利息的规制】	★	
民法通则	第108条【债务清偿:分期偿还、强制偿还】	★★	0916
	第84条【债的定义】	★	
担保法	第18条【连带责任保证的定义;连带责任的承担】	★	0909

合同、无因管理、不当得利纠纷

第87条【债权转让或债务转移的审批、登记】 ★

法律、行政法规规定转让权利或者转移义务应当办理批准、登记等手续的,依照其规定。

一、主要适用的案由及其相关度

案由编号	主要适用的案由	相关度
M4.10.89.4	民间借贷纠纷	
M4.10.74	买卖合同纠纷	
M4.10.122	劳务合同纠纷	
M6.17	劳动争议	
M4.10.82	房屋买卖合同纠纷	
M3.5.38	财产损害赔偿纠纷	
M4.10	合同纠纷	
M4.10.70	债权转让合同纠纷	
M10.43.422	案外人执行异议之诉	
M8.21.249	股权转让纠纷	

二、同时适用的法条及其相关度

	同时适用的法条	相关度
合同法	第60条【合同履行的原则】	★★★★★
	第79条【债权人不得转让合同权利的情形】	★★★★★
	第81条【债权转让从权利一并转让】	★★★★
	第82条【债务抗辩转移】	★★★
	第83条【债权转让中债务人的抵销权】	★★★
	第85条【债务人转让义务时新债务人同时获得对于债权人的抗辩权】	★★★
	第86条【从债务随主债务转移、从债务专属于原债务人的除外】	★★★

	同时适用的法条	相关度	
合同法	第88条【合同权利义务的概括转移、概括承受】	★★★	0209
	第89条【合同权利和义务一并转让应当适用的有关条款】	★★★	
	第107条【合同约束力:违约责任】	★★★	
	第196条【借款合同定义】	★★★	
	第205条【借款利息支付期限的确定】	★★★	
	第206条【借款期限的认定】	★★★	
	第207条【逾期还款的责任承担:支付利息】	★★★	
	第4条【合同自愿原则】	★★	
	第44条【合同的生效】	★★	
	第80条【债权人转让债权的通知义务】	★★	
	第94条【合同的法定解除;法定解除权】	★★	
	第211条【自然人之间借款合同利息的规制】	★★	
	第6条【诚实信用原则】	★	
	第8条【依法成立的合同的法律约束力】	★	
	第40条【格式条款无效情形】	★	
	第46条【附期限的合同】	★	
	第47条【限制民事行为能力人订立合同的效力】	★	
	第48条【无权代理人订立合同的法律后果】	★	
	第84条【合同义务的转移】	★	
	第114条【违约金的约定及其调整】	★	
	第210条【自然人之间借款合同的生效:提供借款时】	★	
民法通则	第87条【连带债权与连带债务】	★	0916
	第144条【不动产所有权的法律适用:不动产所有权适用不动产所在地法律】	★	

		同时适用的法条	相关度
1023	审理民间借贷案件规定	第29条【逾期利率的处理规则】	★★
		第26条【民间借贷年利率的限定】	★

第88条【合同权利义务的概括转移、概括承受】 ★★

当事人一方经对方同意，可以将自己在合同中的权利和义务一并转让给第三人。

一、主要适用的案由及其相关度

案由编号	主要适用的案由	相关度
M4.10.74	买卖合同纠纷	★★★★★
M4.10	合同纠纷	★★★
M4.10.82	房屋买卖合同纠纷	★★★
M4.10.82.2	商品房预售合同纠纷	★
M4.10.97	租赁合同纠纷	★★★
M4.10.97.1	土地租赁合同纠纷	★
M4.10.97.2	房屋租赁合同纠纷	★★★★★
M4.10.115	农业承包合同纠纷	★★
M4.10.72	债权债务概括转移合同纠纷	★★
M4.10.70	债权转让合同纠纷	★★
M4.10.71	债务转移合同纠纷	★★
M4.10.119	农村土地承包合同纠纷	★
M4.10.100.3	建设工程施工合同纠纷	★
M4.10.98	融资租赁合同纠纷	★
M4.10.126	追偿权纠纷	★
M4.10.83	房屋拆迁安置补偿合同纠纷	★
M4.10.99	承揽合同纠纷	★
M4.10.122	劳务合同纠纷	★

案由编号	主要适用的案由	相关度
M4.10.89	借款合同纠纷	★
M4.10.89.1	金融借款合同纠纷	★
M4.10.89.4	民间借贷纠纷	★★★
M4.10.120.15	物业服务合同纠纷	★

二、同时适用的法条及其相关度

	同时适用的法条	相关度
合同法	第60条【合同履行的原则】	★★★★★
	第107条【合同约束力;违约责任】	★★★★★
	第8条【依法成立的合同的法律约束力】	★★★
	第89条【合同权利和义务一并转让应当适用的有关条款】	★★★
	第114条【违约金的约定及其调整】	★★★
	第44条【合同的生效】	★★
	第79条【债权人不得转让合同权利的情形】	★★
	第84条【合同义务的转移】	★★
	第94条【合同的法定解除;法定解除权】	★★
	第97条【合同解除的法律后果】	★★
	第109条【违约责任的承担:付款义务的继续履行】	★★
	第206条【借款期限的认定】	★★
	第212条【租赁合同的定义】	★★
	第80条【债权人转让债权的通知义务】	★
	第93条【合同的约定解除:协商一致;约定条件成就】	★
	第207条【逾期还款的责任承担:支付利息】	★

		同时适用的法条	相关度
0209	合同法	第226条【承租人租金支付期限的确定规则】	★
		第227条【出租人的租金支付请求权以及合同解除权】	★
0909	担保法	第18条【连带责任保证的定义;连带责任的承担】	★
		第21条【保证担保的范围;没有约定、约定不明时的担保范围】	★
0916	民法通则	第84条【债的定义】	★

第89条【合同权利和义务一并转让应当适用的有关条款】 ★★

权利和义务一并转让的,适用本法第七十九条、第八十一条至第八十三条、第八十五条至第八十七条的规定。

一、主要适用的案由及其相关度

案由编号	主要适用的案由	相关度
M4.10.74	买卖合同纠纷	★★★★★
M4.10.74.1	分期付款买卖合同纠纷	★
M4.10	合同纠纷	★★★★★
M4.10.97	租赁合同纠纷	★★★★
M4.10.97.2	房屋租赁合同纠纷	★★★
M4.10.82	房屋买卖合同纠纷	★★★
M4.10.82.1	商品房预约合同纠纷	★★★
M4.10.82.2	商品房预售合同纠纷	★
M4.10.82.3	商品房销售合同纠纷	★
M4.10.70	债权转让合同纠纷	★★★
M4.10.72	债权债务概括转移合同纠纷	★★★
M4.10.67.2	确认合同无效纠纷	★★
M4.10.71	债务转移合同纠纷	★
M4.10.122	劳务合同纠纷	★

案由编号	主要适用的案由	相关度
M4.10.89	借款合同纠纷	★
M4.10.89.1	金融借款合同纠纷	★
M4.10.89.4	民间借贷纠纷	★★
M3.5.38	财产损害赔偿纠纷	★
M4.10.98	融资租赁合同纠纷	★
M4.10.100	建设工程合同纠纷	★
M4.10.100.3	建设工程施工合同纠纷	★★
M4.10.126	追偿权纠纷	★

■ 二、同时适用的法条及其相关度

	同时适用的法条	相关度
合同法	第88条【合同权利义务的概括转移、概括承受】	★★★★★
	第60条【合同履行的原则】	★★★★
	第107条【合同约束力;违约责任】	★★★★
	第8条【依法成立的合同的法律约束力】	★★
	第79条【债权人不得转让合同权利的情形】	★★
	第84条【合同义务的转移】	★★
	第44条【合同的生效】	★
	第52条【合同无效的法定情形】	★
	第77条【变更合同的条件与要求】	★
	第80条【债权人转让债权的通知义务】	★
	第81条【债权转让从权利一并转让】	★
	第82条【债务抗辩转移】	★
	第83条【债权转让中债务人的抵销权】	★

		同时适用的法条	相关度
0209	合同法	第85条【债务人转让义务时新债务人同时获得对于债权人的抗辩权】	★
		第86条【从债务随主债务转移、从债务专属于原债务人的除外】	★
		第87条【债权转让或债务转移的审批、登记】	★
		第93条【合同的约定解除：协商一致；约定条件成就】	★
		第94条【合同的法定解除；法定解除权】	★
		第109条【违约责任的承担：付款义务的继续履行】	★
		第114条【违约金的约定及其调整】	★
		第206条【借款期限的认定】	★
		第207条【逾期还款的责任承担：支付利息】	★
0909	担保法	第18条【连带责任保证的定义；连带责任的承担】	★
0916	民法通则	第4条【民事活动的基本原则：自愿、公平、等价有偿、诚实信用】	★
		第91条【合同权利、义务的转让】	★

第90条【当事人合并或分立后合同权利义务的承担】 ★★★

当事人订立合同后合并的，由合并后的法人或者其他组织行使合同权利，履行合同义务。当事人订立合同后分立的，除债权人和债务人另有约定的以外，由分立的法人或者其他组织对合同的权利和义务享有连带债权，承担连带债务。

■ 一、主要适用的案由及其相关度

案由编号	主要适用的案由	相关度
M4.10.97	租赁合同纠纷	★★
M4.10.89	借款合同纠纷	★★
M4.10.89.1	金融借款合同纠纷	★★★★★

案由编号	主要适用的案由	相关度
M4.10.89.4	民间借贷纠纷	★★★
M4.10.89.5	小额借款合同纠纷	★★★
M4.10.74	买卖合同纠纷	★★

二、同时适用的法条及其相关度

	同时适用的法条	相关度	
合同法	第205条【借款利息支付期限的确定】	★★★★★	0209
合同法	第206条【借款期限的认定】	★★★★★	
合同法	第207条【逾期还款的责任承担:支付利息】	★★★★★	
合同法	第60条【合同履行的原则】	★★★★	
合同法	第107条【合同约束力;违约责任】	★★★★	
合同法	第8条【依法成立的合同的法律约束力】	★★★	
合同法	第114条【违约金的约定及其调整】	★★	
合同法	第196条【借款合同定义】	★★	
合同法	第44条【合同的生效】	★	
合同法	第76条【合同继续有效的情形:名称变更、负责人变动】	★	
合同法	第108条【预期违约责任】	★	
担保法	第18条【连带责任保证的定义;连带责任的承担】	★★★★	0909
担保法	第21条【保证担保的范围;没有约定、约定不明时的担保范围】	★★★	
担保法	第6条【保证的定义】	★★	
担保法	第31条【保证人的追偿权】	★★	
担保法	第12条【多人保证责任的承担】	★	

		同时适用的法条	相关度
0916	民法通则	第111条【违约履行合同义务的后果:继续履行;补救;赔偿损失】	★★
		第4条【民事活动的基本原则:自愿、公平、等价有偿、诚实信用】	★
		第84条【债的定义】	★
		第90条【借贷关系】	★
		第108条【债务清偿:分期偿还、强制偿还】	★
1022	婚姻法司法解释二	第24条【离婚时夫妻一方所欠债务的处理】	★

第六章 合同的权利义务终止

第91条【合同权利义务终止的法定情形】 ★★★

有下列情形之一的,合同的权利义务终止:

(一)债务已经按照约定履行;

(二)合同解除;

(三)债务相互抵销;

(四)债务人依法将标的物提存;

(五)债权人免除债务;

(六)债权债务同归于一人;

(七)法律规定或者当事人约定终止的其他情形。

■ 一、主要适用的案由及其相关度

案由编号	主要适用的案由	相关度
M4.10	合同纠纷	★★★★
M8.20.236	挂靠经营合同纠纷	★★★★
M4.10.74	买卖合同纠纷	★★★★
M4.10.97	租赁合同纠纷	★★★
M4.10.97.2	房屋租赁合同纠纷	★★★★★

案由编号	主要适用的案由	相关度
M4.10.82	房屋买卖合同纠纷	★★
M4.10.82.2	商品房预售合同纠纷	★
M4.10.104	委托合同纠纷	★★
M4.10.120	服务合同纠纷	★★
M4.10.119	农村土地承包合同纠纷	★★
M4.10.100.3	建设工程施工合同纠纷	★
M4.10.83	房屋拆迁安置补偿合同纠纷	★
M4.10.89	借款合同纠纷	★
M4.10.89.1	金融借款合同纠纷	★★★★
M4.10.89.4	民间借贷纠纷	★★★
M4.10.115	农业承包合同纠纷	★

二、同时适用的法条及其相关度

	同时适用的法条	相关度
合同法	第60条【合同履行的原则】	★★★★★
	第107条【合同约束力；违约责任】	★★★★
	第8条【依法成立的合同的法律约束力】	★★★
	第44条【合同的生效】	★★★
	第93条【合同的约定解除；协商一致；约定条件成就】	★★★
	第94条【合同的法定解除；法定解除权】	★★★
	第97条【合同解除的法律后果】	★★★
	第98条【结算条款、清理条款效力的独立性】	★★★
	第6条【诚实信用原则】	★★
	第92条【后合同义务】	★★
	第114条【违约金的约定及其调整】	★★

		同时适用的法条	相关度
0209	合同法	第205条【借款利息支付期限的确定】	★★
		第206条【借款期限的认定】	★★
		第207条【逾期还款的责任承担:支付利息】	★★
		第212条【租赁合同的定义】	★★
		第235条【租赁期间届满承租人的租赁物返还义务、返还的租赁物的应有状态】	★★
		第96条【合同解除权的行使规则】	★
		第109条【违约责任的承担:付款义务的继续履行】	★
		第196条【借款合同定义】	★
		第226条【承租人租金支付期限的确定规则】	★
0909	担保法	第18条【连带责任保证的定义;连带责任的承担】	★★
		第12条【多人保证责任的承担】	★
		第21条【保证担保的范围;没有约定、约定不明时的担保范围】	★
		第31条【保证人的追偿权】	★

第92条【后合同义务】 ★★

合同的权利义务终止后,当事人应当遵循诚实信用原则,根据交易习惯履行通知、协助、保密等义务。

一、主要适用的案由及其相关度

案由编号	主要适用的案由	相关度
M4.10	合同纠纷	★★★★
M8.20.236	挂靠经营合同纠纷	★★★★
M4.10.97	租赁合同纠纷	★★★★
M4.10.97.2	房屋租赁合同纠纷	★★★★★
M4.10.104	委托合同纠纷	★★★
M4.10.82	房屋买卖合同纠纷	★★★

案由编号	主要适用的案由	相关度
M4.10.82.2	商品房预售合同纠纷	★★
M4.10.82.3	商品房销售合同纠纷	★
M4.10.74	买卖合同纠纷	★★★
M4.10.74.1	分期付款买卖合同纠纷	★
M4.10.122	劳务合同纠纷	★★
M4.10.89.1	金融借款合同纠纷	★
M4.10.115	农业承包合同纠纷	★
M4.10.119	农村土地承包合同纠纷	★
M4.11.128	不当得利纠纷	★

二、同时适用的法条及其相关度

	同时适用的法条	相关度
合同法	第60条【合同履行的原则】	★★★★★
	第91条【合同权利义务终止的法定情形】	★★★★★
	第8条【依法成立的合同的法律约束力】	★★★
	第93条【合同的约定解除：协商一致；约定条件成就】	★★★
	第97条【合同解除的法律后果】	★★★
	第107条【合同约束力：违约责任】	★★★
	第44条【合同的生效】	★★
	第94条【合同的法定解除；法定解除权】	★★
	第235条【租赁期间届满承租人的租赁物返还义务、返还的租赁物的应有状态】	★★
	第6条【诚实信用原则】	★
	第96条【合同解除权的行使规则】	★

0209

		同时适用的法条	相关度
0209	合同法	第98条【结算条款、清理条款效力的独立性】	★
		第114条【违约金的约定及其调整】	★
		第212条【租赁合同的定义】	★
0927	物权法	第34条【权利人的返还原物请求权】	★★
		第36条【物权损害时的救济方式:修理、重作、更换或恢复原状的请求权】	★★
		第39条【所有权的内容】	★★
1047	民通意见	第1条【公民的民事权利能力自出生时开始:户籍证明、医院出具的出生证明、其他证明】	★★

第93条【合同的约定解除:协商一致;约定条件成就】 ★★★★

当事人协商一致,可以解除合同。

当事人可以约定一方解除合同的条件。解除合同的条件成就时,解除权人可以解除合同。

一、主要适用的案由及其相关度

案由编号	主要适用的案由	相关度
M4.10.89	借款合同纠纷	★★★
M4.10.89.1	金融借款合同纠纷	★★★★★
M4.10.89.4	民间借贷纠纷	★
M4.10.82	房屋买卖合同纠纷	★★★
M4.10.82.2	商品房预售合同纠纷	★★
M4.10.82.3	商品房销售合同纠纷	★★
M4.10.97	租赁合同纠纷	★★★
M4.10.97.2	房屋租赁合同纠纷	★★★★
M4.10	合同纠纷	★★★
M4.10.74	买卖合同纠纷	★★★
M8.20.236	挂靠经营合同纠纷	★★

案由编号	主要适用的案由	相关度
M4.10.98	融资租赁合同纠纷	★★
M4.10.119	农村土地承包合同纠纷	★
M4.10.119.6	土地承包经营权出租合同纠纷	★
M4.10.96.2	信用卡纠纷	★

■ 二、同时适用的法条及其相关度

	同时适用的法条	相关度
合同法	第60条【合同履行的原则】	★★★★★
	第97条【合同解除的法律后果】	★★★★★
	第107条【合同约束力;违约责任】	★★★★★
	第207条【逾期还款的责任承担;支付利息】	★★★★
	第8条【依法成立的合同的法律约束力】	★★★
	第44条【合同的生效】	★★★
	第94条【合同的法定解除;法定解除权】	★★★
	第96条【合同解除权的行使规则】	★★★
	第114条【违约金的约定及其调整】	★★★
	第205条【借款利息支付期限的确定】	★★★
	第206条【借款期限的认定】	★★★
	第98条【结算条款、清理条款效力的独立性】	★★
	第196条【借款合同定义】	★★
	第212条【租赁合同的定义】	★★
	第226条【承租人租金支付期限的确定规则】	★★
	第227条【出租人的租金支付请求权以及合同解除权】	★★
	第109条【违约责任的承担;付款义务的继续履行】	★

0420 合同、无因管理、不当得利纠纷

		同时适用的法条	相关度
0209	合同法	第113条【违约责任的承担:损失赔偿】	★
		第198条【借款合同中的担保及法律适用】	★
		第248条【承租人的租金支付义务、出租人的租金支付请求权以及合同解除权】	★
0909	担保法	第18条【连带责任保证的定义;连带责任的承担】	★★★
		第21条【保证担保的范围;没有约定、约定不明时的担保范围】	★★★
		第33条【抵押、抵押权人、抵押人以及抵押物的概念】	★★★
		第31条【保证人的追偿权】	★★
		第46条【抵押担保的范围】	★★
		第53条【抵押权实现的方式和程序】	★★
		第6条【保证的定义】	★
0927	物权法	第176条【混合担保规则】	★★
		第179条【抵押权的界定】	★★
		第195条【抵押权实现的条件、方式和程序】	★★
		第180条【可抵押财产的范围】	★
		第187条【不动产抵押权登记时设立】	★
0916	民法通则	第108条【债务清偿:分期偿还、强制偿还】	★
1022	婚姻法司法解释二	第24条【离婚时夫妻一方所欠债务的处理】	★★
1035	合同法司法解释二	第29条【违约金的数额及其调整:适当减少】	★
1024	担保法司法解释	第10条【主合同解除后担保人的责任】	★

第94条【合同的法定解除;法定解除权】　　★★★★

有下列情形之一的,当事人可以解除合同:

（一）因不可抗力致使不能实现合同目的;

（二）在履行期限届满之前,当事人一方明确表示或者以自己的行为表明不履行主要债务;

（三）当事人一方迟延履行主要债务,经催告后在合理期限内仍未履行;

（四）当事人一方迟延履行债务或者有其他违约行为致使不能实现合同目的;

（五）法律规定的其他情形。

■ 一、主要适用的案由及其相关度

案由编号	主要适用的案由	相关度
M4.10.74	买卖合同纠纷	★★★★★
M4.10	合同纠纷	★★★★★
M4.10.82	房屋买卖合同纠纷	★★★★
M4.10.82.1	商品房预约合同纠纷	★
M4.10.82.2	商品房预售合同纠纷	★★
M4.10.82.3	商品房销售合同纠纷	★★
M4.10.97	租赁合同纠纷	★★★★
M4.10.97.1	土地租赁合同纠纷	★
M4.10.97.2	房屋租赁合同纠纷	★★★★★
M8.20.236	挂靠经营合同纠纷	★★★
M4.10.89	借款合同纠纷	★★★
M4.10.89.1	金融借款合同纠纷	★★★★★
M4.10.89.4	民间借贷纠纷	★★★
M4.10.120	服务合同纠纷	★★
M4.10.120.14	教育培训合同纠纷	★
M4.10.99	承揽合同纠纷	★
M4.10.100.3	建设工程施工合同纠纷	★

案由编号	主要适用的案由	相关度
M4.10.119	农村土地承包合同纠纷	★
M4.10.119.6	土地承包经营权出租合同纠纷	★

二、同时适用的法条及其相关度

	同时适用的法条	相关度
合同法	第60条【合同履行的原则】	★★★★★
	第97条【合同解除的法律后果】	★★★★★
	第107条【合同约束力;违约责任】	★★★★★
	第8条【依法成立的合同的法律约束力】	★★★
	第44条【合同的生效】	★★★
	第96条【合同解除权的行使规则】	★★★
	第114条【违约金的约定及其调整】	★★★
	第205条【借款利息支付期限的确定】	★★★
	第206条【借款期限的认定】	★★★
	第207条【逾期还款的责任承担:支付利息】	★★★
	第93条【合同的约定解除:协商一致;约定条件成就】	★★
	第98条【结算条款、清理条款效力的独立性】	★★
	第108条【预期违约责任】	★★
	第109条【违约责任的承担:付款义务的继续履行】	★★
	第113条【违约责任的承担:损失赔偿】	★★
	第196条【借款合同定义】	★★
	第212条【租赁合同的定义】	★★
	第226条【承租人租金支付期限的确定规则】	★★

	同时适用的法条	相关度	
合同法	第227条【出租人的租金支付请求权以及合同解除权】	★★	0209
	第6条【诚实信用原则】	★	
	第115条【定金罚则】	★	
	第130条【买卖合同的定义】	★	
担保法	第18条【连带责任保证的定义;连带责任的承担】	★★	0909
	第21条【保证担保的范围;没有约定、约定不明时的担保范围】	★★	
	第31条【保证人的追偿权】	★★	
	第33条【抵押、抵押权人、抵押人以及抵押物的概念】	★★	
	第46条【抵押担保的范围】	★	
	第53条【抵押权实现的方式和程序】	★	
民法通则	第108条【债务清偿:分期偿还、强制偿还】	★★	0916
	第84条【债的定义】	★	
合同法司法解释二	第29条【违约金的数额及其调整:适当减少】	★	1035

第95条【解除权行使期限】 ★★

法律规定或者当事人约定解除权行使期限,期限届满当事人不行使的,该权利消灭。

法律没有规定或者当事人没有约定解除权行使期限,经对方催告后在合理期限内不行使的,该权利消灭。

■ 一、主要适用的案由及其相关度

案由编号	主要适用的案由	相关度
M4.10.82	房屋买卖合同纠纷	★★★★★
M4.10.82.2	商品房预售合同纠纷	★★★★★

案由编号	主要适用的案由	相关度
M4.10.82.3	商品房销售合同纠纷	★★★★
M4.10.74	买卖合同纠纷	★★★
M4.10.97	租赁合同纠纷	★★
M4.10.97.2	房屋租赁合同纠纷	★★★
M4.10.89.1	金融借款合同纠纷	★★
M4.10	合同纠纷	★

■ 二、同时适用的法条及其相关度

	同时适用的法条	相关度
合同法	第60条【合同履行的原则】	★★★★★
	第93条【合同的约定解除:协商一致;约定条件成就】	★★★★★
	第94条【合同的法定解除;法定解除权】	★★★★★
	第96条【合同解除权的行使规则】	★★★★★
	第97条【合同解除的法律后果】	★★★★
	第8条【依法成立的合同的法律约束力】	★★★
	第107条【合同约束力:违约责任】	★★★
	第44条【合同的生效】	★★
	第114条【违约金的约定及其调整】	★★
	第227条【出租人的租金支付请求权以及合同解除权】	★★
	第6条【诚实信用原则】	★
	第52条【合同无效的法定情形】	★
	第205条【借款利息支付期限的确定】	★
	第206条【借款期限的认定】	★
	第207条【逾期还款的责任承担:支付利息】	★

	同时适用的法条	相关度	
商品房买卖合同纠纷司法解释	第15条【延迟交付房屋或者延迟支付购房款时的购房合同解除权】	★★★★	1042

第96条【合同解除权的行使规则】 ★★★★

当事人一方依照本法第九十三条第二款、第九十四条的规定主张解除合同的,应当通知对方。合同自通知到达对方时解除。对方有异议的,可以请求人民法院或者仲裁机构确认解除合同的效力。

法律、行政法规规定解除合同应当办理批准、登记等手续的,依照其规定。

■ 一、主要适用的案由及其相关度

案由编号	主要适用的案由	相关度
M4.10.97	租赁合同纠纷	★★★
M4.10.97.2	房屋租赁合同纠纷	★★★★★
M4.10.89	借款合同纠纷	★★★
M4.10.89.1	金融借款合同纠纷	★★★
M4.10.89.4	民间借贷纠纷	★
M4.10.74	买卖合同纠纷	★★★
M4.10	合同纠纷	★★★
M4.10.82	房屋买卖合同纠纷	★★★
M4.10.82.2	商品房预售合同纠纷	★★
M4.10.82.3	商品房销售合同纠纷	★
M8.20.236	挂靠经营合同纠纷	★★
M4.10.98	融资租赁合同纠纷	★

二、同时适用的法条及其相关度

	同时适用的法条	相关度
合同法	第60条【合同履行的原则】	★★★★★
	第93条【合同的约定解除:协商一致;约定条件成就】	★★★★★
	第94条【合同的法定解除;法定解除权】	★★★★★
	第97条【合同解除的法律后果】	★★★★★
	第107条【合同约束力;违约责任】	★★★★
	第8条【依法成立的合同的法律约束力】	★★★
	第44条【合同的生效】	★★★
	第114条【违约金的约定及其调整】	★★★
	第207条【逾期还款的责任承担:支付利息】	★★★
	第98条【结算条款、清理条款效力的独立性】	★★
	第196条【借款合同定义】	★★
	第198条【借款合同中的担保及法律适用】	★★
	第205条【借款利息支付期限的确定】	★★
	第206条【借款期限的认定】	★★
	第212条【租赁合同的定义】	★★
	第226条【承租人租金支付期限的确定规则】	★★
	第227条【出租人的租金支付请求权以及合同解除权】	★★
	第108条【预期违约责任】	★
	第109条【违约责任的承担:付款义务的继续履行】	★
	第113条【违约责任的承担:损失赔偿】	★
	第235条【租赁期间届满承租人的租赁物返还义务、返还的租赁物的应有状态】	★

第二编 核心法律条文主要适用案由及关联法条索引

	同时适用的法条	相关度	
担保法	第18条【连带责任保证的定义；连带责任的承担】	★★	0909
担保法	第21条【保证担保的范围；没有约定、约定不明时的担保范围】	★★	
担保法	第6条【保证的定义】	★	
担保法	第31条【保证人的追偿权】	★	
物权法	第179条【抵押权的界定】	★★	0927
物权法	第195条【抵押权实现的条件、方式和程序】	★★	
物权法	第176条【混合担保规则】	★	
物权法	第180条【可抵押财产的范围】	★	
物权法	第185条【抵押合同的订立形式及其应包含的内容】	★	
担保法司法解释	第10条【主合同解除后担保人的责任】	★	1024

第97条【合同解除的法律后果】 ★★★★

合同解除后，尚未履行的，终止履行；已经履行的，根据履行情况和合同性质，当事人可以要求恢复原状、采取其他补救措施，并有权要求赔偿损失。

■ 一、主要适用的案由及其相关度

案由编号	主要适用的案由	相关度
M4.10.74	买卖合同纠纷	★★★★★
M4.10.82	房屋买卖合同纠纷	★★★★
M4.10.82.1	商品房预约合同纠纷	★
M4.10.82.2	商品房预售合同纠纷	★★★
M4.10.82.3	商品房销售合同纠纷	★★
M4.10.97	租赁合同纠纷	★★★
M4.10.97.2	房屋租赁合同纠纷	★★★★★

案由编号	主要适用的案由	相关度
M4.10	合同纠纷	★★★
M4.10.89	借款合同纠纷	★★★
M4.10.89.1	金融借款合同纠纷	★★★★
M4.10.89.4	民间借贷纠纷	★★
M8.20.236	挂靠经营合同纠纷	★★
M4.10.120	服务合同纠纷	★★
M4.10.98	融资租赁合同纠纷	★
M4.10.104	委托合同纠纷	★
M4.10.99	承揽合同纠纷	★
M4.10.100.3	建设工程施工合同纠纷	★
M4.10.119	农村土地承包合同纠纷	★
M4.10.119.6	土地承包经营权出租合同纠纷	★

■ 二、同时适用的法条及其相关度

	同时适用的法条	相关度
合同法	第93条【合同的约定解除:协商一致;约定条件成就】	★★★★★
	第94条【合同的法定解除;法定解除权】	★★★★★
	第60条【合同履行的原则】	★★★★
	第107条【合同约束力;违约责任】	★★★★
	第8条【依法成立的合同的法律约束力】	★★★
	第44条【合同的生效】	★★★
	第96条【合同解除权的行使规则】	★★★
	第114条【违约金的约定及其调整】	★★★
	第207条【逾期还款的责任承担:支付利息】	★★★
	第98条【结算条款、清理条款效力的独立性】	★★

	同时适用的法条	相关度	
合同法	第113条【违约责任的承担：损失赔偿】	★★	0209
	第205条【借款利息支付期限的确定】	★★	
	第206条【借款期限的认定】	★★	
	第212条【租赁合同的定义】	★★	
	第226条【承租人租金支付期限的确定规则】	★★	
	第227条【出租人的租金支付请求权以及合同解除权】	★★	
	第91条【合同权利义务终止的法定情形】	★	
	第109条【违约责任的承担：付款义务的继续履行】	★	
	第130条【买卖合同的定义】	★	
	第196条【借款合同定义】	★	
	第198条【借款合同中的担保及法律适用】	★	
担保法	第18条【连带责任保证的定义；连带责任的承担】	★★	0909
	第21条【保证担保的范围；没有约定、约定不明时的担保范围】	★★	
	第6条【保证的定义】	★	
	第31条【保证人的追偿权】	★	
	第33条【抵押、抵押权人、抵押人以及抵押物的概念】	★	
	第53条【抵押权实现的方式和程序】	★	
物权法	第179条【抵押权的界定】	★★	0927
	第176条【混合担保规则】	★	
	第195条【抵押权实现的条件、方式和程序】	★	
婚姻法司法解释二	第24条【离婚时夫妻一方所欠债务的处理】	★	1022

第98条【结算条款、清理条款效力的独立性】 ★★★★
合同的权利义务终止,不影响合同中结算和清理条款的效力。

一、主要适用的案由及其相关度

案由编号	主要适用的案由	相关度
M4.10.74	买卖合同纠纷	★★★
M4.10	合同纠纷	★★★
M4.10.97	租赁合同纠纷	★★★
M4.10.97.2	房屋租赁合同纠纷	★★★★
M8.20.236	挂靠经营合同纠纷	★★
M4.10.89	借款合同纠纷	★★
M4.10.89.1	金融借款合同纠纷	★★★★★
M4.10.89.4	民间借贷纠纷	★
M4.10.119	农村土地承包合同纠纷	★★
M4.10.100.3	建设工程施工合同纠纷	★
M4.10.82	房屋买卖合同纠纷	★
M4.10.98	融资租赁合同纠纷	★
M4.10.112	种植、养殖回收合同纠纷	★

二、同时适用的法条及其相关度

	同时适用的法条	相关度
合同法	第60条【合同履行的原则】	★★★★★
	第93条【合同的约定解除:协商一致;约定条件成就】	★★★★★
	第97条【合同解除的法律后果】	★★★★★
	第94条【合同的法定解除;法定解除权】	★★★★
	第107条【合同约束力:违约责任】	★★★★
	第8条【依法成立的合同的法律约束力】	★★★

	同时适用的法条	相关度	
合同法	第114条【违约金的约定及其调整】	★★★	0209
	第205条【借款利息支付期限的确定】	★★★	
	第206条【借款期限的认定】	★★★	
	第207条【逾期还款的责任承担:支付利息】	★★★	
	第44条【合同的生效】	★★	
	第91条【合同权利义务终止的法定情形】	★★	
	第96条【合同解除权的行使规则】	★★	
	第226条【承租人租金支付期限的确定规则】	★★	
	第109条【违约责任的承担:付款义务的继续履行】	★	
	第196条【借款合同定义】	★	
	第212条【租赁合同的定义】	★	
	第227条【出租人的租金支付请求权以及合同解除权】	★	
担保法	第18条【连带责任保证的定义;连带责任的承担】	★★★	0909
	第21条【保证担保的范围;没有约定、约定不明时的担保范围】	★★	
	第31条【保证人的追偿权】	★★	
	第6条【保证的定义】	★	
	第33条【抵押、抵押权人、抵押人以及抵押物的概念】	★	
	第53条【抵押权实现的方式和程序】	★	
物权法	第179条【抵押权的界定】	★	0927
婚姻法司法解释二	第24条【离婚时夫妻一方所欠债务的处理】	★	1022

第99条【法定的债务抵销】 ★★

当事人互负到期债务,该债务的标的物种类、品质相同的,任何一方可以将自己的债务与对方的债务抵销,但依照法律规定或者按照合同性质不得抵销的除外。

当事人主张抵销的,应当通知对方。通知自到达对方时生效。抵销不得附条件或者附期限。

一、主要适用的案由及其相关度

案由编号	主要适用的案由	相关度
M4.10.74	买卖合同纠纷	★★★★★
M4.10	合同纠纷	★★★
M4.10.97	租赁合同纠纷	★★★
M4.10.97.2	房屋租赁合同纠纷	★★★
M4.10.100.3	建设工程施工合同纠纷	★
M4.10.126	追偿权纠纷	★
M4.10.82	房屋买卖合同纠纷	★
M4.10.82.2	商品房预售合同纠纷	★
M4.10.82.3	商品房销售合同纠纷	★
M4.10.99	承揽合同纠纷	★
M8.21.249	股权转让纠纷	★
M4.10.89	借款合同纠纷	★
M4.10.89.4	民间借贷纠纷	★★★★★
M4.10.111	合伙协议纠纷	★
M4.11.128	不当得利纠纷	★

二、同时适用的法条及其相关度

	同时适用的法条	相关度	
合同法	第60条【合同履行的原则】	★★★★★	0209
	第107条【合同约束力；违约责任】	★★★★★	
	第8条【依法成立的合同的法律约束力】	★★★	
	第93条【合同的约定解除：协商一致；约定条件成就】	★★★	
	第97条【合同解除的法律后果】	★★★	
	第114条【违约金的约定及其调整】	★★★	
	第206条【借款期限的认定】	★★★	
	第100条【约定的债务抵销】	★★	
	第109条【违约责任的承担：付款义务的继续履行】	★★	
	第159条【买受人应支付价款的数额认定】	★★	
	第44条【合同的生效】	★	
	第52条【合同无效的法定情形】	★	
	第58条【合同无效或被撤销的法律后果】	★	
	第91条【合同权利义务终止的法定情形】	★	
	第94条【合同的法定解除；法定解除权】	★	
	第96条【合同解除权的行使规则】	★	
	第98条【结算条款、清理条款效力的独立性】	★	
	第113条【违约责任的承担：损失赔偿】	★	
	第130条【买卖合同的定义】	★	
	第161条【买受人支付价款的时间】	★	
	第196条【借款合同定义】	★	
	第205条【借款利息支付期限的确定】	★	
	第207条【逾期还款的责任承担：支付利息】	★	
	第211条【自然人之间借款合同利息的规制】	★	

0434 合同、无因管理、不当得利纠纷

		同时适用的法条	相关度
0209	合同法	第212条【租赁合同的定义】	★
		第226条【承租人租金支付期限的确定规则】	★
		第403条【委托人的介入权与第三人的选择权】	★
0916	民法通则	第84条【债的定义】	★★
		第108条【债务清偿:分期偿还、强制偿还】	★★
		第90条【借贷关系】	★
0909	担保法	第18条【连带责任保证的定义;连带责任的承担】	★
		第19条【保证方式不明时的连带责任担保】	★
		第21条【保证担保的范围;没有约定、约定不明时的担保范围】	★
		第31条【保证人的追偿权】	★
1035	合同法司法解释二	第29条【违约金的数额及其调整:适当减少】	★
1049	城镇房屋租赁合同纠纷司法解释	第2条【出租人就未取得许可证建设的房屋所订立的租赁合同的效力】	★
		第5条【房屋租赁合同无效时使用费的支付义务;当事人的损害赔偿请求权】	★
1022	婚姻法司法解释二	第24条【离婚时夫妻一方所欠债务的处理】	★

第100条【约定的债务抵销】 ★★

当事人互负债务,标的物种类、品质不相同的,经双方协商一致,也可以抵销。

一、主要适用的案由及其相关度

案由编号	主要适用的案由	相关度
M4.10.89.4	民间借贷纠纷	★★★★★
M4.10.74	买卖合同纠纷	★★★★

案由编号	主要适用的案由	相关度
M4.10.82	房屋买卖合同纠纷	★★★
M4.10	合同纠纷	★
M4.10.99	承揽合同纠纷	★
M4.10.97.2	房屋租赁合同纠纷	★

■ 二、同时适用的法条及其相关度

	同时适用的法条	相关度
合同法	第99条【法定的债务抵销】	★★★★★
	第107条【合同约束力:违约责任】	★★★★★
	第60条【合同履行的原则】	★★★★
	第206条【借款期限的认定】	★★★★
	第8条【依法成立的合同的法律约束力】	★★★
	第205条【借款利息支付期限的确定】	★★★
	第207条【逾期还款的责任承担:支付利息】	★★★
	第109条【违约责任的承担:付款义务的继续履行】	★★
	第114条【违约金的约定及其调整】	★★
	第159条【买受人应支付价款的数额认定】	★★
	第161条【买受人支付价款的时间】	★★
	第211条【自然人之间借款合同利息的规制】	★★
	第7条【遵纪守法原则】	★
	第14条【要约的定义及其构成要件】	★
	第44条【合同的生效】	★
	第93条【合同的约定解除:协商一致;约定条件成就】	★

		同时适用的法条	相关度
0209	合同法	第97条【合同解除的法律后果】	★
		第113条【违约责任的承担:损失赔偿】	★
		第130条【买卖合同的定义】	★
		第196条【借款合同定义】	★
		第210条【自然人之间借款合同的生效:提供借款时】	★
		第263条【定作人报酬支付的期限】	★
0916	民法通则	第108条【债务清偿:分期偿还、强制偿还】	★★★
		第84条【债的定义】	★★
		第106条【民事责任归责原则:违约责任;过错侵权责任;无过错侵权责任】	★★
0909	担保法	第18条【连带责任保证的定义;连带责任的承担】	★★
		第19条【保证方式不明时的连带责任担保】	★
		第21条【保证担保的范围;没有约定、约定不明时的担保范围】	★
		第31条【保证人的追偿权】	★
1035	合同法司法解释二	第27条【违约金的数额及其调整】	★
		第29条【违约金的数额及其调整:适当减少】	★
1022	婚姻法司法解释二	第24条【离婚时夫妻一方所欠债务的处理】	★

第101条【标的物提存的法定情形】 ★

有下列情形之一,难以履行债务的,债务人可以将标的物提存:

(一)债权人无正当理由拒绝受领;

(二)债权人下落不明;

(三)债权人死亡未确定继承人或者丧失民事行为能力未确定监护人;

(四)法律规定的其他情形。

标的物不适于提存或者提存费用过高的，债务人依法可以拍卖或者变卖标的物，提存所得的价款。

■ 一、主要适用的案由及其相关度

案由编号	主要适用的案由	相关度
M4.10.74	买卖合同纠纷	★★★★★
M4.10.89.4	民间借贷纠纷	★★★
M4.10.82	房屋买卖合同纠纷	★★
M4.10.82.3	商品房销售合同纠纷	★
M4.10.97	租赁合同纠纷	★
M4.10.97.2	房屋租赁合同纠纷	★★★
M4.10	合同纠纷	★
M4.10.99	承揽合同纠纷	★
M4.10.119.6	土地承包经营权出租合同纠纷	★
M4.10.100.3	建设工程施工合同纠纷	★

■ 二、同时适用的法条及其相关度

	同时适用的法条	相关度
合同法	第60条【合同履行的原则】	★★★★★
	第107条【合同约束力；违约责任】	★★★★
	第8条【依法成立的合同的法律约束力】	★★★
	第114条【违约金的约定及其调整】	★★★
	第44条【合同的生效】	★★
	第94条【合同的法定解除；法定解除权】	★★
	第159条【买受人应支付价款的数额认定】	★★
	第5条【公平原则；合同权利义务确定的原则】	★
	第91条【合同权利义务终止的法定情形】	★

		同时适用的法条	相关度
0209	合同法	第93条【合同的约定解除:协商一致;约定条件成就】	★
		第97条【合同解除的法律后果】	★
		第103条【标的物提存后的风险负担、孳息归属、费用负担】	★
		第109条【违约责任的承担:付款义务的继续履行】	★
		第113条【违约责任的承担:损失赔偿】	★
		第130条【买卖合同的定义】	★
		第161条【买受人支付价款的时间】	★
		第206条【借款期限的认定】	★
		第212条【租赁合同的定义】	★
0909	担保法	第6条【保证的定义】	★
		第18条【连带责任保证的定义;连带责任的承担】	★
		第21条【保证担保的范围;没有约定、约定不明时的担保范围】	★
		第31条【保证人的追偿权】	★
0916	民法通则	第84条【债的定义】	★
		第108条【债务清偿:分期偿还、强制偿还】	★

第102条【标的物提存后债务人的通知义务】　　★

标的物提存后,除债权人下落不明的以外,债务人应当及时通知债权人或者债权人的继承人、监护人。

■ 一、主要适用的案由及其相关度

案由编号	主要适用的案由	相关度
M4.10.74	买卖合同纠纷	
M4.10.100.3	建设工程施工合同纠纷	
M4.10.120	服务合同纠纷	

第二编　核心法律条文主要适用案由及关联法条索引　0439

案由编号	主要适用的案由	相关度
M4.10.82.3	商品房销售合同纠纷	
M4.10.82.4	商品房委托代理销售合同纠纷	
M4.10.84	供用电合同纠纷	
M4.10.122	劳务合同纠纷	
M4.10.89	借款合同纠纷	
M4.10.89.4	民间借贷纠纷	
M4.10.97	租赁合同纠纷	
M4.10.97.2	房屋租赁合同纠纷	

■ 二、同时适用的法条及其相关度

	同时适用的法条	相关度
合同法	第6条【诚实信用原则】	
	第8条【依法成立的合同的法律约束力】	
	第44条【合同的生效】	
	第60条【合同履行的原则】	
	第62条【合同内容约定不明确的履行规则：合同漏洞的填补】	
	第84条【合同义务的转移】	
	第86条【从债务随主债务转移、从债务专属于原债务人的除外】	
	第101条【标的物提存的法定情形】	
	第103条【标的物提存后的风险负担、孳息归属、费用负担】	
	第104条【提存物的领取与领取权的消灭】	
	第107条【合同约束力：违约责任】	
	第109条【违约责任的承担：付款义务的继续履行】	

		同时适用的法条	相关度
0209	合同法	第111条【违约责任的承担:质量不符合约定的违约责任】	
		第113条【违约责任的承担:损失赔偿】	
		第117条【因不可抗力不能履行合同的责任;不可抗力的定义】	
		第122条【违约责任与侵权责任的竞合】	
		第125条【合同的解释;合同条款理解不一致的解释规则】	
		第155条【出卖人违反质量瑕疵担保义务的违约责任】	
		第159条【买受人应支付价款的数额认定】	
		第176条【供用电合同的概念】	
		第196条【借款合同定义】	
		第201条【借贷款双方未按约定提供或收取借款的违约责任】	
		第205条【借款利息支付期限的确定】	
		第206条【借款期限的认定】	
		第235条【租赁期间届满承租人的租赁物返还义务、返还的租赁物的应有状态】	
		第283条【发包人未按约定的时间和要求提供原材料、设备、场地、资金、技术资料的违约责任】	
0916	民法通则	第106条【民事责任归责原则;违约责任;过错侵权责任;无过错侵权责任】	

第103条【标的物提存后的风险负担、孳息归属、费用负担】 ★

标的物提存后,毁损、灭失的风险由债权人承担。提存期间,标的物的孳息归债权人所有。提存费用由债权人负担。

一、主要适用的案由及其相关度

案由编号	主要适用的案由	相关度
M4.10.74	买卖合同纠纷	★★★★★
M4.10.82	房屋买卖合同纠纷	★
M4.10.89.4	民间借贷纠纷	★
M4.10.97	租赁合同纠纷	★
M4.10.97.2	房屋租赁合同纠纷	★
M4.10	合同纠纷	★
M4.10.120	服务合同纠纷	★

二、同时适用的法条及其相关度

	同时适用的法条	相关度
合同法	第8条【依法成立的合同的法律约束力】	
	第44条【合同的生效】	
	第49条【表见代理的构成及其效力】	
	第60条【合同履行的原则】	
	第62条【合同内容约定不明确的履行规则;合同漏洞的填补】	
	第64条【向第三人履行】	
	第68条【不安抗辩权】	
	第79条【债权人不得转让合同权利的情形】	
	第80条【债权人转让债权的通知义务】	
	第81条【债权转让从权利一并转让】	
	第84条【合同义务的转移】	
	第93条【合同的约定解除:协商一致;约定条件成就】	
	第94条【合同的法定解除;法定解除权】	

0442 合同、无因管理、不当得利纠纷

		同时适用的法条	相关度
0209	合同法	第97条【合同解除的法律后果】	
		第100条【约定的债务抵销】	
		第107条【合同约束力:违约责任】	
		第109条【违约责任的承担:付款义务的继续履行】	
		第110条【非金钱债务的继续履行及其例外:债权人不得要求对方继续履行的情形】	
		第114条【违约金的约定及其调整】	
		第130条【买卖合同的定义】	
		第196条【借款合同定义】	
		第205条【借款利息支付期限的确定】	
		第206条【借款期限的认定】	
		第207条【逾期还款的责任承担:支付利息】	
		第210条【自然人之间借款合同的生效:提供借款时】	
		第211条【自然人之间借款合同利息的规制】	
		第269条【建设工程合同的定义】	
0916	民法通则	第30条【个人合伙的定义】	
		第31条【书面合伙协议应当载明的事项】	
		第34条【合伙事务的执行】	
		第35条【民事合伙的债务承担规则】	
		第81条【森林、山岭、草原、荒地、滩涂、水面、矿藏等自然资源的使用权与承包经营权】	
		第84条【债的定义】	
		第106条【民事责任归责原则:违约责任;过错侵权责任;无过错侵权责任】	

	同时适用的法条	相关度	
担保法	第16条【保证的方式】		0909
	第18条【连带责任保证的定义；连带责任的承担】		
	第21条【保证担保的范围；没有约定、约定不明时的担保范围】		
	第31条【保证人的追偿权】		
个人所得税法	第2条【应纳个人所得税的法定项目】		0989
消保法	第40条【消费者因购买、使用商品或服务遭受损害的赔偿主体；生产者、销售者；先行赔偿人的追偿权】		0966
	第52条【经营者提供的商品或服务造成消费者财产损害的民事责任】		
合伙企业法	第39条【合伙人的无限连带责任】		1007
公司法	第14条【分公司的法律地位；子公司的法律地位】		0955
安全生产法	第27条【特种作业人员经专门安全作业培训取得相应资格方可上岗作业】		1004
农药管理条例	第7条【国家农药登记制度；生产、进口农药必须登记】		1018
	第18条【经营农药的单位：供销合作社的农业生产资料经营单位、植物保护站、土壤肥料站、农林业技术推广机构、森林病虫害防治机构、农药生产企业；经营的农药属于危化品的应按规定办理许可证】		
	第22条【使用农药应当注意的事项】		
	第30条【禁止生产未取得生产许可证或生产批文的农药；不得生产、经营、进口、使用未取得登记证或临时登记证的农药；进口农药货主或其代理人应出示登记文件】		

		同时适用的法条	相关度
1028	买卖合同司法解释	第1条【一方以送货单、收货单、结算单、发票、对账确认函、债权确认书主张买卖合同关系存在时的认定】	
		第24条【买卖合同逾期付款违约金的适用规则】	
1047	民通意见	第45条【起字号的个人合伙及其负责人的诉讼地位;未起字号的个人合伙及各合伙人的诉讼地位】	
		第53条【退伙人对合伙期间债务的分担】	
1022	婚姻法司法解释二	第24条【离婚时夫妻一方所欠债务的处理】	
1042	商品房买卖合同纠纷司法解释	第4条【定金罚则:以认购、订购、预订方式收受定金的处理】	
		第5条【商品房买卖合同的认定】	

第104条【提存物的领取与领取权的消灭】 ★★

债权人可以随时领取提存物,但债权人对债务人负有到期债务的,在债权人未履行债务或者提供担保之前,提存部门根据债务人的要求应当拒绝其领取提存物。

债权人领取提存物的权利,自提存之日起五年内不行使而消灭,提存物扣除提存费用后归国家所有。

一、主要适用的案由及其相关度

案由编号	主要适用的案由	相关度
M4.10.74	买卖合同纠纷	★★★★★
M4.10	合同纠纷	★★
M4.10.97	租赁合同纠纷	★★
M4.10.97.2	房屋租赁合同纠纷	★★
M4.10.82	房屋买卖合同纠纷	★★
M4.10.82.3	商品房销售合同纠纷	★
M4.10.100.3	建设工程施工合同纠纷	★

案由编号	主要适用的案由	相关度
M4.10.126	追偿权纠纷	★
M4.10.90	保证合同纠纷	★
M4.10.104	委托合同纠纷	★
M4.10.99	承揽合同纠纷	★
M4.10.100.5	建设工程分包合同纠纷	★
M4.10.96.2	信用卡纠纷	★
M4.10.102	保管合同纠纷	★
M4.10.122	劳务合同纠纷	★
M4.10.89	借款合同纠纷	★
M4.10.89.1	金融借款合同纠纷	★
M4.10.89.4	民间借贷纠纷	★★★★★
M4.10.89.5	小额借款合同纠纷	★

■ 二、同时适用的法条及其相关度

	同时适用的法条	相关度
合同法	第60条【合同履行的原则】	★★★★★
	第107条【合同约束力:违约责任】	★★★★★
	第8条【依法成立的合同的法律约束力】	★★★
	第109条【违约责任的承担:付款义务的继续履行】	★★★
	第206条【借款期限的认定】	★★★
	第44条【合同的生效】	★★
	第196条【借款合同定义】	★★
	第207条【逾期还款的责任承担:支付利息】	★★
	第93条【合同的约定解除:协商一致;约定条件成就】	★
	第94条【合同的法定解除;法定解除权】	★

0209

		同时适用的法条	相关度
0209	合同法	第97条【合同解除的法律后果】	★
		第101条【标的物提存的法定情形】	★
		第108条【预期违约责任】	★
		第113条【违约责任的承担:损失赔偿】	★
		第130条【买卖合同的定义】	★
		第159条【买受人应支付价款的数额认定】	★
		第161条【买受人支付价款的时间】	★
		第205条【借款利息支付期限的确定】	★
		第226条【承租人租金支付期限的确定规则】	★
0909	担保法	第18条【连带责任保证的定义;连带责任的承担】	★★★★
		第21条【保证担保的范围;没有约定、约定不明时的担保范围】	★★
		第31条【保证人的追偿权】	★★
		第19条【保证方式不明时的连带责任担保】	★
0916	民法通则	第84条【债的定义】	★
1035	合同法司法解释二	第29条【违约金的数额及其调整:适当减少】	★
1023	审理民间借贷案件规定	第26条【民间借贷年利率的限定】	★

第105条【债的免除:债权人免除债务行为的效力】　　★★

债权人免除债务人部分或者全部债务的,合同的权利义务部分或者全部终止。

一、主要适用的案由及其相关度

案由编号	主要适用的案由	相关度
M4.10.89	借款合同纠纷	★★
M4.10.89.1	金融借款合同纠纷	★
M4.10.89.4	民间借贷纠纷	★★★★★
M4.10.74	买卖合同纠纷	★

二、同时适用的法条及其相关度

	同时适用的法条	相关度	
合同法	第206条【借款期限的认定】	★★★★★	0209
	第60条【合同履行的原则】	★★★	
	第107条【合同约束力;违约责任】	★★★	
	第106条【债权债务混同的处理】	★★	
	第207条【逾期还款的责任承担;支付利息】	★★	
	第8条【依法成立的合同的法律约束力】	★	
	第44条【合同的生效】	★	
	第196条【借款合同定义】	★	
	第211条【自然人之间借款合同利息的规制】	★	
担保法	第18条【连带责任保证的定义;连带责任的承担】	★★★★	0909
	第21条【保证担保的范围;没有约定、约定不明时的担保范围】	★★★	
	第31条【保证人的追偿权】	★★	
	第19条【保证方式不明时的连带责任担保】	★	
	第33条【抵押、抵押权人、抵押人以及抵押物的概念】	★	
民法通则	第108条【债务清偿:分期偿还、强制偿还】	★	0916

	同时适用的法条	相关度
0927 物权法	第 179 条【抵押权的界定】	★
	第 195 条【抵押权实现的条件、方式和程序】	★
1022 婚姻法司法解释二	第 26 条【生存一方对夫妻共同债务的连带清偿责任】	★★★★★
	第 24 条【离婚时夫妻一方所欠债务的处理】	★

第 106 条【债权债务混同的处理】　★★★

债权和债务同归于一人的,合同的权利义务终止,但涉及第三人利益的除外。

一、主要适用的案由及其相关度

案由编号	主要适用的案由	相关度
M4.10.74	买卖合同纠纷	★
M4.10.89	借款合同纠纷	★
M4.10.89.1	金融借款合同纠纷	★★
M4.10.89.4	民间借贷纠纷	★★★★★
M4.10	合同纠纷	★

二、同时适用的法条及其相关度

	同时适用的法条	相关度
0209 合同法	第 107 条【合同约束力;违约责任】	★★★★★
	第 205 条【借款利息支付期限的确定】	★★★★★
	第 207 条【逾期还款的责任承担:支付利息】	★★★★★
	第 60 条【合同履行的原则】	★★★
	第 105 条【债的免除:债权人免除债务行为的效力】	★★★
	第 196 条【借款合同定义】	★★★
	第 108 条【预期违约责任】	★★

	同时适用的法条	相关度	
合同法	第206条【借款期限的认定】	★★	0209
	第211条【自然人之间借款合同利息的规制】	★★	
	第8条【依法成立的合同的法律约束力】	★	
	第109条【违约责任的承担:付款义务的继续履行】	★	
	第159条【买受人应支付价款的数额认定】	★	
	第210条【自然人之间借款合同的生效:提供借款时】	★	
担保法	第18条【连带责任保证的定义;连带责任的承担】	★★★★★	0909
	第21条【保证担保的范围;没有约定、约定不明时的担保范围】	★★★★	
	第31条【保证人的追偿权】	★★★	
	第19条【保证方式不明时的连带责任担保】	★★	
	第12条【多人保证责任的承担】	★	
	第26条【连带责任保证的保证期间】	★	
	第53条【抵押权实现的方式和程序】	★	
民法通则	第90条【借贷关系】	★★	0916
	第108条【债务清偿:分期偿还、强制偿还】	★★	
	第84条【债的定义】	★	
	第106条【民事责任归责原则;违约责任;过错侵权责任;无过错侵权责任】	★	
物权法	第179条【抵押权的界定】	★	0927
婚姻法司法解释二	第24条【离婚时夫妻一方所欠债务的处理】	★★	1022

第七章 违约责任

第107条【合同约束力:违约责任】 ★★★★★

当事人一方不履行合同义务或者履行合同义务不符合约定的,应当承担继续履行、采取补救措施或者赔偿损失等违约责任。

一、主要适用的案由及其相关度

案由编号	主要适用的案由	相关度
M4.10.74	买卖合同纠纷	★★★★★
M4.10.96.2	信用卡纠纷	★★★
M4.10.89	借款合同纠纷	★★
M4.10.89.1	金融借款合同纠纷	★★★★★
M4.10.89.4	民间借贷纠纷	★★★★★
M4.10.120.15	物业服务合同纠纷	★★
M4.10.82	房屋买卖合同纠纷	★★
M4.10.82.2	商品房预售合同纠纷	★★
M4.10.82.3	商品房销售合同纠纷	★★
M4.10	合同纠纷	★★
M4.10.126	追偿权纠纷	★★
M4.10.97	租赁合同纠纷	★★
M4.10.97.2	房屋租赁合同纠纷	★★
M4.10.99	承揽合同纠纷	★
M4.10.122	劳务合同纠纷	★
M4.10.100.3	建设工程施工合同纠纷	★

■ 二、同时适用的法条及其相关度

	同时适用的法条	相关度	
合同法	第 60 条【合同履行的原则】	★★★★★	0209
	第 206 条【借款期限的认定】	★★★★	
	第 207 条【逾期还款的责任承担:支付利息】	★★★★	
	第 8 条【依法成立的合同的法律约束力】	★★★	
	第 109 条【违约责任的承担:付款义务的继续履行】	★★★	
	第 114 条【违约金的约定及其调整】	★★★	
	第 159 条【买受人应支付价款的数额认定】	★★★	
	第 205 条【借款利息支付期限的确定】	★★★	
	第 44 条【合同的生效】	★★	
	第 130 条【买卖合同的定义】	★★	
	第 161 条【买受人支付价款的时间】	★★	
	第 196 条【借款合同定义】	★★	
	第 211 条【自然人之间借款合同利息的规制】	★★	
	第 93 条【合同的约定解除:协商一致;约定条件成就】	★	
	第 94 条【合同的法定解除:法定解除权】	★	
	第 97 条【合同解除的法律后果】	★	
	第 113 条【违约责任的承担:损失赔偿】	★	
	第 210 条【自然人之间借款合同的生效:提供借款时】	★	
担保法	第 18 条【连带责任保证的定义;连带责任的承担】	★★★	0909
	第 21 条【保证担保的范围;没有约定、约定不明的担保范围】	★★★	
	第 31 条【保证人的追偿权】	★★★	
	第 6 条【保证的定义】	★	

		同时适用的法条	相关度
0909	担保法	第12条【多人保证责任的承担】	★
		第19条【保证方式不明时的连带责任担保】	★
		第33条【抵押、抵押权人、抵押人以及抵押物的概念】	★
		第53条【抵押权实现的方式和程序】	★
0916	民法通则	第84条【债的定义】	★
		第108条【债务清偿:分期偿还、强制偿还】	★
0927	物权法	第179条【抵押权的界定】	★
1022	婚姻法司法解释二	第24条【离婚时夫妻一方所欠债务的处理】	★★

第108条【预期违约责任】 ★★★★

当事人一方明确表示或者以自己的行为表明不履行合同义务的,对方可以在履行期限届满之前要求其承担违约责任。

一、主要适用的案由及其相关度

案由编号	主要适用的案由	相关度
M4.10.74	买卖合同纠纷	★★★
M4.10	合同纠纷	★★
M4.10.98	融资租赁合同纠纷	★★
M4.10.89	借款合同纠纷	★★
M4.10.89.1	金融借款合同纠纷	★★★★★
M4.10.89.4	民间借贷纠纷	★★★★★
M4.10.97	租赁合同纠纷	★
M4.10.97.2	房屋租赁合同纠纷	★★
M4.10.82	房屋买卖合同纠纷	★

二、同时适用的法条及其相关度

	同时适用的法条	相关度	
合同法	第60条【合同履行的原则】	★★★★★	0209
	第107条【合同约束力：违约责任】	★★★★★	
	第206条【借款期限的认定】	★★★★★	
	第207条【逾期还款的责任承担：支付利息】	★★★★★	
	第205条【借款利息支付期限的确定】	★★★★	
	第8条【依法成立的合同的法律约束力】	★★★	
	第94条【合同的法定解除；法定解除权】	★★★	
	第114条【违约金的约定及其调整】	★★★	
	第44条【合同的生效】	★★	
	第97条【合同解除的法律后果】	★★	
	第109条【违约责任的承担：付款义务的继续履行】	★★	
	第196条【借款合同定义】	★★	
	第93条【合同的约定解除：协商一致；约定条件成就】	★	
	第159条【买受人应支付价款的数额认定】	★	
	第211条【自然人之间借款合同利息的规制】	★	
	第248条【承租人的租金支付义务、出租人的租金支付请求权以及合同解除权】	★	
担保法	第18条【连带责任保证的定义；连带责任的承担】	★★★★	0909
	第21条【保证担保的范围；没有约定、约定不明时的担保范围】	★★★	
	第31条【保证人的追偿权】	★★★	
	第33条【抵押、抵押权人、抵押人以及抵押物的概念】	★★	
	第6条【保证的定义】	★	

		同时适用的法条	相关度
0909	担保法	第12条【多人保证责任的承担】	★
		第46条【抵押担保的范围】	★
		第53条【抵押权实现的方式和程序】	★
0916	民法通则	第108条【债务清偿:分期偿还、强制偿还】	★★
		第84条【债的定义】	★
		第90条【借贷关系】	★
0927	物权法	第179条【抵押权的界定】	★
1022	婚姻法司法解释二	第24条【离婚时夫妻一方所欠债务的处理】	★★

第109条【违约责任的承担:付款义务的继续履行】 ★★★★★

当事人一方未支付价款或者报酬的,对方可以要求其支付价款或者报酬。

■ 一、主要适用的案由及其相关度

案由编号	主要适用的案由	相关度
M4.10.74	买卖合同纠纷	★★★★★
M4.10.122	劳务合同纠纷	★★★
M4.10.120.15	物业服务合同纠纷	★★
M4.10.99	承揽合同纠纷	★★
M4.10.100.3	建设工程施工合同纠纷	★★
M4.10	合同纠纷	★
M6.17.169.5	追索劳动报酬纠纷	★

二、同时适用的法条及其相关度

	同时适用的法条	相关度	
合同法	第60条【合同履行的原则】	★★★★★	0209
	第107条【合同约束力;违约责任】	★★★★★	
	第8条【依法成立的合同的法律约束力】	★★★	
	第114条【违约金的约定及其调整】	★★★	
	第159条【买受人应支付价款的数额认定】	★★★	
	第161条【买受人支付价款的时间】	★★★	
	第44条【合同的生效】	★★	
	第130条【买卖合同的定义】	★★	
	第112条【违约责任的承担:损失赔偿与其他责任的并存】	★	
	第113条【违约责任的承担:损失赔偿】	★	
	第263条【定作人报酬支付的期限】	★	
民法通则	第108条【债务清偿:分期偿还、强制偿还】	★★	0916
	第84条【债的定义】	★	
担保法	第18条【连带责任保证的定义;连带责任的承担】	★	0909
物业管理条例	第42条【物业服务费用的交纳主体】	★	1009
买卖合同司法解释	第24条【买卖合同逾期付款违约金的适用规则】	★★	1028

第110条【非金钱债务的继续履行及其例外:债权人不得要求对方继续履行的情形】 ★★★

当事人一方不履行非金钱债务或者履行非金钱债务不符合约定的,对方可以要求履行,但有下列情形之一的除外:

(一) 法律上或者事实上不能履行;

(二) 债务的标的不适于强制履行或者履行费用过高;

（三）债权人在合理期限内未要求履行。

一、主要适用的案由及其相关度

案由编号	主要适用的案由	相关度
M4.10.82	房屋买卖合同纠纷	★★★★★
M4.10.82.2	商品房预售合同纠纷	★★★★
M4.10.82.3	商品房销售合同纠纷	★★★★
M4.10.74	买卖合同纠纷	★★★
M4.10.89.4	民间借贷纠纷	★★
M4.10	合同纠纷	★★
M4.10.83	房屋拆迁安置补偿合同纠纷	★★
M4.10.97.2	房屋租赁合同纠纷	★

二、同时适用的法条及其相关度

	同时适用的法条	相关度
合同法	第60条【合同履行的原则】	★★★★★
	第107条【合同约束力;违约责任】	★★★★★
	第114条【违约金的约定及其调整】	★★★★
	第8条【依法成立的合同的法律约束力】	★★★
	第44条【合同的生效】	★★★
	第5条【公平原则:合同权利义务确定的原则】	★★
	第94条【合同的法定解除;法定解除权】	★★
	第155条【出卖人违反质量瑕疵担保义务的违约责任】	★★
	第97条【合同解除的法律后果】	★
	第206条【借款期限的认定】	★
建筑法	第61条【建筑工程竣工验收及交付使用】	★★

	同时适用的法条	相关度	
城市房地产管理条例	第26条【房地产开发企业的虚假广告禁止及商品房预售广告中预售许可证文号的载明义务】	★★	1012
商品房买卖合同纠纷司法解释	第18条【在法定期限内商品房买受人未取得房屋权属证书的出卖人应承担违约责任】	★★★	1042
合同法司法解释二	第29条【违约金的数额及其调整:适当减少】	★★	1035

第111条【违约责任的承担:质量不符合约定的违约责任】 ★★★

质量不符合约定的,应当按照当事人的约定承担违约责任。对违约责任没有约定或者约定不明确,依照本法第六十一条的规定仍不能确定的,受损害方根据标的的性质以及损失的大小,可以合理选择要求对方承担修理、更换、重作、退货、减少价款或者报酬等违约责任。

■ 一、主要适用的案由及其相关度

案由编号	主要适用的案由	相关度
M4.10.74	买卖合同纠纷	★★★★★
M4.10.120.15	物业服务合同纠纷	★★★★
M4.10.89.4	民间借贷纠纷	★★★
M4.10.82	房屋买卖合同纠纷	★★
M4.10.82.2	商品房预售合同纠纷	★
M4.10.82.3	商品房销售合同纠纷	★
M4.10.99	承揽合同纠纷	★

■ 二、同时适用的法条及其相关度

	同时适用的法条	相关度
合同法	第60条【合同履行的原则】	★★★★★
	第107条【合同约束力:违约责任】	★★★★★
	第8条【依法成立的合同的法律约束力】	★★★
	第109条【违约责任的承担:付款义务的继续履行】	★★★
	第155条【出卖人违反质量瑕疵担保义务的违约责任】	★★★
	第206条【借款期限的认定】	★★★
	第44条【合同的生效】	★★
	第112条【违约责任的承担:损失赔偿与其他责任的并存】	★★
	第113条【违约责任的承担:损失赔偿】	★★
	第114条【违约金的约定及其调整】	★★
	第130条【买卖合同的定义】	★★
	第159条【买受人应支付价款的数额认定】	★★
	第207条【逾期还款的责任承担:支付利息】	★★
	第61条【合同内容约定不明确的处理规则:合同漏洞的填补】	★
	第62条【合同内容约定不明确的履行规则:合同漏洞的填补】	★
	第94条【合同的法定解除;法定解除权】	★
	第97条【合同解除的法律后果】	★
	第153条【出卖人的质量瑕疵担保义务】	★
	第205条【借款利息支付期限的确定】	★
物业管理条例	第42条【物业服务费用的交纳主体】	★★

	同时适用的法条	相关度	
物业服务纠纷司法解释	第6条【未交纳物业费的处理规则】	★★	1046
	第1条【前期物业服务合同及物业服务合同的约束力】	★	
	第3条【物业服务企业不履行或者不完全履行维修、养护、管理和维护义务的违约责任；物业服务企业公开作出的服务承诺及制定的服务细则认定为物业服务合同的组成部分】	★	
商品房买卖合同纠纷司法解释	第13条【因房屋质量引起的商品房买卖违约的责任承担】	★	1042

第112条【违约责任的承担：损失赔偿与其他责任的并存】 ★★★★

当事人一方不履行合同义务或者履行合同义务不符合约定的，在履行义务或者采取补救措施后，对方还有其他损失的，应当赔偿损失。

一、主要适用的案由及其相关度

案由编号	主要适用的案由	相关度
M4.10.74	买卖合同纠纷	★★★★★
M4.10.89.4	民间借贷纠纷	★★★
M4.10.89.1	金融借款合同纠纷	★★★
M4.10	合同纠纷	★★
M4.10.96.2	信用卡纠纷	★★
M4.10.99	承揽合同纠纷	★
M4.10.97	租赁合同纠纷	★
M4.10.97.2	房屋租赁合同纠纷	★

二、同时适用的法条及其相关度

	同时适用的法条	相关度
合同法	第107条【合同约束力:违约责任】	★★★★★
	第60条【合同履行的原则】	★★★★
	第109条【违约责任的承担:付款义务的继续履行】	★★★
	第113条【违约责任的承担:损失赔偿】	★★★
	第114条【违约金的约定及其调整】	★★★
	第159条【买受人应支付价款的数额认定】	★★★
	第161条【买受人支付价款的时间】	★★★
	第205条【借款利息支付期限的确定】	★★★
	第206条【借款期限的认定】	★★★
	第207条【逾期还款的责任承担:支付利息】	★★★
	第8条【依法成立的合同的法律约束力】	★★
	第44条【合同的生效】	★★
	第130条【买卖合同的定义】	★★
	第93条【合同的约定解除:协商一致;约定条件成就】	★
	第94条【合同的法定解除;法定解除权】	★
	第97条【合同解除的法律后果】	★
	第210条【自然人之间借款合同的生效:提供借款时】	★
	第211条【自然人之间借款合同利息的规制】	★
	第226条【承租人租金支付期限的确定规则】	★
	第263条【定作人报酬支付的期限】	★

	同时适用的法条	相关度	
担保法	第18条【连带责任保证的定义;连带责任的承担】	★★	0909
	第21条【保证担保的范围;没有约定、约定不明时的担保范围】	★★	
	第31条【保证人的追偿权】	★★	
	第33条【抵押、抵押权人、抵押人以及抵押物的概念】	★	
民法通则	第108条【债务清偿:分期偿还、强制偿还】	★	0916
买卖合同司法解释	第24条【买卖合同逾期付款违约金的适用规则】	★★	1028
婚姻法司法解释二	第24条【离婚时夫妻一方所欠债务的处理】	★★	1022
合同法司法解释二	第29条【违约金的数额及其调整:适当减少】	★	1035

第113条【违约责任的承担:损失赔偿】 ★★★★

当事人一方不履行合同义务或者履行合同义务不符合约定,给对方造成损失的,损失赔偿额应当相当于因违约所造成的损失,包括合同履行后可以获得的利益,但不得超过违反合同一方订立合同时预见到或者应当预见到的因违反合同可能造成的损失。

经营者对消费者提供商品或者服务有欺诈行为的,依照《中华人民共和国消费者权益保护法》的规定承担损害赔偿责任。

■ 一、主要适用的案由及其相关度

案由编号	主要适用的案由	相关度
M4.10.74	买卖合同纠纷	★★★★★
M4.10.89.4	民间借贷纠纷	★★★
M4.10	合同纠纷	★★
M4.10.82	房屋买卖合同纠纷	★★

案由编号	主要适用的案由	相关度
M4.10.82.2	商品房预售合同纠纷	★
M4.10.82.3	商品房销售合同纠纷	★
M4.10.97	租赁合同纠纷	★★
M4.10.97.2	房屋租赁合同纠纷	★★
M4.10.99	承揽合同纠纷	★★
M4.10.126	追偿权纠纷	★★
M4.10.89.1	金融借款合同纠纷	★
M4.10.100.3	建设工程施工合同纠纷	★

二、同时适用的法条及其相关度

	同时适用的法条	相关度
合同法	第107条【合同约束力;违约责任】	★★★★★
	第8条【依法成立的合同的法律约束力】	★★★
	第60条【合同履行的原则】	★★★
	第109条【违约责任的承担:付款义务的继续履行】	★★★
	第114条【违约金的约定及其调整】	★★★
	第159条【买受人应支付价款的数额认定】	★★★
	第161条【买受人支付价款的时间】	★★★
	第44条【合同的生效】	★★
	第94条【合同的法定解除;法定解除权】	★★
	第97条【合同解除的法律后果】	★★
	第112条【违约责任的承担:损失赔偿与其他责任的并存】	★★
	第130条【买卖合同的定义】	★★
	第206条【借款期限的认定】	★★
	第207条【逾期还款的责任承担:支付利息】	★★

	同时适用的法条	相关度	
合同法	第93条【合同的约定解除：协商一致；约定条件成就】	★	0209
	第205条【借款利息支付期限的确定】	★	
	第226条【承租人租金支付期限的确定规则】	★	
	第263条【定作人报酬支付的期限】	★	
担保法	第18条【连带责任保证的定义；连带责任的承担】	★★	0909
	第21条【保证担保的范围；没有约定、约定不明时的担保范围】	★★	
	第31条【保证人的追偿权】	★★	
民法通则	第108条【债务清偿：分期偿还、强制偿还】	★	0916
婚姻法司法解释二	第24条【离婚时夫妻一方所欠债务的处理】	★	1022
买卖合同司法解释	第24条【买卖合同逾期付款违约金的适用规则】	★	1028
合同法司法解释二	第29条【违约金的数额及其调整：适当减少】	★	1035

第114条【违约金的约定及其调整】 ★★★★★

当事人可以约定一方违约时应当根据违约情况向对方支付一定数额的违约金，也可以约定因违约产生的损失赔偿额的计算方法。

约定的违约金低于造成的损失的，当事人可以请求人民法院或者仲裁机构予以增加；约定的违约金过分高于造成的损失的，当事人可以请求人民法院或者仲裁机构予以适当减少。

当事人就迟延履行约定违约金的，违约方支付违约金后，还应当履行债务。

一、主要适用的案由及其相关度

案由编号	主要适用的案由	相关度
M4.10.74	买卖合同纠纷	★★★★★
M4.10.82	房屋买卖合同纠纷	★★★
M4.10.82.2	商品房预售合同纠纷	★★★★
M4.10.82.3	商品房销售合同纠纷	★★★
M4.10.126	追偿权纠纷	★★★
M4.10.120.15	物业服务合同纠纷	★★★
M4.10.96.2	信用卡纠纷	★★★
M4.10.97	租赁合同纠纷	★★
M4.10.97.2	房屋租赁合同纠纷	★★★
M4.10.97.4	建筑设备租赁合同纠纷	★
M4.10.98	融资租赁合同纠纷	★★
M4.10	合同纠纷	★★
M4.10.89	借款合同纠纷	★★
M4.10.89.1	金融借款合同纠纷	★★
M4.10.89.4	民间借贷纠纷	★★★★
M4.10.99	承揽合同纠纷	★
M4.10.100.3	建设工程施工合同纠纷	★
M4.10.104	委托合同纠纷	★

二、同时适用的法条及其相关度

	同时适用的法条	相关度
合同法	第60条【合同履行的原则】	★★★★★
	第107条【合同约束力;违约责任】	★★★★★
	第8条【依法成立的合同的法律约束力】	★★★
	第206条【借款期限的认定】	★★★

第二编 核心法律条文主要适用案由及关联法条索引 0465

	同时适用的法条	相关度	
合同法	第44条【合同的生效】	★★	0209
	第93条【合同的约定解除：协商一致；约定条件成就】	★★	
	第109条【违约责任的承担：付款义务的继续履行】	★★	
	第159条【买受人应支付价款的数额认定】	★★	
	第161条【买受人支付价款的时间】	★★	
	第205条【借款利息支付期限的确定】	★★	
	第207条【逾期还款的责任承担：支付利息】	★★	
	第94条【合同的法定解除；法定解除权】	★	
	第97条【合同解除的法律后果】	★	
	第113条【违约责任的承担：损失赔偿】	★	
	第130条【买卖合同的定义】	★	
	第196条【借款合同定义】	★	
	第226条【承租人租金支付期限的确定规则】	★	
	第248条【承租人的租金支付义务、出租人的租金支付请求权以及合同解除权】	★	
担保法	第18条【连带责任保证的定义；连带责任的承担】	★★★	0909
	第21条【保证担保的范围；没有约定、约定不明时的担保范围】	★★	
	第31条【保证人的追偿权】	★★	
	第19条【保证方式不明时的连带责任担保】	★	
民法通则	第84条【债的定义】	★	0916
	第108条【债务清偿：分期偿还、强制偿还】	★	
合同法司法解释二	第29条【违约金的数额及其调整：适当减少】	★★	1035

		同时适用的法条	相关度
1042	商品房买卖合同纠纷司法解释	第18条【在法定期限内商品房买受人未取得房屋权属证书的出卖人应承担违约责任】	★
1022	婚姻法司法解释二	第24条【离婚时夫妻一方所欠债务的处理】	★

第115条【定金罚则】 ★★★★

当事人可以依照《中华人民共和国担保法》约定一方向对方给付定金作为债权的担保。债务人履行债务后,定金应当抵作价款或者收回。给付定金的一方不履行约定的债务的,无权要求返还定金;收受定金的一方不履行约定的债务的,应当双倍返还定金。

一、主要适用的案由及其相关度

案由编号	主要适用的案由	相关度
M4.10.82	房屋买卖合同纠纷	★★★★★
M4.10.82.1	商品房预约合同纠纷	★★
M4.10.82.2	商品房预售合同纠纷	★
M4.10.74	买卖合同纠纷	★★★★
M4.10.93	定金合同纠纷	★★★
M4.10	合同纠纷	★★
M4.10.97	租赁合同纠纷	★
M4.10.97.2	房屋租赁合同纠纷	★★

二、同时适用的法条及其相关度

		同时适用的法条	相关度
0209	合同法	第60条【合同履行的原则】	★★★★★
		第94条【合同的法定解除;法定解除权】	★★★★★
		第107条【合同约束力;违约责任】	★★★★★

	同时适用的法条	相关度	
合同法	第 97 条【合同解除的法律后果】	★★★★	0209
	第 8 条【依法成立的合同的法律约束力】	★★★	
	第 93 条【合同的约定解除:协商一致;约定条件成就】	★★★	
	第 44 条【合同的生效】	★★	
	第 96 条【合同解除权的行使规则】	★★	
	第 114 条【违约金的约定及其调整】	★★	
	第 116 条【同时约定违约金和定金时的择一适用】	★★	
	第 130 条【买卖合同的定义】	★★	
	第 6 条【诚实信用原则】	★	
	第 113 条【违约责任的承担:损失赔偿】	★	
担保法	第 89 条【定金及其罚则】	★★★	0909
	第 91 条【定金的数额限制】	★★★	
	第 90 条【定金的形式、定金的交付期限、定金合同的生效时间】	★★	
商品房买卖合同纠纷司法解释	第 4 条【定金罚则:以认购、订购、预订方式收受定金的处理】	★★	1042
担保法司法解释	第 115 条【定金罚则】	★	1024
	第 120 条【因一方迟延履行或其他违约行为致使合同目的不能实现的定金罚则的适用规则】	★	
	第 121 条【定金数额的限制:主合同标的额的20%】	★	

第 116 条【同时约定违约金和定金时的择一适用】 ★★

当事人既约定违约金,又约定定金的,一方违约时,对方可以选择适用违约金或者定金条款。

一、主要适用的案由及其相关度

案由编号	主要适用的案由	相关度
M4.10.82	房屋买卖合同纠纷	★★★★★
M4.10.74	买卖合同纠纷	★★★
M4.10.97	租赁合同纠纷	★
M4.10.97.2	房屋租赁合同纠纷	★
M4.10	合同纠纷	★

二、同时适用的法条及其相关度

	同时适用的法条	相关度
合同法	第60条【合同履行的原则】	★★★★★
	第107条【合同约束力;违约责任】	★★★★★
	第114条【违约金的约定及其调整】	★★★★★
	第115条【定金罚则】	★★★★★
	第94条【合同的法定解除;法定解除权】	★★★★
	第8条【依法成立的合同的法律约束力】	★★★
	第97条【合同解除的法律后果】	★★★
	第44条【合同的生效】	★★
	第93条【合同的约定解除:协商一致;约定条件成就】	★★
	第96条【合同解除权的行使规则】	★
	第108条【预期违约责任】	★
	第113条【违约责任的承担:损失赔偿】	★
	第130条【买卖合同的定义】	★
担保法	第89条【定金及其罚则】	★
	第91条【定金的数额限制】	★

	同时适用的法条	相关度	
合同法司法解释二	第29条【违约金的数额及其调整:适当减少】	★	1035

第117条【因不可抗力不能履行合同的责任;不可抗力的定义】 ★★

因不可抗力不能履行合同的,根据不可抗力的影响,部分或者全部免除责任,但法律另有规定的除外。当事人迟延履行后发生不可抗力的,不能免除责任。

本法所称不可抗力,是指不能预见、不能避免并不能克服的客观情况。

一、主要适用的案由及其相关度

案由编号	主要适用的案由	相关度
M4.10.82	房屋买卖合同纠纷	★★★★★
M4.10.82.2	商品房预售合同纠纷	★★★
M4.10.82.3	商品房销售合同纠纷	★★★
M4.10	合同纠纷	★★★
M4.10.74	买卖合同纠纷	★★★
M4.10.97	租赁合同纠纷	★★
M4.10.97.2	房屋租赁合同纠纷	★★★
M4.10.89.4	民间借贷纠纷	★
M4.10.89.1	金融借款合同纠纷	★
M4.10.119	农村土地承包合同纠纷	★
M4.10.115	农业承包合同纠纷	★

二、同时适用的法条及其相关度

	同时适用的法条	相关度	
合同法	第60条【合同履行的原则】	★★★★★	0209
	第107条【合同约束力:违约责任】	★★★★	
	第8条【依法成立的合同的法律约束力】	★★★	

		同时适用的法条	相关度
0209	合同法	第114条【违约金的约定及其调整】	★★★
		第44条【合同的生效】	★★
		第94条【合同的法定解除;法定解除权】	★★
		第118条【因不可抗力不能履行合同时的通知与证明】	★★
		第5条【公平原则:合同权利义务确定的原则】	★
		第91条【合同权利义务终止的法定情形】	★
		第97条【合同解除的法律后果】	★
		第113条【违约责任的承担:损失赔偿】	★
		第135条【出卖人的义务:交付、移转所有权】	★
		第136条【出卖人的义务:交付单证、交付资料】	★
0916	民法通则	第153条【不可抗力的定义】	★
1042	商品房买卖合同纠纷司法解释	第18条【在法定期限内商品房买受人未取得房屋权属证书的出卖人应承担违约责任】	★
1035	合同法司法解释二	第29条【违约金的数额及其调整:适当减少】	★

第118条【因不可抗力不能履行合同时的通知与证明】 ★★

当事人一方因不可抗力不能履行合同的,应当及时通知对方,以减轻可能给对方造成的损失,并应当在合理期限内提供证明。

■ 一、主要适用的案由及其相关度

案由编号	主要适用的案由	相关度
M4.10.82.3	商品房销售合同纠纷	★★★★★
M4.10.97.2	房屋租赁合同纠纷	★★

案由编号	主要适用的案由	相关度
M4.10.89.1	金融借款合同纠纷	★
M4.10	合同纠纷	★

二、同时适用的法条及其相关度

	同时适用的法条	相关度	
合同法	第60条【合同履行的原则】	★★★★★	0209
	第107条【合同约束力;违约责任】	★★★★★	
	第114条【违约金的约定及其调整】	★★★★★	
	第117条【因不可抗力不能履行合同的责任;不可抗力的定义】	★★★	
	第8条【依法成立的合同的法律约束力】	★★	
	第94条【合同的法定解除;法定解除权】	★★	
	第6条【诚实信用原则】	★	
	第44条【合同的生效】	★	
	第91条【合同权利义务终止的法定情形】	★	
	第96条【合同解除权的行使规则】	★	
	第97条【合同解除的法律后果】	★	
	第198条【借款合同中的担保及法律适用】	★	
	第207条【逾期还款的责任承担:支付利息】	★	
	第212条【租赁合同的定义】	★	
担保法	第18条【连带责任保证的定义;连带责任的承担】	★	0909
	第21条【保证担保的范围;没有约定、约定不明时的担保范围】	★	
商品房买卖合同纠纷司法解释	第16条【商品房买卖合同违约金的调整】	★★★	1042

第119条【防止违约损失扩大的措施：防损义务及不履行的后果；防损费用的承担】 ★★★

当事人一方违约后，对方应当采取适当措施防止损失的扩大；没有采取适当措施致使损失扩大的，不得就扩大的损失要求赔偿。

当事人因防止损失扩大而支出的合理费用，由违约方承担。

一、主要适用的案由及其相关度

案由编号	主要适用的案由	相关度
M4.10.74	买卖合同纠纷	★★★★★
M4.10.97	租赁合同纠纷	★★★
M4.10.97.2	房屋租赁合同纠纷	★★★★★
M4.10	合同纠纷	★★
M4.10.89.1	金融借款合同纠纷	★★
M4.10.100.3	建设工程施工合同纠纷	★★
M4.10.82	房屋买卖合同纠纷	★
M4.10.82.2	商品房预售合同纠纷	★★
M4.10.82.3	商品房销售合同纠纷	★
M4.10.89.4	民间借贷纠纷	★
M4.10.120.15	物业服务合同纠纷	★
M4.10.104	委托合同纠纷	★
M4.10.99	承揽合同纠纷	★

二、同时适用的法条及其相关度

	同时适用的法条	相关度
合同法	第60条【合同履行的原则】	★★★★★
	第107条【合同约束力；违约责任】	★★★★★
	第8条【依法成立的合同的法律约束力】	★★★
	第94条【合同的法定解除；法定解除权】	★★★
	第97条【合同解除的法律后果】	★★★

	同时适用的法条	相关度	
合同法	第113条【违约责任的承担：损失赔偿】	★★★	0209
	第114条【违约金的约定及其调整】	★★★	
	第44条【合同的生效】	★★	
	第93条【合同的约定解除：协商一致；约定条件成就】	★★	
	第206条【借款期限的认定】	★★	
	第212条【租赁合同的定义】	★★	
	第6条【诚实信用原则】	★	
	第96条【合同解除权的行使规则】	★	
	第109条【违约责任的承担：付款义务的继续履行】	★	
	第120条【双方违约应各自承担违约责任】	★	
	第130条【买卖合同的定义】	★	
	第205条【借款利息支付期限的确定】	★	
	第207条【逾期还款的责任承担：支付利息】	★	
	第226条【承租人租金支付期限的确定规则】	★	
担保法	第18条【连带责任保证的定义；连带责任的承担】	★	0909
	第21条【保证担保的范围；没有约定、约定不明时的担保范围】	★	

第120条【双方违约应各自承担违约责任】 ★★★

当事人双方都违反合同的，应当各自承担相应的责任。

■ 一、主要适用的案由及其相关度

案由编号	主要适用的案由	相关度
M4.10.120.15	物业服务合同纠纷	★★★★★
M4.10.74	买卖合同纠纷	★★★★
M4.10	合同纠纷	★★★★
M4.10.82	房屋买卖合同纠纷	★★★

0474 合同、无因管理、不当得利纠纷

案由编号	主要适用的案由	相关度
M4.10.82.2	商品房预售合同纠纷	★★
M4.10.82.3	商品房销售合同纠纷	★★
M4.10.97	租赁合同纠纷	★★★
M4.10.97.2	房屋租赁合同纠纷	★★★
M4.10.96.1	借记卡纠纷	★★★
M4.10.100.3	建设工程施工合同纠纷	★★
M4.10.95	储蓄存款合同纠纷	★★
M4.10.99	承揽合同纠纷	★★

■ 二、同时适用的法条及其相关度

		同时适用的法条	相关度
0209	合同法	第60条【合同履行的原则】	★★★★★
		第107条【合同约束力；违约责任】	★★★★★
		第8条【依法成立的合同的法律约束力】	★★★
		第114条【违约金的约定及其调整】	★★★
		第44条【合同的生效】	★★
		第94条【合同的法定解除；法定解除权】	★★
		第97条【合同解除的法律后果】	★★
		第109条【违约责任的承担：付款义务的继续履行】	★★
		第93条【合同的约定解除：协商一致；约定条件成就】	★
		第113条【违约责任的承担：损失赔偿】	★
1046	物业服务纠纷司法解释	第6条【未交纳物业费的处理规则】	★★
		第1条【前期物业服务合同及物业服务合同的约束力】	★

第121条【因第三人原因造成违约情况下的责任承担】 ★★★

当事人一方因第三人的原因造成违约的,应当向对方承担违约责任。当事人一方和第三人之间的纠纷,依照法律规定或者按照约定解决。

一、主要适用的案由及其相关度

案由编号	主要适用的案由	相关度
M4.10.82	房屋买卖合同纠纷	★★★★★
M4.10.82.2	商品房预售合同纠纷	★★
M4.10.82.3	商品房销售合同纠纷	★★★★★
M4.10.74	买卖合同纠纷	★★★
M4.10.97	租赁合同纠纷	★★★
M4.10.97.2	房屋租赁合同纠纷	★★
M4.10	合同纠纷	★★★
M4.10.83	房屋拆迁安置补偿合同纠纷	★
M4.10.89.4	民间借贷纠纷	★
M4.10.89.1	金融借款合同纠纷	★
M9.30.350	机动车交通事故责任纠纷	★
M4.10.95	储蓄存款合同纠纷	★

二、同时适用的法条及其相关度

	同时适用的法条	相关度
合同法	第60条【合同履行的原则】	★★★★★
	第107条【合同约束力;违约责任】	★★★★★
	第8条【依法成立的合同的法律约束力】	★★★
	第114条【违约金的约定及其调整】	★★★
	第44条【合同的生效】	★★
	第94条【合同的法定解除;法定解除权】	★★
	第112条【违约责任的承担;损失赔偿与其他责任的并存】	★★

		同时适用的法条	相关度
0209	合同法	第113条【违约责任的承担:损失赔偿】	★★
		第97条【合同解除的法律后果】	★
		第235条【租赁期间届满承租人的租赁物返还义务、返还的租赁物的应有状态】	★
1042	商品房买卖合同纠纷司法解释	第1条【商品房买卖合同的定义】	★★
		第16条【商品房买卖合同违约金的调整】	★★
		第18条【在法定期限内商品房买受人未取得房屋权属证书的出卖人应承担违约责任】	★★

第122条【违约责任与侵权责任的竞合】 ★★★

因当事人一方的违约行为,侵害对方人身、财产权益的,受损害方有权选择依照本法要求其承担违约责任或者依照其他法律要求其承担侵权责任。

■ 一、主要适用的案由及其相关度

案由编号	主要适用的案由	相关度
M9.30.350	机动车交通事故责任纠纷	★★★
M4.10.101	运输合同纠纷	★★★
M4.10.101.1	公路旅客运输合同纠纷	★★★★★
M4.10.101.7	出租汽车运输合同纠纷	★★
M4.10.101.9	城市公交运输合同纠纷	★★
M4.10.74	买卖合同纠纷	★★★
M4.10	合同纠纷	★★
M3.5.38	财产损害赔偿纠纷	★★
M1.1.1	生命权、健康权、身体权纠纷	★
M4.10.97	租赁合同纠纷	★
M4.10.97.2	房屋租赁合同纠纷	★
M4.10.120	服务合同纠纷	★

案由编号	主要适用的案由	相关度
M4.10.120.5	旅游合同纠纷	★★
M4.10.82	房屋买卖合同纠纷	★
M4.10.82.3	商品房销售合同纠纷	★
M5.14.142	著作权权属、侵权纠纷	★

二、同时适用的法条及其相关度

	同时适用的法条	相关度	
合同法	第107条【合同约束力;违约责任】	★★★★★	0209
	第302条【运输过程中旅客伤亡;承运人承担赔偿责任】	★★★★★	
	第60条【合同履行的原则】	★★★★	
	第290条【承运人的按时运输、安全运输义务】	★★★	
	第8条【依法成立的合同的法律约束力】	★★	
	第44条【合同的生效】	★★	
	第113条【违约责任的承担;损失赔偿】	★★	
	第114条【违约金的约定及其调整】	★★	
	第121条【因第三人原因造成违约情况下的责任承担】	★★	
	第288条【运输合同的定义】	★★	
	第293条【客运合同的成立时间;交付客票】	★★	
	第109条【违约责任的承担;付款义务的继续履行】	★	
侵权责任法	第6条【过错责任原则;过错推定责任原则】	★★	0960
	第16条【人身损害赔偿项目:一般人身损害赔偿项目、伤残赔偿项目、死亡赔偿项目】	★★	
	第22条【人身权益侵害精神损害赔偿的请求权】	★	
保险法	第65条【责任保险的赔偿规则】	★★	0937

		同时适用的法条	相关度
0916	民法通则	第106条【民事责任归责原则;违约责任;过错侵权责任;无过错侵权责任】	★
1038	人身损害赔偿司法解释	第17条【人身损害赔偿项目;一般人身损害赔偿项目、伤残赔偿项目、死亡赔偿项目】	★★★★
		第21条【护理费的计算标准】	★★★★
		第19条【医疗费的计算标准】	★★★
		第20条【误工费的计算标准】	★★★
		第22条【交通费的计算标准】	★★★
		第23条【伙食费、住宿费的计算标准】	★★★
		第24条【营养费的计算标准】	★★★
		第25条【残疾赔偿金的计算标准】	★★★
		第18条【精神损害抚慰金的请求权及其法律适用】	★
		第28条【被扶养人生活费数额的确定】	★
1042	商品房买卖合同纠纷司法解释	第18条【在法定期限内商品房买受人未取得房屋权属证书的出卖人应承担违约责任】	★

第八章 其他规定

第123条【其他法律对合同另有规定的适用;特别法优先适用】 ★

其他法律对合同另有规定的,依照其规定。

一、主要适用的案由及其相关度

案由编号	主要适用的案由	相关度
M4.10.74	买卖合同纠纷	
M4.10.97.2	房屋租赁合同纠纷	
M4.10	合同纠纷	

案由编号	主要适用的案由	相关度
M8.27.317	财产保险合同纠纷	
M4.10.89.4	民间借贷纠纷	
M4.10.101.1	公路旅客运输合同纠纷	
M4.10.89.1	金融借款合同纠纷	
M4.10.110	典当纠纷	
M4.10.84	供用电合同纠纷	

二、同时适用的法条及其相关度

	同时适用的法条	相关度
合同法	第60条【合同履行的原则】	★★★★★
	第107条【合同约束力;违约责任】	★★★★★
	第8条【依法成立的合同的法律约束力】	★★★
	第44条【合同的生效】	★★★
	第124条【无名合同的法律适用】	★★★
	第159条【买受人应支付价款的数额认定】	★★
	第206条【借款期限的认定】	★★
	第6条【诚实信用原则】	★
	第40条【格式条款无效情形】	★
	第94条【合同的法定解除;法定解除权】	★
	第97条【合同解除的法律后果】	★
	第109条【违约责任的承担;付款义务的继续履行】	★
	第114条【违约金的约定及其调整】	★
	第122条【违约责任与侵权责任的竞合】	★
	第125条【合同的解释;合同条款理解不一致的解释规则】	★

		同时适用的法条	相关度
0209	合同法	第 130 条【买卖合同的定义】	★
		第 161 条【买受人支付价款的时间】	★
		第 205 条【借款利息支付期限的确定】	★
		第 207 条【逾期还款的责任承担:支付利息】	★
		第 302 条【运输过程中旅客伤亡:承运人承担赔偿责任】	★
0995	税收征收管理法	第 30 条【扣缴义务人代扣、代收税款的义务纳税人的不得拒绝的义务;手续费支付】	★★★
		第 34 条【完税凭证、代扣代收税款凭证的开具】	★★★
0989	个人所得税法	第 1 条【纳税主体】	★★★
		第 2 条【应纳个人所得税的法定项目】	★★★
		第 8 条【个人所得税的纳税义务人和扣缴义务人及其纳税申报和扣缴申报】	★★★
0937	保险法	第 10 条【保险合同和保险合同主体的定义】	★★
		第 14 条【投保人和保险人的义务】	★★
		第 23 条【保险人赔付义务的履行及程序】	★
0916	民法通则	第 108 条【债务清偿:分期偿还、强制偿还】	★★
		第 84 条【债的定义】	★
0909	担保法	第 18 条【连带责任保证的定义;连带责任的承担】	★

第 124 条【无名合同的法律适用】 ★★

本法分则或者其他法律没有明文规定的合同,适用本法总则的规定,并可以参照本法分则或者其他法律最相类似的规定。

■ 一、主要适用的案由及其相关度

案由编号	主要适用的案由	相关度
M4.10	合同纠纷	★★★★★
M4.10.122	劳务合同纠纷	★★★★★

案由编号	主要适用的案由	相关度
M4.10.96.2	信用卡纠纷	★★★
M4.10.74	买卖合同纠纷	★★
M4.10.120	服务合同纠纷	★
M4.10.120.10	餐饮服务合同纠纷	★
M4.10.120.15	物业服务合同纠纷	★
M6.17.169.5	追索劳动报酬纠纷	★
M4.10.89.4	民间借贷纠纷	★
M8.20.236	挂靠经营合同纠纷	★

■ 二、同时适用的法条及其相关度

	同时适用的法条	相关度
合同法	第60条【合同履行的原则】	★★★★★
	第107条【合同约束力:违约责任】	★★★★★
	第8条【依法成立的合同的法律约束力】	★★★
	第109条【违约责任的承担:付款义务的继续履行】	★★★
	第44条【合同的生效】	★★
	第206条【借款期限的认定】	★★
	第207条【逾期还款的责任承担:支付利息】	★★
	第2条【合同法的调整对象:合同的定义】	★
	第10条【合同的订立形式;合同的书面形式】	★
	第52条【合同无效的法定情形】	★
	第94条【合同的法定解除;法定解除权】	★
	第97条【合同解除的法律后果】	★
	第113条【违约责任的承担:损失赔偿】	★
	第114条【违约金的约定及其调整】	★
	第159条【买受人应支付价款的数额认定】	★
	第161条【买受人支付价款的时间】	★

		同时适用的法条	相关度
0209	合同法	第174条【买卖合同准用于有偿合同；有偿合同参照买卖合同】	★
		第196条【借款合同定义】	★
		第212条【租赁合同的定义】	★
		第226条【承租人租金支付期限的确定规则】	★
		第263条【定作人报酬支付的期限】	★
0970	商业银行法	第42条【借款人按期归还贷款本息的义务；借款人到期不归还担保贷款时商业银行的权利】	★
		第50条【商业银行手续费的收取】	★
0916	民法通则	第108条【债务清偿：分期偿还、强制偿还】	★
0909	担保法	第18条【连带责任保证的定义；连带责任的承担】	★
		第21条【保证担保的范围；没有约定、约定不明时的担保范围】	★
1028	买卖合同司法解释	第24条【买卖合同逾期付款违约金的适用规则】	★

第125条【合同的解释；合同条款理解不一致的解释规则】 ★★

当事人对合同条款的理解有争议的，应当按照合同所使用的词句、合同的有关条款、合同的目的、交易习惯以及诚实信用原则，确定该条款的真实意思。

合同文本采用两种以上文字订立并约定具有同等效力的，对各文本使用的词句推定具有相同含义。各文本使用的词句不一致的，应当根据合同的目的予以解释。

一、主要适用的案由及其相关度

案由编号	主要适用的案由	相关度
M4.10.82	房屋买卖合同纠纷	★★★★★

案由编号	主要适用的案由	相关度
M4.10.82.2	商品房预售合同纠纷	★★
M4.10.82.3	商品房销售合同纠纷	★★★★
M4.10.89.4	民间借贷纠纷	★★★★★
M4.10.74	买卖合同纠纷	★★★★★
M4.10	合同纠纷	★★★★
M4.10.83	房屋拆迁安置补偿合同纠纷	★★
M4.10.97	租赁合同纠纷	★★
M4.10.97.2	房屋租赁合同纠纷	★★★
M4.10.100.3	建设工程施工合同纠纷	★★
M4.10.111	合伙协议纠纷	★
M4.10.120.15	物业服务合同纠纷	★
M4.10.99	承揽合同纠纷	★

■ 二、同时适用的法条及其相关度

	同时适用的法条	相关度
合同法	第60条【合同履行的原则】	★★★★★
	第107条【合同约束力:违约责任】	★★★★★
	第8条【依法成立的合同的法律约束力】	★★★
	第114条【违约金的约定及其调整】	★★★
	第5条【公平原则:合同权利义务确定的原则】	★★
	第6条【诚实信用原则】	★★
	第41条【格式条款的解释方法】	★★
	第44条【合同的生效】	★★
	第206条【借款期限的认定】	★★
	第61条【合同内容约定不明确的处理规则:合同漏洞的填补】	★

		同时适用的法条	相关度
0209	合同法	第 62 条【合同内容约定不明确的履行规则；合同漏洞的填补】	★
		第 93 条【合同的约定解除；协商一致；约定条件成就】	★
		第 94 条【合同的法定解除；法定解除权】	★
		第 97 条【合同解除的法律后果】	★
		第 109 条【违约责任的承担；付款义务的继续履行】	★
		第 110 条【非金钱债务的继续履行及其例外；债权人不得要求对方继续履行的情形】	★
		第 113 条【违约责任的承担；损失赔偿】	★
		第 130 条【买卖合同的定义】	★
		第 159 条【买受人应支付价款的数额认定】	★
		第 196 条【借款合同定义】	★
		第 207 条【逾期还款的责任承担；支付利息】	★
		第 211 条【自然人之间借款合同利息的规制】	★
0916	民法通则	第 108 条【债务清偿；分期偿还、强制偿还】	★
1035	合同法司法解释二	第 29 条【违约金的数额及其调整；适当减少】	★

第 126 条【涉外合同的法律适用】　　★★

涉外合同的当事人可以选择处理合同争议所适用的法律，但法律另有规定的除外。涉外合同的当事人没有选择的，适用与合同有最密切联系的国家的法律。

在中华人民共和国境内履行的中外合资经营企业合同、中外合作经营企业合同、中外合作勘探开发自然资源合同，适用中华人民共和国法律。

一、主要适用的案由及其相关度

案由编号	主要适用的案由	相关度
M4.10.97	租赁合同纠纷	★★★
M4.10.97.2	房屋租赁合同纠纷	★★
M4.10.97.4	建筑设备租赁合同纠纷	★★
M4.10.74	买卖合同纠纷	★★★
M4.10.74.5	国际货物买卖合同纠纷	★
M4.10	合同纠纷	★
M4.10.89	借款合同纠纷	★
M4.10.89.1	金融借款合同纠纷	★★★★★
M4.10.89.4	民间借贷纠纷	★★★★★
M8.21.249	股权转让纠纷	★
M4.10.96.2	信用卡纠纷	★
M4.10.77	建设用地使用权合同纠纷	★
M4.10.115	农业承包合同纠纷	★

二、同时适用的法条及其相关度

	同时适用的法条	相关度
合同法	第60条【合同履行的原则】	★★★★★
	第107条【合同约束力:违约责任】	★★★★★
	第207条【逾期还款的责任承担:支付利息】	★★★★
	第8条【依法成立的合同的法律约束力】	★★★
	第44条【合同的生效】	★★★
	第114条【违约金的约定及其调整】	★★★
	第206条【借款期限的认定】	★★★
	第93条【合同的约定解除:协商一致;约定条件成就】	★★

		同时适用的法条	相关度
0209	合同法	第109条【违约责任的承担；付款义务的继续履行】	★★
		第94条【合同的法定解除；法定解除权】	★
		第97条【合同解除的法律后果】	★
		第112条【违约责任的承担：损失赔偿与其他责任的并存】	★
		第159条【买受人应支付价款的数额认定】	★
		第161条【买受人支付价款的时间】	★
		第196条【借款合同定义】	★
		第205条【借款利息支付期限的确定】	★
		第211条【自然人之间借款合同利息的规制】	★
0997	涉外民事关系法律适用法	第41条【合同的法律适用】	★★
0909	担保法	第33条【抵押、抵押权人、抵押人以及抵押物的概念】	★★
		第18条【连带责任保证的定义；连带责任的承担】	★
		第21条【保证担保的范围；没有约定、约定不明时的担保范围】	★
		第31条【保证人的追偿权】	★
		第46条【抵押担保的范围】	★
		第53条【抵押权实现的方式和程序】	★
0927	物权法	第176条【混合担保规则】	★
		第179条【抵押权的界定】	★
1074	涉港澳民商事案件文书送达规定	第9条【涉港澳民商事文书的公告送达】	★

	同时适用的法条	相关度	
婚姻法司法解释二	第24条【离婚时夫妻一方所欠债务的处理】	★	1022

第127条【行政主管部门对合同监督与管理】　★

工商行政管理部门和其他有关行政主管部门在各自的职权范围内,依照法律、行政法规的规定,对利用合同危害国家利益、社会公共利益的违法行为,负责监督处理;构成犯罪的,依法追究刑事责任。

一、主要适用的案由及其相关度

案由编号	主要适用的案由	相关度
M4.10.97	租赁合同纠纷	
M4.10.97.1	土地租赁合同纠纷	
M4.10.97.2	房屋租赁合同纠纷	
M4.10.97.3	车辆租赁合同纠纷	
M4.10.97.4	建筑设备租赁合同纠纷	
M4.10.74	买卖合同纠纷	
M3.7.55	土地承包经营权纠纷	
M4.10.100	建设工程合同纠纷	
M4.10	合同纠纷	
M8.20.239	企业承包经营合同纠纷	
M8.27.317.2	责任保险合同纠纷	
M4.10.119	农村土地承包合同纠纷	
M4.10.89.4	民间借贷纠纷	

二、同时适用的法条及其相关度

	同时适用的法条	相关度
合同法	第 7 条【遵纪守法原则】	
	第 8 条【依法成立的合同的法律约束力】	
	第 44 条【合同的生效】	
	第 52 条【合同无效的法定情形】	
	第 60 条【合同履行的原则】	
	第 93 条【合同的约定解除:协商一致;约定条件成就】	
	第 94 条【合同的法定解除;法定解除权】	
	第 97 条【合同解除的法律后果】	
	第 98 条【结算条款、清理条款效力的独立性】	
	第 107 条【合同约束力:违约责任】	
	第 109 条【违约责任的承担:付款义务的继续履行】	
	第 112 条【违约责任的承担:损失赔偿与其他责任的并存】	
	第 113 条【违约责任的承担:损失赔偿】	
	第 114 条【违约金的约定及其调整】	
	第 120 条【双方违约应各自承担违约责任】	
	第 126 条【涉外合同的法律适用】	
	第 130 条【买卖合同的定义】	
	第 132 条【买卖合同的标的物】	
	第 135 条【出卖人的义务:交付、移转所有权】	
	第 136 条【出卖人的义务:交付单证、交付资料】	
	第 207 条【逾期还款的责任承担:支付利息】	
	第 212 条【租赁合同的定义】	

	同时适用的法条	相关度	
合同法	第223条【承租人对租赁物进行改善或增设他物的规定】		0209
	第235条【租赁期间届满承租人的租赁物返还义务、返还的租赁物的应有状态】		
农村土地承包法	第26条【承包期内承包地的合理收回】		0945

第128条【合同争议的解决方式】 ★

当事人可以通过和解或者调解解决合同争议。

当事人不愿和解、调解或者和解、调解不成的,可以根据仲裁协议向仲裁机构申请仲裁。涉外合同的当事人可以根据仲裁协议向中国仲裁机构或者其他仲裁机构申请仲裁。当事人没有订立仲裁协议或者仲裁协议无效的,可以向人民法院起诉。当事人应当履行发生法律效力的判决、仲裁裁决、调解书;拒不履行的,对方可以请求人民法院执行。

一、主要适用的案由及其相关度

案由编号	主要适用的案由	相关度
M4.10.74	买卖合同纠纷	
M4.10	合同纠纷	
M4.10.89.4	民间借贷纠纷	
M4.10.97	租赁合同纠纷	
M4.10.97.1	土地租赁合同纠纷	
M4.10.97.2	房屋租赁合同纠纷	
M4.10.82	房屋买卖合同纠纷	
M4.10.82.2	商品房预售合同纠纷	
M4.10.82.3	商品房销售合同纠纷	
M3.5.38	财产损害赔偿纠纷	
X2.133	交通肇事罪	

0490 合同、无因管理、不当得利纠纷

案由编号	主要适用的案由	相关度
M4.10.100.7	装饰装修合同纠纷	
M7.19.187	船舶建造合同纠纷	
M5.13.130.2	合作创作合同纠纷	
M4.10.83	房屋拆迁安置补偿合同纠纷	
M4.10.99	承揽合同纠纷	
M4.10.126	追偿权纠纷	

二、同时适用的法条及其相关度

	同时适用的法条	相关度
合同法	第7条【遵纪守法原则】	
	第8条【依法成立的合同的法律约束力】	
	第44条【合同的生效】	
	第60条【合同履行的原则】	
	第80条【债权人转让债权的通知义务】	
	第91条【合同权利义务终止的法定情形】	
	第93条【合同的约定解除:协商一致;约定条件成就】	
	第107条【合同约束力:违约责任】	
	第109条【违约责任的承担:付款义务的继续履行】	
	第110条【非金钱债务的继续履行及其例外:债权人不得要求对方继续履行的情形】	
	第113条【违约责任的承担:损失赔偿】	
	第114条【违约金的约定及其调整】	
	第125条【合同的解释;合同条款理解不一致的解释规则】	
	第130条【买卖合同的定义】	
	第161条【买受人支付价款的时间】	

	同时适用的法条	相关度
合同法	第162条【出卖人多交标的物的处理】	0209
	第196条【借款合同定义】	
	第206条【借款期限的认定】	
	第207条【逾期还款的责任承担:支付利息】	
	第210条【自然人之间借款合同的生效:提供借款时】	
	第214条【租赁期限的规定】	
	第215条【租赁合同的书面形式要求】	
	第227条【出租人的租金支付请求权以及合同解除权】	
	第235条【租赁期间届满承租人的租赁物返还义务、返还的租赁物的应有状态】	
	第236条【不定期租赁:租赁期满继续使用租赁物、出租人没有提出异议】	
	第263条【定作人报酬支付的期限】	
仲裁法	第16条【仲裁协议的形式和内容】	0999

第129条【合同争议提起诉讼或申请仲裁的期限】 ★

因国际货物买卖合同和技术进出口合同争议提起诉讼或者申请仲裁的期限为四年,自当事人知道或者应当知道其权利受到侵害之日起计算。因其他合同争议提起诉讼或者申请仲裁的期限,依照有关法律的规定。

■ 一、主要适用的案由及其相关度

案由编号	主要适用的案由	相关度
M4.10.74	买卖合同纠纷	

二、同时适用的法条及其相关度

	同时适用的法条	相关度
合同法	第8条【依法成立的合同的法律约束力】	
	第10条【合同的订立形式;合同的书面形式】	
	第44条【合同的生效】	
	第60条【合同履行的原则】	
	第91条【合同权利义务终止的法定情形】	
	第93条【合同的约定解除:协商一致;约定条件成就】	
	第97条【合同解除的法律后果】	
	第107条【合同约束力:违约责任】	
	第109条【违约责任的承担:付款义务的继续履行】	
	第114条【违约金的约定及其调整】	
	第161条【买受人支付价款的时间】	
	第186条【赠与的任意撤销及限制】	
	第251条【承揽合同的定义;承揽的种类】	
	第263条【定作人报酬支付的期限】	
	第283条【发包人未按约定的时间和要求提供原材料、设备、场地、资金、技术资料的违约责任】	
民法通则	第135条【诉讼时效期间:两年】	
	第137条【诉讼时效期间的起算日和最长保护期限】	

分则

第九章 买卖合同

第130条【买卖合同的定义】　　　　　　★★★★

买卖合同是出卖人转移标的物的所有权于买受人,买受人支付价款的合同。

■ 一、主要适用的案由及其相关度

案由编号	主要适用的案由	相关度
M4.10.74	买卖合同纠纷	★★★★★
M4.10.82	房屋买卖合同纠纷	★

■ 二、同时适用的法条及其相关度

	同时适用的法条	相关度
合同法	第107条【合同约束力;违约责任】	★★★★★
	第159条【买受人应支付价款的数额认定】	★★★★★
	第60条【合同履行的原则】	★★★★
	第161条【买受人支付价款的时间】	★★★★
	第8条【依法成立的合同的法律约束力】	★★★
	第109条【违约责任的承担:付款义务的继续履行】	★★★
	第44条【合同的生效】	★★
	第114条【违约金的约定及其调整】	★★
	第10条【合同的订立形式;合同的书面形式】	★
	第62条【合同内容约定不明确的履行规则:合同漏洞的填补】	★
	第113条【违约责任的承担:损失赔偿】	★
	第135条【出卖人的义务:交付、移转所有权】	★
民法通则	第84条【债的定义】	★★
	第108条【债务清偿:分期偿还、强制偿还】	★★

		同时适用的法条	相关度
0909	担保法	第18条【连带责任保证的定义;连带责任的承担】	★
1028	买卖合同司法解释	第24条【买卖合同逾期付款违约金的适用规则】	★★
		第1条【一方以送货单、收货单、结算单、发票、对账确认函、债权确认书主张买卖合同关系存在时的认定】	★
1022	婚姻法司法解释二	第24条【离婚时夫妻一方所欠债务的处理】	★

第131条【买卖合同的内容】 ★★

买卖合同的内容除依照本法第十二条的规定以外,还可以包括包装方式、检验标准和方法、结算方式、合同使用的文字及其效力等条款。

一、主要适用的案由及其相关度

案由编号	主要适用的案由	相关度
M4.10.74	买卖合同纠纷	★★★★★

二、同时适用的法条及其相关度

		同时适用的法条	相关度
0209	合同法	第130条【买卖合同的定义】	★★★★★
		第60条【合同履行的原则】	★★★★
		第159条【买受人应支付价款的数额认定】	★★★★
		第8条【依法成立的合同的法律约束力】	★★★
		第107条【合同约束力;违约责任】	★★★
		第161条【买受人支付价款的时间】	★★★
		第12条【合同内容一般包括的条款;示范文本】	★★
		第109条【违约责任的承担;付款义务的继续履行】	★★
		第44条【合同的生效】	★

	同时适用的法条	相关度	
合同法	第61条【合同内容约定不明确的处理规则：合同漏洞的填补】	★	0209
	第62条【合同内容约定不明确的履行规则：合同漏洞的填补】	★	
	第114条【违约金的约定及其调整】	★	
民法通则	第108条【债务清偿：分期偿还、强制偿还】	★	0916
买卖合同司法解释	第24条【买卖合同逾期付款违约金的适用规则】	★	1028

第132条【买卖合同的标的物】 ★★

出卖的标的物，应当属于出卖人所有或者出卖人有权处分。

法律、行政法规禁止或者限制转让的标的物，依照其规定。

■ 一、主要适用的案由及其相关度

案由编号	主要适用的案由	相关度
M4.10.82	房屋买卖合同纠纷	★★★★★
M4.10.74	买卖合同纠纷	★★★★★
M4.10.67.2	确认合同无效纠纷	★

■ 二、同时适用的法条及其相关度

	同时适用的法条	相关度	
合同法	第130条【买卖合同的定义】	★★★★★	0209
	第60条【合同履行的原则】	★★★★	
	第44条【合同的生效】	★★★	
	第52条【合同无效的法定情形】	★★★	
	第58条【合同无效或被撤销的法律后果】	★★★	
	第107条【合同约束力：违约责任】	★★★	

	同时适用的法条	相关度
0209 合同法	第8条【依法成立的合同的法律约束力】	★★
	第51条【无权处分合同的效力:经追认或取得处分权的有效】	★★
	第133条【标的物所有权的转移:交付】	★★
	第135条【出卖人的义务:交付、移转所有权】	★★
	第159条【买受人应支付价款的数额认定】	★★
	第6条【诚实信用原则】	★
	第56条【合同无效或被撤销的溯及力;部分无效不影响其他独立部分的效力】	★
	第94条【合同的法定解除;法定解除权】	★
	第97条【合同解除的法律后果】	★
0927 物权法	第9条【不动产物权的登记生效原则;国家自然资源所有权登记的特殊规定】	★
	第15条【设立、变更、转让、消灭不动产物权的合同的效力:合同成立时生效】	★
	第106条【善意取得的构成条件】	★
1028 买卖合同司法解释	第3条【不能以出卖人在缔约时对标的物没有所有权或处分权为由主张合同无效;出卖人未取得所有权或处分权致使标的物所有权不能转移买受人可以要求出卖人承担违约责任或解除合同主张损害赔偿】	★★

第133条【标的物所有权的转移:交付】　　★★★

标的物的所有权自标的物交付时起转移,但法律另有规定或者当事人另有约定的除外。

一、主要适用的案由及其相关度

案由编号	主要适用的案由	相关度
M4.10.74	买卖合同纠纷	★★★★★

案由编号	主要适用的案由	相关度
M4.10.82	房屋买卖合同纠纷	★★★
M4.10.82.3	商品房销售合同纠纷	★
M3.5.32	物权确认纠纷	★
M3.5.32.1	所有权确认纠纷	★

二、同时适用的法条及其相关度

	同时适用的法条	相关度	
合同法	第60条【合同履行的原则】	★★★★★	0209
	第107条【合同约束力;违约责任】	★★★★★	
	第130条【买卖合同的定义】	★★★★★	
	第44条【合同的生效】	★★★★	
	第8条【依法成立的合同的法律约束力】	★★★	
	第135条【出卖人的义务:交付、移转所有权】	★★★	
	第159条【买受人应支付价款的数额认定】	★★★	
	第161条【买受人支付价款的时间】	★★	
	第6条【诚实信用原则】	★	
	第109条【违约责任的承担:付款义务的继续履行】	★	
	第114条【违约金的约定及其调整】	★	
	第132条【买卖合同的标的物】	★	
	第134条【所有权保留】	★	
物权法	第15条【设立、变更、转让、消灭不动产物权的合同的效力:合同成立时生效】	★★	0927
	第23条【动产物权设立和转让的生效时间】	★★	
	第33条【利害关系人的物权确认请求权】	★★	
	第9条【不动产物权的登记生效原则;国家自然资源所有权登记的特殊规定】	★	

	同时适用的法条	相关度
民法通则	第72条【财产所有权取得应符合法律规定;动产所有权自交付时转移】	★

0916

第134条【标的物所有权的保留】 ★★★

当事人可以在买卖合同中约定买受人未履行支付价款或者其他义务的,标的物的所有权属于出卖人。

■ 一、主要适用的案由及其相关度

案由编号	主要适用的案由	相关度
M4.10.74	买卖合同纠纷	★★★★★
M4.10.74.1	分期付款买卖合同纠纷	★

■ 二、同时适用的法条及其相关度

	同时适用的法条	相关度
合同法	第60条【合同履行的原则】	★★★★★
	第107条【合同约束力;违约责任】	★★★★★
	第159条【买受人应支付价款的数额认定】	★★★★
	第8条【依法成立的合同的法律约束力】	★★★
	第114条【违约金的约定及其调整】	★★★
	第130条【买卖合同的定义】	★★★
	第161条【买受人支付价款的时间】	★★★
	第44条【合同的生效】	★★
	第109条【违约责任的承担:付款义务的继续履行】	★★
	第133条【标的物所有权的转移:交付】	★★
	第167条【分期付款买卖合同出卖人的法定解除权】	★★

0209

	同时适用的法条	相关度	
合同法	第93条【合同的约定解除:协商一致;约定条件成就】	★	0209
	第94条【合同的法定解除;法定解除权】	★	
	第97条【合同解除的法律后果】	★	
	第135条【出卖人的义务:交付、移转所有权】	★	
担保法	第18条【连带责任保证的定义;连带责任的承担】	★★	0909
	第21条【保证担保的范围;没有约定、约定不明时的担保范围】	★	
	第31条【保证人的追偿权】	★	
民法通则	第84条【债的定义】	★	0916
	第108条【债务清偿:分期偿还、强制偿还】	★	
买卖合同司法解释	第35条【所有权保留:买回权;取回情形;损失赔偿】	★★★★	1028
	第36条【出卖人不能取回标的物的情形;买受人已经支付标的物总价款的百分之七十五以上、第三人善意取得】	★★	
	第37条【买受人在回赎期间内消除出卖人取回标的物的事由的可以回赎标的物;回赎期间内没有回赎标的物可以另行出卖;出卖人另行出卖标的物所得价款的处理】	★	

第135条【出卖人的义务:交付、移转所有权】 ★★★

出卖人应当履行向买受人交付标的物或者交付提取标的物的单证,并转移标的物所有权的义务。

■ 一、主要适用的案由及其相关度

案由编号	主要适用的案由	相关度
M4.10.82	房屋买卖合同纠纷	★★★★★
M4.10.82.2	商品房预售合同纠纷	★★

0500 合同、无因管理、不当得利纠纷

案由编号	主要适用的案由	相关度
M4.10.82.3	商品房销售合同纠纷	★★
M4.10.74	买卖合同纠纷	★★★★
M4.10	合同纠纷	★

二、同时适用的法条及其相关度

		同时适用的法条	相关度
0209	合同法	第60条【合同履行的原则】	★★★★★
		第107条【合同约束力;违约责任】	★★★★★
		第130条【买卖合同的定义】	★★★★
		第8条【依法成立的合同的法律约束力】	★★★
		第44条【合同的生效】	★★★
		第114条【违约金的约定及其调整】	★★
		第159条【买受人应支付价款的数额认定】	★★
		第94条【合同的法定解除;法定解除权】	★
		第97条【合同解除的法律后果】	★
		第136条【出卖人的义务:交付单证、交付资料】	★
		第138条【出卖人标的物的交付期间】	★
		第161条【买受人支付价款的时间】	★
0927	物权法	第15条【设立、变更、转让、消灭不动产物权的合同的效力:合同成立时生效】	★
1042	商品房买卖合同纠纷司法解释	第18条【在法定期限内商品房买受人未取得房屋权属证书的出卖人应承担违约责任】	★★

第136条【出卖人的义务:交付单证、交付资料】 ★★★

出卖人应当按照约定或者交易习惯向买受人交付提取标的物单证以外的有关单证和资料。

第二编 核心法律条文主要适用案由及关联法条索引 0501

一、主要适用的案由及其相关度

案由编号	主要适用的案由	相关度
M4.10.74	买卖合同纠纷	★★★★★
M4.10.82	房屋买卖合同纠纷	★★★

二、同时适用的法条及其相关度

	同时适用的法条	相关度	
合同法	第60条【合同履行的原则】	★★★★★	0209
	第107条【合同约束力；违约责任】	★★★★★	
	第135条【出卖人的义务：交付、移转所有权】	★★★★	
	第130条【买卖合同的定义】	★★★	
	第8条【依法成立的合同的法律约束力】	★★	
	第44条【合同的生效】	★★	
	第114条【违约金的约定及其调整】	★★	
	第159条【买受人应支付价款的数额认定】	★★	
	第94条【合同的法定解除；法定解除权】	★	
	第97条【合同解除的法律后果】	★	
	第109条【违约责任的承担：付款义务的继续履行】	★	
	第113条【违约责任的承担：损失赔偿】	★	
	第117条【因不可抗力不能履行合同的责任；不可抗力的定义】	★	
	第161条【买受人支付价款的时间】	★	
物权法	第23条【动产物权设立和转让的生效时间】	★	0927
	第24条【船舶、航空器和机动车等物权的登记对抗主义】	★	
	第212条【质权的设立】	★	

0502　合同、无因管理、不当得利纠纷

	同时适用的法条	相关度
0909 担保法	第63条【动产质押的定义】	★
	第64条【质押合同的订立形式及其生效时间】	★
	第75条【可质押的权利的范围】	★
1028 买卖合同司法解释	第7条【出卖人义务:交付单证、交付资料】	★★★

第137条【买卖有知识产权的标的物中知识产权的归属】　★

出卖具有知识产权的计算机软件等标的物的,除法律另有规定或者当事人另有约定的以外,该标的物的知识产权不属于买受人。

■ 一、主要适用的案由及其相关度

案由编号	主要适用的案由	相关度
M4.10.74	买卖合同纠纷	

■ 二、同时适用的法条及其相关度

	同时适用的法条	相关度
0209 合同法	第5条【公平原则:合同权利义务确定的原则】	
	第8条【依法成立的合同的法律约束力】	
	第44条【合同的生效】	
	第50条【法定代表人超越权限订立合同的效力】	
	第58条【合同无效或被撤销的法律后果】	
	第60条【合同履行的原则】	
	第61条【合同内容约定不明确的处理规则:合同漏洞的填补】	
	第62条【合同内容约定不明确的履行规则:合同漏洞的填补】	

	同时适用的法条	相关度
合同法	第80条【债权人转让债权的通知义务】	0209
	第88条【合同权利义务的概括转移、概括承受】	
	第93条【合同的约定解除：协商一致；约定条件成就】	
	第107条【合同约束力：违约责任】	
	第109条【违约责任的承担：付款义务的继续履行】	
	第114条【违约金的约定及其调整】	
	第130条【买卖合同的定义】	
	第135条【出卖人的义务：交付、移转所有权】	
	第136条【出卖人的义务：交付单证、交付资料】	
	第140条【买受人已占有标的物时交付时间的认定】	
	第148条【出卖人根本违约的情况：出卖人承担标的物风险】	
	第159条【买受人应支付价款的数额认定】	
	第161条【买受人支付价款的时间】	
	第201条【借贷款双方未按约定提供或收取借款的违约责任】	
	第206条【借款期限的认定】	
	第211条【自然人之间借款合同利息的规制】	
	第248条【承租人的租金支付义务、出租人的租金支付请求权以及合同解除权】	
	第266条【承揽人的保密义务】	

第138条【出卖人标的物的交付期间】 ★★★

出卖人应当按照约定的期限交付标的物。约定交付期间的，出卖人可以在该交付期间内的任何时间交付。

一、主要适用的案由及其相关度

案由编号	主要适用的案由	相关度
M4.10.74	买卖合同纠纷	★★★★★
M4.10.82	房屋买卖合同纠纷	★★★
M4.10.82.2	商品房预售合同纠纷	★★★
M4.10.82.3	商品房销售合同纠纷	★★★★

二、同时适用的法条及其相关度

	同时适用的法条	相关度
合同法	第60条【合同履行的原则】	★★★★★
	第107条【合同约束力;违约责任】	★★★★
	第114条【违约金的约定及其调整】	★★★★
	第130条【买卖合同的定义】	★★★
	第8条【依法成立的合同的法律约束力】	★★
	第135条【出卖人的义务:交付、移转所有权】	★★
	第44条【合同的生效】	★
	第94条【合同的法定解除;法定解除权】	★
	第113条【违约责任的承担:损失赔偿】	★
	第159条【买受人应支付价款的数额认定】	★

第139条【标的物的交付期限的确定】 ★★

当事人没有约定标的物的交付期限或者约定不明确的,适用本法第六十一条、第六十二条第四项的规定。

一、主要适用的案由及其相关度

案由编号	主要适用的案由	相关度
M4.10.74	买卖合同纠纷	★★★★★
M4.10.82	房屋买卖合同纠纷	★★

二、同时适用的法条及其相关度

	同时适用的法条	相关度	
合同法	第 60 条【合同履行的原则】	★★★★★	0209
	第 62 条【合同内容约定不明确的履行规则:合同漏洞的填补】	★★★★★	
	第 107 条【合同约束力:违约责任】	★★★★★	
	第 130 条【买卖合同的定义】	★★★★★	
	第 61 条【合同内容约定不明确的处理规则:合同漏洞的填补】	★★★★	
	第 8 条【依法成立的合同的法律约束力】	★★★	
	第 135 条【出卖人的义务:交付、移转所有权】	★★★	
	第 44 条【合同的生效】	★★	
	第 94 条【合同的法定解除;法定解除权】	★★	
	第 97 条【合同解除的法律后果】	★★	
	第 138 条【出卖人标的物的交付期间】	★★	
	第 159 条【买受人应支付价款的数额认定】	★★	
	第 109 条【违约责任的承担:付款义务的继续履行】	★	
	第 113 条【违约责任的承担:损失赔偿】	★	
	第 114 条【违约金的约定及其调整】	★	
	第 161 条【买受人支付价款的时间】	★	
买卖合同司法解释	第 24 条【买卖合同逾期付款违约金的适用规则】	★	1028

第 140 条【买受人已占有标的物时交付时间的认定】 ★

标的物在订立合同之前已为买受人占有的,合同生效的时间为交付时间。

0506 合同、无因管理、不当得利纠纷

一、主要适用的案由及其相关度

案由编号	主要适用的案由	相关度
M4.10.74	买卖合同纠纷	★★★★★
M4.10.82	房屋买卖合同纠纷	★★★
M4.10.82.3	商品房销售合同纠纷	★
M4.10	合同纠纷	★
M4.10.97.2	房屋租赁合同纠纷	★
M4.10.89	借款合同纠纷	★
M4.10.89.1	金融借款合同纠纷	★
M4.10.89.4	民间借贷纠纷	★★★

二、同时适用的法条及其相关度

	同时适用的法条	相关度
合同法	第60条【合同履行的原则】	★★★★★
	第107条【合同约束力:违约责任】	★★★★★
	第130条【买卖合同的定义】	★★★★
	第44条【合同的生效】	★★★
	第159条【买受人应支付价款的数额认定】	★★★
	第161条【买受人支付价款的时间】	★★★
	第8条【依法成立的合同的法律约束力】	★★
	第109条【违约责任的承担:付款义务的继续履行】	★★
	第133条【标的物所有权的转移:交付】	★★
	第206条【借款期限的认定】	★★
	第114条【违约金的约定及其调整】	★
	第132条【买卖合同的标的物】	★
	第135条【出卖人的义务:交付、移转所有权】	★
	第144条【在途标的物买卖合同的风险转移】	★

	同时适用的法条	相关度	
合同法	第196条【借款合同定义】	★	0209
	第205条【借款利息支付期限的确定】	★	
	第207条【逾期还款的责任承担:支付利息】	★	
	第211条【自然人之间借款合同利息的规制】	★	
	第212条【租赁合同的定义】	★	
担保法	第18条【连带责任保证的定义;连带责任的承担】	★★	0909
	第21条【保证担保的范围;没有约定、约定不明时的担保范围】	★	
民法通则	第90条【借贷关系】	★	0916
物权法	第25条【动产物权的简易交付】	★	0927
建设工程合同纠纷司法解释	第13条【擅自使用未经竣工验收建设工程的法律后果:不能以使用部分质量不符合约定主张权利、承包人对建设工程在合理使用寿命期内承担民事责任】	★	1031

第141条【买卖合同标的物的交付地点】 ★

出卖人应当按照约定的地点交付标的物。

当事人没有约定交付地点或者约定不明确,依照本法第六十一条的规定仍不能确定的,适用下列规定:

(一)标的物需要运输的,出卖人应当将标的物交付给第一承运人以运交给买受人;

(二)标的物不需要运输的,出卖人和买受人订立合同时知道标的物在某一地点的,出卖人应当在该地点交付标的物;不知道标的物在某一地点的,应当在出卖人订立合同时的营业地交付标的物。

■ 一、主要适用的案由及其相关度

案由编号	主要适用的案由	相关度
M4.10.74	买卖合同纠纷	★★★★★

二、同时适用的法条及其相关度

	同时适用的法条	相关度
合同法	第 60 条【合同履行的原则】	★★★★★
	第 107 条【合同约束力;违约责任】	★★★★★
	第 130 条【买卖合同的定义】	★★★★
	第 8 条【依法成立的合同的法律约束力】	★★★
	第 94 条【合同的法定解除;法定解除权】	★★★
	第 97 条【合同解除的法律后果】	★★★
	第 138 条【出卖人标的物的交付期间】	★★★
	第 159 条【买受人应支付价款的数额认定】	★★★
	第 161 条【买受人支付价款的时间】	★★★
	第 44 条【合同的生效】	★★
	第 109 条【违约责任的承担:付款义务的继续履行】	★★
	第 114 条【违约金的约定及其调整】	★★
	第 135 条【出卖人的义务:交付、移转所有权】	★★
	第 142 条【标的物的风险承担:随交付而移转】	★★
	第 61 条【合同内容约定不明确的处理规则:合同漏洞的填补】	★
	第 62 条【合同内容约定不明确的履行规则:合同漏洞的填补】	★
	第 93 条【合同的约定解除:协商一致;约定条件成就】	★
	第 115 条【定金罚则】	★
	第 133 条【标的物所有权的转移:交付】	★
	第 145 条【交付地点不明确需要运输的买卖合同标的物的风险转移规则】	★
	第 153 条【出卖人的质量瑕疵担保义务】	★

	同时适用的法条	相关度	
买卖合同司法解释	第 24 条【买卖合同逾期付款违约金的适用规则】	★	1028

第 142 条【标的物的风险承担：随交付而移转】 ★

标的物毁损、灭失的风险，在标的物交付之前由出卖人承担，交付之后由买受人承担，但法律另有规定或者当事人另有约定的除外。

一、主要适用的案由及其相关度

案由编号	主要适用的案由	相关度
M4.10.74	买卖合同纠纷	★★★★★
M4.10.89.4	民间借贷纠纷	★
M4.10.82	房屋买卖合同纠纷	★
M4.10	合同纠纷	★

二、同时适用的法条及其相关度

	同时适用的法条	相关度	
合同法	第 130 条【买卖合同的定义】	★★★★★	0209
	第 60 条【合同履行的原则】	★★★★	
	第 107 条【合同约束力：违约责任】	★★★★	
	第 8 条【依法成立的合同的法律约束力】	★★★	
	第 133 条【标的物所有权的转移：交付】	★★★	
	第 159 条【买受人应支付价款的数额认定】	★★★	
	第 161 条【买受人支付价款的时间】	★★★	
	第 44 条【合同的生效】	★★	
	第 94 条【合同的法定解除；法定解除权】	★★	
	第 109 条【违约责任的承担：付款义务的继续履行】	★★	
	第 114 条【违约金的约定及其调整】	★★	

		同时适用的法条	相关度
0209	合同法	第141条【买卖合同标的物的交付地点】	★★
		第6条【诚实信用原则】	★
		第10条【合同的订立形式;合同的书面形式】	★
		第61条【合同内容约定不明确的处理规则:合同漏洞的填补】	★
		第62条【合同内容约定不明确的履行规则:合同漏洞的填补】	★
		第64条【向第三人履行】	★
		第93条【合同的约定解除:协商一致;约定条件成就】	★
		第97条【合同解除的法律后果】	★
		第113条【违约责任的承担:损失赔偿】	★
		第119条【防止违约损失扩大的措施:防损义务及不履行的后果;防损费用的承担】	★
		第134条【所有权保留】	★
		第135条【出卖人的义务:交付、移转所有权】	★
		第138条【出卖人标的物的交付期间】	★
		第144条【在途标的物买卖合同的风险转移】	★
		第145条【交付地点不明确需要运输的买卖合同标的物的风险转移规则】	★
		第157条【买受人的及时检验义务】	★
0916	民法通则	第106条【民事责任归责原则;违约责任;过错侵权责任;无过错侵权责任】	★
1028	买卖合同司法解释	第24条【买卖合同逾期付款违约金的适用规则】	★

第 143 条【买受人违约交付的风险承担】 ★

因买受人的原因致使标的物不能按照约定的期限交付的,买受人应当自违反约定之日起承担标的物毁损、灭失的风险。

一、主要适用的案由及其相关度

案由编号	主要适用的案由	相关度
M4.10.74	买卖合同纠纷	

二、同时适用的法条及其相关度

	同时适用的法条	相关度	
合同法	第 60 条【合同履行的原则】	★★★★★	0209
	第 107 条【合同约束力:违约责任】	★★★★★	
	第 8 条【依法成立的合同的法律约束力】	★★★★	
	第 159 条【买受人应支付价款的数额认定】	★★★	
	第 44 条【合同的生效】	★★	
	第 62 条【合同内容约定不明确的履行规则:合同漏洞的填补】	★★	
	第 130 条【买卖合同的定义】	★★	
	第 5 条【公平原则:合同权利义务确定的原则】	★	
	第 61 条【合同内容约定不明确的处理规则:合同漏洞的填补】	★	
	第 109 条【违约责任的承担:付款义务的继续履行】	★	
	第 110 条【非金钱债务的继续履行及其例外:债权人不得要求对方继续履行的情形】	★	
	第 119 条【防止违约损失扩大的措施:防损义务及不履行的后果;防损费用的承担】	★	
物业管理条例	第 7 条【物业管理中业主的义务】	★★	1009

	同时适用的法条	相关度
物业服务纠纷司法解释	第1条【前期物业服务合同及物业服务合同的约束力】	★★
	第6条【未交纳物业费的处理规则】	★★

第144条【在途标的物买卖合同的风险转移】　★★

出卖人出卖交由承运人运输的在途标的物，除当事人另有约定的以外，毁损、灭失的风险自合同成立时起由买受人承担。

一、主要适用的案由及其相关度

案由编号	主要适用的案由	相关度
M4.10.74	买卖合同纠纷	★★★★★
M4.10.89	借款合同纠纷	★★
M4.10.89.1	金融借款合同纠纷	★★
M4.10.89.4	民间借贷纠纷	★★★★★
M4.10	合同纠纷	★
M4.10.122	劳务合同纠纷	★
M4.10.82	房屋买卖合同纠纷	★
M4.10.99	承揽合同纠纷	★
M4.10.120.15	物业服务合同纠纷	★
M4.10.97	租赁合同纠纷	★
M4.10.97.2	房屋租赁合同纠纷	★

二、同时适用的法条及其相关度

	同时适用的法条	相关度
合同法	第107条【合同约束力：违约责任】	★★★★★
	第60条【合同履行的原则】	★★★★
	第206条【借款期限的认定】	★★★

	同时适用的法条	相关度	
合同法	第8条【依法成立的合同的法律约束力】	★★	0209
	第64条【向第三人履行】	★★	
	第109条【违约责任的承担:付款义务的继续履行】	★★	
	第159条【买受人应支付价款的数额认定】	★★	
	第207条【逾期还款的责任承担:支付利息】	★★	
	第44条【合同的生效】	★	
	第61条【合同内容约定不明确的处理规则:合同漏洞的填补】	★	
	第114条【违约金的约定及其调整】	★	
	第130条【买卖合同的定义】	★	
	第161条【买受人支付价款的时间】	★	
	第196条【借款合同定义】	★	
	第205条【借款利息支付期限的确定】	★	
	第211条【自然人之间借款合同利息的规制】	★	
	第226条【承租人租金支付期限的确定规则】	★	
民法通则	第108条【债务清偿:分期偿还、强制偿还】	★	0916
担保法	第18条【连带责任保证的定义;连带责任的承担】	★	0909
	第21条【保证担保的范围;没有约定、约定不明时的担保范围】	★	
	第31条【保证人的追偿权】	★	

第145条【交付地点不明确需要运输的买卖合同标的物的风险转移规则】
★

当事人没有约定交付地点或者约定不明确,依照本法第一百四十一条第二款第一项的规定标的物需要运输的,出卖人将标的物交付给第一承运人后,标的物毁损、灭失的风险由买受人承担。

合同、无因管理、不当得利纠纷

一、主要适用的案由及其相关度

案由编号	主要适用的案由	相关度
M4.10.74	买卖合同纠纷	★★★★★
M4.10.74.1	分期付款买卖合同纠纷	★
M4.10.101.2	公路货物运输合同纠纷	★

二、同时适用的法条及其相关度

	同时适用的法条	相关度
合同法	第141条【买卖合同标的物的交付地点】	★★★★★
合同法	第60条【合同履行的原则】	★★★
合同法	第130条【买卖合同的定义】	★★★
合同法	第142条【标的物的风险承担:随交付而移转】	★★★
合同法	第159条【买受人应支付价款的数额认定】	★★★
合同法	第107条【合同约束力:违约责任】	★★
合同法	第144条【在途标的物买卖合同的风险转移】	★★
合同法	第288条【运输合同的定义】	★★
合同法	第8条【依法成立的合同的法律约束力】	★
合同法	第10条【合同的订立形式;合同的书面形式】	★
合同法	第44条【合同的生效】	★
合同法	第61条【合同内容约定不明确的处理规则;合同漏洞的填补】	★
合同法	第94条【合同的法定解除;法定解除权】	★
合同法	第109条【违约责任的承担:付款义务的继续履行】	★
合同法	第114条【违约金的约定及其调整】	★
合同法	第133条【标的物所有权的转移:交付】	★
合同法	第161条【买受人支付价款的时间】	★
合同法	第291条【承运人按照约定或者通常运输路线进行运输的义务】	★

	同时适用的法条	相关度	
合同法	第309条【承运人的通知义务和收货人的及时提货义务及责任】	★	0209
	第311条【承运人的货损责任及抗辩事由】	★	
	第312条【货物运输损害赔偿的计算方法】	★	
	第315条【承运人的留置权】	★	
买卖合同司法解释	第11条【买卖合同标的物的交付地点:标的物需要运输的情形及风险承担】	★★★	1028

第146条【买受人不履行接收标的物义务的风险负担】 ★

出卖人按照约定或者依照本法第一百四十一条第二款第二项的规定将标的物置于交付地点,买受人违反约定没有收取的,标的物毁损、灭失的风险自违反约定之日起由买受人承担。

■ 一、主要适用的案由及其相关度

案由编号	主要适用的案由	相关度
M4.10.74	买卖合同纠纷	

■ 二、同时适用的法条及其相关度

	同时适用的法条	相关度	
合同法	第5条【公平原则:合同权利义务确定的原则】		0209
	第6条【诚实信用原则】		
	第8条【依法成立的合同的法律约束力】		
	第44条【合同的生效】		
	第60条【合同履行的原则】		
	第61条【合同内容约定不明确的处理规则:合同漏洞的填补】		
	第93条【合同的约定解除:协商一致;约定条件成就】		

		同时适用的法条	相关度
0209	合同法	第 97 条【合同解除的法律后果】	
		第 107 条【合同约束力:违约责任】	
		第 109 条【违约责任的承担:付款义务的继续履行】	
		第 112 条【违约责任的承担:损失赔偿与其他责任的并存】	
		第 114 条【违约金的约定及其调整】	
		第 130 条【买卖合同的定义】	
		第 132 条【买卖合同的标的物】	
		第 141 条【买卖合同标的物的交付地点】	
		第 142 条【标的物的风险承担:随交付而移转】	
		第 143 条【买受人违约交付的风险承担】	
		第 148 条【出卖人根本违约的情况:出卖人承担标的物风险】	
		第 149 条【买受人承担标的物损毁、灭失的风险不影响出卖人承担违约责任】	
		第 159 条【买受人应支付价款的数额认定】	
		第 161 条【买受人支付价款的时间】	
		第 162 条【出卖人多交标的物的处理】	
		第 168 条【凭样品买卖合同】	
		第 206 条【借款期限的认定】	
		第 207 条【逾期还款的责任承担:支付利息】	
		第 210 条【自然人之间借款合同的生效:提供借款时】	
		第 211 条【自然人之间借款合同利息的规制】	

第147条【出卖人违约未交付有关单证和资料的不影响标的物损毁、灭失风险的转移】　★

出卖人按照约定未交付有关标的物的单证和资料的,不影响标的物毁损、灭失风险的转移。

一、主要适用的案由及其相关度

案由编号	主要适用的案由	相关度
M4.10.74	买卖合同纠纷	

二、同时适用的法条及其相关度

	同时适用的法条	相关度	
担保法	第21条【保证担保的范围;没有约定、约定不明时的担保范围】		0909
合同法	第1条【合同法立法目的】		0209
	第8条【依法成立的合同的法律约束力】		
	第44条【合同的生效】		
	第60条【合同履行的原则】		
	第77条【变更合同的条件与要求】		
	第93条【合同的约定解除:协商一致;约定条件成就】		
	第94条【合同的法定解除;法定解除权】		
	第130条【买卖合同的定义】		
	第135条【出卖人的义务:交付、移转所有权】		
	第157条【买受人的及时检验义务】		
	第158条【买受人的检验、通知义务】		
	第196条【借款合同定义】		
	第205条【借款利息支付期限的确定】		
	第206条【借款期限的认定】		
	第207条【逾期还款的责任承担:支付利息】		

第 148 条【出卖人根本违约的情况:出卖人承担标的物风险】 ★★

因标的物质量不符合质量要求,致使不能实现合同目的的,买受人可以拒绝接受标的物或者解除合同。买受人拒绝接受标的物或者解除合同的,标的物毁损、灭失的风险由出卖人承担。

一、主要适用的案由及其相关度

案由编号	主要适用的案由	相关度
M4.10.74	买卖合同纠纷	★★★★★
M4.10.82	房屋买卖合同纠纷	★

二、同时适用的法条及其相关度

	同时适用的法条	相关度
合同法	第 60 条【合同履行的原则】	★★★★★
	第 94 条【合同的法定解除;法定解除权】	★★★★★
	第 97 条【合同解除的法律后果】	★★★★★
	第 107 条【合同约束力;违约责任】	★★★★★
	第 111 条【违约责任的承担;质量不符合约定的违约责任】	★★★★
	第 8 条【依法成立的合同的法律约束力】	★★★
	第 44 条【合同的生效】	★★★
	第 130 条【买卖合同的定义】	★★★
	第 62 条【合同内容约定不明确的履行规则;合同漏洞的填补】	★★
	第 113 条【违约责任的承担;损失赔偿】	★★
	第 153 条【出卖人的质量瑕疵担保义务】	★★
	第 155 条【出卖人违反质量瑕疵担保义务的违约责任】	★★
	第 158 条【买受人的检验、通知义务】	★★

	同时适用的法条	相关度	
合同法	第61条【合同内容约定不明确的处理规则;合同漏洞的填补】	★	0209
	第96条【合同解除权的行使规则】	★	
	第109条【违约责任的承担;付款义务的继续履行】	★	
	第110条【非金钱债务的继续履行及其例外;债权人不得要求对方继续履行的情形】	★	
	第112条【违约责任的承担;损失赔偿与其他责任的并存】	★	
	第114条【违约金的约定及其调整】	★	
	第115条【定金罚则】	★	
	第121条【因第三人原因造成违约情况下的责任承担】	★	
	第154条【标的物质量要求没有约定或约定不明时的认定规则】	★	
	第159条【买受人应支付价款的数额认定】	★	
	第161条【买受人支付价款的时间】	★	
建筑法	第61条【建筑工程竣工验收及交付使用】	★	0958
民法通则	第106条【民事责任归责原则;违约责任;过错侵权责任;无过错侵权责任】	★	0916
城市房地产管理条例	第17条【房地产开发项目交付使用的条件;竣工并经验收合格;房地产开发项目竣工验收程序】	★	1012
商品房买卖合同纠纷司法解释	第12条【房屋主体结构质量不合格的合同解除权和赔偿损失请求权】	★	1042
	第13条【因房屋质量引起的商品房买卖违约的责任承担】	★	

第149条【买受人的风险承担不影响出卖人承担违约责任】 ★
标的物毁损、灭失的风险由买受人承担的,不影响因出卖人履行债务不符合约定,买受人要求其承担违约责任的权利。

一、主要适用的案由及其相关度

案由编号	主要适用的案由	相关度
M4.10.74	买卖合同纠纷	

二、同时适用的法条及其相关度

	同时适用的法条	相关度
合同法	第44条【合同的生效】	
	第60条【合同履行的原则】	
	第61条【合同内容约定不明确的处理规则:合同漏洞的填补】	
	第62条【合同内容约定不明确的履行规则:合同漏洞的填补】	
	第94条【合同的法定解除;法定解除权】	
	第97条【合同解除的法律后果】	
	第107条【合同约束力:违约责任】	
	第111条【违约责任的承担:质量不符合约定的违约责任】	
	第113条【违约责任的承担:损失赔偿】	
	第114条【违约金的约定及其调整】	
	第119条【防止违约损失扩大的措施:防损义务及不履行的后果;防损费用的承担】	
	第130条【买卖合同的定义】	
	第133条【标的物所有权的转移:交付】	
	第134条【所有权保留】	

	同时适用的法条	相关度	
合同法	第135条【出卖人的义务：交付、移转所有权】		0209
	第142条【标的物的风险承担：随交付而移转】		
	第146条【买受人不履行接收标的物义务的风险负担】		
	第148条【出卖人根本违约的情况：出卖人承担标的物风险】		
	第151条【权利瑕疵担保责任之例外：买受人订立合同时知道或应当知道标的物存在权利瑕疵的处理】		
	第154条【标的物质量要求没有约定或约定不明时的认定规则】		
	第155条【出卖人违反质量瑕疵担保义务的违约责任】		
	第157条【买受人的及时检验义务】		
	第159条【买受人应支付价款的数额认定】		
	第161条【买受人支付价款的时间】		
婚姻法司法解释二	第24条【离婚时夫妻一方所欠债务的处理】		1022

第150条【出卖人的权利瑕疵担保义务】 ★★

出卖人就交付的标的物，负有保证第三人不得向买受人主张任何权利的义务，但法律另有规定的除外。

■ 一、主要适用的案由及其相关度

案由编号	主要适用的案由	相关度
M4.10.74	买卖合同纠纷	★★★★★
M4.10.82	房屋买卖合同纠纷	★★
M4.10	合同纠纷	★

■ 二、同时适用的法条及其相关度

		同时适用的法条	相关度
0209	合同法	第 60 条【合同履行的原则】	★★★★★
		第 130 条【买卖合同的定义】	★★★★★
		第 107 条【合同约束力:违约责任】	★★★★
		第 94 条【合同的法定解除;法定解除权】	★★★
		第 97 条【合同解除的法律后果】	★★★
		第 8 条【依法成立的合同的法律约束力】	★★
		第 44 条【合同的生效】	★★
		第 114 条【违约金的约定及其调整】	★★
		第 132 条【买卖合同的标的物】	★★
		第 161 条【买受人支付价款的时间】	★★
		第 52 条【合同无效的法定情形】	★
		第 58 条【合同无效或被撤销的法律后果】	★
		第 109 条【违约责任的承担:付款义务的继续履行】	★
		第 113 条【违约责任的承担:损失赔偿】	★
		第 135 条【出卖人的义务:交付、移转所有权】	★
		第 151 条【权利瑕疵担保责任之例外:买受人订立合同时知道或应当知道标的物存在权利瑕疵的处理】	★
		第 159 条【买受人应支付价款的数额认定】	★
0909	担保法	第 19 条【保证方式不明时的连带责任担保】	★
1042	商品房买卖合同纠纷司法解释	第 16 条【商品房买卖合同违约金的调整】	★

	同时适用的法条	相关度
买卖合同司法解释	第3条【不能以出卖人在缔约时对标的物没有所有权或处分权为由主张合同无效;出卖人未取得所有权或处分权致使标的物所有权不能转移买受人可以要求出卖人承担违约责任或解除合同主张损害赔偿】	★
	第25条【出卖人没有履行或不当履行从给付义务致使合同目的不能实现的买受人享有解除权】	★

第151条【出卖人权利瑕疵担保责任之例外:买受人订立合同时知道或应当知道标的物存在权利瑕疵的处理】 ★

买受人订立合同时知道或者应当知道第三人对买卖的标的物享有权利的,出卖人不承担本法第一百五十条规定的义务。

■ 一、主要适用的案由及其相关度

案由编号	主要适用的案由	相关度
M4.10.74	买卖合同纠纷	★★★★★
M4.10.99	承揽合同纠纷	★★★★★
M4.10.99.1	加工合同纠纷	★★★
M4.10.99.2	定作合同纠纷	★
M4.10	合同纠纷	★
M4.10.82	房屋买卖合同纠纷	★

■ 二、同时适用的法条及其相关度

	同时适用的法条	相关度
合同法	第107条【合同约束力:违约责任】	★★★★★
	第60条【合同履行的原则】	★★★★
	第109条【违约责任的承担:付款义务的继续履行】	★★★
	第130条【买卖合同的定义】	★★★

		同时适用的法条	相关度
0209	合同法	第163条【买卖合同标的物孳息的归属】	★★★
		第263条【定作人报酬支付的期限】	★★★
		第8条【依法成立的合同的法律约束力】	★★
		第44条【合同的生效】	★★
		第150条【出卖人的权利瑕疵担保义务】	★★
		第161条【买受人支付价款的时间】	★★
		第51条【无权处分合同的效力:经追认或取得处分权的有效】	★
		第62条【合同内容约定不明确的履行规则:合同漏洞的填补】	★
		第93条【合同的约定解除:协商一致;约定条件成就】	★
		第94条【合同的法定解除;法定解除权】	★
		第97条【合同解除的法律后果】	★
		第119条【防止违约损失扩大的措施:防损义务及不履行的后果;防损费用的承担】	★
		第152条【买受人中止支付价款权】	★
		第159条【买受人应支付价款的数额认定】	★
		第169条【凭样品买卖合同样品存在隐蔽瑕疵的处理】	★
0955	公司法	第14条【分公司的法律地位;子公司的法律地位】	★
0916	民法通则	第108条【债务清偿:分期偿还、强制偿还】	★
		第137条【诉讼时效期间的起算日和最长保护期限】	★

第152条【买受人中止支付价款权】 ★

买受人有确切证据证明第三人可能就标的物主张权利的,可以中止支付相应的价款,但出卖人提供适当担保的除外。

■ 一、主要适用的案由及其相关度

案由编号	主要适用的案由	相关度
M4.10.74	买卖合同纠纷	

■ 二、同时适用的法条及其相关度

	同时适用的法条	相关度
合同法	第6条【诚实信用原则】	0209
	第8条【依法成立的合同的法律约束力】	
	第10条【合同的订立形式;合同的书面形式】	
	第32条【书面合同自双方当事人签字或盖章时成立】	
	第39条【提供格式条款方的义务;格式条款的定义】	
	第44条【合同的生效】	
	第52条【合同无效的法定情形】	
	第56条【合同无效或被撤销的溯及力;部分无效不影响其他独立部分的效力】	
	第58条【合同无效或被撤销的法律后果】	
	第60条【合同履行的原则】	
	第64条【向第三人履行】	
	第66条【同时履行抗辩权】	
	第68条【不安抗辩权】	
	第93条【合同的约定解除;协商一致;约定条件成就】	
	第94条【合同的法定解除;法定解除权】	

		同时适用的法条	相关度
0209	合同法	第 97 条【合同解除的法律后果】	
		第 98 条【结算条款、清理条款效力的独立性】	
		第 107 条【合同约束力:违约责任】	
		第 108 条【预期违约责任】	
		第 109 条【违约责任的承担:付款义务的继续履行】	
		第 111 条【违约责任的承担:质量不符合约定的违约责任】	
		第 112 条【违约责任的承担:损失赔偿与其他责任的并存】	
		第 113 条【违约责任的承担:损失赔偿】	
		第 114 条【违约金的约定及其调整】	
		第 130 条【买卖合同的定义】	
		第 132 条【买卖合同的标的物】	
		第 133 条【标的物所有权的转移:交付】	
		第 135 条【出卖人的义务:交付、移转所有权】	
		第 136 条【出卖人的义务:交付单证、交付资料】	
		第 144 条【在途标的物买卖合同的风险转移】	
		第 150 条【出卖人的权利瑕疵担保义务】	
		第 151 条【权利瑕疵担保责任之例外:买受人订立合同时知道或应当知道标的物存在权利瑕疵的处理】	
		第 155 条【出卖人违反质量瑕疵担保义务的违约责任】	
		第 161 条【买受人支付价款的时间】	
		第 162 条【出卖人多交标的物的处理】	
		第 165 条【数物买卖合同的解除】	

	同时适用的法条	相关度
合同法	第212条【租赁合同的定义】	
	第263条【定作人报酬支付的期限】	
	第269条【建设工程合同的定义】	
	第272条【建设工程合同的发包、承包和分包；第三人与总承包人或发包人的连带责任；禁止全部转包；禁止分包单位再分包；主体结构施工】	

第153条【出卖人的质量瑕疵担保义务】 ★★

出卖人应当按照约定的质量要求交付标的物。出卖人提供有关标的物质量说明的，交付的标的物应当符合该说明的质量要求。

■ 一、主要适用的案由及其相关度

案由编号	主要适用的案由	相关度
M4.10.74	买卖合同纠纷	★★★★★
M4.10.82	房屋买卖合同纠纷	★
M4.10.82.2	商品房预售合同纠纷	★
M4.10.82.3	商品房销售合同纠纷	★

■ 二、同时适用的法条及其相关度

	同时适用的法条	相关度
合同法	第60条【合同履行的原则】	★★★★★
	第107条【合同约束力；违约责任】	★★★★★
	第111条【违约责任的承担：质量不符合约定的违约责任】	★★★★
	第114条【违约金的约定及其调整】	★★★
	第130条【买卖合同的定义】	★★★
	第138条【出卖人标的物的交付期间】	★★★

		同时适用的法条	相关度
0209	合同法	第155条【出卖人违反质量瑕疵担保义务的违约责任】	★★★
		第8条【依法成立的合同的法律约束力】	★★
		第44条【合同的生效】	★★
		第113条【违约责任的承担:损失赔偿】	★★
		第159条【买受人应支付价款的数额认定】	★★
		第61条【合同内容约定不明确的处理规则:合同漏洞的填补】	★
		第62条【合同内容约定不明确的履行规则:合同漏洞的填补】	★
		第94条【合同的法定解除;法定解除权】	★
		第97条【合同解除的法律后果】	★
		第112条【违约责任的承担:损失赔偿与其他责任的并存】	★
		第148条【出卖人根本违约的情况:出卖人承担标的物风险】	★
		第154条【标的物质量要求没有约定或约定不明时的认定规则】	★
		第158条【买受人的检验、通知义务】	★
		第161条【买受人支付价款的时间】	★
0980	产品质量法	第40条【销售者的责任承担】	★
0978	种子法	第41条【种子销售中的标签、标注和使用说明种子经营者的义务及禁止性规定】	★
1042	商品房买卖合同纠纷司法解释	第13条【因房屋质量引起的商品房买卖违约的责任承担】	★

第154条【标的物质量要求没有约定或约定不明时的认定规则】 ★★
　　当事人对标的物的质量要求没有约定或者约定不明确,依照本法第六十一条的规定仍不能确定的,适用本法第六十二条第一项的规定。

■ 一、主要适用的案由及其相关度

案由编号	主要适用的案由	相关度
M4.10.74	买卖合同纠纷	★★★★★
M4.10.74.4	互易纠纷	★
M9.30.349	产品责任纠纷	★★
M4.10.82	房屋买卖合同纠纷	★

■ 二、同时适用的法条及其相关度

	同时适用的法条	相关度
合同法	第62条【合同内容约定不明确的履行规则;合同漏洞的填补】	★★★★★
	第107条【合同约束力;违约责任】	★★★★★
	第61条【合同内容约定不明确的处理规则;合同漏洞的填补】	★★★★
	第60条【合同履行的原则】	★★★
	第111条【违约责任的承担:质量不符合约定的违约责任】	★★★
	第130条【买卖合同的定义】	★★★
	第153条【出卖人的质量瑕疵担保义务】	★★★
	第155条【出卖人违反质量瑕疵担保义务的违约责任】	★★★
	第159条【买受人应支付价款的数额认定】	★★★
	第113条【违约责任的承担:损失赔偿】	★★
	第157条【买受人的及时检验义务】	★★
	第158条【买受人的检验、通知义务】	★★

	同时适用的法条	相关度
0209	第 161 条【买受人支付价款的时间】	★★
合同法	第 8 条【依法成立的合同的法律约束力】	★
	第 44 条【合同的生效】	★
	第 94 条【合同的法定解除;法定解除权】	★
	第 97 条【合同解除的法律后果】	★
	第 109 条【违约责任的承担:付款义务的继续履行】	★
	第 110 条【非金钱债务的继续履行及其例外:债权人不得要求对方继续履行的情形】	★
	第 112 条【违约责任的承担:损失赔偿与其他责任的并存】	★
	第 114 条【违约金的约定及其调整】	★
	第 120 条【双方违约应各自承担违约责任】	★
	第 135 条【出卖人的义务:交付、移转所有权】	★
	第 148 条【出卖人根本违约的情况:出卖人承担标的物风险】	★
	第 175 条【互易合同参照买卖合同的规定】	★
0980 产品质量法	第 40 条【销售者的责任承担】	★★
	第 4 条【产品质量责任的承担主体】	★
	第 12 条【产品质量的基本要求:检验合格、不得以不合格产品冒充合格产品】	★

第 155 条【出卖人违反质量瑕疵担保义务的违约责任】　★★★

出卖人交付的标的物不符合质量要求的,买受人可以依照本法第一百一十一条的规定要求承担违约责任。

■ 一、主要适用的案由及其相关度

案由编号	主要适用的案由	相关度
M4.10.74	买卖合同纠纷	★★★★★

案由编号	主要适用的案由	相关度
M4.10.82	房屋买卖合同纠纷	★
M4.10.82.2	商品房预售合同纠纷	★★★★
M4.10.82.3	商品房销售合同纠纷	★

■ 二、同时适用的法条及其相关度

	同时适用的法条	相关度	
合同法	第60条【合同履行的原则】	★★★★★	0209
	第107条【合同约束力;违约责任】	★★★★★	
	第111条【违约责任的承担:质量不符合约定的违约责任】	★★★★★	
	第44条【合同的生效】	★★★★	
	第114条【违约金的约定及其调整】	★★★★	
	第5条【公平原则:合同权利义务确定的原则】	★★★	
	第110条【非金钱债务的继续履行及其例外:债权人不得要求对方继续履行的情形】	★★★	
	第153条【出卖人的质量瑕疵担保义务】	★★	
	第8条【依法成立的合同的法律约束力】	★	
	第94条【合同的法定解除;法定解除权】	★	
	第112条【违约责任的承担:损失赔偿与其他责任的并存】	★	
	第113条【违约责任的承担:损失赔偿】	★	
	第130条【买卖合同的定义】	★	
	第159条【买受人应支付价款的数额认定】	★	
	第161条【买受人支付价款的时间】	★	
建筑法	第61条【建筑工程竣工验收及交付使用】	★★★	0958

		同时适用的法条	相关度
0916	民法通则	第135条【诉讼时效期间:两年】	★★
		第137条【诉讼时效期间的起算日和最长保护期限】	★★
		第154条【期间的计算】	★★
		第140条【诉讼时效期间的中断】	★
1012	城市房地产管理条例	第26条【房地产开发企业的虚假广告禁止及商品房预售广告中预售许可证文号的载明义务】	★★★
1035	合同法司法解释二	第29条【违约金的数额及其调整:适当减少】	★★★
1042	商品房买卖合同纠纷司法解释	第13条【因房屋质量引起的商品房买卖违约的责任承担】	★

第156条【标的物包装方式】 ★★

出卖人应当按照约定的包装方式交付标的物。对包装方式没有约定或者约定不明确,依照本法第六十一条的规定仍不能确定的,应当按照通用的方式包装,没有通用方式的,应当采取足以保护标的物的包装方式。

一、主要适用的案由及其相关度

案由编号	主要适用的案由	相关度
M4.10.74	买卖合同纠纷	★★★★★
M4.10.101	运输合同纠纷	★
M4.10.89	借款合同纠纷	★
M4.10.89.1	金融借款合同纠纷	★★
M4.10.89.4	民间借贷纠纷	★★★★

■ 二、同时适用的法条及其相关度

	同时适用的法条	相关度	
合同法	第60条【合同履行的原则】	★★★★★	0209
	第107条【合同约束力:违约责任】	★★★★★	
	第206条【借款期限的认定】	★★★★	
	第44条【合同的生效】	★★★	
	第161条【买受人支付价款的时间】	★★★	
	第200条【借款利息不得预先扣除;预先扣除后按实际数额计算借款额度】	★★★	
	第205条【借款利息支付期限的确定】	★★★	
	第207条【逾期还款的责任承担:支付利息】	★★★	
	第8条【依法成立的合同的法律约束力】	★★	
	第114条【违约金的约定及其调整】	★★	
	第130条【买卖合同的定义】	★★	
	第211条【自然人之间借款合同利息的规制】	★★	
	第10条【合同的订立形式;合同的书面形式】	★	
	第61条【合同内容约定不明确的处理规则:合同漏洞的填补】	★	
	第108条【预期违约责任】	★	
	第109条【违约责任的承担:付款义务的继续履行】	★	
	第112条【违约责任的承担:损失赔偿与其他责任的并存】	★	
	第113条【违约责任的承担:损失赔偿】	★	
	第197条【借款合同的形式和内容】	★	
	第306条【货物包装】	★	
	第311条【承运人的货损责任及抗辩事由】	★	
	第312条【货物运输损害赔偿的计算方法】	★	

		同时适用的法条	相关度
0909	担保法	第18条【连带责任保证的定义;连带责任的承担】	★★★★
		第21条【保证担保的范围;没有约定、约定不明时的担保范围】	★★★★
		第31条【保证人的追偿权】	★★★
		第6条【保证的定义】	★★
		第13条【保证合同的订立形式:书面形式】	★★
		第26条【连带责任保证的保证期间】	★
0916	民法通则	第84条【债的定义】	★
		第106条【民事责任归责原则;违约责任;过错侵权责任;无过错侵权责任】	★
1022	婚姻法司法解释二	第24条【离婚时夫妻一方所欠债务的处理】	★
1023	审理民间借贷案件规定	第30条【同时约定逾期利率、违约金、其他费用的适用规则】	★
1028	买卖合同司法解释	第24条【买卖合同逾期付款违约金的适用规则】	★

第157条【买受人的及时检验义务】 ★★

买受人收到标的物时应当在约定的检验期间内检验。没有约定检验期间的,应当及时检验。

一、主要适用的案由及其相关度

案由编号	主要适用的案由	相关度
M4.10.74	买卖合同纠纷	★★★★★

二、同时适用的法条及其相关度

	同时适用的法条	相关度	
合同法	第158条【买受人的检验、通知义务】	★★★★★	0209
	第159条【买受人应支付价款的数额认定】	★★★★	
	第60条【合同履行的原则】	★★★	
	第107条【合同约束力:违约责任】	★★★	
	第130条【买卖合同的定义】	★★★	
	第161条【买受人支付价款的时间】	★★★	
	第8条【依法成立的合同的法律约束力】	★★	
	第109条【违约责任的承担:付款义务的继续履行】	★★	
	第44条【合同的生效】	★	
	第61条【合同内容约定不明确的处理规则:合同漏洞的填补】	★	
	第62条【合同内容约定不明确的履行规则:合同漏洞的填补】	★	
	第113条【违约责任的承担:损失赔偿】	★	
	第114条【违约金的约定及其调整】	★	
买卖合同司法解释	第15条【买受人的及时检验义务:当事人对标的物检验期间未作约定的处理】	★★	1028
	第24条【买卖合同逾期付款违约金的适用规则】	★★	
	第17条【合理时间的认定】	★	
	第20条【检验期间、合理期间、两年期间经过买受人不能主张标的物的数量或质量不符合约定;出卖人承担违约责任不能以检验期间、合理期间、两年期间经过为由翻悔】	★	

第158条【买受人的检验、通知义务】 ★★★

当事人约定检验期间的,买受人应当在检验期间内将标的物的数量或者质量不符合约定的情形通知出卖人。买受人怠于通知的,视为标的物的数量或者质量符合约定。

当事人没有约定检验期间的,买受人应当在发现或者应当发现标的物的数量或者质量不符合约定的合理期间内通知出卖人。买受人在合理期间内未通知或者自标的物收到之日起两年内未通知出卖人的,视为标的物的数量或者质量符合约定,但对标的物有质量保证期的,适用质量保证期,不适用该两年的规定。

出卖人知道或者应当知道提供的标的物不符合约定的,买受人不受前两款规定的通知时间的限制。

一、主要适用的案由及其相关度

案由编号	主要适用的案由	相关度
M4.10.74	买卖合同纠纷	★★★★★

二、同时适用的法条及其相关度

	同时适用的法条	相关度
合同法	第107条【合同约束力:违约责任】	★★★★★
	第159条【买受人应支付价款的数额认定】	★★★★★
	第60条【合同履行的原则】	★★★★
	第157条【买受人的及时检验义务】	★★★★
	第161条【买受人支付价款的时间】	★★★★
	第8条【依法成立的合同的法律约束力】	★★★
	第109条【违约责任的承担:付款义务的继续履行】	★★★
	第130条【买卖合同的定义】	★★★
	第44条【合同的生效】	★★
	第114条【违约金的约定及其调整】	★★
	第61条【合同内容约定不明确的处理规则:合同漏洞的填补】	★
	第62条【合同内容约定不明确的履行规则:合同漏洞的填补】	★

	同时适用的法条	相关度	
合同法	第111条【违约责任的承担:质量不符合约定的违约责任】	★	0209
	第113条【违约责任的承担:损失赔偿】	★	
	第174条【买卖合同准用于有偿合同;有偿合同参照买卖合同】	★	
	第263条【定作人报酬支付的期限】	★	
买卖合同司法解释	第17条【合理时间的认定】	★★	1028
	第20条【检验期间、合理期间、两年期间经过买受人不能主张标的物的数量或质量不符合约定;出卖人承担违约责任不能以检验期间、合理期间、两年期间经过为由翻悔】	★★	
	第24条【买卖合同逾期付款违约金的适用规则】	★★	

第159条【买受人应支付价款的数额认定】 ★★★★★

买受人应当按照约定的数额支付价款。对价款没有约定或者约定不明确的,适用本法第六十一条、第六十二条第二项的规定。

■ 一、主要适用的案由及其相关度

案由编号	主要适用的案由	相关度
M4.10.74	买卖合同纠纷	★★★★★

■ 二、同时适用的法条及其相关度

	同时适用的法条	相关度	
合同法	第107条【合同约束力:违约责任】	★★★★★	0209
	第161条【买受人支付价款的时间】	★★★★★	
	第60条【合同履行的原则】	★★★	
	第109条【违约责任的承担:付款义务的继续履行】	★★★	
	第130条【买卖合同的定义】	★★★	

		同时适用的法条	相关度
0209	合同法	第8条【依法成立的合同的法律约束力】	★★
		第114条【违约金的约定及其调整】	★★
		第44条【合同的生效】	★
		第62条【合同内容约定不明确的履行规则;合同漏洞的填补】	★
		第113条【违约责任的承担:损失赔偿】	★
0916	民法通则	第108条【债务清偿:分期偿还、强制偿还】	★★
		第84条【债的定义】	★
0909	担保法	第18条【连带责任保证的定义;连带责任的承担】	★
		第21条【保证担保的范围;没有约定、约定不明时的担保范围】	★
1028	买卖合同司法解释	第24条【买卖合同逾期付款违约金的适用规则】	★★
1022	婚姻法司法解释二	第24条【离婚时夫妻一方所欠债务的处理】	★

第160条【买受人支付价款地点】 ★★

买受人应当按照约定的地点支付价款。对支付地点没有约定或者约定不明确,依照本法第六十一条的规定仍不能确定的,买受人应当在出卖人的营业地支付,但约定支付价款以交付标的物或者交付提取标的物单证为条件的,在交付标的物或者交付提取标的物单证的所在地支付。

■ 一、主要适用的案由及其相关度

案由编号	主要适用的案由	相关度
M4.10.74	买卖合同纠纷	★★★★★

二、同时适用的法条及其相关度

	同时适用的法条	相关度	
合同法	第159条【买受人应支付价款的数额认定】	★★★★★	0209
	第161条【买受人支付价款的时间】	★★★★	
	第60条【合同履行的原则】	★★★	
	第107条【合同约束力;违约责任】	★★★	
	第109条【违约责任的承担:付款义务的继续履行】	★★★	
	第130条【买卖合同的定义】	★★★	
	第8条【依法成立的合同的法律约束力】	★★	
	第114条【违约金的约定及其调整】	★	
民法通则	第108条【债务清偿:分期偿还、强制偿还】	★	0916
买卖合同司法解释	第24条【买卖合同逾期付款违约金的适用规则】	★★	1028

第161条【买受人支付价款的时间】 ★★★★★

买受人应当按照约定的时间支付价款。对支付时间没有约定或者约定不明确,依照本法第六十一条的规定仍不能确定的,买受人应当在收到标的物或者提取标的物单证的同时支付。

一、主要适用的案由及其相关度

案由编号	主要适用的案由	相关度
M4.10.74	买卖合同纠纷	★★★★★
M4.10.74.1	分期付款买卖合同纠纷	★

二、同时适用的法条及其相关度

	同时适用的法条	相关度	
合同法	第159条【买受人应支付价款的数额认定】	★★★★★	0209
	第107条【合同约束力;违约责任】	★★★★	

	同时适用的法条	相关度
0209 合同法	第60条【合同履行的原则】	★★★
	第109条【违约责任的承担:付款义务的继续履行】	★★★
	第130条【买卖合同的定义】	★★★
	第8条【依法成立的合同的法律约束力】	★★
	第114条【违约金的约定及其调整】	★★
	第44条【合同的生效】	★
	第113条【违约责任的承担:损失赔偿】	★
0916 民法通则	第108条【债务清偿:分期偿还、强制偿还】	★
1028 买卖合同司法解释	第24条【买卖合同逾期付款违约金的适用规则】	★★

第162条【出卖人多交标的物的处理】　　★

出卖人多交标的物的,买受人可以接收或者拒绝接收多交的部分。买受人接收多交部分的,按照合同的价格支付价款;买受人拒绝接收多交部分的,应当及时通知出卖人。

■ 一、主要适用的案由及其相关度

案由编号	主要适用的案由	相关度
M4.10.74	买卖合同纠纷	★★★★★
M4.10.120.15	物业服务合同纠纷	★

■ 二、同时适用的法条及其相关度

	同时适用的法条	相关度
0209 合同法	第107条【合同约束力:违约责任】	★★★★★
	第159条【买受人应支付价款的数额认定】	★★★★★
	第60条【合同履行的原则】	★★★★
	第109条【违约责任的承担:付款义务的继续履行】	★★★★

	同时适用的法条	相关度	
合同法	第161条【买受人支付价款的时间】	★★★★	0209
	第114条【违约金的约定及其调整】	★★★	
	第130条【买卖合同的定义】	★★★	
	第8条【依法成立的合同的法律约束力】	★★	
	第6条【诚实信用原则】	★	
	第44条【合同的生效】	★	
	第61条【合同内容约定不明确的处理规则:合同漏洞的填补】	★	
	第62条【合同内容约定不明确的履行规则:合同漏洞的填补】	★	
	第157条【买受人的及时检验义务】	★	
	第158条【买受人的检验、通知义务】	★	
	第182条【用电人交付电费的义务和逾期交付电费的违约责任】	★	
民法通则	第108条【债务清偿:分期偿还、强制偿还】	★	0916
买卖合同司法解释	第24条【买卖合同逾期付款违约金的适用规则】	★	1028
合同法司法解释二	第29条【违约金的数额及其调整:适当减少】	★	1035

第163条【买卖合同标的物孳息的归属】 ★

标的物在交付之前产生的孳息,归出卖人所有,交付之后产生的孳息,归买受人所有。

■ 一、主要适用的案由及其相关度

案由编号	主要适用的案由	相关度
M4.10.99	承揽合同纠纷	★★★★★

案由编号	主要适用的案由	相关度
M4.10.99.1	加工合同纠纷	★★★
M4.10.99.2	定作合同纠纷	★★
M4.10.74	买卖合同纠纷	★★★★★
M4.10.82	房屋买卖合同纠纷	★
M4.10	合同纠纷	★

二、同时适用的法条及其相关度

	同时适用的法条	相关度
合同法	第107条【合同约束力:违约责任】	★★★★★
	第60条【合同履行的原则】	★★★★
	第109条【违约责任的承担:付款义务的继续履行】	★★★
	第159条【买受人应支付价款的数额认定】	★★★
	第8条【依法成立的合同的法律约束力】	★★
	第130条【买卖合同的定义】	★★
	第151条【权利瑕疵担保责任之例外:买受人订立合同时知道或应当知道标的物存在权利瑕疵的处理】	★★
	第44条【合同的生效】	★
	第113条【违约责任的承担:损失赔偿】	★
	第114条【违约金的约定及其调整】	★
	第133条【标的物所有权的转移:交付】	★
	第161条【买受人支付价款的时间】	★
	第251条【承揽合同的定义;承揽的种类】	★
民法通则	第84条【债的定义】	★
	第108条【债务清偿:分期偿还、强制偿还】	★

第164条【标的物的主物、从物不符合约定时解除合同的效力】 ★
因标的物的主物不符合约定而解除合同的,解除合同的效力及于从物。因标的物的从物不符合约定被解除的,解除的效力不及于主物。

■ 一、主要适用的案由及其相关度

案由编号	主要适用的案由	相关度
M4.10.74	买卖合同纠纷	
M4.10.82	房屋买卖合同纠纷	

■ 二、同时适用的法条及其相关度

	同时适用的法条	相关度
合同法	第8条【依法成立的合同的法律约束力】	
	第11条【书面形式的含义】	
	第60条【合同履行的原则】	
	第94条【合同的法定解除;法定解除权】	
	第97条【合同解除的法律后果】	
	第107条【合同约束力;违约责任】	
	第109条【违约责任的承担:付款义务的继续履行】	
	第111条【违约责任的承担:质量不符合约定的违约责任】	
	第115条【定金罚则】	
	第148条【出卖人根本违约的情况;出卖人承担标的物风险】	
	第163条【买卖合同标的物孳息的归属】	
	第165条【数物买卖合同的解除】	
	第196条【借款合同定义】	
	第198条【借款合同中的担保及法律适用】	
	第205条【借款利息支付期限的确定】	
	第206条【借款期限的认定】	
	第207条【逾期还款的责任承担:支付利息】	

		同时适用的法条	相关度
0916	民法通则	第111条【违约履行合同义务的后果:继续履行;补救;赔偿损失】	
0909	担保法	第31条【保证人的追偿权】	

第165条【数物买卖合同的解除】 ★

标的物为数物,其中一物不符合约定的,买受人可以就该物解除,但该物与他物分离使标的物的价值显受损害的,当事人可以就数物解除合同。

一、主要适用的案由及其相关度

案由编号	主要适用的案由	相关度
M4.10.74	买卖合同纠纷	★★★★★
M4.10.74.1	分期付款买卖合同纠纷	★
M4.10.82.3	商品房销售合同纠纷	★
M4.10.99	承揽合同纠纷	★

二、同时适用的法条及其相关度

		同时适用的法条	相关度
0209	合同法	第94条【合同的法定解除;法定解除权】	★★★★★
		第97条【合同解除的法律后果】	★★★★★
		第107条【合同约束力;违约责任】	★★★★★
		第60条【合同履行的原则】	★★★★
		第8条【依法成立的合同的法律约束力】	★★★
		第109条【违约责任的承担:付款义务的继续履行】	★★★
		第111条【违约责任的承担:质量不符合约定的违约责任】	★★★
		第114条【违约金的约定及其调整】	★★★
		第130条【买卖合同的定义】	★★★

	同时适用的法条	相关度	
合同法	第148条【出卖人根本违约的情况：出卖人承担标的物风险】	★★★	0209
	第159条【买受人应支付价款的数额认定】	★★★	
	第93条【合同的约定解除：协商一致；约定条件成就】	★★	
	第113条【违约责任的承担：损失赔偿】	★★	
	第153条【出卖人的质量瑕疵担保义务】	★★	
	第155条【出卖人违反质量瑕疵担保义务的违约责任】	★★	
	第62条【合同内容约定不明确的履行规则：合同漏洞的填补】	★	
	第67条【后履行抗辩权】	★	
	第77条【变更合同的条件与要求】	★	
	第119条【防止违约损失扩大的措施：防损义务及不履行的后果；防损费用的承担】	★	
	第158条【买受人的检验、通知义务】	★	
	第166条【分批交付标的物的情况下解除合同的情形】	★	
担保法	第89条【定金及其罚则】	★★	0909
担保法司法解释	第120条【因一方迟延履行或其他违约行为致使合同目的不能实现的定金罚则的适用规则】	★	1024

第166条【分批交付标的物的情况下解除合同的情形】 ★

出卖人分批交付标的物的，出卖人对其中一批标的物不交付或者交付不符合约定，致使该批标的物不能实现合同目的的，买受人可以就该批标的物解除。

出卖人不交付其中一批标的物或者交付不符合约定，致使今后其他各批标的物的交付不能实现合同目的的，买受人可以就该批以及今后其他各批标的物解除。

买受人如果就其中一批标的物解除,该批标的物与其他各批标的物相互依存的,可以就已经交付和未交付的各批标的物解除。

一、主要适用的案由及其相关度

案由编号	主要适用的案由	相关度
M4.10.74	买卖合同纠纷	★★★★★

二、同时适用的法条及其相关度

	同时适用的法条	相关度
合同法	第60条【合同履行的原则】	★★★★★
	第94条【合同的法定解除;法定解除权】	★★★★★
	第97条【合同解除的法律后果】	★★★★★
	第107条【合同约束力;违约责任】	★★★★★
	第130条【买卖合同的定义】	★★★
	第8条【依法成立的合同的法律约束力】	★★
	第44条【合同的生效】	★★
	第93条【合同的约定解除:协商一致;约定条件成就】	★★
	第114条【违约金的约定及其调整】	★★
	第9条【合同当事人资格:民事权利能力、民事行为能力;可委托代理人订立合同的规定】	★
	第49条【表见代理的构成及其效力】	★
	第62条【合同内容约定不明确的履行规则;合同漏洞的填补】	★
	第76条【合同继续有效的情形:名称变更、负责人变动】	★
	第96条【合同解除权的行使规则】	★

	同时适用的法条	相关度	
合同法	第98条【结算条款、清理条款效力的独立性】	★	0209
	第109条【违约责任的承担:付款义务的继续履行】	★	
	第113条【违约责任的承担:损失赔偿】	★	
	第115条【定金罚则】	★	
	第135条【出卖人的义务:交付、移转所有权】	★	
	第138条【出卖人标的物的交付期间】	★	
	第148条【出卖人根本违约的情况:出卖人承担标的物风险】	★	
	第159条【买受人应支付价款的数额认定】	★	
	第251条【承揽合同的定义;承揽的种类】	★	
公司法	第3条【公司法人制度】	★	0955
担保法	第89条【定金及其罚则】	★	0909
买卖合同司法解释	第1条【一方以送货单、收货单、结算单、发票、对账确认函、债权确认书主张买卖合同关系存在时的认定】	★	1028
	第24条【买卖合同逾期付款违约金的适用规则】	★	

第167条【分期付款买卖合同出卖人的法定解除权】 ★★★

分期付款的买受人未支付到期价款的金额达到全部价款的五分之一的,出卖人可以要求买受人支付全部价款或者解除合同。

出卖人解除合同的,可以向买受人要求支付该标的物的使用费。

■ 一、主要适用的案由及其相关度

案由编号	主要适用的案由	相关度
M4.10.74	买卖合同纠纷	★★★★★
M4.10.74.1	分期付款买卖合同纠纷	★★★

二、同时适用的法条及其相关度

		同时适用的法条	相关度
0209	合同法	第 60 条【合同履行的原则】	★★★★★
		第 107 条【合同约束力;违约责任】	★★★★★
		第 159 条【买受人应支付价款的数额认定】	★★★★★
		第 161 条【买受人支付价款的时间】	★★★★★
		第 114 条【违约金的约定及其调整】	★★★★
		第 109 条【违约责任的承担:付款义务的继续履行】	★★★
		第 130 条【买卖合同的定义】	★★★
		第 8 条【依法成立的合同的法律约束力】	★★
		第 108 条【预期违约责任】	★★
		第 174 条【买卖合同准用于有偿合同;有偿合同参照买卖合同】	★★
		第 44 条【合同的生效】	★
		第 97 条【合同解除的法律后果】	★
		第 134 条【所有权保留】	★
		第 206 条【借款期限的认定】	★
0909	担保法	第 18 条【连带责任保证的定义;连带责任的承担】	★★★
		第 21 条【保证担保的范围;没有约定、约定不明时的担保范围】	★★★
		第 31 条【保证人的追偿权】	★★
0916	民法通则	第 108 条【债务清偿;分期偿还、强制偿还】	★★
		第 84 条【债的定义】	★
		第 106 条【民事责任归责原则:违约责任;过错侵权责任;无过错侵权责任】	★
		第 112 条【违反合同的赔偿责任;对违约金数额及损失赔偿额计算方法的约定】	★

	同时适用的法条	相关度	
婚姻法司法解释二	第 24 条【离婚时夫妻一方所欠债务的处理】	★	1022
买卖合同司法解释	第 24 条【买卖合同逾期付款违约金的适用规则】	★	1028

第 168 条【凭样品买卖合同】　★

凭样品买卖的当事人应当封存样品，并可以对样品质量予以说明。出卖人交付的标的物应当与样品及其说明的质量相同。

■ 一、主要适用的案由及其相关度

案由编号	主要适用的案由	相关度
M4.10.74	买卖合同纠纷	★★★★★
M4.10.89.4	民间借贷纠纷	★

■ 二、同时适用的法条及其相关度

	同时适用的法条	相关度	
合同法	第 3 条【合同当事人平等原则】		0209
	第 4 条【合同自愿原则】		
	第 5 条【公平原则:合同权利义务确定的原则】		
	第 6 条【诚实信用原则】		
	第 7 条【遵纪守法原则】		
	第 8 条【依法成立的合同的法律约束力】		
	第 44 条【合同的生效】		
	第 52 条【合同无效的法定情形】		
	第 54 条【合同的变更和撤销】		
	第 60 条【合同履行的原则】		

		同时适用的法条	相关度
0209	合同法	第61条【合同内容约定不明确的处理规则;合同漏洞的填补】	
		第63条【交付期限与执行价格】	
		第77条【变更合同的条件与要求】	
		第84条【合同义务的转移】	
		第93条【合同的约定解除:协商一致;约定条件成就】	
		第94条【合同的法定解除;法定解除权】	
		第97条【合同解除的法律后果】	
		第107条【合同约束力;违约责任】	
		第109条【违约责任的承担:付款义务的继续履行】	
		第111条【违约责任的承担:质量不符合约定的违约责任】	
		第113条【违约责任的承担:损失赔偿】	
		第115条【定金罚则】	
		第120条【双方违约应各自承担违约责任】	
		第121条【因第三人原因造成违约情况下的责任承担】	
		第130条【买卖合同的定义】	
		第135条【出卖人的义务:交付、移转所有权】	
		第138条【出卖人标的物的交付期间】	
		第146条【买受人不履行接收标的物义务的风险负担】	
		第148条【出卖人根本违约的情况:出卖人承担标的物风险】	
		第153条【出卖人的质量瑕疵担保义务】	

	同时适用的法条	相关度	
合同法	第154条【标的物质量要求没有约定或约定不明时的认定规则】		0209
	第155条【出卖人违反质量瑕疵担保义务的违约责任】		
	第157条【买受人的及时检验义务】		
	第158条【买受人的检验、通知义务】		
	第159条【买受人应支付价款的数额认定】		
	第161条【买受人支付价款的时间】		
	第162条【出卖人多交标的物的处理】		
	第170条【试用买卖的试用期间】		
	第171条【试用买卖中买受人对标的物的购买】		
	第196条【借款合同定义】		
	第206条【借款期限的认定】		
	第207条【逾期还款的责任承担:支付利息】		
	第210条【自然人之间借款合同的生效:提供借款时】		
	第211条【自然人之间借款合同利息的规制】		
	第251条【承揽合同的定义;承揽的种类】		
	第261条【承揽合同工作成果的交付和验收】		
民法通则	第85条【合同的定义】		0916
	第106条【民事责任归责原则:违约责任;过错侵权责任;无过错侵权责任】		
	第108条【债务清偿:分期偿还、强制偿还】		
个人独资企业法	第2条【个人独资企业的定义】		1004

第169条【凭样品买卖合同样品存在隐蔽瑕疵的处理】 ★

凭样品买卖的买受人不知道样品有隐蔽瑕疵的,即使交付的标的物与样品相同,出卖人交付的标的物的质量仍然应当符合同种物的通常标准。

一、主要适用的案由及其相关度

案由编号	主要适用的案由	相关度
M4.10.74	买卖合同纠纷	

二、同时适用的法条及其相关度

	同时适用的法条	相关度
合同法	第7条【遵纪守法原则】	
	第8条【依法成立的合同的法律约束力】	
	第44条【合同的生效】	
	第52条【合同无效的法定情形】	
	第60条【合同履行的原则】	
	第61条【合同内容约定不明确的处理规则:合同漏洞的填补】	
	第62条【合同内容约定不明确的履行规则:合同漏洞的填补】	
	第76条【合同继续有效的情形:名称变更、负责人变动】	
	第79条【债权人不得转让合同权利的情形】	
	第80条【债权人转让债权的通知义务】	
	第81条【债权转让从权利一并转让】	
	第84条【合同义务的转移】	
	第107条【合同约束力:违约责任】	
	第109条【违约责任的承担:付款义务的继续履行】	
	第111条【违约责任的承担:质量不符合约定的违约责任】	

	同时适用的法条	相关度
合同法	第112条【违约责任的承担:损失赔偿与其他责任的并存】	0209
	第113条【违约责任的承担:损失赔偿】	
	第114条【违约金的约定及其调整】	
	第130条【买卖合同的定义】	
	第151条【权利瑕疵担保责任之例外:买受人订立合同时知道或应当知道标的物存在权利瑕疵的处理】	
	第153条【出卖人的质量瑕疵担保义务】	
	第155条【出卖人违反质量瑕疵担保义务的违约责任】	
	第159条【买受人应支付价款的数额认定】	
	第161条【买受人支付价款的时间】	
	第186条【赠与的任意撤销及限制】	
	第198条【借款合同中的担保及法律适用】	
	第200条【借款利息不得预先扣除;预先扣除后按实际数额计算借款额度】	
	第201条【借贷款双方未按约定提供或收取借款的违约责任】	
	第205条【借款利息支付期限的确定】	
	第206条【借款期限的认定】	
	第207条【逾期还款的责任承担:支付利息】	
	第210条【自然人之间借款合同的生效:提供借款时】	
	第211条【自然人之间借款合同利息的规制】	
	第263条【定作人报酬支付的期限】	

	同时适用的法条	相关度
合同法	第286条【发包人未按约定支付价款时承包人的催告权和建设工程优先受偿权】	
	第287条【建设工程合同参照适用承揽合同的规定】	
民法通则	第84条【债的定义】	
	第108条【债务清偿：分期偿还、强制偿还】	

0209 合同法

0916 民法通则

第170条【试用买卖的试用期间】 ★

试用买卖的当事人可以约定标的物的试用期间。对试用期间没有约定或者约定不明确，依照本法第六十一条的规定仍不能确定的，由出卖人确定。

■ 一、主要适用的案由及其相关度

案由编号	主要适用的案由	相关度
M3.7.55	土地承包经营权纠纷	★★★★★
M4.10.74	买卖合同纠纷	★★★★
M4.10.74.3	试用买卖合同纠纷	★
M4.10.89	借款合同纠纷	★★
M4.10.89.1	金融借款合同纠纷	★
M4.10.89.4	民间借贷纠纷	★★
M4.10	合同纠纷	★

■ 二、同时适用的法条及其相关度

	同时适用的法条	相关度
合同法	第6条【诚实信用原则】	
	第8条【依法成立的合同的法律约束力】	
	第10条【合同的订立形式；合同的书面形式】	
	第28条【新要约】	

0209 合同法

	同时适用的法条	相关度
合同法	第29条【迟到的承诺】	0209
	第32条【书面合同自双方当事人签字或盖章时成立】	
	第36条【应当采用书面形式而未采用书面形式合同成立的条件】	
	第44条【合同的生效】	
	第45条【附条件的合同】	
	第60条【合同履行的原则】	
	第61条【合同内容约定不明确的处理规则:合同漏洞的填补】	
	第62条【合同内容约定不明确的履行规则:合同漏洞的填补】	
	第64条【向第三人履行】	
	第79条【债权人不得转让合同权利的情形】	
	第80条【债权人转让债权的通知义务】	
	第93条【合同的约定解除:协商一致;约定条件成就】	
	第94条【合同的法定解除;法定解除权】	
	第97条【合同解除的法律后果】	
	第107条【合同约束力:违约责任】	
	第109条【违约责任的承担:付款义务的继续履行】	
	第112条【违约责任的承担:损失赔偿与其他责任的并存】	
	第113条【违约责任的承担:损失赔偿】	
	第114条【违约金的约定及其调整】	
	第116条【同时约定违约金和定金时的择一适用】	
	第130条【买卖合同的定义】	

		同时适用的法条	相关度
0209	合同法	第131条【买卖合同的内容】	
		第133条【标的物所有权的转移：交付】	
		第144条【在途标的物买卖合同的风险转移】	
		第158条【买受人的检验、通知义务】	
		第159条【买受人应支付价款的数额认定】	
		第161条【买受人支付价款的时间】	
		第168条【凭样品买卖合同】	
		第171条【试用买卖中买受人对标的物的购买】	
		第174条【买卖合同准用于有偿合同；有偿合同参照买卖合同】	
		第175条【互易合同参照买卖合同的规定】	
		第179条【供电人的安全供电义务及违约责任】	
		第180条【供电人中断供电时的通知义务和赔偿责任】	
		第182条【用电人交付电费的义务和逾期交付电费的违约责任】	
		第187条【赠与的财产应依法办理登记等手续】	
		第188条【受赠人的交付请求权】	
		第189条【赠与人故意或重大过失致使赠与财产损毁、灭失的赔偿责任】	
		第195条【赠与义务的免除】	
		第196条【借款合同定义】	
		第198条【借款合同中的担保及法律适用】	
		第199条【借款合同借款人的告知义务】	
		第203条【借款人未按照约定的借款用途使用借款的后果】	
		第205条【借款利息支付期限的确定】	

	同时适用的法条	相关度	
合同法	第206条【借款期限的认定】		0209
	第207条【逾期还款的责任承担；支付利息】		
	第210条【自然人之间借款合同的生效；提供借款时】		
	第211条【自然人之间借款合同利息的规制】		
	第228条【出租人的权利瑕疵担保责任；承租人的及时通知义务】		
	第396条【委托合同的界定】		
	第398条【处理委托事务的费用】		
担保法	第18条【连带责任保证的定义；连带责任的承担】		0909
物权法	第93条【共有的界定及其类型】		0927

第171条【试用买卖中买受人对标的物的购买】 ★

试用买卖的买受人在试用期内可以购买标的物，也可以拒绝购买。试用期间届满，买受人对是否购买标的物未作表示的，视为购买。

■ 一、主要适用的案由及其相关度

案由编号	主要适用的案由	相关度
M4.10.74	买卖合同纠纷	★★★★★
M4.10.74.3	试用买卖合同纠纷	★★

■ 二、同时适用的法条及其相关度

	同时适用的法条	相关度	
合同法	第6条【诚实信用原则】		0209
	第8条【依法成立的合同的法律约束力】		
	第10条【合同的订立形式；合同的书面形式】		

		同时适用的法条	相关度
0209	合同法	第28条【新要约】	
		第44条【合同的生效】	
		第45条【附条件的合同】	
		第60条【合同履行的原则】	
		第61条【合同内容约定不明确的处理规则;合同漏洞的填补】	
		第62条【合同内容约定不明确的履行规则;合同漏洞的填补】	
		第93条【合同的约定解除;协商一致;约定条件成就】	
		第94条【合同的法定解除;法定解除权】	
		第97条【合同解除的法律后果】	
		第107条【合同约束力;违约责任】	
		第109条【违约责任的承担;付款义务的继续履行】	
		第112条【违约责任的承担;损失赔偿与其他责任的并存】	
		第113条【违约责任的承担;损失赔偿】	
		第130条【买卖合同的定义】	
		第158条【买受人的检验、通知义务】	
		第159条【买受人应支付价款的数额认定】	
		第161条【买受人支付价款的时间】	
		第168条【凭样品买卖合同】	
		第170条【试用买卖的试用期间】	
		第176条【供用电合同的概念】	

第172条【招标投标买卖的法律适用】 ★

招标投标买卖的当事人的权利和义务以及招标投标程序等,依照有关法律、行政法规的规定。

■ 一、主要适用的案由及其相关度

案由编号	主要适用的案由	相关度
M4.10.75	招标投标买卖合同纠纷	
M4.10.74	买卖合同纠纷	

■ 二、同时适用的法条及其相关度

	同时适用的法条	相关度
合同法	第2条【合同法的调整对象:合同的定义】	
	第8条【依法成立的合同的法律约束力】	
	第15条【要约邀请及其主要类型】	
	第44条【合同的生效】	
	第52条【合同无效的法定情形】	
	第58条【合同无效或被撤销的法律后果】	
	第60条【合同履行的原则】	
	第62条【合同内容约定不明确的履行规则:合同漏洞的填补】	
	第77条【变更合同的条件与要求】	
	第94条【合同的法定解除;法定解除权】	
	第96条【合同解除权的行使规则】	
	第97条【合同解除的法律后果】	
	第107条【合同约束力;违约责任】	
	第109条【违约责任的承担:付款义务的继续履行】	
	第112条【违约责任的承担:损失赔偿与其他责任的并存】	
	第114条【违约金的约定及其调整】	

	同时适用的法条	相关度
0209 合同法	第120条【双方违约应各自承担违约责任】	
	第130条【买卖合同的定义】	
	第132条【买卖合同的标的物】	
	第153条【出卖人的质量瑕疵担保义务】	
	第154条【标的物质量要求没有约定或约定不明时的认定规则】	
	第159条【买受人应支付价款的数额认定】	
	第161条【买受人支付价款的时间】	
	第179条【供电人的安全供电义务及违约责任】	
	第207条【逾期还款的责任承担:支付利息】	
	第263条【定作人报酬支付的期限】	
	第286条【发包人未按约定支付价款时承包人的催告权和建设工程优先受偿权】	
0981 招标投标法	第5条【招标投标活动应当遵循的原则:公开、公平、公正和诚实信用】	
	第46条【合同的签订;履约保证金】	
0916 民法通则	第43条【企业法人对其经营活动承担民事责任】	
	第84条【债的定义】	
	第108条【债务清偿:分期偿还、强制偿还】	
1017 招标投标法实施条例	第57条【招标人和中标人签订书面合同;投标保证金的退还】	
1031 建设工程合同纠纷司法解释	第1条【建设工程施工合同无效的情形】	

第173条【拍卖的法律适用】 ★

拍卖的当事人的权利和义务以及拍卖程序等,依照有关法律、行政法规的规定。

一、主要适用的案由及其相关度

案由编号	主要适用的案由	相关度
M4.10.76	拍卖合同纠纷	

二、同时适用的法条及其相关度

	同时适用的法条	相关度
合同法	第6条【诚实信用原则】	
	第8条【依法成立的合同的法律约束力】	
	第9条【合同当事人资格:民事权利能力、民事行为能力;可委托代理人订立合同的规定】	
	第15条【要约邀请及其主要类型】	
	第44条【合同的生效】	
	第60条【合同履行的原则】	
	第61条【合同内容约定不明确的处理规则:合同漏洞的填补】	
	第67条【后履行抗辩权】	
	第93条【合同的约定解除:协商一致;约定条件成就】	
	第94条【合同的法定解除;法定解除权】	
	第97条【合同解除的法律后果】	
	第107条【合同约束力:违约责任】	
	第113条【违约责任的承担:损失赔偿】	
	第124条【无名合同的法律适用】	
	第130条【买卖合同的定义】	
	第133条【标的物所有权的转移:交付】	
	第142条【标的物的风险承担:随交付而移转】	
	第144条【在途标的物买卖合同的风险转移】	
	第157条【买受人的及时检验义务】	

		同时适用的法条	相关度
0209	合同法	第158条【买受人的检验、通知义务】	
		第159条【买受人应支付价款的数额认定】	
		第174条【买卖合同准用于有偿合同;有偿合同参照买卖合同】	
		第176条【供用电合同的概念】	
		第179条【供电人的安全供电义务及违约责任】	
		第182条【用电人交付电费的义务和逾期交付电费的违约责任】	
		第184条【供用水、供用气、供用热力合同参照适用供用电合同的规定】	
		第192条【赠与人的法定撤销情形及撤销权行使期间】	
		第195条【赠与义务的免除】	
		第196条【借款合同定义】	
		第200条【借款利息不得预先扣除;预先扣除后按实际数额计算借款额度】	
		第206条【借款期限的认定】	
		第207条【逾期还款的责任承担:支付利息】	
		第226条【承租人租金支付期限的确定规则】	
		第230条【房屋承租人的优先购买权】	
		第396条【委托合同的界定】	
		第402条【受托人以自己名义与第三人订立合同的法律效果】	

	同时适用的法条	相关度	
拍卖法	第6条【拍卖标的】		0975
	第31条【委托人移交拍卖标的的义务】		
	第39条【买受人支付拍卖物价款的义务和拍卖标的再拍卖时的佣金支付及价款差额补足义务】		
	第40条【买受人未按约定取得拍卖标的时拍卖人或委托人的违约责任；买受人未按约定受领拍卖标的的费用承担】		
	第51条【拍卖成交】		
	第52条【拍卖成交确认书的签署】		
	第55条【拍卖标的证照变更、产权过户手续的办理】		
	第61条【拍卖人、委托人的瑕疵担保责任；拍卖人、委托人声明义务、拍卖人的赔偿责任；拍卖人的追偿权、拍卖人、委托人的免责事由；因拍卖标的存在缺陷致人损害请求赔偿的诉讼时效期间与法律适用】		
物业管理条例	第42条【物业服务费用的交纳主体】		1009
物业服务纠纷司法解释	第1条【前期物业服务合同及物业服务合同的约束力】		1046

第174条【买卖合同准用于有偿合同；有偿合同参照买卖合同】 ★★★

法律对其他有偿合同有规定的，依照其规定；没有规定的，参照买卖合同的有关规定。

■ 一、主要适用的案由及其相关度

案由编号	主要适用的案由	相关度
M4.10.99	承揽合同纠纷	★★★★★
M4.10.99.1	加工合同纠纷	★★★

案由编号	主要适用的案由	相关度
M4.10.99.2	定作合同纠纷	★★★
M4.10.89.4	民间借贷纠纷	★★★
M4.10	合同纠纷	★★★
M4.10.74	买卖合同纠纷	★★★
M4.10.122	劳务合同纠纷	★★
M8.21.249	股权转让纠纷	★★
M4.10.97	租赁合同纠纷	★
M4.10.97.2	房屋租赁合同纠纷	★
M4.10.97.4	建筑设备租赁合同纠纷	★
M4.10.100.3	建设工程施工合同纠纷	★
M4.10.101	运输合同纠纷	★
M4.10.101.2	公路货物运输合同纠纷	★
M4.10.120	服务合同纠纷	★
M4.10.120.10	餐饮服务合同纠纷	★
M4.10.104	委托合同纠纷	★
M4.10.119.1	土地承包经营权转包合同纠纷	★

■ 二、同时适用的法条及其相关度

	同时适用的法条	相关度
合同法	第107条【合同约束力:违约责任】	★★★★★
	第60条【合同履行的原则】	★★★★
	第109条【违约责任的承担:付款义务的继续履行】	★★★
	第263条【定作人报酬支付的期限】	★★★
	第8条【依法成立的合同的法律约束力】	★★
	第114条【违约金的约定及其调整】	★★
	第159条【买受人应支付价款的数额认定】	★★

	同时适用的法条	相关度	
合同法	第161条【买受人支付价款的时间】	★★	0209
	第167条【分期付款买卖合同出卖人的法定解除权】	★★	
	第251条【承揽合同的定义;承揽的种类】	★★	
	第44条【合同的生效】	★	
	第61条【合同内容约定不明确的处理规则:合同漏洞的填补】	★	
	第113条【违约责任的承担:损失赔偿】	★	
	第124条【无名合同的法律适用】	★	
	第158条【买受人的检验、通知义务】	★	
	第206条【借款期限的认定】	★	
	第226条【承租人租金支付期限的确定规则】	★	
民法通则	第108条【债务清偿:分期偿还、强制偿还】	★	0916
担保法	第18条【连带责任保证的定义;连带责任的承担】	★	0909
买卖合同司法解释	第24条【买卖合同逾期付款违约金的适用规则】	★★★★★	1028
	第45条【债权转让、股权转让等权利转让合同的法律适用】	★★	

第175条【互易合同参照买卖合同的规定】 ★

当事人约定易货交易,转移标的物的所有权的,参照买卖合同的有关规定。

■ 一、主要适用的案由及其相关度

案由编号	主要适用的案由	相关度
M4.10.74	买卖合同纠纷	★★★
M4.10.74.4	互易纠纷	★★★★★
M4.10	合同纠纷	★★

0566 合同、无因管理、不当得利纠纷

案由编号	主要适用的案由	相关度
M4.10.99	承揽合同纠纷	★
M4.10.99.2	定作合同纠纷	★

二、同时适用的法条及其相关度

	同时适用的法条	相关度
合同法	第107条【合同约束力;违约责任】	★★★★★
	第60条【合同履行的原则】	★★★★
	第114条【违约金的约定及其调整】	★★★★
	第159条【买受人应支付价款的数额认定】	★★★★
	第8条【依法成立的合同的法律约束力】	★★★
	第62条【合同内容约定不明确的履行规则;合同漏洞的填补】	★★★
	第110条【非金钱债务的继续履行及其例外;债权人不得要求对方继续履行的情形】	★★★
	第120条【双方违约应各自承担违约责任】	★★★
	第130条【买卖合同的定义】	★★★
	第135条【出卖人的义务:交付、移转所有权】	★★★
	第154条【标的物质量要求没有约定或约定不明时的认定规则】	★★★
	第161条【买受人支付价款的时间】	★★★
	第5条【公平原则:合同权利义务确定的原则】	★
	第44条【合同的生效】	★
	第94条【合同的法定解除;法定解除权】	★
	第97条【合同解除的法律后果】	★
	第109条【违约责任的承担:付款义务的继续履行】	★

	同时适用的法条	相关度	
合同法	第133条【标的物所有权的转移：交付】	★	0209
	第134条【所有权保留】	★	
	第167条【分期付款买卖合同出卖人的法定解除权】	★	
	第170条【试用买卖的试用期间】	★	
	第263条【定作人报酬支付的期限】	★	

第十章　供用电、水、气、热力合同

第176条【供用电合同的概念】　★★

供用电合同是供电人向用电人供电，用电人支付电费的合同。

■ 一、主要适用的案由及其相关度

案由编号	主要适用的案由	相关度
M4.10.87	供用热力合同纠纷	★★★★★
M4.10.84	供用电合同纠纷	★★★
M4.10.85	供用水合同纠纷	★★
M4.10	合同纠纷	★
M4.10.86	供用气合同纠纷	★

■ 二、同时适用的法条及其相关度

	同时适用的法条	相关度	
合同法	第182条【用电人交付电费的义务和逾期交付电费的违约责任】	★★★★★	0209
	第184条【供用水、供用气、供用热力合同参照适用供用电合同的规定】	★★★★★	
	第60条【合同履行的原则】	★★★	
	第107条【合同约束力：违约责任】	★★★	

		同时适用的法条	相关度
0209	合同法	第8条【依法成立的合同的法律约束力】	★★
		第44条【合同的生效】	★★
		第109条【违约责任的承担:付款义务的继续履行】	★
		第114条【违约金的约定及其调整】	★
0916	民法通则	第84条【债的定义】	★★
		第108条【债务清偿:分期偿还、强制偿还】	★

第177条【供用电合同的内容】 ★

供用电合同的内容包括供电的方式、质量、时间、用电容量、地址、性质,计量方式,电价、电费的结算方式,供用电设施的维护责任等条款。

■ 一、主要适用的案由及其相关度

案由编号	主要适用的案由	相关度
M4.10.84	供用电合同纠纷	
M4.10.85	供用水合同纠纷	

■ 二、同时适用的法条及其相关度

		同时适用的法条	相关度
0209	合同法	第176条【供用电合同的概念】	★★★★★
		第182条【用电人交付电费的义务和逾期交付电费的违约责任】	★★★★
		第184条【供用水、供用气、供用热力合同参照适用供用电合同的规定】	★★★
		第60条【合同履行的原则】	★★
		第8条【依法成立的合同的法律约束力】	★
		第178条【供用电合同的履行地点】	★

	同时适用的法条	相关度	
水法	第48条【取水权的取得】	★	0979
	第70条【拒不缴纳、拖延缴纳或者拖欠水资源费的法律责任】	★	

第178条【供用电合同的履行地点】 ★

供用电合同的履行地点，按照当事人约定；当事人没有约定或者约定不明确的，供电设施的产权分界处为履行地点。

■ 一、主要适用的案由及其相关度

案由编号	主要适用的案由	相关度
M4.10.87	供用热力合同纠纷	
M4.10.85	供用水合同纠纷	

■ 二、同时适用的法条及其相关度

	同时适用的法条	相关度	
合同法	第184条【供用水、供用气、供用热力合同参照适用供用电合同的规定】	★★★★★	0209
	第182条【用电人交付电费的义务和逾期交付电费的违约责任】	★★★★	
	第176条【供用电合同的概念】	★★★	
	第60条【合同履行的原则】	★	
	第61条【合同内容约定不明确的处理规则；合同漏洞的填补】	★	
	第107条【合同约束力；违约责任】	★	
	第109条【违约责任的承担：付款义务的继续履行】	★	
	第177条【供用电合同的内容】	★	
	第234条【共同居住人继续租赁房屋的权利】	★	
	第279条【建筑工程的竣工验收及交付使用】	★	

第179条【供电人的安全供电义务及违约责任】 ★★

供电人应当按照国家规定的供电质量标准和约定安全供电。供电人未按照国家规定的供电质量标准和约定安全供电,造成用电人损失的,应当承担损害赔偿责任。

一、主要适用的案由及其相关度

案由编号	主要适用的案由	相关度
M4.10.87	供用热力合同纠纷	★★★★★
M4.10.85	供用水合同纠纷	★★★★★
M4.10.84	供用电合同纠纷	★★★
M4.10	合同纠纷	★★
M4.10.89.1	金融借款合同纠纷	★★
M3.5.38	财产损害赔偿纠纷	★

二、同时适用的法条及其相关度

	同时适用的法条	相关度
合同法	第107条【合同约束力;违约责任】	★★★★★
	第184条【供用水、供用气、供用热力合同参照适用供用电合同的规定】	★★★★★
	第60条【合同履行的原则】	★★★★
	第182条【用电人交付电费的义务和逾期交付电费的违约责任】	★★★
	第176条【供用电合同的概念】	★★
公司法	第14条【分公司的法律地位;子公司的法律地位】	★★★

第180条【供电人中断供电时的通知义务和赔偿责任】 ★

供电人因供电设施计划检修、临时检修、依法限电或者用电人违法用电等原因,需要中断供电时,应当按照国家有关规定事先通知用电人。未事先通知用电人中断供电,造成用电人损失的,应当承担损害赔偿责任。

一、主要适用的案由及其相关度

案由编号	主要适用的案由	相关度
M4.10.84	供用电合同纠纷	
M3.5.38	财产损害赔偿纠纷	
M4.10.87	供用热力合同纠纷	

二、同时适用的法条及其相关度

	同时适用的法条	相关度
合同法	第8条【依法成立的合同的法律约束力】	
	第15条【要约邀请及其主要类型】	
	第35条【采用合同书形式订立合同的成立地点】	
	第47条【限制民事行为能力人订立合同的效力】	
	第52条【合同无效的法定情形】	
	第60条【合同履行的原则】	
	第94条【合同的法定解除；法定解除权】	
	第96条【合同解除权的行使规则】	
	第99条【法定的债务抵销】	
	第107条【合同约束力；违约责任】	
	第109条【违约责任的承担：付款义务的继续履行】	
	第113条【违约责任的承担：损失赔偿】	
	第118条【因不可抗力不能履行合同时的通知与证明】	
	第119条【防止违约损失扩大的措施；防损义务及不履行的后果；防损费用的承担】	
	第120条【双方违约应各自承担违约责任】	
	第121条【因第三人原因造成违约情况下的责任承担】	

		同时适用的法条	相关度
0209	合同法	第122条【违约责任与侵权责任的竞合】	
		第170条【试用买卖的试用期间】	
		第176条【供用电合同的概念】	
		第177条【供用电合同的内容】	
		第179条【供电人的安全供电义务及违约责任】	
		第181条【供电人的抢修义务】	
		第182条【用电人交付电费的义务和逾期交付电费的违约责任】	
		第183条【用电人安全用电的义务及损害赔偿责任】	
		第184条【供用水、供用气、供用热力合同参照适用供用电合同的规定】	
		第187条【赠与的财产应依法办理登记等手续】	
		第188条【受赠人的交付请求权】	
		第195条【赠与义务的免除】	
		第205条【借款利息支付期限的确定】	
		第206条【借款期限的认定】	
		第207条【逾期还款的责任承担:支付利息】	
		第232条【不定期租赁】	
		第236条【不定期租赁:租赁期满继续使用租赁物、出租人没有提出异议】	
0916	民法通则	第106条【民事责任归责原则:违约责任;过错侵权责任;无过错侵权责任】	
0960	侵权责任法	第6条【过错责任原则;过错推定责任原则】	
		第15条【侵权责任的主要承担方式】	
		第26条【过失相抵:被侵权人过错】	

第181条【供电人的抢修义务】 ★

因自然灾害等原因断电,供电人应当按照国家有关规定及时抢修。未及时抢修,造成用电人损失的,应当承担损害赔偿责任。

■ 一、主要适用的案由及其相关度

案由编号	主要适用的案由	相关度
M4.10.84	供用电合同纠纷	
M3.5.38	财产损害赔偿纠纷	
M4.10	合同纠纷	
M9.30	侵权责任纠纷	

■ 二、同时适用的法条及其相关度

	同时适用的法条	相关度
合同法	第60条【合同履行的原则】	
	第107条【合同约束力;违约责任】	
	第114条【违约金的约定及其调整】	
	第119条【防止违约损失扩大的措施;防损义务及不履行的后果;防损费用的承担】	
	第121条【因第三人原因造成违约情况下的责任承担】	
	第122条【违约责任与侵权责任的竞合】	
	第176条【供用电合同的概念】	
	第177条【供用电合同的内容】	
	第179条【供电人的安全供电义务及违约责任】	
	第180条【供电人中断供电时的通知义务和赔偿责任】	
	第184条【供用水、供用气、供用热力合同参照适用供用电合同的规定】	
	第196条【借款合同定义】	

		同时适用的法条	相关度
0209	合同法	第203条【借款人未按照约定的借款用途使用借款的后果】	
		第205条【借款利息支付期限的确定】	
		第206条【借款期限的认定】	
		第207条【逾期还款的责任承担;支付利息】	
0990	电力法	第60条【电力企业的损害赔偿责任及免责事由;用户或第三人的损害赔偿责任】	
0960	侵权责任法	第6条【过错责任原则;过错推定责任原则】	
0916	民法通则	第117条【侵害财产权的责任承担方式;返还财产、折价赔偿;恢复原状、折价赔偿;赔偿损失】	

第182条【用电人交付电费的义务和逾期交付电费的违约责任】 ★★

用电人应当按照国家有关规定和当事人的约定及时交付电费。用电人逾期不交付电费的,应当按照约定支付违约金。经催告用电人在合理期限内仍不交付电费和违约金的,供电人可以按照国家规定的程序中止供电。

一、主要适用的案由及其相关度

案由编号	主要适用的案由	相关度
M4.10.87	供用热力合同纠纷	★★★★★
M4.10.84	供用电合同纠纷	★★★
M4.10.85	供用水合同纠纷	★★
M4.10	合同纠纷	★

二、同时适用的法条及其相关度

	同时适用的法条	相关度	
合同法	第184条【供用水、供用气、供用热力合同参照适用供用电合同的规定】	★★★★★	0209
	第176条【供用电合同的概念】	★★★	
	第60条【合同履行的原则】	★★	
	第107条【合同约束力:违约责任】	★★	
	第8条【依法成立的合同的法律约束力】	★	
	第109条【违约责任的承担:付款义务的继续履行】	★	
民法通则	第84条【债的定义】	★	0916
	第108条【债务清偿:分期偿还、强制偿还】	★	
电力供应与使用条例	第39条【用电人逾期交付电费的法律责任】	★	1014

第183条【用电人安全用电的义务及损害赔偿责任】 ★

用电人应当按照国家有关规定和当事人的约定安全用电。用电人未按照国家有关规定和当事人的约定安全用电,造成供电人损失的,应当承担损害赔偿责任。

一、主要适用的案由及其相关度

案由编号	主要适用的案由	相关度
M4.10.84	供用电合同纠纷	
M4.10.87	供用热力合同纠纷	

二、同时适用的法条及其相关度

	同时适用的法条	相关度	
合同法	第6条【诚实信用原则】		0209
	第7条【遵纪守法原则】		

		同时适用的法条	相关度
0209	合同法	第8条【依法成立的合同的法律约束力】	
		第35条【采用合同书形式订立合同的成立地点】	
		第36条【应当采用书面形式而未采用书面形式合同成立的条件】	
		第44条【合同的生效】	
		第52条【合同无效的法定情形】	
		第60条【合同履行的原则】	
		第64条【向第三人履行】	
		第65条【由第三人履行】	
		第107条【合同约束力:违约责任】	
		第109条【违约责任的承担:付款义务的继续履行】	
		第112条【违约责任的承担:损失赔偿与其他责任的并存】	
		第123条【其他法律对合同另有规定的适用;特别法优先适用】	
		第124条【无名合同的法律适用】	
		第176条【供用电合同的概念】	
		第180条【供电人中断供电时的通知义务和赔偿责任】	
		第182条【用电人交付电费的义务和逾期交付电费的违约责任】	
		第184条【供用水、供用气、供用热力合同参照适用供用电合同的规定】	
		第192条【赠与人的法定撤销情形及撤销权行使期间】	
		第276条【建设工程的监理】	
0916	民法通则	第7条【公序良俗原则】	

	同时适用的法条	相关度	
电力供应与使用条例	第30条【危害供电、用电安全,扰乱正常供电、用电秩序的行为:擅自改变用电类别,超过约定容量用电,超过计划分配用电指标,使用或启用电力设备,引入、供出电源或者将自备电源并网】		1014

第184条【供用水、供用气、供用热力合同参照适用供用电合同的规定】 ★★★

供用水、供用气、供用热力合同,参照供用电合同的有关规定。

■ 一、主要适用的案由及其相关度

案由编号	主要适用的案由	相关度
M4.10.87	供用热力合同纠纷	★★★★★
M4.10.85	供用水合同纠纷	★★
M4.10	合同纠纷	★

■ 二、同时适用的法条及其相关度

	同时适用的法条	相关度	
合同法	第182条【用电人交付电费的义务和逾期交付电费的违约责任】	★★★★★	0209
	第176条【供用电合同的概念】	★★★	
	第60条【合同履行的原则】	★★	
	第107条【合同约束力:违约责任】	★★	
	第8条【依法成立的合同的法律约束力】	★	
	第109条【违约责任的承担:付款义务的继续履行】	★	

第十一章 赠与合同

第185条【赠与合同的概念】 ★★

赠与合同是赠与人将自己的财产无偿给予受赠人,受赠人表示接受赠与的合同。

一、主要适用的案由及其相关度

案由编号	主要适用的案由	相关度
M4.10.88	赠与合同纠纷	★★★★★
M3.5.32.1	所有权确认纠纷	★
M2.3	继承纠纷	★
M4.10	合同纠纷	★
M4.10.82.3	商品房销售合同纠纷	★
M2.3.25	法定继承纠纷	★
M2.2.11	离婚纠纷	★

二、同时适用的法条及其相关度

	同时适用的法条	相关度
合同法	第186条【赠与的任意撤销及限制】	★★★★★
	第187条【赠与的财产应依法办理登记等手续】	★★★★
	第8条【依法成立的合同的法律约束力】	★★★
	第60条【合同履行的原则】	★★★
	第192条【赠与人的法定撤销情形及撤销权行使期间】	★★★
	第44条【合同的生效】	★★
	第190条【附义务赠与】	★★
	第6条【诚实信用原则】	★
	第14条【要约的定义及其构成要件】	★
	第19条【不得撤销要约的情形】	★
	第52条【合同无效的法定情形】	★
	第107条【合同约束力:违约责任】	★
	第188条【受赠人的交付请求权】	★
	第194条【撤销赠与的效力】	★

	同时适用的法条	相关度	
继承法	第10条【继承人范围及继承顺序】	★★★★	0973
	第3条【遗产范围】	★★★	
	第5条【继承方式】	★★★	
	第13条【遗产分配】	★★★	
	第26条【遗产的认定】	★★★	
	第2条【继承开始】	★★	
	第16条【遗嘱与遗赠的一般规定】	★★	
	第17条【遗嘱的形式】	★★	
	第25条【继承和遗赠的接受与放弃】	★	
	第29条【遗产分割的规则和方法】	★	
	第33条【继承遗产与清偿债务】	★	
物权法	第9条【不动产物权的登记生效原则;国家自然资源所有权登记的特殊规定】	★★★	0927
	第15条【设立、变更、转让、消灭不动产物权的合同的效力;合同成立时生效】	★★	
	第33条【利害关系人的物权确认请求权】	★★	
	第39条【所有权的内容】	★★	
婚姻法	第17条【夫妻共同财产的范围】	★★★	0953
	第18条【夫妻个人财产的范围】	★★	
	第32条【诉讼外调解诉讼离婚】	★★	
	第39条【离婚时夫妻共同财产的处理】	★★	
民法通则	第71条【财产所有权的定义】	★★	0916
	第72条【财产所有权的取得应符合法律规定、动产所有权自财产交付时转移】	★★	
	第5条【合法的民事权益受法律保护】	★	
	第55条【民事法律行为的有效条件】	★	
	第84条【债的定义】	★	

	同时适用的法条	相关度
1022 婚姻法司法解释二	第8条【离婚财产分割协议的效力】	★★
	第10条【允许返还彩礼的情形】	★★
0916 民法通则	第1条【公民的民事权利能力自出生时开始；户籍证明，医院出具的出生证明，其他证明】	★★
1069 婚姻法司法解释一	第17条【夫妻对共有财产有平等处理权的理解】	★
1073 适用简易程序民事案件规定	第30条【拒不到庭或中途退庭的处理：原告撤诉、被告缺席判决；文书送达】	★

第186条【赠与的任意撤销及限制】 ★★

赠与人在赠与财产的权利转移之前可以撤销赠与。

具有救灾、扶贫等社会公益、道德义务性质的赠与合同或者经过公证的赠与合同，不适用前款规定。

一、主要适用的案由及其相关度

案由编号	主要适用的案由	相关度
M4.10.88	赠与合同纠纷	★★★★★
M2.2.11	离婚纠纷	★
M3.5.32.1	所有权确认纠纷	★
M2.2.12	离婚后财产纠纷	★
M4.10	合同纠纷	★
M2.3	继承纠纷	★

二、同时适用的法条及其相关度

	同时适用的法条	相关度
0209 合同法	第185条【赠与合同的概念】	★★★★★
	第187条【赠与的财产应依法办理登记等手续】	★★★

	同时适用的法条	相关度	
合同法	第8条【依法成立的合同的法律约束力】	★★	0209
	第192条【赠与人的法定撤销情形及撤销权行使期间】	★★	
	第6条【诚实信用原则】	★	
	第14条【要约的定义及其构成要件】	★	
	第19条【不得撤销要约的情形】	★	
	第44条【合同的生效】	★	
	第60条【合同履行的原则】	★	
	第188条【受赠人的交付请求权】	★	
	第190条【附义务赠与】	★	
物权法	第9条【不动产物权的登记生效原则;国家自然资源所有权登记的特殊规定】	★★	0927
婚姻法	第17条【夫妻共同财产的范围】	★	0953
	第32条【诉讼外调解诉讼离婚】	★	
	第39条【离婚时夫妻共同财产的处理】	★	
继承法	第10条【继承人范围及继承顺序】	★	0973
婚姻法司法解释二	第8条【离婚财产分割协议的效力】	★	1022
婚姻法司法解释三	第6条【撤销婚前或婚姻关系存续期间夫妻之间房产赠与的处理】	★	1072

第187条【赠与的财产应依法办理登记等手续】 ★★

赠与的财产依法需要办理登记等手续的,应当办理有关手续。

■ 一、主要适用的案由及其相关度

案由编号	主要适用的案由	相关度
M4.10.88	赠与合同纠纷	★★★★★

案由编号	主要适用的案由	相关度
M3.5.32.1	所有权确认纠纷	★★
M2.2.12	离婚后财产纠纷	★
M2.3	继承纠纷	★
M4.10.67.1	确认合同有效纠纷	★

二、同时适用的法条及其相关度

		同时适用的法条	相关度
0209	合同法	第185条【赠与合同的概念】	★★★★★
		第186条【赠与的任意撤销及限制】	★★★★
		第60条【合同履行的原则】	★★
		第8条【依法成立的合同的法律约束力】	★
		第44条【合同的生效】	★
		第107条【合同约束力:违约责任】	★
		第188条【受赠人的交付请求权】	★
		第192条【赠与人的法定撤销情形及撤销权行使期间】	★
0927	物权法	第9条【不动产物权的登记生效原则;国家自然资源所有权登记的特殊规定】	★★
1022	婚姻法司法解释二	第8条【离婚财产分割协议的效力】	★

第188条【受赠人的交付请求权】 ★

具有救灾、扶贫等社会公益、道德义务性质的赠与合同或者经过公证的赠与合同,赠与人不交付赠与的财产的,受赠人可以要求交付。

一、主要适用的案由及其相关度

案由编号	主要适用的案由	相关度
M4.10.88	赠与合同纠纷	★★★★★

案由编号	主要适用的案由	相关度
M4.10	合同纠纷	★★
M2.2.12	离婚后财产纠纷	★
M3.5.32.1	所有权确认纠纷	★
M2.3	继承纠纷	★

二、同时适用的法条及其相关度

	同时适用的法条	相关度	
合同法	第185条【赠与合同的概念】	★★★★★	0209
	第186条【赠与的任意撤销及限制】	★★★★★	
	第60条【合同履行的原则】	★★★	
	第187条【赠与的财产应依法办理登记等手续】	★★★	
	第8条【依法成立的合同的法律约束力】	★	
	第44条【合同的生效】	★	
	第107条【合同约束力:违约责任】	★	
	第190条【附义务赠与】	★	
	第192条【赠与人的法定撤销情形及撤销权行使期间】	★	
物权法	第39条【所有权的内容】	★	0927
继承法	第16条【遗嘱与遗赠的一般规定】	★	0973
	第17条【遗嘱的形式】	★	
婚姻法司法解释二	第8条【离婚财产分割协议的效力】	★	1022

第189条【赠与人故意或重大过失致使赠与财产损毁、灭失的赔偿责任】

★

因赠与人故意或者重大过失致使赠与的财产毁损、灭失的,赠与人应当承担损害赔偿责任。

一、主要适用的案由及其相关度

案由编号	主要适用的案由	相关度
M4.10.88	赠与合同纠纷	

二、同时适用的法条及其相关度

	同时适用的法条	相关度
合同法（0209）	第2条【合同法的调整对象；合同的定义】	
	第8条【依法成立的合同的法律约束力】	
	第44条【合同的生效】	
	第56条【合同无效或被撤销的溯及力；部分无效不影响其他独立部分的效力】	
	第107条【合同约束力：违约责任】	
	第170条【试用买卖的试用期间】	
	第185条【赠与合同的概念】	
	第188条【受赠人的交付请求权】	
	第190条【附义务赠与】	
	第196条【借款合同定义】	
	第199条【借款合同借款人的告知义务】	
	第205条【借款利息支付期限的确定】	
	第206条【借款期限的认定】	
	第207条【逾期还款的责任承担：支付利息】	
	第228条【出租人的权利瑕疵担保责任；承租人的及时通知义务】	
担保法（0909）	第31条【保证人的追偿权】	
	第33条【抵押、抵押权人、抵押人以及抵押物的概念】	

第190条【附义务赠与】 ★★

赠与可以附义务。

赠与附义务的,受赠人应当按照约定履行义务。

■ 一、主要适用的案由及其相关度

案由编号	主要适用的案由	相关度
M4.10.88	赠与合同纠纷	★★★★★
M4.10.88.2	附义务赠与合同纠纷	★★★
M4.10	合同纠纷	★
M2.2.10	婚约财产纠纷	★
M4.10.74	买卖合同纠纷	★
M2.3	继承纠纷	★
M4.10.89	借款合同纠纷	★
M4.10.89.1	金融借款合同纠纷	★
M4.10.89.4	民间借贷纠纷	★★★★

■ 二、同时适用的法条及其相关度

	同时适用的法条	相关度
合同法	第192条【赠与人的法定撤销情形及撤销权行使期间】	★★★★★
	第185条【赠与合同的概念】	★★★★
	第60条【合同履行的原则】	★★★
	第206条【借款期限的认定】	★★★
	第8条【依法成立的合同的法律约束力】	★★
	第186条【赠与的任意撤销及限制】	★★
	第194条【撤销赠与的效力】	★★
	第207条【逾期还款的责任承担:支付利息】	★★
	第6条【诚实信用原则】	★

0209

	同时适用的法条	相关度
合同法	第 44 条【合同的生效】	★
	第 107 条【合同约束力;违约责任】	★
	第 187 条【赠与的财产应依法办理登记等手续】	★
	第 205 条【借款利息支付期限的确定】	★
	第 210 条【自然人之间借款合同的生效:提供借款时】	★
	第 211 条【自然人之间借款合同利息的规制】	★

0209

第 191 条【赠与财产存在瑕疵的责任】 ★

赠与的财产有瑕疵的,赠与人不承担责任。附义务的赠与,赠与的财产有瑕疵的,赠与人在附义务的限度内承担与出卖人相同的责任。

赠与人故意不告知瑕疵或者保证无瑕疵,造成受赠人损失的,应当承担损害赔偿责任。

一、主要适用的案由及其相关度

案由编号	主要适用的案由	相关度
M4.10.89.4	民间借贷纠纷	
M4.10.88	赠与合同纠纷	

二、同时适用的法条及其相关度

	同时适用的法条	相关度
合同法	第 6 条【诚实信用原则】	
	第 8 条【依法成立的合同的法律约束力】	
	第 49 条【表见代理的构成及其效力】	
	第 52 条【合同无效的法定情形】	
	第 60 条【合同履行的原则】	
	第 84 条【合同义务的转移】	
	第 107 条【合同约束力;违约责任】	

0209

	同时适用的法条	相关度
合同法	第109条【违约责任的承担：付款义务的继续履行】	0209
	第110条【非金钱债务的继续履行及其例外；债权人不得要求对方继续履行的情形】	
	第114条【违约金的约定及其调整】	
	第125条【合同的解释；合同条款理解不一致的解释规则】	
	第130条【买卖合同的定义】	
	第159条【买受人应支付价款的数额认定】	
	第161条【买受人支付价款的时间】	
	第188条【受赠人的交付请求权】	
	第190条【附义务赠与】	
	第192条【赠与人的法定撤销情形及撤销权行使期间】	
	第193条【赠与人的继承人或法定代理人的撤销权及行使期间】	
	第194条【撤销赠与的效力】	
	第196条【借款合同定义】	
	第198条【借款合同中的担保及法律适用】	
	第205条【借款利息支付期限的确定】	
	第206条【借款期限的认定】	
	第207条【逾期还款的责任承担：支付利息】	
	第210条【自然人之间借款合同的生效；提供借款时】	
	第211条【自然人之间借款合同利息的规制】	
	第221条【租赁物的维修和维修费负担】	

		同时适用的法条	相关度
0916	民法通则	第 3 条【民事主体的地位平等】	
		第 84 条【债的定义】	
		第 90 条【借贷关系】	
		第 108 条【债务清偿：分期偿还、强制偿还】	
0909	担保法	第 18 条【连带责任保证的定义；连带责任的承担】	
		第 21 条【保证担保的范围；没有约定、约定不明时的担保范围】	
		第 30 条【保证人不承担民事责任的法定情形】	
		第 31 条【保证人的追偿权】	
0927	物权法	第 15 条【设立、变更、转让、消灭不动产物权的合同的效力；合同成立时生效】	
		第 73 条【建筑区划内的道路、绿地及其他公共场所和设施等属于业主共有财产】	
1042	商品房买卖合同纠纷司法解释	第 16 条【商品房买卖合同违约金的调整】	
1047	民通意见	第 121 条【公民间借款的返还：约定期限返还、随时返还、分期返还】	
		第 123 条【公民之间的无息借款逾期未偿还或经催告不偿的准许出借人要求借款人偿还逾期利息】	

第 192 条【赠与人的法定撤销情形及撤销权行使期间】 ★★

受赠人有下列情形之一的，赠与人可以撤销赠与：

（一）严重侵害赠与人或者赠与人的近亲属；

（二）对赠与人有扶养义务而不履行；

（三）不履行赠与合同约定的义务。

赠与人的撤销权，自知道或者应当知道撤销原因之日起一年内行使。

一、主要适用的案由及其相关度

案由编号	主要适用的案由	相关度
M4.10.88	赠与合同纠纷	★★★★★
M4.10.88.2	附义务赠与合同纠纷	★

二、同时适用的法条及其相关度

	同时适用的法条	相关度	
合同法	第185条【赠与合同的概念】	★★★★★	0209
	第190条【附义务赠与】	★★★★★	
	第186条【赠与的任意撤销及限制】	★★★★	
	第194条【撤销赠与的效力】	★★★	
	第8条【依法成立的合同的法律约束力】	★★	
	第60条【合同履行的原则】	★★	
	第6条【诚实信用原则】	★	
	第44条【合同的生效】	★	
	第107条【合同约束力:违约责任】		
	第187条【赠与的财产应依法办理登记等手续】		
	第193条【赠与人的继承人或法定代理人的撤销权及行使期间】	★	
婚姻法司法解释二	第10条【允许返还彩礼的情形】	★	1022

第193条【赠与人的继承人或法定代理人的撤销权及行使期间】 ★

因受赠人的违法行为致使赠与人死亡或者丧失民事行为能力的,赠与人的继承人或者法定代理人可以撤销赠与。

赠与人的继承人或者法定代理人的撤销权,自知道或者应当知道撤销原因之日起六个月内行使。

一、主要适用的案由及其相关度

案由编号	主要适用的案由	相关度
M4.10.88	赠与合同纠纷	

二、同时适用的法条及其相关度

	同时适用的法条	相关度
合同法	第185条【赠与合同的概念】	★★★★★
	第192条【赠与人的法定撤销情形及撤销权行使期间】	★★★★★
	第206条【借款期限的认定】	★★★★
	第207条【逾期还款的责任承担：支付利息】	★★★★
	第186条【赠与的任意撤销及限制】	★★★
	第196条【借款合同定义】	★★★
	第205条【借款利息支付期限的确定】	★★★
	第198条【借款合同中的担保及法律适用】	★★
	第8条【依法成立的合同的法律约束力】	★
	第44条【合同的生效】	★
	第45条【附条件的合同】	★
	第52条【合同无效的法定情形】	★
	第60条【合同履行的原则】	★
	第90条【当事人合并或分立后合同权利义务的承担】	★
	第93条【合同的约定解除：协商一致；约定条件成就】	★
	第107条【合同约束力：违约责任】	★
	第159条【买受人应支付价款的数额认定】	★
	第161条【买受人支付价款的时间】	★

	同时适用的法条	相关度	
合同法	第187条【赠与的财产应依法办理登记等手续】	★	0209
	第188条【受赠人的交付请求权】	★	
	第190条【附义务赠与】	★	
	第201条【借贷款双方未按约定提供或收取借款的违约责任】	★	
担保法	第18条【连带责任保证的定义;连带责任的承担】	★★★★	0909
	第21条【保证担保的范围;没有约定、约定不明时的担保范围】	★★	
	第33条【抵押、抵押权人、抵押人以及抵押物的概念】	★	
继承法	第5条【继承方式】	★	0973
	第16条【遗嘱与遗赠的一般规定】	★	

第194条【撤销赠与的效力】 ★

撤销权人撤销赠与的,可以向受赠人要求返还赠与的财产。

一、主要适用的案由及其相关度

案由编号	主要适用的案由	相关度
M4.10.88	赠与合同纠纷	★★★★★
M4.10.88.2	附义务赠与合同纠纷	★★
M4.10.82.2	商品房预售合同纠纷	★★
M2.2.10	婚约财产纠纷	★
M2.2.11	离婚纠纷	★
M4.10.74	买卖合同纠纷	★
M4.10.89.4	民间借贷纠纷	★
M4.10	合同纠纷	★

0592　合同、无因管理、不当得利纠纷

■ 二、同时适用的法条及其相关度

		同时适用的法条	相关度
0209	合同法	第192条【赠与人的法定撤销情形及撤销权行使期间】	★★★★★
		第185条【赠与合同的概念】	★★★
		第190条【附义务赠与】	★★★
		第60条【合同履行的原则】	★★
		第5条【公平原则;合同权利义务确定的原则】	★
		第6条【诚实信用原则】	★
		第8条【依法成立的合同的法律约束力】	★
		第44条【合同的生效】	★
		第107条【合同约束力;违约责任】	★
		第114条【违约金的约定及其调整】	★
		第186条【赠与的任意撤销及限制】	★
		第206条【借款期限的认定】	★
1035	合同法司法解释二	第29条【违约金的数额及其调整:适当减少】	★
1022	婚姻法司法解释二	第10条【允许返还彩礼的情形】	★

第195条【赠与义务的免除】 ★

赠与人的经济状况显著恶化,严重影响其生产经营或者家庭生活的,可以不再履行赠与义务。

■ 一、主要适用的案由及其相关度

案由编号	主要适用的案由	相关度
M4.10.74	买卖合同纠纷	★★★★★
M4.10.88	赠与合同纠纷	★★★★

案由编号	主要适用的案由	相关度
M4.10	合同纠纷	★
M4.10.89	借款合同纠纷	★
M4.10.89.4	民间借贷纠纷	★★★

■ 二、同时适用的法条及其相关度

	同时适用的法条	相关度
合同法	第107条【合同约束力;违约责任】	★★★★★
	第205条【借款利息支付期限的确定】	★★★★
	第206条【借款期限的认定】	★★★★★
	第185条【赠与合同的概念】	★★★★
	第207条【逾期还款的责任承担:支付利息】	★★★★
	第60条【合同履行的原则】	★★★
	第130条【买卖合同的定义】	★★★
	第161条【买受人支付价款的时间】	★★★
	第186条【赠与的任意撤销及限制】	★★★
	第187条【赠与的财产应依法办理登记等手续】	★★★
	第192条【赠与人的法定撤销情形及撤销权行使期间】	★★★
	第198条【借款合同中的担保及法律适用】	★★★
	第109条【违约责任的承担:付款义务的继续履行】	★★
	第179条【供电人的安全供电义务及违约责任】	★★
	第211条【自然人之间借款合同利息的规制】	★★
	第6条【诚实信用原则】	★
	第8条【依法成立的合同的法律约束力】	★
	第44条【合同的生效】	★
	第62条【合同内容约定不明确的履行规则:合同漏洞的填补】	★

		同时适用的法条	相关度
0209	合同法	第114条【违约金的约定及其调整】	★
		第170条【试用买卖的试用期间】	★
		第180条【供电人中断供电时的通知义务和赔偿责任】	★
		第194条【撤销赠与的效力】	★
		第203条【借款人未按照约定的借款用途使用借款的后果】	★
0916	民法通则	第108条【债务清偿：分期偿还、强制偿还】	★★★
		第84条【债的定义】	★
0909	担保法	第18条【连带责任保证的定义；连带责任的承担】	★★★
		第31条【保证人的追偿权】	★★
		第21条【保证担保的范围；没有约定、约定不明时的担保范围】	★
		第26条【连带责任保证的保证期间】	★
0927	物权法	第144条【建设用地使用权流转的形式要件与期限限制】	★★
		第6条【物权公示原则：不动产登记、动产交付】	★
		第18条【权利人和利害关系人对不动产登记资料享有的查询、复制权利】	★
1023	审理民间借贷案件规定	第26条【民间借贷年利率的限定】	★

第十二章 借款合同

第196条【借款合同的定义】 ★★★★★

借款合同是借款人向贷款人借款,到期返还借款并支付利息的合同。

一、主要适用的案由及其相关度

案由编号	主要适用的案由	相关度
M4.10.89	借款合同纠纷	★★
M4.10.89.1	金融借款合同纠纷	★★★
M4.10.89.4	民间借贷纠纷	★★★★★

二、同时适用的法条及其相关度

	同时适用的法条	相关度	
合同法	第206条【借款期限的认定】	★★★★★	0209
	第207条【逾期还款的责任承担:支付利息】	★★★★★	
	第60条【合同履行的原则】	★★★	
	第107条【合同约束力:违约责任】	★★★	
	第205条【借款利息支付期限的确定】	★★★	
	第211条【自然人之间借款合同利息的规制】	★★★	
	第8条【依法成立的合同的法律约束力】	★★	
	第44条【合同的生效】	★★	
	第198条【借款合同中的担保及法律适用】	★★	
	第210条【自然人之间借款合同的生效:提供借款时】	★★	
担保法	第18条【连带责任保证的定义;连带责任的承担】	★★★★★	0909
	第21条【保证担保的范围;没有约定、约定不明时的担保范围】	★★★★★	
	第6条【保证的定义】	★★★	
	第31条【保证人的追偿权】	★★★	
	第12条【多人保证责任的承担】	★★	
	第19条【保证方式不明时的连带责任担保】	★★	
	第26条【连带责任保证的保证期间】	★★	

		同时适用的法条	相关度
0909	担保法	第33条【抵押、抵押权人、抵押人以及抵押物的概念】	★★
		第14条【保证合同的分别订立与合并订立】	★
		第46条【抵押担保的范围】	★
		第53条【抵押权实现的方式和程序】	★
0916	民法通则	第84条【债的定义】	★★
		第90条【借贷关系】	★★
		第108条【债务清偿:分期偿还、强制偿还】	★★
0927	物权法	第179条【抵押权的界定】	★★
		第176条【混合担保规则】	★
		第195条【抵押权实现的条件、方式和程序】	★
1022	婚姻法司法解释二	第24条【离婚时夫妻一方所欠债务的处理】	★★★
1023	审理民间借贷案件规定	第26条【民间借贷年利率的限定】	★★
		第29条【逾期利率的处理规则】	★
1024	担保法司法解释	第42条【保证人追偿权的行使与诉讼时效】	★

第197条【借款合同的形式和内容】 ★★★★

借款合同采用书面形式,但自然人之间借款另有约定的除外。

借款合同的内容包括借款种类、币种、用途、数额、利率、期限和还款方式等条款。

■ 一、主要适用的案由及其相关度

案由编号	主要适用的案由	相关度
M4.10.89	借款合同纠纷	★★★
M4.10.89.1	金融借款合同纠纷	★★★★

案由编号	主要适用的案由	相关度
M4.10.89.4	民间借贷纠纷	★★★★★

■ 二、同时适用的法条及其相关度

	同时适用的法条	相关度	
合同法	第196条【借款合同定义】	★★★★★	0209
	第206条【借款期限的认定】	★★★★★	
	第207条【逾期还款的责任承担:支付利息】	★★★★	
	第60条【合同履行的原则】	★★★	
	第198条【借款合同中的担保及法律适用】	★★★	
	第205条【借款利息支付期限的确定】	★★★	
	第211条【自然人之间借款合同利息的规制】	★★★	
	第8条【依法成立的合同的法律约束力】	★★	
	第44条【合同的生效】	★★	
	第107条【合同约束力:违约责任】	★★	
	第210条【自然人之间借款合同的生效:提供借款时】	★★	
担保法	第18条【连带责任保证的定义;连带责任的承担】	★★★	0909
	第21条【保证担保的范围;没有约定、约定不明时的担保范围】	★★★	
	第31条【保证人的追偿权】	★★	
	第6条【保证的定义】	★	
民法通则	第90条【借贷关系】	★	0916
	第108条【债务清偿:分期偿还、强制偿还】	★	
婚姻法司法解释二	第24条【离婚时夫妻一方所欠债务的处理】	★	1022

第198条【借款合同中的担保及法律适用】 ★★★★★

订立借款合同,贷款人可以要求借款人提供担保。担保依照《中华人民共和国担保法》的规定。

一、主要适用的案由及其相关度

案由编号	主要适用的案由	相关度
M4.10.89	借款合同纠纷	★★★
M4.10.89.1	金融借款合同纠纷	★★★★★
M4.10.89.4	民间借贷纠纷	★★★
M4.10.90	保证合同纠纷	★

二、同时适用的法条及其相关度

	同时适用的法条	相关度
合同法	第196条【借款合同定义】	★★★★★
	第206条【借款期限的认定】	★★★★★
	第207条【逾期还款的责任承担:支付利息】	★★★★★
	第205条【借款利息支付期限的确定】	★★★★
	第60条【合同履行的原则】	★★★
	第107条【合同约束力:违约责任】	★★★
	第8条【依法成立的合同的法律约束力】	★★
	第44条【合同的生效】	★★
	第197条【借款合同的形式和内容】	★★
	第211条【自然人之间借款合同利息的规制】	★★
	第93条【合同的约定解除:协商一致;约定条件成就】	★
	第96条【合同解除权的行使规则】	★
	第97条【合同解除的法律后果】	★
	第204条【金融机构贷款业务的利率确定】	★
	第210条【自然人之间借款合同的生效:提供借款时】	★

	同时适用的法条	相关度	
担保法	第18条【连带责任保证的定义;连带责任的承担】	★★★★★	0909
	第21条【保证担保的范围;没有约定、约定不明时的担保范围】	★★★★★	
	第6条【保证的定义】	★★★	
	第31条【保证人的追偿权】	★★★	
	第12条【多人保证责任的承担】	★★	
	第14条【保证合同的分别订立与合并订立】	★★	
	第19条【保证方式不明时的连带责任担保】	★★	
	第26条【连带责任保证的保证期间】	★★	
	第33条【抵押、抵押权人、抵押人以及抵押物的概念】	★★	
	第46条【抵押担保的范围】	★★	
	第16条【保证的方式】	★	
	第41条【抵押物登记及其合同的生效】	★	
	第53条【抵押权实现的方式和程序】	★	
物权法	第176条【混合担保规则】	★★	0927
	第179条【抵押权的界定】	★★	
	第180条【可抵押财产的范围】	★	
	第195条【抵押权实现的条件、方式和程序】	★	
民法通则	第90条【借贷关系】	★	0916
	第108条【债务清偿:分期偿还、强制偿还】	★	
婚姻法司法解释二	第24条【离婚时夫妻一方所欠债务的处理】	★★	1022
担保法司法解释	第20条【连带共同保证的责任承担】	★	1024
	第42条【保证人追偿权的行使与诉讼时效】	★	

第199条【借款合同借款人的告知义务】 ★★

订立借款合同,借款人应当按照贷款人的要求提供与借款有关的业务活动和财务状况的真实情况。

一、主要适用的案由及其相关度

案由编号	主要适用的案由	相关度
M4.10.89	借款合同纠纷	★★★
M4.10.89.1	金融借款合同纠纷	★★★★★
M4.10.89.4	民间借贷纠纷	★★
M4.10.74	买卖合同纠纷	★★
M4.10.126	追偿权纠纷	★
M4.10.104	委托合同纠纷	★
M4.10.90	保证合同纠纷	★

二、同时适用的法条及其相关度

	同时适用的法条	相关度
合同法	第196条【借款合同定义】	★★★★★
	第205条【借款利息支付期限的确定】	★★★★★
	第206条【借款期限的认定】	★★★★★
	第207条【逾期还款的责任承担:支付利息】	★★★★★
	第60条【合同履行的原则】	★★★★
	第107条【合同约束力:违约责任】	★★★
	第197条【借款合同的形式和内容】	★★★
	第198条【借款合同中的担保及法律适用】	★★★
	第8条【依法成立的合同的法律约束力】	★★
	第6条【诚实信用原则】	★
	第44条【合同的生效】	★
	第77条【变更合同的条件与要求】	★

	同时适用的法条	相关度	
合同法	第114条【违约金的约定及其调整】	★	0209
	第161条【买受人支付价款的时间】	★	
	第201条【借贷款双方未按约定提供或收取借款的违约责任】	★	
	第203条【借款人未按照约定的借款用途使用借款的后果】	★	
	第204条【金融机构贷款业务的利率确定】	★	
	第209条【贷款展期】	★	
担保法	第18条【连带责任保证的定义;连带责任的承担】	★★★★★	0909
	第21条【保证担保的范围;没有约定、约定不明时的担保范围】	★★★	
	第53条【抵押权实现的方式和程序】	★★	
	第6条【保证的定义】	★	
	第13条【保证合同的订立形式:书面形式】	★	
	第31条【保证人的追偿权】	★	
	第33条【抵押、抵押权人、抵押人以及抵押物的概念】	★	
	第38条【抵押合同的形式】	★	
	第46条【抵押担保的范围】	★	
	第59条【最高额抵押的定义】	★	
物权法	第180条【可抵押财产的范围】	★	0927
	第187条【不动产抵押权登记时设立】	★	
	第195条【抵押权实现的条件、方式和程序】	★	
民法通则	第106条【民事责任归责原则;违约责任;过错侵权责任;无过错侵权责任】	★	0916

第200条【借款利息不得预先扣除;预先扣除后按实际数额计算借款额度】 ★★★★

借款的利息不得预先在本金中扣除。利息预先在本金中扣除的,应当按照实际借款数额返还借款并计算利息。

一、主要适用的案由及其相关度

案由编号	主要适用的案由	相关度
M4.10.89	借款合同纠纷	★
M4.10.89.4	民间借贷纠纷	★★★★★

二、同时适用的法条及其相关度

	同时适用的法条	相关度
合同法	第206条【借款期限的认定】	★★★★★
	第207条【逾期还款的责任承担:支付利息】	★★★★
	第107条【合同约束力:违约责任】	★★★
	第196条【借款合同定义】	★★★
	第205条【借款利息支付期限的确定】	★★★
	第210条【自然人之间借款合同的生效:提供借款时】	★★★
	第211条【自然人之间借款合同利息的规制】	★★★
	第60条【合同履行的原则】	★★
	第8条【依法成立的合同的法律约束力】	★
	第114条【违约金的约定及其调整】	★
担保法	第18条【连带责任保证的定义;连带责任的承担】	★★★★★
	第21条【保证担保的范围;没有约定、约定不明时的担保范围】	★★★★★
	第19条【保证方式不明时的连带责任担保】	★★★★
	第31条【保证人的追偿权】	★★★★

	同时适用的法条	相关度	
担保法	第26条【连带责任保证的保证期间】	★★★	0909
	第6条【保证的定义】	★★	
	第12条【多人保证责任的承担】	★	
民法通则	第90条【借贷关系】	★★★★	0916
	第108条【债务清偿:分期偿还、强制偿还】	★★★★	
	第84条【债的定义】	★★★	
婚姻法司法解释二	第24条【离婚时夫妻一方所欠债务的处理】	★★★	1022
审理民间借贷案件规定	第26条【民间借贷年利率的限定】	★★★	1023
	第29条【逾期利率的处理规则】	★★	
	第27条【民间借贷案件审理中本金的认定】	★	
合同法司法解释二	第21条【债务人的给付不足以清偿全部债务时的抵充顺序】	★★	1035
担保法司法解释	第32条【保证合同约定的保证期间有瑕疵时保证期间的确定规则】	★	1024
	第42条【保证人追偿权的行使与诉讼时效】	★	

第201条【借贷款双方未按约定提供或收取借款的违约责任】 ★★★★

贷款人未按照约定的日期、数额提供借款，造成借款人损失的，应当赔偿损失。

借款人未按照约定的日期、数额收取借款的，应当按照约定的日期、数额支付利息。

■ 一、主要适用的案由及其相关度

案由编号	主要适用的案由	相关度
M4.10.89	借款合同纠纷	★★★
M4.10.89.1	金融借款合同纠纷	★★★★★

案由编号	主要适用的案由	相关度
M4.10.89.4	民间借贷纠纷	★★★

二、同时适用的法条及其相关度

		同时适用的法条	相关度
0209	合同法	第206条【借款期限的认定】	★★★★★
		第207条【逾期还款的责任承担:支付利息】	★★★★★
		第196条【借款合同定义】	★★★★
		第60条【合同履行的原则】	★★★
		第107条【合同约束力:违约责任】	★★★
		第205条【借款利息支付期限的确定】	★★★
		第8条【依法成立的合同的法律约束力】	★★
		第44条【合同的生效】	★★
		第198条【借款合同中的担保及法律适用】	★★
		第204条【金融机构贷款业务的利率确定】	★
		第211条【自然人之间借款合同利息的规制】	★
0909	担保法	第18条【连带责任保证的定义;连带责任的承担】	★★★★★
		第21条【保证担保的范围;没有约定、约定不明时的担保范围】	★★★★
		第31条【保证人的追偿权】	★★★★
		第6条【保证的定义】	★★
		第12条【多人保证责任的承担】	★★
		第33条【抵押、抵押权人、抵押人以及抵押物的概念】	★★
		第14条【保证合同的分别订立与合并订立】	★
		第26条【连带责任保证的保证期间】	★

	同时适用的法条	相关度	
民法通则	第108条【债务清偿:分期偿还、强制偿还】	★★★	0916
	第84条【债的定义】	★★	
	第90条【借贷关系】	★	
婚姻法司法解释二	第24条【离婚时夫妻一方所欠债务的处理】	★★	1022

第202条【贷款人的检查监督权利、借款人的提供财务报表等义务】 ★★

贷款人按照约定可以检查、监督借款的使用情况。借款人应当按照约定向贷款人定期提供有关财务会计报表等资料。

一、主要适用的案由及其相关度

案由编号	主要适用的案由	相关度
M4.10.89	借款合同纠纷	★★★★★
M4.10.89.1	金融借款合同纠纷	★★★★
M4.10.89.4	民间借贷纠纷	★★★
M4.10.97	租赁合同纠纷	★

二、同时适用的法条及其相关度

	同时适用的法条	相关度	
担保法	第18条【连带责任保证的定义;连带责任的承担】	★★★★★	0909
	第21条【保证担保的范围;没有约定、约定不明时的担保范围】	★★★★	
	第14条【保证合同的分别订立与合并订立】	★	
	第24条【债权人与债务人协议变更主合同时保证的效力;取得保证人书面同意】	★	
	第31条【保证人的追偿权】	★	

	同时适用的法条	相关度
合同法	第 207 条【逾期还款的责任承担:支付利息】	★★★★★
	第 107 条【合同约束力:违约责任】	★★★★
	第 20 条【要约失效的情形】	★★★
	第 60 条【合同履行的原则】	★★★
	第 196 条【借款合同定义】	★★★
	第 206 条【借款期限的认定】	★★★
	第 205 条【借款利息支付期限的确定】	★★
	第 8 条【依法成立的合同的法律约束力】	★
	第 44 条【合同的生效】	★
	第 108 条【预期违约责任】	★
	第 114 条【违约金的约定及其调整】	★
	第 198 条【借款合同中的担保及法律适用】	★
	第 203 条【借款人未按照约定的借款用途使用借款的后果】	★
	第 204 条【金融机构贷款业务的利率确定】	★
	第 210 条【自然人之间借款合同的生效:提供借款时】	★
	第 211 条【自然人之间借款合同利息的规制】	★

0209

第 203 条【借款人未按照约定的借款用途使用借款的后果】 ★★★

借款人未按照约定的借款用途使用借款的,贷款人可以停止发放借款、提前收回借款或者解除合同。

■ 一、主要适用的案由及其相关度

案由编号	主要适用的案由	相关度
M4.10.89	借款合同纠纷	★★★
M4.10.89.1	金融借款合同纠纷	★★★★★
M4.10.89.4	民间借贷纠纷	★★

第二编 核心法律条文主要适用案由及关联法条索引

案由编号	主要适用的案由	相关度
M4.10.89.5	小额借款合同纠纷	★
M4.10.126	追偿权纠纷	★

■ 二、同时适用的法条及其相关度

	同时适用的法条	相关度
合同法	第205条【借款利息支付期限的确定】	★★★★★
	第206条【借款期限的认定】	★★★★★
	第207条【逾期还款的责任承担:支付利息】	★★★★★
	第60条【合同履行的原则】	★★★
	第196条【借款合同定义】	★★★
	第94条【合同的法定解除;法定解除权】	★★
	第107条【合同约束力;违约责任】	★★
	第198条【借款合同中的担保及法律适用】	★★
	第8条【依法成立的合同的法律约束力】	★
	第44条【合同的生效】	★
	第93条【合同的约定解除:协商一致;约定条件成就】	★
	第108条【预期违约责任】	★
	第201条【借贷款双方未按约定提供或收取借款的违约责任】	★
担保法	第18条【连带责任保证的定义;连带责任的承担】	★★★★★
	第21条【保证担保的范围;没有约定、约定不明时的担保范围】	★★★★★
	第31条【保证人的追偿权】	★★★
	第26条【连带责任保证的保证期间】	★★
	第33条【抵押、抵押权人、抵押人以及抵押物的概念】	★★

	同时适用的法条	相关度
0909 担保法	第6条【保证的定义】	★
	第12条【多人保证责任的承担】	★
	第46条【抵押担保的范围】	★
	第53条【抵押权实现的方式和程序】	★
0916 民法通则	第106条【民事责任归责原则;违约责任;过错侵权责任;无过错侵权责任】	★★
	第108条【债务清偿;分期偿还、强制偿还】	★★
	第84条【债的定义】	★
	第90条【借贷关系】	★
0927 物权法	第176条【混合担保规则】	★
1022 婚姻法司法解释二	第24条【离婚时夫妻一方所欠债务的处理】	★

第204条【金融机构贷款业务的利率确定】 ★★★★

办理贷款业务的金融机构贷款的利率,应当按照中国人民银行规定的贷款利率的上下限确定。

一、主要适用的案由及其相关度

案由编号	主要适用的案由	相关度
M4.10.89	借款合同纠纷	★★★
M4.10.89.1	金融借款合同纠纷	★★★★★
M4.10.89.4	民间借贷纠纷	★
M4.10.96.2	信用卡纠纷	★

二、同时适用的法条及其相关度

	同时适用的法条	相关度	
合同法	第205条【借款利息支付期限的确定】	★★★★★	0209
	第206条【借款期限的认定】	★★★★★	
	第207条【逾期还款的责任承担:支付利息】	★★★★★	
	第196条【借款合同定义】	★★★★	
	第8条【依法成立的合同的法律约束力】	★★★	
	第60条【合同履行的原则】	★★★	
	第107条【合同约束力;违约责任】	★★★	
	第198条【借款合同中的担保及法律适用】	★★	
	第44条【合同的生效】	★	
担保法	第18条【连带责任保证的定义;连带责任的承担】	★★★★★	0909
	第21条【保证担保的范围;没有约定、约定不明时的担保范围】	★★★★★	
	第31条【保证人的追偿权】	★★★	
	第6条【保证的定义】	★★	
	第12条【多人保证责任的承担】	★★	
	第14条【保证合同的分别订立与合并订立】	★★	
	第33条【抵押、抵押权人、抵押人以及抵押物的概念】	★★	
	第26条【连带责任保证的保证期间】	★	
	第46条【抵押担保的范围】	★	
	第53条【抵押权实现的方式和程序】	★	
物权法	第179条【抵押权的界定】	★★	0927
	第176条【混合担保规则】	★	
婚姻法司法解释二	第24条【离婚时夫妻一方所欠债务的处理】	★★	1022

		同时适用的法条	相关度
1024	担保法司法解释	第42条【保证人追偿权的行使与诉讼时效】	★

第205条【借款利息支付期限的确定】 ★★★★★

借款人应当按照约定的期限支付利息。对支付利息的期限没有约定或者约定不明确，依照本法第六十一条的规定仍不能确定，借款期间不满一年的，应当在返还借款时一并支付；借款期间一年以上的，应当在每届满一年时支付，剩余期间不满一年的，应当在返还借款时一并支付。

一、主要适用的案由及其相关度

案由编号	主要适用的案由	相关度
M4.10.89	借款合同纠纷	★★
M4.10.89.1	金融借款合同纠纷	★★★★★
M4.10.89.4	民间借贷纠纷	★★★★
M4.10.96.2	信用卡纠纷	★★

二、同时适用的法条及其相关度

		同时适用的法条	相关度
0209	合同法	第206条【借款期限的认定】	★★★★★
		第207条【逾期还款的责任承担：支付利息】	★★★★★
		第60条【合同履行的原则】	★★★
		第107条【合同约束力；违约责任】	★★★
		第196条【借款合同定义】	★★
		第8条【依法成立的合同的法律约束力】	★
		第211条【自然人之间借款合同利息的规制】	★

	同时适用的法条	相关度	
担保法	第18条【连带责任保证的定义；连带责任的承担】	★★★★★	0909
	第21条【保证担保的范围；没有约定、约定不明时的担保范围】	★★★★★	
	第31条【保证人的追偿权】	★★★	
	第6条【保证的定义】	★★	
	第12条【多人保证责任的承担】	★★	
	第19条【保证方式不明时的连带责任担保】	★★	
	第33条【抵押、抵押权人、抵押人以及抵押物的概念】	★★	
	第53条【抵押权实现的方式和程序】	★★	
	第14条【保证合同的分别订立与合并订立】	★	
	第26条【连带责任保证的保证期间】	★	
	第46条【抵押担保的范围】	★	
物权法	第179条【抵押权的界定】	★★	0927
	第176条【混合担保规则】	★	
	第195条【抵押权实现的条件、方式和程序】	★	
	第203条【最高额抵押规则】	★	
民法通则	第108条【债务清偿：分期偿还、强制偿还】	★★	0916
	第90条【借贷关系】	★	
婚姻法司法解释二	第24条【离婚时夫妻一方所欠债务的处理】	★★★	1022
担保法司法解释	第42条【保证人追偿权的行使与诉讼时效】	★	1024

第206条【借款期限的认定】 ★★★★★

借款人应当按照约定的期限返还借款。对借款期限没有约定或者约定不明确，依照本法第六十一条的规定仍不能确定的，借款人可以随时返还;贷款人可以催告借款人在合理期限内返还。

一、主要适用的案由及其相关度

案由编号	主要适用的案由	相关度
M4.10.89	借款合同纠纷	★★
M4.10.89.1	金融借款合同纠纷	★★★
M4.10.89.4	民间借贷纠纷	★★★★★
M4.10.96.2	信用卡纠纷	★

二、同时适用的法条及其相关度

		同时适用的法条	相关度
0209	合同法	第205条【借款利息支付期限的确定】	★★★★★
		第207条【逾期还款的责任承担;支付利息】	★★★★★
		第60条【合同履行的原则】	★★★
		第107条【合同约束力;违约责任】	★★★
		第196条【借款合同定义】	★★★
		第211条【自然人之间借款合同利息的规制】	★★★
		第8条【依法成立的合同的法律约束力】	★★
		第210条【自然人之间借款合同的生效;提供借款时】	★★
		第44条【合同的生效】	★
0909	担保法	第18条【连带责任保证的定义;连带责任的承担】	★★★★
		第21条【保证担保的范围;没有约定、约定不明时的担保范围】	★★★
		第31条【保证人的追偿权】	★★★
		第19条【保证方式不明时的连带责任担保】	★★
		第6条【保证的定义】	★
		第12条【多人保证责任的承担】	★

	同时适用的法条	相关度	
担保法	第26条【连带责任保证的保证期间】	★	0909
	第33条【抵押、抵押权人、抵押人以及抵押物的概念】	★	
	第53条【抵押权实现的方式和程序】	★	
民法通则	第90条【借贷关系】	★★	0916
	第108条【债务清偿：分期偿还、强制偿还】	★★	
	第84条【债的定义】	★	
物权法	第179条【抵押权的界定】	★	0927
婚姻法司法解释二	第24条【离婚时夫妻一方所欠债务的处理】	★★★	1022
审理民间借贷案件规定	第29条【逾期利率的处理规则】	★	1023

第207条【逾期还款的责任承担：支付利息】 ★★★★★

借款人未按照约定的期限返还借款的，应当按照约定或者国家有关规定支付逾期利息。

一、主要适用的案由及其相关度

案由编号	主要适用的案由	相关度
M4.10.89	借款合同纠纷	★★★
M4.10.89.1	金融借款合同纠纷	★★★★★
M4.10.89.4	民间借贷纠纷	★★★★★
M4.10.96.2	信用卡纠纷	★★

二、同时适用的法条及其相关度

		同时适用的法条	相关度
0209	合同法	第206条【借款期限的认定】	★★★★★
		第205条【借款利息支付期限的确定】	★★★★
		第60条【合同履行的原则】	★★★
		第107条【合同约束力:违约责任】	★★★
		第8条【依法成立的合同的法律约束力】	★★
		第196条【借款合同定义】	★★
		第211条【自然人之间借款合同利息的规制】	★★
0909	担保法	第18条【连带责任保证的定义;连带责任的承担】	★★★
		第21条【保证担保的范围;没有约定、约定不明时的担保范围】	★★★
		第31条【保证人的追偿权】	★★★
		第12条【多人保证责任的承担】	★
		第19条【保证方式不明时的连带责任担保】	★
		第33条【抵押、抵押权人、抵押人以及抵押物的概念】	★
		第53条【抵押权实现的方式和程序】	★
0916	民法通则	第90条【借贷关系】	★
		第108条【债务清偿:分期偿还、强制偿还】	★
1022	婚姻法司法解释二	第24条【离婚时夫妻一方所欠债务的处理】	★★

第208条【提前偿还借款:实际借款期间计算利息】 ★★★

借款人提前偿还借款的,除当事人另有约定的以外,应当按照实际借款的期间计算利息。

一、主要适用的案由及其相关度

案由编号	主要适用的案由	相关度
M4.10.89	借款合同纠纷	★★
M4.10.89.1	金融借款合同纠纷	★★★★★
M4.10.89.4	民间借贷纠纷	★★★★★
M4.10.89.5	小额借款合同纠纷	★
M4.10.90	保证合同纠纷	★

二、同时适用的法条及其相关度

	同时适用的法条	相关度
合同法	第205条【借款利息支付期限的确定】	★★★★★
	第206条【借款期限的认定】	★★★★★
	第207条【逾期还款的责任承担:支付利息】	★★★★★
	第8条【依法成立的合同的法律约束力】	★★★
	第60条【合同履行的原则】	★★★
	第107条【合同约束力:违约责任】	★★★
	第196条【借款合同定义】	★★★
	第211条【自然人之间借款合同利息的规制】	★★★
	第210条【自然人之间借款合同的生效:提供借款时】	★★
	第93条【合同的约定解除:协商一致;约定条件成就】	★
	第108条【预期违约责任】	★
	第198条【借款合同中的担保及法律适用】	★

		同时适用的法条	相关度
0909	担保法	第18条【连带责任保证的定义;连带责任的承担】	★★★★
		第21条【保证担保的范围;没有约定、约定不明时的担保范围】	★★★★
		第31条【保证人的追偿权】	★★★
		第33条【抵押、抵押权人、抵押人以及抵押物的概念】	★★
		第53条【抵押权实现的方式和程序】	★
0916	民法通则	第84条【债的定义】	★
		第90条【借贷关系】	★
		第108条【债务清偿:分期偿还、强制偿还】	★
1022	婚姻法司法解释二	第24条【离婚时夫妻一方所欠债务的处理】	★

第209条【贷款展期】　　　　　　　　　　　　　　★★★

借款人可以在还款期限届满之前向贷款人申请展期。贷款人同意的,可以展期。

一、主要适用的案由及其相关度

案由编号	主要适用的案由	相关度
M4.10.89	借款合同纠纷	★★
M4.10.89.1	金融借款合同纠纷	★★★★★
M4.10.89.4	民间借贷纠纷	★★★★

二、同时适用的法条及其相关度

		同时适用的法条	相关度
0209	合同法	第206条【借款期限的认定】	★★★★★
		第207条【逾期还款的责任承担;支付利息】	★★★★★
		第196条【借款合同定义】	★★★

第二编 核心法律条文主要适用案由及关联法条索引 0617

	同时适用的法条	相关度	
合同法	第205条【借款利息支付期限的确定】	★★★	0209
	第60条【合同履行的原则】	★★	
	第107条【合同约束力;违约责任】	★★	
	第210条【自然人之间借款合同的生效;提供借款时】	★★	
	第211条【自然人之间借款合同利息的规制】	★★	
	第198条【借款合同中的担保及法律适用】	★	
担保法	第18条【连带责任保证的定义;连带责任的承担】	★★★	0909
	第21条【保证担保的范围;没有约定、约定不明时的担保范围】	★★★	
	第31条【保证人的追偿权】	★★★	
	第33条【抵押、抵押权人、抵押人以及抵押物的概念】	★	
民法通则	第84条【债的定义】	★★★	0916
	第88条【合同内容约定不明确的处理规则;合同漏洞的填补】	★★★	
	第90条【借贷关系】	★★★	
	第106条【民事责任归责原则;违约责任;过错侵权责任;无过错侵权责任】	★★★	
	第108条【债务清偿:分期偿还、强制偿还】	★★★	

第210条【自然人之间借款合同的生效;提供借款时】 ★★★★★
自然人之间的借款合同,自贷款人提供借款时生效。

▓ 一、主要适用的案由及其相关度

案由编号	主要适用的案由	相关度
M4.10.89.4	民间借贷纠纷	★★★★★

二、同时适用的法条及其相关度

		同时适用的法条	相关度
0209	合同法	第206条【借款期限的认定】	★★★★★
		第211条【自然人之间借款合同利息的规制】	★★★★
		第196条【借款合同定义】	★★★
		第205条【借款利息支付期限的确定】	★★★
		第207条【逾期还款的责任承担;支付利息】	★★★
		第60条【合同履行的原则】	★★
		第107条【合同约束力;违约责任】	★★
		第8条【依法成立的合同的法律约束力】	★
		第44条【合同的生效】	★
0909	担保法	第18条【连带责任保证的定义;连带责任的承担】	★★
		第19条【保证方式不明时的连带责任担保】	★★
		第21条【保证担保的范围;没有约定、约定不明时的担保范围】	★★
		第31条【保证人的追偿权】	★★
		第26条【连带责任保证的保证期间】	★
0916	民法通则	第90条【借贷关系】	★★
		第108条【债务清偿:分期偿还、强制偿还】	★★
		第84条【债的定义】	★
1022	婚姻法司法解释二	第24条【离婚时夫妻一方所欠债务的处理】	★★
1023	审理民间借贷案件规定	第26条【民间借贷年利率的限定】	★
		第29条【逾期利率的处理规则】	★

第211条【自然人之间借款合同利息的规制】 ★★★★★

自然人之间的借款合同对支付利息没有约定或者约定不明确的,视为不支付利息。自然人之间的借款合同约定支付利息的,借款的利率不得违反国家有关限制借款利率的规定。

一、主要适用的案由及其相关度

案由编号	主要适用的案由	相关度
M4.10.89.4	民间借贷纠纷	★★★★★

二、同时适用的法条及其相关度

	同时适用的法条	相关度	
合同法	第206条【借款期限的认定】	★★★★★	0209
	第107条【合同约束力；违约责任】	★★★	
	第196条【借款合同定义】	★★★	
	第205条【借款利息支付期限的确定】	★★★	
	第207条【逾期还款的责任承担；支付利息】	★★★	
	第210条【自然人之间借款合同的生效；提供借款时】	★★★	
	第60条【合同履行的原则】	★★	
	第8条【依法成立的合同的法律约束力】	★	
民法通则	第84条【债的定义】	★★	0916
	第90条【借贷关系】	★★	
	第108条【债务清偿：分期偿还、强制偿还】	★★	
担保法	第18条【连带责任保证的定义；连带责任的承担】	★★	0909
	第19条【保证方式不明时的连带责任担保】	★★	
	第21条【保证担保的范围；没有约定、约定不明时的担保范围】	★★	
	第31条【保证人的追偿权】	★★	
	第26条【连带责任保证的保证期间】	★	
婚姻法司法解释二	第24条【离婚时夫妻一方所欠债务的处理】	★★	1022

	同时适用的法条	相关度
1023 审理民间借贷案件规定	第26条【民间借贷年利率的限定】	★
	第29条【逾期利率的处理规则】	★

第十三章 租赁合同

第212条【租赁合同的定义】 ★★★★

租赁合同是出租人将租赁物交付承租人使用、收益，承租人支付租金的合同。

■ 一、主要适用的案由及其相关度

案由编号	主要适用的案由	相关度
M4.10.97	租赁合同纠纷	★★★★★
M4.10.97.2	房屋租赁合同纠纷	★★★★★
M4.10.97.3	车辆租赁合同纠纷	★★
M4.10.97.4	建筑设备租赁合同纠纷	★★

■ 二、同时适用的法条及其相关度

	同时适用的法条	相关度
0209 合同法	第60条【合同履行的原则】	★★★★★
	第107条【合同约束力；违约责任】	★★★★★
	第226条【承租人租金支付期限的确定规则】	★★★★★
	第8条【依法成立的合同的法律约束力】	★★★
	第44条【合同的生效】	★★★
	第94条【合同的法定解除；法定解除权】	★★★
	第114条【违约金的约定及其调整】	★★★

	同时适用的法条	相关度	
合同法	第227条【出租人的租金支付请求权以及合同解除权】	★★★	0209
	第235条【租赁期间届满承租人的租赁物返还义务、返还的租赁物的应有状态】	★★★	
	第93条【合同的约定解除:协商一致;约定条件成就】	★★	
	第96条【合同解除权的行使规则】	★★	
	第97条【合同解除的法律后果】	★★	
	第109条【违约责任的承担:付款义务的继续履行】	★★	
	第216条【出租人义务:交付租赁物、保持租赁物的用途】	★★	
	第222条【承租人的租赁物保管义务及其赔偿责任】	★★	
	第232条【不定期租赁】	★★	
	第236条【不定期租赁:租赁期满继续使用租赁物、出租人没有提出异议】	★★	
	第6条【诚实信用原则】	★	
	第113条【违约责任的承担:损失赔偿】	★	
	第213条【租赁合同的内容】	★	
	第215条【租赁合同的书面形式要求】	★	
	第224条【承租人转租租赁物的前提条件及后果】	★	
民法通则	第108条【债务清偿:分期偿还、强制偿还】	★★	0916
	第84条【债的定义】	★	
担保法	第18条【连带责任保证的定义;连带责任的承担】	★	0909
	第21条【保证担保的范围;没有约定、约定不明时的担保范围】	★	

		同时适用的法条	相关度
1035	合同法司法解释二	第29条【违约金的数额及其调整:适当减少】	★

第213条【租赁合同的内容】 ★★

租赁合同的内容包括租赁物的名称、数量、用途、租赁期限、租金及其支付期限和方式、租赁物维修等条款。

一、主要适用的案由及其相关度

案由编号	主要适用的案由	相关度
M4.10.97	租赁合同纠纷	★★★★★
M4.10.97.2	房屋租赁合同纠纷	★★★★
M4.10.97.3	车辆租赁合同纠纷	★
M4.10.97.4	建筑设备租赁合同纠纷	★

二、同时适用的法条及其相关度

		同时适用的法条	相关度
0209	合同法	第212条【租赁合同的定义】	★★★★★
		第60条【合同履行的原则】	★★★
		第226条【承租人租金支付期限的确定规则】	★★★
		第107条【合同约束力:违约责任】	★★
		第227条【出租人的租金支付请求权以及合同解除权】	★★
		第8条【依法成立的合同的法律约束力】	☆
		第44条【合同的生效】	★
		第94条【合同的法定解除;法定解除权】	★
		第109条【违约责任的承担:付款义务的继续履行】	★

	同时适用的法条	相关度
合同法	第114条【违约金的约定及其调整】	★
	第215条【租赁合同的书面形式要求】	★
	第216条【出租人义务：交付租赁物、保持租赁物的用途】	★
	第235条【租赁期间届满承租人的租赁物返还义务、返还的租赁物的应有状态】	★

第214条【租赁期限的规定】 ★★

租赁期限不得超过二十年。超过二十年的,超过部分无效。

租赁期间届满,当事人可以续订租赁合同,但约定的租赁期限自续订之日起不得超过二十年。

■ 一、主要适用的案由及其相关度

案由编号	主要适用的案由	相关度
M4.10.97	租赁合同纠纷	★★★★★
M4.10.97.1	土地租赁合同纠纷	★★
M4.10.97.2	房屋租赁合同纠纷	★★★★

■ 二、同时适用的法条及其相关度

	同时适用的法条	相关度
合同法	第60条【合同履行的原则】	★★★★★
	第212条【租赁合同的定义】	★★★★★
	第226条【承租人租金支付期限的确定规则】	★★★
	第8条【依法成立的合同的法律约束力】	★★★
	第52条【合同无效的法定情形】	★★★
	第58条【合同无效或被撤销的法律后果】	★★★
	第94条【合同的法定解除；法定解除权】	★★★

	同时适用的法条	相关度
0209 合同法	第107条【合同约束力;违约责任】	★★★
	第44条【合同的生效】	★★
	第56条【合同无效或被撤销的溯及力;部分无效不影响其他独立部分的效力】	★★
	第97条【合同解除的法律后果】	★★
	第227条【出租人的租金支付请求权以及合同解除权】	★★
	第6条【诚实信用原则】	★
	第93条【合同的约定解除;协商一致;约定条件成就】	★
	第96条【合同解除权的行使规则】	★
	第109条【违约责任的承担;付款义务的继续履行】	★
	第114条【违约金的约定及其调整】	★
	第206条【借款期限的认定】	★
	第216条【出租人义务;交付租赁物、保持租赁物的用途】	★
	第224条【承租人转租租赁物的前提条件及后果】	★
	第232条【不定期租赁】	★
	第235条【租赁期间届满承租人的租赁物返还义务、返还的租赁物的应有状态】	★

第215条【租赁合同的书面形式要求】 ★★

租赁期限六个月以上的,应当采用书面形式。当事人未采用书面形式的,视为不定期租赁。

一、主要适用的案由及其相关度

案由编号	主要适用的案由	相关度
M4.10.97	租赁合同纠纷	★★★★
M4.10.97.2	房屋租赁合同纠纷	★★★★★

二、同时适用的法条及其相关度

	同时适用的法条	相关度
合同法	第232条【不定期租赁】	★★★★★
	第212条【租赁合同的定义】	★★★★
	第60条【合同履行的原则】	★★★
	第97条【合同解除的法律后果】	★★★
	第226条【承租人租金支付期限的确定规则】	★★★
	第227条【出租人的租金支付请求权以及合同解除权】	★★★
	第235条【租赁期间届满承租人的租赁物返还义务、返还的租赁物的应有状态】	★★★
	第236条【不定期租赁;租赁期满继续使用租赁物、出租人没有提出异议】	★★★
	第8条【依法成立的合同的法律约束力】	★★
	第94条【合同的法定解除;法定解除权】	★★
	第107条【合同约束力;违约责任】	★★
	第10条【合同的订立形式;合同的书面形式】	★
	第44条【合同的生效】	★

第216条【出租人义务:交付租赁物、保持租赁物的用途】 ★★

出租人应当按照约定将租赁物交付承租人,并在租赁期间保持租赁物符合约定的用途。

一、主要适用的案由及其相关度

案由编号	主要适用的案由	相关度
M4.10.97	租赁合同纠纷	★★★★
M4.10.97.2	房屋租赁合同纠纷	★★★★★

二、同时适用的法条及其相关度

	同时适用的法条	相关度
合同法	第60条【合同履行的原则】	★★★★★
	第212条【租赁合同的定义】	★★★★★
	第94条【合同的法定解除;法定解除权】	★★★★
	第107条【合同约束力;违约责任】	★★★★
	第8条【依法成立的合同的法律约束力】	★★★
	第97条【合同解除的法律后果】	★★★
	第226条【承租人租金支付期限的确定规则】	★★★
	第44条【合同的生效】	★★
	第93条【合同的约定解除;协商一致;约定条件成就】	★★
	第96条【合同解除权的行使规则】	★★
	第114条【违约金的约定及其调整】	★★
	第227条【出租人的租金支付请求权以及合同解除权】	★★
	第52条【合同无效的法定情形】	★
	第56条【合同无效或被撤销的溯及力;部分无效不影响其他独立部分的效力】	★
	第58条【合同无效或被撤销的法律后果】	★
	第113条【违约责任的承担;损失赔偿】	★
	第217条【承租人义务:按照约定方法使用租赁物】	★
	第220条【出租人的维修义务】	★
	第235条【租赁期间届满承租人的租赁物返还义务、返还的租赁物的应有状态】	★

	同时适用的法条	相关度	
城镇房屋租赁合同纠纷司法解释	第1条【《最高人民法院关于审理城镇房屋租赁合同纠纷案件具体应用法律若干问题的解释》的效力范围】	★	1049
	第2条【出租人就未取得许可证建设的房屋所订立的租赁合同的效力】	★	
	第11条【房屋租赁合同解除时对已形成附合的装饰装修物的处理规则】	★	
合同法司法解释二	第14条【合同无效的情形:"强制性规定"的定义】	★	1035

第217条【承租人义务:按照约定方法使用租赁物】 ★★

承租人应当按照约定的方法使用租赁物。对租赁物的使用方法没有约定或者约定不明确,依照本法第六十一条的规定仍不能确定的,应当按照租赁物的性质使用。

■ 一、主要适用的案由及其相关度

案由编号	主要适用的案由	相关度
M4.10.97	租赁合同纠纷	★★★★★
M4.10.97.2	房屋租赁合同纠纷	★★★★★
M4.10.97.3	车辆租赁合同纠纷	★
M4.10.97.4	建筑设备租赁合同纠纷	★

■ 二、同时适用的法条及其相关度

	同时适用的法条	相关度	
合同法	第60条【合同履行的原则】	★★★★★	0209
	第212条【租赁合同的定义】	★★★★★	
	第107条【合同约束力:违约责任】	★★★★	

		同时适用的法条	相关度
0209	合同法	第226条【承租人租金支付期限的确定规则】	★★★★
		第8条【依法成立的合同的法律约束力】	★★★
		第216条【出租人义务:交付租赁物、保持租赁物的用途】	★★★
		第219条【承租人没有按约定方式或租赁物使用性质使用租赁物致损的法律后果】	★★★
		第227条【出租人的租金支付请求权以及合同解除权】	★★★
		第44条【合同的生效】	★★
		第93条【合同的约定解除:协商一致;约定条件成就】	★★
		第94条【合同的法定解除;法定解除权】	★★
		第97条【合同解除的法律后果】	★★
		第114条【违约金的约定及其调整】	★★
		第235条【租赁期间届满承租人的租赁物返还义务、返还的租赁物的应有状态】	★★
		第96条【合同解除权的行使规则】	★
		第109条【违约责任的承担:付款义务的继续履行】	★
		第113条【违约责任的承担:损失赔偿】	★
		第218条【承租人按约定使用租赁物致使租赁物损耗的责任】	★
		第220条【出租人的维修义务】	★
		第222条【承租人的租赁物保管义务及其赔偿责任】	★
		第223条【承租人对租赁物进行改善或增设他物的规定】	★

	同时适用的法条	相关度	
合同法	第 224 条【承租人转租租赁物的前提条件及后果】	★	0209
	第 232 条【不定期租赁】	★	
合同法司法解释二	第 29 条【违约金的数额及其调整:适当减少】	★	1035

第 218 条【承租人按约定使用租赁物致使租赁物损耗的责任】 ★

承租人按照约定的方法或者租赁物的性质使用租赁物,致使租赁物受到损耗的,不承担损害赔偿责任。

■ 一、主要适用的案由及其相关度

案由编号	主要适用的案由	相关度
M4.10.97	租赁合同纠纷	★★★
M4.10.97.2	房屋租赁合同纠纷	★★★★★
M4.10.97.3	车辆租赁合同纠纷	★
M3.5.38	财产损害赔偿纠纷	★

■ 二、同时适用的法条及其相关度

	同时适用的法条	相关度	
合同法	第 60 条【合同履行的原则】	★★★★★	0209
	第 107 条【合同约束力:违约责任】	★★★★★	
	第 212 条【租赁合同的定义】	★★★★★	
	第 226 条【承租人租金支付期限的确定规则】	★★★★	
	第 235 条【租赁期间届满承租人的租赁物返还义务、返还的租赁物的应有状态】	★★★★	
	第 8 条【依法成立的合同的法律约束力】	★★★	
	第 97 条【合同解除的法律后果】	★★★	

	同时适用的法条	相关度
0209	第217条【承租人义务:按照约定方法使用租赁物】	★★★
	第219条【承租人没有按约定方式或租赁物使用性质使用租赁物致损的法律后果】	★★★
	第220条【出租人的维修义务】	★★★
	第222条【承租人的租赁物保管义务及其赔偿责任】	★★★
	第227条【出租人的租金支付请求权以及合同解除权】	★★★
合同法	第44条【合同的生效】	★★
	第93条【合同的约定解除:协商一致;约定条件成就】	★★
	第216条【出租人义务:交付租赁物、保持租赁物的用途】	★★
	第223条【承租人对租赁物进行改善或增设他物的规定】	★★
	第232条【不定期租赁】	★★
	第236条【不定期租赁:租赁期满继续使用租赁物、出租人没有提出异议】	★★
	第6条【诚实信用原则】	★
	第91条【合同权利义务终止的法定情形】	★
	第94条【合同的法定解除:法定解除权】	★
	第96条【合同解除权的行使规则】	★
	第98条【结算条款、清理条款效力的独立性】	★
	第114条【违约金的约定及其调整】	★
	第215条【租赁合同的书面形式要求】	★
	第231条【租赁物发生损毁、灭失后承租人的请求权】	★

	同时适用的法条	相关度	
合同法司法解释二	第29条【违约金的数额及其调整;适当减少】	★	1035

第219条【承租人没有按约定方式或租赁物使用性质使用租赁物致损的法律后果】★★

承租人未按照约定的方法或者租赁物的性质使用租赁物,致使租赁物受到损失的,出租人可以解除合同并要求赔偿损失。

一、主要适用的案由及其相关度

案由编号	主要适用的案由	相关度
M4.10.97	租赁合同纠纷	★★★★★
M4.10.97.2	房屋租赁合同纠纷	★★★
M4.10.97.3	车辆租赁合同纠纷	★★★
M4.10.97.4	建筑设备租赁合同纠纷	★

二、同时适用的法条及其相关度

	同时适用的法条	相关度	
合同法	第60条【合同履行的原则】	★★★★★	0209
	第107条【合同约束力;违约责任】	★★★★	
	第212条【租赁合同的定义】	★★★★★	
	第226条【承租人租金支付期限的确定规则】	★★★★	
	第8条【依法成立的合同的法律约束力】	★★★	
	第94条【合同的法定解除;法定解除权】	★★★	
	第114条【违约金的约定及其调整】	★★★	
	第222条【承租人的租赁物保管义务及其赔偿责任】	★★★	

		同时适用的法条	相关度
0209	合同法	第227条【出租人的租金支付请求权以及合同解除权】	★★★
		第235条【租赁期间届满承租人的租赁物返还义务、返还的租赁物的应有状态】	★★★
		第97条【合同解除的法律后果】	★★
		第217条【承租人义务:按照约定方法使用租赁物】	★★
		第44条【合同的生效】	★
		第93条【合同的约定解除:协商一致;约定条件成就】	★
		第98条【结算条款、清理条款效力的独立性】	★
		第109条【违约责任的承担:付款义务的继续履行】	★
		第113条【违约责任的承担:损失赔偿】	★
		第220条【出租人的维修义务】	★
		第223条【承租人对租赁物进行改善或增设他物的规定】	★
		第224条【承租人转租赁物的前提条件及后果】	★
		第236条【不定期租赁:租赁期满继续使用租赁物、出租人没有提出异议】	★
0909	担保法	第18条【连带责任保证的定义;连带责任的承担】	★
		第19条【保证方式不明时的连带责任担保】	★
		第21条【保证担保的范围;没有约定、约定不明时的担保范围】	★
1049	城镇房屋租赁合同纠纷司法解释	第7条【承租人擅自变动房屋建筑主体和承重结构或扩建的责任】	★

第220条【出租人的维修义务】★★

出租人应当履行租赁物的维修义务,但当事人另有约定的除外。

一、主要适用的案由及其相关度

案由编号	主要适用的案由	相关度
M4.10.97	租赁合同纠纷	★★★★★
M4.10.97.2	房屋租赁合同纠纷	★★★★
M4.10.97.4	建筑设备租赁合同纠纷	★
M3.5.38	财产损害赔偿纠纷	★
M4.10.89.4	民间借贷纠纷	★

二、同时适用的法条及其相关度

	同时适用的法条	相关度
合同法	第60条【合同履行的原则】	★★★★★
	第107条【合同约束力;违约责任】	★★★★
	第212条【租赁合同的定义】	★★★★
	第226条【承租人租金支付期限的确定规则】	★★★★
	第221条【租赁物的维修和维修费负担】	★★★★
	第8条【依法成立的合同的法律约束力】	★★★
	第114条【违约金的约定及其调整】	★★★
	第216条【出租人义务:交付租赁物、保持租赁物的用途】	★★★
	第222条【承租人的租赁物保管义务及其赔偿责任】	★★★
	第227条【出租人的租金支付请求权以及合同解除权】	★★★
	第94条【合同的法定解除;法定解除权】	★★

		同时适用的法条	相关度
0209	合同法	第97条【合同解除的法律后果】	★★
		第232条【不定期租赁】	★★
		第235条【租赁期间届满承租人的租赁物返还义务、返还的租赁物的应有状态】	★★
		第5条【公平原则:合同权利义务确定的原则】	★
		第44条【合同的生效】	★
		第93条【合同的约定解除:协商一致;约定条件成就】	★
		第96条【合同解除权的行使规则】	★
		第113条【违约责任的承担:损失赔偿】	★
		第215条【租赁合同的书面形式要求】	★
		第219条【承租人没有按约定方式或租赁物使用性质使用租赁物致损的法律后果】	★
		第223条【承租人对租赁物进行改善或增设他物的规定】	★
		第231条【租赁物发生损毁、灭失后承租人的请求权】	★
		第236条【不定期租赁:租赁期满继续使用租赁物、出租人没有提出异议】	★
0960	侵权责任法	第6条【过错责任原则;过错推定责任原则】	★
0916	民法通则	第108条【债务清偿:分期偿还、强制偿还】	★

第221条【租赁物的维修和维修费负担】　　★★★

承租人在租赁物需要维修时可以要求出租人在合理期限内维修。出租人未履行维修义务的,承租人可以自行维修,维修费用由出租人负担。因维修租赁物影响承租人使用的,应当相应减少租金或者延长租期。

一、主要适用的案由及其相关度

案由编号	主要适用的案由	相关度
M4.10.89.4	民间借贷纠纷	★★★★★
M4.10.97	租赁合同纠纷	★★
M4.10.97.2	房屋租赁合同纠纷	★★★

二、同时适用的法条及其相关度

	同时适用的法条	相关度	
合同法	第206条【借款期限的认定】	★★★★★	0209
	第60条【合同履行的原则】	★★★	
	第107条【合同约束力：违约责任】	★★★	
	第207条【逾期还款的责任承担：支付利息】	★★★	
	第196条【借款合同定义】	★★	
	第205条【借款利息支付期限的确定】	★★	
	第212条【租赁合同的定义】	★★	
	第220条【出租人的维修义务】	★★	
	第8条【依法成立的合同的法律约束力】	★	
	第210条【自然人之间借款合同的生效；提供借款时】	★	
	第216条【出租人义务：交付租赁物、保持租赁物的用途】	★	
	第226条【承租人租金支付期限的确定规则】	★	
	第227条【出租人的租金支付请求权以及合同解除权】	★	
民法通则	第108条【债务清偿：分期偿还、强制偿还】	★★★★★	0916
	第90条【借贷关系】	★★★★	
	第84条【债的定义】	★★	

	同时适用的法条	相关度
0909 担保法	第18条【连带责任保证的定义；连带责任的承担】	★★★
	第19条【保证方式不明时的连带责任担保】	★★
	第21条【保证担保的范围；没有约定、约定不明时的担保范围】	★★
	第31条【保证人的追偿权】	★
1022 婚姻法司法解释二	第24条【离婚时夫妻一方所欠债务的处理】	★★★

第222条【承租人的租赁物保管义务及其赔偿责任】 ★★

承租人应当妥善保管租赁物，因保管不善造成租赁物毁损、灭失的，应当承担损害赔偿责任。

一、主要适用的案由及其相关度

案由编号	主要适用的案由	相关度
M4.10.97	租赁合同纠纷	★★★★★
M4.10.97.2	房屋租赁合同纠纷	★
M4.10.97.3	车辆租赁合同纠纷	★
M4.10.97.4	建筑设备租赁合同纠纷	★★★

二、同时适用的法条及其相关度

	同时适用的法条	相关度
0209 合同法	第226条【承租人租金支付期限的确定规则】	★★★★★
	第60条【合同履行的原则】	★★★★
	第107条【合同约束力；违约责任】	★★★★
	第212条【租赁合同的定义】	★★★★
	第114条【违约金的约定及其调整】	★★★

	同时适用的法条	相关度	
合同法	第227条【出租人的租金支付请求权以及合同解除权】	★★★	0209
	第235条【租赁期间届满承租人的租赁物返还义务、返还的租赁物的应有状态】	★★★	
	第8条【依法成立的合同的法律约束力】	★★	
	第109条【违约责任的承担;付款义务的继续履行】	★★	
	第44条【合同的生效】	★	
	第94条【合同的法定解除;法定解除权】	★	
	第219条【承租人没有按约定方式或租赁物使用性质使用租赁物致损的法律后果】	★	
	第232条【不定期租赁】	★	
	第236条【不定期租赁;租赁期满继续使用租赁物、出租人没有提出异议】	★	
担保法	第18条【连带责任保证的定义;连带责任的承担】	★	0909
	第19条【保证方式不明时的连带责任担保】	★	
	第21条【保证担保的范围;没有约定、约定不明时的担保范围】	★	

第223条【承租人对租赁物进行改善或增设他物的规定】 ★★

承租人经出租人同意,可以对租赁物进行改善或者增设他物。

承租人未经出租人同意,对租赁物进行改善或者增设他物的,出租人可以要求承租人恢复原状或者赔偿损失。

■ 一、主要适用的案由及其相关度

案由编号	主要适用的案由	相关度
M4.10.97	租赁合同纠纷	★★★
M4.10.97.2	房屋租赁合同纠纷	★★★★★

二、同时适用的法条及其相关度

	同时适用的法条	相关度
合同法	第60条【合同履行的原则】	★★★★★
	第212条【租赁合同的定义】	★★★★★
	第235条【租赁期间届满承租人的租赁物返还义务、返还的租赁物的应有状态】	★★★★★
	第107条【合同约束力;违约责任】	★★★★
	第8条【依法成立的合同的法律约束力】	★★★
	第94条【合同的法定解除;法定解除权】	★★★
	第97条【合同解除的法律后果】	★★★
	第226条【承租人租金支付期限的确定规则】	★★★
	第227条【出租人的租金支付请求权以及合同解除权】	★★★
	第232条【不定期租赁】	★★★
	第44条【合同的生效】	★★
	第93条【合同的约定解除:协商一致;约定条件成就】	★★
	第114条【违约金的约定及其调整】	★★
	第215条【租赁合同的书面形式要求】	★★
	第219条【承租人没有按约定方式或租赁物使用性质使用租赁物致损的法律后果】	★★
	第224条【承租人转租租赁物的前提条件及后果】	★★
	第236条【不定期租赁:租赁期满继续使用租赁物、出租人没有提出异议】	★★
	第5条【公平原则:合同权利义务确定的原则】	★
	第6条【诚实信用原则】	★
	第91条【合同权利义务终止的法定情形】	★

	同时适用的法条	相关度	
合同法	第96条【合同解除权的行使规则】	★	0209
	第109条【违约责任的承担:付款义务的继续履行】	★	
	第113条【违约责任的承担:损失赔偿】	★	
	第119条【防止违约损失扩大的措施:防损义务及不履行的后果;防损费用的承担】	★	
	第213条【租赁合同的内容】	★	
	第216条【出租人义务:交付租赁物、保持租赁物的用途】	★	
	第217条【承租人义务:按照约定方法使用租赁物】	★	
	第220条【出租人的维修义务】	★	
	第221条【租赁物的维修和维修费负担】	★	
城镇房屋租赁合同纠纷司法解释	第10条【租期届满时经出租人同意的未形成附合的装饰装修物;承租人拆除与恢复原状】	★	1049
	第11条【房屋租赁合同解除时对已形成附合的装饰装修物的处理规则】	★	
	第12条【经出租人同意的装饰装修在租赁期间届满后承租人无权请求补偿附和装饰装修费用,但另有约定的除外】	★	
	第13条【承租人未经出租人同意装饰装修或扩建的责任】	★	

第224条【承租人转租租赁物的前提条件及后果】　★★

承租人经出租人同意,可以将租赁物转租给第三人。承租人转租的,承租人与出租人之间的租赁合同继续有效,第三人对租赁物造成损失的,承租人应当赔偿损失。

承租人未经出租人同意转租的,出租人可以解除合同。

■ 一、主要适用的案由及其相关度

案由编号	主要适用的案由	相关度
M4.10.97	租赁合同纠纷	★★★
M4.10.97.2	房屋租赁合同纠纷	★★★★★

■ 二、同时适用的法条及其相关度

	同时适用的法条	相关度
合同法	第60条【合同履行的原则】	★★★★★
	第107条【合同约束力;违约责任】	★★★★★
	第212条【租赁合同的定义】	★★★★★
	第226条【承租人租金支付期限的确定规则】	★★★★
	第8条【依法成立的合同的法律约束力】	★★★
	第94条【合同的法定解除;法定解除权】	★★★
	第97条【合同解除的法律后果】	★★★
	第227条【出租人的租金支付请求权以及合同解除权】	★★★
	第235条【租赁期间届满承租人的租赁物返还义务、返还的租赁物的应有状态】	★★★
	第44条【合同的生效】	★★
	第52条【合同无效的法定情形】	★★
	第58条【合同无效或被撤销的法律后果】	★★
	第93条【合同的约定解除;协商一致;约定条件成就】	★★
	第114条【违约金的约定及其调整】	★★
	第6条【诚实信用原则】	★
	第51条【无权处分合同的效力;经追认或取得处分权的有效】	★

	同时适用的法条	相关度	
合同法	第91条【合同权利义务终止的法定情形】	★	0209
	第96条【合同解除权的行使规则】	★	
	第109条【违约责任的承担：付款义务的继续履行】	★	
	第113条【违约责任的承担：损失赔偿】	★	
	第219条【承租人没有按约定方式或租赁物使用性质使用租赁物致损的法律后果】	★	
	第232条【不定期租赁】	★	
	第236条【不定期租赁：租赁期满继续使用租赁物、出租人没有提出异议】	★	
城镇房屋租赁合同纠纷司法解释	第15条【超过剩余租赁期限转租的效力】	★	1049
	第16条【出租人知道或者应当知道承租人转租但在6个月内未提出异议的转租合同有效；承租人可作为第三人参加租赁合同纠纷诉讼的规定】	★	
	第18条【出租人对逾期腾房占有使用费的支付请求权；房屋租赁合同无效、履行期限届满，或者解除时】	★	

第225条【租赁期间因占有、使用租赁物获得的收益的归属】 ★

在租赁期间因占有、使用租赁物获得的收益，归承租人所有，但当事人另有约定的除外。

■ 一、主要适用的案由及其相关度

案由编号	主要适用的案由	相关度
M4.10.97	租赁合同纠纷	★★★★★
M4.10.97.2	房屋租赁合同纠纷	★★★
M4.10.97.3	车辆租赁合同纠纷	★
M4.10.89.4	民间借贷纠纷	★
M4.10	合同纠纷	★

二、同时适用的法条及其相关度

	同时适用的法条	相关度
合同法	第60条【合同履行的原则】	★★★★★
	第107条【合同约束力;违约责任】	★★★★★
	第212条【租赁合同的定义】	★★★★★
	第226条【承租人租金支付期限的确定规则】	★★★★
	第8条【依法成立的合同的法律约束力】	★★★
	第227条【出租人的租金支付请求权以及合同解除权】	★★★
	第235条【租赁期间届满承租人的租赁物返还义务、返还的租赁物的应有状态】	★★★
	第44条【合同的生效】	★★
	第97条【合同解除的法律后果】	★★
	第114条【违约金的约定及其调整】	★★
	第224条【承租人转租租赁物的前提条件及后果】	★★
	第5条【公平原则:合同权利义务确定的原则】	★
	第6条【诚实信用原则】	★
	第51条【无权处分合同的效力:经追认或取得处分权的有效】	★
	第58条【合同无效或被撤销的法律后果】	★
	第91条【合同权利义务终止的法定情形】	★
	第93条【合同的约定解除:协商一致;约定条件成就】	★
	第94条【合同的法定解除;法定解除权】	★
	第109条【违约责任的承担:付款义务的继续履行】	★
	第113条【违约责任的承担:损失赔偿】	★

	同时适用的法条	相关度	
合同法	第 207 条【逾期还款的责任承担：支付利息】	★	0209
	第 215 条【租赁合同的书面形式要求】	★	
	第 216 条【出租人义务：交付租赁物、保持租赁物的用途】	★	
	第 223 条【承租人对租赁物进行改善或增设他物的规定】	★	
	第 232 条【不定期租赁】	★	
	第 236 条【不定期租赁：租赁期满继续使用租赁物、出租人没有提出异议】	★	
民法通则	第 84 条【债的定义】	★	0916
	第 85 条【合同的定义】	★	
	第 88 条【合同内容约定不明确的处理规则；合同漏洞的填补】	★	

第 226 条【承租人租金支付期限的确定规则】 ★★★★

承租人应当按照约定的期限支付租金。对支付期限没有约定或者约定不明确，依照本法第六十一条的规定仍不能确定，租赁期间不满一年的，应当在租赁期间届满时支付；租赁期间一年以上的，应当在每届满一年时支付，剩余期间不满一年的，应当在租赁期间届满时支付。

■ 一、主要适用的案由及其相关度

案由编号	主要适用的案由	相关度
M4.10.97	租赁合同纠纷	★★★★★
M4.10.97.1	土地租赁合同纠纷	★
M4.10.97.2	房屋租赁合同纠纷	★★★★★
M4.10.97.3	车辆租赁合同纠纷	★★
M4.10.97.4	建筑设备租赁合同纠纷	★★★
M4.10	合同纠纷	★

二、同时适用的法条及其相关度

	同时适用的法条	相关度
合同法	第60条【合同履行的原则】	★★★★★
	第107条【合同约束力;违约责任】	★★★★★
	第212条【租赁合同的定义】	★★★★★
	第8条【依法成立的合同的法律约束力】	★★★
	第93条【合同的约定解除:协商一致;约定条件成就】	★★★
	第109条【违约责任的承担:付款义务的继续履行】	★★★
	第114条【违约金的约定及其调整】	★★★
	第227条【出租人的租金支付请求权以及合同解除权】	★★★
	第235条【租赁期间届满承租人的租赁物返还义务、返还的租赁物的应有状态】	★★★
	第44条【合同的生效】	★★
	第94条【合同的法定解除;法定解除权】	★★
	第96条【合同解除权的行使规则】	★★
	第97条【合同解除的法律后果】	★★
	第222条【承租人的租赁物保管义务及其赔偿责任】	★★
	第232条【不定期租赁】	★★
	第236条【不定期租赁:租赁期满继续使用租赁物、出租人没有提出异议】	★★
	第113条【违约责任的承担:损失赔偿】	★
担保法	第18条【连带责任保证的定义;连带责任的承担】	★
	第19条【保证方式不明时的连带责任担保】	★
	第21条【保证担保的范围;没有约定、约定不明的担保范围】	★

	同时适用的法条	相关度	
民法通则	第108条【债务清偿:分期偿还、强制偿还】	★	0916
合同法司法解释二	第29条【违约金的数额及其调整:适当减少】	★	1035

第227条【出租人的租金支付请求权以及合同解除权】 ★★★

承租人无正当理由未支付或者迟延支付租金的,出租人可以要求承租人在合理期限内支付。承租人逾期不支付的,出租人可以解除合同。

■ 一、主要适用的案由及其相关度

案由编号	主要适用的案由	相关度
M4.10.97	租赁合同纠纷	★★★★★
M4.10.97.2	房屋租赁合同纠纷	★★★★
M4.10.97.3	车辆租赁合同纠纷	★
M4.10.97.4	建筑设备租赁合同纠纷	★★

■ 二、同时适用的法条及其相关度

	同时适用的法条	相关度	
合同法	第226条【承租人租金支付期限的确定规则】	★★★★★	0209
	第60条【合同履行的原则】	★★★★	
	第107条【合同约束力:违约责任】	★★★★	
	第212条【租赁合同的定义】	★★★★	
	第8条【依法成立的合同的法律约束力】	★★★	
	第93条【合同的约定解除:协商一致;约定条件成就】	★★★	
	第94条【合同的法定解除:法定解除权】	★★★	
	第97条【合同解除的法律后果】	★★★	

		同时适用的法条	相关度
0209	合同法	第114条【违约金的约定及其调整】	★★★
		第235条【租赁期间届满承租人的租赁物返还义务、返还的租赁物的应有状态】	★★★
		第44条【合同的生效】	★★
		第96条【合同解除权的行使规则】	★★
		第109条【违约责任的承担:付款义务的继续履行】	★★
		第232条【不定期租赁】	★★
		第236条【不定期租赁:租赁期满继续使用租赁物、出租人没有提出异议】	★★
		第98条【结算条款、清理条款效力的独立性】	★
		第113条【违约责任的承担:损失赔偿】	★
		第215条【租赁合同的书面形式要求】	★
		第222条【承租人的租赁物保管义务及其赔偿责任】	★
1035	合同法司法解释二	第29条【违约金的数额及其调整:适当减少】	★

第228条【出租人的权利瑕疵担保责任;承租人的及时通知义务】 ★★

因第三人主张权利,致使承租人不能对租赁物使用、收益的,承租人可以要求减少租金或者不支付租金。

第三人主张权利的,承租人应当及时通知出租人。

一、主要适用的案由及其相关度

案由编号	主要适用的案由	相关度
M4.10.97	租赁合同纠纷	★★★★★
M4.10.97.2	房屋租赁合同纠纷	★★★★★

二、同时适用的法条及其相关度

	同时适用的法条	相关度
合同法	第60条【合同履行的原则】	★★★★★
	第107条【合同约束力:违约责任】	★★★★★
	第212条【租赁合同的定义】	★★★★★
	第94条【合同的法定解除;法定解除权】	★★★★
	第97条【合同解除的法律后果】	★★★★
	第216条【出租人义务:交付租赁物、保持租赁物的用途】	★★★★
	第8条【依法成立的合同的法律约束力】	★★★
	第226条【承租人租金支付期限的确定规则】	★★★
	第44条【合同的生效】	★
	第93条【合同的约定解除:协商一致;约定条件成就】	★
	第109条【违约责任的承担:付款义务的继续履行】	★
	第113条【违约责任的承担:损失赔偿】	★
	第114条【违约金的约定及其调整】	★
	第121条【因第三人原因造成违约情况下的责任承担】	★
	第224条【承租人转租租赁物的前提条件及后果】	★
	第227条【出租人的租金支付请求权以及合同解除权】	★
	第235条【租赁期间届满承租人的租赁物返还义务、返还的租赁物的应有状态】	★
民法通则	第63条【代理的界定及不得代理的情形】	★

	同时适用的法条	相关度
城镇房屋租赁合同纠纷司法解释	第8条【导致租赁房屋无法使用的情形:租赁房屋被依法查封、房屋权属有争议、违反房屋使用条件强制性规定】	★

第229条【买卖不破租赁:租赁物发生所有权变动时不影响租赁合同效力】 ★★

租赁物在租赁期间发生所有权变动的,不影响租赁合同的效力。

■ 一、主要适用的案由及其相关度

案由编号	主要适用的案由	相关度
M4.10.97	租赁合同纠纷	★★★
M4.10.97.2	房屋租赁合同纠纷	★★★★★
M3.5.33	返还原物纠纷	★
M3.5	物权保护纠纷	★

■ 二、同时适用的法条及其相关度

	同时适用的法条	相关度
合同法	第60条【合同履行的原则】	★★★★★
	第107条【合同约束力:违约责任】	★★★★★
	第8条【依法成立的合同的法律约束力】	★★★★
	第212条【租赁合同的定义】	★★★★
	第226条【承租人租金支付期限的确定规则】	★★★★
	第94条【合同的法定解除;法定解除权】	★★★
	第227条【出租人的租金支付请求权以及合同解除权】	★★★
	第235条【租赁期间届满承租人的租赁物返还义务、返还的租赁物的应有状态】	★★★

	同时适用的法条	相关度	
合同法	第 44 条【合同的生效】	★★	0209
	第 93 条【合同的约定解除：协商一致；约定条件成就】	★★	
	第 97 条【合同解除的法律后果】	★★	
	第 114 条【违约金的约定及其调整】	★★	
	第 232 条【不定期租赁】	★★	
	第 236 条【不定期租赁：租赁期满继续使用租赁物、出租人没有提出异议】	★★	
	第 4 条【合同自愿原则】	★	
	第 6 条【诚实信用原则】	★	
	第 96 条【合同解除权的行使规则】	★	
	第 109 条【违约责任的承担：付款义务的继续履行】	★	
	第 113 条【违约责任的承担：损失赔偿】	★	
	第 224 条【承租人转租租赁物的前提条件及后果】	★	
物权法	第 39 条【所有权的内容】	★★	0927
	第 14 条【不动产物权变动的登记及生效时间】	★	
	第 34 条【权利人的返还原物请求权】	★	
城镇房屋租赁合同纠纷司法解释	第 20 条【买卖不破租赁及其特例】	★★	1049
民法通则	第 1 条【公民的民事权利能力自出生时开始：户籍证明、医院出具的出生证明、其他证明】	★	0916

第 230 条【房屋承租人的优先购买权】 ★★

出租人出卖租赁房屋的,应当在出卖之前的合理期限内通知承租人,承租人享有以同等条件优先购买的权利。

0650 合同、无因管理、不当得利纠纷

一、主要适用的案由及其相关度

案由编号	主要适用的案由	相关度
M4.10.97	租赁合同纠纷	★★
M4.10.97.2	房屋租赁合同纠纷	★★★★★
M4.10.82	房屋买卖合同纠纷	★
M4.10.67.2	确认合同无效纠纷	★
M4.10.74	买卖合同纠纷	★
M4.10	合同纠纷	★

二、同时适用的法条及其相关度

	同时适用的法条	相关度
合同法	第52条【合同无效的法定情形】	★★★
	第60条【合同履行的原则】	★★★
	第107条【合同约束力:违约责任】	★★★
	第212条【租赁合同的定义】	★★★
	第235条【租赁期间届满承租人的租赁物返还义务、返还的租赁物的应有状态】	★★
	第236条【不定期租赁:租赁期满继续使用租赁物、出租人没有提出异议】	★★
	第8条【依法成立的合同的法律约束力】	★
	第44条【合同的生效】	★
	第113条【违约责任的承担:损失赔偿】	★
	第215条【租赁合同的书面形式要求】	★
	第226条【承租人租金支付期限的确定规则】	★
	第229条【买卖不破租赁:租赁物发生所有权变动时不影响租赁合同效力】	★
	第232条【不定期租赁】	★

	同时适用的法条	相关度	
民法通则	第135条【诉讼时效期间：两年】	★	0916
物权法	第39条【所有权的内容】	★	0927
国资评估办法	第3条【国有资产占有单位应当进行资产评估的情形】	★	1018
城镇房屋租赁合同纠纷司法解释	第21条【承租人优先购买权受侵害后的求偿权】	★★★★★	1049
	第24条【人民法院不予支持承租人优先购买权的情形】	★★	
	第12条【经出租人同意的装饰装修在租赁期间届满后承租人无权请求补偿附和装饰装修费用，但另有约定的除外】	★	

第231条【租赁物发生损毁、灭失后承租人的请求权】　★

因不可归责于承租人的事由，致使租赁物部分或者全部毁损、灭失的，承租人可以要求减少租金或者不支付租金；因租赁物部分或者全部毁损、灭失，致使不能实现合同目的的，承租人可以解除合同。

■ 一、主要适用的案由及其相关度

案由编号	主要适用的案由	相关度
M4.10.97	租赁合同纠纷	★★★★★
M4.10.97.2	房屋租赁合同纠纷	★★★★★
M4.10	合同纠纷	★
M3.5.38	财产损害赔偿纠纷	★

■ 二、同时适用的法条及其相关度

	同时适用的法条	相关度	
合同法	第60条【合同履行的原则】	★★★★★	0209
	第107条【合同约束力：违约责任】	★★★★	

	同时适用的法条	相关度
0209 合同法	第212条【租赁合同的定义】	★★★★
	第8条【依法成立的合同的法律约束力】	★★★
	第44条【合同的生效】	★★★
	第91条【合同权利义务终止的法定情形】	★★★
	第94条【合同的法定解除;法定解除权】	★★★
	第97条【合同解除的法律后果】	★★★
	第114条【违约金的约定及其调整】	★★★
	第216条【出租人义务:交付租赁物、保持租赁物的用途】	★★★
	第220条【出租人的维修义务】	★★
	第226条【承租人租金支付期限的确定规则】	★★
	第5条【公平原则:合同权利义务确定的原则】	★
	第93条【合同的约定解除:协商一致;约定条件成就】	★
	第96条【合同解除权的行使规则】	★
	第221条【租赁物的维修和维修费负担】	★
	第222条【承租人的租赁物保管义务及其赔偿责任】	★
	第224条【承租人转租租赁物的前提条件及后果】	★
	第227条【出租人的租金支付请求权以及合同解除权】	★
	第235条【租赁期间届满承租人的租赁物返还义务、返还的租赁物的应有状态】	★
	第236条【不定期租赁:租赁期满继续使用租赁物、出租人没有提出异议】	★

	同时适用的法条	相关度
侵权责任法	第6条【过错责任原则;过错推定责任原则】	★
	第12条【分别实施侵权行为时按份责任的承担】	★
	第19条【侵害财产造成财产损失的计算方式】	★

0960

第232条【不定期租赁】 ★★

当事人对租赁期限没有约定或者约定不明确,依照本法第六十一条的规定仍不能确定的,视为不定期租赁。当事人可以随时解除合同,但出租人解除合同应当在合理期限之前通知承租人。

■ 一、主要适用的案由及其相关度

案由编号	主要适用的案由	相关度
M4.10.97	租赁合同纠纷	★★★★
M4.10.97.2	房屋租赁合同纠纷	★★★★★
M4.10.97.4	建筑设备租赁合同纠纷	★

■ 二、同时适用的法条及其相关度

	同时适用的法条	相关度
合同法	第236条【不定期租赁:租赁期满继续使用租赁物、出租人没有提出异议】	★★★★★
	第60条【合同履行的原则】	★★★★
	第212条【租赁合同的定义】	★★★★
	第215条【租赁合同的书面形式要求】	★★★★
	第226条【承租人租金支付期限的确定规则】	★★★★
	第235条【租赁期间届满承租人的租赁物返还义务、返还的租赁物的应有状态】	★★★★
	第8条【依法成立的合同的法律约束力】	★★★

0209

	同时适用的法条	相关度
0209 合同法	第97条【合同解除的法律后果】	★★★
	第107条【合同约束力;违约责任】	★★★
	第227条【出租人的租金支付请求权以及合同解除权】	★★★
	第44条【合同的生效】	★★
	第94条【合同的法定解除;法定解除权】	★★
	第96条【合同解除权的行使规则】	★★
	第61条【合同内容约定不明确的处理规则;合同漏洞的填补】	★
	第109条【违约责任的承担:付款义务的继续履行】	★
	第114条【违约金的约定及其调整】	★
	第222条【承租人的租赁物保管义务及其赔偿责任】	★
0927 物权法	第34条【权利人的返还原物请求权】	★
1061 农村土地承包纠纷司法解释	第17条【对转包、出租地流转期限与承包地交回时间的规定;承包方对提高土地生产能力的投入的相应补偿】	★

第233条【承租人解除合同的情形:租赁物危及承租人的安全或健康】 ★

租赁物危及承租人的安全或者健康的,即使承租人订立合同时明知该租赁物质量不合格,承租人仍然可以随时解除合同。

■ 一、主要适用的案由及其相关度

案由编号	主要适用的案由	相关度
M4.10.97	租赁合同纠纷	★★
M4.10.97.2	房屋租赁合同纠纷	★★★★★

二、同时适用的法条及其相关度

	同时适用的法条	相关度	
合同法	第96条【合同解除权的行使规则】	★★★★★	0209
	第97条【合同解除的法律后果】	★★★★★	
	第60条【合同履行的原则】	★★★★	
	第94条【合同的法定解除;法定解除权】	★★★★	
	第212条【租赁合同的定义】	★★★	
	第216条【出租人义务:交付租赁物、保持租赁物的用途】	★★★	
	第8条【依法成立的合同的法律约束力】	★★	
	第114条【违约金的约定及其调整】	★★	
	第125条【合同的解释;合同条款理解不一致的解释规则】	★★	
	第236条【不定期租赁:租赁期满继续使用租赁物、出租人没有提出异议】	★★	
	第44条【合同的生效】	★	
	第91条【合同权利义务终止的法定情形】	★	
	第93条【合同的约定解除:协商一致;约定条件成就】	★	
	第107条【合同约束力:违约责任】	★	
	第109条【违约责任的承担:付款义务的继续履行】	★	
	第220条【出租人的维修义务】	★	
	第226条【承租人租金支付期限的确定规则】	★	
	第227条【出租人的租金支付请求权以及合同解除权】	★	
	第231条【租赁物发生损毁、灭失后承租人的请求权】	★	

		同时适用的法条	相关度
0209	合同法	第232条【不定期租赁】	★
		第235条【租赁期间届满承租人的租赁物返还义务、返还的租赁物的应有状态】	★
0916	民法通则	第35条【民事合伙的债务承担规则】	★★★
		第45条【企业法人终止的法定事由】	★★★
0973	继承法	第33条【继承遗产与清偿债务】	★★★
1001	消防法	第15条【公众聚集场所投入使用、营业前的消防安全检查】	★
1049	城镇房屋租赁合同纠纷司法解释	第2条【出租人就未取得许可证建设的房屋所订立的租赁合同的效力】	★★

第234条【共同居住人继续租赁房屋的权利】 ★

承租人在房屋租赁期间死亡的,与其生前共同居住的人可以按照原租赁合同租赁该房屋。

一、主要适用的案由及其相关度

案由编号	主要适用的案由	相关度
M4.10.97	租赁合同纠纷	★★★
M4.10.97.2	房屋租赁合同纠纷	★★★★★
M3.5.33	返还原物纠纷	★★
M3.5	物权保护纠纷	★
M3.9.62	占有物返还纠纷	★

二、同时适用的法条及其相关度

	同时适用的法条	相关度
合同法	第6条【诚实信用原则】	
	第8条【依法成立的合同的法律约束力】	
	第10条【合同的订立形式;合同的书面形式】	
	第44条【合同的生效】	
	第52条【合同无效的法定情形】	
	第60条【合同履行的原则】	
	第61条【合同内容约定不明确的处理规则;合同漏洞的填补】	
	第62条【合同内容约定不明确的履行规则;合同漏洞的填补】	
	第77条【变更合同的条件与要求】	
	第78条【合同变更内容约定不明确的处理】	
	第92条【后合同义务】	
	第93条【合同的约定解除:协商一致;约定条件成就】	
	第94条【合同的法定解除;法定解除权】	
	第97条【合同解除的法律后果】	
	第107条【合同约束力:违约责任】	
	第114条【违约金的约定及其调整】	
	第178条【供用电合同的履行地点】	
	第184条【供用水、供用气、供用热力合同参照适用供用电合同的规定】	
	第212条【租赁合同的定义】	
	第214条【租赁期限的规定】	
	第215条【租赁合同的书面形式要求】	

0209

		同时适用的法条	相关度
0209	合同法	第221条【租赁物的维修和维修费负担】	
		第224条【承租人转租租赁物的前提条件及后果】	
		第226条【承租人租金支付期限的确定规则】	
		第227条【出租人的租金支付请求权以及合同解除权】	
		第228条【出租人的权利瑕疵担保责任;承租人的及时通知义务】	
		第229条【买卖不破租赁;租赁物发生所有权变动时不影响租赁合同效力】	
		第232条【不定期租赁】	
		第235条【租赁期间届满承租人的租赁物返还义务、返还的租赁物的应有状态】	
		第236条【不定期租赁;租赁期满继续使用租赁物、出租人没有提出异议】	
		第237条【融资租赁合同的定义】	
		第248条【承租人的租金支付义务、出租人的租金支付请求权以及合同解除权】	
		第249条【出租人的租赁物收回权和承租人的要求租赁物价值部分返还权】	
		第279条【建筑工程的竣工验收及交付使用】	
0927	物权法	第34条【权利人的返还原物请求权】	
		第39条【所有权的内容】	
0916	民法通则	第136条【短期诉讼时效:一年】	

第235条【租赁期间届满承租人的租赁物返还义务、返还的租赁物的应有状态】 ★★★

租赁期间届满,承租人应当返还租赁物。返还的租赁物应当符合按照约定或者租赁物的性质使用后的状态。

一、主要适用的案由及其相关度

案由编号	主要适用的案由	相关度
M4.10.97	租赁合同纠纷	★★★★
M4.10.97.2	房屋租赁合同纠纷	★★★★★
M4.10.97.4	建筑设备租赁合同纠纷	★

二、同时适用的法条及其相关度

	同时适用的法条	相关度
合同法	第60条【合同履行的原则】	★★★★★
	第107条【合同约束力:违约责任】	★★★★
	第226条【承租人租金支付期限的确定规则】	★★★★
	第212条【租赁合同的定义】	★★★
	第8条【依法成立的合同的法律约束力】	★★★
	第44条【合同的生效】	★★★
	第114条【违约金的约定及其调整】	★★★
	第227条【出租人的租金支付请求权以及合同解除权】	★★★
	第232条【不定期租赁】	★★★
	第236条【不定期租赁:租赁期满继续使用租赁物、出租人没有提出异议】	★★★
	第94条【合同的法定解除;法定解除权】	★★
	第97条【合同解除的法律后果】	★★
	第113条【违约责任的承担:损失赔偿】	★★
	第222条【承租人的租赁物保管义务及其赔偿责任】	★★
	第91条【合同权利义务终止的法定情形】	★

		同时适用的法条	相关度
0209	合同法	第 93 条【合同的约定解除:协商一致;约定条件成就】	★
		第 109 条【违约责任的承担:付款义务的继续履行】	★
		第 215 条【租赁合同的书面形式要求】	★
1049	城镇房屋租赁合同纠纷司法解释	第 18 条【出租人对逾期腾房占有使用费的支付请求权:房屋租赁合同无效、履行期限届满、或者解除时】	★

第 236 条【不定期租赁:租赁期满继续使用租赁物、出租人没有提出异议】 ★★

租赁期间届满,承租人继续使用租赁物,出租人没有提出异议的,原租赁合同继续有效,但租赁期限为不定期。

■ 一、主要适用的案由及其相关度

案由编号	主要适用的案由	相关度
M4.10.97	租赁合同纠纷	★★★★
M4.10.97.2	房屋租赁合同纠纷	★★★★★

■ 二、同时适用的法条及其相关度

		同时适用的法条	相关度
0209	合同法	第 60 条【合同履行的原则】	★★★★★
		第 232 条【不定期租赁】	★★★★★
		第 107 条【合同约束力;违约责任】	★★★★
		第 212 条【租赁合同的定义】	★★★★
		第 226 条【承租人租金支付期限的确定规则】	★★★★
		第 235 条【租赁期间届满承租人的租赁物返还义务、返还的租赁物的应有状态】	★★★★

	同时适用的法条	相关度
合同法	第8条【依法成立的合同的法律约束力】	★★★
	第227条【出租人的租金支付请求权以及合同解除权】	★★★
	第44条【合同的生效】	★★
	第94条【合同的法定解除;法定解除权】	★★
	第97条【合同解除的法律后果】	★★
	第109条【违约责任的承担:付款义务的继续履行】	★★
	第114条【违约金的约定及其调整】	★★
	第215条【租赁合同的书面形式要求】	★★
	第93条【合同的约定解除:协商一致;约定条件成就】	★
	第96条【合同解除权的行使规则】	★
	第222条【承租人的租赁物保管义务及其赔偿责任】	★

0209

第十四章 融资租赁合同

第237条【融资租赁合同的定义】 ★★★★

融资租赁合同是出租人根据承租人对出卖人、租赁物的选择,向出卖人购买租赁物,提供给承租人使用,承租人支付租金的合同。

■ 一、主要适用的案由及其相关度

案由编号	主要适用的案由	相关度
M4.10.98	融资租赁合同纠纷	★★★★★

二、同时适用的法条及其相关度

	同时适用的法条	相关度
合同法	第 248 条【承租人的租金支付义务、出租人的租金支付请求权以及合同解除权】	★★★★★
	第 107 条【合同约束力：违约责任】	★★★★
	第 60 条【合同履行的原则】	★★★
	第 114 条【违约金的约定及其调整】	★★★
	第 8 条【依法成立的合同的法律约束力】	★★
	第 93 条【合同的约定解除：协商一致；约定条件成就】	★
	第 109 条【违约责任的承担：付款义务的继续履行】	★
担保法	第 18 条【连带责任保证的定义；连带责任的承担】	★★★★★
	第 21 条【保证担保的范围；没有约定、约定不明时的担保范围】	★★★★
	第 31 条【保证人的追偿权】	★★★★
	第 6 条【保证的定义】	★★★
融资租赁合同司法解释	第 20 条【承租人逾期履行付款义务的出租人有权要求支付逾期利息、相应违约金】	★★★
担保法司法解释	第 42 条【保证人追偿权的行使与诉讼时效】	★★
婚姻法司法解释二	第 24 条【离婚时夫妻一方所欠债务的处理】	★

第 238 条【融资租赁合同的内容】 ★★

融资租赁合同的内容包括租赁物名称、数量、规格、技术性能、检验方法、租赁期限、租金构成及其支付期限和方式、币种、租赁期间届满租赁物的归属等条款。

融资租赁合同应当采用书面形式。

一、主要适用的案由及其相关度

案由编号	主要适用的案由	相关度
M4.10.98	融资租赁合同纠纷	★★★★★

二、同时适用的法条及其相关度

	同时适用的法条	相关度	
合同法	第237条【融资租赁合同的定义】	★★★★★	0209
	第248条【承租人的租金支付义务、出租人的租金支付请求权以及合同解除权】	★★★★★	
	第107条【合同约束力;违约责任】	★★★	
	第243条【融资租赁合同的租金】	★★★	
	第8条【依法成立的合同的法律约束力】	★★	
	第60条【合同履行的原则】	★	
	第93条【合同的约定解除:协商一致;约定条件成就】	★	
	第94条【合同的法定解除;法定解除权】	★	
	第97条【合同解除的法律后果】	★	
	第114条【违约金的约定及其调整】	★	
	第250条【租赁期间届满时租赁物的归属】	★	
担保法	第18条【连带责任保证的定义;连带责任的承担】	★★★	0909
	第21条【保证担保的范围;没有约定、约定不明时的担保范围】	★★★	
	第31条【保证人的追偿权】	★★	
融资租赁合同司法解释	第20条【承租人逾期履行付款义务的出租人有权要求支付逾期利息、相应违约金】	★★	1053
	第1条【融资租赁法律关系的认定】	★	

第239条【租赁物买卖合同标的物的交付与受领】 ★

出租人根据承租人对出卖人、租赁物的选择订立的买卖合同,出卖人应当按照约定向承租人交付标的物,承租人享有与受领标的物有关的买受人的权利。

■ 一、主要适用的案由及其相关度

案由编号	主要适用的案由	相关度
M4.10.98	融资租赁合同纠纷	★★★★★

■ 二、同时适用的法条及其相关度

	同时适用的法条	相关度
合同法	第60条【合同履行的原则】	★★★★★
	第107条【合同约束力;违约责任】	★★★★★
	第237条【融资租赁合同的定义】	★★★★
	第248条【承租人的租金支付义务、出租人的租金支付请求权以及合同解除权】	★★★★
	第44条【合同的生效】	★★★
	第114条【违约金的约定及其调整】	★★★
	第8条【依法成立的合同的法律约束力】	★
	第93条【合同的约定解除:协商一致;约定条件成就】	★
	第97条【合同解除的法律后果】	★
	第158条【买受人的检验、通知义务】	★
	第240条【承租人的索赔权】	★
	第242条【租赁物的所有权】	★
	第244条【租赁物不符合约定或不符合使用目的的处理】	★

	同时适用的法条	相关度	
担保法	第18条【连带责任保证的定义;连带责任的承担】	★	0909
	第21条【保证担保的范围;没有约定、约定不明时的担保范围】	★	
	第31条【保证人的追偿权】	★	
融资租赁合同司法解释	第1条【融资租赁法律关系的认定】	★	1053
	第22条【出租人依法解除融资租赁合同可以同时请求收回租赁物并赔偿损失;融资租赁合同损失赔偿范围的确定】	★	

第240条【承租人的索赔权】 ★★

出租人、出卖人、承租人可以约定,出卖人不履行买卖合同义务的,由承租人行使索赔的权利。承租人行使索赔权利的,出租人应当协助。

一、主要适用的案由及其相关度

案由编号	主要适用的案由	相关度
M4.10.98	融资租赁合同纠纷	★★★★★

二、同时适用的法条及其相关度

	同时适用的法条	相关度	
合同法	第60条【合同履行的原则】	★★★★★	0209
	第107条【合同约束力;违约责任】	★★★★★	
	第114条【违约金的约定及其调整】	★★★★★	
	第248条【承租人的租金支付义务、出租人的租金支付请求权以及合同解除权】	★★★★★	
	第8条【依法成立的合同的法律约束力】	★★★	
	第237条【融资租赁合同的定义】	★★★	
	第244条【租赁物不符合约定或不符合使用目的的处理】	★★★	

		同时适用的法条	相关度
0209	合同法	第93条【合同的约定解除:协商一致;约定条件成就】	★★
		第79条【债权人不得转让合同权利的情形】	★
		第80条【债权人转让债权的通知义务】	★
		第94条【合同的法定解除;法定解除权】	★
		第109条【违约责任的承担:付款义务的继续履行】	★
		第239条【租赁物买卖合同标的物的交付与受领】	★
0909	担保法	第18条【连带责任保证的定义;连带责任的承担】	★★★
		第21条【保证担保的范围;没有约定、约定不明时的担保范围】	★★★
		第31条【保证人的追偿权】	★★★
		第6条【保证的定义】	★
0916	民法通则	第106条【民事责任归责原则:违约责任;过错侵权责任;无过错侵权责任】	★
		第111条【违约履行合同义务的后果:继续履行;补救;赔偿损失】	★
		第112条【违反合同的赔偿责任;对违约金数额及损失赔偿额计算方法的约定】	★
1053	融资租赁合同司法解释	第20条【承租人逾期履行付款义务的出租人有权要求支付逾期利息、相应违约金】	★★★
		第6条【承租人对出卖人行使索赔权不影响其融资租赁合同项下的租金支付义务及例外情形】	★
		第12条【出租人解除融资租赁合同的情形】	★
		第21条【出租人的租金支付请求权以及合同解除权】	★
1024	担保法司法解释	第22条【保证合同的成立】	★★★

第241条【租赁物买卖合同内容的变更】 ★

出租人根据承租人对出卖人、租赁物的选择订立的买卖合同,未经承租人同意,出租人不得变更与承租人有关的合同内容。

■ 一、主要适用的案由及其相关度

案由编号	主要适用的案由	相关度
M4.10	合同纠纷	
M3.5.38	财产损害赔偿纠纷	
M3.5.34	排除妨害纠纷	

■ 二、同时适用的法条及其相关度

	同时适用的法条	相关度
合同法	第6条【诚实信用原则】	
	第8条【依法成立的合同的法律约束力】	
	第60条【合同履行的原则】	
	第80条【债权人转让债权的通知义务】	
	第81条【债权转让从权利一并转让】	
	第82条【债务抗辩转移】	
	第107条【合同约束力;违约责任】	
	第108条【预期违约责任】	
	第111条【违约责任的承担;质量不符合约定的违约责任】	
	第237条【融资租赁合同的定义】	
	第245条【出租人保证承租人对租赁物的占有和使用】	
	第248条【承租人的租金支付义务、出租人的租金支付请求权以及合同解除权】	
	第263条【定作人报酬支付的期限】	

		同时适用的法条	相关度
0909	担保法	第6条【保证的定义】	
		第12条【多人保证责任的承担】	
		第18条【连带责任保证的定义;连带责任的承担】	
		第22条【主债权转让时保证人的保证责任】	
		第31条【保证人的追偿权】	
0927	物权法	第117条【用益物权人享有了基本权利】	
0916	民法通则	第87条【连带债权与连带债务】	
0960	侵权责任法	第2条【侵权责任一般条款;民事权益的范围】	
		第6条【过错责任原则;过错推定责任原则】	
		第15条【侵权责任的主要承担方式】	
1031	建设工程合同纠纷司法解释	第11条【建设工程质量不符合约定:承包人的过错、拒绝修理、拒绝返工、拒绝改建、减少支付工程价款】	
		第14条【建设工程实际竣工日期有争议时的不同处理规则】	
1059	建设工程价款优先受偿权问题的批复	第1条【承包人的建设工程优先受偿权】	
		第3条【建设工程价款的范围】	

第242条【租赁物的所有权】 ★★★

出租人享有租赁物的所有权。承租人破产的,租赁物不属于破产财产。

一、主要适用的案由及其相关度

案由编号	主要适用的案由	相关度
M4.10.98	融资租赁合同纠纷	★★★★★

二、同时适用的法条及其相关度

	同时适用的法条	相关度	
合同法	第114条【违约金的约定及其调整】	★★★★★	0209
	第248条【承租人的租金支付义务、出租人的租金支付请求权以及合同解除权】	★★★★★	
	第60条【合同履行的原则】	★★★★	
	第93条【合同的约定解除：协商一致；约定条件成就】	★★★	
	第97条【合同解除的法律后果】	★★★	
	第107条【合同约束力；违约责任】	★★★	
	第8条【依法成立的合同的法律约束力】	★★	
	第237条【融资租赁合同的定义】	★★	
	第243条【融资租赁合同的租金】	★	
	第249条【出租人的租赁物收回权和承租人的要求租赁物价值部分返还权】	★	
担保法	第18条【连带责任保证的定义；连带责任的承担】	★★★★	0909
	第21条【保证担保的范围；没有约定、约定不明时的担保范围】	★★★	
	第31条【保证人的追偿权】	★★★	
民法通则	第106条【民事责任归责原则：违约责任；过错侵权责任；无过错侵权责任】	★★★★	0916
	第84条【债的定义】	★★★	
婚姻法	第17条【夫妻共同财产的范围】	★★	0953
	第19条【夫妻财产约定制】	★	

0670　合同、无因管理、不当得利纠纷

		同时适用的法条	相关度
1053	融资租赁合同司法解释	第12条【出租人解除融资租赁合同的情形】	★★★
		第20条【承租人逾期履行付款义务的出租人有权要求支付逾期利息、相应违约金】	★★★
		第22条【出租人依法解除融资租赁合同可以同时请求收回租赁物并赔偿损失；融资租赁合同损失赔偿范围的确定】	★★
1022	婚姻法司法解释二	第24条【离婚时夫妻一方所欠债务的处理】	★

第243条【融资租赁合同的租金】　　　　　　　　　　★★

融资租赁合同的租金，除当事人另有约定的以外，应当根据购买租赁物的大部分或者全部成本以及出租人的合理利润确定。

■ 一、主要适用的案由及其相关度

案由编号	主要适用的案由	相关度
M4.10.98	融资租赁合同纠纷	★★★★★

■ 二、同时适用的法条及其相关度

		同时适用的法条	相关度
0209	合同法	第107条【合同约束力；违约责任】	★★★★★
		第248条【承租人的租金支付义务、出租人的租金支付请求权以及合同解除权】	★★★★★
		第60条【合同履行的原则】	★★★★
		第114条【违约金的约定及其调整】	★★★★
		第8条【依法成立的合同的法律约束力】	★★★
		第93条【合同的约定解除；协商一致；约定条件成就】	★★★
		第97条【合同解除的法律后果】	★★★

	同时适用的法条	相关度	
合同法	第237条【融资租赁合同的定义】	★★★	0209
	第242条【租赁物的所有权】	★★★	
	第98条【结算条款、清理条款效力的独立性】	★★	
	第5条【公平原则:合同权利义务确定的原则】	★	
	第94条【合同的法定解除;法定解除权】	★	
	第113条【违约责任的承担:损失赔偿】	★	
担保法	第18条【连带责任保证的定义;连带责任的承担】	★★★	0909
	第21条【保证担保的范围;没有约定、约定不明时的担保范围】	★★	
	第31条【保证人的追偿权】	★★	
	第6条【保证的定义】	★	
融资租赁合同司法解释	第20条【承租人逾期履行付款义务的出租人有权要求支付逾期利息、相应违约金】	★★	1053
	第12条【出租人解除融资租赁合同的情形】	★	
担保法司法解释	第22条【保证合同的成立】	★	1024

第244条【租赁物不符合约定或不符合使用目的的处理】 ★★

租赁物不符合约定或者不符合使用目的的,出租人不承担责任,但承租人依赖出租人的技能确定租赁物或者出租人干预选择租赁物的除外。

■ 一、主要适用的案由及其相关度

案由编号	主要适用的案由	相关度
M4.10.98	融资租赁合同纠纷	★★★★★
M4.10.126	追偿权纠纷	★

二、同时适用的法条及其相关度

		同时适用的法条	相关度
0209	合同法	第107条【合同约束力;违约责任】	★★★★★
		第248条【承租人的租金支付义务、出租人的租金支付请求权以及合同解除权】	★★★★★
		第237条【融资租赁合同的定义】	★★★★
		第60条【合同履行的原则】	★★★
		第109条【违约责任的承担:付款义务的继续履行】	★★★
		第114条【违约金的约定及其调整】	★★★
		第8条【依法成立的合同的法律约束力】	★★
		第79条【债权人不得转让合同权利的情形】	★
		第80条【债权人转让债权的通知义务】	★
		第93条【合同的约定解除:协商一致;约定条件成就】	★
		第113条【违约责任的承担:损失赔偿】	★
		第239条【租赁物买卖合同标的物的交付与受领】	★
		第240条【承租人的索赔权】	★
		第249条【出租人的租赁物收回权和承租人的要求租赁物价值部分返还权】	★
0909	担保法	第18条【连带责任保证的定义;连带责任的承担】	★★★★
		第21条【保证担保的范围;没有约定、约定不明时的担保范围】	★★★
		第31条【保证人的追偿权】	★★★
		第12条【多人保证责任的承担】	★★
		第6条【保证的定义】	★

	同时适用的法条	相关度	
融资租赁合同司法解释	第6条【承租人对出卖人行使索赔权不影响其融资租赁合同项下的租金支付义务及例外情形】	★	1053
	第12条【出租人解除融资租赁合同的情形】	★	
	第20条【承租人逾期履行付款义务的出租人有权要求支付逾期利息、相应违约金】	★	

第245条【出租人保证承租人对租赁物的占有和使用】 ★

出租人应当保证承租人对租赁物的占有和使用。

■ 一、主要适用的案由及其相关度

案由编号	主要适用的案由	相关度
M4.10.98	融资租赁合同纠纷	
M4.10.97.2	房屋租赁合同纠纷	

■ 二、同时适用的法条及其相关度

	同时适用的法条	相关度	
合同法	第8条【依法成立的合同的法律约束力】	★★★★★	0209
	第60条【合同履行的原则】	★★★★★	
	第107条【合同约束力:违约责任】	★★★★★	
	第237条【融资租赁合同的定义】	★★★★★	
	第248条【承租人的租金支付义务、出租人的租金支付请求权以及合同解除权】	★★★★★	
	第108条【预期违约责任】	★★★★	
	第80条【债权人转让债权的通知义务】	★★★	
	第44条【合同的生效】	★★	
	第81条【债权转让从权利一并转让】	★★	
	第174条【买卖合同准用于有偿合同;有偿合同参照买卖合同】	★★	

		同时适用的法条	相关度
0209	合同法	第94条【合同的法定解除;法定解除权】	★
		第239条【租赁物买卖合同标的物的交付与受领】	★
		第242条【租赁物的所有权】	★
1053	融资租赁合同司法解释	第20条【承租人逾期履行付款义务的出租人有权要求支付逾期利息、相应违约金】	★★★

第246条【出租人对租赁物致第三人损害不承担责任的规则】 ★★

承租人占有租赁物期间,租赁物造成第三人的人身伤害或者财产损害的,出租人不承担责任。

■ 一、主要适用的案由及其相关度

案由编号	主要适用的案由	相关度
M9.30.350	机动车交通事故责任纠纷	★★★★★

■ 二、同时适用的法条及其相关度

		同时适用的法条	相关度
0952	道路交通安全法	第76条【交通事故赔偿责任的一般条款】	★★★★★
		第21条【驾驶人上路前对机动车安全技术性能认真检查的义务、禁止驾驶具有安全隐患的机动车】	★
0960	侵权责任法	第16条【人身损害赔偿项目:一般人身损害赔偿项目、伤残赔偿项目、死亡赔偿项目】	★★★★★
		第6条【过错责任原则;过错推定责任原则】	★★★★
		第48条【机动车交通事故责任的法律适用】	★★★★
		第22条【人身权益侵害精神损害赔偿的请求权】	★★★
		第49条【机动车所有人与使用人分离时发生交通事故的侵权责任:租赁、借用机动车发生交通事故的侵权责任】	★★★

	同时适用的法条	相关度	
侵权责任法	第15条【侵权责任的主要承担方式】	★★	0960
	第2条【侵权责任一般条款;民事权益的范围】	★	
	第3条【被侵权人的侵权责任请求权】	★	
	第19条【侵害财产造成财产损失的计算方式】	★	
	第26条【过失相抵;被侵权人过错】	★	
	第34条【用人单位替代责任;劳务派遣侵权责任:替代责任、补充责任】	★	
	第35条【个人劳务责任:提供劳务者致害责任、提供劳务者受害责任】	★	
保险法	第65条【责任保险的赔偿规则】	★★★★	0937
	第17条【保险人对保险合同中格式条款的说明义务;保险人对保险合同中免责条款的提示说明义务、违反该义务时免责条款无效】	★	
民法通则	第119条【人身损害赔偿项目:一般人身损害赔偿项目、伤残赔偿项目、死亡赔偿项目】	★★★	0916
	第106条【民事责任归责原则:违约责任;过错侵权责任;无过错侵权责任】	★	
	第117条【侵害财产权的责任承担方式:返还财产、折价赔偿、恢复原状、折价赔偿;赔偿损失】	★	
合同法	第107条【合同约束力:违约责任】	★	0209
	第237条【融资租赁合同的定义】	★	
人身损害赔偿司法解释	第17条【人身损害赔偿项目:一般人身损害赔偿项目、伤残赔偿项目、死亡赔偿项目】	★★★★★	1038
	第18条【精神损害抚慰金的请求权及其法律适用】	★★★★	
	第19条【医疗费的计算标准】	★★★	
	第20条【误工费的计算标准】	★★★	
	第21条【护理费的计算标准】	★★★	

	同时适用的法条	相关度
1038 人身损害赔偿司法解释	第22条【交通费的计算标准】	★★★
	第23条【伙食费、住宿费的计算标准】	★★★
	第24条【营养费的计算标准】	★★★
	第25条【残疾赔偿金的计算标准】	★★★
	第9条【用人单位的替代责任:雇员致害时雇主的赔偿责任;对"从事雇佣活动"的界定】	★★
	第28条【被扶养人生活费数额的确定】	★★
	第27条【丧葬费的计算标准】	★
	第29条【死亡赔偿金的计算标准】	★
	第35条【人身损害赔偿相关统计数据概念的界定】	★
1054 道路交通事故司法解释	第16条【交强险和商业三者险并存时的赔付规则】	★★★
	第15条【交通事故财产损失赔偿范围】	★
1062 精神损害赔偿司法解释	第8条【致人精神损害的责任方式】	★
	第10条【精神损害赔偿数额的确定标准】	★

第247条【承租人的义务】 ★

承租人应当妥善保管、使用租赁物。

承租人应当履行占有租赁物期间的维修义务。

■ 一、主要适用的案由及其相关度

案由编号	主要适用的案由	相关度
M4.10.98	融资租赁合同纠纷	★★★★★
M4.10.97	租赁合同纠纷	★★

■ 二、同时适用的法条及其相关度

	同时适用的法条	相关度	
合同法	第60条【合同履行的原则】	★★★★★	0209
	第248条【承租人的租金支付义务、出租人的租金支付请求权以及合同解除权】	★★★★★	
	第237条【融资租赁合同的定义】	★★★★	
	第94条【合同的法定解除;法定解除权】	★★★	
	第107条【合同约束力;违约责任】	★★★	
	第8条【依法成立的合同的法律约束力】	★★	
	第97条【合同解除的法律后果】	★★	
	第109条【违约责任的承担:付款义务的继续履行】	★★	
	第114条【违约金的约定及其调整】	★★	
	第244条【租赁物不符合约定或不符合使用目的的处理】	★	
	第246条【出租人对租赁物致第三人损害不承担责任的规则】	★	
担保法	第18条【连带责任保证的定义;连带责任的承担】	★★★★	0909
	第21条【保证担保的范围;没有约定、约定不明时的担保范围】	★★★	
	第6条【保证的定义】	★★	
	第31条【保证人的追偿权】	★	
民法通则	第4条【民事活动的基本原则:自愿、公平、等价有偿、诚实信用】	★	0916
	第117条【侵害财产权的责任承担方式:返还财产、折价赔偿;恢复原状、折价赔偿;赔偿损失】	★	
担保法司法解释	第42条【保证人追偿权的行使与诉讼时效】	★	1024

第248条【承租人的租金支付义务、出租人的租金支付请求权以及合同解除权】 ★★★★

承租人应当按照约定支付租金。承租人经催告后在合理期限内仍不支付租金的,出租人可以要求支付全部租金;也可以解除合同,收回租赁物。

一、主要适用的案由及其相关度

案由编号	主要适用的案由	相关度
M4.10.98	融资租赁合同纠纷	★★★★★

二、同时适用的法条及其相关度

	同时适用的法条	相关度
0209 合同法	第60条【合同履行的原则】	★★★★★
	第107条【合同约束力;违约责任】	★★★★★
	第114条【违约金的约定及其调整】	★★★★
	第237条【融资租赁合同的定义】	★★★★
	第8条【依法成立的合同的法律约束力】	★★
	第93条【合同的约定解除:协商一致;约定条件成就】	★★
	第97条【合同解除的法律后果】	★★
	第108条【预期违约责任】	★★
	第242条【租赁物的所有权】	★★
	第109条【违约责任的承担:付款义务的继续履行】	★
0909 担保法	第18条【连带责任保证的定义;连带责任的承担】	★★★★★
	第21条【保证担保的范围;没有约定、约定不明时的担保范围】	★★★
	第31条【保证人的追偿权】	★★★
	第6条【保证的定义】	★

	同时适用的法条	相关度	
民法通则	第84条【债的定义】	★★	0916
	第106条【民事责任归责原则;违约责任;过错侵权责任;无过错侵权责任】	★★	
融资租赁合同司法解释	第20条【承租人逾期履行付款义务的出租人有权要求支付逾期利息、相应违约金】	★★★	1053
	第12条【出租人解除融资租赁合同的情形】	★	
婚姻法司法解释二	第24条【离婚时夫妻一方所欠债务的处理】	★	1022
担保法司法解释	第42条【保证人追偿权的行使与诉讼时效】	★	1024

第249条【出租人的租赁物收回权和承租人的要求租赁物价值部分返还权】 ★★★

当事人约定租赁期间届满租赁物归承租人所有,承租人已经支付大部分租金,但无力支付剩余租金,出租人因此解除合同收回租赁物的,收回的租赁物的价值超过承租人欠付的租金以及其他费用的,承租人可以要求部分返还。

■ 一、主要适用的案由及其相关度

案由编号	主要适用的案由	相关度
M4.10.98	融资租赁合同纠纷	★★★★★

■ 二、同时适用的法条及其相关度

	同时适用的法条	相关度	
合同法	第248条【承租人的租金支付义务、出租人的租金支付请求权以及合同解除权】	★★★★★	0209
	第114条【违约金的约定及其调整】	★★★★	

		同时适用的法条	相关度
0209	合同法	第60条【合同履行的原则】	★★★
		第107条【合同约束力;违约责任】	★★★
		第237条【融资租赁合同的定义】	★★★
		第242条【租赁物的所有权】	★★★
		第8条【依法成立的合同的法律约束力】	★
		第10条【合同的订立形式;合同的书面形式】	★
		第44条【合同的生效】	★
		第91条【合同权利义务终止的法定情形】	★
		第94条【合同的法定解除;法定解除权】	★
		第250条【租赁期间届满时租赁物的归属】	★
0909	担保法	第18条【连带责任保证的定义;连带责任的承担】	★★★★
		第31条【保证人的追偿权】	★★★
		第21条【保证担保的范围;没有约定、约定不明时的担保范围】	★★
0916	民法通则	第84条【债的定义】	★★★
		第106条【民事责任归责原则;违约责任;过错侵权责任;无过错侵权责任】	★★★
0953	婚姻法	第17条【夫妻共同财产的范围】	★★
		第19条【夫妻财产约定制】	★★
1053	融资租赁合同司法解释	第20条【承租人逾期履行付款义务的出租人有权要求支付逾期利息、相应违约金】	★★★
		第12条【出租人解除融资租赁合同的情形】	★★

第250条【租赁期间届满时租赁物的归属】 ★★★

出租人和承租人可以约定租赁期间届满租赁物的归属。对租赁物的归属没有约定或者约定不明确,依照本法第六十一条的规定仍不能确定的,租赁物的所有权归出租人。

一、主要适用的案由及其相关度

案由编号	主要适用的案由	相关度
M4.10.98	融资租赁合同纠纷	★★★★★

二、同时适用的法条及其相关度

	同时适用的法条	相关度	
合同法	第248条【承租人的租金支付义务、出租人的租金支付请求权以及合同解除权】	★★★★★	0209
	第107条【合同约束力:违约责任】	★★★★	
	第60条【合同履行的原则】	★★★	
	第114条【违约金的约定及其调整】	★★★	
	第237条【融资租赁合同的定义】	★★★	
	第8条【依法成立的合同的法律约束力】	★★	
	第242条【租赁物的所有权】	★★	
	第91条【合同权利义务终止的法定情形】	★	
	第93条【合同的约定解除:协商一致;约定条件成就】	★	
	第94条【合同的法定解除;法定解除权】	★	
	第97条【合同解除的法律后果】	★	
	第109条【违约责任的承担:付款义务的继续履行】	★	
	第113条【违约责任的承担:损失赔偿】	★	
	第249条【出租人的租赁物收回权和承租人的要求租赁物价值部分返还权】	★	
担保法	第18条【连带责任保证的定义;连带责任的承担】	★★★★	0909
	第21条【保证担保的范围;没有约定、约定不明时的担保范围】	★★★	
	第31条【保证人的追偿权】	★★	

0682　合同、无因管理、不当得利纠纷

		同时适用的法条	相关度
1053	融资租赁合同司法解释	第20条【承租人逾期履行付款义务的出租人有权要求支付逾期利息、相应违约金】	★

第十五章　承揽合同

第251条【承揽合同的定义；承揽的种类】　★★★★

承揽合同是承揽人按照定作人的要求完成工作，交付工作成果，定作人给付报酬的合同。

承揽包括加工、定作、修理、复制、测试、检验等工作。

一、主要适用的案由及其相关度

案由编号	主要适用的案由	相关度
M4.10.99	承揽合同纠纷	★★★★★
M4.10.99.1	加工合同纠纷	★★★
M4.10.99.2	定作合同纠纷	★★
M4.10.99.3	修理合同纠纷	★

二、同时适用的法条及其相关度

		同时适用的法条	相关度
0209	合同法	第263条【定作人报酬支付的期限】	★★★★★
		第107条【合同约束力；违约责任】	★★★★
		第60条【合同履行的原则】	★★★
		第109条【违约责任的承担：付款义务的继续履行】	★★★
		第8条【依法成立的合同的法律约束力】	★★
		第44条【合同的生效】	★★
		第113条【违约责任的承担：损失赔偿】	★
		第114条【违约金的约定及其调整】	★

	同时适用的法条	相关度	
合同法	第261条【承揽合同工作成果的交付和验收】	★	0209
	第262条【承揽人违约责任的承担方式】	★	
民法通则	第84条【债的定义】	★	0916
	第108条【债务清偿：分期偿还、强制偿还】	★	
人身损害赔偿司法解释	第10条【承揽人致人损害或损害自身时定作人的赔偿责任】	★	1038

第252条【承揽合同的内容】 ★★

承揽合同的内容包括承揽的标的、数量、质量、报酬、承揽方式、材料的提供、履行期限、验收标准和方法等条款。

■ 一、主要适用的案由及其相关度

案由编号	主要适用的案由	相关度
M4.10.99	承揽合同纠纷	★★★★★
M4.10.99.1	加工合同纠纷	★
M4.10.99.2	定作合同纠纷	★

■ 二、同时适用的法条及其相关度

	同时适用的法条	相关度	
合同法	第251条【承揽合同的定义；承揽的种类】	★★★★★	0209
	第60条【合同履行的原则】	★★★	
	第263条【定作人报酬支付的期限】	★★★	
	第107条【合同约束力：违约责任】	★★	
	第8条【依法成立的合同的法律约束力】	★	
	第44条【合同的生效】	★	
	第109条【违约责任的承担：付款义务的继续履行】	★	

	同时适用的法条	相关度
合同法	第253条【承揽人独自完成主要工作的义务】	★
	第261条【承揽合同工作成果的交付和验收】	★
	第262条【承揽人违约责任的承担方式】	★

第253条【承揽人独自完成主要工作的义务】 ★★

承揽人应当以自己的设备、技术和劳力,完成主要工作,但当事人另有约定的除外。

承揽人将其承揽的主要工作交由第三人完成的,应当就该第三人完成的工作成果向定作人负责;未经定作人同意的,定作人也可以解除合同。

一、主要适用的案由及其相关度

案由编号	主要适用的案由	相关度
M4.10.99	承揽合同纠纷	★★★★★
M4.10.99.1	加工合同纠纷	★
M4.10.99.2	定作合同纠纷	★
M9.30.345	提供劳务者受害责任纠纷	★★
M1.1.1	生命权、健康权、身体权纠纷	★

二、同时适用的法条及其相关度

	同时适用的法条	相关度
合同法	第251条【承揽合同的定义;承揽的种类】	★★★★★
	第263条【定作人报酬支付的期限】	★★★
	第60条【合同履行的原则】	★★
	第107条【合同约束力;违约责任】	★★
	第8条【依法成立的合同的法律约束力】	★
	第94条【合同的法定解除;法定解除权】	★
	第97条【合同解除的法律后果】	★
	第109条【违约责任的承担;付款义务的继续履行】	★

	同时适用的法条	相关度	
合同法	第 114 条【违约金的约定及其调整】	★	0209
	第 252 条【承揽合同的内容】	★	
	第 262 条【承揽人违约责任的承担方式】	★	
侵权责任法	第 16 条【人身损害赔偿项目：一般人身损害赔偿项目、伤残赔偿项目、死亡赔偿项目】	★	0960
人身损害赔偿司法解释	第 10 条【承揽人致人损害或损害自身时定作人的赔偿责任】	★★	1038
	第 17 条【人身损害赔偿项目：一般人身损害赔偿项目、伤残赔偿项目、死亡赔偿项目】	★	
	第 18 条【精神损害抚慰金的请求权及其法律适用】	★	
	第 19 条【医疗费的计算标准】	★	
	第 20 条【误工费的计算标准】	★	
	第 21 条【护理费的计算标准】	★	
	第 22 条【交通费的计算标准】	★	
	第 23 条【伙食费、住宿费的计算标准】	★	
	第 24 条【营养费的计算标准】	★	
	第 25 条【残疾赔偿金的计算标准】	★	

第 254 条【承揽人可将辅助性工作交第三人完成并对工作成果负责】 ★

承揽人可以将其承揽的辅助工作交由第三人完成。承揽人将其承揽的辅助工作交由第三人完成的，应当就该第三人完成的工作成果向定作人负责。

▓ 一、主要适用的案由及其相关度

案由编号	主要适用的案由	相关度
M4.10.99	承揽合同纠纷	★★★★★
M9.30.345	提供劳务者受害责任纠纷	★★

二、同时适用的法条及其相关度

		同时适用的法条	相关度
0209	合同法	第251条【承揽合同的定义；承揽的种类】	★★★★★
		第253条【承揽人独自完成主要工作的义务】	★★★★★
		第60条【合同履行的原则】	★★★
		第107条【合同约束力；违约责任】	★★★
		第263条【定作人报酬支付的期限】	★★★
		第262条【承揽人违约责任的承担方式】	★★
		第8条【依法成立的合同的法律约束力】	★
		第53条【合同中免责条款无效的情形】	★
		第113条【违约责任的承担：损失赔偿】	★
		第114条【违约金的约定及其调整】	★
0960	侵权责任法	第35条【个人劳务责任：提供劳务者致害责任、提供劳务者受害责任】	★★
		第16条【人身损害赔偿项目：一般人身损害赔偿项目、伤残赔偿项目、死亡赔偿项目】	★
1038	人身损害赔偿司法解释	第10条【承揽人致人损害或损害自身时定作人的赔偿责任】	★★★
		第17条【人身损害赔偿项目：一般人身损害赔偿项目、伤残赔偿项目、死亡赔偿项目】	★★★
		第19条【医疗费的计算标准】	★★★
		第20条【误工费的计算标准】	★★★
		第21条【护理费的计算标准】	★★★
		第22条【交通费的计算标准】	★★★
		第23条【伙食费、住宿费的计算标准】	★★★
		第25条【残疾赔偿金的计算标准】	★★
		第2条【受害人有过错：减免赔偿义务人的赔偿责任】	★

	同时适用的法条	相关度	
人身损害赔偿司法解释	第11条【雇员在雇佣活动中遭受人身损害时的责任承担】	★	1038
	第18条【精神损害抚慰金的请求权及其法律适用】	★	
	第24条【营养费的计算标准】	★	
	第27条【丧葬费的计算标准】	★	
	第28条【被扶养人生活费数额的确定】	★	
	第29条【死亡赔偿金的计算标准】	★	
	第35条【人身损害赔偿相关统计数据概念的界定】	★	
精神损害赔偿司法解释	第10条【精神损害赔偿数额的确定标准】	★	1062

第255条【定作人对承揽人选用材料的检验权利】 ★

承揽人提供材料的,承揽人应当按照约定选用材料,并接受定作人检验。

一、主要适用的案由及其相关度

案由编号	主要适用的案由	相关度
M4.10.99	承揽合同纠纷	★★★★★
M4.10.99.2	定作合同纠纷	★

二、同时适用的法条及其相关度

	同时适用的法条	相关度	
合同法	第251条【承揽合同的定义;承揽的种类】	★★★★★	0209
	第60条【合同履行的原则】	★★★★	
	第263条【定作人报酬支付的期限】	★★★★	
	第107条【合同约束力:违约责任】	★★★	

	同时适用的法条	相关度
0209	第261条【承揽合同工作成果的交付和验收】	★★★
	第262条【承揽人违约责任的承担方式】	★★★
	第252条【承揽合同的内容】	★★
合同法	第8条【依法成立的合同的法律约束力】	★
	第44条【合同的生效】	★
	第94条【合同的法定解除;法定解除权】	★
	第97条【合同解除的法律后果】	★
	第109条【违约责任的承担;付款义务的继续履行】	★
	第253条【承揽人独自完成主要工作的义务】	★
	第256条【定作人按约提供材料的义务、承揽人对材料的及时检验义务;承揽人不得擅自更换材料、零部件】	★
	第268条【定作人的合同解除权与损失承担】	★

第256条【定作人按约提供材料的义务、承揽人对材料的及时检验义务;承揽人不得擅自更换材料、零部件】 ★

定作人提供材料的,定作人应当按照约定提供材料。承揽人对定作人提供的材料,应当及时检验,发现不符合约定时,应当及时通知定作人更换、补齐或者采取其他补救措施。

承揽人不得擅自更换定作人提供的材料,不得更换不需要修理的零部件。

一、主要适用的案由及其相关度

案由编号	主要适用的案由	相关度
M4.10.99	承揽合同纠纷	★★★★★
M4.10.99.1	加工合同纠纷	★★★
M4.10.99.2	定作合同纠纷	★
M4.10.99.3	修理合同纠纷	★
M9.30.345	提供劳务者受害责任纠纷	★

案由编号	主要适用的案由	相关度
M4.10.100.7	装饰装修合同纠纷	★

■ 二、同时适用的法条及其相关度

	同时适用的法条	相关度	
合同法	第251条【承揽合同的定义;承揽的种类】	★★★★★	0209
	第60条【合同履行的原则】	★★★★	
	第107条【合同约束力;违约责任】	★★★	
	第262条【承揽人违约责任的承担方式】	★★★	
	第263条【定作人报酬支付的期限】	★★★	
	第8条【依法成立的合同的法律约束力】	★★	
	第253条【承揽人独自完成主要工作的义务】	★★	
	第261条【承揽合同工作成果的交付和验收】	★★	
	第6条【诚实信用原则】	★	
	第44条【合同的生效】	★	
	第61条【合同内容约定不明确的处理规则;合同漏洞的填补】	★	
	第94条【合同的法定解除;法定解除权】	★	
	第114条【违约金的约定及其调整】	★	
	第252条【承揽合同的内容】	★	
	第255条【定作人对承揽人选用材料的检验权利】	★	
	第259条【定作人的协助义务及后果】	★	
	第265条【承揽人对材料和工作成果的保管责任】	★	
人身损害赔偿司法解释	第10条【承揽人致人损害或损害自身时定作人的赔偿责任】	★	1038

第257条【定作人不合理要求的处理规则:承揽人的通知义务、定作人的赔偿责任】 ★

承揽人发现定作人提供的图纸或者技术要求不合理的,应当及时通知定作人。因定作人怠于答复等原因造成承揽人损失的,应当赔偿损失。

一、主要适用的案由及其相关度

案由编号	主要适用的案由	相关度
M4.10.99	承揽合同纠纷	★★★★★
M4.10.99.2	定作合同纠纷	★★
M4.10	合同纠纷	★

二、同时适用的法条及其相关度

	同时适用的法条	相关度
合同法	第251条【承揽合同的定义;承揽的种类】	★★★★★
	第262条【承揽人违约责任的承担方式】	★★★★★
	第60条【合同履行的原则】	★★★★
	第107条【合同约束力;违约责任】	★★★
	第261条【承揽合同工作成果的交付和验收】	★★★
	第268条【定作人的合同解除权与损失承担】	★★★
	第97条【合同解除的法律后果】	★★
	第113条【违约责任的承担:损失赔偿】	★★
	第255条【定作人对承揽人选用材料的检验权利】	★★
	第256条【定作人按约提供材料的义务、承揽人对材料的及时检验义务;承揽人不得擅自更换材料、零部件】	★★
	第8条【依法成立的合同的法律约束力】	★
	第44条【合同的生效】	★

	同时适用的法条	相关度	
合同法	第61条【合同内容约定不明确的处理规则：合同漏洞的填补】	★	0209
	第62条【合同内容约定不明确的履行规则：合同漏洞的填补】	★	
	第93条【合同的约定解除：协商一致；约定条件成就】	★	
	第96条【合同解除权的行使规则】	★	
	第109条【违约责任的承担：付款义务的继续履行】	★	
	第112条【违约责任的承担：损失赔偿与其他责任的并存】	★	
	第114条【违约金的约定及其调整】	★	
	第115条【定金罚则】	★	
	第119条【防止违约损失扩大的措施：防损义务及不履行的后果；防损费用的承担】	★	
	第120条【双方违约应各自承担违约责任】	★	
	第252条【承揽合同的内容】	★	
	第253条【承揽人独自完成主要工作的义务】	★	
	第259条【定作人的协助义务及后果】	★	
	第260条【承揽人接受定作人监督检查的义务】	★	
	第263条【定作人报酬支付的期限】	★	
担保法司法解释	第120条【因一方迟延履行或其他违约行为致使合同目的不能实现定金罚则的适用规则】	★	1024
	第121条【定金数额的限制：主合同标的额的20%】	★	
合同法司法解释二	第29条【违约金的数额及其调整：适当减少】	★	1035

第258条【定作人中途变更承揽要求的责任承担】 ★

定作人中途变更承揽工作的要求,造成承揽人损失的,应当赔偿损失。

■ 一、主要适用的案由及其相关度

案由编号	主要适用的案由	相关度
M4.10.99	承揽合同纠纷	★★★★★
M4.10.99.1	加工合同纠纷	★
M4.10.99.2	定作合同纠纷	★

■ 二、同时适用的法条及其相关度

	同时适用的法条	相关度
合同法	第251条【承揽合同的定义;承揽的种类】	★★★★★
合同法	第263条【定作人报酬支付的期限】	★★★★★
合同法	第60条【合同履行的原则】	★★★★
合同法	第107条【合同约束力;违约责任】	★★★★
合同法	第94条【合同的法定解除;法定解除权】	★★★
合同法	第97条【合同解除的法律后果】	★★★
合同法	第268条【定作人的合同解除权与损失承担】	★★★
合同法	第8条【依法成立的合同的法律约束力】	★★
合同法	第44条【合同的生效】	★★
合同法	第93条【合同的约定解除:协商一致;约定条件成就】	★★
合同法	第113条【违约责任的承担;损失赔偿】	★★
合同法	第5条【公平原则:合同权利义务确定的原则】	★
合同法	第10条【合同的订立形式;合同的书面形式】	★
合同法	第61条【合同内容约定不明确的处理规则:合同漏洞的填补】	★

	同时适用的法条	相关度	
合同法	第77条【变更合同的条件与要求】	★	0209
	第109条【违约责任的承担:付款义务的继续履行】	★	
	第253条【承揽人独自完成主要工作的义务】	★	
	第262条【承揽人违约责任的承担方式】	★	
	第287条【建设工程合同参照适用承揽合同的规定】	★	
民法通则	第84条【债的定义】	★★	0916
	第4条【民事活动的基本原则:自愿、公平、等价有偿、诚实信用】	★	
	第43条【企业法人对其经营活动承担民事责任】	★	
	第112条【违反合同的赔偿责任;对违约金数额及损失赔偿额计算方法的约定】	★	
建设工程合同纠纷司法解释	第18条【建设工程应付款时间】	★	1031

第259条【定作人的协助义务及后果】 ★

承揽工作需要定作人协助的,定作人有协助的义务。定作人不履行协助义务致使承揽工作不能完成的,承揽人可以催告定作人在合理期限内履行义务,并可以顺延履行期限;定作人逾期不履行的,承揽人可以解除合同。

■ 一、主要适用的案由及其相关度

案由编号	主要适用的案由	相关度
M4.10.74	买卖合同纠纷	★★★★★
M4.10.99	承揽合同纠纷	★★★★
M4.10.99.1	加工合同纠纷	★
M4.10.99.2	定作合同纠纷	★

二、同时适用的法条及其相关度

		同时适用的法条	相关度
0209	合同法	第 60 条【合同履行的原则】	★★★★★
		第 107 条【合同约束力;违约责任】	★★★★★
		第 251 条【承揽合同的定义;承揽的种类】	★★★★
		第 109 条【违约责任的承担:付款义务的继续履行】	★★★
		第 261 条【承揽合同工作成果的交付和验收】	★★★
		第 263 条【定作人报酬支付的期限】	★★★
		第 8 条【依法成立的合同的法律约束力】	★★
		第 94 条【合同的法定解除;法定解除权】	★★
		第 97 条【合同解除的法律后果】	★★
		第 6 条【诚实信用原则】	★
		第 62 条【合同内容约定不明确的履行规则;合同漏洞的填补】	★
		第 67 条【后履行抗辩权】	★
		第 112 条【违约责任的承担:损失赔偿与其他责任的并存】	★
		第 113 条【违约责任的承担:损失赔偿】	★
		第 114 条【违约金的约定及其调整】	★
		第 130 条【买卖合同的定义】	★
		第 161 条【买受人支付价款的时间】	★
		第 253 条【承揽人独自完成主要工作的义务】	★
		第 256 条【定作人按约提供材料的义务、承揽人对材料的及时检验义务;承揽人不得擅自更换材料、零部件】	★
		第 262 条【承揽人违约责任的承担方式】	★
		第 268 条【定作人的合同解除权与损失承担】	★

	同时适用的法条	相关度	
民法通则	第108条【债务清偿:分期偿还、强制偿还】	★	0916
合同法司法解释二	第29条【违约金的数额及其调整:适当减少】	★	1035

第260条【承揽人接受定作人监督检查的义务】　　★

承揽人在工作期间,应当接受定作人必要的监督检验。定作人不得因监督检验妨碍承揽人的正常工作。

一、主要适用的案由及其相关度

案由编号	主要适用的案由	相关度
M4.10.99	承揽合同纠纷	★★★★★
M4.10.99.1	加工合同纠纷	★
M4.10.99.2	定作合同纠纷	★★★
M9.30.345	提供劳务者受害责任纠纷	★★★
M4.10.97	租赁合同纠纷	★★
M4.10	合同纠纷	★★

二、同时适用的法条及其相关度

	同时适用的法条	相关度	
合同法	第251条【承揽合同的定义;承揽的种类】	★★★★★	0209
	第60条【合同履行的原则】	★★★	
	第107条【合同约束力:违约责任】	★★★	
	第253条【承揽人独自完成主要工作的义务】	★★★	
	第261条【承揽合同工作成果的交付和验收】	★★★	
	第262条【承揽人违约责任的承担方式】	★★★	
	第263条【定作人报酬支付的期限】	★★★	

		同时适用的法条	相关度
0209	合同法	第8条【依法成立的合同的法律约束力】	★★
		第252条【承揽合同的内容】	★★
		第6条【诚实信用原则】	★
		第44条【合同的生效】	★
		第109条【违约责任的承担:付款义务的继续履行】	★
		第112条【违约责任的承担:损失赔偿与其他责任的并存】	★
		第113条【违约责任的承担:损失赔偿】	★
		第114条【违约金的约定及其调整】	★
		第255条【定作人对承揽人选用材料的检验权利】	★
		第256条【定作人按约提供材料的义务、承揽人对材料的及时检验义务;承揽人不得擅自更换材料、零部件】	★
0960	侵权责任法	第35条【个人劳务责任:提供劳务者致害责任、提供劳务者受害责任】	★
0916	民法通则	第106条【民事责任归责原则:违约责任;过错侵权责任;无过错侵权责任】	★
1038	人身损害赔偿司法解释	第10条【承揽人致人损害或损害自身时定作人的赔偿责任】	★★
		第17条【人身损害赔偿项目:一般人身损害赔偿项目、伤残赔偿项目、死亡赔偿项目】	★
		第18条【精神损害抚慰金的请求权及其法律适用】	★
		第19条【医疗费的计算标准】	★
		第20条【误工费的计算标准】	★
		第21条【护理费的计算标准】	★
		第22条【交通费的计算标准】	★

	同时适用的法条	相关度	
人身损害赔偿司法解释	第23条【伙食费、住宿费的计算标准】	★	1038
	第25条【残疾赔偿金的计算标准】	★	
	第27条【丧葬费的计算标准】	★	
	第28条【被扶养人生活费数额的确定】	★	
	第29条【死亡赔偿金的计算标准】	★	

第261条【承揽合同工作成果的交付和验收】 ★★

承揽人完成工作的,应当向定作人交付工作成果,并提交必要的技术资料和有关质量证明。定作人应当验收该工作成果。

■ 一、主要适用的案由及其相关度

案由编号	主要适用的案由	相关度
M4.10.99	承揽合同纠纷	★★★★★
M4.10.99.1	加工合同纠纷	★★
M4.10.99.2	定作合同纠纷	★★
M4.10.74	买卖合同纠纷	★

■ 二、同时适用的法条及其相关度

	同时适用的法条	相关度	
合同法	第251条【承揽合同的定义;承揽的种类】	★★★★★	0209
	第263条【定作人报酬支付的期限】	★★★★★	
	第107条【合同约束力;违约责任】	★★★★	
	第60条【合同履行的原则】	★★★	
	第8条【依法成立的合同的法律约束力】	★★	
	第109条【违约责任的承担;付款义务的继续履行】	★★	
	第262条【承揽人违约责任的承担方式】	★★	

	同时适用的法条	相关度
合同法	第44条【合同的生效】	★
	第94条【合同的法定解除;法定解除权】	★
	第97条【合同解除的法律后果】	★
	第113条【违约责任的承担:损失赔偿】	★
	第114条【违约金的约定及其调整】	★
	第252条【承揽合同的内容】	★

第262条【承揽人违约责任的承担方式】 ★★

承揽人交付的工作成果不符合质量要求的,定作人可以要求承揽人承担修理、重作、减少报酬、赔偿损失等违约责任。

■ 一、主要适用的案由及其相关度

案由编号	主要适用的案由	相关度
M4.10.99	承揽合同纠纷	★★★★★
M4.10.99.1	加工合同纠纷	★
M4.10.99.2	定作合同纠纷	★
M4.10.100.7	装饰装修合同纠纷	★

■ 二、同时适用的法条及其相关度

	同时适用的法条	相关度
合同法	第107条【合同约束力:违约责任】	★★★★★
	第251条【承揽合同的定义;承揽的种类】	★★★★★
	第60条【合同履行的原则】	★★★★
	第263条【定作人报酬支付的期限】	★★★★
	第8条【依法成立的合同的法律约束力】	★★
	第261条【承揽合同工作成果的交付和验收】	★★
	第44条【合同的生效】	★

	同时适用的法条	相关度
合同法	第94条【合同的法定解除；法定解除权】	★
	第97条【合同解除的法律后果】	★
	第109条【违约责任的承担：付款义务的继续履行】	★
	第111条【违约责任的承担：质量不符合约定的违约责任】	★
	第113条【违约责任的承担：损失赔偿】	★
	第114条【违约金的约定及其调整】	★
	第253条【承揽人独自完成主要工作的义务】	★

0209

第263条【定作人报酬支付的期限】 ★★★★

定作人应当按照约定的期限支付报酬。对支付报酬的期限没有约定或者约定不明确，依照本法第六十一条的规定仍不能确定的，定作人应当在承揽人交付工作成果时支付；工作成果部分交付的，定作人应当相应支付。

■ 一、主要适用的案由及其相关度

案由编号	主要适用的案由	相关度
M4.10.99	承揽合同纠纷	★★★★★
M4.10.99.1	加工合同纠纷	★★★
M4.10.99.2	定作合同纠纷	★★★
M4.10.99.3	修理合同纠纷	★
M4.10.74	买卖合同纠纷	★

■ 二、同时适用的法条及其相关度

	同时适用的法条	相关度
合同法	第107条【合同约束力：违约责任】	★★★★★
	第251条【承揽合同的定义；承揽的种类】	★★★★★
	第60条【合同履行的原则】	★★★

0209

	同时适用的法条	相关度
0209 合同法	第109条【违约责任的承担:付款义务的继续履行】	★★★
	第8条【依法成立的合同的法律约束力】	★★
	第44条【合同的生效】	★★
	第113条【违约责任的承担:损失赔偿】	★★
	第114条【违约金的约定及其调整】	★★
	第61条【合同内容约定不明确的处理规则:合同漏洞的填补】	★
0916 民法通则	第108条【债务清偿:分期偿还、强制偿还】	★

第264条【承揽人的留置权】 ★★

定作人未向承揽人支付报酬或者材料费等价款的,承揽人对完成的工作成果享有留置权,但当事人另有约定的除外。

一、主要适用的案由及其相关度

案由编号	主要适用的案由	相关度
M4.10.99	承揽合同纠纷	★★★★★
M4.10.99.1	加工合同纠纷	★★★
M4.10.99.2	定作合同纠纷	★
M4.10.99.3	修理合同纠纷	★★★★

二、同时适用的法条及其相关度

	同时适用的法条	相关度
0209 合同法	第263条【定作人报酬支付的期限】	★★★★★
	第107条【合同约束力:违约责任】	★★★★
	第251条【承揽合同的定义;承揽的种类】	★★★★
	第60条【合同履行的原则】	★★★

	同时适用的法条	相关度	
合同法	第109条【违约责任的承担:付款义务的继续履行】	★★	0209
	第8条【依法成立的合同的法律约束力】	★	
	第61条【合同内容约定不明确的处理规则:合同漏洞的填补】	★	
	第62条【合同内容约定不明确的履行规则:合同漏洞的填补】	★	
	第261条【承揽合同工作成果的交付和验收】	★	
	第262条【承揽人违约责任的承担方式】	★	
物权法	第230条【留置权的一般规定】	★	0927
	第236条【留置权实现的一般规则】	★	
担保法	第82条【留置与留置权】	★	0909
	第84条【留置的适用范围】	★	

第265条【承揽人对材料和工作成果的保管责任】　　★

承揽人应当妥善保管定作人提供的材料以及完成的工作成果,因保管不善造成毁损、灭失的,应当承担损害赔偿责任。

■ 一、主要适用的案由及其相关度

案由编号	主要适用的案由	相关度
M4.10.99	承揽合同纠纷	★★★★★
M4.10.99.1	加工合同纠纷	★★★★★
M4.10.99.3	修理合同纠纷	★
M3.5.38	财产损害赔偿纠纷	★★★
M4.10	合同纠纷	★

二、同时适用的法条及其相关度

		同时适用的法条	相关度
0209	合同法	第60条【合同履行的原则】	★★★★★
		第107条【合同约束力;违约责任】	★★★★★
		第251条【承揽合同的定义;承揽的种类】	★★★★★
		第261条【承揽合同工作成果的交付和验收】	★★★
		第263条【定作人报酬支付的期限】	★★★
		第8条【依法成立的合同的法律约束力】	★★
		第5条【公平原则;合同权利义务确定的原则】	★
		第6条【诚实信用原则】	★
		第44条【合同的生效】	★
		第94条【合同的法定解除;法定解除权】	★
		第97条【合同解除的法律后果】	★
		第109条【违约责任的承担:付款义务的继续履行】	★
		第113条【违约责任的承担:损失赔偿】	★
		第114条【违约金的约定及其调整】	★
		第253条【承揽人独自完成主要工作的义务】	★
		第262条【承揽人违约责任的承担方式】	★
		第264条【承揽人的留置权】	★
		第286条【发包人未按约定支付价款时承包人的催告权和建设工程优先受偿权】	★
0916	民法通则	第106条【民事责任归责原则:违约责任;过错侵权责任;无过错侵权责任】	★
		第117条【侵害财产权的责任承担方式:返还财产、折价赔偿;恢复原状、折价赔偿;赔偿损失】	★
0960	侵权责任法	第6条【过错责任原则;过错推定责任原则】	★
		第15条【侵权责任的主要承担方式】	★
		第19条【侵害财产造成财产损失的计算方式】	★

第266条【承揽人的保密义务】 ★

承揽人应当按照定作人的要求保守秘密,未经定作人许可,不得留存复制品或者技术资料。

■ 一、主要适用的案由及其相关度

案由编号	主要适用的案由	相关度
M4.10.99	承揽合同纠纷	

■ 二、同时适用的法条及其相关度

	同时适用的法条	相关度
合同法	第8条【依法成立的合同的法律约束力】	0209
	第58条【合同无效或被撤销的法律后果】	
	第60条【合同履行的原则】	
	第61条【合同内容约定不明确的处理规则:合同漏洞的填补】	
	第107条【合同约束力:违约责任】	
	第114条【违约金的约定及其调整】	
	第137条【买卖有知识产权的标的物中知识产权的归属】	
	第159条【买受人应支付价款的数额认定】	
	第196条【借款合同定义】	
	第205条【借款利息支付期限的确定】	
	第207条【逾期还款的责任承担:支付利息】	
	第212条【租赁合同的定义】	
	第251条【承揽合同的定义;承揽的种类】	
	第261条【承揽合同工作成果的交付和验收】	
	第262条【承揽人违约责任的承担方式】	
	第264条【承揽人的留置权】	

0704 合同、无因管理、不当得利纠纷

		同时适用的法条	相关度
0209	合同法	第267条【共同承揽人的责任承担:连带责任】	
		第269条【建设工程合同的定义】	
		第286条【发包人未按约定支付价款时承包人的催告权和建设工程优先受偿权】	
0916	民法通则	第84条【债的定义】	
		第108条【债务清偿:分期偿还、强制偿还】	

第267条【共同承揽人的责任承担:连带责任】　★

共同承揽人对定作人承担连带责任,但当事人另有约定的除外。

■ 一、主要适用的案由及其相关度

案由编号	主要适用的案由	相关度
M4.10.99	承揽合同纠纷	★★★★★
M4.10.99.1	加工合同纠纷	★★
M4.10.99.2	定作合同纠纷	★
M4.10.97	租赁合同纠纷	★★★
M4.10	合同纠纷	★
M4.10.100.7	装饰装修合同纠纷	★

■ 二、同时适用的法条及其相关度

		同时适用的法条	相关度
0209	合同法	第60条【合同履行的原则】	★★★★★
		第107条【合同约束力:违约责任】	★★★★★
		第251条【承揽合同的定义;承揽的种类】	★★★★★
		第263条【定作人报酬支付的期限】	★★★★
		第8条【依法成立的合同的法律约束力】	★★★
		第109条【违约责任的承担:付款义务的继续履行】	★★★
		第226条【承租人租金支付期限的确定规则】	★★★

	同时适用的法条	相关度	
合同法	第262条【承揽人违约责任的承担方式】	★★★	0209
	第261条【承揽合同工作成果的交付和验收】	★★	
	第44条【合同的生效】	★	
	第94条【合同的法定解除;法定解除权】	★	
	第97条【合同解除的法律后果】	★	
	第114条【违约金的约定及其调整】	★	
	第115条【定金罚则】	★	
	第116条【同时约定违约金和定金时的择一适用】	★	
	第248条【承租人的租金支付义务、出租人的租金支付请求权以及合同解除权】	★	
	第252条【承揽合同的内容】	★	
	第253条【承揽人独自完成主要工作的义务】	★	
	第256条【定作人按约提供材料的义务、承揽人对材料的及时检验义务;承揽人不得擅自更换材料、零部件】	★	
民法通则	第35条【民事合伙的债务承担规则】	★★	0916
	第34条【合伙事务的执行】	★	
担保法	第18条【连带责任保证的定义;连带责任的承担】	★	0909
人身损害赔偿司法解释	第10条【承揽人致人损害或损害自身时定作人的赔偿责任】	★	1038

第268条【定作人的合同解除权与损失承担】 ★

定作人可以随时解除承揽合同,造成承揽人损失的,应当赔偿损失。

一、主要适用的案由及其相关度

案由编号	主要适用的案由	相关度
M4.10.99	承揽合同纠纷	★★★★★
M4.10.99.1	加工合同纠纷	★★
M4.10.99.2	定作合同纠纷	★★
M4.10.100.7	装饰装修合同纠纷	★

二、同时适用的法条及其相关度

	同时适用的法条	相关度
合同法	第97条【合同解除的法律后果】	★★★★★
	第251条【承揽合同的定义;承揽的种类】	★★★★★
	第60条【合同履行的原则】	★★★★
	第94条【合同的法定解除;法定解除权】	★★★
	第107条【合同约束力;违约责任】	★★★
	第8条【依法成立的合同的法律约束力】	★★
	第263条【定作人报酬支付的期限】	★★
	第44条【合同的生效】	★
	第93条【合同的约定解除:协商一致;约定条件成就】	★
	第96条【合同解除权的行使规则】	★
	第98条【结算条款、清理条款效力的独立性】	★
	第109条【违约责任的承担:付款义务的继续履行】	★
	第113条【违约责任的承担:损失赔偿】	★
	第114条【违约金的约定及其调整】	★
	第261条【承揽合同工作成果的交付和验收】	★
	第262条【承揽人违约责任的承担方式】	★

第十六章　建设工程合同

第269条【建设工程合同的定义】　★★★★

建设工程合同是承包人进行工程建设,发包人支付价款的合同。

建设工程合同包括工程勘察、设计、施工合同。

■ 一、主要适用的案由及其相关度

案由编号	主要适用的案由	相关度
M4.10.100	建设工程合同纠纷	★★★
M4.10.100.3	建设工程施工合同纠纷	★★★★★
M4.10.100.5	建设工程分包合同纠纷	★
M4.10	合同纠纷	★

■ 二、同时适用的法条及其相关度

	同时适用的法条	相关度
合同法	第60条【合同履行的原则】	★★★★★
	第107条【合同约束力;违约责任】	★★★★
	第8条【依法成立的合同的法律约束力】	★★★
	第109条【违约责任的承担;付款义务的继续履行】	★★★
	第279条【建筑工程的竣工验收及交付使用】	★★★
	第286条【发包人未按约定支付价款时承包人的催告权和建设工程优先受偿权】	★★★
	第44条【合同的生效】	★★
	第52条【合同无效的法定情形】	★★
	第114条【违约金的约定及其调整】	★★
	第272条【建设工程合同的发包、承包和分包;第三人与总承包人或发包人的连带责任;禁止全部转包;禁止分包单位再分包;主体结构施工】	★★
	第58条【合同无效或被撤销的法律后果】	★

0708 合同、无因管理、不当得利纠纷

		同时适用的法条	相关度
0916	民法通则	第108条【债务清偿:分期偿还、强制偿还】	★★
		第84条【债的定义】	★
1031	建设工程合同纠纷司法解释	第17条【拖欠工程价款利息的计付标准】	★★★★
		第1条【建设工程施工合同无效的情形】	★★★
		第2条【建设工程施工合同无效时承包人的付款请求权】	★★★
		第18条【建设工程应付款时间】	★★★
		第16条【建设工程的计价:工程量变化、质量标准变化、竣工验收不合格时】	★★
		第26条【建设施工纠纷中实际施工人起诉时被告的认定】	★★
		第13条【擅自使用未经竣工验收建设工程的法律后果:不能以使用部分质量不符合约定主张权利、承包人对建设工程在合理使用寿命期内承担民事责任】	★
		第14条【建设工程实际竣工日期有争议时的不同处理规则】	★

第270条【建设工程合同的形式】 ★★

建设工程合同应当采用书面形式。

■ 一、主要适用的案由及其相关度

案由编号	主要适用的案由	相关度
M4.10.100	建设工程合同纠纷	★★
M4.10.100.3	建设工程施工合同纠纷	★★★★★
M4.10.100.9	农村建房施工合同纠纷	★
M4.10	合同纠纷	★

二、同时适用的法条及其相关度

	同时适用的法条	相关度	
合同法	第269条【建设工程合同的定义】	★★★★★	0209
	第60条【合同履行的原则】	★★★	
	第8条【依法成立的合同的法律约束力】	★★	
	第52条【合同无效的法定情形】	★★	
	第107条【合同约束力:违约责任】	★★	
	第109条【违约责任的承担:付款义务的继续履行】	★★	
	第10条【合同的订立形式;合同的书面形式】	★	
	第36条【应当采用书面形式而未采用书面形式合同成立的条件】	★	
	第44条【合同的生效】	★	
	第58条【合同无效或被撤销的法律后果】	★	
	第272条【建设工程合同的发包、承包和分包:第三人与总承包人或发包人的连带责任;禁止全部转包;禁止分包单位再分包;主体结构施工】	★	
	第275条【施工合同的内容】	★	
	第279条【建筑工程的竣工验收及交付使用】	★	
	第286条【发包人未按约定支付价款时承包人的催告权和建设工程优先受偿权】	★	
民法通则	第84条【债的定义】	★	0916
建设工程合同纠纷司法解释	第17条【拖欠工程价款利息的计付标准】	★★★	1031
	第1条【建设工程施工合同无效的情形】	★★	
	第2条【建设工程施工合同无效时承包人的付款请求权】	★★	
	第18条【建设工程应付款时间】	★★	

	同时适用的法条	相关度
建设工程合同纠纷司法解释	第13条【擅自使用未经竣工验收建设工程的法律后果;不能以使用部分质量不符合约定主张权利、承包人对建设工程在合理使用寿命期内承担民事责任】	★
	第16条【建设工程的计价:工程量变化、质量标准变化、竣工验收不合格时】	★

1031

第271条【建设工程的招投标活动应当公开、公平、公正】 ★

建设工程的招标投标活动,应当依照有关法律的规定公开、公平、公正进行。

■ 一、主要适用的案由及其相关度

案由编号	主要适用的案由	相关度
M4.10.100	建设工程合同纠纷	★★
M4.10.100.3	建设工程施工合同纠纷	★★★★★

■ 二、同时适用的法条及其相关度

	同时适用的法条	相关度
合同法	第269条【建设工程合同的定义】	★★★★★
	第8条【依法成立的合同的法律约束力】	★★★
	第44条【合同的生效】	★★★
	第52条【合同无效的法定情形】	★★★
	第58条【合同无效或被撤销的法律后果】	★★★
	第60条【合同履行的原则】	★★★
	第107条【合同约束力;违约责任】	★★★
	第270条【建设工程合同的形式】	★★★
	第272条【建设工程合同的发包、承包和分包;第三人与总承包人或发包人的连带责任;禁止全部转包;禁止分包单位再分包;主体结构施工】	★★★

0209

	同时适用的法条	相关度	
合同法	第279条【建筑工程的竣工验收及交付使用】	★★★	0209
	第286条【发包人未按约定支付价款时承包人的催告权和建设工程优先受偿权】	★★★	
	第6条【诚实信用原则】	★★	
	第114条【违约金的约定及其调整】	★★	
	第10条【合同的订立形式;合同的书面形式】	★	
	第36条【应当采用书面形式而未采用书面形式合同成立的条件】	★	
	第49条【表见代理的构成及其效力】	★	
	第50条【法定代表人超越权限订立合同的效力】	★	
	第91条【合同权利义务终止的法定情形】	★	
	第94条【合同的法定解除;法定解除权】	★	
	第109条【违约责任的承担:付款义务的继续履行】	★	
	第113条【违约责任的承担;损失赔偿】	★	
	第263条【定作人报酬支付的期限】	★	
	第275条【施工合同的内容】	★	
	第276条【建设工程的监理】	★	
	第284条【发包人致使工程中途停建、缓建的法律责任】	★	
	第285条【发包人致使勘察、设计返工、停工或修改设计的费用承担】	★	
招标投标法	第3条【必须进行招标的工程建设项目】	★★	0981
	第46条【合同的签订;履约保证金】	★	
民法通则	第4条【民事活动的基本原则:自愿、公平、等价有偿、诚实信用】	★	0916
	第106条【民事责任归责原则:违约责任;过错侵权责任;无过错侵权责任】	★	

0712 合同、无因管理、不当得利纠纷

	同时适用的法条	相关度
建设工程合同纠纷司法解释	第17条【拖欠工程价款利息的计付标准】	★★★★
	第1条【建设工程施工合同无效的情形】	★★★
	第2条【建设工程施工合同无效时承包人的付款请求权】	★★★
	第16条【建设工程的计价:工程量变化、质量标准变化、竣工验收不合格时】	★★★
	第18条【建设工程应付款时间】	★★★
	第19条【建设工程的工程量确认:签证或其他证据】	★★
	第14条【建设工程实际竣工日期有争议时的不同处理规则】	★

第272条【建设工程合同的发包、承包和分包:第三人与总承包人或发包人的连带责任;禁止全部转包;禁止分包单位再分包;主体结构施工】

★★★★

发包人可以与总承包人订立建设工程合同,也可以分别与勘察人、设计人、施工人订立勘察、设计、施工承包合同。发包人不得将应当由一个承包人完成的建设工程肢解成若干部分发包给几个承包人。

总承包人或者勘察、设计、施工承包人经发包人同意,可以将自己承包的部分工作交由第三人完成。第三人就其完成的工作成果与总承包人或者勘察、设计、施工承包人向发包人承担连带责任。承包人不得将其承包的全部建设工程转包给第三人或者将其承包的全部建设工程肢解以后以分包的名义分别转包给第三人。

禁止承包人将工程分包给不具备相应资质条件的单位。禁止分包单位将其承包的工程再分包。建设工程主体结构的施工必须由承包人自行完成。

■ 一、主要适用的案由及其相关度

案由编号	主要适用的案由	相关度
M4.10.100	建设工程合同纠纷	★★★

案由编号	主要适用的案由	相关度
M4.10.100.3	建设工程施工合同纠纷	★★★★★
M4.10.100.5	建设工程分包合同纠纷	★★★
M4.10.122	劳务合同纠纷	★★★
M4.10	合同纠纷	★
M4.10.74	买卖合同纠纷	★

■ 二、同时适用的法条及其相关度

	同时适用的法条	相关度	
合同法	第52条【合同无效的法定情形】	★★★★★	0209
	第58条【合同无效或被撤销的法律后果】	★★★	
	第60条【合同履行的原则】	★★★	
	第107条【合同约束力；违约责任】	★★★	
	第109条【违约责任的承担；付款义务的继续履行】	★★★	
	第269条【建设工程合同的定义】	★★★	
	第8条【依法成立的合同的法律约束力】	★	
	第286条【发包人未按约定支付价款时承包人的催告权和建设工程优先受偿权】	★	
民法通则	第84条【债的定义】	★★	0916
	第108条【债务清偿：分期偿还、强制偿还】	★★	
建筑法	第28条【禁止承包单位全部转包其承包的工程及肢解后分包给他人】	★★	0958
	第29条【建筑工程分包的条件、责任承担和禁止规定】	★★	
	第26条【承包建筑工程的单位应具备的资格及禁止性规定】	★	
公司法	第14条【分公司的法律地位；子公司的法律地位】	★	0955

	同时适用的法条	相关度
建设工程合同纠纷司法解释	第1条【建设工程施工合同无效的情形】	★★★★★
	第2条【建设工程施工合同无效时承包人的付款请求权】	★★★★★
	第26条【建设施工纠纷中实际施工人起诉时被告的认定】	★★★★
	第4条【建设工程非法转包、违法分包、借用资质的处理：合同无效、收缴非法所得】	★★★
	第17条【拖欠工程价款利息的计付标准】	★★★
	第18条【建设工程应付款时间】	★★★
	第16条【建设工程的计价：工程量变化、质量标准变化、竣工验收不合格时】	★

第273条【国家重大建设工程合同的订立】 ★

国家重大建设工程合同，应当按照国家规定的程序和国家批准的投资计划、可行性研究报告等文件订立。

一、主要适用的案由及其相关度

案由编号	主要适用的案由	相关度
M4.10.100	建设工程合同纠纷	
M4.10.100.3	建设工程施工合同纠纷	

二、同时适用的法条及其相关度

	同时适用的法条	相关度
合同法	第8条【依法成立的合同的法律约束力】	
	第44条【合同的生效】	
	第52条【合同无效的法定情形】	
	第56条【合同无效或被撤销的溯及力；部分无效不影响其他独立部分的效力】	

	同时适用的法条	相关度
合同法	第58条【合同无效或被撤销的法律后果】	0209
	第60条【合同履行的原则】	
	第77条【变更合同的条件与要求】	
	第107条【合同约束力:违约责任】	
	第109条【违约责任的承担:付款义务的继续履行】	
	第112条【违约责任的承担:损失赔偿与其他责任的并存】	
	第114条【违约金的约定及其调整】	
	第271条【建设工程的招投标活动应当公开、公平、公正】	
	第272条【建设工程合同的发包、承包和分包;第三人与总承包人或发包人的连带责任;禁止全部转包;禁止分包单位再分包;主体结构施工】	
建设工程合同纠纷司法解释	第1条【建设工程施工合同无效的情形】	1031
	第2条【建设工程施工合同无效时承包人的付款请求权】	
	第3条【建设工程施工合同无效且建设工程经竣工验收不合格时的处理规则;发包人的责任承担】	
	第17条【拖欠工程价款利息的计付标准】	
	第26条【建设施工纠纷中实际施工人起诉时被告的认定】	

第274条【勘察、设计合同的内容】 ★

勘察、设计合同的内容包括提交有关基础资料和文件(包括概预算)的期限、质量要求、费用以及其他协作条件等条款。

■ 一、主要适用的案由及其相关度

案由编号	主要适用的案由	相关度
M4.10.100.2	建设工程设计合同纠纷	
M4.10	合同纠纷	

■ 二、同时适用的法条及其相关度

	同时适用的法条	相关度
合同法	第8条【依法成立的合同的法律约束力】	
	第22条【承诺的方式:通知、行为】	
	第44条【合同的生效】	
	第45条【附条件的合同】	
	第58条【合同无效或被撤销的法律后果】	
	第60条【合同履行的原则】	
	第61条【合同内容约定不明确的处理规则:合同漏洞的填补】	
	第62条【合同内容约定不明确的履行规则:合同漏洞的填补】	
	第77条【变更合同的条件与要求】	
	第93条【合同的约定解除:协商一致;约定条件成就】	
	第107条【合同约束力:违约责任】	
	第109条【违约责任的承担:付款义务的继续履行】	
	第114条【违约金的约定及其调整】	
	第269条【建设工程合同的定义】	
	第271条【建设工程的招投标活动应当公开、公平、公正】	
	第275条【施工合同的内容】	

	同时适用的法条	相关度
合同法	第279条【建筑工程的竣工验收及交付使用】	
	第280条【勘察、设计人对勘察、设计质量的责任】	
	第286条【发包人未按约定支付价款时承包人的催告权和建设工程优先受偿权】	

0209

第275条【施工合同的内容】 ★★

施工合同的内容包括工程范围、建设工期、中间交工工程的开工和竣工时间、工程质量、工程造价、技术资料交付时间、材料和设备供应责任、拨款和结算、竣工验收、质量保修范围和质量保证期、双方相互协作等条款。

■ 一、主要适用的案由及其相关度

案由编号	主要适用的案由	相关度
M4.10.100	建设工程合同纠纷	★★
M4.10.100.3	建设工程施工合同纠纷	★★★★★
M4.10.100.9	农村建房施工合同纠纷	★
M4.10	合同纠纷	★

■ 二、同时适用的法条及其相关度

	同时适用的法条	相关度
合同法	第269条【建设工程合同的定义】	★★★★★
	第60条【合同履行的原则】	★★★★
	第107条【合同约束力：违约责任】	★★★
	第270条【建设工程合同的形式】	★★★
	第279条【建筑工程的竣工验收及交付使用】	★★★
	第286条【发包人未按约定支付价款时承包人的催告权和建设工程优先受偿权】	★★★
	第8条【依法成立的合同的法律约束力】	★★
	第44条【合同的生效】	★★

0209

	同时适用的法条	相关度
合同法	第114条【违约金的约定及其调整】	★★
	第6条【诚实信用原则】	★
	第94条【合同的法定解除：法定解除权】	★
	第109条【违约责任的承担：付款义务的继续履行】	★
	第272条【建设工程合同的发包、承包和分包：第三人与总承包人或发包人的连带责任；禁止全部转包；禁止分包单位再分包；主体结构施工】	★
建设工程合同纠纷司法解释	第17条【拖欠工程价款利息的计付标准】	★★★
	第18条【建设工程应付款时间】	★★
	第1条【建设工程施工合同无效的情形】	★
	第16条【建设工程的计价：工程量变化、质量标准变化、竣工验收不合格时】	★

第276条【建设工程的监理】 ★

建设工程实行监理的，发包人应当与监理人采用书面形式订立委托监理合同。发包人与监理人的权利和义务以及法律责任，应当依照本法委托合同以及其他有关法律、行政法规的规定。

一、主要适用的案由及其相关度

案由编号	主要适用的案由	相关度
M4.10.100.6	建设工程监理合同纠纷	★★★★★
M4.10.100.3	建设工程施工合同纠纷	★★★
M4.10	合同纠纷	★

二、同时适用的法条及其相关度

	同时适用的法条	相关度
合同法	第60条【合同履行的原则】	★★★★★
	第107条【合同约束力：违约责任】	★★★★★

	同时适用的法条	相关度	
合同法	第405条【委托人支付报酬的义务】	★★★★★	0209
	第109条【违约责任的承担：付款义务的继续履行】	★★★★	
	第8条【依法成立的合同的法律约束力】	★★★	
	第269条【建设工程合同的定义】	★★★	
	第286条【发包人未按约定支付价款时承包人的催告权和建设工程优先受偿权】	★★★	
	第44条【合同的生效】	★★	
	第272条【建设工程合同的发包、承包和分包；第三人与总承包人或发包人的连带责任；禁止全部转包；禁止分包单位再分包；主体结构施工】	★★	
	第279条【建筑工程的竣工验收及交付使用】	★★	
	第94条【合同的法定解除；法定解除权】	★	
	第282条【承包人在建设工程合理使用期限内的质量保证责任】	★	
	第396条【委托合同的界定】	★	
民法通则	第84条【债的定义】	★★★	0916
	第108条【债务清偿：分期偿还、强制偿还】	★★	
建筑法	第31条【建设工程的监理】	★	0958
建设工程合同纠纷司法解释	第26条【建设施工纠纷中实际施工人起诉时被告的认定】	★★	1031
	第14条【建设工程实际竣工日期有争议时的不同处理规则】	★	
	第16条【建设工程的计价：工程量变化、质量标准变化、竣工验收不合格时】	★	
	第17条【拖欠工程价款利息的计付标准】	★	

第277条【发包人对建设工程作业的检查权利】 ★

发包人在不妨碍承包人正常作业的情况下，可以随时对作业进度、质量进行检查。

一、主要适用的案由及其相关度

案由编号	主要适用的案由	相关度
M4.10.100	建设工程合同纠纷	
M4.10.100.3	建设工程施工合同纠纷	
M4.10	合同纠纷	

二、同时适用的法条及其相关度

	同时适用的法条	相关度
合同法	第8条【依法成立的合同的法律约束力】	
	第12条【合同内容一般包括的条款;示范文本】	
	第44条【合同的生效】	
	第52条【合同无效的法定情形】	
	第58条【合同无效或被撤销的法律后果】	
	第60条【合同履行的原则】	
	第61条【合同内容约定不明确的处理规则;合同漏洞的填补】	
	第107条【合同约束力;违约责任】	
	第109条【违约责任的承担:付款义务的继续履行】	
	第111条【违约责任的承担:质量不符合约定的违约责任】	
	第112条【违约责任的承担:损失赔偿与其他责任的并存】	
	第113条【违约责任的承担:损失赔偿】	
	第261条【承揽合同工作成果的交付和验收】	
	第263条【定作人报酬支付的期限】	
	第269条【建设工程合同的定义】	
	第270条【建设工程合同的形式】	

	同时适用的法条	相关度	
合同法	第275条【施工合同的内容】		0209
	第278条【隐蔽工程发包人的检查权及承包人的求偿权】		
	第279条【建筑工程的竣工验收及交付使用】		
	第281条【施工人对建设工程质量的责任;发包人的修理或返工、改建请求权与违约责任】		
	第286条【发包人未按约定支付价款时承包人的催告权和建设工程优先受偿权】		
民法通则	第35条【民事合伙的债务承担规则】		0916
	第108条【债务清偿:分期偿还、强制偿还】		
	第113条【双方违约应分别承担各自的民事责任】		
建筑法	第26条【承包建筑工程的单位应具备的资格及禁止性规定】		0958
建设工程合同纠纷司法解释	第1条【建设工程施工合同无效的情形】		1031
	第2条【建设工程施工合同无效时承包人的付款请求权】		
	第3条【建设工程施工合同无效且建设工程经竣工验收不合格时的处理规则;发包人的责任承担】		
	第10条【建设工程施工合同解除的法律后果;价款结算;违约方承担责任】		
	第14条【建设工程实际竣工日期有争议时的不同处理规则】		
	第16条【建设工程的计价:工程量变化、质量标准变化、竣工验收不合格时】		
	第17条【拖欠工程价款利息的计付标准】		
	第18条【建设工程应付款时间】		
	第19条【建设工程的工程量确认:签证或其他证据】		
	第26条【建设施工纠纷中实际施工人起诉时被告的认定】		

第278条【隐蔽工程发包人的检查权及承包人的求偿权】 ★

隐蔽工程在隐蔽以前,承包人应当通知发包人检查。发包人没有及时检查的,承包人可以顺延工程日期,并有权要求赔偿停工、窝工等损失。

一、主要适用的案由及其相关度

案由编号	主要适用的案由	相关度
M4.10.100	建设工程合同纠纷	
M4.10.100.3	建设工程施工合同纠纷	
M4.10.100.7	装饰装修合同纠纷	

二、同时适用的法条及其相关度

	同时适用的法条	相关度
合同法	第6条【诚实信用原则】	
	第8条【依法成立的合同的法律约束力】	
	第44条【合同的生效】	
	第52条【合同无效的法定情形】	
	第58条【合同无效或被撤销的法律后果】	
	第60条【合同履行的原则】	
	第61条【合同内容约定不明确的处理规则;合同漏洞的填补】	
	第77条【变更合同的条件与要求】	
	第94条【合同的法定解除;法定解除权】	
	第98条【结算条款、清理条款效力的独立性】	
	第107条【合同约束力;违约责任】	
	第114条【违约金的约定及其调整】	
	第120条【双方违约应各自承担违约责任】	
	第256条【定作人按约提供材料的义务、承揽人对材料的及时检验义务;承揽人不得擅自更换材料、零部件】	

	同时适用的法条	相关度	
合同法	第259条【定作人的协助义务及后果】		0209
	第261条【承揽合同工作成果的交付和验收】		
	第262条【承揽人违约责任的承担方式】		
	第263条【定作人报酬支付的期限】		
	第269条【建设工程合同的定义】		
	第270条【建设工程合同的形式】		
	第271条【建设工程的招投标活动应当公开、公平、公正】		
	第272条【建设工程合同的发包、承包和分包;第三人与总承包人或发包人的连带责任;禁止全部转包;禁止分包单位再分包;主体结构施工】		
	第275条【施工合同的内容】		
	第276条【建设工程的监理】		
	第277条【发包人对建设工程作业的检查权利】		
	第279条【建筑工程的竣工验收及交付使用】		
	第281条【施工人对建设工程质量的责任;发包人的修理或返工、改建请求权与违约责任】		
	第282条【承包人在建设工程合理使用期限内的质量保证责任】		
	第286条【发包人未按约定支付价款时承包人的催告权和建设工程优先受偿权】		
建设工程合同纠纷司法解释	第1条【建设工程施工合同无效的情形】		1031
	第13条【擅自使用未经竣工验收建设工程的法律后果;不能以使用部分质量不符合约定主张权利、承包人对建设工程在合理使用寿命期内承担民事责任】		
	第17条【拖欠工程价款利息的计付标准】		
	第18条【建设工程应付款时间】		

第279条【建筑工程的竣工验收及交付使用】　★★★★

建设工程竣工后,发包人应当根据施工图纸及说明书、国家颁发的施工验收规范和质量检验标准及时进行验收。验收合格的,发包人应当按照约定支付价款,并接收该建设工程。建设工程竣工经验收合格后,方可交付使用;未经验收或者验收不合格的,不得交付使用。

■ 一、主要适用的案由及其相关度

案由编号	主要适用的案由	相关度
M4.10.100	建设工程合同纠纷	★★★
M4.10.100.3	建设工程施工合同纠纷	★★★★★
M4.10.100.7	装饰装修合同纠纷	★
M4.10	合同纠纷	★

■ 二、同时适用的法条及其相关度

		同时适用的法条	相关度
0209	合同法	第60条【合同履行的原则】	★★★★★
		第107条【合同约束力:违约责任】	★★★★★
		第269条【建设工程合同的定义】	★★★★
		第8条【依法成立的合同的法律约束力】	★★★
		第109条【违约责任的承担:付款义务的继续履行】	★★★
		第114条【违约金的约定及其调整】	★★★
		第286条【发包人未按约定支付价款时承包人的催告权和建设工程优先受偿权】	★★★
		第44条【合同的生效】	★★
		第52条【合同无效的法定情形】	★
0958	建筑法	第61条【建筑工程竣工验收及交付使用】	★
0916	民法通则	第108条【债务清偿:分期偿还、强制偿还】	★

	同时适用的法条	相关度	
建设工程合同纠纷司法解释	第17条【拖欠工程价款利息的计付标准】	★★★★	1031
	第18条【建设工程应付款时间】	★★★	
	第1条【建设工程施工合同无效的情形】	★★	
	第2条【建设工程施工合同无效时承包人的付款请求权】	★★	
	第13条【擅自使用未经竣工验收建设工程的法律后果:不能以使用部分质量不符合约定主张权利、承包人对建设工程在合理使用寿命期内承担民事责任】	★★	
	第14条【建设工程实际竣工日期有争议时的不同处理规则】	★★	
	第16条【建设工程的计价:工程量变化、质量标准变化、竣工验收不合格时】	★★	
	第26条【建设施工纠纷中实际施工人起诉时被告的认定】	★	

第280条【勘察、设计人对勘察、设计质量的责任】 ★

勘察、设计的质量不符合要求或者未按照期限提交勘察、设计文件拖延工期,造成发包人损失的,勘察人、设计人应当继续完善勘察、设计,减收或者免收勘察、设计费并赔偿损失。

■ 一、主要适用的案由及其相关度

案由编号	主要适用的案由	相关度
M4.10.100.3	建设工程施工合同纠纷	

■ 二、同时适用的法条及其相关度

	同时适用的法条	相关度	
合同法	第8条【依法成立的合同的法律约束力】		0209
	第44条【合同的生效】		

		同时适用的法条	相关度
0209	合同法	第52条【合同无效的法定情形】	
		第53条【合同中免责条款无效的情形】	
		第56条【合同无效或被撤销的溯及力;部分无效不影响其他独立部分的效力】	
		第60条【合同履行的原则】	
		第61条【合同内容约定不明确的处理规则;合同漏洞的填补】	
		第67条【后履行抗辩权】	
		第77条【变更合同的条件与要求】	
		第79条【债权人不得转让合同权利的情形】	
		第80条【债权人转让债权的通知义务】	
		第94条【合同的法定解除;法定解除权】	
		第97条【合同解除的法律后果】	
		第107条【合同约束力;违约责任】	
		第109条【违约责任的承担;付款义务的继续履行】	
		第110条【非金钱债务的继续履行及其例外;债权人不得要求对方继续履行的情形】	
		第112条【违约责任的承担;损失赔偿与其他责任的并存】	
		第113条【违约责任的承担;损失赔偿】	
		第114条【违约金的约定及其调整】	
		第116条【同时约定违约金和定金时的择一适用】	
		第122条【违约责任与侵权责任的竞合】	
		第262条【承揽人违约责任的承担方式】	
		第263条【定作人报酬支付的期限】	
		第269条【建设工程合同的定义】	
		第274条【勘察、设计合同的内容】	

	同时适用的法条	相关度	
合同法	第275条【施工合同的内容】		0209
	第276条【建设工程的监理】		
	第279条【建筑工程的竣工验收及交付使用】		
	第281条【施工人对建设工程质量的责任：发包人的修理或返工、改建请求权与违约责任】		
	第282条【承包人在建设工程合理使用期限内的质量保证责任】		
	第287条【建设工程合同参照适用承揽合同的规定】		
	第289条【公共运输承运人的强制缔约义务】		
	第292条【旅客、托运人或收货人支付票款或者运输费用的义务】		
	第302条【运输过程中旅客伤亡：承运人承担赔偿责任】		
	第311条【承运人的货损责任及抗辩事由】		
	第312条【货物运输损害赔偿的计算方法】		
	第396条【委托合同的界定】		
	第406条【因受托人过错致委托人损失的赔偿责任】		
建设工程合同纠纷司法解释	第17条【拖欠工程价款利息的计付标准】		1031

第281条【施工人对建设工程质量的责任：发包人的修理或返工、改建请求权与违约责任】 ★★

因施工人的原因致使建设工程质量不符合约定的，发包人有权要求施工人在合理期限内无偿修理或者返工、改建。经过修理或者返工、改建后，造成逾期交付的，施工人应当承担违约责任。

一、主要适用的案由及其相关度

案由编号	主要适用的案由	相关度
M4.10.100	建设工程合同纠纷	★★
M4.10.100.3	建设工程施工合同纠纷	★★★★★
M4.10.100.7	装饰装修合同纠纷	★
M4.10.100.9	农村建房施工合同纠纷	★
M4.10	合同纠纷	★

二、同时适用的法条及其相关度

	同时适用的法条	相关度
合同法	第60条【合同履行的原则】	★★★★★
	第107条【合同约束力;违约责任】	★★★★★
	第269条【建设工程合同的定义】	★★★★
	第8条【依法成立的合同的法律约束力】	★★★
	第279条【建筑工程的竣工验收及交付使用】	★★★
	第44条【合同的生效】	★★
	第111条【违约责任的承担:质量不符合约定的违约责任】	★★
	第114条【违约金的约定及其调整】	★★
	第286条【发包人未按约定支付价款时承包人的催告权和建设工程优先受偿权】	★★
	第52条【合同无效的法定情形】	★
	第58条【合同无效或被撤销的法律后果】	★
	第94条【合同的法定解除;法定解除权】	★
	第109条【违约责任的承担:付款义务的继续履行】	★
	第112条【违约责任的承担:损失赔偿与其他责任的并存】	★

	同时适用的法条	相关度	
合同法	第113条【违约责任的承担:损失赔偿】	★	0209
	第262条【承揽人违约责任的承担方式】	★	
	第282条【承包人在建设工程合理使用期限内的质量保证责任】	★	
建设工程合同纠纷司法解释	第1条【建设工程施工合同无效的情形】	★★	1031
	第13条【擅自使用未经竣工验收建设工程的法律后果;不能以使用部分质量不符合约定主张权利、承包人对建设工程在合理使用寿命期内承担民事责任】	★★	
	第2条【建设工程施工合同无效时承包人的付款请求权】	★	
	第3条【建设工程施工合同无效且建设工程经竣工验收不合格时的处理规则;发包人的责任承担】	★	
	第11条【建设工程质量不符合约定:承包人的过错、拒绝修理、拒绝返工、拒绝改建、减少支付工程价款】	★	
	第14条【建设工程实际竣工日期有争议时的不同处理规则】	★	
	第17条【拖欠工程价款利息的计付标准】	★	
	第18条【建设工程应付款时间】	★	

第282条【承包人在建设工程合理使用期限内的质量保证责任】 ★

因承包人的原因致使建设工程在合理使用期限内造成人身和财产损害的,承包人应当承担损害赔偿责任。

■ 一、主要适用的案由及其相关度

案由编号	主要适用的案由	相关度
M4.10.100	建设工程合同纠纷	★★
M4.10.100.3	建设工程施工合同纠纷	★★★★★

案由编号	主要适用的案由	相关度
M4.10.100.7	装饰装修合同纠纷	★★★
M4.10.100.9	农村建房施工合同纠纷	★
M4.10	合同纠纷	★

■ 二、同时适用的法条及其相关度

	同时适用的法条	相关度
合同法	第60条【合同履行的原则】	★★★★★
	第107条【合同约束力;违约责任】	★★★★★
	第281条【施工人对建设工程质量的责任:发包人的修理或返工、改建请求权与违约责任】	★★★★
	第269条【建设工程合同的定义】	★★★
	第8条【依法成立的合同的法律约束力】	★★
	第6条【诚实信用原则】	★
	第44条【合同的生效】	★
	第52条【合同无效的法定情形】	★
	第61条【合同内容约定不明确的处理规则:合同漏洞的填补】	★
	第109条【违约责任的承担:付款义务的继续履行】	★
	第111条【违约责任的承担:质量不符合约定的违约责任】	★
	第112条【违约责任的承担:损失赔偿与其他责任的并存】	★
	第113条【违约责任的承担:损失赔偿】	★
	第114条【违约金的约定及其调整】	★
	第119条【防止违约损失扩大的措施:防损义务及不履行的后果;防损费用的承担】	★
	第122条【违约责任与侵权责任的竞合】	★

	同时适用的法条	相关度	
合同法	第256条【定作人按约提供材料的义务、承揽人对材料的及时检验义务;承揽人不得擅自更换材料、零部件】	★	0209
	第272条【建设工程合同的发包、承包和分包;第三人与总承包人或发包人的连带责任;禁止全部转包;禁止分包单位再分包;主体结构施工】	★	
	第276条【建设工程的监理】	★	
	第279条【建筑工程的竣工验收及交付使用】	★	
	第286条【发包人未按约定支付价款时承包人的催告权和建设工程优先受偿权】	★	
民法通则	第84条【债的定义】	★	0916
	第106条【民事责任归责原则:违约责任;过错侵权责任;无过错侵权责任】	★	
建筑法	第26条【承包建筑工程的单位应具备的资格及禁止性规定】	★	0958
建设工程质量管理条例	第40条【正常使用条件下建设工程的最低保修期限】	★	1020
建设工程合同纠纷司法解释	第1条【建设工程施工合同无效的情形】	★★	1031
	第27条【保修人未及时履行保修义务致损的责任承担】	★★	
	第2条【建设工程施工合同无效时承包人的付款请求权】	★	
	第3条【建设工程施工合同无效且建设工程经竣工验收不合格时的处理规则;发包人的责任承担】	★	
	第13条【擅自使用未经竣工验收建设工程的法律后果:不能以使用部分质量不符合约定主张权利、承包人对建设工程在合理使用寿命期内承担民事责任】	★	

第283条【发包人未按约定的时间和要求提供原材料、设备、场地、资金、技术资料的违约责任】 ★★

发包人未按照约定的时间和要求提供原材料、设备、场地、资金、技术资料的,承包人可以顺延工程日期,并有权要求赔偿停工、窝工等损失。

■ 一、主要适用的案由及其相关度

案由编号	主要适用的案由	相关度
M4.10.100	建设工程合同纠纷	★★
M4.10.100.3	建设工程施工合同纠纷	★★★★★
M4.10.100.7	装饰装修合同纠纷	★
M4.10	合同纠纷	★

■ 二、同时适用的法条及其相关度

	同时适用的法条	相关度
合同法	第60条【合同履行的原则】	★★★★★
	第107条【合同约束力:违约责任】	★★★★★
	第269条【建设工程合同的定义】	★★★★
	第284条【发包人致使工程中途停建、缓建的法律责任】	★★★★
	第109条【违约责任的承担:付款义务的继续履行】	★★★
	第114条【违约金的约定及其调整】	★★★
	第279条【建筑工程的竣工验收及交付使用】	★★★
	第286条【发包人未按约定支付价款时承包人的催告权和建设工程优先受偿权】	★★★
	第8条【依法成立的合同的法律约束力】	★★
	第44条【合同的生效】	★
	第52条【合同无效的法定情形】	★
	第94条【合同的法定解除;法定解除权】	★
	第97条【合同解除的法律后果】	★

	同时适用的法条	相关度	
合同法	第98条【结算条款、清理条款效力的独立性】	★	0209
	第113条【违约责任的承担:损失赔偿】	★	
	第272条【建设工程合同的发包、承包和分包:第三人与总承包人或发包人的连带责任;禁止全部转包;禁止分包单位再分包;主体结构施工】	★	
民法通则	第5条【合法的民事权益受法律保护】	★	0916
建设工程合同纠纷司法解释	第17条【拖欠工程价款利息的计付标准】	★★★	1031
	第18条【建设工程应付款时间】	★★★	
	第1条【建设工程施工合同无效的情形】	★	
	第2条【建设工程施工合同无效时承包人的付款请求权】	★	
	第9条【承包人能够解除建设施工合同的法定情形】	★	
	第10条【建设工程施工合同解除的法律后果:价款结算;违约方承担责任】	★	
	第13条【擅自使用未经竣工验收建设工程的法律后果:不能以使用部分质量不符合约定主张权利、承包人对建设工程在合理使用寿命期内承担民事责任】	★	
	第14条【建设工程实际竣工日期有争议时的不同处理规则】	★	
	第16条【建设工程的计价:工程量变化、质量标准变化、竣工验收不合格时】	★	
	第19条【建设工程的工程量确认:签证或其他证据】	★	

第284条【发包人致使工程中途停建、缓建的法律责任】 ★★

因发包人的原因致使工程中途停建、缓建的,发包人应当采取措施弥补或者减少损失,赔偿承包人因此造成的停工、窝工、倒运、机械设备调迁、材料和构件积压等损失和实际费用。

一、主要适用的案由及其相关度

案由编号	主要适用的案由	相关度
M4.10.100	建设工程合同纠纷	★★
M4.10.100.3	建设工程施工合同纠纷	★★★★★

二、同时适用的法条及其相关度

	同时适用的法条	相关度
合同法	第60条【合同履行的原则】	★★★★★
	第107条【合同约束力;违约责任】	★★★★★
	第269条【建设工程合同的定义】	★★★★
	第286条【发包人未按约定支付价款时承包人的催告权和建设工程优先受偿权】	★★★★
	第8条【依法成立的合同的法律约束力】	★★★
	第94条【合同的法定解除;法定解除权】	★★★
	第109条【违约责任的承担:付款义务的继续履行】	★★★
	第283条【发包人未按约定的时间和要求提供原材料、设备、场地、资金、技术资料的违约责任】	★★★
	第44条【合同的生效】	★★
	第52条【合同无效的法定情形】	★★
	第97条【合同解除的法律后果】	★★
	第279条【建筑工程的竣工验收及交付使用】	★★
	第6条【诚实信用原则】	★
	第58条【合同无效或被撤销的法律后果】	★
	第93条【合同的约定解除:协商一致;约定条件成就】	★
	第108条【预期违约责任】	★
	第113条【违约责任的承担:损失赔偿】	★

	同时适用的法条	相关度	
合同法	第114条【违约金的约定及其调整】	★	0209
	第119条【防止违约损失扩大的措施:防损义务及不履行的后果;防损费用的承担】	★	
	第272条【建设工程合同的发包、承包和分包;第三人与总承包人或发包人的连带责任;禁止全部转包;禁止分包单位再分包;主体结构施工】	★	
	第285条【发包人致使勘察、设计返工、停工或修改设计的费用承担】	★	
担保法	第18条【连带责任保证的定义;连带责任的承担】	★	0909
建设工程合同纠纷司法解释	第17条【拖欠工程价款利息的计付标准】	★★★	1031
	第18条【建设工程应付款时间】	★★★	
	第10条【建设工程施工合同解除的法律后果:价款结算;违约方承担责任】	★★	
	第1条【建设工程施工合同无效的情形】	★	
	第2条【建设工程施工合同无效时承包人的付款请求权】	★	
	第9条【承包人能够解除建设施工合同的法定情形】	★	
	第16条【建设工程的计价:工程量变化、质量标准变化、竣工验收不合格时】	★	
	第19条【建设工程的工程量确认:签证或其他证据】	★	
	第26条【建设施工纠纷中实际施工人起诉时被告的认定】	★	

第285条【发包人致使勘察、设计返工、停工或修改设计的费用承担】 ★

因发包人变更计划,提供的资料不准确,或者未按照期限提供必需的勘察、设计工作条件而造成勘察、设计的返工、停工或者修改设计,发包人应当按照勘察人、设计人实际消耗的工作量增付费用。

■ 一、主要适用的案由及其相关度

案由编号	主要适用的案由	相关度
M4.10	合同纠纷	★★
M4.10.100	建设工程合同纠纷	★
M4.10.100.2	建设工程设计合同纠纷	★
M4.10.100.3	建设工程施工合同纠纷	★★★★★
M4.10.100.5	建设工程分包合同纠纷	★
M4.10.100.7	装饰装修合同纠纷	★
M4.10.100.9	农村建房施工合同纠纷	★

■ 二、同时适用的法条及其相关度

	同时适用的法条	相关度
合同法	第60条【合同履行的原则】	★★★★★
	第269条【建设工程合同的定义】	★★★★★
	第8条【依法成立的合同的法律约束力】	★★★★
	第107条【合同约束力:违约责任】	★★★★
	第286条【发包人未按约定支付价款时承包人的催告权和建设工程优先受偿权】	★★★★
	第109条【违约责任的承担:付款义务的继续履行】	★★★
	第272条【建设工程合同的发包、承包和分包;第三人与总承包人或发包人的连带责任;禁止全部转包;禁止分包单位再分包;主体结构施工】	★★★
	第279条【建筑工程的竣工验收及交付使用】	★★★
	第284条【发包人致使工程中途停建、缓建的法律责任】	★★★
	第44条【合同的生效】	★★
	第108条【预期违约责任】	★★
	第283条【发包人未按约定的时间和要求提供原材料、设备、场地、资金、技术资料的违约责任】	★★

	同时适用的法条	相关度	
合同法	第52条【合同无效的法定情形】	★	0209
	第57条【解决争议条款的独立性:合同中有关解决争议方法的条款的效力不受合同无效、撤销或终止的影响】	★	
	第112条【违约责任的承担:损失赔偿与其他责任的并存】	★	
	第113条【违约责任的承担:损失赔偿】	★	
	第114条【违约金的约定及其调整】	★	
建设工程合同纠纷司法解释	第16条【建设工程的计价:工程量变化、质量标准变化、竣工验收不合格时】	★★★	1031
	第17条【拖欠工程价款利息的计付标准】	★★★	
	第18条【建设工程应付款时间】	★★★	
	第14条【建设工程实际竣工日期有争议时的不同处理规则】	★★	
	第19条【建设工程的工程量确认:签证或其他证据】	★★	
	第1条【建设工程施工合同无效的情形】	★	
	第12条【发包人造成建设工程质量缺陷承担过错责任的情形:设计缺陷、提供或指定购买的建筑材料、建筑构配件、设备不符合强制性标准、指定分包人分包专业工程;承包人的过错责任】	★	
	第13条【擅自使用未经竣工验收建设工程的法律后果:不能以使用部分质量不符合约定主张权利、承包人对建设工程在合理使用寿命期内承担民事责任】	★	
	第20条【视为认可建设工程合同竣工结算的情形及其处理】	★	
	第22条【当事人约定按照固定价结算工程价款不能请求鉴定工程造价】	★	

合同、无因管理、不当得利纠纷

第286条【发包人未按约定支付价款时承包人的催告权和建设工程优先受偿权】 ★★★★

发包人未按照约定支付价款的,承包人可以催告发包人在合理期限内支付价款。发包人逾期不支付的,除按照建设工程的性质不宜折价、拍卖的以外,承包人可以与发包人协议将该工程折价,也可以申请人民法院将该工程依法拍卖。建设工程的价款就该工程折价或者拍卖的价款优先受偿。

一、主要适用的案由及其相关度

案由编号	主要适用的案由	相关度
M4.10.100	建设工程合同纠纷	★★
M4.10.100.3	建设工程施工合同纠纷	★★★★★
M4.10.100.7	装饰装修合同纠纷	★
M4.10	合同纠纷	★

二、同时适用的法条及其相关度

	同时适用的法条	相关度
合同法	第60条【合同履行的原则】	★★★★★
	第107条【合同约束力:违约责任】	★★★★★
	第269条【建设工程合同的定义】	★★★★★
	第109条【违约责任的承担:付款义务的继续履行】	★★★★
	第8条【依法成立的合同的法律约束力】	★★★
	第44条【合同的生效】	★★
	第52条【合同无效的法定情形】	★★
	第114条【违约金的约定及其调整】	★★
	第279条【建筑工程的竣工验收及交付使用】	★★
民法通则	第108条【债务清偿:分期偿还、强制偿还】	★★
	第84条【债的定义】	★

	同时适用的法条	相关度	
建设工程合同纠纷司法解释	第17条【拖欠工程价款利息的计付标准】	★★★★	1031
	第2条【建设工程施工合同无效时承包人的付款请求权】	★★★	
	第18条【建设工程应付款时间】	★★★	
	第1条【建设工程施工合同无效的情形】	★★	
	第16条【建设工程的计价：工程量变化、质量标准变化、竣工验收不合格时】	★★	
	第26条【建设施工纠纷中实际施工人起诉时被告的认定】	★★	
	第13条【擅自使用未经竣工验收建设工程的法律后果：不能以使用部分质量不符合约定主张权利、承包人对建设工程在合理使用寿命期内承担民事责任】	★	
	第14条【建设工程实际竣工日期有争议时的不同处理规则】	★	
建设工程价款优先受偿权问题的批复	第4条【建设工程承包人行使优先权的期限】	★★	1059
	第3条【建设工程价款的范围】	★	

第287条【建设工程合同参照适用承揽合同的规定】 ★★

本章没有规定的，适用承揽合同的有关规定。

一、主要适用的案由及其相关度

案由编号	主要适用的案由	相关度
M4.10.100	建设工程合同纠纷	★★
M4.10.100.3	建设工程施工合同纠纷	★★★★★
M4.10.100.5	建设工程分包合同纠纷	★
M4.10.100.7	装饰装修合同纠纷	★★

案由编号	主要适用的案由	相关度
M4.10.100.9	农村建房施工合同纠纷	★
M4.10	合同纠纷	★
M4.10.99	承揽合同纠纷	★

■ 二、同时适用的法条及其相关度

		同时适用的法条	相关度
合同法		第263条【定作人报酬支付的期限】	★★★★★
		第60条【合同履行的原则】	★★★
		第107条【合同约束力；违约责任】	★★★
		第269条【建设工程合同的定义】	★★★
		第109条【违约责任的承担：付款义务的继续履行】	★★
		第8条【依法成立的合同的法律约束力】	★
		第251条【承揽合同的定义；承揽的种类】	★
		第286条【发包人未按约定支付价款时承包人的催告权和建设工程优先受偿权】	★
建设工程合同纠纷司法解释		第17条【拖欠工程价款利息的计付标准】	★★
		第2条【建设工程施工合同无效时承包人的付款请求权】	★
		第18条【建设工程应付款时间】	★
		第26条【建设施工纠纷中实际施工人起诉时被告的认定】	★

第十七章 运输合同

第一节 一般规定

第288条【运输合同的定义】 ★★★

运输合同是承运人将旅客或者货物从起运地点运输到约定地点，旅客、托运人或者收货人支付票款或者运输费用的合同。

一、主要适用的案由及其相关度

案由编号	主要适用的案由	相关度
M4.10.101	运输合同纠纷	★★★★★
M4.10.101.1	公路旅客运输合同纠纷	★★
M4.10.101.2	公路货物运输合同纠纷	★★★★

二、同时适用的法条及其相关度

	同时适用的法条	相关度	
合同法	第60条【合同履行的原则】	★★★★★	0209
	第107条【合同约束力:违约责任】	★★★★★	
	第292条【旅客、托运人或收货人支付票款或者运输费用的义务】	★★★★	
	第8条【依法成立的合同的法律约束力】	★★★	
	第109条【违约责任的承担:付款义务的继续履行】	★★★	
	第290条【承运人的按时运输、安全运输义务】	★★★	
	第302条【运输过程中旅客伤亡;承运人承担赔偿责任】	★★★	
	第44条【合同的生效】	★★	
	第311条【承运人的货损责任及抗辩事由】	★★	
	第312条【货物运输损害赔偿的计算方法】	★★	
	第113条【违约责任的承担:损失赔偿】	★	
	第293条【客运合同的成立时间:交付客票】	★	
民法通则	第108条【债务清偿:分期偿还、强制偿还】	★★	0916
	第84条【债的定义】	★	
人身损害赔偿司法解释	第17条【人身损害赔偿项目:一般人身损害赔偿项目、伤残赔偿项目、死亡赔偿项目】	★★	1038
	第19条【医疗费的计算标准】	★★	
	第20条【误工费的计算标准】	★★	

	同时适用的法条	相关度
人身损害赔偿司法解释	第 21 条【护理费的计算标准】	★★
	第 22 条【交通费的计算标准】	★★
	第 23 条【伙食费、住宿费的计算标准】	★★
	第 24 条【营养费的计算标准】	★
	第 25 条【残疾赔偿金的计算标准】	★

1038

第 289 条【公共运输承运人的强制缔约义务】 ★

从事公共运输的承运人不得拒绝旅客、托运人通常、合理的运输要求。

一、主要适用的案由及其相关度

案由编号	主要适用的案由	相关度
M4.10.101	运输合同纠纷	
M4.10.101.1	公路旅客运输合同纠纷	

二、同时适用的法条及其相关度

	同时适用的法条	相关度
合同法	第 8 条【依法成立的合同的法律约束力】	
	第 44 条【合同的生效】	
	第 60 条【合同履行的原则】	
	第 88 条【合同权利义务的概括转移、概括承受】	
	第 107 条【合同约束力:违约责任】	
	第 109 条【违约责任的承担:付款义务的继续履行】	
	第 110 条【非金钱债务的继续履行及其例外:债权人不得要求对方继续履行的情形】	
	第 122 条【违约责任与侵权责任的竞合】	
	第 206 条【借款期限的认定】	

0209

	同时适用的法条	相关度
合同法	第269条【建设工程合同的定义】	0209
	第280条【勘察、设计人对勘察、设计质量的责任】	
	第288条【运输合同的定义】	
	第290条【承运人的按时运输、安全运输义务】	
	第291条【承运人按照约定或者通常运输路线进行运输的义务】	
	第292条【旅客、托运人或收货人支付票款或者运输费用的义务】	
	第293条【客运合同的成立时间：交付客票】	
	第294条【旅客持有效客票乘运的义务和票款的补交、加收及拒运】	
	第302条【运输过程中旅客伤亡：承运人承担赔偿责任】	
	第311条【承运人的货损责任及抗辩事由】	
	第312条【货物运输损害赔偿的计算方法】	

第290条【承运人的按时运输、安全运输义务】 ★★★

承运人应当在约定期间或者合理期间内将旅客、货物安全运输到约定地点。

一、主要适用的案由及其相关度

案由编号	主要适用的案由	相关度
M4.10.101	运输合同纠纷	★★★★★
M4.10.101.1	公路旅客运输合同纠纷	★★★★★
M4.10.101.2	公路货物运输合同纠纷	★★★
M4.10.101.7	出租汽车运输合同纠纷	★
M4.10.101.9	城市公交运输合同纠纷	★★★
M9.30.350	机动车交通事故责任纠纷	★

案由编号	主要适用的案由	相关度
M4.10	合同纠纷	★

■ 二、同时适用的法条及其相关度

		同时适用的法条	相关度
0209	合同法	第302条【运输过程中旅客伤亡:承运人承担赔偿责任】	★★★★★
		第107条【合同约束力:违约责任】	★★★
		第288条【运输合同的定义】	★★★
		第311条【承运人的货损责任及抗辩事由】	★★★
		第60条【合同履行的原则】	★★
		第122条【违约责任与侵权责任的竞合】	★★
		第293条【客运合同的成立时间:交付客票】	★★
		第312条【货物运输损害赔偿的计算方法】	★★
		第8条【依法成立的合同的法律约束力】	★
		第113条【违约责任的承担:损失赔偿】	★
0937	保险法	第65条【责任保险的赔偿规则】	★★★
		第66条【责任保险仲裁或诉讼中保险人承担的费用】	★
0960	侵权责任法	第16条【人身损害赔偿项目:一般人身损害赔偿项目、伤残赔偿项目、死亡赔偿项目】	★★
0916	民法通则	第106条【民事责任归责原则:违约责任;过错侵权责任;无过错侵权责任】	★
		第119条【人身损害赔偿项目:一般人身损害赔偿项目、伤残赔偿项目、死亡赔偿项目】	★
0966	消保法	第41条【企业变更后的责任主体:消费者合法权益受到损害可以向分立、合并后的企业要求赔偿】	★
		第54条【经营者对依法经有关行政部门认定为不合格商品的退货义务】	★

	同时适用的法条	相关度	
人身损害赔偿司法解释	第17条【人身损害赔偿项目：一般人身损害赔偿项目、伤残赔偿项目、死亡赔偿项目】	★★★★★	1038
	第21条【护费的计算标准】	★★★★★	
	第19条【医疗费的计算标准】	★★★★	
	第20条【误工费的计算标准】	★★★★	
	第22条【交通费的计算标准】	★★★★	
	第23条【伙食费、住宿费的计算标准】	★★★★	
	第24条【营养费的计算标准】	★★★★	
	第25条【残疾赔偿金的计算标准】	★★★	
	第28条【被扶养人生活费数额的确定】	★★	
	第18条【精神损害抚慰金的请求权及其法律适用】	★	
道路交通事故司法解释	第3条【挂靠机动车交通事故责任：挂靠人与被挂靠人承担连带责任】	★	1054

第291条【承运人按照约定或者通常运输路线进行运输的义务】 ★★

承运人应当按照约定的或者通常的运输路线将旅客、货物运输到约定地点。

一、主要适用的案由及其相关度

案由编号	主要适用的案由	相关度
M4.10.101	运输合同纠纷	★★★★★
M4.10.101.1	公路旅客运输合同纠纷	★★★
M4.10.101.2	公路货物运输合同纠纷	★★★★
M4.10.101.9	城市公交运输合同纠纷	★
M4.10	合同纠纷	★★

■ 二、同时适用的法条及其相关度

		同时适用的法条	相关度
0209	合同法	第107条【合同约束力;违约责任】	★★★★★
		第288条【运输合同的定义】	★★★★★
		第290条【承运人的按时运输、安全运输义务】	★★★★★
		第302条【运输过程中旅客伤亡;承运人承担赔偿责任】	★★★★★
		第60条【合同履行的原则】	★★★★
		第292条【旅客、托运人或收货人支付票款或者运输费用的义务】	★★★
		第293条【客运合同的成立时间;交付客票】	★★★
		第311条【承运人的货损责任及抗辩事由】	★★★
		第312条【货物运输损害赔偿的计算方法】	★★★
		第44条【合同的生效】	★★
		第8条【依法成立的合同的法律约束力】	★
		第36条【应当采用书面形式而未采用书面形式合同成立的条件】	★
		第109条【违约责任的承担;付款义务的继续履行】	★
		第113条【违约责任的承担;损失赔偿】	★
		第122条【违约责任与侵权责任的竞合】	★
0916	民法通则	第106条【民事责任归责原则;违约责任;过错侵权责任;无过错侵权责任】	★
0960	侵权责任法	第16条【人身损害赔偿项目;一般人身损害赔偿项目、伤残赔偿项目、死亡赔偿项目】	★
0937	保险法	第14条【投保人和保险人的义务】	★

	同时适用的法条	相关度	
人身损害赔偿司法解释	第17条【人身损害赔偿项目:一般人身损害赔偿项目、伤残赔偿项目、死亡赔偿项目】	★★★	1038
	第20条【误工费的计算标准】	★★★	
	第21条【护理费的计算标准】	★★★	
	第23条【伙食费、住宿费的计算标准】	★★★	
	第19条【医疗费的计算标准】	★★	
	第22条【交通费的计算标准】	★★	
	第24条【营养费的计算标准】	★★	
	第25条【残疾赔偿金的计算标准】	★★	

第292条【旅客、托运人或收货人支付票款或者运输费用的义务】 ★★★

旅客、托运人或者收货人应当支付票款或者运输费用。承运人未按照约定路线或者通常路线运输增加票款或者运输费用的,旅客、托运人或者收货人可以拒绝支付增加部分的票款或者运输费用。

■ 一、主要适用的案由及其相关度

案由编号	主要适用的案由	相关度
M4.10.101	运输合同纠纷	★★★★★
M4.10.101.2	公路货物运输合同纠纷	★★★

■ 二、同时适用的法条及其相关度

	同时适用的法条	相关度	
合同法	第107条【合同约束力:违约责任】	★★★★★	0209
	第288条【运输合同的定义】	★★★★★	
	第60条【合同履行的原则】	★★★★	
	第109条【违约责任的承担:付款义务的继续履行】	★★★	
	第8条【依法成立的合同的法律约束力】	★★	
民法通则	第108条【债务清偿:分期偿还、强制偿还】	★	0916

第二节　客运合同

第293条【客运合同的成立时间：交付客票】 ★★★

客运合同自承运人向旅客交付客票时成立，但当事人另有约定或者另有交易习惯的除外。

一、主要适用的案由及其相关度

案由编号	主要适用的案由	相关度
M4.10.101	运输合同纠纷	★★
M4.10.101.1	公路旅客运输合同纠纷	★★★★★
M4.10.101.7	出租汽车运输合同纠纷	★
M4.10.101.9	城市公交运输合同纠纷	★
M4.10	合同纠纷	★
M9.30.350	机动车交通事故责任纠纷	★

二、同时适用的法条及其相关度

		同时适用的法条	相关度
0209	合同法	第302条【运输过程中旅客伤亡：承运人承担赔偿责任】	★★★★★
		第107条【合同约束力；违约责任】	★★★
		第290条【承运人的按时运输、安全运输义务】	★★★
		第60条【合同履行的原则】	★★
		第122条【违约责任与侵权责任的竞合】	★★
		第288条【运输合同的定义】	★★
		第44条【合同的生效】	★
0937	保险法	第65条【责任保险的赔偿规则】	★★★
		第64条【查明保险事故的费用由保险人承担】	★
		第66条【责任保险仲裁或诉讼中保险人承担的费用】	★
0960	侵权责任法	第16条【人身损害赔偿项目：一般人身损害赔偿项目、伤残赔偿项目、死亡赔偿项目】	★★

	同时适用的法条	相关度	
民法通则	第106条【民事责任归责原则:违约责任;过错侵权责任;无过错侵权责任】	★	0916
人身损害赔偿司法解释	第17条【人身损害赔偿项目:一般人身损害赔偿项目、伤残赔偿项目、死亡赔偿项目】	★★★★★	1038
	第19条【医疗费的计算标准】	★★★★★	
	第20条【误工费的计算标准】	★★★★★	
	第21条【护理费的计算标准】	★★★★★	
	第22条【交通费的计算标准】	★★★★★	
	第23条【伙食费、住宿费的计算标准】	★★★★★	
	第25条【残疾赔偿金的计算标准】	★★★★	
	第24条【营养费的计算标准】	★★★	
	第18条【精神损害抚慰金的请求权及其法律适用】	★	
	第28条【被扶养人生活费数额的确定】	★	
	第35条【人身损害赔偿相关统计数据概念的界定】	★	

第294条【旅客持有效客票乘运的义务和票款的补交、加收及拒运】 ★

旅客应当持有效客票乘运。旅客无票乘运、超程乘运、越级乘运或者持失效客票乘运的,应当补交票款,承运人可以按照规定加收票款。旅客不交付票款的,承运人可以拒绝运输。

■ 一、主要适用的案由及其相关度

案由编号	主要适用的案由	相关度
M4.10	合同纠纷	
M4.10.101.1	公路旅客运输合同纠纷	
M4.10.101.13	铁路旅客运输合同纠纷	

■ 二、同时适用的法条及其相关度

	同时适用的法条	相关度
合同法	第 8 条【依法成立的合同的法律约束力】	
	第 44 条【合同的生效】	
	第 60 条【合同履行的原则】	
	第 77 条【变更合同的条件与要求】	
	第 107 条【合同约束力；违约责任】	
	第 288 条【运输合同的定义】	
	第 289 条【公共运输承运人的强制缔约义务】	
	第 291 条【承运人按照约定或者通常运输路线进行运输的义务】	
	第 292 条【旅客、托运人或收货人支付票款或者运输费用的义务】	
	第 293 条【客运合同的成立时间：交付客票】	
	第 302 条【运输过程中旅客伤亡：承运人承担赔偿责任】	
保险法	第 65 条【责任保险的赔偿规则】	

第 295 条【退票或变更手续的办理】

旅客因自己的原因不能按照客票记载的时间乘坐的，应当在约定的时间内办理退票或者变更手续。逾期办理的，承运人可以不退票款，并不再承担运输义务。

■ 一、主要适用的案由及其相关度

案由编号	主要适用的案由	相关度
M4.10.101.13	铁路旅客运输合同纠纷	
M4.10.101.9	城市公交运输合同纠纷	
M4.10.101.1	公路旅客运输合同纠纷	

二、同时适用的法条及其相关度

合同法	同时适用的法条	相关度	
	第8条【依法成立的合同的法律约束力】		0209
	第44条【合同的生效】		
	第60条【合同履行的原则】		
	第107条【合同约束力:违约责任】		
	第292条【旅客、托运人或收货人支付票款或者运输费用的义务】		
	第293条【客运合同的成立时间:交付客票】		

第296条【限量携带行李】 ★

旅客在运输中应当按照约定的限量携带行李。超过限量携带行李的,应当办理托运手续。

一、主要适用的案由及其相关度

案由编号	主要适用的案由	相关度
M4.10.101	运输合同纠纷	
M4.10.101.1	公路旅客运输合同纠纷	
M4.10.101.5	航空旅客运输合同纠纷	

二、同时适用的法条及其相关度

合同法	同时适用的法条	相关度	
	第60条【合同履行的原则】	★★★★★	0209
	第107条【合同约束力:违约责任】	★★★★★	
	第207条【逾期还款的责任承担:支付利息】	★★★★★	
	第8条【依法成立的合同的法律约束力】	★★★★	
	第205条【借款利息支付期限的确定】	★★★★	
	第206条【借款期限的认定】	★★★★	
	第44条【合同的生效】	★★	

	同时适用的法条	相关度
0209	第109条【违约责任的承担:付款义务的继续履行】	★★
	第286条【发包人未按约定支付价款时承包人的催告权和建设工程优先受偿权】	★★
合同法	第6条【诚实信用原则】	★
	第88条【合同权利义务的概括转移、概括承受】	★
	第97条【合同解除的法律后果】	★
	第112条【违约责任的承担:损失赔偿与其他责任的并存】	★
	第211条【自然人之间借款合同利息的规制】	★
	第263条【定作人报酬支付的期限】	★
	第272条【建设工程合同的发包、承包和分包;第三人与总承包人或发包人的连带责任;禁止全部转包;禁止分包单位再分包;主体结构施工】	★
	第288条【运输合同的定义】	★
	第298条【承运人的告知义务】	★
	第303条【承运人对旅客自带物品、托运行李的损害赔偿责任】	★

第297条【禁止携带或夹带危险品或违禁品;对违规者的处理】 ★

旅客不得随身携带或者在行李中夹带易燃、易爆、有毒、有腐蚀性、有放射性以及有可能危及运输工具上人身和财产安全的危险物品或者其他违禁物品。

旅客违反前款规定的,承运人可以将违禁物品卸下、销毁或者送交有关部门。旅客坚持携带或者夹带违禁物品的,承运人应当拒绝运输。

一、主要适用的案由及其相关度

案由编号	主要适用的案由	相关度
M4.10.100.3	建设工程施工合同纠纷	
M4.10.122	劳务合同纠纷	

案由编号	主要适用的案由	相关度
M4.10.89.4	民间借贷纠纷	
M4.10.104	委托合同纠纷	
M4.10.100.7	装饰装修合同纠纷	
M4.10.101.1	公路旅客运输合同纠纷	
M4.10.101.5	航空旅客运输合同纠纷	
M4.10	合同纠纷	

■ 二、同时适用的法条及其相关度

	同时适用的法条	相关度
合同法	第44条【合同的生效】	
	第52条【合同无效的法定情形】	
	第57条【解决争议条款的独立性:合同中有关解决争议方法的条款的效力不受合同无效、撤销或终止的影响】	
	第60条【合同履行的原则】	
	第107条【合同约束力:违约责任】	
	第112条【违约责任的承担:损失赔偿与其他责任的并存】	
	第113条【违约责任的承担:损失赔偿】	
	第207条【逾期还款的责任承担:支付利息】	
	第290条【承运人的按时运输、安全运输义务】	
	第296条【限量携带行李】	
	第298条【承运人的告知义务】	

第298条【承运人的告知义务】 ★

承运人应当向旅客及时告知有关不能正常运输的重要事由和安全运输应当注意的事项。

■ 一、主要适用的案由及其相关度

案由编号	主要适用的案由	相关度
M4.10.101	运输合同纠纷	
M4.10.101.1	公路旅客运输合同纠纷	
M4.10.101.2	公路货物运输合同纠纷	
M4.10.101.5	航空旅客运输合同纠纷	
M4.10.101.9	城市公交运输合同纠纷	
M4.10.101.13	铁路旅客运输合同纠纷	

■ 二、同时适用的法条及其相关度

	同时适用的法条	相关度
合同法	第5条【公平原则;合同权利义务确定的原则】	
	第8条【依法成立的合同的法律约束力】	
	第10条【合同的订立形式;合同的书面形式】	
	第44条【合同的生效】	
	第60条【合同履行的原则】	
	第107条【合同约束力;违约责任】	
	第112条【违约责任的承担;损失赔偿与其他责任的并存】	
	第113条【违约责任的承担;损失赔偿】	
	第120条【双方违约应各自承担违约责任】	
	第205条【借款利息支付期限的确定】	
	第206条【借款期限的认定】	
	第207条【逾期还款的责任承担;支付利息】	
	第288条【运输合同的定义】	
	第290条【承运人的按时运输、安全运输义务】	
	第291条【承运人按照约定或者通常运输路线进行运输的义务】	

	同时适用的法条	相关度	
合同法	第293条【客运合同的成立时间：交付客票】		0209
	第296条【限量携带行李】		
	第297条【禁止携带或夹带危险品或违禁品；对违规者的处理】		
	第299条【延迟运输的处理】		
	第301条【承运人在运输过程中对患有疾病、分娩、遇险旅客的救助义务】		
	第302条【运输过程中旅客伤亡；承运人承担赔偿责任】		
	第303条【承运人对旅客自带物品、托运行李的损害赔偿责任】		
人身损害赔偿司法解释	第17条【人身损害赔偿项目：一般人身损害赔偿项目、伤残赔偿项目、死亡赔偿项目】		1038
	第19条【医疗费的计算标准】		
	第21条【护理费的计算标准】		

第299条【延迟运输的处理】 ★

承运人应当按照客票载明的时间和班次运输旅客。承运人迟延运输的，应当根据旅客的要求安排改乘其他班次或者退票。

■ 一、主要适用的案由及其相关度

案由编号	主要适用的案由	相关度
M4.10.101.5	航空旅客运输合同纠纷	
M4.10.101.1	公路旅客运输合同纠纷	
M4.10.101.9	城市公交运输合同纠纷	
M4.10.101.7	出租汽车运输合同纠纷	

二、同时适用的法条及其相关度

	同时适用的法条	相关度
合同法	第60条【合同履行的原则】	
	第61条【合同内容约定不明确的处理规则：合同漏洞的填补】	
	第107条【合同约束力：违约责任】	
	第109条【违约责任的承担：付款义务的继续履行】	
	第112条【违约责任的承担：损失赔偿与其他责任的并存】	
	第113条【违约责任的承担：损失赔偿】	
	第122条【违约责任与侵权责任的竞合】	
	第269条【建设工程合同的定义】	
	第286条【发包人未按约定支付价款时承包人的催告权和建设工程优先受偿权】	
	第288条【运输合同的定义】	
	第290条【承运人的按时运输、安全运输义务】	
	第291条【承运人按照约定或者通常运输路线进行运输的义务】	
	第292条【旅客、托运人或收货人支付票款或者运输费用的义务】	
	第293条【客运合同的成立时间：交付客票】	
	第298条【承运人的告知义务】	
	第302条【运输过程中旅客伤亡：承运人承担赔偿责任】	
	第304条【托运人对承运人的告知义务；托运人的损害赔偿责任】	
	第310条【收货人检验货物的规定】	

	同时适用的法条	相关度	
人身损害赔偿司法解释	第20条【误工费的计算标准】		1038
	第23条【伙食费、住宿费的计算标准】		

第300条【承运人擅自变更运输工具而降低服务标准的处理】 ★

承运人擅自变更运输工具而降低服务标准的,应当根据旅客的要求退票或者减收票款;提高服务标准的,不应当加收票款。

■ 一、主要适用的案由及其相关度

案由编号	主要适用的案由	相关度
M4.10.90	保证合同纠纷	
M1.1.1	生命权、健康权、身体权纠纷	

■ 二、同时适用的法条及其相关度

	同时适用的法条	相关度	
合同法	第60条【合同履行的原则】		0209
	第107条【合同约束力:违约责任】		
	第113条【违约责任的承担:损失赔偿】		
	第201条【借贷款双方未按约定提供或收取借款的违约责任】		
	第205条【借款利息支付期限的确定】		
	第206条【借款期限的认定】		
	第211条【自然人之间借款合同利息的规制】		
	第301条【承运人在运输过程中对患有疾病、分娩、遇险旅客的救助义务】		
	第302条【运输过程中旅客伤亡;承运人承担赔偿责任】		
民法通则	第44条【企业法人分立、合并后的登记公告与债权债务的承继】		0916

		同时适用的法条	相关度
0909	担保法	第18条【连带责任保证的定义；连带责任的承担】	

第301条【承运人在运输过程中对患有疾病、分娩、遇险旅客的救助义务】 ★

承运人在运输过程中,应当尽力救助患有急病、分娩、遇险的旅客。

一、主要适用的案由及其相关度

案由编号	主要适用的案由	相关度
M4.10.101	运输合同纠纷	
M4.10.101.1	公路旅客运输合同纠纷	
M4.10.101.9	城市公交运输合同纠纷	
M1.1.1	生命权、健康权、身体权纠纷	

二、同时适用的法条及其相关度

		同时适用的法条	相关度
0209	合同法	第60条【合同履行的原则】	
		第107条【合同约束力；违约责任】	
		第122条【违约责任与侵权责任的竞合】	
		第288条【运输合同的定义】	
		第290条【承运人的按时运输、安全运输义务】	
		第293条【客运合同的成立时间；交付客票】	
		第302条【运输过程中旅客伤亡；承运人承担赔偿责任】	
0960	侵权责任法	第6条【过错责任原则；过错推定责任原则】	
		第15条【侵权责任的主要承担方式】	
		第16条【人身损害赔偿项目：一般人身损害赔偿项目、伤残赔偿项目、死亡赔偿项目】	

	同时适用的法条	相关度	
民法通则	第106条【民事责任归责原则:违约责任;过错侵权责任;无过错侵权责任】		0916
人身损害赔偿司法解释	第17条【人身损害赔偿项目:一般人身损害赔偿项目、伤残赔偿项目、死亡赔偿项目】		1038
	第18条【精神损害抚慰金的请求权及其法律适用】		
	第19条【医疗费的计算标准】		
	第20条【误工费的计算标准】		
	第21条【护理费的计算标准】		
	第22条【交通费的计算标准】		
	第23条【伙食费、住宿费的计算标准】		
	第25条【残疾赔偿金的计算标准】		
	第27条【丧葬费的计算标准】		
	第28条【被扶养人生活费数额的确定】		
	第29条【死亡赔偿金的计算标准】		

第302条【运输过程中旅客伤亡:承运人承担赔偿责任】 ★★★★

承运人应当对运输过程中旅客的伤亡承担损害赔偿责任,但伤亡是旅客自身健康原因造成的或者承运人证明伤亡是旅客故意、重大过失造成的除外。

前款规定适用于按照规定免票、持优待票或者经承运人许可搭乘的无票旅客。

■ 一、主要适用的案由及其相关度

案由编号	主要适用的案由	相关度
M4.10.101	运输合同纠纷	★★★
M4.10.101.1	公路旅客运输合同纠纷	★★★★★
M4.10.101.7	出租汽车运输合同纠纷	★★
M4.10.101.9	城市公交运输合同纠纷	★★★

案由编号	主要适用的案由	相关度
M9.30.350	机动车交通事故责任纠纷	★★
M4.10	合同纠纷	★

二、同时适用的法条及其相关度

		同时适用的法条	相关度
0209	合同法	第290条【承运人的按时运输、安全运输义务】	★★★★★
		第107条【合同约束力：违约责任】	★★★
		第122条【违约责任与侵权责任的竞合】	★★★
		第288条【运输合同的定义】	★★★
		第293条【客运合同的成立时间：交付客票】	★★★
		第60条【合同履行的原则】	★★
		第8条【依法成立的合同的法律约束力】	★
		第113条【违约责任的承担：损失赔偿】	★
0937	保险法	第65条【责任保险的赔偿规则】	★★★
		第66条【责任保险仲裁或诉讼中保险人承担的费用】	★
0960	侵权责任法	第16条【人身损害赔偿项目：一般人身损害赔偿项目、伤残赔偿项目、死亡赔偿项目】	★★★
0916	民法通则	第106条【民事责任归责原则：违约责任；过错侵权责任；无过错侵权责任】	★
		第119条【人身损害赔偿项目：一般人身损害赔偿项目、伤残赔偿项目、死亡赔偿项目】	★
0966	消保法	第41条【企业变更后的责任主体：消费者合法权益受到损害可以向分立、合并后的企业要求赔偿】	★

	同时适用的法条	相关度	
人身损害赔偿司法解释	第17条【人身损害赔偿项目:一般人身损害赔偿项目、伤残赔偿项目、死亡赔偿项目】	★★★★★	1038
	第19条【医疗费的计算标准】	★★★★★	
	第20条【误工费的计算标准】	★★★★★	
	第21条【护理费的计算标准】	★★★★★	
	第22条【交通费的计算标准】	★★★★★	
	第23条【伙食费、住宿费的计算标准】	★★★★★	
	第24条【营养费的计算标准】	★★★	
	第25条【残疾赔偿金的计算标准】	★★★	
	第18条【精神损害抚慰金的请求权及其法律适用】	★★	
	第28条【被扶养人生活费数额的确定】	★★	
	第35条【人身损害赔偿相关统计数据概念的界定】	★	

第303条【承运人对旅客自带物品、托运行李的损害赔偿责任】 ★★

在运输过程中旅客自带物品毁损、灭失,承运人有过错的,应当承担损害赔偿责任。

旅客托运的行李毁损、灭失的,适用货物运输的有关规定。

一、主要适用的案由及其相关度

案由编号	主要适用的案由	相关度
M4.10.101	运输合同纠纷	★★★
M4.10.101.1	公路旅客运输合同纠纷	★★★★★

二、同时适用的法条及其相关度

	同时适用的法条	相关度	
合同法	第302条【运输过程中旅客伤亡:承运人承担赔偿责任】	★★★★★	0209
	第288条【运输合同的定义】	★★★	

		同时适用的法条	相关度
0209	合同法	第290条【承运人的按时运输、安全运输义务】	★★★
		第122条【违约责任与侵权责任的竞合】	★★
		第60条【合同履行的原则】	★
		第107条【合同约束力;违约责任】	★
		第291条【承运人按照约定或者通常运输路线进行运输的义务】	
		第293条【客运合同的成立时间:交付客票】	★
0916	民法通则	第106条【民事责任归责原则:违约责任;过错侵权责任;无过错侵权责任】	★
		第134条【承担民事责任的主要方式】	★
1038	人身损害赔偿司法解释	第17条【人身损害赔偿项目:一般人身损害赔偿项目、伤残赔偿项目、死亡赔偿项目】	★★★
		第19条【医疗费的计算标准】	★★★
		第20条【误工费的计算标准】	★★★
		第21条【护理费的计算标准】	★★★
		第22条【交通费的计算标准】	★★★
		第23条【伙食费、住宿费的计算标准】	★★★
		第24条【营养费的计算标准】	★★
		第25条【残疾赔偿金的计算标准】	★

第三节 货运合同

第304条【托运人对承运人的告知义务;托运人的损害赔偿责任】 ★

托运人办理货物运输,应当向承运人准确表明收货人的名称或者姓名或者凭指示的收货人,货物的名称、性质、重量、数量,收货地点等有关货物运输的必要情况。

因托运人申报不实或者遗漏重要情况,造成承运人损失的,托运人应当承担损害赔偿责任。

一、主要适用的案由及其相关度

案由编号	主要适用的案由	相关度
M4.10.101	运输合同纠纷	★★★★★
M4.10.101.2	公路货物运输合同纠纷	★★★★
M4.10.120.2	邮寄服务合同纠纷	★

二、同时适用的法条及其相关度

	同时适用的法条	相关度
合同法	第60条【合同履行的原则】	★★★★★
	第311条【承运人的货损责任及抗辩事由】	★★★★★
	第107条【合同约束力:违约责任】	★★★
	第288条【运输合同的定义】	★★★
	第312条【货物运输损害赔偿的计算方法】	★★★
	第8条【依法成立的合同的法律约束力】	★★★
	第6条【诚实信用原则】	★★
	第290条【承运人的按时运输、安全运输义务】	★★
	第39条【提供格式条款方的义务;格式条款的定义】	★
	第44条【合同的生效】	★
	第109条【违约责任的承担:付款义务的继续履行】	★
	第113条【违约责任的承担:损失赔偿】	★
	第119条【防止违约损失扩大的措施:防损义务及不履行的后果;防损费用的承担】	★
	第291条【承运人按照约定或者通常运输路线进行运输的义务】	★
	第292条【旅客、托运人或收货人支付票款或者运输费用的义务】	★

0209

		同时适用的法条	相关度
0209	合同法	第307条【易燃、易爆、有毒、有腐蚀性、有放射性等危险物品的托运】	★
		第313条【单式联运多个承运人的责任承担】	★
		第315条【承运人的留置权】	★
0916	民法通则	第4条【民事活动的基本原则:自愿、公平、等价有偿、诚实信用】	★
		第117条【侵害财产权的责任承担方式:返还财产、折价赔偿;恢复原状、折价赔偿;赔偿损失】	★

第305条【货物运输审批、检验等手续的办理】 ★★

货物运输需要办理审批、检验等手续的,托运人应当将办理完有关手续的文件提交承运人。

■ 一、主要适用的案由及其相关度

案由编号	主要适用的案由	相关度
M4.10.101	运输合同纠纷	★
M4.10.101.2	公路货物运输合同纠纷	★
M4.10.101.6	航空货物运输合同纠纷	★

■ 二、同时适用的法条及其相关度

		同时适用的法条	相关度
0909	担保法	第18条【连带责任保证的定义;连带责任的承担】	★★★★★
0209	合同法	第60条【合同履行的原则】	★★★★★
		第196条【借款合同定义】	★★★★★
		第307条【易燃、易爆、有毒、有腐蚀性、有放射性等危险物品的托运】	★★★★★
		第107条【合同约束力;违约责任】	★★★★

	同时适用的法条	相关度
合同法	第 206 条【借款期限的认定】	★★★★
	第 306 条【货物包装】	★★★★
	第 207 条【逾期还款的责任承担：支付利息】	★
	第 211 条【自然人之间借款合同利息的规制】	★
	第 311 条【承运人的货损责任及抗辩事由】	★
	第 312 条【货物运输损害赔偿的计算方法】	★

第306条【货物包装】　　　　　　　　　　　　　　　　★

托运人应当按照约定的方式包装货物。对包装方式没有约定或者约定不明确的，适用本法第一百五十六条的规定。

托运人违反前款规定的，承运人可以拒绝运输。

■ 一、主要适用的案由及其相关度

案由编号	主要适用的案由	相关度
M4.10.101	运输合同纠纷	★★★
M4.10.101.2	公路货物运输合同纠纷	★★★
M4.10.89	借款合同纠纷	★★★
M8.27.317.5	保险人代位求偿权纠纷	★
M4.10	合同纠纷	★

■ 二、同时适用的法条及其相关度

	同时适用的法条	相关度
合同法	第 60 条【合同履行的原则】	★★★★★
	第 107 条【合同约束力；违约责任】	★★★★★
	第 196 条【借款合同定义】	★★★★★
	第 207 条【逾期还款的责任承担：支付利息】	★★★★
	第 307 条【易燃、易爆、有毒、有腐蚀性、有放射性等危险物品的托运】	★★★★

0766 合同、无因管理、不当得利纠纷

	同时适用的法条	相关度
合同法	第205条【借款利息支付期限的确定】	★★★
	第305条【货物运输审批、检验等手续的办理】	★★★
	第311条【承运人的货损责任及抗辩事由】	★★★
	第312条【货物运输损害赔偿的计算方法】	★★★
	第211条【自然人之间借款合同利息的规制】	★★
	第288条【运输合同的定义】	★★
	第8条【依法成立的合同的法律约束力】	★
	第80条【债权人转让债权的通知义务】	★
	第156条【标的物包装方式】	★
	第304条【托运人对承运人的告知义务；托运人的损害赔偿责任】	★

第307条【易燃、易爆、有毒、有腐蚀性、有放射性等危险物品的托运】 ★

托运人托运易燃、易爆、有毒、有腐蚀性、有放射性等危险物品的,应当按照国家有关危险物品运输的规定对危险物品妥善包装,作出危险物标志和标签,并将有关危险物品的名称、性质和防范措施的书面材料提交承运人。

托运人违反前款规定的,承运人可以拒绝运输,也可以采取相应措施以避免损失的发生,因此产生的费用由托运人承担。

■ 一、主要适用的案由及其相关度

案由编号	主要适用的案由	相关度
M4.10.101	运输合同纠纷	
M4.10.101.2	公路货物运输合同纠纷	

■ 二、同时适用的法条及其相关度

	同时适用的法条	相关度
合同法	第5条【公平原则；合同权利义务确定的原则】	
	第6条【诚实信用原则】	

	同时适用的法条	相关度
合同法	第8条【依法成立的合同的法律约束力】	0209
	第39条【提供格式条款方的义务;格式条款的定义】	
	第40条【格式条款无效情形】	
	第52条【合同无效的法定情形】	
	第58条【合同无效或被撤销的法律后果】	
	第60条【合同履行的原则】	
	第61条【合同内容约定不明确的处理规则:合同漏洞的填补】	
	第107条【合同约束力:违约责任】	
	第113条【违约责任的承担:损失赔偿】	
	第196条【借款合同定义】	
	第205条【借款利息支付期限的确定】	
	第206条【借款期限的认定】	
	第210条【自然人之间借款合同的生效:提供借款时】	
	第211条【自然人之间借款合同利息的规制】	
	第288条【运输合同的定义】	
	第291条【承运人按照约定或者通常运输路线进行运输的义务】	
	第292条【旅客、托运人或收货人支付票款或者运输费用的义务】	
	第296条【限量携带行李】	
	第304条【托运人对承运人的告知义务;托运人的损害赔偿责任】	
	第305条【货物运输审批、检验等手续的办理】	

	同时适用的法条	相关度
合同法	第306条【货物包装】	
	第311条【承运人的货损责任及抗辩事由】	
	第312条【货物运输损害赔偿的计算方法】	
	第313条【单式联运多个承运人的责任承担】	
	第396条【委托合同的界定】	
	第399条【受托人应当按照委托人的指示处理委托事务】	

第308条【运输合同的变更与损失赔偿】 ★

在承运人将货物交付收货人之前,托运人可以要求承运人中止运输、返还货物、变更到达地或者将货物交给其他收货人,但应当赔偿承运人因此受到的损失。

■ 一、主要适用的案由及其相关度

案由编号	主要适用的案由	相关度
M4.10.101	运输合同纠纷	
M4.10.101.2	公路货物运输合同纠纷	
M4.10.101.4	水路货物运输合同纠纷	
M7.19.182	海上、通海水域货物运输合同纠纷	
M4.10	合同纠纷	

■ 二、同时适用的法条及其相关度

	同时适用的法条	相关度
合同法	第5条【公平原则:合同权利义务确定的原则】	
	第8条【依法成立的合同的法律约束力】	
	第40条【格式条款无效情形】	
	第44条【合同的生效】	
	第53条【合同中免责条款无效的情形】	

	同时适用的法条	相关度
合同法	第60条【合同履行的原则】	0209
	第67条【后履行抗辩权】	
	第93条【合同的约定解除:协商一致;约定条件成就】	
	第94条【合同的法定解除;法定解除权】	
	第96条【合同解除权的行使规则】	
	第107条【合同约束力;违约责任】	
	第108条【预期违约责任】	
	第109条【违约责任的承担:付款义务的继续履行】	
	第113条【违约责任的承担:损失赔偿】	
	第119条【防止违约损失扩大的措施:防损义务及不履行的后果;防损费用的承担】	
	第288条【运输合同的定义】	
	第290条【承运人的按时运输、安全运输义务】	
	第291条【承运人按照约定或者通常运输路线进行运输的义务】	
	第292条【旅客、托运人或收货人支付票款或者运输费用的义务】	
	第304条【托运人对承运人的告知义务;托运人的损害赔偿责任】	
	第310条【收货人检验货物的规定】	
	第311条【承运人的货损责任及抗辩事由】	
	第312条【货物运输损害赔偿的计算方法】	
	第314条【货物在运输过程中因不可抗力灭失的运费收取】	
	第315条【承运人的留置权】	
	第316条【承运人提存货物】	

		同时适用的法条	相关度
0209	合同法	第406条【因受托人过错致委托人损失的赔偿责任】	
		第424条【居间合同的界定】	
		第425条【居间人的如实报告义务;居间人故意隐瞒重要事实或提供虚假情况的责任】	
0916	民法通则	第106条【民事责任归责原则:违约责任;过错侵权责任;无过错侵权责任】	

第309条【承运人的通知义务和收货人的及时提货义务及责任】 ★

货物运输到达后,承运人知道收货人的,应当及时通知收货人,收货人应当及时提货。收货人逾期提货的,应当向承运人支付保管费等费用。

一、主要适用的案由及其相关度

案由编号	主要适用的案由	相关度
M4.10.101	运输合同纠纷	★★★
M4.10.101.2	公路货物运输合同纠纷	★★★★★
M4.10.101.4	水路货物运输合同纠纷	★
M7.19.182	海上、通海水域货物运输合同纠纷	★
M3.5.38	财产损害赔偿纠纷	★

二、同时适用的法条及其相关度

		同时适用的法条	相关度
0209	合同法	第107条【合同约束力;违约责任】	★★★★★
		第288条【运输合同的定义】	★★★★★
		第60条【合同履行的原则】	★★★★
		第8条【依法成立的合同的法律约束力】	★★★
		第44条【合同的生效】	★★★
		第311条【承运人的货损责任及抗辩事由】	★★★

	同时适用的法条	相关度	
合同法	第312条【货物运输损害赔偿的计算方法】	★★★	0209
	第119条【防止违约损失扩大的措施；防损义务及不履行的后果；防损费用的承担】	★★	
	第290条【承运人的按时运输、安全运输义务】	★★	
	第94条【合同的法定解除；法定解除权】	★	
	第112条【违约责任的承担：损失赔偿与其他责任的并存】	★	
	第113条【违约责任的承担：损失赔偿】	★	
	第141条【买卖合同标的物的交付地点】	★	
	第145条【交付地点不明确需要运输的买卖合同标的物的风险转移规则】	★	
	第291条【承运人按照约定或者通常运输路线进行运输的义务】	★	
	第292条【旅客、托运人或收货人支付票款或者运输费用的义务】	★	
	第304条【托运人对承运人的告知义务；托运人的损害赔偿责任】	★	
	第313条【单式联运多个承运人的责任承担】	★	
	第315条【承运人的留置权】	★	
	第316条【承运人提存货物】	★	
海商法	第86条【无人提取货物或收货人延迟、拒绝提取货物的处理】	★	1003

第310条【收货人检验货物的规定】 ★

收货人提货时应当按照约定的期限检验货物。对检验货物的期限没有约定或者约定不明确，依照本法第六十一条的规定仍不能确定的，应当在合理期限内检验货物。收货人在约定的期限或者合理期限内对货物的数量、毁损等未提出异议的，视为承运人已经按照运输单证的记载交付的初步证据。

■ 一、主要适用的案由及其相关度

案由编号	主要适用的案由	相关度
M4.10.101	运输合同纠纷	★★★★★
M4.10.101.2	公路货物运输合同纠纷	★★★★★
M4.10.74	买卖合同纠纷	★★
M8.27.317.5	保险人代位求偿权纠纷	★
M4.10.104.2	货运代理合同纠纷	★

■ 二、同时适用的法条及其相关度

	同时适用的法条	相关度
合同法	第60条【合同履行的原则】	★★★★★
	第107条【合同约束力；违约责任】	★★★★★
	第288条【运输合同的定义】	★★★★★
	第311条【承运人的货损责任及抗辩事由】	★★★★
	第312条【货物运输损害赔偿的计算方法】	★★★
	第61条【合同内容约定不明确的处理规则；合同漏洞的填补】	★★★
	第109条【违约责任的承担：付款义务的继续履行】	★★★
	第292条【旅客、托运人或收货人支付票款或者运输费用的义务】	★★★
	第44条【合同的生效】	★★
	第304条【托运人对承运人的告知义务；托运人的损害赔偿责任】	★★
	第8条【依法成立的合同的法律约束力】	★
	第39条【提供格式条款方的义务；格式条款的定义】	★
	第40条【格式条款无效情形】	★
	第49条【表见代理的构成及其效力】	★

	同时适用的法条	相关度	
合同法	第206条【借款期限的认定】	★	0209
	第290条【承运人的按时运输、安全运输义务】	★	
	第291条【承运人按照约定或者通常运输路线进行运输的义务】	★	
	第308条【运输合同的变更与损失赔偿】	★	
	第309条【承运人的通知义务和收货人的及时提货义务及责任】	★	
	第365条【保管合同的定义】	★	
	第373条【第三人主张权利时保管人对寄存人的返还义务和通知义务】	★	
保险法	第60条【保险人代位权的行使规则】	★	0937
合同法司法解释二	第6条【免除或限制责任的格式条款的特别提示规则】	★	1035

第311条【承运人的货损责任及抗辩事由】 ★★

承运人对运输过程中货物的毁损、灭失承担损害赔偿责任，但承运人证明货物的毁损、灭失是因不可抗力、货物本身的自然性质或者合理损耗以及托运人、收货人的过错造成的，不承担损害赔偿责任。

■ 一、主要适用的案由及其相关度

案由编号	主要适用的案由	相关度
M4.10.101	运输合同纠纷	★★★★★
M4.10.101.2	公路货物运输合同纠纷	★★★★★
M8.27.317.5	保险人代位求偿权纠纷	★★

■ 二、同时适用的法条及其相关度

	同时适用的法条	相关度
0209 合同法	第312条【货物运输损害赔偿的计算方法】	★★★★★
	第107条【合同约束力；违约责任】	★★★★
	第60条【合同履行的原则】	★★★
	第288条【运输合同的定义】	★★★
	第290条【承运人的按时运输、安全运输义务】	★★★
	第8条【依法成立的合同的法律约束力】	★★
	第39条【提供格式条款方的义务；格式条款的定义】	★
	第44条【合同的生效】	★
	第113条【违约责任的承担：损失赔偿】	★
0937 保险法	第60条【保险人代位权的行使规则】	★
1054 道路交通事故司法解释	第3条【挂靠机动车交通事故责任；挂靠人与被挂靠人承担连带责任】	★

第312条【货物运输损害赔偿的计算方法】 ★★

货物的毁损、灭失的赔偿额，当事人有约定的，按照其约定；没有约定或者约定不明确，依照本法第六十一条的规定仍不能确定的，按照交付或者应当交付时货物到达地的市场价格计算。法律、行政法规对赔偿额的计算方法和赔偿限额另有规定的，依照其规定。

■ 一、主要适用的案由及其相关度

案由编号	主要适用的案由	相关度
M4.10.101	运输合同纠纷	★★★★★
M4.10.101.2	公路货物运输合同纠纷	★★★★★

■ 二、同时适用的法条及其相关度

	同时适用的法条	相关度
合同法	第311条【承运人的货损责任及抗辩事由】	★★★★★
	第60条【合同履行的原则】	★★★
	第107条【合同约束力；违约责任】	★★★
	第288条【运输合同的定义】	★★★
	第290条【承运人的按时运输、安全运输义务】	★★
	第8条【依法成立的合同的法律约束力】	★
	第39条【提供格式条款方的义务；格式条款的定义】	★
	第113条【违约责任的承担；损失赔偿】	★

0209

第313条【单式联运多个承运人的责任承担】　★

两个以上承运人以同一运输方式联运的，与托运人订立合同的承运人应当对全程运输承担责任。损失发生在某一运输区段的，与托运人订立合同的承运人和该区段的承运人承担连带责任。

■ 一、主要适用的案由及其相关度

案由编号	主要适用的案由	相关度
M4.10.101	运输合同纠纷	★★★★★
M4.10.101.2	公路货物运输合同纠纷	★★★
M8.27.317.5	保险人代位求偿权纠纷	★

■ 二、同时适用的法条及其相关度

	同时适用的法条	相关度
合同法	第311条【承运人的货损责任及抗辩事由】	★★★★★
	第312条【货物运输损害赔偿的计算方法】	★★★★★
	第107条【合同约束力；违约责任】	★★★★
	第288条【运输合同的定义】	★★★

0209

	同时适用的法条	相关度
0209 合同法	第60条【合同履行的原则】	★★
	第290条【承运人的按时运输、安全运输义务】	★★
	第8条【依法成立的合同的法律约束力】	★
	第40条【格式条款无效情形】	★
	第112条【违约责任的承担:损失赔偿与其他责任的并存】	★

第314条【货物在运输过程中因不可抗力灭失的运费收取】 ★

货物在运输过程中因不可抗力灭失,未收取运费的,承运人不得要求支付运费;已收取运费的,托运人可以要求返还。

■ 一、主要适用的案由及其相关度

案由编号	主要适用的案由	相关度
M4.10.101	运输合同纠纷	
M4.10.101.2	公路货物运输合同纠纷	
M4.10.101.4	水路货物运输合同纠纷	
M4.10	合同纠纷	

■ 二、同时适用的法条及其相关度

	同时适用的法条	相关度
0209 合同法	第311条【承运人的货损责任及抗辩事由】	★★★★★
	第312条【货物运输损害赔偿的计算方法】	★★★★
	第288条【运输合同的定义】	★★★
	第60条【合同履行的原则】	★★
	第107条【合同约束力:违约责任】	★★
0916 民法通则	第112条【违反合同的赔偿责任;对违约金数额及损失赔偿额计算方法的约定】	★

第315条【承运人的留置权】 ★

托运人或者收货人不支付运费、保管费以及其他运输费用的,承运人对相应的运输货物享有留置权,但当事人另有约定的除外。

一、主要适用的案由及其相关度

案由编号	主要适用的案由	相关度
M4.10.101	运输合同纠纷	★★★★★
M4.10.101.2	公路货物运输合同纠纷	★★★★★
M7.19.182	海上、通海水域货物运输合同纠纷	★
M3.5.33	返还原物纠纷	★

二、同时适用的法条及其相关度

	同时适用的法条	相关度
合同法	第107条【合同约束力:违约责任】	★★★★★
	第288条【运输合同的定义】	★★★★★
	第60条【合同履行的原则】	★★★
	第109条【违约责任的承担:付款义务的继续履行】	★★★
	第290条【承运人的按时运输、安全运输义务】	★★★
	第292条【旅客、托运人或收货人支付票款或者运输费用的义务】	★★★
	第304条【托运人对承运人的告知义务;托运人的损害赔偿责任】	★★★
	第44条【合同的生效】	★★
	第113条【违约责任的承担:损失赔偿】	★★
	第308条【运输合同的变更与损失赔偿】	★★
	第309条【承运人的通知义务和收货人的及时提货义务及责任】	★★
	第8条【依法成立的合同的法律约束力】	★

		同时适用的法条	相关度
0209	合同法	第61条【合同内容约定不明确的处理规则；合同漏洞的填补】	★
		第94条【合同的法定解除；法定解除权】	★
		第97条【合同解除的法律后果】	★
		第112条【违约责任的承担：损失赔偿与其他责任的并存】	★
		第114条【违约金的约定及其调整】	★
		第119条【防止违约损失扩大的措施：防损义务及不履行的后果；防损费用的承担】	★
		第141条【买卖合同标的物的交付地点】	★
		第145条【交付地点不明确需要运输的买卖合同标的物的风险转移规则】	★
		第291条【承运人按照约定或者通常运输路线进行运输的义务】	★
		第311条【承运人的货损责任及抗辩事由】	★
		第312条【货物运输损害赔偿的计算方法】	★
		第316条【承运人提存货物】	★
0927	物权法	第230条【留置权的一般规定】	★★
		第231条【留置财产与债权的关系】	★
0909	担保法	第19条【保证方式不明时的连带责任担保】	★★
1024	担保法司法解释	第22条【保证合同的成立】	★★

第316条【承运人提存货物】 ★

收货人不明或者收货人无正当理由拒绝受领货物的，依照本法第一百零一条的规定，承运人可以提存货物。

一、主要适用的案由及其相关度

案由编号	主要适用的案由	相关度
M4.10.101	运输合同纠纷	
M4.10.101.2	公路货物运输合同纠纷	

二、同时适用的法条及其相关度

	同时适用的法条	相关度
合同法	第8条【依法成立的合同的法律约束力】	
	第49条【表见代理的构成及其效力】	
	第60条【合同履行的原则】	
	第67条【后履行抗辩权】	
	第93条【合同的约定解除：协商一致；约定条件成就】	
	第94条【合同的法定解除；法定解除权】	
	第97条【合同解除的法律后果】	
	第101条【标的物提存的法定情形】	
	第107条【合同约束力；违约责任】	
	第112条【违约责任的承担：损失赔偿与其他责任的并存】	
	第113条【违约责任的承担：损失赔偿】	
	第114条【违约金的约定及其调整】	
	第119条【防止违约损失扩大的措施：防损义务及不履行的后果；防损费用的承担】	
	第231条【租赁物发生损毁、灭失后承租人的请求权】	
	第288条【运输合同的定义】	
	第292条【旅客、托运人或收货人支付票款或者运输费用的义务】	

	同时适用的法条	相关度
合同法	第308条【运输合同的变更与损失赔偿】	
	第309条【承运人的通知义务和收货人的及时提货义务及责任】	
	第311条【承运人的货损责任及抗辩事由】	
	第312条【货物运输损害赔偿的计算方法】	
	第315条【承运人的留置权】	

第四节 多式联运合同

第317条【多式联运经营人的权利和义务】 ★

多式联运经营人负责履行或者组织履行多式联运合同,对全程运输享有承运人的权利,承担承运人的义务。

■ 一、主要适用的案由及其相关度

案由编号	主要适用的案由	相关度
M4.10.101.11	多式联运合同纠纷	

■ 二、同时适用的法条及其相关度

	同时适用的法条	相关度
合同法	第107条【合同约束力;违约责任】	
	第109条【违约责任的承担:付款义务的继续履行】	
	第304条【托运人对承运人的告知义务;托运人的损害赔偿责任】	
	第311条【承运人的货损责任及抗辩事由】	
	第312条【货物运输损害赔偿的计算方法】	
	第315条【承运人的留置权】	

第318条【多式联运经营人区段运输的责任约定】

多式联运经营人可以与参加多式联运的各区段承运人就多式联运合同的各区段运输约定相互之间的责任,但该约定不影响多式联运经营人对全程运输承担的义务。

说明：本法条尚无足够数量判决书可供法律大数据分析。

第319条【多式联运单据】 ★

多式联运经营人收到托运人交付的货物时，应当签发多式联运单据。按照托运人的要求，多式联运单据可以是可转让单据，也可以是不可转让单据。

说明：本法条尚无足够数量判决书可供法律大数据分析。

第320条【托运人的损害赔偿责任】 ★

因托运人托运货物时的过错造成多式联运经营人损失的，即使托运人已经转让多式联运单据，托运人仍然应当承担损害赔偿责任。

■ 一、主要适用的案由及其相关度

案由编号	主要适用的案由	相关度
M4.10.97.2	房屋租赁合同纠纷	
M4.10.101	运输合同纠纷	

■ 二、同时适用的法条及其相关度

	同时适用的法条	相关度	
合同法	第8条【依法成立的合同的法律约束力】		0209
	第61条【合同内容约定不明确的处理规则：合同漏洞的填补】		
	第212条【租赁合同的定义】		
	第215条【租赁合同的书面形式要求】		
	第304条【托运人对承运人的告知义务；托运人的损害赔偿责任】		
	第311条【承运人的货损责任及抗辩事由】		
	第312条【货物运输损害赔偿的计算方法】		
保险法	第66条【责任保险仲裁或诉讼中保险人承担的费用】		0937

	同时适用的法条	相关度
建设工程合同纠纷司法解释	第1条【建设工程施工合同无效的情形】	
	第17条【拖欠工程价款利息的计付标准】	

第321条【多式联运经营人的赔偿责任和责任限额】

货物的毁损、灭失发生于多式联运的某一运输区段的,多式联运经营人的赔偿责任和责任限额,适用调整该区段运输方式的有关法律规定。货物毁损、灭失发生的运输区段不能确定的,依照本章规定承担损害赔偿责任。

说明:本法条尚无足够数量判决书可供法律大数据分析。

第十八章 技术合同

第一节 一般规定

第322条【技术合同的概念】 ★

技术合同是当事人就技术开发、转让、咨询或者服务订立的确立相互之间权利和义务的合同。

■ 一、主要适用的案由及其相关度

案由编号	主要适用的案由	相关度
M5.13.136	技术合同纠纷	
M5.13.136.1	技术委托开发合同纠纷	
M5.13.136.4	技术转让合同纠纷	
M5.13.136.5	技术咨询合同纠纷	
M5.13.136.6	技术服务合同纠纷	
M4.10	合同纠纷	
M4.10.120	服务合同纠纷	
M4.10.120.19	农业技术服务合同纠纷	

二、同时适用的法条及其相关度

	同时适用的法条	相关度
合同法	第 2 条【合同法的调整对象：合同的定义】	
	第 5 条【公平原则：合同权利义务确定的原则】	
	第 6 条【诚实信用原则】	
	第 7 条【遵纪守法原则】	
	第 8 条【依法成立的合同的法律约束力】	
	第 44 条【合同的生效】	
	第 45 条【附条件的合同】	
	第 60 条【合同履行的原则】	
	第 61 条【合同内容约定不明确的处理规则：合同漏洞的填补】	
	第 62 条【合同内容约定不明确的履行规则：合同漏洞的填补】	
	第 91 条【合同权利义务终止的法定情形】	
	第 92 条【后合同义务】	
	第 93 条【合同的约定解除：协商一致；约定条件成就】	
	第 94 条【合同的法定解除：法定解除权】	
	第 96 条【合同解除权的行使规则】	
	第 97 条【合同解除的法律后果】	
	第 107 条【合同约束力：违约责任】	
	第 109 条【违约责任的承担：付款义务的继续履行】	
	第 112 条【违约责任的承担：损失赔偿与其他责任的并存】	
	第 114 条【违约金的约定及其调整】	
	第 119 条【防止违约损失扩大的措施：防损义务及不履行的后果；防损费用的承担】	

0209

		同时适用的法条	相关度
0209	合同法	第290条【承运人的按时运输、安全运输义务】	
		第311条【承运人的货损责任及抗辩事由】	
		第324条【技术合同的内容】	
		第325条【技术合同价款、报酬或使用费的支付方式】	
		第330条【技术开发合同的定义】	
		第342条【技术转让合同的种类及形式】	
		第349条【技术转让合同让与人的保证义务】	
		第352条【技术受让人未按约支付使用费的责任承担】	
		第356条【技术咨询合同;技术服务合同】	
		第357条【技术咨询合同委托人的义务】	
		第358条【技术咨询合同受托人的义务】	
		第359条【技术咨询合同委托人未提供必要的资料和数据的责任;技术咨询合同受托人未按约定提出咨询报告的违约责任;技术咨询合同委托人的责任】	
		第360条【技术服务合同委托人义务】	
		第361条【技术服务合同的受托人义务】	
		第362条【技术服务合同中委托人与受托人的违约责任】	
		第411条【委托合同的法定终止;委托人或受托人死亡、丧失民事行为能力或破产】	
1035	合同法司法解释二	第29条【违约金的数额及其调整:适当减少】	

第323条【技术合同的订立原则】

订立技术合同,应当有利于科学技术的进步,加速科学技术成果的转化、应用和推广。

说明:本法条尚无足够数量判决书可供法律大数据分析。

第324条【技术合同的内容】 ★

技术合同的内容由当事人约定,一般包括以下条款:

(一)项目名称;

(二)标的的内容、范围和要求;

(三)履行的计划、进度、期限、地点、地域和方式;

(四)技术情报和资料的保密;

(五)风险责任的承担;

(六)技术成果的归属和收益的分成办法;

(七)验收标准和方法;

(八)价款、报酬或者使用费及其支付方式;

(九)违约金或者损失赔偿的计算方法;

(十)解决争议的方法;

(十一)名词和术语的解释。

与履行合同有关的技术背景资料、可行性论证和技术评价报告、项目任务书和计划书、技术标准、技术规范、原始设计和工艺文件,以及其他技术文档,按照当事人的约定可以作为合同的组成部分。

技术合同涉及专利的,应当注明发明创造的名称、专利申请人和专利权人、申请日期、申请号、专利号以及专利权的有效期限。

■ 一、主要适用的案由及其相关度

案由编号	主要适用的案由	相关度
M5.13.136.2	技术合作开发合同纠纷	★
M5.13.136.6	技术服务合同纠纷	★

■ 二、同时适用的法条及其相关度

	同时适用的法条	相关度
合同法	第5条【公平原则:合同权利义务确定的原则】	
	第6条【诚实信用原则】	
	第8条【依法成立的合同的法律约束力】	

	同时适用的法条	相关度
合同法	第 12 条【合同内容一般包括的条款;示范文本】	
	第 26 条【承诺生效时间】	
	第 44 条【合同的生效】	
	第 60 条【合同履行的原则】	
	第 61 条【合同内容约定不明确的处理规则:合同漏洞的填补】	
	第 94 条【合同的法定解除;法定解除权】	
	第 107 条【合同约束力:违约责任】	
	第 109 条【违约责任的承担:付款义务的继续履行】	
	第 114 条【违约金的约定及其调整】	
	第 322 条【技术合同的概念】	
	第 325 条【技术合同价款、报酬或使用费的支付方式】	
	第 360 条【技术服务合同委托人义务】	

第 325 条【技术合同价款、报酬或使用费的支付方式】 ★

技术合同价款、报酬或者使用费的支付方式由当事人约定,可以采取一次总算、一次总付或者一次总算、分期支付,也可以采取提成支付或者提成支付附加预付入门费的方式。

约定提成支付的,可以按照产品价格、实施专利和使用技术秘密后新增的产值、利润或者产品销售额的一定比例提成,也可以按照约定的其他方式计算。提成支付的比例可以采取固定比例、逐年递增比例或者逐年递减比例。

约定提成支付的,当事人应当在合同中约定查阅有关会计帐目的办法。

一、主要适用的案由及其相关度

案由编号	主要适用的案由	相关度
M5.13.136	技术合同纠纷	

案由编号	主要适用的案由	相关度
M5.13.136.5	技术咨询合同纠纷	
M5.13.136.6	技术服务合同纠纷	
M4.10.120	服务合同纠纷	

■ 二、同时适用的法条及其相关度

	同时适用的法条	相关度
合同法	第107条【合同约束力;违约责任】	★★★★★
	第8条【依法成立的合同的法律约束力】	★★★★
	第60条【合同履行的原则】	★★★★
	第114条【违约金的约定及其调整】	★★★
	第322条【技术合同的概念】	★★★
	第6条【诚实信用原则】	★
	第32条【书面合同自双方当事人签字或盖章时成立】	★
	第44条【合同的生效】	★
	第93条【合同的约定解除:协商一致;约定条件成就】	★
	第97条【合同解除的法律后果】	★
	第159条【买受人应支付价款的数额认定】	★
	第161条【买受人支付价款的时间】	★
	第324条【技术合同的内容】	★
	第356条【技术咨询合同;技术服务合同】	★
	第360条【技术服务合同委托人义务】	★

0209

第326条【法人或其他组织的职务技术成果的使用与转让;职务技术成果的定义】　　★

职务技术成果的使用权、转让权属于法人或者其他组织的,法人或者其他组织可以就该项职务技术成果订立技术合同。法人或者其他组织应当从使用和转让该项职务技术成果所取得的收益中提取一定比例,对完成该项职务技术成果的个人给予奖励或者报酬。法人或者其他组织订立技术合同转让职务技术成果时,职务技术成果的完成人享有以同等条件优先受让的权利。

职务技术成果是执行法人或者其他组织的工作任务,或者主要是利用法人或者其他组织的物质技术条件所完成的技术成果。

■ 一、主要适用的案由及其相关度

案由编号	主要适用的案由	相关度
M5.14.152	其他科技成果权纠纷	

■ 二、同时适用的法条及其相关度

	同时适用的法条	相关度
合同法	第114条【违约金的约定及其调整】	
	第327条【完成技术成果的个人对非职务技术成果的使用与转让】	

第327条【完成技术成果的个人对非职务技术成果的使用与转让】

非职务技术成果的使用权、转让权属于完成技术成果的个人,完成技术成果的个人可以就该项非职务技术成果订立技术合同。

■ 一、主要适用的案由及其相关度

案由编号	主要适用的案由	相关度
M5.14.152	其他科技成果权纠纷	★

■ 二、同时适用的法条及其相关度

	同时适用的法条	相关度
合同法	第8条【依法成立的合同的法律约束力】	
	第94条【合同的法定解除;法定解除权】	
	第113条【违约责任的承担;损失赔偿】	

	同时适用的法条	相关度
合同法	第114条【违约金的约定及其调整】	0209
	第235条【租赁期间届满承租人的租赁物返还义务、返还的租赁物的应有状态】	
	第326条【法人或其他组织的职务技术成果的使用与转让；职务技术成果的定义】	

第328条【技术成果完成人的权利】

完成技术成果的个人有在有关技术成果文件上写明自己是技术成果完成者的权利和取得荣誉证书、奖励的权利。

说明：本法条尚无足够数量判决书可供法律大数据分析。

第329条【技术合同无效的情形】

非法垄断技术、妨碍技术进步或者侵害他人技术成果的技术合同无效。

说明：本法条尚无足够数量判决书可供法律大数据分析。

第二节 技术开发合同

第330条【技术开发合同的定义】 ★

技术开发合同是指当事人之间就新技术、新产品、新工艺或者新材料及其系统的研究开发所订立的合同。

技术开发合同包括委托开发合同和合作开发合同。

技术开发合同应当采用书面形式。

当事人之间就具有产业应用价值的科技成果实施转化订立的合同，参照技术开发合同的规定。

■ 一、主要适用的案由及其相关度

案由编号	主要适用的案由	相关度
M4.10	合同纠纷	
M5.13.136	技术合同纠纷	
M5.13.136.1	技术委托开发合同纠纷	
M5.13.136.2	技术合作开发合同纠纷	

■ 二、同时适用的法条及其相关度

	同时适用的法条	相关度
0209	第2条【合同法的调整对象:合同的定义】	
	第6条【诚实信用原则】	
	第7条【遵纪守法原则】	
	第8条【依法成立的合同的法律约束力】	
	第10条【合同的订立形式;合同的书面形式】	
	第14条【要约的定义及其构成要件】	
	第15条【要约邀请及其主要类型】	
	第16条【要约的生效时间】	
	第21条【承诺的概念】	
合同法	第22条【承诺的方式:通知、行为】	
	第25条【合同成立时间:承诺生效】	
	第26条【承诺生效时间】	
	第44条【合同的生效】	
	第60条【合同履行的原则】	
	第61条【合同内容约定不明确的处理规则:合同漏洞的填补】	
	第62条【合同内容约定不明确的履行规则:合同漏洞的填补】	
	第67条【后履行抗辩权】	
	第77条【变更合同的条件与要求】	
	第78条【合同变更内容约定不明确的处理】	
	第91条【合同权利义务终止的法定情形】	
	第92条【后合同义务】	
	第93条【合同的约定解除:协商一致;约定条件成就】	
	第94条【合同的法定解除;法定解除权】	

	同时适用的法条	相关度
合同法	第97条【合同解除的法律后果】	0209
	第107条【合同约束力;违约责任】	
	第109条【违约责任的承担:付款义务的继续履行】	
	第111条【违约责任的承担:质量不符合约定的违约责任】	
	第113条【违约责任的承担:损失赔偿】	
	第114条【违约金的约定及其调整】	
	第120条【双方违约应各自承担违约责任】	
	第158条【买受人的检验、通知义务】	
	第174条【买卖合同准用于有偿合同;有偿合同参照买卖合同】	
	第268条【定作人的合同解除权与损失承担】	
	第322条【技术合同的概念】	
	第325条【技术合同价款、报酬或使用费的支付方式】	
	第331条【委托开发合同委托人的主要义务】	
	第332条【委托开发合同中研究开发人的义务】	
	第333条【委托开发合同中委托人的违约责任】	
	第334条【研究开发人的违约责任】	
	第335条【合作开发合同中当事人的义务】	
	第336条【合作开发合同中当事人的违约责任】	
	第338条【技术开发合同的风险责任承担;当事人的通知义务与责任】	
	第356条【技术咨询合同;技术服务合同】	
	第396条【委托合同的界定】	
	第410条【委托合同的随时解除及解除后的赔偿责任】	

第331条【委托开发合同委托人的主要义务】　★

委托开发合同的委托人应当按照约定支付研究开发经费和报酬;提供技术资料、原始数据;完成协作事项;接受研究开发成果。

一、主要适用的案由及其相关度

案由编号	主要适用的案由	相关度
M5.13.136.1	技术委托开发合同纠纷	★★★★★
M5.13.130.11	计算机软件开发合同纠纷	★★
M4.10	合同纠纷	★

二、同时适用的法条及其相关度

	同时适用的法条	相关度
合同法	第60条【合同履行的原则】	★★★★★
	第332条【委托开发合同中研究开发人的义务】	★★★★★
	第107条【合同约束力:违约责任】	★★★★
	第330条【技术开发合同的定义】	★★★★
	第8条【依法成立的合同的法律约束力】	★★★
	第109条【违约责任的承担:付款义务的继续履行】	★★★
	第334条【研究开发人的违约责任】	★★★
	第44条【合同的生效】	★★
	第114条【违约金的约定及其调整】	★★
	第333条【委托开发合同中委托人的违约责任】	★★
	第5条【公平原则:合同权利义务确定的原则】	★
	第6条【诚实信用原则】	★
	第77条【变更合同的条件与要求】	★
	第93条【合同的约定解除:协商一致;约定条件成就】	★
	第94条【合同的法定解除;法定解除权】	★
	第97条【合同解除的法律后果】	★

	同时适用的法条	相关度	
合同法	第113条【违约责任的承担;损失赔偿】	★	0209
	第290条【承运人的按时运输、安全运输义务】	★	

第332条【委托开发合同中研究开发人的义务】 ★

委托开发合同的研究开发人应当按照约定制定和实施研究开发计划;合理使用研究开发经费;按期完成研究开发工作,交付研究开发成果,提供有关的技术资料和必要的技术指导,帮助委托人掌握研究开发成果。

■ 一、主要适用的案由及其相关度

案由编号	主要适用的案由	相关度
M5.13.136.1	技术委托开发合同纠纷	

■ 二、同时适用的法条及其相关度

	同时适用的法条	相关度	
合同法	第5条【公平原则;合同权利义务确定的原则】		0209
	第6条【诚实信用原则】		
	第8条【依法成立的合同的法律约束力】		
	第32条【书面合同自双方当事人签字或盖章时成立】		
	第44条【合同的生效】		
	第45条【附条件的合同】		
	第60条【合同履行的原则】		
	第77条【变更合同的条件与要求】		
	第91条【合同权利义务终止的法定情形】		
	第93条【合同的约定解除;协商一致;约定条件成就】		
	第94条【合同的法定解除;法定解除权】		
	第96条【合同解除权的行使规则】		

	同时适用的法条	相关度
合同法	第97条【合同解除的法律后果】	
	第107条【合同约束力;违约责任】	
	第110条【非金钱债务的继续履行及其例外;债权人不得要求对方继续履行的情形】	
	第114条【违约金的约定及其调整】	
	第125条【合同的解释;合同条款理解不一致的解释规则】	
	第226条【承租人租金支付期限的确定规则】	
	第227条【出租人的租金支付请求权以及合同解除权】	
	第235条【租赁期间届满承租人的租赁物返还义务、返还的租赁物的应有状态】	
	第236条【不定期租赁;租赁期满继续使用租赁物、出租人没有提出异议】	
	第268条【定作人的合同解除权与损失承担】	
	第290条【承运人的按时运输、安全运输义务】	
	第330条【技术开发合同的定义】	
	第331条【委托开发合同委托人的主要义务】	
	第333条【委托开发合同中委托人的违约责任】	
	第334条【研究开发人的违约责任】	
	第335条【合作开发合同中当事人的义务】	
	第336条【合作开发合同中当事人的违约责任】	
	第338条【技术开发合同的风险责任承担;当事人的通知义务与责任】	

第333条【委托开发合同中委托人的违约责任】 ★

委托人违反约定造成研究开发工作停滞、延误或者失败的,应当承担违约责任。

一、主要适用的案由及其相关度

案由编号	主要适用的案由	相关度
M5.13.136.1	技术委托开发合同纠纷	★
M5.13.130.11	计算机软件开发合同纠纷	★
M5.13.136.2	技术合作开发合同纠纷	

二、同时适用的法条及其相关度

	同时适用的法条	相关度	
合同法	第8条【依法成立的合同的法律约束力】		0209
	第44条【合同的生效】		
	第60条【合同履行的原则】		
	第61条【合同内容约定不明确的处理规则;合同漏洞的填补】		
	第67条【后履行抗辩权】		
	第93条【合同的约定解除;协商一致;约定条件成就】		
	第94条【合同的法定解除;法定解除权】		
	第96条【合同解除权的行使规则】		
	第97条【合同解除的法律后果】		
	第107条【合同约束力;违约责任】		
	第114条【违约金的约定及其调整】		
	第330条【技术开发合同的定义】		
	第331条【委托开发合同委托人的主要义务】		
	第332条【委托开发合同中研究开发人的义务】		
	第334条【研究开发人的违约责任】		
合同法司法解释二	第29条【违约金的数额及其调整;适当减少】		1035

第334条【研究开发人的违约责任】 ★

研究开发人违反约定造成研究开发工作停滞、延误或者失败的,应当承担违约责任。

一、主要适用的案由及其相关度

案由编号	主要适用的案由	相关度
M5.13.136.1	技术委托开发合同纠纷	

二、同时适用的法条及其相关度

	同时适用的法条	相关度
合同法	第5条【公平原则:合同权利义务确定的原则】	
	第6条【诚实信用原则】	
	第8条【依法成立的合同的法律约束力】	
	第44条【合同的生效】	
	第60条【合同履行的原则】	
	第92条【后合同义务】	
	第93条【合同的约定解除:协商一致;约定条件成就】	
	第94条【合同的法定解除;法定解除权】	
	第97条【合同解除的法律后果】	
	第107条【合同约束力:违约责任】	
	第108条【预期违约责任】	
	第113条【违约责任的承担:损失赔偿】	
	第114条【违约金的约定及其调整】	
	第121条【因第三人原因造成违约情况下的责任承担】	
	第330条【技术开发合同的定义】	
	第331条【委托开发合同委托人的主要义务】	

	同时适用的法条	相关度
合同法	第332条【委托开发合同中研究开发人的义务】	0209
	第333条【委托开发合同中委托人的违约责任】	
合同法司法解释二	第29条【违约金的数额及其调整:适当减少】	1035

第335条【合作开发合同中当事人的义务】 ★

合作开发合同的当事人应当按照约定进行投资,包括以技术进行投资;分工参与研究开发工作;协作配合研究开发工作。

■ 一、主要适用的案由及其相关度

案由编号	主要适用的案由	相关度
M5.13.136.2	技术合作开发合同纠纷	

■ 二、同时适用的法条及其相关度

	同时适用的法条	相关度
合同法	第6条【诚实信用原则】	0209
	第8条【依法成立的合同的法律约束力】	
	第10条【合同的订立形式;合同的书面形式】	
	第44条【合同的生效】	
	第60条【合同履行的原则】	
	第62条【合同内容约定不明确的履行规则;合同漏洞的填补】	
	第93条【合同的约定解除:协商一致;约定条件成就】	
	第97条【合同解除的法律后果】	
	第107条【合同约束力:违约责任】	
	第109条【违约责任的承担:付款义务的继续履行】	

	同时适用的法条	相关度
合同法	第120条【双方违约应各自承担违约责任】	
	第212条【租赁合同的定义】	
	第226条【承租人租金支付期限的确定规则】	
	第227条【出租人的租金支付请求权以及合同解除权】	
	第232条【不定期租赁】	
	第330条【技术开发合同的定义】	
	第332条【委托开发合同中研究开发人的义务】	
	第336条【合作开发合同中当事人的违约责任】	

第336条【合作开发合同中当事人的违约责任】 ★

合作开发合同的当事人违反约定造成研究开发工作停滞、延误或者失败的,应当承担违约责任。

一、主要适用的案由及其相关度

案由编号	主要适用的案由	相关度
M5.13.136.2	技术合作开发合同纠纷	

二、同时适用的法条及其相关度

	同时适用的法条	相关度
合同法	第8条【依法成立的合同的法律约束力】	
	第60条【合同履行的原则】	
	第62条【合同内容约定不明确的履行规则;合同漏洞的填补】	
	第97条【合同解除的法律后果】	
	第109条【违约责任的承担:付款义务的继续履行】	
	第120条【双方违约应各自承担违约责任】	

	同时适用的法条	相关度
合同法	第205条【借款利息支付期限的确定】	
	第206条【借款期限的认定】	
	第207条【逾期还款的责任承担;支付利息】	
	第211条【自然人之间借款合同利息的规制】	
	第222条【承租人的租赁物保管义务及其赔偿责任】	
	第224条【承租人转租租赁物的前提条件及后果】	
	第226条【承租人租金支付期限的确定规则】	
	第235条【租赁期间届满承租人的租赁物返还义务、返还的租赁物的应有状态】	
	第330条【技术开发合同的定义】	
	第332条【委托开发合同中研究开发人的义务】	
	第335条【合作开发合同中当事人的义务】	

第337条【技术开发合同的解除】

因作为技术开发合同标的的技术已经由他人公开,致使技术开发合同的履行没有意义的,当事人可以解除合同。

说明:本法条尚无足够数量判决书可供法律大数据分析。

第338条【技术开发合同的风险责任承担;当事人的通知义务与责任】 ★

在技术开发合同履行过程中,因出现无法克服的技术困难,致使研究开发失败或者部分失败的,该风险责任由当事人约定。没有约定或者约定不明确,依照本法第六十一条的规定仍不能确定的,风险责任由当事人合理分担。

当事人一方发现前款规定的可能致使研究开发失败或者部分失败的情形时,应当及时通知另一方并采取适当措施减少损失。没有及时通知并采取适当措施,致使损失扩大的,应当就扩大的损失承担责任。

■ 一、主要适用的案由及其相关度

案由编号	主要适用的案由	相关度
M5.13.136.1	技术委托开发合同纠纷	

■ 二、同时适用的法条及其相关度

	同时适用的法条	相关度
合同法	第5条【公平原则:合同权利义务确定的原则】	
	第44条【合同的生效】	
	第60条【合同履行的原则】	
	第77条【变更合同的条件与要求】	
	第91条【合同权利义务终止的法定情形】	
	第93条【合同的约定解除:协商一致;约定条件成就】	
	第94条【合同的法定解除;法定解除权】	
	第96条【合同解除权的行使规则】	
	第97条【合同解除的法律后果】	
	第107条【合同约束力;违约责任】	
	第268条【定作人的合同解除权与损失承担】	
	第330条【技术开发合同的定义】	
	第332条【委托开发合同中研究开发人的义务】	

第339条【委托开发完成的发明创造的成果归属与分享】

委托开发完成的发明创造,除当事人另有约定的以外,申请专利的权利属于研究开发人。研究开发人取得专利权的,委托人可以免费实施该专利。

研究开发人转让专利申请权的,委托人享有以同等条件优先受让的权利。

说明:本法条尚无足够数量判决书可供法律大数据分析。

第340条【合作开发完成的发明创造的成果归属与分享】 ★

合作开发完成的发明创造,除当事人另有约定的以外,申请专利的权利属于合作开发的当事人共有。当事人一方转让其共有的专利申请权的,其他各方享有以同等条件优先受让的权利。

合作开发的当事人一方声明放弃其共有的专利申请权的,可以由另一方单独申请或者由其他各方共同申请。申请人取得专利权的,放弃专利申请权的一方可以免费实施该专利。

合作开发的当事人一方不同意申请专利的,另一方或者其他各方不得申请专利。

■ 一、主要适用的案由及其相关度

案由编号	主要适用的案由	相关度
M5.14.144.2	专利权权属纠纷	★

■ 二、同时适用的法条及其相关度

	同时适用的法条	相关度
专利法	第8条【合作完成的发明创造和接受委托完成的发明创造申请专利的权利及专利权归属】	

第341条【委托开发或合作开发完成的技术秘密成果的使用权、转让权及利益分配】

委托开发或者合作开发完成的技术秘密成果的使用权、转让权以及利益的分配办法,由当事人约定。没有约定或者约定不明确,依照本法第六十一条的规定仍不能确定的,当事人均有使用和转让的权利,但委托开发的研究开发人不得在向委托人交付研究开发成果之前,将研究开发成果转让给第三人。

说明:本法条尚无足够数量判决书可供法律大数据分析。

第三节 技术转让合同

第342条【技术转让合同的种类及形式】 ★

技术转让合同包括专利权转让、专利申请权转让、技术秘密转让、专利实施许可合同。技术转让合同应当采用书面形式。

一、主要适用的案由及其相关度

案由编号	主要适用的案由	相关度
M5.13.136.4	技术转让合同纠纷	

二、同时适用的法条及其相关度

	同时适用的法条	相关度
合同法	第36条【应当采用书面形式而未采用书面形式合同成立的条件】	
	第44条【合同的生效】	
	第45条【附条件的合同】	
	第52条【合同无效的法定情形】	
	第58条【合同无效或被撤销的法律后果】	
	第60条【合同履行的原则】	
	第94条【合同的法定解除;法定解除权】	
	第97条【合同解除的法律后果】	
	第322条【技术合同的概念】	
	第348条【技术秘密转让合同受让人的义务】	
	第356条【技术咨询合同;技术服务合同】	

第343条【技术转让合同的约定内容】

技术转让合同可以约定让与人和受让人实施专利或者使用技术秘密的范围,但不得限制技术竞争和技术发展。

说明:本法条尚无足够数量判决书可供法律大数据分析。

第344条【专利实施许可合同的效力】 ★

专利实施许可合同只在该专利权的存续期间内有效。专利权有效期限届满或者专利权被宣布无效的,专利权人不得就该专利与他人订立专利实施许可合同。

一、主要适用的案由及其相关度

案由编号	主要适用的案由	相关度
M5.13.132.4	实用新型专利实施许可合同纠纷	

二、同时适用的法条及其相关度

	同时适用的法条	相关度	
合同法	第8条【依法成立的合同的法律约束力】		0209
	第60条【合同履行的原则】		
	第94条【合同的法定解除;法定解除权】		
	第345条【专利实施许可合同让与人的义务】		
专利法	第44条【专利权提前终止的情形】		1001

第345条【专利实施许可合同让与人的义务】 ★

专利实施许可合同的让与人应当按照约定许可受让人实施专利,交付实施专利有关的技术资料,提供必要的技术指导。

说明:本法条尚无足够数量判决书可供法律大数据分析。

第346条【专利实施许可合同受让人的义务】

专利实施许可合同的受让人应当按照约定实施专利,不得许可约定以外的第三人实施该专利;并按照约定支付使用费。

一、主要适用的案由及其相关度

案由编号	主要适用的案由	相关度
M5.13.132.4	实用新型专利实施许可合同纠纷	

二、同时适用的法条及其相关度

	同时适用的法条	相关度	
合同法	第8条【依法成立的合同的法律约束力】		0209
	第32条【书面合同自双方当事人签字或盖章时成立】		

	同时适用的法条	相关度
0209 合同法	第44条【合同的生效】	
	第60条【合同履行的原则】	
	第93条【合同的约定解除；协商一致；约定条件成就】	
	第94条【合同的法定解除；法定解除权】	
	第96条【合同解除权的行使规则】	
	第97条【合同解除的法律后果】	
	第107条【合同约束力；违约责任】	
	第109条【违约责任的承担；付款义务的继续履行】	
	第114条【违约金的约定及其调整】	
	第352条【技术受让人未按约支付使用费的责任承担】	
0916 民法通则	第4条【民事活动的基本原则：自愿、公平、等价有偿、诚实信用】	

第347条【技术秘密转让合同让与人的义务】

技术秘密转让合同的让与人应当按照约定提供技术资料，进行技术指导，保证技术的实用性、可靠性，承担保密义务。

一、主要适用的案由及其相关度

案由编号	主要适用的案由	相关度
M5.13.136.4	技术转让合同纠纷	
M5.13.135.2	技术秘密许可使用合同纠纷	

二、同时适用的法条及其相关度

	同时适用的法条	相关度
0209 合同法	第5条【公平原则；合同权利义务确定的原则】	
	第6条【诚实信用原则】	

	同时适用的法条	相关度
合同法	第8条【依法成立的合同的法律约束力】	0209
	第12条【合同内容一般包括的条款;示范文本】	
	第60条【合同履行的原则】	
	第107条【合同约束力;违约责任】	
	第111条【违约责任的承担;质量不符合约定的违约责任】	
	第114条【违约金的约定及其调整】	
	第119条【防止违约损失扩大的措施;防损义务及不履行的后果;防损费用的承担】	
	第348条【技术秘密转让合同受让人的义务】	
	第349条【技术转让合同让与人的保证义务】	
	第351条【技术让与人的违约责任】	
	第352条【技术受让人未按约支付使用费的责任承担】	

第348条【技术秘密转让合同受让人的义务】

技术秘密转让合同的受让人应当按照约定使用技术,支付使用费,承担保密义务。

■ 一、主要适用的案由及其相关度

案由编号	主要适用的案由	相关度
M5.13.136.4	技术转让合同纠纷	

■ 二、同时适用的法条及其相关度

	同时适用的法条	相关度
合同法	第12条【合同内容一般包括的条款;示范文本】	0209
	第60条【合同履行的原则】	
	第107条【合同约束力;违约责任】	

	同时适用的法条	相关度
0209 合同法	第342条【技术转让合同的种类及形式】	
	第347条【技术秘密转让合同让与人的义务】	
	第349条【技术转让合同让与人的保证义务】	
	第352条【技术受让人未按约支付使用费的责任承担】	

第349条【技术转让合同让与人的保证义务】 ★

技术转让合同的让与人应当保证自己是所提供的技术的合法拥有者,并保证所提供的技术完整、无误、有效,能够达到约定的目标。

■ 一、主要适用的案由及其相关度

案由编号	主要适用的案由	相关度
M5.13.136.4	技术转让合同纠纷	

■ 二、同时适用的法条及其相关度

	同时适用的法条	相关度
0209 合同法	第8条【依法成立的合同的法律约束力】	
	第44条【合同的生效】	
	第60条【合同履行的原则】	
	第93条【合同的约定解除:协商一致;约定条件成就】	
	第94条【合同的法定解除;法定解除权】	
	第96条【合同解除权的行使规则】	
	第97条【合同解除的法律后果】	
	第107条【合同约束力:违约责任】	
	第114条【违约金的约定及其调整】	
	第119条【防止违约损失扩大的措施;防损义务及不履行的后果;防损费用的承担】	

	同时适用的法条	相关度	
合同法	第120条【双方违约应各自承担违约责任】		0209
	第322条【技术合同的概念】		
	第325条【技术合同价款、报酬或使用费的支付方式】		
	第347条【技术秘密转让合同让与人的义务】		
	第348条【技术秘密转让合同受让人的义务】		
	第351条【技术让与人的违约责任】		
	第352条【技术受让人未按约支付使用费的责任承担】		
审理技术合同案件司法解释	第22条【对技术转让合同的界定】		1076

第350条【技术转让合同受让人的保密义务】

技术转让合同的受让人应当按照约定的范围和期限,对让与人提供的技术中尚未公开的秘密部分,承担保密义务。

■ 一、主要适用的案由及其相关度

案由编号	主要适用的案由	相关度
M4.10.99	承揽合同纠纷	
M4.10.112	种植、养殖回收合同纠纷	

■ 二、同时适用的法条及其相关度

	同时适用的法条	相关度	
合同法	第5条【公平原则:合同权利义务确定的原则】		0209
	第94条【合同的法定解除;法定解除权】		
	第113条【违约责任的承担;损失赔偿】		
	第130条【买卖合同的定义】		

	同时适用的法条	相关度
合同法	第133条【标的物所有权的转移:交付】	
	第263条【定作人报酬支付的期限】	
	第376条【保管物的领取时间】	
	第378条【保管可替代物;返还同种类物】	

第351条【技术让与人的违约责任】 ★

让与人未按照约定转让技术的,应当返还部分或者全部使用费,并应当承担违约责任;实施专利或者使用技术秘密超越约定的范围的,违反约定擅自许可第三人实施该项专利或者使用该项技术秘密的,应当停止违约行为,承担违约责任;违反约定的保密义务的,应当承担违约责任。

■ 一、主要适用的案由及其相关度

案由编号	主要适用的案由	相关度
M5.13.136.4	技术转让合同纠纷	

■ 二、同时适用的法条及其相关度

	同时适用的法条	相关度
合同法	第5条【公平原则:合同权利义务确定的原则】	
	第6条【诚实信用原则】	
	第8条【依法成立的合同的法律约束力】	
	第44条【合同的生效】	
	第60条【合同履行的原则】	
	第94条【合同的法定解除;法定解除权】	
	第97条【合同解除的法律后果】	
	第107条【合同约束力;违约责任】	
	第109条【违约责任的承担:付款义务的继续履行】	
	第114条【违约金的约定及其调整】	

	同时适用的法条		相关度	
合同法	第119条【防止违约损失扩大的措施；防损义务及不履行的后果；防损费用的承担】			0209
	第120条【双方违约应各自承担违约责任】			
	第263条【定作人报酬支付的期限】			
	第347条【技术秘密转让合同让与人的义务】			
	第349条【技术转让合同让与人的保证义务】			
	第352条【技术受让人未按约支付使用费的责任承担】			
民法通则	第35条【民事合伙的债务承担规则】			0916

第352条【技术受让人未按约支付使用费的责任承担】 ★

受让人未按照约定支付使用费的，应当补交使用费并按照约定支付违约金；不补交使用费或者支付违约金的，应当停止实施专利或者使用技术秘密，交还技术资料，承担违约责任；实施专利或者使用技术秘密超越约定的范围的，未经让与人同意擅自许可第三人实施该专利或者使用该技术秘密的，应当停止违约行为，承担违约责任；违反约定的保密义务的，应当承担违约责任。

■ 一、主要适用的案由及其相关度

案由编号	主要适用的案由	相关度
M5.13.136.4	技术转让合同纠纷	
M5.13.132.2	专利权转让合同纠纷	
M5.13.132.4	实用新型专利实施许可合同纠纷	

■ 二、同时适用的法条及其相关度

	同时适用的法条	相关度	
合同法	第2条【合同法的调整对象；合同的定义】		0209
	第8条【依法成立的合同的法律约束力】		

	同时适用的法条	相关度
合同法	第32条【书面合同自双方当事人签字或盖章时成立】	
	第44条【合同的生效】	
	第45条【附条件的合同】	
	第60条【合同履行的原则】	
	第91条【合同权利义务终止的法定情形】	
	第93条【合同的约定解除:协商一致;约定条件成就】	
	第94条【合同的法定解除;法定解除权】	
	第97条【合同解除的法律后果】	
	第107条【合同约束力:违约责任】	
	第109条【违约责任的承担:付款义务的继续履行】	
	第114条【违约金的约定及其调整】	
	第120条【双方违约应各自承担违约责任】	
	第322条【技术合同的概念】	
	第325条【技术合同价款、报酬或使用费的支付方式】	
	第346条【专利实施许可合同受让人的义务】	
	第347条【技术秘密转让合同让与人的义务】	
	第348条【技术秘密转让合同受让人的义务】	
	第349条【技术转让合同让与人的保证义务】	
	第351条【技术让与人的违约责任】	
	第360条【技术服务合同委托人义务】	
民法通则	第88条【合同内容约定不明确的处理规则;合同漏洞的填补】	

第353条【受让人按约定实施专利、使用技术秘密的侵权责任承担】 ★

受让人按照约定实施专利、使用技术秘密侵害他人合法权益的,由让与人承担责任,但当事人另有约定的除外。

说明:本法条尚无足够数量判决书可供法律大数据分析。

第354条【对技术转让合同中后续改进技术成果分享办法的规定】

当事人可以按照互利的原则,在技术转让合同中约定实施专利、使用技术秘密后续改进的技术成果的分享办法。没有约定或者约定不明确,依照本法第六十一条的规定仍不能确定的,一方后续改进的技术成果,其他各方无权分享。

说明:本法条尚无足够数量判决书可供法律大数据分析。

第355条【技术进出口合同或专利、专利申请合同的法律适用】

法律、行政法规对技术进出口合同或者专利、专利申请合同另有规定的,依照其规定。

说明:本法条尚无足够数量判决书可供法律大数据分析。

第四节 技术咨询合同和技术服务合同

第356条【对技术咨询合同和技术服务合同的界定】 ★

技术咨询合同包括就特定技术项目提供可行性论证、技术预测、专题技术调查、分析评价报告等合同。

技术服务合同是指当事人一方以技术知识为另一方解决特定技术问题所订立的合同,不包括建设工程合同和承揽合同。

■ 一、主要适用的案由及其相关度

案由编号	主要适用的案由	相关度
M5.13.136	技术合同纠纷	★★
M5.13.136.1	技术委托开发合同纠纷	★
M5.13.136.5	技术咨询合同纠纷	★★★
M5.13.136.6	技术服务合同纠纷	★★★★★
M4.10.120	服务合同纠纷	★★

■ 二、同时适用的法条及其相关度

	同时适用的法条	相关度
合同法	第 60 条【合同履行的原则】	★★★★★
	第 107 条【合同约束力；违约责任】	★★★★★
	第 360 条【技术服务合同委托人义务】	★★★★★
	第 8 条【依法成立的合同的法律约束力】	★★★★
	第 93 条【合同的约定解除；协商一致；约定条件成就】	★★★
	第 97 条【合同解除的法律后果】	★★★
	第 109 条【违约责任的承担；付款义务的继续履行】	★★★
	第 114 条【违约金的约定及其调整】	★★★
	第 357 条【技术咨询合同委托人的义务】	★★★
	第 361 条【技术服务合同的受托人义务】	★★★
	第 362 条【技术服务合同中委托人与受托人的违约责任】	★★★
	第 94 条【合同的法定解除；法定解除权】	★★
	第 96 条【合同解除权的行使规则】	★★
	第 6 条【诚实信用原则】	★
	第 10 条【合同的订立形式；合同的书面形式】	★
	第 44 条【合同的生效】	★
	第 62 条【合同内容约定不明确的履行规则；合同漏洞的填补】	★
	第 113 条【违约责任的承担；损失赔偿】	★
	第 130 条【买卖合同的定义】	★
	第 325 条【技术合同价款、报酬或使用费的支付方式】	★
	第 358 条【技术咨询合同受托人的义务】	★

	同时适用的法条	相关度	
合同法	第359条【技术咨询合同委托人未提供必要的资料和数据的责任;技术咨询合同受托人未按约定提出咨询报告的违约责任;技术咨询合同委托人的责任】	★	0209
公司法	第14条【分公司的法律地位;子公司的法律地位】	★	0955

第357条【技术咨询合同委托人的义务】 ★

技术咨询合同的委托人应当按照约定阐明咨询的问题,提供技术背景材料及有关技术资料、数据;接受受托人的工作成果,支付报酬。

■ 一、主要适用的案由及其相关度

案由编号	主要适用的案由	相关度
M5.13.136.5	技术咨询合同纠纷	

■ 二、同时适用的法条及其相关度

	同时适用的法条	相关度	
合同法	第6条【诚实信用原则】		0209
	第8条【依法成立的合同的法律约束力】		
	第10条【合同的订立形式;合同的书面形式】		
	第32条【书面合同自双方当事人签字或盖章时成立】		
	第40条【格式条款无效情形】		
	第44条【合同的生效】		
	第60条【合同履行的原则】		
	第61条【合同内容约定不明确的处理规则;合同漏洞的填补】		
	第62条【合同内容约定不明确的履行规则;合同漏洞的填补】		

	同时适用的法条	相关度
0209 合同法	第94条【合同的法定解除;法定解除权】	
	第97条【合同解除的法律后果】	
	第98条【结算条款、清理条款效力的独立性】	
	第107条【合同约束力;违约责任】	
	第109条【违约责任的承担:付款义务的继续履行】	
	第112条【违约责任的承担:损失赔偿与其他责任的并存】	
	第113条【违约责任的承担:损失赔偿】	
	第114条【违约金的约定及其调整】	
	第130条【买卖合同的定义】	
	第158条【买受人的检验、通知义务】	
	第322条【技术合同的概念】	
	第325条【技术合同价款、报酬或使用费的支付方式】	
	第356条【技术咨询合同;技术服务合同】	
	第358条【技术咨询合同受托人的义务】	
	第359条【技术咨询合同委托人未提供必要的资料和数据的责任;技术咨询合同受托人未按约定提出咨询报告的违约责任;技术咨询合同委托人的责任】	
	第360条【技术服务合同委托人义务】	
	第361条【技术服务合同的受托人义务】	
	第362条【技术服务合同中委托人与受托人的违约责任】	

第358条【技术咨询合同受托人的义务】 ★

技术咨询合同的受托人应当按照约定的期限完成咨询报告或者解答问题;提出的咨询报告应当达到约定的要求。

一、主要适用的案由及其相关度

案由编号	主要适用的案由	相关度
M5.13.136.5	技术咨询合同纠纷	

二、同时适用的法条及其相关度

	同时适用的法条	相关度
合同法	第8条【依法成立的合同的法律约束力】	
	第60条【合同履行的原则】	
	第107条【合同约束力：违约责任】	
	第109条【违约责任的承担：付款义务的继续履行】	
	第114条【违约金的约定及其调整】	
	第322条【技术合同的概念】	
	第356条【技术咨询合同；技术服务合同】	
	第357条【技术咨询合同委托人的义务】	
	第359条【技术咨询合同委托人未提供必要的资料和数据的责任；技术咨询合同受托人未按约定提出咨询报告的违约责任；技术咨询合同委托人的责任】	
	第360条【技术服务合同委托人义务】	
	第361条【技术服务合同的受托人义务】	

第359条【技术咨询合同委托人未提供必要的资料和数据的责任；技术咨询合同受托人未按约定提出咨询报告的违约责任；技术咨询合同委托人的责任】

技术咨询合同的委托人未按照约定提供必要的资料和数据，影响工作进度和质量，不接受或者逾期接受工作成果的，支付的报酬不得追回，未支付的报酬应当支付。

技术咨询合同的受托人未按期提出咨询报告或者提出的咨询报告不符合约定的，应当承担减收或者免收报酬等违约责任。

技术咨询合同的委托人按照受托人符合约定要求的咨询报告和意见

作出决策所造成的损失,由委托人承担,但当事人另有约定的除外。

一、主要适用的案由及其相关度

案由编号	主要适用的案由	相关度
M5.13.136.5	技术咨询合同纠纷	

二、同时适用的法条及其相关度

	同时适用的法条	相关度
合同法	第6条【诚实信用原则】	
	第8条【依法成立的合同的法律约束力】	
	第44条【合同的生效】	
	第60条【合同履行的原则】	
	第91条【合同权利义务终止的法定情形】	
	第94条【合同的法定解除;法定解除权】	
	第96条【合同解除权的行使规则】	
	第107条【合同约束力;违约责任】	
	第109条【违约责任的承担;付款义务的继续履行】	
	第113条【违约责任的承担;损失赔偿】	
	第130条【买卖合同的定义】	
	第161条【买受人支付价款的时间】	
	第322条【技术合同的概念】	
	第325条【技术合同价款、报酬或使用费的支付方式】	
	第356条【技术咨询合同;技术服务合同】	
	第357条【技术咨询合同委托人的义务】	
	第358条【技术咨询合同受托人的义务】	
	第360条【技术服务合同委托人义务】	

	同时适用的法条	相关度	
合同法	第361条【技术服务合同的受托人义务】		0209
	第362条【技术服务合同中委托人与受托人的违约责任】		

第360条【技术服务合同委托人义务】 ★

技术服务合同的委托人应当按照约定提供工作条件，完成配合事项；接受工作成果并支付报酬。

■ 一、主要适用的案由及其相关度

案由编号	主要适用的案由	相关度
M4.10.120	服务合同纠纷	★★★
M4.10.120.1	电信服务合同纠纷	★
M4.10	合同纠纷	★★
M4.10.74	买卖合同纠纷	★
M5.13.136	技术合同纠纷	★
M5.13.136.6	技术服务合同纠纷	★★★★★

■ 二、同时适用的法条及其相关度

	同时适用的法条	相关度	
合同法	第60条【合同履行的原则】	★★★★★	0209
	第107条【合同约束力；违约责任】	★★★★★	
	第8条【依法成立的合同的法律约束力】	★★★	
	第109条【违约责任的承担；付款义务的继续履行】	★★★	
	第356条【技术咨询合同；技术服务合同】	★★★	
	第361条【技术服务合同的受托人义务】	★★★	
	第362条【技术服务合同中委托人与受托人的违约责任】	★★★	
	第114条【违约金的约定及其调整】	★★	

0818　合同、无因管理、不当得利纠纷

		同时适用的法条	相关度
0209	合同法	第44条【合同的生效】	★
		第94条【合同的法定解除；法定解除权】	★
		第96条【合同解除权的行使规则】	★
		第97条【合同解除的法律后果】	★
		第113条【违约责任的承担；损失赔偿】	★
		第322条【技术合同的概念】	★
0916	民法通则	第84条【债的定义】	★

第361条【技术服务合同的受托人义务】　★

技术服务合同的受托人应当按照约定完成服务项目，解决技术问题，保证工作质量，并传授解决技术问题的知识。

■ 一、主要适用的案由及其相关度

案由编号	主要适用的案由	相关度
M4.10.120	服务合同纠纷	★
M5.13.136	技术合同纠纷	★
M5.13.136.6	技术服务合同纠纷	★★★★★
M4.10	合同纠纷	★

■ 二、同时适用的法条及其相关度

		同时适用的法条	相关度
0209	合同法	第362条【技术服务合同中委托人与受托人的违约责任】	★★★★★
		第60条【合同履行的原则】	★★★★
		第107条【合同约束力；违约责任】	★★★★
		第360条【技术服务合同委托人义务】	★★★★
		第8条【依法成立的合同的法律约束力】	★★★

	同时适用的法条	相关度	
合同法	第93条【合同的约定解除:协商一致;约定条件成就】	★★★	0209
	第97条【合同解除的法律后果】	★★★	
	第356条【技术咨询合同;技术服务合同】	★★★	
	第96条【合同解除权的行使规则】	★★	
	第44条【合同的生效】	★	
	第61条【合同内容约定不明确的处理规则;合同漏洞的填补】	★	
	第94条【合同的法定解除;法定解除权】	★	
	第98条【结算条款、清理条款效力的独立性】	★	
	第109条【违约责任的承担:付款义务的继续履行】	★	
	第113条【违约责任的承担:损失赔偿】	★	
	第114条【违约金的约定及其调整】	★	
	第322条【技术合同的概念】	★	

第362条【技术服务合同中委托人与受托人的违约责任】 ★

技术服务合同的委托人不履行合同义务或者履行合同义务不符合约定,影响工作进度和质量,不接受或者逾期接受工作成果的,支付的报酬不得追回,未支付的报酬应当支付。

技术服务合同的受托人未按照合同约定完成服务工作的,应当承担免收报酬等违约责任。

一、主要适用的案由及其相关度

案由编号	主要适用的案由	相关度
M5.13.136.6	技术服务合同纠纷	★★★★★
M4.10.120	服务合同纠纷	★★
M4.10	合同纠纷	★★

■ 二、同时适用的法条及其相关度

		同时适用的法条	相关度
0209	合同法	第 60 条【合同履行的原则】	★★★★★
		第 361 条【技术服务合同的受托人义务】	★★★★★
		第 97 条【合同解除的法律后果】	★★★★
		第 107 条【合同约束力；违约责任】	★★★★
		第 8 条【依法成立的合同的法律约束力】	★★★
		第 93 条【合同的约定解除：协商一致；约定条件成就】	★★★
		第 114 条【违约金的约定及其调整】	★★★
		第 356 条【技术咨询合同；技术服务合同】	★★★
		第 360 条【技术服务合同委托人义务】	★★★
		第 44 条【合同的生效】	★★
		第 94 条【合同的法定解除；法定解除权】	★
		第 96 条【合同解除权的行使规则】	★
		第 98 条【结算条款、清理条款效力的独立性】	★
		第 109 条【违约责任的承担：付款义务的继续履行】	★
		第 113 条【违约责任的承担：损失赔偿】	★
		第 322 条【技术合同的概念】	★
0916	民法通则	第 84 条【债的定义】	★
		第 106 条【民事责任归责原则：违约责任；过错侵权责任；无过错侵权责任】	★
		第 134 条【承担民事责任的主要方式】	★
0955	公司法	第 14 条【分公司的法律地位；子公司的法律地位】	★

第 363 条【技术咨询合同、技术服务合同中新创技术成果的归属】　★

在技术咨询合同、技术服务合同履行过程中，受托人利用委托人提供的技术资料和工作条件完成的新的技术成果，属于受托人。委托人利用受托人的工作成果完成的新的技术成果,属于委托人。当事人另有约定的,按照其约定。

■ 一、主要适用的案由及其相关度

案由编号	主要适用的案由	相关度
M4.10.99	承揽合同纠纷	

■ 二、同时适用的法条及其相关度

	同时适用的法条	相关度	
合同法	第107条【合同约束力;违约责任】	★★★★★	0209
	第8条【依法成立的合同的法律约束力】	★	
	第60条【合同履行的原则】	★	
	第113条【违约责任的承担;损失赔偿】	★	
	第251条【承揽合同的定义;承揽的种类】	★	
个人独资企业法	第31条【个人独资企业的定义以及投资人的无限责任】	★	1004
民通意见	第47条【民事合伙的债务承担规则】	★	1047

第364条【技术中介合同、技术培训合同的法律适用】

法律、行政法规对技术中介合同、技术培训合同另有规定的,依照其规定。

■ 一、主要适用的案由及其相关度

案由编号	主要适用的案由	相关度
M4.10.97.2	房屋租赁合同纠纷	

二、同时适用的法条及其相关度

		同时适用的法条	相关度
0209	合同法	第107条【合同约束力;违约责任】	
		第114条【违约金的约定及其调整】	

第十九章 保管合同

第365条【保管合同的定义】 ★★

保管合同是保管人保管寄存人交付的保管物,并返还该物的合同。

一、主要适用的案由及其相关度

案由编号	主要适用的案由	相关度
M4.10.102	保管合同纠纷	★★★★★

二、同时适用的法条及其相关度

		同时适用的法条	相关度
0209	合同法	第367条【保管合同的成立:保管物交付】	★★★★★
		第374条【保管物毁损、灭失时保管人的损害赔偿责任】	★★★★★
		第376条【保管物的领取时间】	★★★★★
		第60条【合同履行的原则】	★★★
		第107条【合同约束力:违约责任】	★★★
		第366条【寄存人的保管费支付义务】	★★★
		第369条【保管人对保管物的妥善保管义务】	★★★
		第377条【保管人归还原物及孳息的义务】	★★
		第378条【保管可替代物:返还同种类物】	★★
		第8条【依法成立的合同的法律约束力】	★
		第44条【合同的生效】	★
		第94条【合同的法定解除;法定解除权】	★
		第113条【违约责任的承担;损失赔偿】	★

	同时适用的法条	相关度	
合同法	第368条【保管人给付保管凭证的义务】	★	0209
	第372条【保管人不得使用或许可第三人使用保管物的义务】	★	
	第373条【第三人主张权利时保管人对寄存人的返还义务和通知义务】	★	
	第379条【保管费的支付期限】	★	
民法通则	第84条【债的定义】	★	0916
	第106条【民事责任归责原则;违约责任;过错侵权责任;无过错侵权责任】	★	

第366条【寄存人的保管费支付义务】 ★

寄存人应当按照约定向保管人支付保管费。

当事人对保管费没有约定或者约定不明确,依照本法第六十一条的规定仍不能确定的,保管是无偿的。

■ 一、主要适用的案由及其相关度

案由编号	主要适用的案由	相关度
M4.10.102	保管合同纠纷	★★★★★
M4.10.103	仓储合同纠纷	★

■ 二、同时适用的法条及其相关度

	同时适用的法条	相关度	
合同法	第365条【保管合同的定义】	★★★★★	0209
	第60条【合同履行的原则】	★★★	
	第107条【合同约束力;违约责任】	★★★	
	第367条【保管合同的成立:保管物交付】	★★★	
	第374条【保管物毁损、灭失时保管人的损害赔偿责任】	★★★	

	同时适用的法条	相关度
0209 合同法	第376条【保管物的领取时间】	★★★
	第379条【保管费的支付期限】	★★★
	第8条【依法成立的合同的法律约束力】	★★
	第61条【合同内容约定不明确的处理规则;合同漏洞的填补】	★
	第94条【合同的法定解除;法定解除权】	★
	第109条【违约责任的承担:付款义务的继续履行】	★
	第114条【违约金的约定及其调整】	★
	第368条【保管人给付保管凭证的义务】	★
	第369条【保管人对保管物的妥善保管义务】	★
	第378条【保管可替代物:返还同种类物】	★
	第380条【保管人的留置权】	★
	第381条【仓储合同的定义】	★
	第395条【仓储合同参照适用保管合同的规定】	★
0909 担保法	第82条【留置与留置权】	★
1024 担保法司法解释	第79条【担保方式并存时的优先性】	★

第367条【保管合同的成立:保管物交付】 ★

保管合同自保管物交付时成立,但当事人另有约定的除外。

■ 一、主要适用的案由及其相关度

案由编号	主要适用的案由	相关度
M4.10.102	保管合同纠纷	★★★★★

二、同时适用的法条及其相关度

	同时适用的法条	相关度
合同法	第365条【保管合同的定义】	★★★★★
	第374条【保管物毁损、灭失时保管人的损害赔偿责任】	★★★★
	第369条【保管人对保管物的妥善保管义务】	★★★
	第60条【合同履行的原则】	★★
	第366条【寄存人的保管费支付义务】	★★
	第376条【保管物的领取时间】	★★
	第377条【保管人归还原物及孳息的义务】	★★
	第5条【公平原则:合同权利义务确定的原则】	★
	第8条【依法成立的合同的法律约束力】	★
	第107条【合同约束力:违约责任】	★
	第216条【出租人义务:交付租赁物、保持租赁物的用途】	★
	第220条【出租人的维修义务】	★
	第368条【保管人给付保管凭证的义务】	★
	第378条【保管可替代物:返还同种类物】	★

0209

第368条【保管人给付保管凭证的义务】 ★

寄存人向保管人交付保管物的,保管人应当给付保管凭证,但另有交易习惯的除外。

一、主要适用的案由及其相关度

案由编号	主要适用的案由	相关度
M4.10.102	保管合同纠纷	★★★★★
M4.10	合同纠纷	★

■ 二、同时适用的法条及其相关度

		同时适用的法条	相关度
0209	合同法	第365条【保管合同的定义】	★★★★★
		第367条【保管合同的成立:保管物交付】	★★★★★
		第366条【寄存人的保管费支付义务】	★★★
		第369条【保管人对保管物的妥善保管义务】	★★★
		第374条【保管物毁损、灭失时保管人的损害赔偿责任】	★★
		第376条【保管物的领取时间】	★★
		第60条【合同履行的原则】	★
		第107条【合同约束力;违约责任】	★
0916	民法通则	第111条【违约履行合同义务的后果;继续履行;补救;赔偿损失】	★

第369条【保管人对保管物的妥善保管义务】　　★

保管人应当妥善保管保管物。

当事人可以约定保管场所或者方法。除紧急情况或者为了维护寄存人利益的以外,不得擅自改变保管场所或者方法。

■ 一、主要适用的案由及其相关度

案由编号	主要适用的案由	相关度
M4.10.102	保管合同纠纷	★★★★★

■ 二、同时适用的法条及其相关度

		同时适用的法条	相关度
0209	合同法	第365条【保管合同的定义】	★★★★★
		第374条【保管物毁损、灭失时保管人的损害赔偿责任】	★★★★★
		第367条【保管合同的成立:保管物交付】	★★★★

	同时适用的法条	相关度	
合同法	第107条【合同约束力;违约责任】	★★★	0209
	第60条【合同履行的原则】	★★	
	第376条【保管物的领取时间】	★★	
	第5条【公平原则:合同权利义务确定的原则】	★	
	第8条【依法成立的合同的法律约束力】	★	
	第216条【出租人义务:交付租赁物、保持租赁物的用途】	★	
	第220条【出租人的维修义务】	★	
	第366条【寄存人的保管费支付义务】	★	
	第372条【保管人不得使用或许可第三人使用保管物的义务】	★	
民法通则	第106条【民事责任归责原则:违约责任;过错侵权责任;无过错侵权责任】	★	0916

第370条【寄存人的实告知义务及损害赔偿责任】

寄存人交付的保管物有瑕疵或者按照保管物的性质需要采取特殊保管措施的,寄存人应当将有关情况告知保管人。寄存人未告知,致使保管物受损失的,保管人不承担损害赔偿责任;保管人因此受损失的,除保管人知道或者应当知道并且未采取补救措施的以外,寄存人应当承担损害赔偿责任。

■ 一、主要适用的案由及其相关度

案由编号	主要适用的案由	相关度
M4.10.102	保管合同纠纷	
M3.5.38	财产损害赔偿纠纷	

二、同时适用的法条及其相关度

	同时适用的法条	相关度
合同法	第 5 条【公平原则:合同权利义务确定的原则】	
	第 6 条【诚实信用原则】	
	第 8 条【依法成立的合同的法律约束力】	
	第 60 条【合同履行的原则】	
	第 107 条【合同约束力:违约责任】	
	第 120 条【双方违约应各自承担违约责任】	
	第 365 条【保管合同的定义】	
	第 366 条【寄存人的保管费支付义务】	
	第 367 条【保管合同的成立:保管物交付】	
	第 369 条【保管人对保管物的妥善保管义务】	
	第 373 条【第三人主张权利时保管人对寄存人的返还义务和通知义务】	
	第 374 条【保管物毁损、灭失时保管人的损害赔偿责任】	
	第 376 条【保管物的领取时间】	
	第 381 条【仓储合同的定义】	

第371条【保管人的亲自保管义务及损害赔偿责任】 ★

保管人不得将保管物转交第三人保管,但当事人另有约定的除外。

保管人违反前款规定,将保管物转交第三人保管,对保管物造成损失的,应当承担损害赔偿责任。

一、主要适用的案由及其相关度

案由编号	主要适用的案由	相关度
M4.10.102	保管合同纠纷	

■ 二、同时适用的法条及其相关度

	同时适用的法条	相关度	
合同法	第8条【依法成立的合同的法律约束力】		0209
	第49条【表见代理的构成及其效力】		
	第60条【合同履行的原则】		
	第94条【合同的法定解除;法定解除权】		
	第107条【合同约束力;违约责任】		
	第365条【保管合同的定义】		
	第366条【寄存人的保管费支付义务】		
	第367条【保管合同的成立:保管物交付】		
	第368条【保管人给付保管凭证的义务】		
	第369条【保管人对保管物的妥善保管义务】		
	第372条【保管人不得使用或许可第三人使用保管物的义务】		
	第374条【保管物毁损、灭失时保管人的损害赔偿责任】		
	第376条【保管物的领取时间】		
	第377条【保管人归还原物及孳息的义务】		
	第378条【保管可替代物:返还同种类物】		
	第406条【因受托人过错致委托人损失的赔偿责任】		
民法通则	第75条【个人财产:合法财产受法律保护】		0916
	第117条【侵害财产权的责任承担方式:返还财产、折价赔偿;恢复原状、折价赔偿;赔偿损失】		

第372条【保管人不得使用或许可第三人使用保管物的义务】 ★

保管人不得使用或者许可第三人使用保管物,但当事人另有约定的除外。

0830 合同、无因管理、不当得利纠纷

■ 一、主要适用的案由及其相关度

案由编号	主要适用的案由	相关度
M4.10.102	保管合同纠纷	★★★★★

■ 二、同时适用的法条及其相关度

	同时适用的法条	相关度
合同法	第365条【保管合同的定义】	★★★★★
	第60条【合同履行的原则】	★★★
	第366条【寄存人的保管费支付义务】	★★★
	第367条【保管合同的成立:保管物交付】	★★★
	第369条【保管人对保管物的妥善保管义务】	★★★
	第374条【保管物毁损、灭失时保管人的损害赔偿责任】	★★★
	第376条【保管物的领取时间】	★★★
	第377条【保管人归还原物及孳息的义务】	★★★
	第378条【保管可替代物:返还同种类物】	★★★
	第62条【合同内容约定不明确的履行规则:合同漏洞的填补】	★★
	第107条【合同约束力:违约责任】	★★
	第6条【诚实信用原则】	★
	第8条【依法成立的合同的法律约束力】	★
	第61条【合同内容约定不明确的处理规则:合同漏洞的填补】	★
	第375条【寄存货币、有价证券或其他贵重物品时的声明义务与损害赔偿责任】	★
民法通则	第5条【合法的民事权益受法律保护】	★

(0209)
(0916)

	同时适用的法条	相关度	
婚姻法司法解释二	第24条【离婚时夫妻一方所欠债务的处理】	★	1022

第373条【第三人主张权利时保管人对寄存人的返还义务和通知义务】★

第三人对保管物主张权利的,除依法对保管物采取保全或者执行的以外,保管人应当履行向寄存人返还保管物的义务。

第三人对保管人提起诉讼或者对保管物申请扣押的,保管人应当及时通知寄存人。

■ 一、主要适用的案由及其相关度

案由编号	主要适用的案由	相关度
M4.10.102	保管合同纠纷	

■ 二、同时适用的法条及其相关度

	同时适用的法条	相关度	
合同法	第365条【保管合同的定义】	★★★★★	0209
	第376条【保管物的领取时间】	★★★	
	第60条【合同履行的原则】	★★	
	第367条【保管合同的成立:保管物交付】	★★	
	第8条【依法成立的合同的法律约束力】	★	
	第61条【合同内容约定不明确的处理规则:合同漏洞的填补】	★	
	第97条【合同解除的法律后果】	★	
	第107条【合同约束力:违约责任】	★	
	第114条【违约金的约定及其调整】	★	
	第288条【运输合同的定义】		
	第310条【收货人检验货物的规定】	★	
	第369条【保管人对保管物的妥善保管义务】	★	

0832　合同、无因管理、不当得利纠纷

		同时适用的法条	相关度
0209	合同法	第370条【寄存人的实告知义务及损害赔偿责任】	★
		第374条【保管物毁损、灭失时保管人的损害赔偿责任】	★
		第377条【保管人归还原物及孳息的义务】	★
		第378条【保管可替代物:返还同种类物】	★
		第395条【仓储合同参照适用保管合同的规定】	★
0916	民法通则	第71条【财产所有权的定义】	★
		第75条【个人财产:合法财产受法律保护】	★
		第106条【民事责任归责原则;违约责任;过错侵权责任;无过错侵权责任】	★
		第117条【侵害财产权的责任承担方式:返还财产、折价赔偿;恢复原状、折价赔偿;赔偿损失】	★

第374条【保管物毁损、灭失时保管人的损害赔偿责任】 ★★

保管期间,因保管人保管不善造成保管物毁损、灭失的,保管人应当承担损害赔偿责任,但保管是无偿的,保管人证明自己没有重大过失的,不承担损害赔偿责任。

■ 一、主要适用的案由及其相关度

案由编号	主要适用的案由	相关度
M4.10.102	保管合同纠纷	★★★★★

■ 二、同时适用的法条及其相关度

		同时适用的法条	相关度
0209	合同法	第365条【保管合同的定义】	★★★★★
		第369条【保管人对保管物的妥善保管义务】	★★★★
		第60条【合同履行的原则】	★★★
		第107条【合同约束力;违约责任】	★★★

	同时适用的法条	相关度	
合同法	第367条【保管合同的成立:保管物交付】	★★★	0209
	第5条【公平原则:合同权利义务确定的原则】	★	
	第8条【依法成立的合同的法律约束力】	★	
	第44条【合同的生效】	★	
	第366条【寄存人的保管费支付义务】	★	
	第376条【保管物的领取时间】	★	
物业管理条例	第36条【物业服务企业提供服务的义务与责任】	★★	1009

第375条【寄存货币、有价证券或其他贵重物品时的声明义务与损害赔偿责任】 ★

寄存人寄存货币、有价证券或者其他贵重物品的,应当向保管人声明,由保管人验收或者封存。寄存人未声明的,该物品毁损、灭失后,保管人可以按照一般物品予以赔偿。

■ 一、主要适用的案由及其相关度

案由编号	主要适用的案由	相关度
M4.10.102	保管合同纠纷	

■ 二、同时适用的法条及其相关度

	同时适用的法条	相关度	
合同法	第8条【依法成立的合同的法律约束力】		0209
	第60条【合同履行的原则】		
	第107条【合同约束力:违约责任】		
	第365条【保管合同的定义】		
	第367条【保管合同的成立:保管物交付】		
	第369条【保管人对保管物的妥善保管义务】		

	同时适用的法条	相关度
0209 合同法	第 372 条【保管人不得使用或许可第三人使用保管物的义务】	
	第 374 条【保管物毁损、灭失时保管人的损害赔偿责任】	
	第 376 条【保管物的领取时间】	
0916 民法通则	第 5 条【合法的民事权益受法律保护】	
	第 137 条【诉讼时效期间的起算日和最长保护期限】	

第 376 条【保管物的领取时间】 ★

寄存人可以随时领取保管物。

当事人对保管期间没有约定或者约定不明确的,保管人可以随时要求寄存人领取保管物;约定保管期间的,保管人无特别事由,不得要求寄存人提前领取保管物。

一、主要适用的案由及其相关度

案由编号	主要适用的案由	相关度
M4.10.102	保管合同纠纷	★★★★★
M3.5.33	返还原物纠纷	★

二、同时适用的法条及其相关度

	同时适用的法条	相关度
0209 合同法	第 365 条【保管合同的定义】	★★★★★
	第 107 条【合同约束力;违约责任】	★★★
	第 367 条【保管合同的成立;保管物交付】	★★★
	第 377 条【保管人归还原物及孳息的义务】	★★★
	第 378 条【保管可替代物;返还同种类物】	★★★
	第 60 条【合同履行的原则】	★★

	同时适用的法条	相关度	
合同法	第366条【寄存人的保管费支付义务】	★★	0209
	第8条【依法成立的合同的法律约束力】	★	
	第369条【保管人对保管物的妥善保管义务】	★	
	第374条【保管物毁损、灭失时保管人的损害赔偿责任】	★	

第377条【保管人归还原物及孳息的义务】 ★★

保管期间届满或者寄存人提前领取保管物的,保管人应当将原物及其孳息归还寄存人。

■ 一、主要适用的案由及其相关度

案由编号	主要适用的案由	相关度
M4.10.102	保管合同纠纷	★★★★★
M4.10.103	仓储合同纠纷	★

■ 二、同时适用的法条及其相关度

	同时适用的法条	相关度	
合同法	第365条【保管合同的定义】	★★★★★	0209
	第376条【保管物的领取时间】	★★★★★	
	第378条【保管可替代物:返还同种类物】	★★★★	
	第8条【依法成立的合同的法律约束力】	★★★	
	第60条【合同履行的原则】	★★★	
	第107条【合同约束力:违约责任】	★★★	
	第367条【保管合同的成立:保管物交付】	★★★	
	第63条【交付期限与执行价格】	★	
	第366条【寄存人的保管费支付义务】	★	
	第369条【保管人对保管物的妥善保管义务】	★	

		同时适用的法条	相关度
0209	合同法	第372条【保管人不得使用或许可第三人使用保管物的义务】	★
		第374条【保管物毁损、灭失时保管人的损害赔偿责任】	★
		第394条【保管不善致仓储物损毁、灭失时保管人的责任承担】	★
		第395条【仓储合同参照适用保管合同的规定】	★
0916	民法通则	第4条【民事活动的基本原则：自愿、公平、等价有偿、诚实信用】	★★
		第84条【债的定义】	★

第378条【保管可替代物：返还同种类物】 ★

保管人保管货币的，可以返还相同种类、数量的货币。保管其他可替代物的，可以按照约定返还相同种类、品质、数量的物品。

一、主要适用的案由及其相关度

案由编号	主要适用的案由	相关度
M4.10.102	保管合同纠纷	★★★★★
M4.10.103	仓储合同纠纷	★

二、同时适用的法条及其相关度

		同时适用的法条	相关度
0209	合同法	第365条【保管合同的定义】	★★★★★
		第376条【保管物的领取时间】	★★★★★
		第377条【保管人归还原物及孳息的义务】	★★★★
		第60条【合同履行的原则】	★★★
		第107条【合同约束力；违约责任】	★★★
		第8条【依法成立的合同的法律约束力】	★★

	同时适用的法条	相关度	
合同法	第367条【保管合同的成立:保管物交付】	★★	0209
	第372条【保管人不得使用或许可第三人使用保管物的义务】	★★	
	第61条【合同内容约定不明确的处理规则:合同漏洞的填补】	★	
	第63条【交付期限与执行价格】	★	
	第366条【寄存人的保管费支付义务】	★	
	第369条【保管人对保管物的妥善保管义务】	★	
	第374条【保管物毁损、灭失时保管人的损害赔偿责任】	★	
	第394条【保管不善致仓储物损毁、灭失时保管人的责任承担】	★	
	第395条【仓储合同参照适用保管合同的规定】	★	
民法通则	第4条【民事活动的基本原则:自愿、公平、等价有偿、诚实信用】	★	0916
	第84条【债的定义】	★	

第379条【保管费的支付期限】　　★

有偿的保管合同,寄存人应当按照约定的期限向保管人支付保管费。

当事人对支付期限没有约定或者约定不明确,依照本法第六十一条的规定仍不能确定的,应当在领取保管物的同时支付。

■ 一、主要适用的案由及其相关度

案由编号	主要适用的案由	相关度
M4.10.102	保管合同纠纷	★★★★★
M4.10.103	仓储合同纠纷	★★★

二、同时适用的法条及其相关度

	同时适用的法条	相关度
合同法	第107条【合同约束力:违约责任】	★★★★★
	第366条【寄存人的保管费支付义务】	★★★★★
	第60条【合同履行的原则】	★★★★
	第8条【依法成立的合同的法律约束力】	★★★
	第114条【违约金的约定及其调整】	★★★
	第365条【保管合同的定义】	★★★
	第367条【保管合同的成立:保管物交付】	★★★
	第380条【保管人的留置权】	★★★
	第395条【仓储合同参照适用保管合同的规定】	★★★
	第61条【合同内容约定不明确的处理规则:合同漏洞的填补】	★★
	第381条【仓储合同的定义】	★★
	第44条【合同的生效】	★
	第109条【违约责任的承担:付款义务的继续履行】	★
	第113条【违约责任的承担:损失赔偿】	★
	第376条【保管物的领取时间】	★
担保法	第82条【留置与留置权】	★★★
	第83条【留置担保的法定范围】	★
	第84条【留置的适用范围】	★
物权法	第230条【留置权的一般规定】	★★
	第236条【留置权实现的一般规则】	★
	第238条【留置财产变现数额与所担保债权数额不符时的处理】	★
	第239条【留置权与抵押权或者质权关系的规定:留置权优先于抵押权和质权】	★

	同时适用的法条	相关度	
担保法司法解释	第79条【担保方式并存时的优先性】	★★	1024

第380条【保管人的留置权】 ★

寄存人未按照约定支付保管费以及其他费用的,保管人对保管物享有留置权,但当事人另有约定的除外。

一、主要适用的案由及其相关度

案由编号	主要适用的案由	相关度
M4.10.102	保管合同纠纷	
M4.10.103	仓储合同纠纷	

二、同时适用的法条及其相关度

	同时适用的法条	相关度	
合同法	第379条【保管费的支付期限】	★★★★★	0209
	第107条【合同约束力:违约责任】	★★★★	
	第366条【寄存人的保管费支付义务】	★★★★	
	第60条【合同履行的原则】	★★★	
	第365条【保管合同的定义】	★★★	
	第367条【保管合同的成立:保管物交付】	★★★	
	第6条【诚实信用原则】	★	
	第44条【合同的生效】	★	
	第61条【合同内容约定不明确的处理规则;合同漏洞的填补】	★	
	第94条【合同的法定解除:法定解除权】	★	
	第109条【违约责任的承担:付款义务的继续履行】	★	
	第113条【违约责任的承担:损失赔偿】	★	

		同时适用的法条	相关度
0209	合同法	第114条【违约金的约定及其调整】	★
		第376条【保管物的领取时间】	★
		第381条【仓储合同的定义】	★
		第395条【仓储合同参照适用保管合同的规定】	★
0927	物权法	第230条【留置权的一般规定】	★★★★
		第236条【留置权实现的一般规则】	★★
		第233条【以可分物作为留置财产时的价值确定】	★
		第238条【留置财产变现数额与所担保债权数额不符时的处理】	★
		第239条【留置权与抵押权或者质权关系的规定：留置权优先于抵押权和质权】	★
0909	担保法	第82条【留置与留置权】	★★★
		第83条【留置担保的法定范围】	★★★
		第84条【留置的适用范围】	★★★

第二十章 仓储合同

第381条【仓储合同的定义】 ★★

仓储合同是保管人储存存货人交付的仓储物，存货人支付仓储费的合同。

一、主要适用的案由及其相关度

案由编号	主要适用的案由	相关度
M4.10.103	仓储合同纠纷	★★★★★

二、同时适用的法条及其相关度

		同时适用的法条	相关度
0209	合同法	第394条【保管不善致仓储物损毁、灭失时保管人的责任承担】	★★★★★

	同时适用的法条	相关度	
合同法	第107条【合同约束力:违约责任】	★★★★	0209
	第60条【合同履行的原则】	★★★	
	第391条【仓储物的提取时间】	★★	
	第8条【依法成立的合同的法律约束力】	★	
	第109条【违约责任的承担:付款义务的继续履行】	★	
	第114条【违约金的约定及其调整】	★	
	第366条【寄存人的保管费支付义务】	★	
	第382条【仓储合同生效时间】	★	
	第384条【保管人对入库仓储物的验收与责任】	★	
	第392条【仓储物的提取规则】	★	
	第395条【仓储合同参照适用保管合同的规定】	★	
民法通则	第108条【债务清偿:分期偿还、强制偿还】	★★	0916
担保法	第18条【连带责任保证的定义;连带责任的承担】	★	0909

第382条【仓储合同生效时间】　★

仓储合同自成立时生效。

■ 一、主要适用的案由及其相关度

案由编号	主要适用的案由	相关度
M4.10.103	仓储合同纠纷	★★★★★
M4.10.102	保管合同纠纷	★

■ 二、同时适用的法条及其相关度

	同时适用的法条	相关度	
合同法	第381条【仓储合同的定义】	★★★★★	0209
	第107条【合同约束力:违约责任】	★★★★	

	同时适用的法条	相关度
合同法	第394条【保管不善致仓储物损毁、灭失时保管人的责任承担】	★★★★
	第60条【合同履行的原则】	★★★
	第8条【依法成立的合同的法律约束力】	★★
	第384条【保管人对入库仓储物的验收与责任】	★★
	第389条【保管人的通知义务】	★★
	第5条【公平原则:合同权利义务确定的原则】	★
	第13条【订立合同的方式:要约、承诺】	★
	第44条【合同的生效】	★
	第49条【表见代理的构成及其效力】	★
	第50条【法定代表人超越权限订立合同的效力】	★
	第119条【防止违约损失扩大的措施;防损义务及不履行的后果;防损费用的承担】	★
	第200条【借款利息不得预先扣除;预先扣除后按实际数额计算借款额度】	★
	第207条【逾期还款的责任承担:支付利息】	★
	第366条【寄存人的保管费支付义务】	★
	第391条【仓储物的提取时间】	★

0209

第383条【易燃、易爆、有毒、有腐蚀性、有放射性等危险物品或者易变质物品的仓储】 ★

储存易燃、易爆、有毒、有腐蚀性、有放射性等危险物品或者易变质物品,存货人应当说明该物品的性质,提供有关资料。

存货人违反前款规定的,保管人可以拒收仓储物,也可以采取相应措施以避免损失的发生,因此产生的费用由存货人承担。

保管人储存易燃、易爆、有毒、有腐蚀性、有放射性等危险物品的,应当具备相应的保管条件。

说明:本法条尚无足够数量判决书可供法律大数据分析。

第384条【保管人对入库仓储物的验收与责任】　　★

保管人应当按照约定对入库仓储物进行验收。保管人验收时发现入库仓储物与约定不符合的,应当及时通知存货人。保管人验收后,发生仓储物的品种、数量、质量不符合约定的,保管人应当承担损害赔偿责任。

■ 一、主要适用的案由及其相关度

案由编号	主要适用的案由	相关度
M4.10.103	仓储合同纠纷	★★★★★

■ 二、同时适用的法条及其相关度

	同时适用的法条	相关度
合同法	第381条【仓储合同的定义】	★★★★★
	第394条【保管不善致仓储物损毁、灭失时保管人的责任承担】	★★★★★
	第107条【合同约束力;违约责任】	★★★★
	第207条【逾期还款的责任承担;支付利息】	★★★
	第391条【仓储物的提取时间】	★★★
	第44条【合同的生效】	★★
	第119条【防止违约损失扩大的措施;防损义务及不履行的后果;防损费用的承担】	★★
	第205条【借款利息支付期限的确定】	★★
	第206条【借款期限的认定】	★★
	第382条【仓储合同生效时间】	★★
	第389条【保管人的通知义务】	★★
	第5条【公平原则;合同权利义务确定的原则】	★
	第8条【依法成立的合同的法律约束力】	★
	第54条【合同的变更和撤销】	★
	第60条【合同履行的原则】	★
	第113条【违约责任的承担;损失赔偿】	★

	同时适用的法条	相关度
0209 合同法	第 383 条【易燃、易爆、有毒、有腐蚀性、有放射性等危险物品或者易变质物品的仓储】	★
	第 385 条【仓单的交付】	★
0909 担保法	第 21 条【保证担保的范围；没有约定、约定不明时的担保范围】	★★

第 385 条【仓单的交付】 ★

存货人交付仓储物的，保管人应当给付仓单。

■ 一、主要适用的案由及其相关度

案由编号	主要适用的案由	相关度
M4.10.103	仓储合同纠纷	

■ 二、同时适用的法条及其相关度

	同时适用的法条	相关度
0209 合同法	第 6 条【诚实信用原则】	
	第 8 条【依法成立的合同的法律约束力】	
	第 33 条【确认书与合同成立时间】	
	第 49 条【表见代理的构成及其效力】	
	第 61 条【合同内容约定不明确的处理规则：合同漏洞的填补】	
	第 107 条【合同约束力：违约责任】	
	第 212 条【租赁合同的定义】	
	第 220 条【出租人的维修义务】	
	第 365 条【保管合同的定义】	
	第 366 条【寄存人的保管费支付义务】	
	第 367 条【保管合同的成立：保管物交付】	

	同时适用的法条	相关度
合同法	第374条【保管物毁损、灭失时保管人的损害赔偿责任】	0209
	第377条【保管人归还原物及孳息的义务】	
	第381条【仓储合同的定义】	
	第383条【易燃、易爆、有毒、有腐蚀性、有放射性等危险物品或者易变质物品的仓储】	
	第384条【保管人对入库仓储物的验收与责任】	
	第386条【仓单的内容】	
	第387条【仓单的性质及背书转让】	
	第391条【仓储物的提取时间】	
	第392条【仓储物的提取规则】	
	第394条【保管不善致仓储物损毁、灭失时保管人的责任承担】	

第386条【仓单的内容】 ★

保管人应当在仓单上签字或者盖章。仓单包括下列事项：

（一）存货人的名称或者姓名和住所；

（二）仓储物的品种、数量、质量、包装、件数和标记；

（三）仓储物的损耗标准；

（四）储存场所；

（五）储存期间；

（六）仓储费；

（七）仓储物已经办理保险的，其保险金额、期间以及保险人的名称；

（八）填发人、填发地和填发日期。

■ 一、主要适用的案由及其相关度

案由编号	主要适用的案由	相关度
M4.10.103	仓储合同纠纷	

二、同时适用的法条及其相关度

	同时适用的法条	相关度
合同法	第33条【确认书与合同成立时间】	
	第49条【表见代理的构成及其效力】	
	第60条【合同履行的原则】	
	第61条【合同内容约定不明确的处理规则;合同漏洞的填补】	
	第94条【合同的法定解除;法定解除权】	
	第365条【保管合同的定义】	
	第366条【寄存人的保管费支付义务】	
	第367条【保管合同的成立;保管物交付】	
	第374条【保管物毁损、灭失时保管人的损害赔偿责任】	
	第377条【保管人归还原物及孳息的义务】	
	第379条【保管费的支付期限】	
	第381条【仓储合同的定义】	
	第385条【仓单的交付】	
	第387条【仓单的性质及背书转让】	

第387条【仓单的性质及背书转让】 ★

仓单是提取仓储物的凭证。存货人或者仓单持有人在仓单上背书并经保管人签字或者盖章的,可以转让提取仓储物的权利。

一、主要适用的案由及其相关度

案由编号	主要适用的案由	相关度
M4.10.103	仓储合同纠纷	

二、同时适用的法条及其相关度

	同时适用的法条		相关度
合同法	第 8 条【依法成立的合同的法律约束力】		0209
	第 44 条【合同的生效】		
	第 60 条【合同履行的原则】		
	第 107 条【合同约束力:违约责任】		
	第 113 条【违约责任的承担:损失赔偿】		
	第 121 条【因第三人原因造成违约情况下的责任承担】		
	第 130 条【买卖合同的定义】		
	第 369 条【保管人对保管物的妥善保管义务】		
	第 376 条【保管物的领取时间】		
	第 381 条【仓储合同的定义】		
	第 382 条【仓储合同生效时间】		
	第 385 条【仓单的交付】		
	第 386 条【仓单的内容】		
	第 391 条【仓储物的提取时间】		
	第 392 条【仓储物的提取规则】		
	第 394 条【保管不善致仓储物损毁、灭失时保管人的责任承担】		
物权法	第 33 条【利害关系人的物权确认请求权】		0927

第 388 条【保管人同意存货人或仓单持有人检查仓储物或提取样品的义务】

保管人根据存货人或者仓单持有人的要求,应当同意其检查仓储物或者提取样品。

说明:本法条尚无足够数量判决书可供法律大数据分析。

第 389 条【保管人的通知义务】 ★

保管人对入库仓储物发现有变质或者其他损坏的,应当及时通知存货人或者仓单持有人。

一、主要适用的案由及其相关度

案由编号	主要适用的案由	相关度
M4.10.103	仓储合同纠纷	
M4.10.102	保管合同纠纷	

二、同时适用的法条及其相关度

	同时适用的法条	相关度
合同法	第5条【公平原则:合同权利义务确定的原则】	
	第8条【依法成立的合同的法律约束力】	
	第44条【合同的生效】	
	第50条【法定代表人超越权限订立合同的效力】	
	第60条【合同履行的原则】	
	第61条【合同内容约定不明确的处理规则:合同漏洞的填补】	
	第62条【合同内容约定不明确的履行规则:合同漏洞的填补】	
	第76条【合同继续有效的情形:名称变更、负责人变动】	
	第107条【合同约束力:违约责任】	
	第108条【预期违约责任】	
	第119条【防止违约损失扩大的措施:防损义务及不履行的后果;防损费用的承担】	
	第120条【双方违约应各自承担违约责任】	
	第206条【借款期限的认定】	
	第207条【逾期还款的责任承担:支付利息】	
	第381条【仓储合同的定义】	
	第382条【仓储合同生效时间】	

	同时适用的法条	相关度
合同法	第384条【保管人对入库仓储物的验收与责任】	0209
	第391条【仓储物的提取时间】	
	第394条【保管不善致仓储物损毁、灭失时保管人的责任承担】	

第390条【保管人在仓储物变质或有其他损坏时的催告义务及必要处置后的通知义务】 ★

保管人对入库仓储物发现有变质或者其他损坏,危及其他仓储物的安全和正常保管的,应当催告存货人或者仓单持有人作出必要的处置。因情况紧急,保管人可以作出必要的处置,但事后应当将该情况及时通知存货人或者仓单持有人。

■ 一、主要适用的案由及其相关度

案由编号	主要适用的案由	相关度
M4.10.103	仓储合同纠纷	

■ 二、同时适用的法条及其相关度

	同时适用的法条	相关度
合同法	第6条【诚实信用原则】	0209
	第8条【依法成立的合同的法律约束力】	
	第21条【承诺的概念】	
	第44条【合同的生效】	
	第52条【合同无效的法定情形】	
	第56条【合同无效或被撤销的溯及力;部分无效不影响其他独立部分的效力】	
	第60条【合同履行的原则】	
	第107条【合同约束力:违约责任】	
	第109条【违约责任的承担:付款义务的继续履行】	

	同时适用的法条	相关度
0209 合同法	第113条【违约责任的承担:损失赔偿】	
	第365条【保管合同的定义】	
	第366条【寄存人的保管费支付义务】	
	第374条【保管物毁损、灭失时保管人的损害赔偿责任】	
	第381条【仓储合同的定义】	
	第384条【保管人对入库仓储物的验收与责任】	
	第391条【仓储物的提取时间】	
	第395条【仓储合同参照适用保管合同的规定】	
	第396条【委托合同的界定】	
	第399条【受托人应当按照委托人的指示处理委托事务】	
	第400条【受托人亲自处理委托事务的义务和转委托】	
	第404条【受托人转移受托事务所得利益的义务】	
	第405条【委托人支付报酬的义务】	
	第406条【因受托人过错致委托人损失的赔偿责任】	

第391条【仓储物的提取时间】 ★

当事人对储存期间没有约定或者约定不明确的,存货人或者仓单持有人可以随时提取仓储物,保管人也可以随时要求存货人或者仓单持有人提取仓储物,但应当给予必要的准备时间。

■ 一、主要适用的案由及其相关度

案由编号	主要适用的案由	相关度
M4.10.103	仓储合同纠纷	★★★★★
M4.10	合同纠纷	★

二、同时适用的法条及其相关度

	同时适用的法条	相关度
合同法	第107条【合同约束力；违约责任】	★★★★★
	第381条【仓储合同的定义】	★★★★★
	第394条【保管不善致仓储物损毁、灭失时保管人的责任承担】	★★★
	第60条【合同履行的原则】	★★
	第5条【公平原则；合同权利义务确定的原则】	★
	第44条【合同的生效】	★
	第119条【防止违约损失扩大的措施；防损义务及不履行的后果；防损费用的承担】	★
	第382条【仓储合同生效时间】	★
	第384条【保管人对入库仓储物的验收与责任】	★
	第385条【仓单的交付】	★
	第387条【仓单的性质及背书转让】	★
	第389条【保管人的通知义务】	★

0209

第392条【仓储物的提取规则】 ★

储存期间届满,存货人或者仓单持有人应当凭仓单提取仓储物。存货人或者仓单持有人逾期提取的,应当加收仓储费;提前提取的,不减收仓储费。

一、主要适用的案由及其相关度

案由编号	主要适用的案由	相关度
M4.10.103	仓储合同纠纷	★★★★★

二、同时适用的法条及其相关度

0209

	同时适用的法条	相关度
合同法	第8条【依法成立的合同的法律约束力】	
	第44条【合同的生效】	
	第60条【合同履行的原则】	
	第93条【合同的约定解除：协商一致；约定条件成就】	
	第98条【结算条款、清理条款效力的独立性】	
	第107条【合同约束力；违约责任】	
	第109条【违约责任的承担：付款义务的继续履行】	
	第114条【违约金的约定及其调整】	
	第119条【防止违约损失扩大的措施：防损义务及不履行的后果；防损费用的承担】	
	第120条【双方违约应各自承担违约责任】	
	第373条【第三人主张权利时保管人对寄存人的返还义务和通知义务】	
	第374条【保管物毁损、灭失时保管人的损害赔偿责任】	
	第379条【保管费的支付期限】	
	第381条【仓储合同的定义】	
	第382条【仓储合同生效时间】	
	第385条【仓单的交付】	
	第387条【仓单的性质及背书转让】	
	第391条【仓储物的提取时间】	
	第393条【保管人对仓储物提取的催告权、提存权】	
	第394条【保管不善致仓储物损毁、灭失时保管人的责任承担】	

	同时适用的法条	相关度	
合同法	第395条【仓储合同参照适用保管合同的规定】		0209
	第405条【委托人支付报酬的义务】		
担保法	第18条【连带责任保证的定义;连带责任的承担】		0909

第393条【保管人对仓储物提取的催告权、提存权】 ★

储存期间届满,存货人或者仓单持有人不提取仓储物的,保管人可以催告其在合理期限内提取,逾期不提取的,保管人可以提存仓储物。

■ 一、主要适用的案由及其相关度

案由编号	主要适用的案由	相关度
M4.10.103	仓储合同纠纷	

■ 二、同时适用的法条及其相关度

	同时适用的法条	相关度	
合同法	第60条【合同履行的原则】		0209
	第94条【合同的法定解除;法定解除权】		
	第107条【合同约束力;违约责任】		
	第120条【双方违约应各自承担违约责任】		
	第212条【租赁合同的定义】		
	第381条【仓储合同的定义】		
	第382条【仓储合同生效时间】		
	第392条【仓储物的提取规则】		
	第394条【保管不善致仓储物损毁、灭失时保管人的责任承担】		
	第395条【仓储合同参照适用保管合同的规定】		
	第396条【委托合同的界定】		

0854 合同、无因管理、不当得利纠纷

0209

合同法	同时适用的法条	相关度
	第404条【受托人转移受托事务所得利益的义务】	
	第406条【因受托人过错致委托人损失的赔偿责任】	
	第410条【委托合同的随时解除及解除后的赔偿责任】	

第394条【保管不善致仓储物损毁、灭失时保管人的责任承担】 ★

储存期间,因保管人保管不善造成仓储物毁损、灭失的,保管人应当承担损害赔偿责任。因仓储物的性质、包装不符合约定或者超过有效储存期造成仓储物变质、损坏的,保管人不承担损害赔偿责任。

■ 一、主要适用的案由及其相关度

案由编号	主要适用的案由	相关度
M4.10.103	仓储合同纠纷	★★★★★

■ 二、同时适用的法条及其相关度

0209

合同法	同时适用的法条	相关度
	第381条【仓储合同的定义】	★★★★★
	第107条【合同约束力:违约责任】	★★★
	第60条【合同履行的原则】	★★
	第8条【依法成立的合同的法律约束力】	★
	第113条【违约责任的承担:损失赔偿】	★
	第378条【保管可替代物:返还同种类物】	★
	第382条【仓储合同生效时间】	★
	第384条【保管人对入库仓储物的验收与责任】	★
	第391条【仓储物的揲取时间】	★
	第395条【仓储合同参照适用保管合同的规定】	★

第395条【仓储合同参照适用保管合同的规定】 ★
本章没有规定的,适用保管合同的有关规定。

■ 一、主要适用的案由及其相关度

案由编号	主要适用的案由	相关度
M4.10.103	仓储合同纠纷	★★★★★

■ 二、同时适用的法条及其相关度

	同时适用的法条	相关度
合同法	第107条【合同约束力;违约责任】	★★★★★
	第379条【保管费的支付期限】	★★★★
	第381条【仓储合同的定义】	★★★★
	第394条【保管不善致仓储物损毁、灭失时保管人的责任承担】	★★★★
	第8条【依法成立的合同的法律约束力】	★★★
	第60条【合同履行的原则】	★★★
	第366条【寄存人的保管费支付义务】	★★★
	第377条【保管人归还原物及孳息的义务】	★★★
	第378条【保管可替代物;返还同种类物】	★★★
	第114条【违约金的约定及其调整】	★★
	第10条【合同的订立形式;合同的书面形式】	★
	第109条【违约责任的承担:付款义务的继续履行】	★
	第373条【第三人主张权利时保管人对寄存人的返还义务和通知义务】	★
	第380条【保管人的留置权】	★
	第392条【仓储物的提取规则】	★

第二十一章　委托合同

第396条【委托合同的界定】　★★★

委托合同是委托人和受托人约定,由受托人处理委托人事务的合同。

一、主要适用的案由及其相关度

案由编号	主要适用的案由	相关度
M4.10.104	委托合同纠纷	★★★★★
M4.10.104.4	诉讼、仲裁、人民调解代理合同纠纷	★
M4.10	合同纠纷	★

二、同时适用的法条及其相关度

	同时适用的法条	相关度
合同法	第60条【合同履行的原则】	★★★★★
	第107条【合同约束力:违约责任】	★★★★★
	第405条【委托人支付报酬的义务】	★★★★
	第8条【依法成立的合同的法律约束力】	★★★
	第398条【处理委托事务的费用】	★★★
	第404条【受托人转移受托事务所得利益的义务】	★★★
	第406条【因受托人过错致委托人损失的赔偿责任】	★★★
	第410条【委托合同的随时解除及解除后的赔偿责任】	★★★
	第44条【合同的生效】	★★
	第97条【合同解除的法律后果】	★★
	第109条【违约责任的承担:付款义务的继续履行】	★★
	第114条【违约金的约定及其调整】	★★
	第397条【委托权限】	★★

	同时适用的法条	相关度	
合同法	第399条【受托人应当按照委托人的指示处理委托事务】	★★	0209
	第402条【受托人以自己名义与第三人订立合同的法律效果】	★★	
	第6条【诚实信用原则】	★	
	第10条【合同的订立形式;合同的书面形式】	★	
	第94条【合同的法定解除;法定解除权】	★	
	第113条【违约责任的承担;损失赔偿】	★	
	第401条【受托人的报告义务】	★	
民法通则	第108条【债务清偿;分期偿还、强制偿还】	★	0916
担保法	第18条【连带责任保证的定义;连带责任的承担】	★	0909

第397条【委托权限】 ★★

委托人可以特别委托受托人处理一项或者数项事务,也可以概括委托受托人处理一切事务。

■ 一、主要适用的案由及其相关度

案由编号	主要适用的案由	相关度
M4.10.104	委托合同纠纷	★★★★★
M6.17.169.5	追索劳动报酬纠纷	★
M4.10	合同纠纷	★
M4.10.97.2	房屋租赁合同纠纷	★
M4.10.105	委托理财合同纠纷	★
M4.10.74	买卖合同纠纷	★

二、同时适用的法条及其相关度

	同时适用的法条	相关度
合同法	第396条【委托合同的界定】	★★★★★
	第60条【合同履行的原则】	★★★
	第107条【合同约束力:违约责任】	★★★
	第398条【处理委托事务的费用】	★★
	第404条【受托人转移受托事务所得利益的义务】	★★
	第405条【委托人支付报酬的义务】	★★
	第8条【依法成立的合同的法律约束力】	★
	第44条【合同的生效】	★
	第114条【违约金的约定及其调整】	★
	第399条【受托人应当按照委托人的指示处理委托事务】	★
	第402条【受托人以自己名义与第三人订立合同的法律效果】	★
	第406条【因受托人过错致委托人损失的赔偿责任】	★
	第410条【委托合同的随时解除及解除后的赔偿责任】	★
民法通则	第63条【代理的界定及不得代理的情形】	★
	第108条【债务清偿:分期偿还、强制偿还】	★
劳动法	第3条【劳动者的权利和义务】	★
劳动争议案件司法解释二	第3条【视为拖欠劳动报酬争议的起诉】	★

(页码标记: 0209, 0916, 0972, 1071)

第398条【处理委托事务的费用】 ★★

委托人应当预付处理委托事务的费用。受托人为处理委托事务垫付的必要费用,委托人应当偿还该费用及其利息。

一、主要适用的案由及其相关度

案由编号	主要适用的案由	相关度
M4.10.104	委托合同纠纷	★★★★★
M4.10.104.2	货运代理合同纠纷	★★
M4.10.104.4	诉讼、仲裁、人民调解代理合同纠纷	★
M4.10	合同纠纷	★

二、同时适用的法条及其相关度

	同时适用的法条	相关度	
合同法	第396条【委托合同的界定】	★★★★★	0209
	第107条【合同约束力：违约责任】	★★★★	
	第60条【合同履行的原则】	★★★	
	第405条【委托人支付报酬的义务】	★★★	
	第8条【依法成立的合同的法律约束力】	★	
	第109条【违约责任的承担：付款义务的继续履行】	★	
	第112条【违约责任的承担：损失赔偿与其他责任的并存】	★	
	第113条【违约责任的承担：损失赔偿】	★	
	第114条【违约金的约定及其调整】	★	
	第397条【委托权限】	★	
	第404条【受托人转移受托事务所得利益的义务】	★	
担保法	第18条【连带责任保证的定义；连带责任的承担】	★	0909

第399条【受托人应当按照委托人的指示处理委托事务】 ★★

受托人应当按照委托人的指示处理委托事务。需要变更委托人指示的，应当经委托人同意；因情况紧急，难以和委托人取得联系的，受托人应当妥善处理委托事务，但事后应当将该情况及时报告委托人。

一、主要适用的案由及其相关度

案由编号	主要适用的案由	相关度
M4.10.104	委托合同纠纷	★★★★★

二、同时适用的法条及其相关度

		同时适用的法条	相关度
0209	合同法	第396条【委托合同的界定】	★★★★★
		第60条【合同履行的原则】	★★★★
		第107条【合同约束力；违约责任】	★★★
		第397条【委托权限】	★★
		第404条【受托人转移受托事务所得利益的义务】	★★
		第406条【因受托人过错致委托人损失的赔偿责任】	★★
		第410条【委托合同的随时解除及解除后的赔偿责任】	★★
		第8条【依法成立的合同的法律约束力】	★
		第44条【合同的生效】	★
		第114条【违约金的约定及其调整】	★
		第212条【租赁合同的定义】	★
		第401条【受托人的报告义务】	★
		第402条【受托人以自己名义与第三人订立合同的法律效果】	★
		第405条【委托人支付报酬的义务】	★
0916	民法通则	第66条【无权代理的法律后果；代理人不履行职责，损害被代理人利益的民事责任；代理人和第三人的连带责任】	★

第400条【受托人亲自处理委托事务的义务和转委托】 ★

受托人应当亲自处理委托事务。经委托人同意，受托人可以转委托。

转委托经同意的,委托人可以就委托事务直接指示转委托的第三人,受托人仅就第三人的选任及其对第三人的指示承担责任。转委托未经同意的,受托人应当对转委托的第三人的行为承担责任,但在紧急情况下受托人为维护委托人的利益需要转委托的除外。

一、主要适用的案由及其相关度

案由编号	主要适用的案由	相关度
M4.10.104	委托合同纠纷	★★★★★
M4.10	合同纠纷	★

二、同时适用的法条及其相关度

	同时适用的法条	相关度
合同法	第396条【委托合同的界定】	★★★★★
	第107条【合同约束力;违约责任】	★★★
	第404条【受托人转移受托事务所得利益的义务】	★★★
	第406条【因受托人过错致委托人损失的赔偿责任】	★★★
	第60条【合同履行的原则】	★★
	第398条【处理委托事务的费用】	★★
	第405条【委托人支付报酬的义务】	★★
	第6条【诚实信用原则】	★
	第8条【依法成立的合同的法律约束力】	★
	第52条【合同无效的法定情形】	★
	第58条【合同无效或被撤销的法律后果】	★
	第109条【违约责任的承担:付款义务的继续履行】	★
	第397条【委托权限】	★
	第399条【受托人应当按照委托人的指示处理委托事务】	★

	同时适用的法条	相关度
合同法	第402条【受托人以自己名义与第三人订立合同的法律效果】	★
	第409条【受托人的连带责任】	★
	第410条【委托合同的随时解除及解除后的赔偿责任】	★

第401条【受托人的报告义务】 ★★

受托人应当按照委托人的要求,报告委托事务的处理情况。委托合同终止时,受托人应当报告委托事务的结果。

■ 一、主要适用的案由及其相关度

案由编号	主要适用的案由	相关度
M4.10.104	委托合同纠纷	★★★★★

■ 二、同时适用的法条及其相关度

	同时适用的法条	相关度
合同法	第396条【委托合同的界定】	★★★★★
	第60条【合同履行的原则】	★★★
	第107条【合同约束力:违约责任】	★★★
	第399条【受托人应当按照委托人的指示处理委托事务】	★★★
	第404条【受托人转移受托事务所得利益的义务】	★★★
	第406条【因受托人过错致委托人损失的赔偿责任】	★★
	第410条【委托合同的随时解除及解除后的赔偿责任】	★★
	第8条【依法成立的合同的法律约束力】	★
	第44条【合同的生效】	★

	同时适用的法条	相关度	
合同法	第97条【合同解除的法律后果】	★	0209
	第397条【委托权限】	★	
	第398条【处理委托事务的费用】	★	
	第405条【委托人支付报酬的义务】	★	
民法通则	第63条【代理的界定及不得代理的情形】	★	0916
	第65条【委托代理的形式;授权委托书的内容;委托书授权不明时的责任承担方式:被代理人与代理人承担连带责任】	★	
	第69条【委托代理终止的法定情形】	★	

第402条【受托人以自己名义与第三人订立合同的法律效果】 ★★★

受托人以自己的名义,在委托人的授权范围内与第三人订立的合同,第三人在订立合同时知道受托人与委托人之间的代理关系的,该合同直接约束委托人和第三人,但有确切证据证明该合同只约束受托人和第三人的除外。

一、主要适用的案由及其相关度

案由编号	主要适用的案由	相关度
M4.10.119	农村土地承包合同纠纷	★★★★★
M4.10.119.6	土地承包经营权出租合同纠纷	★
M4.10.74	买卖合同纠纷	★★★★★
M4.10.89	借款合同纠纷	★★★
M4.10.89.1	金融借款合同纠纷	★★★★
M4.10.89.4	民间借贷纠纷	★★★
M4.10.104	委托合同纠纷	★★★
M4.10.82	房屋买卖合同纠纷	★★★
M4.10.82.3	商品房销售合同纠纷	★★
M4.10	合同纠纷	★★

案由编号	主要适用的案由	相关度
M4.10.97	租赁合同纠纷	★★
M4.10.97.2	房屋租赁合同纠纷	★★★
M4.10.120	服务合同纠纷	★
M8.21.249	股权转让纠纷	★
M4.10.100.3	建设工程施工合同纠纷	★
M4.10.83	房屋拆迁安置补偿合同纠纷	★

■ 二、同时适用的法条及其相关度

	同时适用的法条	相关度
合同法	第60条【合同履行的原则】	★★★★★
	第107条【合同约束力:违约责任】	★★★★★
	第8条【依法成立的合同的法律约束力】	★★★
	第77条【变更合同的条件与要求】	★★★
	第93条【合同的约定解除:协商一致;约定条件成就】	★★★
	第97条【合同解除的法律后果】	★★★
	第98条【结算条款、清理条款效力的独立性】	★★★
	第206条【借款期限的认定】	★★★
	第207条【逾期还款的责任承担:支付利息】	★★★
	第396条【委托合同的界定】	★★★
	第44条【合同的生效】	★★
	第114条【违约金的约定及其调整】	★★
	第205条【借款利息支付期限的确定】	★★
	第403条【委托人的介入权与第三人的选择权】	★★
	第52条【合同无效的法定情形】	★
	第94条【合同的法定解除;法定解除权】	★

	同时适用的法条	相关度	
合同法	第109条【违约责任的承担:付款义务的继续履行】	★	0209
	第159条【买受人应支付价款的数额认定】	★	
	第196条【借款合同定义】	★	
	第212条【租赁合同的定义】	★	
担保法	第18条【连带责任保证的定义;连带责任的承担】	★★★	0909
	第21条【保证担保的范围;没有约定、约定不明时的担保范围】	★★	
	第31条【保证人的追偿权】	★	
民法通则	第43条【企业法人对其经营活动承担民事责任】	★★★	0916
	第63条【代理的界定及不得代理的情形】	★★	

第403条【委托人的介入权与第三人的选择权】 ★★

受托人以自己的名义与第三人订立合同时,第三人不知道受托人与委托人之间的代理关系的,受托人因第三人的原因对委托人不履行义务,受托人应当向委托人披露第三人,委托人因此可以行使受托人对第三人的权利,但第三人与受托人订立合同时如果知道该委托人就不会订立合同的除外。

受托人因委托人的原因对第三人不履行义务,受托人应当向第三人披露委托人,第三人因此可以选择受托人或者委托人作为相对人主张其权利,但第三人不得变更选定的相对人。

委托人行使受托人对第三人的权利的,第三人可以向委托人主张其对受托人的抗辩。第三人选定委托人作为其相对人的,委托人可以向第三人主张其对受托人的抗辩以及受托人对第三人的抗辩。

■ 一、主要适用的案由及其相关度

案由编号	主要适用的案由	相关度
M4.10.74	买卖合同纠纷	★★★★★
M4.10.97	租赁合同纠纷	★★★
M4.10.97.2	房屋租赁合同纠纷	★★★★

0866 合同、无因管理、不当得利纠纷

案由编号	主要适用的案由	相关度
M4.10.89.4	民间借贷纠纷	★★
M4.10.104	委托合同纠纷	★★
M4.10.82	房屋买卖合同纠纷	★
M4.10	合同纠纷	★
M4.10.89.1	金融借款合同纠纷	★
M8.21.249	股权转让纠纷	★
M4.10.99	承揽合同纠纷	★
M4.10.122	劳务合同纠纷	★

二、同时适用的法条及其相关度

	同时适用的法条	相关度
合同法	第60条【合同履行的原则】	★★★★★
	第107条【合同约束力:违约责任】	★★★★★
	第8条【依法成立的合同的法律约束力】	★★★
	第109条【违约责任的承担:付款义务的继续履行】	★★★
	第159条【买受人应支付价款的数额认定】	★★★
	第396条【委托合同的界定】	★★★
	第402条【受托人以自己名义与第三人订立合同的法律效果】	★★★
	第44条【合同的生效】	★★
	第58条【合同无效或被撤销的法律后果】	★★
	第97条【合同解除的法律后果】	★★
	第114条【违约金的约定及其调整】	★★
	第130条【买卖合同的定义】	★★
	第161条【买受人支付价款的时间】	★★
	第206条【借款期限的认定】	★★

	同时适用的法条	相关度	
合同法	第207条【逾期还款的责任承担:支付利息】	★★	0209
	第226条【承租人租金支付期限的确定规则】	★★	
	第52条【合同无效的法定情形】	★	
	第79条【债权人不得转让合同权利的情形】	★	
	第80条【债权人转让债权的通知义务】	★	
	第93条【合同的约定解除:协商一致;约定条件成就】	★	
	第94条【合同的法定解除;法定解除权】	★	
	第99条【法定的债务抵销】	★	
	第196条【借款合同定义】	★	
	第205条【借款利息支付期限的确定】	★	
	第212条【租赁合同的定义】	★	
	第235条【租赁期间届满承租人的租赁物返还义务、返还的租赁物的应有状态】	★	
担保法	第18条【连带责任保证的定义;连带责任的承担】	★★★	0909
	第21条【保证担保的范围;没有约定、约定不明时的担保范围】	★	
民法通则	第106条【民事责任归责原则:违约责任;过错侵权责任;无过错侵权责任】	★	0916
	第108条【债务清偿:分期偿还、强制偿还】	★	
合同法司法解释二	第29条【违约金的数额及其调整:适当减少】	★	1035

合同、无因管理、不当得利纠纷

		同时适用的法条	相关度
1049	城镇房屋租赁合同纠纷司法解释	第2条【出租人就未取得许可证建设的房屋所订立的租赁合同的效力】	★
		第3条【违规建设的临时建筑租赁合同的效力;租赁期限超过临时建筑使用期限的效力】	★
		第5条【房屋租赁合同无效时使用费的支付义务;当事人的损害赔偿请求权】	★
1022	婚姻法司法解释二	第24条【离婚时夫妻一方所欠债务的处理】	★

第404条【受托人转移受托事务所得利益的义务】 ★★★

受托人处理委托事务取得的财产,应当转交给委托人。

一、主要适用的案由及其相关度

案由编号	主要适用的案由	相关度
M4.10.104	委托合同纠纷	★★★★★

二、同时适用的法条及其相关度

		同时适用的法条	相关度
0209	合同法	第107条【合同约束力;违约责任】	★★★★★
		第396条【委托合同的界定】	★★★★★
		第60条【合同履行的原则】	★★★★
		第114条【违约金的约定及其调整】	★★★
		第8条【依法成立的合同的法律约束力】	★★
		第109条【违约责任的承担;付款义务的继续履行】	★★
		第406条【因受托人过错致委托人损失的赔偿责任】	★★
		第397条【委托权限】	★

	同时适用的法条	相关度	
合同法	第398条【处理委托事务的费用】	★	0209
	第399条【受托人应当按照委托人的指示处理委托事务】	★	
	第401条【受托人的报告义务】	★	
	第405条【委托人支付报酬的义务】	★	
	第410条【委托合同的随时解除及解除后的赔偿责任】	★	
担保法	第18条【连带责任保证的定义；连带责任的承担】	★★	0909
	第21条【保证担保的范围；没有约定、约定不明时的担保范围】	★★	
	第26条【连带责任保证的保证期间】	★★	
	第31条【保证人的追偿权】	★★	

第405条【委托人支付报酬的义务】 ★★

受托人完成委托事务的,委托人应当向其支付报酬。因不可归责于受托人的事由,委托合同解除或者委托事务不能完成的,委托人应当向受托人支付相应的报酬。当事人另有约定的,按照其约定。

■ 一、主要适用的案由及其相关度

案由编号	主要适用的案由	相关度
M4.10.104	委托合同纠纷	★★★★★
M4.10.104.2	货运代理合同纠纷	★★
M4.10.104.4	诉讼、仲裁、人民调解代理合同纠纷	★★★
M4.10.120.4	法律服务合同纠纷	★★
M4.10	合同纠纷	★★

二、同时适用的法条及其相关度

	同时适用的法条	相关度
合同法	第60条【合同履行的原则】	★★★★★
	第107条【合同约束力:违约责任】	★★★★★
	第396条【委托合同的界定】	★★★★★
	第8条【依法成立的合同的法律约束力】	★★★
	第109条【违约责任的承担:付款义务的继续履行】	★★★
	第398条【处理委托事务的费用】	★★★
	第44条【合同的生效】	★★
	第114条【违约金的约定及其调整】	★★
	第410条【委托合同的随时解除及解除后的赔偿责任】	★★
	第6条【诚实信用原则】	★
	第113条【违约责任的承担:损失赔偿】	★
	第397条【委托权限】	★

第406条【因受托人过错致委托人损失的赔偿责任】 ★★

有偿的委托合同,因受托人的过错给委托人造成损失的,委托人可以要求赔偿损失。无偿的委托合同,因受托人的故意或者重大过失给委托人造成损失的,委托人可以要求赔偿损失。

受托人超越权限给委托人造成损失的,应当赔偿损失。

一、主要适用的案由及其相关度

案由编号	主要适用的案由	相关度
M4.10.104	委托合同纠纷	★★★★★
M4.10	合同纠纷	★

二、同时适用的法条及其相关度

	同时适用的法条	相关度
合同法	第107条【合同约束力;违约责任】	★★★★★
	第396条【委托合同的界定】	★★★★★
	第60条【合同履行的原则】	★★★★
	第404条【受托人转移受托事务所得利益的义务】	★★★
	第8条【依法成立的合同的法律约束力】	★
	第44条【合同的生效】	★
	第97条【合同解除的法律后果】	★
	第109条【违约责任的承担:付款义务的继续履行】	★
	第113条【违约责任的承担:损失赔偿】	★
	第114条【违约金的约定及其调整】	★
	第398条【处理委托事务的费用】	★
	第399条【受托人应当按照委托人的指示处理委托事务】	
	第401条【受托人的报告义务】	★
	第405条【委托人支付报酬的义务】	★
	第410条【委托合同的随时解除及解除后的赔偿责任】	★

第407条【受托人的损失求偿权】 ★★

受托人处理委托事务时,因不可归责于自己的事由受到损失的,可以向委托人要求赔偿损失。

一、主要适用的案由及其相关度

案由编号	主要适用的案由	相关度
M4.10.104	委托合同纠纷	★★★★★
M4.10.104.1	进出口代理合同纠纷	★
M4.10.104.2	货运代理合同纠纷	★★★

案由编号	主要适用的案由	相关度
M4.10.126	追偿权纠纷	★★★★★
M4.10	合同纠纷	★

二、同时适用的法条及其相关度

	同时适用的法条	相关度
合同法	第60条【合同履行的原则】	★★★★★
	第107条【合同约束力;违约责任】	★★★★
	第396条【委托合同的界定】	★★★★★
	第114条【违约金的约定及其调整】	★★★
	第10条【合同的订立形式;合同的书面形式】	★★
	第398条【处理委托事务的费用】	★★
	第8条【依法成立的合同的法律约束力】	★
	第40条【格式条款无效情形】	★
	第44条【合同的生效】	★
	第94条【合同的法定解除;法定解除权】	★
	第97条【合同解除的法律后果】	★
	第113条【违约责任的承担;损失赔偿】	★
	第206条【借款期限的认定】	★
	第211条【自然人之间借款合同利息的规制】	★
	第397条【委托权限】	★
	第405条【委托人支付报酬的义务】	★

第408条【另行委托第三人处理委托事务的损失赔偿处理】

委托人经受托人同意,可以在受托人之外委托第三人处理委托事务。因此给受托人造成损失的,受托人可以向委托人要求赔偿损失。

一、主要适用的案由及其相关度

案由编号	主要适用的案由	相关度
M4.10.104	委托合同纠纷	

二、同时适用的法条及其相关度

	同时适用的法条	相关度
合同法	第8条【依法成立的合同的法律约束力】	
	第52条【合同无效的法定情形】	
	第60条【合同履行的原则】	
	第94条【合同的法定解除;法定解除权】	
	第96条【合同解除权的行使规则】	
	第107条【合同约束力;违约责任】	
	第109条【违约责任的承担:付款义务的继续履行】	
	第396条【委托合同的界定】	
	第404条【受托人转移受托事务所得利益的义务】	
	第405条【委托人支付报酬的义务】	
	第409条【受托人的连带责任】	
	第410条【委托合同的随时解除及解除后的赔偿责任】	

第409条【受托人的连带责任】 ★★

两个以上的受托人共同处理委托事务的,对委托人承担连带责任。

一、主要适用的案由及其相关度

案由编号	主要适用的案由	相关度
M4.10.104	委托合同纠纷	★★★★★
M4.10.105	委托理财合同纠纷	★★★

二、同时适用的法条及其相关度

	同时适用的法条	相关度
合同法	第404条【受托人转移受托事务所得利益的义务】	★★★★★
	第410条【委托合同的随时解除及解除后的赔偿责任】	★★★★★
	第60条【合同履行的原则】	★★★★
	第107条【合同约束力:违约责任】	★★★★
	第396条【委托合同的界定】	★★★★
	第397条【委托权限】	★★★
	第406条【因受托人过错致委托人损失的赔偿责任】	★★★
	第398条【处理委托事务的费用】	★★
	第8条【依法成立的合同的法律约束力】	★
	第52条【合同无效的法定情形】	★
	第97条【合同解除的法律后果】	★
	第399条【受托人应当按照委托人的指示处理委托事务】	★
	第400条【受托人亲自处理委托事务的义务和转委托】	★
	第405条【委托人支付报酬的义务】	★
公司法	第3条【公司法人制度】	★★★
	第20条【禁止股东权利滥用;滥用股东权利的法律责任】	★★★

第410条【委托合同的随时解除及解除后的赔偿责任】 ★★

委托人或者受托人可以随时解除委托合同。因解除合同给对方造成损失的,除不可归责于该当事人的事由以外,应当赔偿损失。

一、主要适用的案由及其相关度

案由编号	主要适用的案由	相关度
M4.10.104	委托合同纠纷	★★★★★
M4.10	合同纠纷	★

二、同时适用的法条及其相关度

	同时适用的法条	相关度	
合同法	第396条【委托合同的界定】	★★★★★	0209
	第60条【合同履行的原则】	★★★★	
	第97条【合同解除的法律后果】	★★★★	
	第107条【合同约束力;违约责任】	★★★	
	第94条【合同的法定解除;法定解除权】	★★	
	第404条【受托人转移受托事务所得利益的义务】	★★	
	第405条【委托人支付报酬的义务】	★★	
	第8条【依法成立的合同的法律约束力】	★	
	第44条【合同的生效】	★	
	第96条【合同解除权的行使规则】	★	
	第109条【违约责任的承担:付款义务的继续履行】	★	
	第113条【违约责任的承担:损失赔偿】	★	
	第114条【违约金的约定及其调整】	★	
	第212条【租赁合同的定义】	★	
	第397条【委托权限】	★	
	第399条【受托人应当按照委托人的指示处理委托事务】	★	

	同时适用的法条	相关度
合同法	第402条【受托人以自己名义与第三人订立合同的法律效果】	★
	第406条【因受托人过错致委托人损失的赔偿责任】	★
	第409条【受托人的连带责任】	★

第411条【委托合同的法定终止:委托人或受托人死亡、丧失民事行为能力或破产】 ★

委托人或者受托人死亡、丧失民事行为能力或者破产的,委托合同终止,但当事人另有约定或者根据委托事务的性质不宜终止的除外。

一、主要适用的案由及其相关度

案由编号	主要适用的案由	相关度
M4.10.104	委托合同纠纷	
M4.10.82	房屋买卖合同纠纷	
M4.10	合同纠纷	

二、同时适用的法条及其相关度

	同时适用的法条	相关度
合同法	第2条【合同法的调整对象:合同的定义】	
	第6条【诚实信用原则】	
	第8条【依法成立的合同的法律约束力】	
	第9条【合同当事人资格:民事权利能力、民事行为能力;可委托代理人订立合同的规定】	
	第44条【合同的生效】	
	第45条【附条件的合同】	
	第48条【无权代理人订立合同的法律后果】	
	第51条【无权处分合同的效力:经追认或取得处分权的有效】	

	同时适用的法条	相关度
合同法	第52条【合同无效的法定情形】	0209
	第58条【合同无效或被撤销的法律后果】	
	第60条【合同履行的原则】	
	第64条【向第三人履行】	
	第93条【合同的约定解除:协商一致;约定条件成就】	
	第94条【合同的法定解除:法定解除权】	
	第96条【合同解除权的行使规则】	
	第97条【合同解除的法律后果】	
	第107条【合同约束力;违约责任】	
	第113条【违约责任的承担:损失赔偿】	
	第114条【违约金的约定及其调整】	
	第130条【买卖合同的定义】	
	第135条【出卖人的义务:交付、移转所有权】	
	第196条【借款合同定义】	
	第205条【借款利息支付期限的确定】	
	第206条【借款期限的认定】	
	第207条【逾期还款的责任承担:支付利息】	
	第322条【技术合同的概念】	
	第365条【保管合同的定义】	
	第396条【委托合同的界定】	
	第397条【委托权限】	
	第398条【处理委托事务的费用】	
	第399条【受托人应当按照委托人的指示处理委托事务】	
	第401条【受托人的报告义务】	

	同时适用的法条	相关度
合同法	第402条【受托人以自己名义与第三人订立合同的法律效果】	
	第403条【委托人的介入权与第三人的选择权】	
	第404条【受托人转移受托事务所得利益的义务】	
	第405条【委托人支付报酬的义务】	
	第406条【因受托人过错致委托人损失的赔偿责任】	
	第413条【委托合同法定终止时受托人的继承人、法定代理人或清算组织的义务】	
继承法	第33条【继承遗产与清偿债务】	

第412条【委托合同的法定终止将损害委托人利益时,受托人的继续处理受托事务的义务】

因委托人死亡、丧失民事行为能力或者破产,致使委托合同终止将损害委托人利益的,在委托人的继承人、法定代理人或者清算组织承受委托事务之前,受托人应当继续处理委托事务。

一、主要适用的案由及其相关度

案由编号	主要适用的案由	相关度
M4.10.97.2	房屋租赁合同纠纷	

二、同时适用的法条及其相关度

	同时适用的法条	相关度
合同法	第54条【合同的变更和撤销】	
	第60条【合同履行的原则】	
	第93条【合同的约定解除·协商一致;约定条件成就】	

第413条【委托合同法定终止时受托人的继承人、法定代理人或清算组织的义务】 ★

因受托人死亡、丧失民事行为能力或者破产,致使委托合同终止的,受托人的继承人、法定代理人或者清算组织应当及时通知委托人。因委托合同终止将损害委托人利益的,在委托人作出善后处理之前,受托人的继承人、法定代理人或者清算组织应当采取必要措施。

■ 一、主要适用的案由及其相关度

案由编号	主要适用的案由	相关度
M4.10.104	委托合同纠纷	

■ 二、同时适用的法条及其相关度

	同时适用的法条	相关度
合同法	第44条【合同的生效】	
	第60条【合同履行的原则】	
	第396条【委托合同的界定】	
	第402条【受托人以自己名义与第三人订立合同的法律效果】	
	第404条【受托人转移受托事务所得利益的义务】	
	第411条【委托合同的法定终止;委托人或受托人死亡、丧失民事行为能力或破产】	

第二十二章　行纪合同

第414条【行纪合同的定义】 ★

行纪合同是行纪人以自己的名义为委托人从事贸易活动,委托人支付报酬的合同。

■ 一、主要适用的案由及其相关度

案由编号	主要适用的案由	相关度
M4.10.106	行纪合同纠纷	★★★★★

案由编号	主要适用的案由	相关度
M4.10.74	买卖合同纠纷	★★★

■ 二、同时适用的法条及其相关度

	同时适用的法条	相关度
合同法	第8条【依法成立的合同的法律约束力】	★★★★★
	第60条【合同履行的原则】	★★★★★
	第107条【合同约束力;违约责任】	★★★★★
	第423条【行纪合同参照适用委托合同的规定】	★★★★
	第10条【合同的订立形式;合同的书面形式】	★★★
	第109条【违约责任的承担:付款义务的继续履行】	★★★
	第114条【违约金的约定及其调整】	★★★
	第130条【买卖合同的定义】	★★★
	第404条【受托人转移受托事务所得利益的义务】	★★★
	第418条【行纪人按照委托人指定的价格进行买卖的规定】	★★★
	第421条【行纪人与第三人订立合同的效力】	★★★
	第44条【合同的生效】	★★
	第94条【合同的法定解除;法定解除权】	★★
	第97条【合同解除的法律后果】	★★
	第410条【委托合同的随时解除及解除后的赔偿责任】	★★
	第415条【行纪人处理委托事务的费用负担】	★★
	第422条【委托人的报酬支付义务和行纪人的留置权】	★★
	第6条【诚实信用原则】	★
	第61条【合同内容约定不明确的处理规则:合同漏洞的填补】	★

	同时适用的法条	相关度	
合同法	第62条【合同内容约定不明确的履行规则;合同漏洞的填补】	★	0209
	第96条【合同解除权的行使规则】	★	
	第124条【无名合同的法律适用】	★	
	第159条【买受人应支付价款的数额认定】	★	
	第161条【买受人支付价款的时间】	★	
	第206条【借款期限的认定】	★	
	第212条【租赁合同的定义】	★	
	第396条【委托合同的界定】	★	
	第405条【委托人支付报酬的义务】	★	
	第416条【行纪人妥善保管委托物的义务】	★	
民法通则	第108条【债务清偿:分期偿还、强制偿还】	★★	0916
合同法司法解释二	第2条【合同订立的形式:其他形式】	★★	1035

第415条【行纪人处理委托事务的费用负担】　★

行纪人处理委托事务支出的费用,由行纪人负担,但当事人另有约定的除外。

■ 一、主要适用的案由及其相关度

案由编号	主要适用的案由	相关度
M4.10.106	行纪合同纠纷	

■ 二、同时适用的法条及其相关度

	同时适用的法条	相关度	
合同法	第8条【依法成立的合同的法律约束力】		0209
	第60条【合同履行的原则】		

0882　合同、无因管理、不当得利纠纷

		同时适用的法条	相关度
0209	合同法	第62条【合同内容约定不明确的履行规则:合同漏洞的填补】	
		第79条【债权人不得转让合同权利的情形】	
		第80条【债权人转让债权的通知义务】	
		第107条【合同约束力:违约责任】	
		第114条【违约金的约定及其调整】	
		第251条【承揽合同的定义;承揽的种类】	
		第404条【受托人转移受托事务所得利益的义务】	
		第414条【行纪合同的定义】	
		第416条【行纪人妥善保管委托物的义务】	
		第418条【行纪人按照委托人指定的价格进行买卖的规定】	
		第422条【委托人的报酬支付义务和行纪人的留置权】	
0909	担保法	第18条【连带责任保证的定义;连带责任的承担】	

第416条【行纪人妥善保管委托物的义务】　★

行纪人占有委托物的,应当妥善保管委托物。

一、主要适用的案由及其相关度

案由编号	主要适用的案由	相关度
M4.10.106	行纪合同纠纷	

二、同时适用的法条及其相关度

		同时适用的法条	相关度
0209	合同法	第8条【依法成立的合同的法律约束力】	
		第44条【合同的生效】	

第二编 核心法律条文主要适用案由及关联法条索引 0883

	同时适用的法条	相关度
合同法	第60条【合同履行的原则】	0209
	第61条【合同内容约定不明确的处理规则:合同漏洞的填补】	
	第62条【合同内容约定不明确的履行规则:合同漏洞的填补】	
	第77条【变更合同的条件与要求】	
	第97条【合同解除的法律后果】	
	第107条【合同约束力:违约责任】	
	第109条【违约责任的承担:付款义务的继续履行】	
	第130条【买卖合同的定义】	
	第159条【买受人应支付价款的数额认定】	
	第207条【逾期还款的责任承担:支付利息】	
	第209条【贷款展期】	
	第210条【自然人之间借款合同的生效:提供借款时】	
	第211条【自然人之间借款合同利息的规制】	
	第406条【因受托人过错致委托人损失的赔偿责任】	
	第410条【委托合同的随时解除及解除后的赔偿责任】	
	第414条【行纪合同的定义】	
	第415条【行纪人处理委托事务的费用负担】	
	第418条【行纪人按照委托人指定的价格进行买卖的规定】	
	第419条【卖出或买入具有市场定价的商品时行纪人的介入权】	
	第421条【行纪人与第三人订立合同的效力】	

	同时适用的法条	相关度
合同法	第 422 条【委托人的报酬支付义务和行纪人的留置权】	
	第 423 条【行纪合同参照适用委托合同的规定】	
	第 424 条【居间合同的界定】	

第 417 条【行纪人对有瑕疵或容易腐烂、变质委托物的处分】 ★

委托物交付给行纪人时有瑕疵或者容易腐烂、变质的,经委托人同意,行纪人可以处分该物;和委托人不能及时取得联系的,行纪人可以合理处分。

说明:本法条尚无足够数量判决书可供法律大数据分析。

第 418 条【行纪人按照委托人指定的价格进行买卖的规定】 ★

行纪人低于委托人指定的价格卖出或者高于委托人指定的价格买入的,应当经委托人同意。未经委托人同意,行纪人补偿其差额的,该买卖对委托人发生效力。

行纪人高于委托人指定的价格卖出或者低于委托人指定的价格买入的,可以按照约定增加报酬。没有约定或者约定不明确,依照本法第六十一条的规定仍不能确定的,该利益属于委托人。

委托人对价格有特别指示的,行纪人不得违背该指示卖出或者买入。

一、主要适用的案由及其相关度

案由编号	主要适用的案由	相关度
M4.10.106	行纪合同纠纷	

二、同时适用的法条及其相关度

	同时适用的法条	相关度
合同法	第 8 条【依法成立的合同的法律约束力】	
	第 60 条【合同履行的原则】	
	第 61 条【合同内容约定不明确的处理规则:合同漏洞的填补】	

	同时适用的法条	相关度	
合同法	第93条【合同的约定解除；协商一致；约定条件成就】		0209
	第107条【合同约束力；违约责任】		
	第114条【违约金的约定及其调整】		
	第159条【买受人应支付价款的数额认定】		
	第381条【仓储合同的定义】		
	第398条【处理委托事务的费用】		
	第404条【受托人转移受托事务所得利益的义务】		
	第410条【委托合同的随时解除及解除后的赔偿责任】		
	第414条【行纪合同的定义】		
	第415条【行纪人处理委托事务的费用负担】		
	第416条【行纪人妥善保管委托物的义务】		
	第420条【行纪人对委托物的提存】		
	第422条【委托人的报酬支付义务和行纪人的留置权】		
	第423条【行纪合同参照适用委托合同的规定】		
担保法	第21条【保证担保的范围；没有约定、约定不明时的担保范围】		0909
	第33条【抵押、抵押权人、抵押人以及抵押物的概念】		
	第41条【抵押物登记及其合同的生效】		

第419条【卖出或买入具有市场定价的商品时行纪人的介入权】

行纪人卖出或者买入具有市场定价的商品，除委托人有相反的意思表示的以外，行纪人自己可以作为买受人或者出卖人。

行纪人有前款规定情形的，仍然可以要求委托人支付报酬。

一、主要适用的案由及其相关度

案由编号	主要适用的案由	相关度
M4.10.97.3	车辆租赁合同纠纷	
M4.10.74	买卖合同纠纷	

二、同时适用的法条及其相关度

	同时适用的法条	相关度
合同法	第60条【合同履行的原则】	
	第61条【合同内容约定不明确的处理规则:合同漏洞的填补】	
	第62条【合同内容约定不明确的履行规则:合同漏洞的填补】	
	第77条【变更合同的条件与要求】	
	第107条【合同约束力:违约责任】	
	第114条【违约金的约定及其调整】	
	第130条【买卖合同的定义】	
	第159条【买受人应支付价款的数额认定】	
	第227条【出租人的租金支付请求权以及合同解除权】	
	第410条【委托合同的随时解除及解除后的赔偿责任】	
	第414条【行纪合同的定义】	
	第416条【行纪人妥善保管委托物的义务】	
	第423条【行纪合同参照适用委托合同的规定】	
	第426条【居间人促成合同成立时的报酬请求权及居间费用负担义务】	

第420条【行纪人对委托物的提存】

行纪人按照约定买入委托物,委托人应当及时受领。经行纪人催告,委托人无正当理由拒绝受领的,行纪人依照本法第一百零一条的规定可以提存委托物。

委托物不能卖出或者委托人撤回出卖,经行纪人催告,委托人不取回或者不处分该物的,行纪人依照本法第一百零一条的规定可以提存委托物。

■ 一、主要适用的案由及其相关度

案由编号	主要适用的案由	相关度
M4.10.106	行纪合同纠纷	★

■ 二、同时适用的法条及其相关度

	同时适用的法条	相关度	
合同法	第8条【依法成立的合同的法律约束力】		0209
	第44条【合同的生效】		
	第60条【合同履行的原则】		
	第93条【合同的约定解除:协商一致;约定条件成就】		
	第107条【合同约束力:违约责任】		
	第114条【违约金的约定及其调整】		
	第414条【行纪合同的定义】		
	第418条【行纪人按照委托人指定的价格进行买卖的规定】		
	第426条【居间人促成合同成立时的报酬请求权及居间费用负担义务】		
	第427条【居间人未促成居间合同时居间费用的负担】		

第421条【行纪人与第三人订立合同的效力】 ★

行纪人与第三人订立合同的,行纪人对该合同直接享有权利、承担义务。

第三人不履行义务致使委托人受到损害的,行纪人应当承担损害赔偿责任,但行纪人与委托人另有约定的除外。

一、主要适用的案由及其相关度

案由编号	主要适用的案由	相关度
M4.10.106	行纪合同纠纷	

二、同时适用的法条及其相关度

	同时适用的法条	相关度
合同法	第6条【诚实信用原则】	
	第8条【依法成立的合同的法律约束力】	
	第54条【合同的变更和撤销】	
	第55条【撤销权消灭的法定情形】	
	第58条【合同无效或被撤销的法律后果】	
	第60条【合同履行的原则】	
	第61条【合同内容约定不明确的处理规则:合同漏洞的填补】	
	第79条【债权人不得转让合同权利的情形】	
	第107条【合同约束力;违约责任】	
	第108条【预期违约责任】	
	第109条【违约责任的承担:付款义务的继续履行】	
	第114条【违约金的约定及其调整】	
	第159条【买受人应支付价款的数额认定】	
	第205条【借款利息支付期限的确定】	
	第206条【借款期限的认定】	
	第207条【逾期还款的责任承担:支付利息】	
	第219条【承租人没有按约定方式或租赁物使用性质使用租赁物致损的法律后果】	
	第226条【承租人租金支付期限的确定规则】	

第二编 核心法律条文主要适用案由及关联法条索引 0889

	同时适用的法条	相关度	
合同法	第404条【受托人转移受托事务所得利益的义务】		0209
	第406条【因受托人过错致委托人损失的赔偿责任】		
	第414条【行纪合同的定义】		
	第416条【行纪人妥善保管委托物的义务】		
	第422条【委托人的报酬支付义务和行纪人的留置权】		
	第423条【行纪合同参照适用委托合同的规定】		

第422条【委托人的报酬支付义务和行纪人的留置权】 ★

行纪人完成或者部分完成委托事务的,委托人应当向其支付相应的报酬。委托人逾期不支付报酬的,行纪人对委托物享有留置权,但当事人另有约定的除外。

■ 一、主要适用的案由及其相关度

案由编号	主要适用的案由	相关度
M4.10.106	行纪合同纠纷	

■ 二、同时适用的法条及其相关度

	同时适用的法条	相关度	
合同法	第8条【依法成立的合同的法律约束力】		0209
	第10条【合同的订立形式;合同的书面形式】		
	第44条【合同的生效】		
	第60条【合同履行的原则】		
	第61条【合同内容约定不明确的处理规则:合同漏洞的填补】		
	第79条【债权人不得转让合同权利的情形】		
	第80条【债权人转让债权的通知义务】		

		同时适用的法条	相关度
0209	合同法	第107条【合同约束力:违约责任】	
		第109条【违约责任的承担:付款义务的继续履行】	
		第113条【违约责任的承担:损失赔偿】	
		第114条【违约金的约定及其调整】	
		第414条【行纪合同的定义】	
		第415条【行纪人处理委托事务的费用负担】	
		第416条【行纪人妥善保管委托物的义务】	
		第418条【行纪人按照委托人指定的价格进行买卖的规定】	
		第421条【行纪人与第三人订立合同的效力】	
		第426条【居间人促成合同成立时的报酬请求权及居间费用负担义务】	
0909	担保法	第18条【连带责任保证的定义;连带责任的承担】	

第423条【行纪合同参照适用委托合同的规定】 ★

本章没有规定的,适用委托合同的有关规定。

■ 一、主要适用的案由及其相关度

案由编号	主要适用的案由	相关度
M4.10.106	行纪合同纠纷	

■ 二、同时适用的法条及其相关度

		同时适用的法条	相关度
0209	合同法	第8条【依法成立的合同的法律约束力】	
		第32条【书面合同自双方当事人签字或盖章时成立】	
		第37条【未签字盖章的合同书的成立】	
		第44条【合同的生效】	

	同时适用的法条	相关度
合同法	第 60 条【合同履行的原则】	0209
	第 61 条【合同内容约定不明确的处理规则;合同漏洞的填补】	
	第 91 条【合同权利义务终止的法定情形】	
	第 94 条【合同的法定解除;法定解除权】	
	第 96 条【合同解除权的行使规则】	
	第 97 条【合同解除的法律后果】	
	第 107 条【合同约束力;违约责任】	
	第 108 条【预期违约责任】	
	第 109 条【违约责任的承担:付款义务的继续履行】	
	第 112 条【违约责任的承担:损失赔偿与其他责任的并存】	
	第 114 条【违约金的约定及其调整】	
	第 381 条【仓储合同的定义】	
	第 398 条【处理委托事务的费用】	
	第 404 条【受托人转移受托事务所得利益的义务】	
	第 406 条【因受托人过错致委托人损失的赔偿责任】	
	第 410 条【委托合同的随时解除及解除后的赔偿责任】	
	第 414 条【行纪合同的定义】	
	第 416 条【行纪人妥善保管委托物的义务】	
	第 418 条【行纪人按照委托人指定的价格进行买卖的规定】	
	第 419 条【卖出或买入具有市场定价的商品时行纪人的介入权】	
	第 421 条【行纪人与第三人订立合同的效力】	

第二十三章 居间合同

第424条【居间合同的界定】 ★★

居间合同是居间人向委托人报告订立合同的机会或者提供订立合同的媒介服务,委托人支付报酬的合同。

一、主要适用的案由及其相关度

案由编号	主要适用的案由	相关度
M4.10.107	居间合同纠纷	★★★★★

二、同时适用的法条及其相关度

	同时适用的法条	相关度
合同法	第426条【居间人促成合同成立时的报酬请求权及居间费用负担义务】	★★★★★
	第60条【合同履行的原则】	★★★★
	第8条【依法成立的合同的法律约束力】	★★★
	第107条【合同约束力:违约责任】	★★★
	第427条【居间人未促成居间合同时居间费用的负担】	★★★
	第114条【违约金的约定及其调整】	★★
	第425条【居间人的如实报告义务;居间人故意隐瞒重要事实或提供虚假情况的责任】	★★
	第6条【诚实信用原则】	★
	第44条【合同的生效】	★

第425条【居间人的如实报告义务;居间人故意隐瞒重要事实或提供虚假情况的责任】 ★★

居间人应当就有关订立合同的事项向委托人如实报告。

居间人故意隐瞒与订立合同有关的重要事实或者提供虚假情况,损害委托人利益的,不得要求支付报酬并应当承担损害赔偿责任。

■ 一、主要适用的案由及其相关度

案由编号	主要适用的案由	相关度
M4.10.107	居间合同纠纷	★★★★★
M4.10.82	房屋买卖合同纠纷	★

■ 二、同时适用的法条及其相关度

	同时适用的法条	相关度
合同法	第424条【居间合同的界定】	★★★★★
	第60条【合同履行的原则】	★★★
	第426条【居间人促成合同成立时的报酬请求权及居间费用负担义务】	★★★
	第107条【合同约束力;违约责任】	★★
	第427条【居间人未促成居间合同时居间费用的负担】	★★
	第6条【诚实信用原则】	★
	第8条【依法成立的合同的法律约束力】	★
	第52条【合同无效的法定情形】	★
	第58条【合同无效或被撤销的法律后果】	★

第426条【居间人促成合同成立时的报酬请求权及居间费用负担义务】

★★

居间人促成合同成立的,委托人应当按照约定支付报酬。对居间人的报酬没有约定或者约定不明确,依照本法第六十一条的规定仍不能确定的,根据居间人的劳务合理确定。因居间人提供订立合同的媒介服务而促成合同成立的,由该合同的当事人平均负担居间人的报酬。

居间人促成合同成立的,居间活动的费用,由居间人负担。

■ 一、主要适用的案由及其相关度

案由编号	主要适用的案由	相关度
M4.10.107	居间合同纠纷	★★★★★

■ 二、同时适用的法条及其相关度

	同时适用的法条	相关度
合同法	第424条【居间合同的界定】	★★★★★
	第8条【依法成立的合同的法律约束力】	★★★
	第60条【合同履行的原则】	★★★
	第107条【合同约束力：违约责任】	★★★
	第114条【违约金的约定及其调整】	★★
	第6条【诚实信用原则】	★
	第44条【合同的生效】	★
	第109条【违约责任的承担：付款义务的继续履行】	★
	第425条【居间人的如实报告义务；居间人故意隐瞒重要事实或提供虚假情况的责任】	★

第427条【居间人未促成居间合同时居间费用的负担】 ★★

居间人未促成合同成立的，不得要求支付报酬，但可以要求委托人支付从事居间活动支出的必要费用。

■ 一、主要适用的案由及其相关度

案由编号	主要适用的案由	相关度
M4.10.107	居间合同纠纷	★★★★★

■ 二、同时适用的法条及其相关度

	同时适用的法条	相关度
合同法	第424条【居间合同的界定】	★★★★★
	第60条【合同履行的原则】	★★
	第107条【合同约束力：违约责任】	★★
	第8条【依法成立的合同的法律约束力】	★

	同时适用的法条	相关度	
合同法	第40条【格式条款无效情形】	★	0209
	第425条【居间人的如实报告义务；居间人故意隐瞒重要事实或提供虚假情况的责任】	★	
	第426条【居间人促成合同成立时的报酬请求权及居间费用负担义务】	★	

附则

第428条【合同法的施行时间及废止条款】 ★

本法自1999年10月1日起施行，《中华人民共和国经济合同法》、《中华人民共和国涉外经济合同法》、《中华人民共和国技术合同法》同时废止。

■ 一、主要适用的案由及其相关度

案由编号	主要适用的案由	相关度
M4.10.107	居间合同纠纷	
M4.10.97.1	土地租赁合同纠纷	
M4.10.97.2	房屋租赁合同纠纷	

■ 二、同时适用的法条及其相关度

	同时适用的法条	相关度	
合同法	第214条【租赁期限的规定】		0209
合同法司法解释一	第1条【合同法的溯及力】		1056
	第2条【合同法的溯及力】		

中华人民共和国民法通则①

★★★★★

(1986年4月12日第六届全国人民代表大会第四次会议通过,根据2009年8月27日第十一届全国人民代表大会常务委员会第十次会议《关于修改部分法律的决定》修正)

第五章 民事权利

第二节 债权

第84条【债的界定】 ★★★★★

债是按照合同的约定或者依照法律的规定,在当事人之间产生的特定的权利和义务关系。享有权利的人是债权人,负有义务的人是债务人。

债权人有权要求债务人按照合同的约定或者依照法律的规定履行义务。

■ 一、主要适用的案由及其相关度

案由编号	主要适用的案由	相关度
M4.10.89.4	民间借贷纠纷	★★★★★
M4.10.74	买卖合同纠纷	★★
M4.10.122	劳务合同纠纷	★★
M6.17.169.5	追索劳动报酬纠纷	★
M4.10.89.1	金融借款合同纠纷	★
M4.10	合同纠纷	★

---

① 简称《民法通则》。

二、同时适用的法条及其相关度

	同时适用的法条	相关度	
民法通则	第108条【债务清偿:分期偿还、强制偿还】	★★★★★	0916
	第90条【借贷关系】	★★★	
	第106条【民事责任归责原则:违约责任;过错侵权责任;无过错侵权责任】	★★	
	第134条【承担民事责任的主要方式】	★	
合同法	第60条【合同履行的原则】	★★★★★	0209
	第206条【借款期限的认定】	★★★★★	
	第207条【逾期还款的责任承担:支付利息】	★★★★	
	第8条【依法成立的合同的法律约束力】	★★★	
	第107条【合同约束力:违约责任】	★★★	
	第109条【违约责任的承担:付款义务的继续履行】	★★★	
	第196条【借款合同定义】	★★★	
	第205条【借款利息支付期限的确定】	★★★	
	第211条【自然人之间借款合同利息的规制】	★★★	
	第44条【合同的生效】	★★	
	第114条【违约金的约定及其调整】	★★	
	第130条【买卖合同的定义】	★★	
	第159条【买受人应支付价款的数额认定】	★★	
	第161条【买受人支付价款的时间】	★★	
	第210条【自然人之间借款合同的生效:提供借款时】	★★	
	第200条【借款利息不得预先扣除;预先扣除后按实际数额计算借款额度】	★	

		同时适用的法条	相关度
0909	担保法	第18条【连带责任保证的定义;连带责任的承担】	★★★
		第19条【保证方式不明时的连带责任担保】	★★★
		第21条【保证担保的范围;没有约定、约定不明时的担保范围】	★★★
		第31条【保证人的追偿权】	★★★
		第6条【保证的定义】	★★
		第26条【连带责任保证的保证期间】	★★
		第12条【多人保证责任的承担】	★
0953	婚姻法	第19条【夫妻财产约定制】	★
		第41条【离婚时夫妻共同债务的清偿】	★
0952	道路交通安全法	第76条【交通事故赔偿责任的一般条款】	★
1009	物业管理条例	第42条【物业服务费用的交纳主体】	★
1022	婚姻法司法解释二	第24条【离婚时夫妻一方所欠债务的处理】	★★★
1047	民通意见	第1条【公民的民事权利能力自出生时开始:户籍证明、医院出具的出生证明、其他证明】	★★
1023	审理民间借贷案件规定	第26条【民间借贷年利率的限定】	★★
		第29条【逾期利率的处理规则】	★★
1024	担保法司法解释	第42条【保证人追偿权的行使与诉讼时效】	★
1038	人身损害赔偿司法解释	第17条【人身损害赔偿项目:一般人身损害赔偿项目、伤残赔偿项目、死亡赔偿项目】	★

第86条【数人债权债务：按份分享权利、按份分担义务】　★★

债权人为二人以上的，按照确定的份额分享权利。债务人为二人以上的，按照确定的份额分担义务。

■ 一、主要适用的案由及其相关度

案由编号	主要适用的案由	相关度
M4.10.89.4	民间借贷纠纷	★★★★★
M4.10.126	追偿权纠纷	★★★
M4.10	合同纠纷	★
M4.10.74	买卖合同纠纷	★
M4.10.111	合伙协议纠纷	★
M4.10.100.3	建设工程施工合同纠纷	★

■ 二、同时适用的法条及其相关度

	同时适用的法条	相关度	
民法通则	第84条【债的界定】	★★★★★	0916
	第87条【连带债权与连带债务】	★★★★★	
	第108条【债务清偿：分期偿还、强制偿还】	★★★★★	
	第90条【借贷关系】	★★	
	第106条【民事责任归责原则：违约责任；过错侵权责任；无过错侵权责任】	★★	
	第35条【民事合伙的债务承担规则】	★	
	第78条【财产共有制度：按份共有、共同共有；按份共有人的优先购买权】	★	
	第85条【合同的定义】	★	
合同法	第206条【借款期限的认定】	★★★	0209
	第60条【合同履行的原则】	★★	
	第107条【合同约束力；违约责任】	★★	
	第205条【借款利息支付期限的确定】	★★	

0900 合同、无因管理、不当得利纠纷

		同时适用的法条	相关度
0209	合同法	第207条【逾期还款的责任承担：支付利息】	★★
		第8条【依法成立的合同的法律约束力】	★
		第109条【违约责任的承担：付款义务的继续履行】	★
		第210条【自然人之间借款合同的生效：提供借款时】	★
		第211条【自然人之间借款合同利息的规制】	★
		第269条【建设工程合同的定义】	★
0909	担保法	第18条【连带责任保证的定义；连带责任的承担】	★
		第21条【保证担保的范围；没有约定、约定不明时的担保范围】	★
1022	婚姻法司法解释二	第24条【离婚时夫妻一方所欠债务的处理】	★

第87条【连带债权与连带债务】 ★★★★

债权人或者债务人一方人数为二人以上的,依照法律的规定或者当事人的约定,享有连带权利的每个债权人,都有权要求债务人履行义务;负有连带义务的每个债务人,都负有清偿全部债务的义务,履行了义务的人,有权要求其他负有连带义务的人偿付他应当承担的份额。

■ 一、主要适用的案由及其相关度

案由编号	主要适用的案由	相关度
M4.10.89.4	民间借贷纠纷	★★★★★
M4.10.89.1	金融借款合同纠纷	★★
M4.10.74	买卖合同纠纷	★★
M4.10.126	追偿权纠纷	★★
M4.10.122	劳务合同纠纷	★

■ 二、同时适用的法条及其相关度

	同时适用的法条	相关度	
民法通则	第84条【债的界定】	★★★★★	0916
	第108条【债务清偿：分期偿还、强制偿还】	★★★★★	
	第90条【借贷关系】	★★★★	
	第106条【民事责任归责原则：违约责任；过错侵权责任；无过错侵权责任】	★★	
	第134条【承担民事责任的主要方式】	★★	
	第35条【民事合伙的债务承担规则】	★	
	第85条【合同的定义】	★	
	第88条【合同内容约定不明确的处理规则；合同漏洞的填补】	★	
合同法	第206条【借款期限的认定】	★★★★★	0209
	第205条【借款利息支付期限的确定】	★★★★	
	第207条【逾期还款的责任承担：支付利息】	★★★★	
	第60条【合同履行的原则】	★★★	
	第107条【合同约束力；违约责任】	★★★	
	第196条【借款合同定义】	★★★	
	第211条【自然人之间借款合同利息的规制】	★★★	
	第109条【违约责任的承担：付款义务的继续履行】	★★	
	第210条【自然人之间借款合同的生效：提供借款时】	★★	
	第8条【依法成立的合同的法律约束力】	★	
	第159条【买受人应支付价款的数额认定】	★	
担保法	第18条【连带责任保证的定义；连带责任的承担】	★★★	0909
	第21条【保证担保的范围；没有约定、约定不明时的担保范围】	★★★	
	第19条【保证方式不明时的连带责任担保】	★★	

		同时适用的法条	相关度
0909	担保法	第31条【保证人的追偿权】	★★
		第26条【连带责任保证的保证期间】	★
1022	婚姻法司法解释二	第24条【离婚时夫妻一方所欠债务的处理】	★★★
1023	审理民间借贷案件规定	第26条【民间借贷年利率的限定】	★

第92条【不当得利应返还】 ★★★★

没有合法根据,取得不当利益,造成他人损失的,应当将取得的不当利益返还受损失的人。

一、主要适用的案由及其相关度

案由编号	主要适用的案由	相关度
M4.11.128	不当得利纠纷	★★★★★

二、同时适用的法条及其相关度

		同时适用的法条	相关度
0916	民法通则	第134条【承担民事责任的主要方式】	★★★★
		第4条【民事活动的基本原则:自愿、公平、等价有偿、诚实信用】	★★★
		第5条【合法的民事权益受法律保护】	★★★
		第84条【债的定义】	★★★
		第106条【民事责任归责原则:违约责任;过错侵权责任;无过错侵权责任】	★★★
		第108条【债务清偿:分期偿还、强制偿还】	★★★
		第63条【代理的界定及不得代理的情形】	★★
		第75条【个人财产:合法财产受法律保护】	★★

	同时适用的法条	相关度	
民法通则	第117条【侵害财产权的责任承担方式:返还财产、折价赔偿;恢复原状、折价赔偿;赔偿损失】	★★	0916
	第135条【诉讼时效期间:两年】	★★	
	第137条【诉讼时效期间的起算日和最长保护期限】	★★	
	第65条【委托代理的形式;授权委托书的内容;委托书授权不明时的责任承担方式:被代理人与代理人承担连带责任】	★	
	第66条【无权代理的法律后果;代理人不履行职责,损害被代理人利益的民事责任;代理人和第三人的连带责任】	★	
	第71条【财产所有权的定义】	★	
	第72条【财产所有权的取得应符合法律规定、动产所有权自财产交付时转移】	★	
	第140条【诉讼时效期间的中断】	★	
合同法	第60条【合同履行的原则】	★★★	0209
	第107条【合同约束力;违约责任】	★★★	
	第8条【依法成立的合同的法律约束力】	★★	
	第91条【合同权利义务终止的法定情形】	★★	
	第44条【合同的生效】	★	
	第52条【合同无效的法定情形】	★	
	第58条【合同无效或被撤销的法律后果】	★	
道路交通安全法	第76条【交通事故赔偿责任的一般条款】	★★★	0952

		同时适用的法条	相关度
0960	侵权责任法	第16条【人身损害赔偿项目：一般人身损害赔偿项目、伤残赔偿项目、死亡赔偿项目】	★★★
		第6条【过错责任原则；过错推定责任原则】	★★
		第22条【人身权益侵害精神损害赔偿的请求权】	★★
		第48条【机动车交通事故责任的法律适用】	★★
		第15条【侵权责任的主要承担方式】	★
0937	保险法	第65条【责任保险的赔偿规则】	★★
0973	继承法	第10条【继承人范围及继承顺序】	★
1047	民通意见	第1条【公民的民事权利能力自出生时开始：户籍证明、医院出具的出生证明、其他证明】	★★★★★
		第131条【不当利益返还：原物、孳息、其他利益】	★★★★
1022	婚姻法司法解释二	第10条【允许返还彩礼的情形】	★★
		第24条【离婚时夫妻一方所欠债务的处理】	★★
1038	人身损害赔偿司法解释	第17条【人身损害赔偿项目：一般人身损害赔偿项目、伤残赔偿项目、死亡赔偿项目】	★
		第19条【医疗费的计算标准】	★
		第21条【护理费的计算标准】	★
1054	道路交通事故司法解释	第16条【交强险和商业三者险并存时的赔付规则】	★

第93条【无因管理必要费用的偿付请求权】 ★★

没有法定的或者约定的义务，为避免他人利益受损失进行管理或者服务的，有权要求受益人偿付由此而支付的必要费用。

一、主要适用的案由及其相关度

案由编号	主要适用的案由	相关度
M4.12.129	无因管理纠纷	★★★★★

二、同时适用的法条及其相关度

	同时适用的法条	相关度	
民法通则	第84条【债的定义】	★★★★★	0916
	第108条【债务清偿:分期偿还、强制偿还】	★★★★★	
	第4条【民事活动的基本原则:自愿、公平、等价有偿、诚实信用】	★	
	第5条【合法的民事权益受法律保护】	★	
	第89条【担保债务履行的方式:保证;抵押;定金;留置】	★	
	第92条【不当得利应返还】	★	
	第106条【民事责任归责原则:违约责任;过错侵权责任;无过错侵权责任】	★	
	第134条【承担民事责任的主要方式】	★	
	第135条【诉讼时效期间:两年】	★	
婚姻法	第21条【父母与子女间的抚养赡养义务】	★★★	0953
合同法	第60条【合同履行的原则】	★★★	0209
	第107条【合同约束力:违约责任】	★★	
	第114条【违约金的约定及其调整】	★	
	第206条【借款期限的认定】	★	
担保法	第31条【保证人的追偿权】	★★	0909
	第4条【反担保及其法律适用】	★	
	第8条【国家机关作为保证人的禁止与例外】	★	

		同时适用的法条	相关度
0960	侵权责任法	第16条【人身损害赔偿项目:一般人身损害赔偿项目、伤残赔偿项目、死亡赔偿项目】	★
0952	道路交通安全法	第76条【交通事故赔偿责任的一般条款】	★
1047	民通意见	第1条【公民的民事权利能力自出生时开始:户籍证明、医院出具的出生证明、其他证明】	★★★★★
		第132条【无因管理人的费用求偿权】	★★★
1022	婚姻法司法解释二	第24条【离婚时夫妻一方所欠债务的处理】	★

第三编
本书关联法条全文

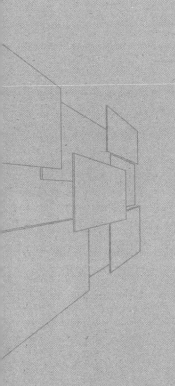

一、法律

中华人民共和国担保法[①]

★★★★★

(1995年6月30日第八届全国人民代表大会常务委员会第十四次会议通过,自1995年10月1日起施行)

第1条【担保法的立法目的】 ★★★★

为促进资金融通和商品流通,保障债权的实现,发展社会主义市场经济,制定本法。

第2条【担保的目的及方式:保障债权的实现;保证、抵押、质押、留置、定金】 ★★

在借贷、买卖、货物运输、加工承揽等经济活动中,债权人需要以担保方式保障其债权实现的,可以依照本法规定设定担保。

本法规定的担保方式为保证、抵押、质押、留置和定金。

第3条【从事担保活动的基本原则】 ★

担保活动应当遵循平等、自愿、公平、诚实信用的原则。

第4条【反担保及其法律适用】 ★★★★★

第三人为债务人向债权人提供担保时,可以要求债务人提供反担保。

反担保适用本法担保的规定。

第5条【担保合同的界定及其与主债权合同的关系;担保合同无效的责任承担规则】 ★★★

担保合同是主合同的从合同,主合同无效,担保合同无效。担保合同另有约定的,按照约定。

担保合同被确认无效后,债务人、担保人、债权人有过错的,应当根据其过错各自承担相应的民事责任。

---

① 简称《担保法》。

第 6 条【保证的定义】 ★★★★

本法所称保证,是指保证人和债权人约定,当债务人不履行债务时,保证人按照约定履行债务或者承担责任的行为。

第 7 条【保证人的资格:具有代为清偿债务的能力】 ★

具有代为清偿债务能力的法人、其他组织或者公民,可以作保证人。

第 8 条【国家机关作为保证人的禁止与例外:经国务院批准为使用外国政府或者国际经济组织贷款进行转贷】 ★

国家机关不得为保证人,但经国务院批准为使用外国政府或者国际经济组织贷款进行转贷的除外。

第 12 条【多人保证责任的承担】 ★★★★★

同一债务有两个以上保证人的,保证人应当按照保证合同约定的保证份额,承担保证责任。没有约定保证份额的,保证人承担连带责任,债权人可以要求任何一个保证人承担全部保证责任,保证人都负有担保全部债权实现的义务。已经承担保证责任的保证人,有权向债务人追偿,或者要求承担连带责任的其他保证人清偿其应当承担的份额。

第 13 条【保证合同的订立形式:书面形式】 ★★

保证人与债权人应当以书面形式订立保证合同。

第 14 条【保证合同的分别订立与合并订立】 ★★★★★

保证人与债权人可以就单个主合同分别订立保证合同,也可以协议在最高债权额限度内就一定期间连续发生的借款合同或者某项商品交易合同订立一个保证合同。

第 15 条【保证合同的内容:主债权、债务履行期限、保证方式、保证范围、保证期间】 ★★

保证合同应当包括以下内容:

(一)被保证的主债权种类、数额;

(二)债务人履行债务的期限;

(三)保证的方式;

(四)保证担保的范围;

(五)保证的期间;

(六)双方认为需要约定的其他事项。

保证合同不完全具备前款规定内容的,可以补正。

第 16 条【保证的方式】 ★★★★

保证的方式有:

（一）一般保证；

（二）连带责任保证。

第 17 条【一般保证的含义及责任承担；保证人不得行使先诉抗辩权的情形】 ★

当事人在保证合同中约定，债务人不能履行债务时，由保证人承担保证责任的，为一般保证。

一般保证的保证人在主合同纠纷未经审判或者仲裁，并就债务人财产依法强制执行仍不能履行债务前，对债权人可以拒绝承担保证责任。

有下列情形之一的，保证人不得行使前款规定的权利：

（一）债务人住所变更，致使债权人要求其履行债务发生重大困难的；

（二）人民法院受理债务人破产案件，中止执行程序的；

（三）保证人以书面形式放弃前款规定的权利的。

第 18 条【连带责任保证的定义；连带责任的承担】 ★★★★

当事人在保证合同中约定保证人与债务人对债务承担连带责任的，为连带责任保证。

连带责任保证的债务人在主合同规定的债务履行期届满没有履行债务的，债权人可以要求债务人履行债务，也可以要求保证人在其保证范围内承担保证责任。

第 19 条【保证方式不明时的连带责任担保】 ★★★★

当事人对保证方式没有约定或者约定不明确的，按照连带责任保证承担保证责任。

第 20 条【保证人的抗辩权】 ★★★

一般保证和连带责任保证的保证人享有债务人的抗辩权。债务人放弃对债务的抗辩权的，保证人仍有权抗辩。

抗辩权是指债权人行使债权时，债务人根据法定事由，对抗债权人行使请求权的权利。

第 21 条【保证担保的范围；没有约定、约定不明时的担保范围】

★★★★

保证担保的范围包括主债权及利息、违约金、损害赔偿金和实现债权的费用。保证合同另有约定的，按照约定。

当事人对保证担保的范围没有约定或者约定不明确的，保证人应当对全部债务承担责任。

第22条【主债权转让时保证人的保证责任】 ★★★★

保证期间,债权人依法将主债权转让给第三人的,保证人在原保证担保的范围内继续承担保证责任。保证合同另有约定的,按照约定。

第24条【债权人与债务人协议变更主合同时保证的效力:取得保证人书面同意】 ★★

债权人与债务人协议变更主合同的,应当取得保证人书面同意,未经保证人书面同意的,保证人不再承担保证责任。保证合同另有约定的,按照约定。

第25条【一般保证的保证期间】 ★

一般保证的保证人与债权人未约定保证期间的,保证期间为主债务履行期届满之日起六个月。

在合同约定的保证期间和前款规定的保证期间,债权人未对债务人提起诉讼或者申请仲裁的,保证人免除保证责任;债权人已提起诉讼或者申请仲裁的,保证期间适用诉讼时效中断的规定。

第26条【连带责任保证的保证期间】 ★★★★★

连带责任保证的保证人与债权人未约定保证期间的,债权人有权自主债务履行期届满之日起六个月内要求保证人承担保证责任。

在合同约定的保证期间和前款规定的保证期间,债权人未要求保证人承担保证责任的,保证人免除保证责任。

第28条【混合担保时保证责任的承担】 ★★

同一债权既有保证又有物的担保的,保证人对物的担保以外的债权承担保证责任。

债权人放弃物的担保的,保证人在债权人放弃权利的范围内免除保证责任。

第29条【企业法人分支机构订立保证合同无效时的责任承担】 ★

企业法人的分支机构未经法人书面授权或者超出授权范围与债权人订立保证合同的,该合同无效或者超出授权范围的部分无效,债权人和企业法人有过错的,应当根据其过错各自承担相应的民事责任;债权人无过错的,由企业法人承担民事责任。

第30条【保证人不承担民事责任的法定情形】 ★

有下列情形之一的,保证人不承担民事责任:

(一)主合同当事人双方串通,骗取保证人提供保证的;

(二)主合同债权人采取欺诈、胁迫等手段,使保证人在违背真实意思的情况下提供保证的。

第 31 条【保证人的追偿权】 ★★★★
保证人承担保证责任后，有权向债务人追偿。

第 33 条【抵押、抵押权人、抵押人以及抵押物的概念】 ★★★★
本法所称抵押，是指债务人或者第三人不转移对本法第三十四条所列财产的占有，将该财产作为债权的担保。债务人不履行债务时，债权人有权依照本法规定以该财产折价或者以拍卖、变卖该财产的价款优先受偿。
前款规定的债务人或者第三人为抵押人，债权人为抵押权人，提供担保的财产为抵押物。

第 38 条【抵押合同的形式】 ★
抵押人和抵押权人应当以书面形式订立抵押合同。

第 41 条【抵押物登记及其合同的生效】 ★★★★
当事人以本法第四十二条规定的财产抵押的，应当办理抵押物登记，抵押合同自登记之日起生效。

第 42 条【办理抵押物登记的部门】 ★★★
办理抵押物登记的部门如下：
（一）以无地上定着物的土地使用权抵押的，为核发土地使用权证书的土地管理部门；
（二）以城市房地产或者乡（镇）、村企业的厂房等建筑物抵押的，为县级以上地方人民政府规定的部门；
（三）以林木抵押的，为县级以上林木主管部门；
（四）以航空器、船舶、车辆抵押的，为运输工具的登记部门；
（五）以企业的设备和其他动产抵押的，为财产所在地的工商行政管理部门。

第 46 条【抵押担保的范围】 ★★★★
抵押担保的范围包括主债权及利息、违约金、损害赔偿金和实现抵押权的费用。抵押合同另有约定的，按照约定。

第 52 条【抵押权的从属性】 ★★★
抵押权与其担保的债权同时存在，债权消灭的，抵押权也消灭。

第 53 条【抵押权实现的方式和程序】 ★★★★
债务履行期届满抵押权人未受清偿的，可以与抵押人协议以抵押物折价或者以拍卖、变卖该抵押物所得的价款受偿；协议不成的，抵押权人可以向人民法院提起诉讼。

抵押物折价或者拍卖、变卖后,其价款超过债权数额的部分归抵押人所有,不足部分由债务人清偿。

第 57 条【作为担保人的第三人的追偿权】 ★

为债务人抵押担保的第三人,在抵押权人实现抵押权后,有权向债务人追偿。

第 59 条【最高额抵押的定义】 ★

本法所称最高额抵押,是指抵押人与抵押权人协议,在最高债权额限度内,以抵押物对一定期间内连续发生的债权作担保。

第 60 条【最高额抵押的适用范围】 ★★

借款合同可以附最高额抵押合同。

债权人与债务人就某项商品在一定期间内连续发生交易而签订的合同,可以附最高额抵押合同。

第 63 条【动产质押的定义】 ★★★

本法所称动产质押,是指债务人或者第三人将其动产移交债权人占有,将该动产作为债权的担保。债务人不履行债务时,债权人有权依照本法规定以该动产折价或者以拍卖、变卖该动产的价款优先受偿。

前款规定的债务人或者第三人为出质人,债权人为质权人,移交的动产为质物。

第 64 条【质押合同的订立形式及其生效时间】 ★★★

出质人和质权人应当以书面形式订立质押合同。

质押合同自质物移交于质权人占有时生效。

第 67 条【质押担保的范围:主债权、利息、违约金、损害赔偿金、质物保管费用、实现质权的费用】 ★

质押担保的范围包括主债权及利息、违约金、损害赔偿金、质物保管费用和实现质权的费用。质押合同另有约定的,按照约定。

第 68 条【质权人的孳息收取权】 ★

质权人有权收取质物所生的孳息。质押合同另有约定的,按照约定。

前款孳息应当先充抵收取孳息的费用。

第 71 条【质物返还与质权实现】 ★★

债务履行期届满债务人履行债务的,或者出质人提前清偿所担保的债权的,质权人应当返还质物。

债务履行期届满质权人未受清偿的,可以与出质人协议以质物折价,也可以依法拍卖、变卖质物。

质物折价或者拍卖、变卖后,其价款超过债权数额的部分归出质人所有,不足部分由债务人清偿。

第 74 条【质权的从属性】 ★

质权与其担保的债权同时存在,债权消灭的,质权也消灭。

第 75 条【可质押的权利的范围】 ★★

下列权利可以质押:

(一)汇票、支票、本票、债券、存款单、仓单、提单;

(二)依法可以转让的股份、股票;

(三)依法可以转让的商标专用权,专利权、著作权中的财产权;

(四)依法可以质押的其他权利。

第 76 条【票据出质的范围、形式以及质押合同生效】 ★

以汇票、支票、本票、债券、存款单、仓单、提单出质的,应当在合同约定的期限内将权利凭证交付质权人。质押合同自权利凭证交付之日起生效。

第 78 条【股权质权的设立:合同形式、生效时间、股权限制】 ★

以依法可以转让的股票出质的,出质人与质权人应当订立书面合同,并向证券登记机构办理出质登记。质押合同自登记之日起生效。

股票出质后,不得转让,但经出质人与质权人协商同意的可以转让。出质人转让股票所得的价款应当向质权人提前清偿所担保的债权或者向与质权人约定的第三人提存。

以有限责任公司的股份出质的,适用公司法股份转让的有关规定。质押合同自股份出质记载于股东名册之日起生效。

第 79 条【知识产权质权的设立:合同形式、生效时间】 ★

以依法可以转让的商标专用权,专利权、著作权中的财产权出质的,出质人与质权人应当订立书面合同,并向其管理部门办理出质登记。质押合同自登记之日起生效。

第 81 条【权利质押的法律适用】 ★

权利质押除适用本节规定外,适用本章第一节的规定。

第 82 条【留置与留置权】 ★★

本法所称留置,是指依照本法第八十四条的规定,债权人按照合同约定占有债务人的动产,债务人不按照合同约定的期限履行债务的,债权人有权依照本法规定留置该财产,以该财产折价或者以拍卖、变卖该财产的价款优先受偿。

第83条【留置担保的法定范围】 ★

留置担保的范围包括主债权及利息、违约金、损害赔偿金、留置物保管费用和实现留置权的费用。

第84条【留置的适用范围】 ★★

因保管合同、运输合同、加工承揽合同发生的债权,债务人不履行债务的,债权人有留置权。

法律规定可以留置的其他合同,适用前款规定。

当事人可以在合同中约定不得留置的物。

第89条【定金及其罚则】 ★★★

当事人可以约定一方向对方给付定金作为债权的担保。债务人履行债务后,定金应当抵作价款或者收回。给付定金的一方不履行约定的债务的,无权要求返还定金;收受定金的一方不履行约定的债务的,应当双倍返还定金。

第90条【定金的形式、定金的交付期限、定金合同的生效时间】 ★★★

定金应当以书面形式约定。当事人在定金合同中应当约定交付定金的期限。定金合同从实际交付定金之日起生效。

第91条【定金的数额限制】 ★★★★

定金的数额由当事人约定,但不得超过主合同标的额的百分之二十。

中华人民共和国民法通则[①]

★★★★★

(1986年4月12日第六届全国人民代表大会第四次会议通过,根据2009年8月27日第十一届全国人民代表大会常务委员会第十次会议《关于修改部分法律的决定》修正)

第1条【民法通则的立法目的】 ★★★★

为了保障公民、法人的合法的民事权益,正确调整民事关系,适应社会主义现代化建设事业发展的需要,根据宪法和我国实际情况,总结民事活动的

[①] 简称《民法通则》。

实践经验,制定本法。

第2条【民法通则的调整范围:平等民事主体间的财产、人身关系】　★

中华人民共和国民法调整平等主体的公民之间、法人之间、公民和法人之间的财产关系和人身关系。

第3条【民事主体的地位平等】　★

当事人在民事活动中的地位平等。

第4条【民事活动的基本原则:自愿、公平、等价有偿、诚实信用】

★★★★★

民事活动应当遵循自愿、公平、等价有偿、诚实信用的原则。

第5条【合法的民事权益受法律保护】　★★★★★

公民、法人的合法的民事权益受法律保护,任何组织和个人不得侵犯。

第6条【民事活动应遵守法律和国家政策】　★★

民事活动必须遵守法律,法律没有规定的,应当遵守国家政策。

第7条【公序良俗原则】　★

民事活动应当尊重社会公德,不得损害社会公共利益,扰乱社会经济秩序。

第11条【完全民事行为能力人】　★

十八周岁以上的公民是成年人,具有完全民事行为能力,可以独立进行民事活动,是完全民事行为能力人。

十六周岁以上不满十八周岁的公民,以自己的劳动收入为主要生活来源的,视为完全民事行为能力人。

第12条【未成年人的民事行为能力】　★★

十周岁以上的未成年人是限制民事行为能力人,可以进行与他的年龄、智力相适应的民事活动;其他民事活动由他的法定代理人代理,或者征得他的法定代理人的同意。

不满十周岁的未成年人是无民事行为能力人,由他的法定代理人代理民事活动。

第13条【精神病人的民事行为能力】　★

不能辨认自己行为的精神病人是无民事行为能力人,由他的法定代理人代理民事活动。

不能完全辨认自己行为的精神病人是限制民事行为能力人,可以进行与他的精神健康状况相适应的民事活动;其他民事活动由他的法定代理人代理,或者征得他的法定代理人的同意。

第 14 条【法定代理人】 ★

无民事行为能力人、限制民事行为能力人的监护人是他的法定代理人。

第 16 条【未成年人的监护人】 ★

未成年人的父母是未成年人的监护人。

未成年人的父母已经死亡或者没有监护能力的,由下列人员中有监护能力的人担任监护人:

(一)祖父母、外祖父母;

(二)兄、姐;

(三)关系密切的其他亲属、朋友愿意承担监护责任,经未成年人的父、母的所在单位或者未成年人住所地的居民委员会、村民委员会同意的。

对担任监护人有争议的,由未成年人的父、母的所在单位或者未成年人住所地的居民委员会、村民委员会在近亲属中指定。对指定不服提起诉讼的,由人民法院裁决。

没有第一款、第二款规定的监护人的,由未成年人的父、母的所在单位或者未成年人住所地的居民委员会、村民委员会或者民政部门担任监护人。

第 29 条【个体工商户、农村承包经营户债务承担的财产范围】 ★

个体工商户、农村承包经营户的债务,个人经营的,以个人财产承担;家庭经营的,以家庭财产承担。

第 30 条【个人合伙的定义】 ★★★★

个人合伙是指两个以上公民按照协议,各自提供资金、实物、技术等,合伙经营、共同劳动。

第 31 条【书面合伙协议应当载明的事项】 ★★★★

合伙人应当对出资数额、盈余分配、债务承担、入伙、退伙、合伙终止等事项,订立书面协议。

第 32 条【合伙财产的归属、管理和使用】 ★★★★

合伙人投入的财产,由合伙人统一管理和使用。

合伙经营积累的财产,归合伙人共有。

第 34 条【合伙事务的执行】 ★★★

个人合伙的经营活动,由合伙人共同决定,合伙人有执行或监督的权利。

合伙人可以推举负责人。合伙负责人和其他人员的经营活动,由全体合伙人承担民事责任。

第 35 条【民事合伙的债务承担规则】 ★★★★

合伙的债务,由合伙人按照出资比例或者协议的约定,以各自的财产承担清偿责任。

合伙人对合伙的债务承担连带责任,法律另有规定的除外。偿还合伙债务超过自己应当承担数额的合伙人,有权向其他合伙人追偿。

第36条【法人的定义;法人民事权利能力和民事行为能力的存续期间】 ★

法人是具有民事权利能力和民事行为能力,依法独立享有民事权利和承担民事义务的组织。

法人的民事权利能力和民事行为能力,从法人成立时产生,到法人终止时消灭。

第38条【法定代表人的定义】 ★★

依照法律或者法人组织章程规定,代表法人行使职权的负责人,是法人的法定代表人。

第43条【企业法人对其经营活动承担民事责任】 ★★★

企业法人对它的法定代表人和其他工作人员的经营活动,承担民事责任。

第44条【企业法人分立、合并后的登记公告与债权债务的承继】 ★★

企业法人分立、合并上或有其他重要事项变更,应当向登记机关办理登记并公告。

企业法人分立、合并,它的权利和义务由变更后的法人享有和承担。

第45条【企业法人终止的事由】 ★

企业法人由于下列原因之一终止:

(一)依法被撤销;

(二)解散;

(三)依法宣告破产;

(四)其他原因。

第49条【企业法定代表人的法律责任追究】 ★

企业法人有下列情形之一的,除法人承担责任外,对法定代表人可以给予行政处分、罚款,构成犯罪的,依法追究刑事责任:

(一)超出登记机关核准登记的经营范围从事非法经营的;

(二)向登记机关、税务机关隐瞒真实情况、弄虚作假的;

(三)抽逃资金、隐匿财产逃避债务的;

(四)解散、被撤销、被宣告破产后,擅自处理财产的;

(五)变更、终止时不及时申请办理登记和公告,使利害关系人遭受重大损失的；

（六）从事法律禁止的其他活动，损害国家利益或者社会公共利益的。

第52条【企业之间或者企业、事业单位之间联营的民事责任】 ★

企业之间或者企业、事业单位之间联营，共同经营，不具备法人条件的，由联营各方按照出资比例或者协议的约定，以各自所有的或者经营管理的财产承担民事责任。依照法律的规定或者协议的约定负连带责任的，承担连带责任。

第54条【民事法律行为的定义】 ★★

民事法律行为是公民或者法人设立、变更、终止民事权利和民事义务的合法行为。

第55条【民事法律行为的有效条件】 ★★★

民事法律行为应当具备下列条件：

（一）行为人具有相应的民事行为能力；

（二）意思表示真实；

（三）不违反法律或者社会公共利益。

第57条【民事法律行为的效力】 ★★

民事法律行为从成立时起具有法律约束力。行为人非依法律规定或者取得对方同意，不得擅自变更或者解除。

第58条【民事行为无效的法定情形】 ★★★★

下列民事行为无效：

（一）无民事行为能力人实施的；

（二）限制民事行为能力人依法不能独立实施的；

（三）一方以欺诈、胁迫的手段或者乘人之危，使对方在违背真实意思的情况下所为的；

（四）恶意串通，损害国家、集体或者第三人利益的；

（五）违反法律或者社会公共利益的；

（六）以合法形式掩盖非法目的的；

无效的民事行为，从行为开始起就没有法律约束力。

第59条【可变更或可撤销的民事行为；类型；效力】 ★★★

下列民事行为，一方有权请求人民法院或者仲裁机关予以变更或者撤销：

（一）行为人对行为内容有重大误解的；

（二）显失公平的。

被撤销的民事行为从行为开始起无效。

第 60 条【民事行为部分无效】　　　　　　　　　　★★

民事行为部分无效,不影响其他部分的效力的,其他部分仍然有效。

第 61 条【民事行为被确认为无效或者被撤销后的法律后果】　★★

民事行为被确认为无效或者被撤销后,当事人因该行为取得的财产,应当返还给受损失的一方。有过错的一方应当赔偿对方因此所受的损失,双方都有过错的,应当各自承担相应的责任。

双方恶意串通,实施民事行为损害国家的、集体的或者第三人的利益的,应当追缴双方取得的财产,收归国家、集体所有或者返还第三人。

第 62 条【附条件的民事法律行为及其生效】　　　　　★★

民事法律行为可以附条件,附条件的民事法律行为在符合所附条件时生效。

第 63 条【代理的界定及不得代理的情形】　　　　　★★★★

公民、法人可以通过代理人实施民事法律行为。

代理人在代理权限内,以被代理人的名义实施民事法律行为。被代理人对代理人的代理行为,承担民事责任。

依照法律规定或者按照双方当事人约定,应当由本人实施的民事法律行为,不得代理。

第 65 条【委托代理的形式;授权委托书的内容;委托书授权不明时的责任承担方式:被代理人与代理人承担连带责任】　　　　　★★

民事法律行为的委托代理,可以用书面形式,也可以用口头形式。法律规定用书面形式的,应当用书面形式。

书面委托代理的授权委托书应当载明代理人的姓名或者名称、代理事项、权限和期间,并由委托人签名或盖章。

委托书授权不明的,被代理人应当向第三人承担民事责任,代理人负连带责任。

第 66 条【无权代理的法律后果;代理人不履行职责,损害被代理人利益的民事责任;代理人和第三人的连带责任】　　　　　★★★

没有代理权、超越代理权或者代理权终止后的行为,只有经过被代理人的追认,被代理人才承担民事责任。未经追认的行为,由行为人承担民事责任。本人知道他人以本人名义实施民事行为而不作否认表示的,视为同意。

代理人不履行职责而给被代理人造成损害的,应当承担民事责任。

代理人和第三人串通、损害被代理人的利益的,由代理人和第三人负连带责任。

第三人知道行为人没有代理权、超越代理权或者代理权已终止还与行为人实施民事行为给他人造成损害的,由第三人和行为人负连带责任。

第67条【违法代理的责任承担:被代理人和代理人承担连带责任】 ★★

代理人知道被委托代理的事项违法仍然进行代理活动的,或者被代理人知道代理人的代理行为违法不表示反对的,由被代理人和代理人负连带责任。

第69条【委托代理终止的法定情形】 ★

有下列情形之一的,委托代理终止:

(一) 代理期间届满或者代理事务完成;

(二) 被代理人取消委托或者代理人辞去委托;

(三) 代理人死亡;

(四) 代理人丧失民事行为能力;

(五) 作为被代理人或者代理人的法人终止。

第71条【财产所有权的定义】 ★★★

财产所有权是指所有人依法对自己的财产享有占有、使用、收益和处分的权利。

第72条【财产所有权的取得应符合法律规定、动产所有权自财产交付时转移】 ★★★

财产所有权的取得,不得违反法律规定。按照合同或者其他合法方式取得财产的,财产所有权从财产交付时起转移,法律另有规定或者当事人另有约定的除外。

第75条【个人财产:合法财产受法律保护】 ★★★

公民的个人财产,包括公民的合法收入、房屋、储蓄、生活用品、文物、图书资料、林木、牲畜和法律允许公民所有的生产资料以及其他合法财产。

公民的合法财产受法律保护,禁止任何组织或者个人侵占、哄抢、破坏或者非法查封、扣押、冻结、没收。

第78条【财产共有制度:按份共有、共同共有;按份共有人的优先购买权】 ★★

财产可以由两个以上的公民、法人共有。

共有分为按份共有和共同共有。按份共有人按照各自的份额,对共有财产分享权利,分担义务。共同共有人对共有财产享有权利,承担义务。

按份共有财产的每个共有人有权要求将自己的份额分出或者转让。但在出售时,其他共有人在同等条件下,有优先购买的权利。

第 81 条【森林、山岭、草原、荒地、滩涂、水面、矿藏等自然资源的使用权与承包经营权】★

国家所有的森林、山岭、草原、荒地、滩涂、水面等自然资源,可以依法由全民所有制单位使用,也可以依法确定由集体所有制单位使用,国家保护它的使用、收益的权利;使用单位有管理、保护、合理利用的义务。

国家所有的矿藏,可以依法由全民所有制单位和集体所有制单位开采,也可以依法由公民采挖。国家保护合法的采矿权。

公民、集体依法对集体所有的或者国家所有由集体使用森林、山岭、草原、荒地、滩涂、水面的承包经营权,受法律保护。承包双方的权利和义务,依照法律由承包合同规定。

国家所有的矿藏、水流,国家所有的和法律规定属于集体所有的林地、山岭、草原、荒地、滩涂不得买卖、出租、抵押或者以其他形式非法转让。

第 84 条【债的定义】★★★★

债是按照合同的约定或者依照法律的规定,在当事人之间产生的特定的权利和义务关系,享有权利的人是债权人,负有义务的人是债务人。

债权人有权要求债务人按照合同的约定或者依照法律的规定履行义务。

第 85 条【合同的定义】★★★★

合同是当事人之间设立、变更、终止民事关系的协议。依法成立的合同,受法律保护。

第 87 条【连带债权与连带债务】★★★

债权人或者债务人一方人数为二人以上的,依照法律的规定或者当事人的约定,享有连带权利的每个债权人,都有权要求债务人履行义务;负有连带义务的每个债务人,都负有清偿全部债务的义务,履行了义务的人,有权要求其他负有连带义务的人偿付他应当承担的份额。

第 88 条【合同内容约定不明确的处理规则;合同漏洞的填补】★★★★

合同的当事人应当按照合同的约定,全部履行自己的义务。

合同中有关质量、期限、地点或者价款约定不明确,按照合同有关条款内容不能确定,当事人又不能通过协商达成协议的,适用下列规定:

(一)质量要求不明确的,按照国家质量标准履行,没有国家质量标准的,按照通常标准履行。

(二)履行期限不明确的,债务人可以随时向债权人履行义务,债权人也可以随时要求债务人履行义务,但应当给对方必要的准备时间。

（三）履行地点不明确，给付货币的，在接受给付一方的所在地履行，其他标的在履行义务一方的所在地履行。

（四）价格约定不明确，按照国家规定的价格履行；没有国家规定价格的，参照市场价格或者同类物品的价格或者同类劳务的报酬标准履行。

合同对专利申请权没有约定的，完成发明创造的当事人享有申请权。

合同对科技成果的使用权没有约定的，当事人都有使用的权利。

第89条【担保债务履行的方式：保证；抵押；定金；留置】 ★★★★

依照法律的规定或者按照当事人的约定，可以采用下列方式担保债务的履行：

（一）保证人向债权人保证债务人履行债务，债务人不履行债务的，按照约定由保证人履行或者承担连带责任；保证人履行债务后，有权向债务人追偿。

（二）债务人或者第三人可以提供一定的财产作为抵押物。债务人不履行债务的，债权人有权依照法律的规定以抵押物折价或者以变卖抵押物的价款优先得到偿还。

（三）当事人一方在法律规定的范围内可以向对方给付定金。债务人履行债务后，定金应当抵作价款或者收回。给付定金的一方不履行债务的，无权要求返还定金；接受定金的一方不履行债务的，应当双倍返还定金。

（四）按照合同约定一方占有对方的财产，对方不按照合同给付应付款项超过约定期限的，占有人有权留置该财产，依照法律的规定以留置财产折价或者以变卖该财产的价款优先得到偿还。

第90条【借贷关系】 ★★★★★

合法的借贷关系受法律保护。

第91条【合同权利、义务的转让】 ★★

合同一方将合同的权利、义务全部或者部分转让给第三人的，应当取得合同另一方的同意，并不得牟利。依照法律规定应当由国家批准的合同，需经原批准机关批准。但是，法律另有规定或者原合同另有约定的除外。

第92条【不当得利应返还】 ★★★★★

没有合法根据，取得不当利益，造成他人损失的，应当将取得的不当利益返还受损失的人。

第93条【无因管理必要费用的偿付请求权】 ★★★★

没有法定的或者约定的义务，为避免他人利益受损失进行管理或者服务的，有权要求受益人偿付由此而支付的必要费用。

第106条【民事责任归责原则;违约责任;过错侵权责任;无过错侵权责任】 ★★★★★

公民、法人违反合同或者不履行其他义务的,应当承担民事责任。

公民、法人由于过错侵害国家的、集体的财产,侵害他人财产、人身的应当承担民事责任。

没有过错,但法律规定应当承担民事责任的,应当承担民事责任。

第107条【民事责任的免除事由:不可抗力】 ★★

因不可抗力不能履行合同或者造成他人损害的,不承担民事责任,法律另有规定的除外。

第108条【债务清偿:分期偿还、强制偿还】 ★★★★★

债务应当清偿。暂时无力偿还的,经债权人同意或者人民法院裁决,可以由债务人分期偿还。有能力偿还拒不偿还的,由人民法院判决强制偿还。

第109条【见义勇为的侵权责任和补偿责任】 ★

因防止、制止国家的、集体的财产或者他人的财产、人身遭受侵害而使自己受到损害的,由侵害人承担赔偿责任,受益人也可以给予适当的补偿。

第111条【违约履行合同义务的后果:继续履行;补救;赔偿损失】 ★★★★

当事人一方不履行合同义务或者履行合同义务不符合约定条件的,另一方有权要求履行或者采取补救措施,并有权要求赔偿损失。

第112条【违反合同的赔偿责任;对违约金数额及损失赔偿额计算方法的约定】 ★★★

当事人一方违反合同的赔偿责任,应当相当于另一方因此所受到的损失。

当事人可以在合同中约定,一方违反合同时,向另一方支付一定数额的违约金;也可以在合同中约定对于违反合同而产生的损失赔偿额的计算方法。

第113条【双方违约应分别承担各自的民事责任】 ★★

当事人双方都违反合同的,应当分别承担各自应负的民事责任。

第117条【侵害财产权的责任承担方式:返还财产、折价赔偿;恢复原状、折价赔偿;赔偿损失】 ★★★★

侵占国家的、集体的财产或者他人财产的,应当返还财产,不能返还财产的,应当折价赔偿。

损坏国家的、集体的财产或者他人财产的,应当恢复原状或者折价赔偿。

受害人因此遭受其他重大损失的,侵害人并应当赔偿损失。

第 119 条【人身损害赔偿项目:一般人身损害赔偿项目、伤残赔偿项目、死亡赔偿项目】 ★★★★

侵害公民身体造成伤害的,应当赔偿医疗费、因误工减少的收入、残废者生活补助费等费用;造成死亡的,并应当支付丧葬费、死者生前扶养的人必要的生活费等费用。

第 130 条【共同侵权行为人的连带责任】 ★

二人以上共同侵权造成他人损害的,应当承担连带责任。

第 134 条【承担民事责任的主要方式】 ★★★★

承担民事责任的方式主要有:

(一)停止侵害;

(二)排除妨碍;

(三)消除危险;

(四)返还财产;

(五)恢复原状;

(六)修理、重作、更换;

(七)赔偿损失;

(八)支付违约金;

(九)消除影响、恢复名誉;

(十)赔礼道歉。

以上承担民事责任的方式,可以单独适用,也可以合并适用。

人民法院审理民事案件,除适用上述规定外,还可以予以训诫、责令具结悔过,收缴进行非法活动的财物和非法所得,并可以依照法律规定处以罚款、拘留。

第 135 条【诉讼时效期间:两年】 ★★★★★

向人民法院请求保护民事权利的诉讼时效期间为二年,法律另有规定的除外。

第 136 条【短期诉讼时效:一年】 ★★★

下列的诉讼时效期间为一年:

(一)身体受到伤害要求赔偿的;

(二)出售质量不合格的商品未声明的;

(三)延付或者拒付租金的;

(四)寄存财物被丢失或者损毁的。

第137条【诉讼时效期间的起算日和最长保护期限】 ★★★★

诉讼时效期间从知道或者应当知道权利被侵害时起计算。但是,从权利被侵害之日起超过二十年的,人民法院不予保护。有特殊情况的,人民法院可以延长诉讼时效期间。

第140条【诉讼时效期间的中断】 ★★★★

诉讼时效因提起诉讼、当事人一方提出要求或者同意履行义务而中断。从中断时起,诉讼时效期间重新计算。

第144条【不动产所有权的法律适用:不动产所有权适用不动产所在地法律】 ★

不动产的所有权,适用不动产所在地法律。

第153条【不可抗力的定义】 ★★

本法所称的"不可抗力",是指不能预见、不能避免并不能克服的客观情况。

第154条【期间的计算】 ★★★

民法所称的期间按照公历年、月、日、小时计算。

规定按照小时计算期间的,从规定时开始计算。规定按照日、月、年计算期间的,开始的当天不算入,从下一天开始计算。

期间的最后一天是星期日或者其他法定休假日的,以休假日的次日为期间的最后一天。

期间的最后一天的截止时间为二十四点。有业务时间的,到停止业务活动的时间截止。

中华人民共和国物权法①

★★★

(2007年3月16日第十届全国人民代表大会第五次会议通过,自2007年10月1日起施行)

第4条【国家、集体和私人物权的平等保护原则】 ★★

国家、集体、私人的物权和其他权利人的物权受法律保护,任何单位和个

---

① 简称《物权法》。

人不得侵犯。

第6条【物权公示原则:不动产登记、动产交付】 ★★

不动产物权的设立、变更、转让和消灭,应当依照法律规定登记。动产物权的设立和转让,应当依照法律规定交付。

第8条【物权特别法优先规则】 ★

其他相关法律对物权另有特别规定的,依照其规定。

第9条【不动产物权的登记生效原则;国家自然资源所有权登记的特殊规定】 ★★★★

不动产物权的设立、变更、转让和消灭,经依法登记,发生效力;未经登记,不发生效力,但法律另有规定的除外。

依法属于国家所有的自然资源,所有权可以不登记。

第14条【不动产物权变动的登记及生效时间】 ★★★

不动产物权的设立、变更、转让和消灭,依照法律规定应当登记的,自记载于不动产登记簿时发生效力。

第15条【设立、变更、转让、消灭不动产物权的合同的效力:合同成立时生效】 ★★★★

当事人之间订立有关设立、变更、转让和消灭不动产物权的合同,除法律另有规定或者合同另有约定外,自合同成立时生效;未办理物权登记的,不影响合同效力。

第17条【不动产权属证书与不动产登记簿的关系】 ★★

不动产权属证书是权利人享有该不动产物权的证明。不动产权属证书记载的事项,应当与不动产登记簿一致;记载不一致的,除有证据证明不动产登记簿确有错误外,以不动产登记簿为准。

第18条【权利人和利害关系人对不动产登记资料享有的查询、复制权利】 ★

权利人、利害关系人可以申请查询、复制登记资料,登记机构应当提供。

第21条【登记错误造成损害的救济规则】 ★

当事人提供虚假材料申请登记,给他人造成损害的,应当承担赔偿责任。

因登记错误,给他人造成损害的,登记机构应当承担赔偿责任。登记机构赔偿后,可以向造成登记错误的人追偿。

第23条【动产物权设立和转让的生效时间】 ★★★

动产物权的设立和转让,自交付时发生效力,但法律另有规定的除外。

第 24 条【船舶、航空器和机动车等物权的登记对抗主义】 ★★★

船舶、航空器和机动车等物权的设立、变更、转让和消灭,未经登记,不得对抗善意第三人。

第 25 条【动产物权的简易交付】 ★

动产物权设立和转让前,权利人已经依法占有该动产的,物权自法律行为生效时发生效力。

第 33 条【利害关系人的物权确认请求权】 ★★★

因物权的归属、内容发生争议的,利害关系人可以请求确认权利。

第 34 条【权利人的返还原物请求权】 ★★★★

无权占有不动产或者动产的,权利人可以请求返还原物。

第 35 条【权利人享有的排除妨害请求权与消除危险请求权】 ★★

妨害物权或者可能妨害物权的,权利人可以请求排除妨害或者消除危险。

第 36 条【物权损害时的救济方式:修理、重作、更换或恢复原状的请求权】 ★★

造成不动产或动产毁损的,权利人可以请求修理、重作、更换或者恢复原状。

第 37 条【物权侵害中的损害赔偿和其他民事责任请求权】 ★★

侵害物权,造成权利人损害的,权利人可以请求损害赔偿,也可以请求承担其他民事责任。

第 39 条【所有权的内容】 ★★★

所有权人对自己的不动产或者动产,依法享有占有、使用、收益和处分的权利。

第 42 条【不动产的征收及其补偿】 ★

为了公共利益的需要,依照法律规定的权限和程序可以征收集体所有的土地和单位、个人的房屋及其他不动产。

征收集体所有的土地,应当依法足额支付土地补偿费、安置补助费、地上附着物和青苗的补偿费等费用,安排被征地农民的社会保障费用,保障被征地农民的生活,维护被征地农民的合法权益。

征收单位、个人的房屋及其他不动产,应当依法给予拆迁补偿,维护被征收人的合法权益;征收个人住宅的,还应当保障被征收人的居住条件。

任何单位和个人不得贪污、挪用、私分、截留、拖欠征收补偿费等费用。

第 73 条【建筑区划内的道路、绿地及其他公共场所和设施等属于业主共有财产】 ★

建筑区划内的道路,属于业主共有,但属于城镇公共道路的除外。建筑区划内的绿地,属于业主共有,但属于城镇公共绿地或者明示属于个人的除外。建筑区划内的其他公共场所、公用设施和物业服务用房,属于业主共有。

第 74 条【建筑区划内车位、车库的归属规则】 ★

建筑区划内,规划用于停放汽车的车位、车库应当首先满足业主的需要。

建筑区划内,规划用于停放汽车的车位、车库的归属,由当事人通过出售、附赠或者出租等方式约定。

占用业主共有的道路或者其他场地用于停放汽车的车位,属于业主共有。

第 78 条【业主大会和业主委员会决定的效力】 ★★★★

业主大会或者业主委员会的决定,对业主具有约束力。

业主大会或者业主委员会作出的决定侵害业主合法权益的,受侵害的业主可以请求人民法院予以撤销。

第 93 条【共有的界定及其类型】 ★

不动产或者动产可以由两个以上单位、个人共有。共有包括按份共有和共同共有。

第 95 条【共同共有权】 ★★

共同共有人对共有的不动产或者动产共同享有所有权。

第 97 条【共有人对共有财产进行处分或重大修缮时的表决权规则】 ★★★

处分共有的不动产或者动产以及对共有的不动产或者动产作重大修缮的,应当经占份额三分之二以上的按份共有人或者全体共同共有人同意,但共有人之间另有约定的除外。

第 106 条【善意取得的构成条件】 ★★★

无处分权人将不动产或者动产转让给受让人的,所有权人有权追回;除法律另有规定外,符合下列情形的,受让人取得该不动产或者动产的所有权:

(一)受让人受让该不动产或者动产时是善意的;

(二)以合理的价格转让;

(三)转让的不动产或者动产依照法律规定应当登记的已经登记,不需要登记的已经交付给受让人。

受让人依照前款规定取得不动产或者动产的所有权的,原所有权人有权向无处分权人请求赔偿损失。

当事人善意取得其他物权的,参照前两款规定。

第117条【用益物权人享有的基本权利】　★

用益物权人对他人所有的不动产或者动产,依法享有占有、使用和收益的权利。

第125条【土地承包经营权人的权利】　★★

土地承包经营权人依法对其承包经营的耕地、林地、草地等享有占有、使用和收益的权利,有权从事种植业、林业、畜牧业等农业生产。

第127条【土地承包经营权设立的时间;土地承包经营权的确认:发证、登记】　★★

土地承包经营权自土地承包经营权合同生效时设立。

县级以上地方人民政府应当向土地承包经营权人发放土地承包经营权证、林权证、草原使用权证,并登记造册,确认土地承包经营权。

第128条【土地承包经营权的流转】　★★

土地承包经营权人依照农村土地承包法的规定,有权将土地承包经营权采取转包、互换、转让等方式流转。流转的期限不得超过承包期的剩余期限。未经依法批准,不得将承包地用于非农建设。

第132条【承包地被征收时的补偿请求权】　★

承包地被征收的,土地承包经营权人有权依照本法第四十二条第二款的规定获得相应补偿。

第143条【建设用地使用权的流转方式】　★

建设用地使用权人有权将建设用地使用权转让、互换、出资、赠与或者抵押,但法律另有规定的除外。

第144条【建设用地使用权流转的形式要件与期限限制】　★★

建设用地使用权转让、互换、出资、赠与或者抵押的,当事人应当采取书面形式订立相应的合同。使用期限由当事人约定,但不得超过建设用地使用权的剩余期限。

第145条【建设用地使用权流转登记】　★

建设用地使用权转让、互换、出资或者赠与的,应当向登记机构申请变更登记。

第153条【宅基地使用权取得、行使和转让适用的法律规范】　★★

宅基地使用权的取得、行使和转让,适用土地管理法等法律和国家有关规定。

第170条【担保物权人的优先受偿权:债务人不履行到期债务或发生约定的实现担保物权的情形】 ★★

担保物权人在债务人不履行到期债务或者发生当事人约定的实现担保物权的情形,依法享有就担保财产优先受偿的权利,但法律另有规定的除外。

第172条【担保合同及其从属性;担保合同无效后的责任承担】 ★

设立担保物权,应当依照本法和其他法律的规定订立担保合同。担保合同是主债权债务合同的从合同。主债权债务合同无效,担保合同无效,但法律另有规定的除外。

担保合同被确认无效后,债务人、担保人、债权人有过错的,应当根据其过错各自承担相应的民事责任。

第173条【担保物权的担保范围】 ★★★★★

担保物权的担保范围包括主债权及其利息、违约金、损害赔偿金、保管担保财产和实现担保物权的费用。当事人另有约定的,按照约定。

第176条【混合担保规则】 ★★★★★

被担保的债权既有物的担保又有人的担保的,债务人不履行到期债务或者发生当事人约定的实现担保物权的情形,债权人应当按照约定实现债权;没有约定或者约定不明确,债务人自己提供物的担保的,债权人应当先就该物的担保实现债权;第三人提供物的担保的,债权人可以就物的担保实现债权,也可以要求保证人承担保证责任。提供担保的第三人承担担保责任后,有权向债务人追偿。

第177条【担保物权消灭的情形】 ★★

有下列情形之一的,担保物权消灭:

(一)主债权消灭;

(二)担保物权实现;

(三)债权人放弃担保物权;

(四)法律规定担保物权消灭的其他情形。

第179条【抵押权的界定】 ★★★★★

为担保债务的履行,债务人或者第三人不转移财产的占有,将该财产抵押给债权人的,债务人不履行到期债务或者发生当事人约定的实现抵押权的情形,债权人有权就该财产优先受偿。

前款规定的债务人或者第三人为抵押人,债权人为抵押权人,提供担保的财产为抵押财产。

第180条【可抵押财产的范围】 ★★★★★
债务人或者第三人有权处分的下列财产可以抵押：
（一）建筑物和其他土地附着物；
（二）建设用地使用权；
（三）以招标、拍卖、公开协商等方式取得的荒地等土地承包经营权；
（四）生产设备、原材料、半成品、产品；
（五）正在建造的建筑物、船舶、航空器；
（六）交通运输工具；
（七）法律、行政法规未禁止抵押的其他财产。
抵押人可以将前款所列财产一并抵押。

第185条【抵押合同的订立形式及其应包含的内容】 ★★★
设立抵押权，当事人应当采取书面形式订立抵押合同。
抵押合同一般包括下列条款：
（一）被担保债权的种类和数额；
（二）债务人履行债务的期限；
（三）抵押财产的名称、数量、质量、状况、所在地、所有权归属或者使用权归属；
（四）担保的范围。

第186条【抵押权的禁止流押】 ★
抵押权人在债务履行期届满前，不得与抵押人约定债务人不履行到期债务时抵押财产归债权人所有。

第187条【不动产抵押权自登记时设立】 ★★★★★
以本法第一百八十条第一款第一项至第三项规定的财产或者第五项规定的正在建造的建筑物抵押的，应当办理抵押登记。抵押权自登记时设立。

第191条【抵押期间抵押财产转让应当遵循的规则】 ★
抵押期间，抵押人经抵押权人同意转让抵押财产的，应当将转让所得的价款向抵押权人提前清偿债务或者提存。转让的价款超过债权数额的部分归抵押人所有，不足部分由债务人清偿。
抵押期间，抵押人未经抵押权人同意，不得转让抵押财产，但受让人代为清偿债务消灭抵押权的除外。

第192条【抵押权的从属性】 ★★
抵押权不得与债权分离而单独转让或者作为其他债权的担保。债权转让的，担保该债权的抵押权一并转让，但法律另有规定或者当事人另有约定的除外。

第 195 条【抵押权实现的条件、方式和程序】 ★★★★★

债务人不履行到期债务或者发生当事人约定的实现抵押权的情形,抵押权人可以与抵押人协议以抵押财产折价或者以拍卖、变卖该抵押财产所得的价款优先受偿。协议损害其他债权人利益的,其他债权人可以在知道或者应当知道撤销事由之日起一年内请求人民法院撤销该协议。

抵押权人与抵押人未就抵押权实现方式达成协议的,抵押权人可以请求人民法院拍卖、变卖抵押财产。

抵押财产折价或者变卖的,应当参照市场价格。

第 202 条【抵押权的行使期间】 ★★

抵押权人应当在主债权诉讼时效期间行使抵押权;未行使的,人民法院不予保护。

第 203 条【最高额抵押规则】 ★★★★★

为担保债务的履行,债务人或者第三人对一定期间内将要连续发生的债权提供担保财产的,债务人不履行到期债务或者发生当事人约定的实现抵押权的情形,抵押权人有权在最高债权额限度内就该担保财产优先受偿。

最高额抵押权设立前已经存在的债权,经当事人同意,可以转入最高额抵押担保的债权范围。

第 208 条【质权的概念与质权的实现;质押双方的概念】 ★★

为担保债务的履行,债务人或者第三人将其动产出质给债权人占有的,债务人不履行到期债务或者发生当事人约定的实现质权的情形,债权人有权就该动产优先受偿。

前款规定的债务人或者第三人为出质人,债权人为质权人,交付的动产为质押财产。

第 210 条【质权设立的形式;质权合同的内容】 ★

设立质权,当事人应当采取书面形式订立质权合同。

质权合同一般包括下列条款:

(一)被担保债权的种类和数额;

(二)债务人履行债务的期限;

(三)质押财产的名称、数量、质量、状况;

(四)担保的范围;

(五)质押财产交付的时间。

第 212 条【质权的设立】 ★★
质权自出质人交付质押财产时设立。

第 214 条【质权人擅自处分质押财产的损害赔偿责任】 ★
质权人在质权存续期间,未经出质人同意,擅自使用、处分质押财产,给出质人造成损害的,应当承担赔偿责任。

第 219 条【质物返还与质权实现】 ★★
债务人履行债务或者出质人提前清偿所担保的债权的,质权人应当返还质押财产。

债务人不履行到期债务或者发生当事人约定的实现质权的情形,质权人可以与出质人协议以质押财产折价,也可以就拍卖、变卖质押财产所得的价款优先受偿。

质押财产折价或者变卖的,应当参照市场价格。

第 220 条【出质人对于质权人的及时行使质权的请求权】 ★
出质人可以请求质权人在债务履行期届满后及时行使质权;质权人不行使的,出质人可以请求人民法院拍卖、变卖质押财产。

出质人请求质权人及时行使质权,因质权人怠于行使权利造成损害的,由质权人承担赔偿责任。

第 223 条【可出质的权利的范围】 ★
债务人或者第三人有权处分的下列权利可以出质:

(一)汇票、支票、本票;

(二)债券、存款单;

(三)仓单、提单;

(四)可以转让的基金份额、股权;

(五)可以转让的注册商标专用权、专利权、著作权等知识产权中的财产权;

(六)应收账款;

(七)法律、行政法规规定可以出质的其他财产权利。

第 224 条【有价证券出质的形式要件以及质权生效时间】 ★
以汇票、支票、本票、债券、存款单、仓单、提单出质的,当事人应当订立书面合同。质权自权利凭证交付质权人时设立;没有权利凭证的,质权自有关部门办理出质登记时设立。

第 226 条【基金份额、股权出质的权利质权设立;出质人处分基金份额、股权的限制】 ★★

以基金份额、股权出质的,当事人应当订立书面合同。以基金份额、证券登记结算机构登记的股权出质的,质权自证券登记结算机构办理出质登记时设立;以其他股权出质的,质权自工商行政管理部门办理出质登记时设立。

基金份额、股权出质后,不得转让,但经出质人与质权人协商同意的除外。出质人转让基金份额、股权所得的价款,应当向质权人提前清偿债务或者提存。

第229条【权利质权的法律适用】 ★

权利质权除适用本节规定外,适用本章第一节动产质权的规定。

第230条【留置权的一般规定】 ★★

债务人不履行到期债务,债权人可以留置已经合法占有的债务人的动产,并有权就该动产优先受偿。

前款规定的债权人为留置权人,占有的动产为留置财产。

第231条【留置财产与债权的关系】 ★

债权人留置的动产,应当与债权属于同一法律关系,但企业之间留置的除外。

第233条【以可分物作为留置财产时的价值确定】 ★

留置财产为可分物的,留置财产的价值应当相当于债务的金额。

第236条【留置权实现的一般规则】 ★★

留置权人与债务人应当约定留置财产后的债务履行期间;没有约定或者约定不明确的,留置权人应当给债务人两个月以上履行债务的期间,但鲜活易腐等不易保管的动产除外。债务人逾期未履行的,留置权人可以与债务人协议以留置财产折价,也可以就拍卖、变卖留置财产所得的价款优先受偿。

留置财产折价或者变卖的,应当参照市场价格。

第238条【留置财产变现数额与所担保债权数额不符时的处理】 ★

留置财产折价或者拍卖、变卖后,其价款超过债权数额的部分归债务人所有,不足部分由债务人清偿。

第239条【留置权与抵押权或者质权关系的规定:留置权优先于抵押权和质权】 ★

同一动产上已设立抵押权或者质权,该动产又被留置的,留置权人优先受偿。

中华人民共和国保险法[1]

（1995年6月30日第八届全国人民代表大会常务委员会第十四次会议通过，根据2002年10月28日第九届全国人民代表大会常务委员会第三十次会议《关于修改〈中华人民共和国保险法〉的决定》第一次修正，根据2009年2月28日第十一届全国人民代表大会常务委员会第七次会议修订，根据2014年8月31日第十二届全国人民代表大会常务委员会第十次会议《关于修改〈中华人民共和国保险法〉等五部法律的决定》第二次修正，根据2015年4月24日第十二届全国人民代表大会常务委员会第十四次会议《关于修改〈中华人民共和国计量法〉等五部法律的决定》第三次修正）

第2条【保险的定义】　　　　　　　　　　★★★★

本法所称保险，是指投保人根据合同约定，向保险人支付保险费，保险人对于合同约定的可能发生的事故因其发生所造成的财产损失承担赔偿保险金责任，或者当被保险人死亡、伤残、疾病或者达到合同约定的年龄、期限等条件时承担给付保险金责任的商业保险行为。

第5条【保险活动当事人的诚实信用原则】　　★★★★

保险活动当事人行使权利、履行义务应当遵循诚实信用原则。

第8条【保险业和其他金融业的分业经营原则】　★

保险业和银行业、证券业、信托业实行分业经营、分业管理，保险公司与银行、证券、信托业务机构分别设立。国家另有规定的除外。

第10条【保险合同和保险合同主体的定义】　　★★★★

保险合同是投保人与保险人约定保险权利义务关系的协议。

投保人是指与保险人订立保险合同，并按照合同约定负有支付保险费义务的人。

保险人是指与投保人订立保险合同，并按照合同约定承担赔偿或者给付保险金责任的保险公司。

---

[1] 简称《保险法》。

第11条【保险合同订立的公平自愿原则】 ★

订立保险合同,应当协商一致,遵循公平原则确定各方的权利和义务。

除法律、行政法规规定必须保险的外,保险合同自愿订立。

第13条【保险合同的成立与生效】 ★★★★

投保人提出保险要求,经保险人同意承保,保险合同成立。保险人应当及时向投保人签发保险单或者其他保险凭证。

保险单或者其他保险凭证应当载明当事人双方约定的合同内容。当事人也可以约定采用其他书面形式载明合同内容。

依法成立的保险合同,自成立时生效。投保人和保险人可以对合同的效力约定附条件或者附期限。

第14条【投保人和保险人的义务】 ★★★★★

保险合同成立后,投保人按照约定交付保险费,保险人按照约定的时间开始承担保险责任。

第17条【保险人对保险合同中格式条款的说明义务;保险人对保险合同中免责条款的提示说明义务、违反该义务时免责条款无效】 ★★★

订立保险合同,采用保险人提供的格式条款的,保险人向投保人提供的投保单应当附格式条款,保险人应当向投保人说明合同的内容。

对保险合同中免除保险人责任的条款,保险人在订立合同时应当在投保单、保险单或者其他保险凭证上作出足以引起投保人注意的提示,并对该条款的内容以书面或者口头形式向投保人作出明确说明;未作提示或者明确说明的,该条款不产生效力。

第18条【保险合同应载明的事项】 ★★

保险合同应当包括下列事项:

(一)保险人的名称和住所;

(二)投保人、被保险人的姓名或者名称、住所,以及人身保险的受益人的姓名或者名称、住所;

(三)保险标的;

(四)保险责任和责任免除;

(五)保险期间和保险责任开始时间;

(六)保险金额;

(七)保险费以及支付办法;

(八)保险金赔偿或者给付办法;

(九)违约责任和争议处理;

（十）订立合同的年、月、日。

投保人和保险人可以约定与保险有关的其他事项。

受益人是指人身保险合同中由被保险人或者投保人指定的享有保险金请求权的人。投保人、被保险人可以为受益人。

保险金额是指保险人承担赔偿或者给付保险金责任的最高限额。

第19条【保险合同格式条款无效的法定情形】 ★★★

采用保险人提供的格式条款订立的保险合同中的下列条款无效：

（一）免除保险人依法应承担的义务或者加重投保人、被保险人责任的；

（二）排除投保人、被保险人或者受益人依法享有的权利的。

第20条【保险合同内容的变更及其法定形式】 ★

投保人和保险人可以协商变更合同内容。

变更保险合同的，应当由保险人在保险单或者其他保险凭证上批注或者附贴批单，或者由投保人和保险人订立变更的书面协议。

第21条【投保人和被保险人或受益人的通知义务及其例外】 ★

投保人、被保险人或者受益人知道保险事故发生后，应当及时通知保险人。故意或者因重大过失未及时通知，致使保险事故的性质、原因、损失程度等难以确定的，保险人对无法确定的部分，不承担赔偿或者给付保险金的责任，但保险人通过其他途径已经及时知道或者应当及时知道保险事故发生的除外。

第22条【投保人、被保险人或者受益人的协助理赔义务；保险人的一次性告知原则】 ★

保险事故发生后，按照保险合同请求保险人赔偿或者给付保险金时，投保人、被保险人或者受益人应当向保险人提供其所能提供的与确认保险事故的性质、原因、损失程度等有关的证明和资料。

保险人按照合同的约定，认为有关的证明和资料不完整的，应当及时一次性通知投保人、被保险人或者受益人补充提供。

第23条【保险人赔付义务的履行及程序】 ★★★★★

保险人收到被保险人或者受益人的赔偿或者给付保险金的请求后，应当及时作出核定；情形复杂的，应当在三十日内作出核定，但合同另有约定的除外。保险人应当将核定结果通知被保险人或者受益人；对属于保险责任的，在与被保险人或者受益人达成赔偿或者给付保险金的协议后十日内，履行赔偿或者给付保险金义务。保险合同对赔偿或者给付保险金的期限有约定的，保险人应当按照约定履行赔偿或者给付保险金义务。

保险人未及时履行前款规定义务的,除支付保险金外,应当赔偿被保险人或者受益人因此受到的损失。

任何单位和个人不得非法干预保险人履行赔偿或者给付保险金的义务,也不得限制被保险人或者受益人取得保险金的权利。

第 24 条【保险人拒绝理赔的通知义务】 ★

保险人依照本法第二十三条的规定作出核定后,对不属于保险责任的,应当自作出核定之日起三日内向被保险人或者受益人发出拒绝赔偿或者拒绝给付保险金通知书,并说明理由。

第 25 条【保险人先行支付保险金的义务】 ★

保险人自收到赔偿或者给付保险金的请求和有关证明、资料之日起六十日内,对其赔偿或者给付保险金的数额不能确定的,应当根据已有证明和资料可以确定的数额先予支付;保险人最终确定赔偿或者给付保险金的数额后,应当支付相应的差额。

第 30 条【格式条款争议解释规则】 ★★★

采用保险人提供的格式条款订立的保险合同,保险人与投保人、被保险人或者受益人对合同条款有争议的,应当按照通常理解予以解释。对合同条款有两种以上解释的,人民法院或者仲裁机构应当作出有利于被保险人和受益人的解释。

第 40 条【保险合同受益人的人数及其顺位与份额】 ★

被保险人或者投保人可以指定一人或者数人为受益人。

受益人为数人的,被保险人或者投保人可以确定受益顺序和受益份额;未确定受益份额的,受益人按照相等份额享有受益权。

第 42 条【被保险人的保险金作为遗产处理的情形及规则】 ★

被保险人死亡后,有下列情形之一的,保险金作为被保险人的遗产,由保险人依照《中华人民共和国继承法》的规定履行给付保险金的义务:

(一)没有指定受益人,或者受益人指定不明无法确定的;

(二)受益人先于被保险人死亡,没有其他受益人的;

(三)受益人依法丧失受益权或者放弃受益权,没有其他受益人的。

受益人与被保险人在同一事件中死亡,且不能确定死亡先后顺序的,推定受益人死亡在先。

第 55 条【保险价值的确定规则】 ★★★★

投保人和保险人约定保险标的的保险价值并在合同中载明的,保险标的发生损失时,以约定的保险价值为赔偿计算标准。

投保人和保险人未约定保险标的的保险价值的,保险标的发生损失时,以保险事故发生时保险标的的实际价值为赔偿计算标准。

保险金额不得超过保险价值。超过保险价值的,超过部分无效,保险人应当退还相应的保险费。

保险金额低于保险价值的,除合同另有约定外,保险人按照保险金额与保险价值的比例承担赔偿保险金的责任。

第 57 条【保险事故发生时被保险人减损义务及费用承担】★★★★

保险事故发生时,被保险人应当尽力采取必要的措施,防止或者减少损失。

保险事故发生后,被保险人为防止或者减少保险标的的损失所支付的必要的、合理的费用,由保险人承担;保险人所承担的费用数额在保险标的的损失赔偿金额以外另行计算,最高不超过保险金额的数额。

第 60 条【保险人代位权的行使规则】★★★★

因第三者对保险标的的损害而造成保险事故的,保险人自向被保险人赔偿保险金之日起,在赔偿金额范围内代位行使被保险人对第三者请求赔偿的权利。

前款规定的保险事故发生后,被保险人已经从第三者取得损害赔偿的,保险人赔偿保险金时,可以相应扣减被保险人从第三者已取得的赔偿金额。

保险人依照本条第一款规定行使代位请求赔偿的权利,不影响被保险人就未取得赔偿的部分向第三者请求赔偿的权利。

第 64 条【查明保险事故的费用由保险人承担】★★★★

保险人、被保险人为查明和确定保险事故的性质、原因和保险标的的损失程度所支付的必要的、合理的费用,由保险人承担。

第 65 条【责任保险的赔偿规则】★★★★

保险人对责任保险的被保险人给第三者造成的损害,可以依照法律的规定或者合同的约定,直接向该第三者赔偿保险金。

责任保险的被保险人给第三者造成损害,被保险人对第三者应负的赔偿责任确定的,根据被保险人的请求,保险人应当直接向该第三者赔偿保险金。被保险人怠于请求的,第三者有权就其应获赔偿部分直接向保险人请求赔偿保险金。

责任保险的被保险人给第三者造成损害,被保险人未向该第三者赔偿的,保险人不得向被保险人赔偿保险金。

责任保险是指以被保险人对第三者依法应负的赔偿责任为保险标的的

保险。

第66条【责任保险仲裁或诉讼中保险人承担的费用】 ★★★★

责任保险的被保险人因给第三者造成损害的保险事故而被提起仲裁或者诉讼的,被保险人支付的仲裁或者诉讼费用以及其他必要的、合理的费用,除合同另有约定外,由保险人承担。

第107条【保险公司设立保险资产管理公司及其活动原则】 ★

经国务院保险监督管理机构会同国务院证券监督管理机构批准,保险公司可以设立保险资产管理公司。

保险资产管理公司从事证券投资活动,应当遵守《中华人民共和国证券法》等法律、行政法规的规定。

保险资产管理公司的管理办法,由国务院保险监督管理机构会同国务院有关部门制定。

中华人民共和国土地管理法①

★★

(1986年6月25日第六届全国人民代表大会常务委员会第十六次会议通过,根据1988年12月29日第七届全国人民代表大会常务委员会第五次会议《关于修改〈中华人民共和国土地管理法〉的决定》第一次修正,根据1998年8月29日第九届全国人民代表大会常务委员会第四次会议修订,根据2004年8月28日第十届全国人民代表大会常务委员会第十一次会议《关于修改〈中华人民共和国土地管理法〉的决定》第二次修正)

第2条【我国土地所有制度:社会主义公有制;依法征收征用;有偿使用】

★★★

中华人民共和国实行土地的社会主义公有制,即全民所有制和劳动群众集体所有制。

全民所有,即国家所有土地的所有权由国务院代表国家行使。

任何单位和个人不得侵占、买卖或者以其他形式非法转让土地。土地使

---

① 简称《土地管理法》。

用权可以依法转让。

国家为了公共利益的需要,可以依法对土地实行征收或者征用并给予补偿。

国家依法实行国有土地有偿使用制度。但是,国家在法律规定的范围内划拨国有土地使用权的除外。

第4条【土地用途管制制度】　　★★

国家实行土地用途管制制度。

国家编制土地利用总体规划,规定土地用途,将土地分为农用地、建设用地和未利用地。严格限制农用地转为建设用地,控制建设用地总量,对耕地实行特殊保护。

前款所称农用地是指直接用于农业生产的土地,包括耕地、林地、草地、农田水利用地、养殖水面等;建设用地是指建造建筑物、构筑物的土地,包括城乡住宅和公共设施用地、工矿用地、交通水利设施用地、旅游用地、军事设施用地等;未利用地是指农用地和建设用地以外的土地。

使用土地的单位和个人必须严格按照土地利用总体规划确定的用途使用土地。

第8条【城市市区的土地:国家所有;农村和城市郊区的土地:农民集体所有;宅基地和自留地、自留山:农民集体所有】　　★★★

城市市区的土地属于国家所有。

农村和城市郊区的土地,除由法律规定属于国家所有的以外,属于农民集体所有;宅基地和自留地、自留山,属于农民集体所有。

第10条【农民集体所有土地的经营、管理规则】　　★★

农民集体所有的土地依法属于村农民集体所有的,由村集体经济组织或者村民委员会经营、管理;已经分别属于村内两个以上农村集体经济组织的农民集体所有的,由村内各该农村集体经济组织或者村民小组经营、管理;已经属于乡(镇)农民集体所有的,由乡(镇)农村集体经济组织经营、管理。

第12条【改变土地权属和用途的程序:办理土地变更登记手续】　　★★

依法改变土地权属和用途的,应当办理土地变更登记手续。

第13条【依法登记的土地的所有权和使用权受法律保护】　　★

依法登记的土地的所有权和使用权受法律保护,任何单位和个人不得侵犯。

第36条【非农业建设占用地的规定】　　★★

非农业建设必须节约使用土地,可以利用荒地的,不得占用耕地;可以利用劣地的,不得占用好地。

禁止占用耕地建窑、建坟或者擅自在耕地上建房、挖砂、采石、采矿、取土等。

禁止占用基本农田发展林果业和挖塘养鱼。

第44条【农用地转为建设用地的审批】 ★★

建设占用土地,涉及农用地转为建设用地的,应当办理农用地转用审批手续。

省、自治区、直辖市人民政府批准的道路、管线工程和大型基础设施建设项目、国务院批准的建设项目占用土地,涉及农用地转为建设用地的,由国务院批准。

在土地利用总体规划确定的城市和村庄、集镇建设用地规模范围内,为实施该规划而将农用地转为建设用地的,按土地利用年度计划分批次由原批准土地利用总体规划的机关批准。在已批准的农用地转用范围内,具体建设项目用地可以由市、县人民政府批准。

本条第二款、第三款规定以外的建设项目占用土地,涉及农用地转为建设用地的,由省、自治区、直辖市人民政府批准。

第57条【临时使用土地的报批;不得改变临时用地的用途;临时使用土地的期限】 ★

建设项目施工和地质勘查需要临时使用国有土地或者农民集体所有的土地的,由县级以上人民政府土地行政主管部门批准。其中,在城市规划区内的临时用地,在报批前,应当先经有关城市规划行政主管部门同意。土地使用者应当根据土地权属,与有关土地行政主管部门或者农村集体经济组织、村民委员会签订临时使用土地合同,并按照合同的约定支付临时使用土地补偿费。

临时使用土地的使用者应当按照临时使用土地合同约定的用途使用土地,并不得修建永久性建筑物。

临时使用土地期限一般不超过二年。

第62条【农村村民的宅基地及住宅用地规定】 ★★★

农村村民一户只能拥有一处宅基地,其宅基地的面积不得超过省、自治区、直辖市规定的标准。

农村村民建住宅,应当符合乡(镇)土地利用总体规划,并尽量使用原有的宅基地和村内空闲地。

农村村民住宅用地,经乡(镇)人民政府审核,由县级人民政府批准;其中,涉及占用农用地的,依照本法第四十四条的规定办理审批手续。

农村村民出卖、出租住房后,再申请宅基地的,不予批准。

第63条【农民集体所有的土地使用权的用途限制】 ★★★★

农民集体所有的土地的使用权不得出让、转让或者出租用于非农业建设;但是,符合土地利用总体规划并依法取得建设用地的企业,因破产、兼并等情形致使土地使用权依法发生转移的除外。

中华人民共和国农村土地承包法①

★★

(2002年8月29日第九届全国人民代表大会常务委员会第二十九次会议通过,根据2009年8月27日第十一届全国人民代表大会常务委员会第十次会议《关于修改部分法律的决定》修正)

第1条【农村土地承包法立法目的】 ★

为稳定和完善以家庭承包经营为基础、统分结合的双层经营体制,赋予农民长期而有保障的土地使用权,维护农村土地承包当事人的合法权益,促进农业、农村经济发展和农村社会稳定,根据宪法,制定本法。

第2条【农村土地的范围】 ★

本法所称农村土地,是指农民集体所有和国家所有依法由农民集体使用的耕地、林地、草地,以及其他依法用于农业的土地。

第3条【国家实行农村土地承包经营制度;农村土地承包方式:农村集体经济组织内部的家庭承包方式,招标、拍卖、公开协商等承包方式】 ★★

国家实行农村土地承包经营制度。

农村土地承包采取农村集体经济组织内部的家庭承包方式,不宜采取家庭承包方式的荒山、荒沟、荒丘、荒滩等农村土地,可以采取招标、拍卖、公开协商等方式承包。

---

① 简称《农村土地承包法》。

第4条【农村土地承包关系长期稳定;土地所有权性质不变,禁止承包地买卖】 ★★★

国家依法保护农村土地承包关系的长期稳定。

农村土地承包后,土地的所有权性质不变。承包地不得买卖。

第5条【农村集体经济组织成员的土地承包权】 ★★★

农村集体经济组织成员有权依法承包由本集体经济组织发包的农村土地。

任何组织和个人不得剥夺和非法限制农村集体经济组织成员承包土地的权利。

第8条【农村土地承包应遵守的原则;国家鼓励农民和农村集体经济组织增加土地投入】 ★★

农村土地承包应当遵守法律、法规,保护土地资源的合理开发和可持续利用。未经依法批准不得将承包地用于非农建设。

国家鼓励农民和农村集体经济组织增加对土地的投入,培肥地力,提高农业生产能力。

第9条【集体土地所有者和承包方的合法权益受国家保护】 ★★★

国家保护集体土地所有者的合法权益,保护承包方的土地承包经营权,任何组织和个人不得侵犯。

第10条【合法的土地承包经营权流转受法律保护】 ★★★

国家保护承包方依法、自愿、有偿地进行土地承包经营权流转。

第12条【农村土地承包发包方的认定】 ★★

农民集体所有的土地依法属于村农民集体所有的,由村集体经济组织或者村民委员会发包;已经分别属于村内两个以上农村集体经济组织的农民集体所有的,由村内各该农村集体经济组织或者村民小组发包。村集体经济组织或者村民委员会发包的,不得改变村内各集体经济组织农民集体所有的土地的所有权。

国家所有依法由农民集体使用的农村土地,由使用该土地的农村集体经济组织、村民委员会或者村民小组发包。

第13条【农村土地发包方的权利】 ★★

发包方享有下列权利:

(一) 发包本集体所有的或者国家所有依法由本集体使用的农村土地;

(二) 监督承包方依照承包合同约定的用途合理利用和保护土地;

(三) 制止承包方损害承包地和农业资源的行为;

（四）法律、行政法规规定的其他权利。

第15条【对家庭承包中的承包方的认定】 ★★

家庭承包的承包方是本集体经济组织的农户。

第16条【土地承包方的权利：使用、收益、流转、组织生产、获得补偿】

★★★

承包方享有下列权利：

（一）依法享有承包地使用、收益和土地承包经营权流转的权利，有权自主组织生产经营和处置产品；

（二）承包地被依法征收、征用、占用的，有权依法获得相应的补偿；

（三）法律、行政法规规定的其他权利。

第17条【农村土地承包方的义务】 ★★

承包方承担下列义务：

（一）维持土地的农业用途，不得用于非农建设；

（二）依法保护和合理利用土地，不得给土地造成永久性损害；

（三）法律、行政法规规定的其他义务。

第18条【土地承包应遵循的原则】 ★★

土地承包应当遵循以下原则：

（一）按照规定统一组织承包时，本集体经济组织成员依法平等地行使承包土地的权利，也可以自愿放弃承包土地的权利；

（二）民主协商，公平合理；

（三）承包方案应当按照本法第十二条的规定，依法经本集体经济组织成员的村民会议三分之二以上成员或者三分之二以上村民代表的同意；

（四）承包程序合法。

第20条【土地的承包期：耕地为三十年、草地为三十年至五十年、林地为三十年至七十年】 ★★

耕地的承包期为三十年。草地的承包期为三十年至五十年。林地的承包期为三十年至七十年；特殊林木的林地承包期，经国务院林业行政主管部门批准可以延长。

第21条【土地发包方应当与承包方签订书面承包合同；承包合同的条款】 ★★

发包方应当与承包方签订书面承包合同。

承包合同一般包括以下条款：

（一）发包方、承包方的名称，发包方负责人和承包方代表的姓名、住所；

(二)承包土地的名称、坐落、面积、质量等级;

(三)承包期限和起止日期;

(四)承包土地的用途;

(五)发包方和承包方的权利和义务;

(六)违约责任。

第 22 条【农村土地承包合同的生效日期和土地承包经营权的取得时间】　★★★

承包合同自成立之日起生效。承包方自承包合同生效时取得土地承包经营权。

第 23 条【土地承包经营权证或林权证等证书的颁发、登记和费用收取】　★★

县级以上地方人民政府应当向承包方颁发土地承包经营权证或者林权证等证书,并登记造册,确认土地承包经营权。

颁发土地承包经营权证或者林权证等证书,除按规定收取证书工本费外,不得收取其他费用。

第 26 条【承包期内承包地的合理收回】　★★

承包期内,发包方不得收回承包地。

承包期内,承包方全家迁入小城镇落户的,应当按照承包方的意愿,保留其土地承包经营权或者允许其依法进行土地承包经营权流转。

承包期内,承包方全家迁入设区的市,转为非农业户口的,应当将承包的耕地和草地交回发包方。承包方不交回的,发包方可以收回承包的耕地和草地。

承包期内,承包方交回承包地或者发包方依法收回承包地时,承包方对其在承包地上投入而提高土地生产能力的,有权获得相应的补偿。

第 27 条【承包期内承包地的合理调整】　★★

承包期内,发包方不得调整承包地。

承包期内,因自然灾害严重毁损承包地等特殊情形对个别农户之间承包的耕地和草地需要适当调整的,必须经本集体经济组织成员的村民会议三分之二以上成员或者三分之二以上村民代表的同意,并报乡(镇)人民政府和县级人民政府农业等行政主管部门批准。承包合同中约定不得调整的,按照其约定。

第 32 条【家庭土地承包经营权的流转方式】　★★★★

通过家庭承包取得的土地承包经营权可以依法采取转包、出租、互换、转让或者其他方式流转。

第33条【土地承包经营权流转应遵循的原则】 ★★★

土地承包经营权流转应当遵循以下原则：

（一）平等协商、自愿、有偿，任何组织和个人不得强迫或者阻碍承包方进行土地承包经营权流转；

（二）不得改变土地所有权的性质和土地的农业用途；

（三）流转的期限不得超过承包期的剩余期限；

（四）受让方须有农业经营能力；

（五）在同等条件下，本集体经济组织成员享有优先权。

第34条【土地承包经营权流转的主体及其权利】 ★★★

土地承包经营权流转的主体是承包方。承包方有权依法自主决定土地承包经营权是否流转和流转的方式。

第35条【对土地承包期内发包方的禁止性规定】 ★★

承包期内，发包方不得单方面解除承包合同，不得假借少数服从多数强迫承包方放弃或者变更土地承包经营权，不得以划分"口粮田"和"责任田"等为由收回承包地搞招标承包，不得将承包地收回抵顶欠款。

第36条【土地承包经营权流转中相关费用由双方当事人协商确定、流转收益归承包方所有】 ★★★

土地承包经营权流转的转包费、租金、转让费等，应当由当事人双方协商确定。流转的收益归承包方所有，任何组织和个人不得擅自截留、扣缴。

第37条【土地承包经营权流转合同的签订方式与条件；土地承包经营权流转合同的主要条款】 ★★★

土地承包经营权采取转包、出租、互换、转让或者其他方式流转，当事人双方应当签订书面合同。采取转让方式流转的，应当经发包方同意；采取转包、出租、互换或者其他方式流转的，应当报发包方备案。

土地承包经营权流转合同一般包括以下条款：

（一）双方当事人的姓名、住所；

（二）流转土地的名称、坐落、面积、质量等级；

（三）流转的期限和起止日期；

（四）流转土地的用途；

（五）双方当事人的权利和义务；

（六）流转价款及支付方式；

（七）违约责任。

第38条【土地承包经营权流转的方式、登记的效力】 ★

土地承包经营权采取互换、转让方式流转,当事人要求登记的,应当向县级以上地方人民政府申请登记。未经登记,不得对抗善意第三人。

第39条【土地承包经营权的转包和转租】 ★★★

承包方可以在一定期限内将部分或者全部土地承包经营权转包或者出租给第三方,承包方与发包方的承包关系不变。

承包方将土地交由他人代耕不超过一年的,可以不签订书面合同。

第40条【土地承包经营权的互换】 ★★

承包方之间为方便耕种或者各自需要,可以对属于同一集体经济组织的土地的土地承包经营权进行互换。

第41条【土地承包经营权重新承包】 ★

承包方有稳定的非农职业或者有稳定的收入来源的,经发包方同意,可以将全部或者部分土地承包经营权转让给其他从事农业生产经营的农户,由该农户同发包方确立新的承包关系,原承包方与发包方在该土地上的承包关系即行终止。

第42条【承包方之间可将土地承包经营权入股】 ★

承包方之间为发展农业经济,可以自愿联合将土地承包经营权入股,从事农业合作生产。

第44条【采用其他承包方式承包的农村用地的法律适用】 ★★

不宜采取家庭承包方式的荒山、荒沟、荒丘、荒滩等农村土地,通过招标、拍卖、公开协商等方式承包的,适用本章规定。

第45条【土地承包的方式和程序:以其他方式承包农村土地时合同内容的确定】 ★★★

以其他方式承包农村土地的,应当签订承包合同。当事人的权利和义务、承包期限等,由双方协商确定。以招标、拍卖方式承包的,承包费通过公开竞标、竞价确定;以公开协商等方式承包的,承包费由双方议定。

第46条【荒山、荒沟、荒丘、荒滩等实行承包经营的方式;承包荒山、荒沟、荒丘、荒滩的法定义务】 ★★

荒山、荒沟、荒丘、荒滩等可以直接通过招标、拍卖、公开协商等方式实行承包经营,也可以将土地承包经营权折股分给本集体经济组织成员后,再实行承包经营或者股份合作经营。

承包荒山、荒沟、荒丘、荒滩的,应当遵守有关法律、行政法规的规定,防止水土流失,保护生态环境。

第 48 条【集体经济组织以外的单位或者个人承包的规定】 ★★

发包方将农村土地发包给本集体经济组织以外的单位或者个人承包,应当事先经本集体经济组织成员的村民会议三分之二以上成员或者三分之二以上村民代表的同意,并报乡(镇)人民政府批准。

由本集体经济组织以外的单位或者个人承包的,应当对承包方的资信情况和经营能力进行审查后,再签订承包合同。

第 51 条【因土地承包经营发生纠纷的争议解决办法】 ★★

因土地承包经营发生纠纷的,双方当事人可以通过协商解决,也可以请求村民委员会、乡(镇)人民政府等调解解决。

当事人不愿协商、调解或者协商、调解不成的,可以向农村土地承包仲裁机构申请仲裁,也可以直接向人民法院起诉。

第 53 条【侵害承包方土地承包经营权的责任:承担民事责任】 ★★

任何组织和个人侵害承包方的土地承包经营权的,应当承担民事责任。

第 54 条【农村土地发包方承担民事责任的方式、承担民事责任的法定情形】 ★★

发包方有下列行为之一的,应当承担停止侵害、返还原物、恢复原状、排除妨害、消除危险、赔偿损失等民事责任:

(一)干涉承包方依法享有的生产经营自主权;

(二)违反本法规定收回、调整承包地;

(三)强迫或者阻碍承包方进行土地承包经营权流转;

(四)假借少数服从多数强迫承包方放弃或者变更土地承包经营权而进行土地承包经营权流转;

(五)以划分"口粮田"和"责任田"等为由收回承包地搞招标承包;

(六)将承包地收回抵顶欠款;

(七)剥夺、侵害妇女依法享有的土地承包经营权;

(八)其他侵害土地承包经营权的行为。

第 56 条【土地承包合同违约应承担违约责任】 ★★★

当事人一方不履行合同义务或者履行义务不符合约定的,应当依照《中华人民共和国合同法》的规定承担违约责任。

第 61 条【国家机关及其工作人员侵害土地承包经营权的法律责任】 ★

国家机关及其工作人员有利用职权干涉农村土地承包,变更、解除承包合同,干涉承包方依法享有的生产经营自主权,或者强迫、阻碍承包方进行土地承包经营权流转等侵害土地承包经营权的行为,给承包方造成损失的,应当承担损害赔偿等责任;情节严重的,由上级机关或者所在单位给予直接责任人员行政处分;构成犯罪的,依法追究刑事责任。

中华人民共和国道路交通安全法①

★★

(2003年10月28日第十届全国人民代表大会常务委员会第五次会议通过,根据2007年12月29日第十届全国人民代表大会常务委员会第三十一次会议《关于修改〈中华人民共和国道路交通安全法〉的决定》第一次修正,根据2011年4月22日第十一届全国人民代表大会常务委员会第二十次会议《关于修改〈中华人民共和国道路交通安全法〉的决定》第二次修正)

第8条【机动车登记制度】 ★

国家对机动车实行登记制度。机动车经公安机关交通管理部门登记后,方可上道路行驶。尚未登记的机动车,需要临时上道路行驶的,应当取得临时通行牌证。

第10条【机动车登记应接受安全技术检验】 ★

准予登记的机动车应当符合机动车国家安全技术标准。申请机动车登记时,应当接受对该机动车的安全技术检验。但是,经国家机动车产品主管部门依据机动车国家安全技术标准认定的企业生产的机动车型,该车型的新车在出厂时经检验符合机动车国家安全技术标准,获得检验合格证的,免予安全技术检验。

第14条【机动车强制报废制度】 ★

国家实行机动车强制报废制度,根据机动车的安全技术状况和不同用途,规定不同的报废标准。

应当报废的机动车必须及时办理注销登记。

达到报废标准的机动车不得上道路行驶。报废的大型客、货车及其他营运车辆应当在公安机关交通管理部门的监督下解体。

---

① 简称《道路交通安全法》。

第 21 条【驾驶人上路前对机动车安全技术性能认真检查的义务、禁止驾驶具有安全隐患的机动车】 ★

驾驶人驾驶机动车上道路行驶前,应当对机动车的安全技术性能进行认真检查;不得驾驶安全设施不全或者机件不符合技术标准等具有安全隐患的机动车。

第 65 条【行人通过铁路道口时的通行规则】 ★

行人通过铁路道口时,应当按照交通信号或者管理人员的指挥通行;没有交通信号和管理人员的,应当在确认无火车驶临后,迅速通过。

第 76 条【交通事故赔偿责任的一般条款】 ★★★★

机动车发生交通事故造成人身伤亡、财产损失的,由保险公司在机动车第三者责任强制保险责任限额范围内予以赔偿;不足的部分,按照下列规定承担赔偿责任:

(一)机动车之间发生交通事故的,由有过错的一方承担赔偿责任;双方都有过错的,按照各自过错的比例分担责任。

(二)机动车与非机动车驾驶人、行人之间发生交通事故,非机动车驾驶人、行人没有过错的,由机动车一方承担赔偿责任;有证据证明非机动车驾驶人、行人有过错的,根据过错程度适当减轻机动车一方的赔偿责任;机动车一方没有过错的,承担不超过百分之十的赔偿责任。

交通事故的损失是由非机动车驾驶人、行人故意碰撞机动车造成的,机动车一方不承担赔偿责任。

中华人民共和国婚姻法①

★★

(1980 年 9 月 10 日第五届全国人民代表大会第三次会议通过,根据 2001 年 4 月 28 日第九届全国人民代表大会常务委员会第二十一次会议《关于修改〈中华人民共和国婚姻法〉的决定》修正)

第 17 条【夫妻共同财产的范围】 ★★★★

夫妻在婚姻关系存续期间所得的下列财产,归夫妻共同所有:

---

① 简称《婚姻法》。

(一) 工资、奖金;
(二) 生产、经营的收益;
(三) 知识产权的收益;
(四) 继承或赠与所得的财产,但本法第十八条第三项规定的除外;
(五) 其他应当归共同所有的财产。
夫妻对共同所有的财产,有平等的处理权。

第18条【夫妻个人财产的范围】 ★★

有下列情形之一的,为夫妻一方的财产:
(一) 一方的婚前财产;
(二) 一方因身体受到伤害获得的医疗费、残疾人生活补助费等费用;
(三) 遗嘱或赠与合同中确定只归夫或妻一方的财产;
(四) 一方专用的生活用品;
(五) 其他应当归一方的财产。

第19条【夫妻财产约定制】 ★★★★

夫妻可以约定婚姻关系存续期间所得的财产以及婚前财产归各自所有、共同所有或部分各自所有、部分共同所有。约定应当采用书面形式。没有约定或约定不明确的,适用本法第十七条、第十八条的规定。

夫妻对婚姻关系存续期间所得的财产以及婚前财产的约定,对双方具有约束力。

夫妻对婚姻关系存续期间所得的财产约定归各自所有的,夫或妻一方对外所负的债务,第三人知道该约定的,以夫或妻一方所有的财产清偿。

第21条【父母与子女间的抚养赡养义务】 ★★

父母对子女有抚养教育的义务;子女对父母有赡养扶助的义务。

父母不履行抚养义务时,未成年的或不能独立生活的子女,有要求父母付给抚养费的权利。

子女不履行赡养义务时,无劳动能力的或生活困难的父母,有要求子女付给赡养费的权利。

禁止溺婴、弃婴和其他残害婴儿的行为。

第32条【诉讼外调解和诉讼离婚】 ★★

男女一方要求离婚的,可由有关部门进行调解或直接向人民法院提出离婚诉讼。

人民法院审理离婚案件,应当进行调解;如感情确已破裂,调解无效,应准予离婚。

有下列情形之一,调解无效的,应准予离婚:
(一)重婚或有配偶者与他人同居的;
(二)实施家庭暴力或虐待、遗弃家庭成员的;
(三)有赌博、吸毒等恶习屡教不改的;
(四)因感情不和分居满二年的;
(五)其他导致夫妻感情破裂的情形。
一方被宣告失踪,另一方提出离婚诉讼的,应准予离婚。

第39条【离婚时夫妻共同财产的处理】 ★★

离婚时,夫妻的共同财产由双方协议处理;协议不成时,由人民法院根据财产的具体情况,照顾子女和女方权益的原则判决。

夫或妻在家庭土地承包经营中享有的权益等,应当依法予以保护。

第41条【离婚时夫妻共同债务的清偿】 ★★★★

离婚时,原为夫妻共同生活所负的债务,应当共同偿还。共同财产不足清偿的,或财产归各自所有的,由双方协议清偿;协议不成时,由人民法院判决。

中华人民共和国公司法①

★★

(1993年12月29日第八届全国人民代表大会常务委员会第五次会议通过,根据1999年12月25日第九届全国人民代表大会常务委员会第十三次会议《关于修改〈中华人民共和国公司法〉的决定》第一次修正,根据2004年8月28日第十届全国人民代表大会常务委员会第十一次会议《关于修改〈中华人民共和国公司法〉的决定》第二次修正,2005年10月27日第十届全国人民代表大会常务委员会第十八次会议修订,根据2013年12月28日第十二届全国人民代表大会常务委员会第六次会议《关于修改〈中华人民共和国海洋环境保护法〉等七部法律的决定》第三次修正)

第3条【公司法人制度】 ★★

公司是企业法人,有独立的法人财产,享有法人财产权。公司以其全部

---

① 简称《公司法》。

财产对公司的债务承担责任。

有限责任公司的股东以其认缴的出资额为限对公司承担责任;股份有限公司的股东以其认购的股份为限对公司承担责任。

第4条【公司股东权利】 ★

公司股东依法享有资产收益、参与重大决策和选择管理者等权利。

第14条【分公司的法律地位;子公司的法律地位】 ★★★★

公司可以设立分公司。设立分公司,应当向公司登记机关申请登记,领取营业执照。分公司不具有法人资格,其民事责任由公司承担。

公司可以设立子公司,子公司具有法人资格,依法独立承担民事责任。

第16条【公司对外投资或为他人提供担保的条件和限制】 ★★

公司向其他企业投资或者为他人提供担保,依照公司章程的规定,由董事会或者股东会、股东大会决议;公司章程对投资或者担保的总额及单项投资或者担保的数额有限额规定的,不得超过规定的限额。

公司为公司股东或者实际控制人提供担保的,必须经股东会或者股东大会决议。

前款规定的股东或者受前款规定的实际控制人支配的股东,不得参加前款规定事项的表决。该项表决由出席会议的其他股东所持表决权的过半数通过。

第20条【禁止股东权利滥用;滥用股东权利的法律责任】 ★★★

公司股东应当遵守法律、行政法规和公司章程,依法行使股东权利,不得滥用股东权利损害公司或者其他股东的利益;不得滥用公司法人独立地位和股东有限责任损害公司债权人的利益。

公司股东滥用股东权利给公司或者其他股东造成损失的,应当依法承担赔偿责任。

公司股东滥用公司法人独立地位和股东有限责任,逃避债务,严重损害公司债权人利益的,应当对公司债务承担连带责任。

第28条【股东出资义务的履行及其违约责任】 ★★★

股东应当按期足额缴纳公司章程中规定的各自所认缴的出资额。股东以货币出资的,应当将货币出资足额存入有限责任公司在银行开设的账户;以非货币财产出资的,应当依法办理其财产权的转移手续。

股东不按照前款规定缴纳出资的,除应当向公司足额缴纳外,还应当向已按期足额缴纳出资的股东承担违约责任。

第34条【股东红利分配规则;公司新增资本时股东的优先认购权】 ★

股东按照实缴的出资比例分取红利;公司新增资本时,股东有权优先按照实缴的出资比例认缴出资。但是,全体股东约定不按照出资比例分取红利或者不按照出资比例优先认缴出资的除外。

第64条【国有独资公司的定义及其设立和组织机构的法律适用】 ★★

国有独资公司的设立和组织机构,适用本节规定;本节没有规定的,适用本章第一节、第二节的规定。

本法所称国有独资公司,是指国家单独出资、由国务院或者地方人民政府授权本级人民政府国有资产监督管理机构履行出资人职责的有限责任公司。

第71条【有限责任公司的股权转让】 ★★

有限责任公司的股东之间可以相互转让其全部或者部分股权。

股东向股东以外的人转让股权,应当经其他股东过半数同意。股东应就其股权转让事项书面通知其他股东征求同意,其他股东自接到书面通知之日起满三十日未答复的,视为同意转让。其他股东半数以上不同意转让的,不同意的股东应当购买该转让的股权;不购买的,视为同意转让。

经股东同意转让的股权,在同等条件下,其他股东有优先购买权。两个以上股东主张行使优先购买权的,协商确定各自的购买比例;协商不成的,按照转让时各自的出资比例行使优先购买权。

公司章程对股权转让另有规定的,从其规定。

第98条【股份有限公司股东大会的组成及其法律地位】 ★

股份有限公司股东大会由全体股东组成。股东大会是公司的权力机构,依照本法行使职权。

第163条【公司建立财务会计制度的法定义务】 ★★★

公司应当依照法律、行政法规和国务院财政部门的规定建立本公司的财务、会计制度。

第171条【公司法定会计账簿制度;公司资产存储账户的限制规定】 ★★★

公司除法定的会计账簿外,不得另立会计账簿。

对公司资产,不得以任何个人名义开立账户存储。

中华人民共和国建筑法[1]

★

(1997年11月1日第八届全国人民代表大会常务委员会第二十八次会议通过,根据2011年4月22日第十一届全国人民代表大会常务委员会第二十次会议《关于修改〈中华人民共和国建筑法〉的决定》修正)

第13条【从事建筑活动的单位应当按法定条件划分资质等级并应在其资质等级范围内从事建筑活动】 ★★

从事建筑活动的建筑施工企业、勘察单位、设计单位和工程监理单位,按照其拥有的注册资本、专业技术人员、技术装备和已完成的建筑工程业绩等资质条件,划分为不同的资质等级,经资质审查合格,取得相应等级的资质证书后,方可在其资质等级许可的范围内从事建筑活动。

第26条【承包建筑工程的单位应具备的资格及禁止性规定】 ★★★★

承包建筑工程的单位应当持有依法取得的资质证书,并在其资质等级许可的业务范围内承揽工程。

禁止建筑施工企业超越本企业资质等级许可的业务范围或者以任何形式用其他建筑施工企业的名义承揽工程。禁止建筑施工企业以任何形式允许其他单位或者个人使用本企业的资质证书、营业执照,以本企业的名义承揽工程。

第28条【禁止承包单位全部转包其承包的工程及肢解后分包给他人】 ★★★

禁止承包单位将其承包的全部建筑工程转包给他人,禁止承包单位将其承包的全部建筑工程肢解以后以分包的名义分别转包给他人。

第29条【建筑工程分包的条件、责任承担和禁止规定】 ★★★

建筑工程总承包单位可以将承包工程中的部分工程发包给具有相应资质条件的分包单位;但是,除总承包合同中约定的分包外,必须经建设单位认可。施工总承包的,建筑工程主体结构的施工必须由总承包单位自行完成。

---

① 简称《建筑法》。

建筑工程总承包单位按照总承包合同的约定对建设单位负责；分包单位按照分包合同的约定对总承包单位负责。总承包单位和分包单位就分包工程对建设单位承担连带责任。

禁止总承包单位将工程分包给不具备相应资质条件的单位。禁止分包单位将其承包的工程再分包。

第 31 条【建设工程的监理】　　　　　　　　　　　　　　★

实行监理的建筑工程，由建设单位委托具有相应资质条件的工程监理单位监理。建设单位与其委托的工程监理单位应当订立书面委托监理合同。

第 52 条【建筑工程勘察、设计、施工的质量标准】　　　　★

建筑工程勘察、设计、施工的质量必须符合国家有关建筑工程安全标准的要求，具体管理办法由国务院规定。

有关建筑工程安全的国家标准不能适应确保建筑安全的要求时，应当及时修订。

第 58 条【建筑施工企业对工程的施工质量负责；建筑施工企业的施工要求：必须按照工程设计图纸和施工技术标准、不得偷工减料、不得擅自修改工程设计】　　　　　　　　　　　　　　　　　　　　　　　　★

建筑施工企业对工程的施工质量负责。

建筑施工企业必须按照工程设计图纸和施工技术标准施工，不得偷工减料。工程设计的修改由原设计单位负责，建筑施工企业不得擅自修改工程设计。

第 61 条【建筑工程竣工验收及交付使用】　　　　　★★★★

交付竣工验收的建筑工程，必须符合规定的建筑工程质量标准，有完整的工程技术经济资料和经签署的工程保修书，并具备国家规定的其他竣工条件。

建筑工程竣工经验收合格后，方可交付使用；未经验收或者验收不合格的，不得交付使用。

第 83 条【《中华人民共和国建筑法》的效力范围】　　　★★

省、自治区、直辖市人民政府确定的小型房屋建筑工程的建筑活动，参照本法执行。

依法核定作为文物保护的纪念建筑物和古建筑等的修缮，依照文物保护的有关法律规定执行。

抢险救灾及其他临时性房屋建筑和农民自建低层住宅的建筑活动，不适用本法。

中华人民共和国侵权责任法[①]

★

(2009年12月26日第十一届全国人民代表大会常务委员会第十二次会议通过,自2010年7月1日起施行)

第2条【侵权责任一般条款;民事权益的范围】 ★★
侵害民事权益,应当依照本法承担侵权责任。

本法所称民事权益,包括生命权、健康权、姓名权、名誉权、荣誉权、肖像权、隐私权、婚姻自主权、监护权、所有权、用益物权、担保物权、著作权、专利权、商标专用权、发现权、股权、继承权等人身、财产权益。

第3条【被侵权人的请求权】 ★★
被侵权人有权请求侵权人承担侵权责任。

第4条【多种法律责任并存时侵权责任优先】 ★★
侵权人因同一行为应当承担行政责任或者刑事责任的,不影响依法承担侵权责任。

因同一行为应当承担侵权责任和行政责任、刑事责任,侵权人的财产不足以支付的,先承担侵权责任。

第6条【过错责任原则;过错推定责任原则】 ★★★★
行为人因过错侵害他人民事权益,应当承担侵权责任。

根据法律规定推定行为人有过错,行为人不能证明自己没有过错的,应当承担侵权责任。

第12条【分别实施侵权行为时按份责任的承担】 ★
二人以上分别实施侵权行为造成同一损害,能够确定责任大小的,各自承担相应的责任;难以确定责任大小的,平均承担赔偿责任。

第13条【连带责任形态的对外承担规则】 ★
法律规定承担连带责任的,被侵权人有权请求部分或者全部连带责任人承担责任。

[①] 简称《侵权责任法》。

第 14 条【连带责任的对内最终责任分担规则;连带责任人的追偿权】 ★

连带责任人根据各自责任大小确定相应的赔偿数额;难以确定责任大小的,平均承担赔偿责任。

支付超出自己赔偿数额的连带责任人,有权向其他连带责任人追偿。

第 15 条【侵权责任的主要承担方式】 ★★★

承担侵权责任的方式主要有:

(一) 停止侵害;

(二) 排除妨碍;

(三) 消除危险;

(四) 返还财产;

(五) 恢复原状;

(六) 赔偿损失;

(七) 赔礼道歉;

(八) 消除影响、恢复名誉。

以上承担侵权责任的方式,可以单独适用,也可以合并适用。

第 16 条【人身损害赔偿项目:一般人身损害赔偿项目、伤残赔偿项目、死亡赔偿项目】 ★★★★

侵害他人造成人身损害的,应当赔偿医疗费、护理费、交通费等为治疗和康复支出的合理费用,以及因误工减少的收入。造成残疾的,还应当赔偿残疾生活辅助具费和残疾赔偿金。造成死亡的,还应当赔偿丧葬费和死亡赔偿金。

第 19 条【侵害财产造成财产损失的计算方式】 ★★

侵害他人财产的,财产损失按照损失发生时的市场价格或者其他方式计算。

第 22 条【人身权益的侵害精神损害赔偿的请求权】 ★★★★

侵害他人人身权益,造成他人严重精神损害的,被侵权人可以请求精神损害赔偿。

第 26 条【过失相抵:被侵权人过错】 ★★

被侵权人对损害的发生也有过错的,可以减轻侵权人的责任。

第 28 条【第三人原因】 ★

损害是因第三人造成的,第三人应当承担侵权责任。

第 34 条【用人单位替代责任;劳务派遣侵权责任:替代责任、补充责任】 ★

用人单位的工作人员因执行工作任务造成他人损害的,由用人单位承担侵权责任。

劳务派遣期间,被派遣的工作人员因执行工作任务造成他人损害的,由接受劳务派遣的用工单位承担侵权责任;劳务派遣单位有过错的,承担相应的补充责任。

第 35 条【个人劳务责任:提供劳务者致害责任、提供劳务者受害责任】 ★★

个人之间形成劳务关系,提供劳务一方因劳务造成他人损害的,由接受劳务一方承担侵权责任。提供劳务一方因劳务自己受到损害的,根据双方各自的过错承担相应的责任。

第 37 条【管理人或者组织者违反安全保障义务的侵权责任;补充责任】 ★★

宾馆、商场、银行、车站、娱乐场所等公共场所的管理人或者群众性活动的组织者,未尽到安全保障义务,造成他人损害的,应当承担侵权责任。

因第三人的行为造成他人损害的,由第三人承担侵权责任;管理人或者组织者未尽到安全保障义务的,承担相应的补充责任。

第 47 条【产品责任的惩罚性赔偿】 ★

明知产品存在缺陷仍然生产、销售,造成他人死亡或者健康严重损害的,被侵权人有权请求相应的惩罚性赔偿。

第 48 条【机动车交通事故责任的法律适用】 ★★★

机动车发生交通事故造成损害的,依照道路交通安全法的有关规定承担赔偿责任。

第 49 条【机动车所有人与使用人分离时发生交通事故的侵权责任;租赁、借用机动车发生交通事故的侵权责任】 ★★

因租赁、借用等情形机动车所有人与使用人不是同一人时,发生交通事故后属于该机动车一方责任的,由保险公司在机动车强制保险责任限额范围内予以赔偿。不足部分,由机动车使用人承担赔偿责任;机动车所有人对损害的发生有过错的,承担相应的赔偿责任。

第 54 条【医疗损害的过错责任与赔偿责任】 ★★★

患者在诊疗活动中受到损害,医疗机构及其医务人员有过错的,由医疗机构承担赔偿责任。

中华人民共和国著作权法[①]

(1990年9月7日第七届全国人民代表大会常务委员会第十五次会议通过,根据2001年10月27日第九届全国人民代表大会常务委员会第二十四次会议《关于修改〈中华人民共和国著作权法〉的决定》第一次修正,根据2010年2月26日第十一届全国人民代表大会常务委员会第十三次会议《关于修改〈中华人民共和国著作权法〉的决定》第二次修正)

第3条【作品应具备的条件;作品的表现形式】 ★★★

本法所称的作品,包括以下列形式创作的文学、艺术和自然科学、社会科学、工程技术等作品:

(一)文字作品;

(二)口述作品;

(三)音乐、戏剧、曲艺、舞蹈、杂技艺术作品;

(四)美术、建筑作品;

(五)摄影作品;

(六)电影作品和以类似摄制电影的方法创作的作品;

(七)工程设计图、产品设计图、地图、示意图等图形作品和模型作品;

(八)计算机软件;

(九)法律、行政法规规定的其他作品。

第10条【著作权的内容】 ★★★

著作权包括下列人身权和财产权:

(一)发表权,即决定作品是否公之于众的权利;

(二)署名权,即表明作者身份,在作品上署名的权利;

(三)修改权,即修改或者授权他人修改作品的权利;

(四)保护作品完整权,即保护作品不受歪曲、篡改的权利;

(五)复制权,即以印刷、复印、拓印、录音、录像、翻录、翻拍等方式将作

[①] 简称《著作权法》。

品制作一份或者多份的权利；

（六）发行权，即以出售或者赠与方式向公众提供作品的原件或者复制件的权利；

（七）出租权，即有偿许可他人临时使用电影作品和以类似摄制电影的方法创作的作品、计算机软件的权利，计算机软件不是出租的主要标的的除外；

（八）展览权，即公开陈列美术作品、摄影作品的原件或者复制件的权利；

（九）表演权，即公开表演作品，以及用各种手段公开播送作品的表演的权利；

（十）放映权，即通过放映机、幻灯机等技术设备公开再现美术、摄影、电影和以类似摄制电影的方法创作的作品等的权利；

（十一）广播权，即以无线方式公开广播或者传播作品，以有线传播或者转播的方式向公众传播广播的作品，以及通过扩音器或者其他传送符号、声音、图像的类似工具向公众传播广播的作品的权利；

（十二）信息网络传播权，即以有线或者无线方式向公众提供作品，使公众可以在其个人选定的时间和地点获得作品的权利；

（十三）摄制权，即以摄制电影或者以类似摄制电影的方法将作品固定在载体上的权利；

（十四）改编权，即改变作品，创作出具有独创性的新作品的权利；

（十五）翻译权，即将作品从一种语言文字转换成另一种语言文字的权利；

（十六）汇编权，即将作品或者作品的片段通过选择或者编排，汇集成新作品的权利；

（十七）应当由著作权人享有的其他权利。

著作权人可以许可他人行使前款第（五）项至第（十七）项规定的权利，并依照约定或者本法有关规定获得报酬。

著作权人可以全部或者部分转让本条第一款第（五）项至第（十七）项规定的权利，并依照约定或者本法有关规定获得报酬。

第 11 条【著作权的一般归属：作者】 ★★★

著作权属于作者，本法另有规定的除外。

创作作品的公民是作者。

由法人或者其他组织主持，代表法人或者其他组织意志创作，并由法人或者其他组织承担责任的作品,法人或者其他组织视为作者。

如无相反证明,在作品上署名的公民、法人或者其他组织为作者。

第 24 条【著作权许可使用合同】 ★★★

使用他人作品应当同著作权人订立许可使用合同,本法规定可以不经许可的除外。

许可使用合同包括下列主要内容:

(一)许可使用的权利种类;

(二)许可使用的权利是专有使用权或者非专有使用权;

(三)许可使用的地域范围、期间;

(四)付酬标准和办法;

(五)违约责任;

(六)双方认为需要约定的其他内容。

第 48 条【著作权侵犯行为及其法律责任】 ★★★

有下列侵权行为的,应当根据情况,承担停止侵害、消除影响、赔礼道歉、赔偿损失等民事责任;同时损害公共利益的,可以由著作权行政管理部门责令停止侵权行为,没收违法所得,没收、销毁侵权复制品,并可处以罚款;情节严重的,著作权行政管理部门还可以没收主要用于制作侵权复制品的材料、工具、设备等;构成犯罪的,依法追究刑事责任:

(一)未经著作权人许可,复制、发行、表演、放映、广播、汇编、通过信息网络向公众传播其作品的,本法另有规定的除外;

(二)出版他人享有专有出版权的图书的;

(三)未经表演者许可,复制、发行录有其表演的录音录像制品,或者通过信息网络向公众传播其表演的,本法另有规定的除外;

(四)未经录音录像制作者许可,复制、发行、通过信息网络向公众传播其制作的录音录像制品的,本法另有规定的除外;

(五)未经许可,播放或者复制广播、电视的,本法另有规定的除外;

(六)未经著作权人或者与著作权有关的权利人许可,故意避开或者破坏权利人为其作品、录音录像制品等采取的保护著作权或者与著作权有关的权利的技术措施的,法律、行政法规另有规定的除外;

(七)未经著作权人或者与著作权有关的权利人许可,故意删除或者改变作品、录音录像制品等的权利管理电子信息的,法律、行政法规另有规定的除外;

(八)制作、出售假冒他人署名的作品的。

第49条【侵犯著作权或与著作权有关的权利的赔偿责任标准】 ★★★

侵犯著作权或者与著作权有关的权利的,侵权人应当按照权利人的实际损失给予赔偿;实际损失难以计算的,可以按照侵权人的违法所得给予赔偿。赔偿数额还应当包括权利人为制止侵权行为所支付的合理开支。

权利人的实际损失或者侵权人的违法所得不能确定的,由人民法院根据侵权行为的情节,判决给予五十万元以下的赔偿。

中华人民共和国消费者权益保护法①

★

(1993年10月31日第八届全国人民代表大会常务委员会第四次会议通过,根据2009年8月27日第十一届全国人民代表大会常务委员会第十次会议《关于修改部分法律的决定》第一次修正,根据2013年10月25日第十二届全国人民代表大会常务委员会第五次会议《关于修改〈中华人民共和国消费者权益保护法〉的决定》第二次修正)

第2条【消费者保护法的调整范围】 ★

消费者为生活消费需要购买、使用商品或者接受服务,其权益受本法保护;本法未作规定的,受其他有关法律、法规保护。

第4条【经营者与消费者进行交易时应当遵循的原则】 ★

经营者与消费者进行交易,应当遵循自愿、平等、公平、诚实信用的原则。

第7条【消费者人身、财产安全不受损害的权利】 ★

消费者在购买、使用商品和接受服务时享有人身、财产安全不受损害的权利。

消费者有权要求经营者提供的商品和服务,符合保障人身、财产安全的要求。

第8条【消费者享有知情权】 ★

消费者享有知悉其购买、使用的商品或者接受的服务的真实情况的权利。

消费者有权根据商品或者服务的不同情况,要求经营者提供商品的价

---

① 简称《消保法》。

格、产地、生产者、用途、性能、规格、等级、主要成份、生产日期、有效期限、检验合格证明、使用方法说明书、售后服务,或者服务的内容、规格、费用等有关情况。

第9条【消费者的自主选择权】 ★

消费者享有自主选择商品或者服务的权利。

消费者有权自主选择提供商品或者服务的经营者,自主选择商品品种或者服务方式,自主决定购买或者不购买任何一种商品、接受或者不接受任何一项服务。

消费者在自主选择商品或者服务时,有权进行比较、鉴别和挑选。

第11条【消费者因消费活动遭受的损害有依法获得赔偿的权利】 ★

消费者因购买、使用商品或者接受服务受到人身、财产损害的,享有依法获得赔偿的权利。

第16条【经营者的法定义务、约定义务和诚信义务以及禁止性规定】 ★

经营者向消费者提供商品或者服务,应当依照本法和其他有关法律、法规的规定履行义务。

经营者和消费者有约定的,应当按照约定履行义务,但双方的约定不得违背法律、法规的规定。

经营者向消费者提供商品或者服务,应当恪守社会公德,诚信经营,保障消费者的合法权益;不得设定不公平、不合理的交易条件,不得强制交易。

第19条【经营者发现其提供的商品或者服务存在缺陷应当采取的措施】 ★★

经营者发现其提供的商品或者服务存在缺陷,有危及人身、财产安全危险的,应当立即向有关行政部门报告和告知消费者,并采取停止销售、警示、召回、无害化处理、销毁、停止生产或者服务等措施。采取召回措施的,经营者应当承担消费者因商品被召回支出的必要费用。

第20条【经营者的法定义务】 ★★

经营者向消费者提供有关商品或者服务的质量、性能、用途、有效期限等信息,应当真实、全面,不得作虚假或者引人误解的宣传。

经营者对消费者就其提供的商品或者服务的质量和使用方法等问题提出的询问,应当作出真实、明确的答复。

经营者提供商品或者服务应当明码标价。

第 25 条【经营者采用网络、电视、电话、邮购等方式销售商品的退货义务及例外】 ★

经营者采用网络、电视、电话、邮购等方式销售商品,消费者有权自收到商品之日起七日内退货,且无需说明理由,但下列商品除外:

(一)消费者定作的;
(二)鲜活易腐的;
(三)在线下载或者消费者拆封的音像制品、计算机软件等数字化商品;
(四)交付的报纸、期刊。

除前款所列商品外,其他根据商品性质并经消费者在购买时确认不宜退货的商品,不适用无理由退货。

消费者退货的商品应当完好。经营者应当自收到退回商品之日起七日内返还消费者支付的商品价款。退回商品的运费由消费者承担;经营者和消费者另有约定的,按照约定。

第 40 条【消费者因购买、使用商品或接受服务遭受损害的赔偿主体:生产者、销售者;先行赔偿人的追偿权】 ★

消费者在购买、使用商品时,其合法权益受到损害的,可以向销售者要求赔偿。销售者赔偿后,属于生产者的责任或者属于向销售者提供商品的其他销售者的责任的,销售者有权向生产者或者其他销售者追偿。

消费者或者其他受害人因商品缺陷造成人身、财产损害的,可以向销售者要求赔偿,也可以向生产者要求赔偿。属于生产者责任的,销售者赔偿后,有权向生产者追偿。属于销售者责任的,生产者赔偿后,有权向销售者追偿。

消费者在接受服务时,其合法权益受到损害的,可以向服务者要求赔偿。

第 41 条【企业变更后的责任主体:消费者合法权益受到损害可以向分立、合并后的企业要求赔偿】 ★★★

消费者在购买、使用商品或者接受服务时,其合法权益受到损害,因原企业分立、合并的,可以向变更后承受其权利义务的企业要求赔偿。

第 42 条【借用营业执照经营致害的责任承担规则】 ★★★

使用他人营业执照的违法经营者提供商品或者服务,损害消费者合法权益的,消费者可以向其要求赔偿,也可以向营业执照的持有人要求赔偿。

第 44 条【网络交易平台提供者的责任】 ★★

消费者通过网络交易平台购买商品或者接受服务,其合法权益受到损害的,可以向销售者或者服务者要求赔偿。网络交易平台提供者不能提供销售者或者服务者的真实名称、地址和有效联系方式的,消费者也可以向网络交易平台提供者要求赔偿；网络交易平台提供者作出更有利于消费者的承诺的,应当履行承诺。网络交易平台提供者赔偿后,有权向销售者或者服务者追偿。

网络交易平台提供者明知或者应知销售者或者服务者利用其平台侵害消费者合法权益,未采取必要措施的,依法与该销售者或者服务者承担连带责任。

第45条【发布虚假广告或进行虚假宣传的责任承担】 ★

消费者因经营者利用虚假广告或者其他虚假宣传方式提供商品或者服务,其合法权益受到损害的,可以向经营者要求赔偿。广告经营者、发布者发布虚假广告的,消费者可以请求行政主管部门予以惩处。广告经营者、发布者不能提供经营者的真实名称、地址和有效联系方式的,应当承担赔偿责任。

广告经营者、发布者设计、制作、发布关系消费者生命健康商品或者服务的虚假广告,造成消费者损害的,应当与提供该商品或者服务的经营者承担连带责任。

社会团体或者其他组织、个人在关系消费者生命健康商品或者服务的虚假广告或者其他虚假宣传中向消费者推荐商品或者服务,造成消费者损害的,应当与提供该商品或者服务的经营者承担连带责任。

第48条【经营者应当对消费者承担责任的情形】 ★

经营者提供商品或者服务有下列情形之一的,除本法另有规定外,应当依照其他有关法律、法规的规定,承担民事责任：

（一）商品或者服务存在缺陷的；

（二）不具备商品应当具备的使用性能而出售时未作说明的；

（三）不符合在商品或者其包装上注明采用的商品标准的；

（四）不符合商品说明、实物样品等方式表明的质量状况的；

（五）生产国家明令淘汰的商品或者销售失效、变质的商品的；

（六）销售的商品数量不足的；

（七）服务的内容和费用违反约定的；

（八）对消费者提出的修理、重作、更换、退货、补足商品数量、退还货款和服务费用或者赔偿损失的要求,故意拖延或者无理拒绝的；

（九）法律、法规规定的其他损害消费者权益的情形。

经营者对消费者未尽到安全保障义务,造成消费者损害的,应当承担侵权责任。

第 52 条【经营者提供的商品或服务造成消费者财产损害的民事责任】 ★

经营者提供商品或者服务,造成消费者财产损害的,应当依照法律规定或者当事人约定承担修理、重作、更换、退货、补足商品数量、退还货款和服务费用或者赔偿损失等民事责任。

第 53 条【预付款购物中经营者的义务及违约责任】 ★★★

经营者以预收款方式提供商品或者服务的,应当按照约定提供。未按照约定提供的,应当按照消费者的要求履行约定或者退回预付款;并应当承担预付款的利息、消费者必须支付的合理费用。

第 54 条【经营者对依法经有关行政部门认定为不合格商品的退货义务】 ★★★

依法经有关行政部门认定为不合格的商品,消费者要求退货的,经营者应当负责退货。

第 55 条【经营者的惩罚性赔偿责任】 ★★

经营者提供商品或者服务有欺诈行为的,应当按照消费者的要求增加赔偿其受到的损失,增加赔偿的金额为消费者购买商品的价款或者接受服务的费用的三倍;增加赔偿的金额不足五百元的,为五百元。法律另有规定的,依照其规定。

经营者明知商品或者服务存在缺陷,仍然向消费者提供,造成消费者或者其他受害人死亡或者健康严重损害的,受害人有权要求经营者依照本法第四十九条、第五十一条等法律规定赔偿损失,并有权要求所受损失二倍以下的惩罚性赔偿。

中华人民共和国商业银行法①

(1995 年 5 月 10 日第八届全国人民代表大会常务委员会第十三次会议通过,根据 2003 年 12 月 27 日第十届全国人民代表大会常务委员会第六次会议《关于修改〈中华人民共和国商业银行法〉的决定》第一次修正,根据 2015 年 8 月 29 日第十二届全国人民代表大会常务委员会

---

① 简称《商业银行法》。

第十六次会议《关于修改〈中华人民共和国商业银行法〉的决定》第二次修正)

第6条【商业银行保障存款人合法权益的义务】 ★★★
商业银行应当保障存款人的合法权益不受任何单位和个人的侵犯。

第8条【商业银行应依法开展业务并维护国家及社会公共利益】 ★
商业银行开展业务,应当遵守法律、行政法规的有关规定,不得损害国家利益、社会公共利益。

第29条【商业银行办理个人储蓄存款业务的原则:存款自愿、取款自由、存款有息、为存款人保密;除了法律有特别规定外商业银行有权拒绝对个人储蓄存款的查询、冻结、扣划】 ★★
商业银行办理个人储蓄存款业务,应当遵循存款自愿、取款自由、存款有息、为存款人保密的原则。
对个人储蓄存款,商业银行有权拒绝任何单位或者个人查询、冻结、扣划,但法律另有规定的除外。

第33条【商业银行存款本金和利息支付的保证义务】 ★★★
商业银行应当保证存款本金和利息的支付,不得拖延、拒绝支付存款本金和利息。

第42条【借款人按期归还贷款本息的义务;借款人到期不归还担保贷款时商业银行的权利】 ★★
借款人应当按期归还贷款的本金和利息。
借款人到期不归还担保贷款的,商业银行依法享有要求保证人归还贷款本金和利息或者就该担保物优先受偿的权利。商业银行因行使抵押权、质权而取得的不动产或者股权,应当自取得之日起二年内予以处分。
借款人到期不归还信用贷款的,应当按照合同约定承担责任。

第50条【商业银行手续费的收取】 ★★
商业银行办理业务,提供服务,按照规定收取手续费。收费项目和标准由国务院银行业监督管理机构、中国人民银行根据职责分工,分别会同国务院价格主管部门制定。

中华人民共和国劳动法[1]

(1994年7月5日第八届全国人民代表大会常务委员会第八次会议通过,根据2009年8月27日第十一届全国人民代表大会常务委员会第十次会议《关于修改部分法律的决定》修正)

第3条【劳动者的权利和义务】 ★★

劳动者享有平等就业和选择职业的权利、取得劳动报酬的权利、休息休假的权利、获得劳动安全卫生保护的权利、接受职业技能培训的权利、享受社会保险和福利的权利、提请劳动争议处理的权利以及法律规定的其他劳动权利。

劳动者应当完成劳动任务,提高职业技能,执行劳动安全卫生规程,遵守劳动纪律和职业道德。

第36条【标准工时制度】 ★

国家实行劳动者每日工作时间不超过八小时、平均每周工作时间不超过四十四小时的工时制度。

第44条【加班工资支付标准:延长工作时间、休息日加班又不能安排补休、法定休假日加班】 ★★

有下列情形之一的,用人单位应当按照下列标准支付高于劳动者正常工作时间工资的工资报酬:

(一)安排劳动者延长工作时间的,支付不低于工资的百分之一百五十的工资报酬;

(二)休息日安排劳动者工作又不能安排补休的,支付不低于工资的百分之二百的工资报酬;

(三)法定休假日安排劳动者工作的,支付不低于工资的百分之三百的工资报酬。

---

[1] 简称《劳动法》。

第 50 条【劳动者工资支付的法定形式与禁止性规定】 ★★★
工资应当以货币形式按月支付给劳动者本人。不得克扣或者无故拖欠劳动者的工资。

第 72 条【社会保险基金资金来源;强制缴纳社会保险费】 ★★
社会保险基金按照保险类型确定资金来源,逐步实行社会统筹。用人单位和劳动者必须依法参加社会保险,缴纳社会保险费。

第 100 条【用人单位无故不缴纳社会保险费的处理:责令限期缴纳、加收滞纳金】 ★
用人单位无故不缴纳社会保险费的,由劳动行政部门责令其限期缴纳;逾期不缴的,可以加收滞纳金。

中华人民共和国继承法①

(1985年4月10日第六届全国人民代表大会第三次会议通过,自1985年10月1日起施行)

第 2 条【继承开始】 ★★
继承从被继承人死亡时开始。

第 3 条【遗产范围】 ★★★
遗产是公民死亡时遗留的个人合法财产,包括:
(一)公民的收入;
(二)公民的房屋、储蓄和生活用品;
(三)公民的林木、牲畜和家禽;
(四)公民的文物、图书资料;
(五)法律允许公民所有的生产资料;
(六)公民的著作权、专利权中的财产权利;
(七)公民的其他合法财产。

---

① 简称《继承法》。

第5条【继承方式】 ★★

继承开始后,按照法定继承办理;有遗嘱的,按照遗嘱继承或者遗赠办理;有遗赠扶养协议的,按照协议办理。

第10条【继承人范围及继承顺序】 ★★★

遗产按照下列顺序继承:

第一顺序:配偶、子女、父母。

第二顺序:兄弟姐妹、祖父母、外祖父母。

继承开始后,由第一顺序继承人继承,第二顺序继承人不继承。没有第一顺序继承人继承的,由第二顺序继承人继承。

本法所说的子女,包括婚生子女、非婚生子女、养子女和有扶养关系的继子女。

本法所说的父母,包括生父母、养父母和有扶养关系的继父母。

本法所说的兄弟姐妹,包括同父母的兄弟姐妹、同父异母或者同母异父的兄弟姐妹、养兄弟姐妹、有扶养关系的继兄弟姐妹。

第13条【遗产分配】 ★★

同一顺序继承人继承遗产的份额,一般应当均等。

对生活有特殊困难的缺乏劳动能力的继承人,分配遗产时,应当予以照顾。

对被继承人尽了主要扶养义务或者与被继承人共同生活的继承人,分配遗产时,可以多分。

有扶养能力和有扶养条件的继承人,不尽扶养义务的,分配遗产时,应当不分或者少分。

继承人协商同意的,也可以不均等。

第16条【遗嘱与遗赠的一般规定】 ★★

公民可以依照本法规定立遗嘱处分个人财产,并可以指定遗嘱执行人。

公民可以立遗嘱将个人财产指定由法定继承人的一人或者数人继承。

公民可以立遗嘱将个人财产赠给国家、集体或者法定继承人以外的人。

第17条【遗嘱的形式】 ★★

公证遗嘱由遗嘱人经公证机关办理。

自书遗嘱由遗嘱人亲笔书写,签名,注明年、月、日。

代书遗嘱应当有两个以上见证人在场见证,由其中一人代书,注明年、月、日,并由代书人、其他见证人和遗嘱人签名。

以录音形式立的遗嘱,应当有两个以上见证人在场见证。

遗嘱人在危急情况下,可以立口头遗嘱。口头遗嘱应当有两个以上见证人在场见证。危急情况解除后,遗嘱人能够用书面或者录音形式立遗嘱的,所立的口头遗嘱无效。

第 25 条【继承和遗赠的接受与放弃】 ★★

继承开始后,继承人放弃继承的,应当在遗产处理前,作出放弃继承的表示。没有表示的,视为接受继承。

受遗赠人应当在知道受遗赠后两个月内,作出接受或者放弃受遗赠的表示。到期没有表示的,视为放弃受遗赠。

第 26 条【遗产的认定】 ★★

夫妻在婚姻关系存续期间所得的共同所有的财产,除有约定的以外,如果分割遗产,应当先将共同所有的财产的一半分出为配偶所有,其余的为被继承人的遗产。

遗产在家庭共有财产之中的,遗产分割时,应当先分出他人的财产。

第 29 条【遗产分割的规则和方法】 ★★

遗产分割应当有利于生产和生活需要,不损害遗产的效用。

不宜分割的遗产,可以采取折价、适当补偿或者共有等方法处理。

第 33 条【继承遗产与清偿债务】 ★★

继承遗产应当清偿被继承人依法应当缴纳的税款和债务,缴纳税款和清偿债务以他的遗产实际价值为限。超过遗产实际价值部分,继承人自愿偿还的不在此限。

继承人放弃继承的,对被继承人依法应当缴纳的税款和债务可以不负偿还责任。

中华人民共和国拍卖法[①]

(1996 年 7 月 5 日第八届全国人民代表大会常务委员会第二十次会议通过,根据 2004 年 8 月 28 日第十届全国人民代表大会常务委员会第十一次会议《关于修改〈中华人民共和国拍卖法〉的决定》第一次修正,根据 2015 年 4 月 24 日第十二届全国人民代表大会常务委员会第十四

---

① 简称《拍卖法》。

次会议《关于修改〈中华人民共和国电力法〉等六部法律的决定》第二次修正)

第3条【拍卖的定义】 ★★
拍卖是指以公开竞价的形式,将特定物品或者财产权利转让给最高应价者的买卖方式。

第4条【拍卖活动遵循的原则:公开、公平、公正、诚实信用】 ★
拍卖活动应当遵守有关法律、行政法规,遵循公开、公平、公正、诚实信用的原则。

第6条【拍卖标的】 ★★
拍卖标的应当是委托人所有或者依法可以处分的物品或者财产权利。

第18条【拍卖人有权要求委托人说明标的来源和瑕疵;拍卖人对竞买人的说明义务】 ★
拍卖人有权要求委托人说明拍卖标的的来源和瑕疵。
拍卖人应当向竞买人说明拍卖标的的瑕疵。

第24条【拍卖人交付价款、转移拍卖标的的义务】 ★
拍卖成交后,拍卖人应当按照约定向委托人交付拍卖标的的价款,并按照约定将拍卖标的移交给买受人。

第31条【委托人移交拍卖标的的义务】 ★★
按照约定由委托人移交拍卖标的的,拍卖成交后,委托人应当将拍卖标的移交给买受人。

第39条【买受人支付拍卖物价款的义务;拍卖标的再拍卖时的佣金支付及价款差额补足义务】 ★★
买受人应当按照约定支付拍卖标的的价款,未按照约定支付价款的,应当承担违约责任,或者由拍卖人征得委托人的同意,将拍卖标的再行拍卖。
拍卖标的再行拍卖的,原买受人应当支付第一次拍卖中本人及委托人应当支付的佣金。再行拍卖的价款低于原拍卖价款的,原买受人应当补足差额。

第40条【买受人未按约定取得拍卖标的时拍卖人或委托人的违约责任;买受人未按约定受领拍卖标的的费用承担】 ★★
买受人未能按照约定取得拍卖标的的,有权要求拍卖人或者委托人承担违约责任。
买受人未按照约定受领拍卖标的的,应当支付由此产生的保管费用。

第 51 条【拍卖成交】 ★

竞买人的最高应价经拍卖师落槌或者以其他公开表示买定的方式确认后,拍卖成交。

第 52 条【拍卖成交确认书的签署】 ★★

拍卖成交后,买受人和拍卖人应当签署成交确认书。

第 55 条【拍卖标的证照变更、产权过户手续的办理】 ★★

拍卖标的需要依法办理证照变更、产权过户手续的,委托人、买受人应当持拍卖人出具的成交证明和有关材料,向有关行政管理机关办理手续。

第 56 条【拍卖佣金比例的确定;拍卖未成交时的合理费用】 ★★

委托人、买受人可以与拍卖人约定佣金的比例。

委托人、买受人与拍卖人对佣金比例未作约定,拍卖成交的,拍卖人可以向委托人、买受人各收取不超过拍卖成交价百分之五的佣金。收取佣金的比例按照同拍卖成交价成反比的原则确定。

拍卖未成交的,拍卖人可以向委托人收取约定的费用;未作约定的,可以向委托人收取为拍卖支出的合理费用。

第 61 条【拍卖人、委托人的瑕疵担保责任:拍卖人、委托人声明义务、拍卖人的赔偿责任、拍卖人的追偿权;拍卖人、委托人的免责事由;因拍卖标的存在缺陷致人损害请求赔偿的诉讼时效期间与法律适用】 ★★

拍卖人、委托人违反本法第十八条第二款、第二十七条的规定,未说明拍卖标的的瑕疵,给买受人造成损害的,买受人有权向拍卖人要求赔偿;属于委托人责任的,拍卖人有权向委托人追偿。

拍卖人、委托人在拍卖前声明不能保证拍卖标的的真伪或者品质的,不承担瑕疵担保责任。

因拍卖标的存在瑕疵未声明的,请求赔偿的诉讼时效期间为一年,自当事人知道或者应当知道权利受到损害之日起计算。

因拍卖标的存在缺陷造成人身、财产损害请求赔偿的诉讼时效期间,适用《中华人民共和国产品质量法》和其他法律的有关规定。

中华人民共和国种子法①

(2000年7月8日第九届全国人民代表大会常务委员会第十六次会议通过,根据2004年8月28日第十届全国人民代表大会常务委员会第十一次会议《关于修改〈中华人民共和国种子法〉的决定》第一次修正,根据2013年6月29日第十二届全国人民代表大会常务委员会第三次会议《关于修改〈中华人民共和国文物保护法〉等十二部法律的决定》第二次修正,根据2015年11月4日第十二届全国人民代表大会常务委员会第十七次会议修订)

第26条【植物新品种权的授予规则】 ★★

一个植物新品种只能授予一项植物新品种权。两个以上的申请人分别就同一个品种申请植物新品种权的,植物新品种权授予最先申请的人;同时申请的,植物新品种权授予最先完成该品种育种的人。

对违反法律、危害社会公共利益、生态环境的植物新品种,不授予植物新品种权。

第31条【种子生产经营许可证的审核、核发】 ★★

从事种子进出口业务的种子生产经营许可证,由省、自治区、直辖市人民政府农业、林业主管部门审核,国务院农业、林业主管部门核发。

从事主要农作物杂交种子及其亲本种子、林木良种种子的生产经营以及实行选育生产经营相结合,符合国务院农业、林业主管部门规定条件的种子企业的种子生产经营许可证,由生产经营者所在地县级人民政府农业、林业主管部门审核,省、自治区、直辖市人民政府农业、林业主管部门核发。

前两款规定以外的其他种子的生产经营许可证,由生产经营者所在地县级以上地方人民政府农业、林业主管部门核发。

只从事非主要农作物种子和非主要林木种子生产的,不需要办理种子生产经营许可证。

---

① 简称《种子法》。

第 41 条【种子销售中的标签、标注和使用说明;种子经营者的义务及禁止性规定】 ★★

销售的种子应当符合国家或者行业标准,附有标签和使用说明。标签和使用说明标注的内容应当与销售的种子相符。种子生产经营者对标注内容的真实性和种子质量负责。

标签应当标注种子类别、品种名称、品种审定或者登记编号、品种适宜种植区域及季节、生产经营者及注册地、质量指标、检疫证明编号、种子生产经营许可证编号和信息代码,以及国务院农业、林业主管部门规定的其他事项。

销售授权品种种子的,应当标注品种权号。

销售进口种子的,应当附有进口审批文号和中文标签。

销售转基因植物品种种子的,必须用明显的文字标注,并应当提示使用时的安全控制措施。

种子生产经营者应当遵守有关法律、法规的规定,诚实守信,向种子使用者提供种子生产者信息、种子的主要性状、主要栽培措施、适应性等使用条件的说明、风险提示与有关咨询服务,不得作虚假或者引人误解的宣传。

任何单位和个人不得非法干预种子生产经营者的生产经营自主权。

中华人民共和国水法①

(1988 年 1 月 21 日第六届全国人民代表大会常务委员会第 24 次会议通过,2002 年 8 月 29 日第九届全国人民代表大会常务委员会第二十九次会议修订,根据 2009 年 8 月 27 日第十一届全国人民代表大会常务委员会第十次会议《关于修改部分法律的决定》修正,根据 2016 年 7 月 2 日第十二届全国人民代表大会常务委员会第二十一次会议《关于修改〈中华人民共和国节约能源法〉第六部法律的决定第二次修正)

第 48 条【取水权的取得】 ★

直接从江河、湖泊或者地下取用水资源的单位和个人,应当按照国家取水许可制度和水资源有偿使用制度的规定,向水行政主管部门或者流域管理

---

① 简称《水法》。

机构申请领取取水许可证,并缴纳水资源费,取得取水权。但是,家庭生活和零星散养、圈养畜禽饮用等少量取水的除外。

实施取水许可制度和征收管理水资源费的具体办法,由国务院规定。

第 55 条【使用水工程供应的水应缴纳水费、水价的确定原则及具体办法的制定】 ★★

使用水工程供应的水,应当按照国家规定向供水单位缴纳水费。供水价格应当按照补偿成本、合理收益、优质优价、公平负担的原则确定。具体办法由省级以上人民政府价格主管部门会同同级水行政主管部门或者其他供水行政主管部门依据职权制定。

第 70 条【拒不缴纳、拖延缴纳或者拖欠水资源费的法律责任】 ★★

拒不缴纳、拖延缴纳或者拖欠水资源费的,由县级以上人民政府水行政主管部门或者流域管理机构依据职权,责令限期缴纳;逾期不缴纳的,从滞纳之日起按日加收滞纳部分千分之二的滞纳金,并处应缴或者补缴水资源费一倍以上五倍以下的罚款。

中华人民共和国产品质量法①

(1993 年 2 月 22 日第七届全国人民代表大会常务委员会第三十次会议通过,根据 2000 年 7 月 8 日第九届全国人民代表大会常务委员会第十六次会议《关于修改〈中华人民共和国产品质量法〉的决定》第一次修正,根据 2009 年 8 月 27 日第十一届全国人民代表大会常务委员会第十次会议《关于修改部分法律的决定》第二次修正)

第 4 条【产品质量责任的承担主体】 ★★
生产者、销售者依照本法规定承担产品质量责任。

第 12 条【产品质量的基本要求:检验合格、不得以不合格产品冒充合格产品】 ★★

产品质量应当检验合格,不得以不合格产品冒充合格产品。

---

① 简称《产品质量法》。

第40条【销售者的责任承担】　　　　　　　　　　　　★★

售出的产品有下列情形之一的,销售者应当负责修理、更换、退货;给购买产品的消费者造成损失的,销售者应当赔偿损失:

(一)不具备产品应当具备的使用性能而事先未作说明的;

(二)不符合在产品或者其包装上注明采用的产品标准的;

(三)不符合以产品说明、实物样品等方式表明的质量状况的。

销售者依照前款规定负责修理、更换、退货、赔偿损失后,属于生产者的责任或者属于向销售者提供产品的其他销售者(以下简称供货者)的责任的,销售者有权向生产者、供货者追偿。

销售者未按照第一款规定给予修理、更换、退货或者赔偿损失的,由产品质量监督部门或者工商行政管理部门责令改正。

生产者之间,销售者之间,生产者与销售者之间订立的买卖合同、承揽合同有不同约定的,合同当事人按照合同约定执行。

中华人民共和国招标投标法[①]

(1999年8月30日第九届全国人民代表大会常务委员会第十一次会议通过,自2000年1月1日起施行)

第3条【必须进行招标的工程建设项目】　　　　　　　　　　★

在中华人民共和国境内进行下列工程建设项目包括项目的勘察、设计、施工、监理以及与工程建设有关的重要设备、材料等的采购,必须进行招标:

(一)大型基础设施、公用事业等关系社会公共利益、公众安全的项目;

(二)全部或者部分使用国有资金投资或者国家融资的项目;

(三)使用国际组织或者外国政府贷款、援助资金的项目。

前款所列项目的具体范围和规模标准,由国务院发展计划部门会同国务院有关部门制订,报国务院批准。

法律或者国务院对必须进行招标的其他项目的范围有规定的,依照其

---

① 简称《招标投标法》。

规定。

第 5 条【招标投标活动应当遵循的原则：公开、公平、公正和诚实信用】 ★★

招标投标活动应当遵循公开、公平、公正和诚实信用的原则。

第 10 条【招标的方式：公开招标；邀请招标】 ★

招标分为公开招标和邀请招标。

公开招标，是指招标人以招标公告的方式邀请不特定的法人或者其他组织投标。

邀请招标，是指招标人以投标邀请书的方式邀请特定的法人或者其他组织投标。

第 34 条【开标时间与地点】 ★★

开标应当在招标文件确定的提交投标文件截止时间的同一时间公开进行；开标地点应当为招标文件中预先确定的地点。

第 35 条【开标】 ★★

开标由招标人主持，邀请所有投标人参加。

第 36 条【投标文件的拆封与宣读；开标过程应记录存档】 ★★

开标时，由投标人或者其推选的代表检查投标文件的密封情况，也可以由招标人委托的公证机构检查并公证；经确认无误后，由工作人员当众拆封、宣读投标人名称、投标价格和投标文件的其他主要内容。

招标人在招标文件要求提交投标文件的截止时间前收到的所有投标文件，开标时都应当当众予以拆封、宣读。

开标过程应当记录，并存档备查。

第 37 条【评标委员会的职责与组成】 ★★

评标由招标人依法组建的评标委员会负责。

依法必须进行招标的项目，其评标委员会由招标人的代表和有关技术、经济等方面的专家组成，成员人数为五人以上单数，其中技术、经济等方面的专家不得少于成员总数的三分之二。

前款专家应当从事相关领域工作满八年并具有高级职称或者具有同等专业水平，由招标人从国务院有关部门或者省、自治区、直辖市人民政府有关部门提供的专家名册或者招标代理机构的专家库内的相关专业的专家名单中确定；一般招标项目可以采取随机抽取方式，特殊招标项目可以由招标人直接确定。

与投标人有利害关系的人不得进入相关项目的评标委员会；已经进入的

应当更换。

评标委员会成员的名单在中标结果确定前应当保密。

第45条【中标结果的通知;中标通知书的法律效力】 ★★

中标人确定后,招标人应当向中标人发出中标通知书,并同时将中标结果通知所有未中标的投标人。

中标通知书对招标人和中标人具有法律效力。中标通知书发出后,招标人改变中标结果的,或者中标人放弃中标项目的,应当依法承担法律责任。

第46条【合同的签订;履约保证金】 ★★

招标人和中标人应当自中标通知书发出之日起三十日内,按照招标文件和中标人的投标文件订立书面合同。招标人和中标人不得再行订立背离合同实质性内容的其他协议。

招标文件要求中标人提交履约保证金的,中标人应当提交。

中华人民共和国劳动合同法①

(2007年6月29日第十届全国人民代表大会常务委员会第二十八次会议通过,根据2012年12月28日第十一届全国人民代表大会常务委员会第三十次会议《关于修改〈中华人民共和国劳动合同法〉的决定》修正)

第9条【用人单位招用劳动者时的禁止事项】 ★

用人单位招用劳动者,不得扣押劳动者的居民身份证和其他证件,不得要求劳动者提供担保或者以其他名义向劳动者收取财物。

第30条【用人单位的劳动报酬支付义务;劳动者申请支付令的条件】 ★

用人单位应当按照劳动合同约定和国家规定,向劳动者及时足额支付劳动报酬。

用人单位拖欠或者未足额支付劳动报酬的,劳动者可以依法向当地人民法院申请支付令,人民法院应当依法发出支付令。

---

① 简称《劳动合同法》。

第38条【劳动者可以单方解除劳动合同的情形】 ★★

用人单位有下列情形之一的,劳动者可以解除劳动合同:

(一)未按照劳动合同约定提供劳动保护或者劳动条件的;

(二)未及时足额支付劳动报酬的;

(三)未依法为劳动者缴纳社会保险费的;

(四)用人单位的规章制度违反法律、法规的规定,损害劳动者权益的;

(五)因本法第二十六条第一款规定的情形致使劳动合同无效的;

(六)法律、行政法规规定劳动者可以解除劳动合同的其他情形。

用人单位以暴力、威胁或者非法限制人身自由的手段强迫劳动者劳动的,或者用人单位违章指挥、强令冒险作业危及劳动者人身安全的,劳动者可以立即解除劳动合同,不需事先告知用人单位。

第39条【用人单位可以单方解除劳动合同的情形】 ★

劳动者有下列情形之一的,用人单位可以解除劳动合同:

(一)在试用期间被证明不符合录用条件的;

(二)严重违反用人单位的规章制度的;

(三)严重失职,营私舞弊,给用人单位造成重大损害的;

(四)劳动者同时与其他用人单位建立劳动关系,对完成本单位的工作任务造成严重影响,或者经用人单位提出,拒不改正的;

(五)因本法第二十六条第一款第一项规定的情形致使劳动合同无效的;

(六)被依法追究刑事责任的。

第46条【用人单位应向劳动者支付经济补偿金的情形】 ★★

有下列情形之一的,用人单位应当向劳动者支付经济补偿:

(一)劳动者依照本法第三十八条规定解除劳动合同的;

(二)用人单位依照本法第三十六条规定向劳动者提出解除劳动合同并与劳动者协商一致解除劳动合同的;

(三)用人单位依照本法第四十条规定解除劳动合同的;

(四)用人单位依照本法第四十一条第一款规定解除劳动合同的;

(五)除用人单位维持或者提高劳动合同约定条件续订劳动合同,劳动者不同意续订的情形外,依照本法第四十四条第一项规定终止固定期限劳动合同的;

(六)依照本法第四十四条第四项、第五项规定终止劳动合同的;

(七)法律、行政法规规定的其他情形。

第47条【经济补偿金的支付标准】 ★★

经济补偿按劳动者在本单位工作的年限,每满一年支付一个月工资的标准向劳动者支付。六个月以上不满一年的,按一年计算;不满六个月的,向劳动者支付半个月工资的经济补偿。

劳动者月工资高于用人单位所在直辖市、设区的市级人民政府公布的本地区上年度职工月平均工资三倍的,向其支付经济补偿的标准按职工月平均工资三倍的数额支付,向其支付经济补偿的年限最高不超过十二年。

本条所称月工资是指劳动者在劳动合同解除或者终止前十二个月的平均工资。

第87条【用人单位违法解除或终止劳动合同的赔偿金支付】 ★

用人单位违反本法规定解除或者终止劳动合同的,应当依照本法第四十七条规定的经济补偿标准的二倍向劳动者支付赔偿金。

中华人民共和国食品安全法①

(2009年2月28日第十一届全国人民代表大会常务委员会第七次会议通过,根据2015年4月24日第十二届全国人民代表大会常务委员会第十四次会议修订)

第2条【食品安全法的调整范围】 ★

在中华人民共和国境内从事下列活动,应当遵守本法:

(一)食品生产和加工(以下称食品生产),食品销售和餐饮服务(以下称食品经营);

(二)食品添加剂的生产经营;

(三)用于食品的包装材料、容器、洗涤剂、消毒剂和用于食品生产经营的工具、设备(以下称食品相关产品)的生产经营;

(四)食品生产经营者使用食品添加剂、食品相关产品;

(五)食品的贮存和运输;

---

① 简称《食品安全法》。

（六）对食品、食品添加剂、食品相关产品的安全管理。

供食用的源于农业的初级产品（以下称食用农产品）的质量安全管理，遵守《中华人民共和国农产品质量安全法》的规定。但是，食用农产品的市场销售、有关质量安全标准的制定、有关安全信息的公布和本法对农业投入品作出规定的，应当遵守本法的规定。

第3条【食品安全工作的原则】 ★

食品安全工作实行预防为主、风险管理、全程控制、社会共治，建立科学、严格的监督管理制度。

第19条【食品安全的风险评估机制】 ★

国务院食品药品监督管理、质量监督、农业行政等部门在监督管理工作中发现需要进行食品安全风险评估的，应当向国务院卫生行政部门提出食品安全风险评估的建议，并提供风险来源、相关检验数据和结论等信息、资料。属于本法第十八条规定情形的，国务院卫生行政部门应当及时进行食品安全风险评估，并向国务院有关部门通报评估结果。

第20条【相关行政部门及时互相通报食品、食用农产品安全风险监测等信息的规定】 ★

省级以上人民政府卫生行政、农业行政部门应当及时相互通报食品、食用农产品安全风险监测信息。

国务院卫生行政、农业行政部门应当及时相互通报食品、食用农产品安全风险评估结果等信息。

第28条【食品安全国家标准的制定及审查】 ★

制定食品安全国家标准，应当依据食品安全风险评估结果并充分考虑食用农产品安全风险评估结果，参照相关的国际标准和国际食品安全风险评估结果，并将食品安全国家标准草案向社会公布，广泛听取食品生产经营者、消费者、有关部门等方面的意见。

食品安全国家标准应当经国务院卫生行政部门组织的食品安全国家标准审评委员会审查通过。食品安全国家标准审评委员会由医学、农业、食品、营养、生物、环境等方面的专家以及国务院有关部门、食品行业协会、消费者协会的代表组成，对食品安全国家标准草案的科学性和实用性等进行审查。

第29条【地方特色食品的地方安全标准的制定、备案和废止】 ★

对地方特色食品，没有食品安全国家标准的，省、自治区、直辖市人民政府卫生行政部门可以制定并公布食品安全地方标准，报国务院卫生行政部门备案。食品安全国家标准制定后，该地方标准即行废止。

第39条【食品添加剂生产的许可制度】 ★★

国家对食品添加剂生产实行许可制度。从事食品添加剂生产,应当具有与所生产食品添加剂品种相适应的场所、生产设备或者设施、专业技术人员和管理制度,并依照本法第三十五条第二款规定的程序,取得食品添加剂生产许可。

生产食品添加剂应当符合法律、法规和食品安全国家标准。

第67条【预包装食品上标签标明的事项】 ★

预包装食品的包装上应当有标签。标签应当标明下列事项:

(一)名称、规格、净含量、生产日期;

(二)成分或者配料表;

(三)生产者的名称、地址、联系方式;

(四)保质期;

(五)产品标准代号;

(六)贮存条件;

(七)所使用的食品添加剂在国家标准中的通用名称;

(八)生产许可证编号;

(九)法律、法规或者食品安全标准规定应当标明的其他事项。

专供婴幼儿和其他特定人群的主辅食品,其标签还应当标明主要营养成分及其含量。

食品安全国家标准对标签标注事项另有规定的,从其规定。

第96条【食品进口相关企业的登记和备案义务】 ★★

向我国境内出口食品的境外出口商或者代理商、进口食品的进口商应当向国家出入境检验检疫部门备案。向我国境内出口食品的境外食品生产企业应当经国家出入境检验检疫部门注册。已经注册的境外食品生产企业提供虚假材料,或者因其自身的原因致使进口食品发生重大食品安全事故的,国家出入境检验检疫部门应当撤销注册并公告。

国家出入境检验检疫部门应当定期公布已经备案的境外出口商、代理商、进口商和已经注册的境外食品生产企业名单。

第148条【消费者因食品受到损害时的求偿权;首负责制与追偿;惩罚性赔偿】 ★

消费者因不符合食品安全标准的食品受到损害的,可以向经营者要求赔偿损失,也可以向生产者要求赔偿损失。接到消费者赔偿要求的生产经营者,应当实行首负责任制,先行赔付,不得推诿;属于生产者责任的,经营者赔偿后有权向生产者追偿;属于经营者责任的,生产者赔偿后有权向经营者追偿。

生产不符合食品安全标准的食品或者经营明知是不符合食品安全标准的食品,消费者除要求赔偿损失外,还可以向生产者或者经营者要求支付价款十倍或者损失三倍的赔偿金;增加赔偿的金额不足一千元的,为一千元。但是,食品的标签、说明书存在不影响食品安全且不会对消费者造成误导的瑕疵的除外。

中华人民共和国旅游法①

(2013年4月25日第十二届全国人民代表大会常务委员会第二次会议通过,根据2016年11月7日第十一届全国人民代表大会常务委员会第二十四次会议《关于修改〈中华人民共和国对外贸易法〉等十二部法律的决定》修正)

第70条【旅行社不履行包价旅游合同义务或者履行合同义务不符合约定以及在旅行者自行活动期间未尽提示、救助义务的责任承担】　★★

旅行社不履行包价旅游合同义务或者履行合同义务不符合约定的,应当依法承担继续履行、采取补救措施或者赔偿损失等违约责任;造成旅游者人身损害、财产损失的,应当依法承担赔偿责任。旅行社具备履行条件,经旅游者要求仍拒绝履行合同,造成旅游者人身损害、滞留等严重后果的,旅游者还可以要求旅行社支付旅游费用一倍以上三倍以下的赔偿金。

由于旅游者自身原因导致包价旅游合同不能履行或者不能按照约定履行,或者造成旅游者人身损害、财产损失的,旅行社不承担责任。

在旅游者自行安排活动期间,旅行社未尽到安全提示、救助义务的,应当对旅游者的人身损害、财产损失承担相应责任。

第71条【由于地接社、履行辅助人的原因导致违约时的责任承担;由于公共交通经营者的原因造成旅游者人身损害、财产损失时的责任承担规则】
　★★

---

① 简称《旅游法》。

由于地接社、履行辅助人的原因导致违约的,由组团社承担责任;组团社承担责任后可以向地接社、履行辅助人追偿。

由于地接社、履行辅助人的原因造成旅游者人身损害、财产损失的,旅游者可以要求地接社、履行辅助人承担赔偿责任,也可以要求组团社承担赔偿责任;组团社承担责任后可以向地接社、履行辅助人追偿。但是,由于公共交通经营者的原因造成旅游者人身损害、财产损失的,由公共交通经营者依法承担赔偿责任,旅行社应当协助旅游者向公共交通经营者索赔。

中华人民共和国个人所得税法①

(1980年9月10日第五届全国人民代表大会第三次会议通过,根据1993年10月31日第八届全国人民代表大会常务委员会第四次会议《关于修改〈中华人民共和国个人所得税法〉的决定》第一次修正,根据1999年8月30日第九届全国人民代表大会常务委员会第十一次会议《关于修改〈中华人民共和国个人所得税法〉的决定》第二次修正,根据2005年10月27日第十届全国人民代表大会常务委员会第十八次会议《关于修改〈中华人民共和国个人所得税法〉的决定》第三次修正,根据2007年6月29日第十届全国人民代表大会常务委员会第二十八次会议《关于修改〈中华人民共和国个人所得税法〉的决定》第四次修正,根据2007年12月29日第十届全国人民代表大会常务委员会第三十一次会议《关于修改〈中华人民共和国个人所得税法〉的决定》第五次修正,根据2011年6月30日第十一届全国人民代表大会常务委员会第二十一次会议《关于修改〈中华人民共和国个人所得税法〉的决定》第六次修正)

第1条【纳税主体】 ★

在中国境内有住所,或者无住所而在境内居住满一年的个人,从中国境内和境外取得的所得,依照本法规定缴纳个人所得税。

在中国境内无住所又不居住或者无住所而在境内居住不满一年的个人,从中国境内取得的所得,依照本法规定缴纳个人所得税。

---

① 简称《个人所得税法》。

第2条【应纳个人所得税的法定项目】
下列各项个人所得,应纳个人所得税:
一、工资、薪金所得;
二、个体工商户的生产、经营所得;
三、对企事业单位的承包经营、承租经营所得;
四、劳务报酬所得;
五、稿酬所得;
六、特许权使用费所得;
七、利息、股息、红利所得;
八、财产租赁所得;
九、财产转让所得;
十、偶然所得;
十一、经国务院财政部门确定征税的其他所得。

第8条【个人所得税的纳税义务人和扣缴义务人及其纳税申报和扣缴申报】
个人所得税,以所得人为纳税义务人,以支付所得的单位或者个人为扣缴义务人。个人所得超过国务院规定数额的,在两处以上取得工资、薪金所得或者没有扣缴义务人的,以及具有国务院规定的其他情形的,纳税义务人应当按照国家规定办理纳税申报。扣缴义务人应当按照国家规定办理全员全额扣缴申报。

中华人民共和国电力法①

(1995年12月28日第八届全国人民代表大会常务委员会第十七次会议通过,根据2009年8月27日第十一届全国人民代表大会常务委员会第十次会议《关于修改部分法律的决定》第一次修正,根据2015年4月24日第十二届全国人民代表大会常务委员会第十四次会议《关于修改〈中华人民共和国电力法〉等六部法律的决定》第二次修正)

---

① 简称《电力法》。

第33条【供电企业电费的记录和收取;国家核定电价和用电计量装置、入户查电收费人员出示有关证件的义务、用户提供方便和交费的义务】★★

供电企业应当按照国家核准的电价和用电计量装置的记录,向用户计收电费。

供电企业查电人员和抄表收费人员进入用户,进行用电安全检查或者抄表收费时,应当出示有关证件。

用户应当按照国家核准的电价和用电计量装置的记录,按时交纳电费;对供电企业查电人员和抄表收费人员依法履行职责,应当提供方便。

第60条【电力企业的损害赔偿责任及免责事由;用户或第三人的损害赔偿责任】★

因电力运行事故给用户或者第三人造成损害的,电力企业应当依法承担赔偿责任。

电力运行事故由下列原因之一造成的,电力企业不承担赔偿责任:

(一)不可抗力;

(二)用户自身的过错。

因用户或者第三人的过错给电力企业或者其他用户造成损害的,该用户或者第三人应当依法承担赔偿责任。

中华人民共和国村民委员会组织法①

(1998年11月4日第九届全国人民代表大会常务委员会第五次会议通过,根据2010年10月28日第十一届全国人民代表大会常务委员会第十七次会议修订)

第24条【经村民会议讨论决定方可办理的事项;村民代表会议需经村民会议授权】★★

涉及村民利益的下列事项,经村民会议讨论决定方可办理:

(一)本村享受误工补贴的人员及补贴标准;

---

① 简称《村民委员会组织法》。

(二) 从村集体经济所得收益的使用;
(三) 本村公益事业的兴办和筹资筹劳方案及建设承包方案;
(四) 土地承包经营方案;
(五) 村集体经济项目的立项、承包方案;
(六) 宅基地的使用方案;
(七) 征地补偿费的使用、分配方案;
(八) 以借贷、租赁或者其他方式处分村集体财产;
(九) 村民会议认为应当由村民会议讨论决定的涉及村民利益的其他事项。

村民会议可以授权村民代表会议讨论决定前款规定的事项。

法律对讨论决定村集体经济组织财产和成员权益的事项另有规定的,依照其规定。

中华人民共和国民办教育促进法①

(2002年12月28日第九届全国人民代表大会常务委员会第三十一次会议通过,根据2013年6月29日第十二届全国人民代表大会常务委员会第三次会议《关于修改〈中华人民共和国文物保护法〉等十二部法律的决定》第一次修正。根据2016年11月7日第十二届全国人民代表大会常务委员会第二十四次会议《关于修改〈中华人民共和国民办教育促进法〉的决定》第二次修正)

第36条【民办学校的法人财产权】 ★★

民办学校对举办者投入民办学校的资产、国有资产、受赠的财产以及办学积累,享有法人财产权。

---

① 简称《民办教育促进法》。

中华人民共和国矿产资源法①

(1986年3月19日第六届全国人民代表大会常务委员会第十五次会议通过,根据1996年8月29日第八届全国人民代表大会常务委员会第二十一次会议《关于修改〈中华人民共和国矿产资源法〉的决定》第一次修正,根据2009年8月27日第十一届全国人民代表大会常务委员会第十次会议《关于修改部分法律的决定》第二次修正)

第3条【矿产资源的归属:国家所有;勘查、开采矿产资源的条件】　★

矿产资源属于国家所有,由国务院行使国家对矿产资源的所有权。地表或者地下的矿产资源的国家所有权,不因其所依附的土地的所有权或者使用权的不同而改变。

国家保障矿产资源的合理开发利用。禁止任何组织或者个人用任何手段侵占或者破坏矿产资源。各级人民政府必须加强矿产资源的保护工作。

勘查、开采矿产资源,必须依法分别申请、经批准取得探矿权、采矿权,并办理登记;但是,已经依法申请取得采矿权的矿山企业在划定的矿区范围内为本企业的生产而进行的勘查除外。国家保护探矿权和采矿权不受侵犯,保障矿区和勘查作业区的生产秩序、工作秩序不受影响和破坏。

从事矿产资源勘查和开采的,必须符合规定的资质条件。

第6条【探矿权、采矿权可以转让的情形】　★★

除按下列规定可以转让外,探矿权、采矿权不得转让:

(一)探矿权人有权在划定的勘查作业区内进行规定的勘查作业,有权优先取得勘查作业区内矿产资源的采矿权。探矿权人在完成规定的最低勘查投入后,经依法批准,可以将探矿权转让他人。

(二)已取得采矿权的矿山企业,因企业合并、分立,与他人合资、合作经营,或者因企业资产出售以及有其他变更企业资产产权的情形而需要变更采矿权主体的,经依法批准可以将采矿权转让他人采矿。

前款规定的具体办法和实施步骤由国务院规定。

禁止将探矿权、采矿权倒卖牟利。

---

① 简称《矿产资源法》。

中华人民共和国劳动争议调解仲裁法

(2007年12月29日第十届全国人民代表大会常务委员会第三十一次会议通过,自2008年5月1日起施行)

第6条【劳动争议案件的举证责任】 ★

发生劳动争议,当事人对自己提出的主张,有责任提供证据。与争议事项有关的证据属于用人单位掌握管理的,用人单位应当提供;用人单位不提供的,应当承担不利后果。

第27条【劳动争议仲裁时效;劳动争议仲裁时效中断;劳动争议仲裁时效中止;对拖欠劳动报酬申请仲裁的时效规定】 ★★

劳动争议申请仲裁的时效期间为一年。仲裁时效期间从当事人知道或者应当知道其权利被侵害之日起计算。

前款规定的仲裁时效,因当事人一方向对方当事人主张权利,或者向有关部门请求权利救济,或者对方当事人同意履行义务而中断。从中断时起,仲裁时效期间重新计算。

因不可抗力或者有其他正当理由,当事人不能在本条第一款规定的仲裁时效期间申请仲裁的,仲裁时效中止。从中止时效的原因消除之日起,仲裁时效期间继续计算。

劳动关系存续期间因拖欠劳动报酬发生争议的,劳动者申请仲裁不受本条第一款规定的仲裁时效期间的限制;但是,劳动关系终止的,应当自劳动关系终止之日起一年内提出。

---

① 简称《劳动争议调解仲裁法》。

中华人民共和国税收征收管理法[1]

(1992年9月4日第七届全国人民代表大会常务委员会第二十七次会议通过,根据1995年2月28日第八届全国人民代表大会常务委员会第十二次会议《关于修改〈中华人民共和国税收征收管理法〉的决定》第一次修正,2001年4月28日第九届全国人民代表大会常务委员会第二十一次会议修订,根据2013年6月29日第十二届全国人民代表大会常务委员会第三次会议《关于修改〈中华人民共和国文物保护法〉等十二部法律的决定》第二次修正,根据2015年4月24日第十二届全国人民代表大会常务委员会第十四次会议《关于修改〈中华人民共和国港口法〉等七部法律的决定》第三次修正)

第30条【扣缴义务人代扣、代收税款的义务;纳税人的不得拒绝的义务;手续费支付】 ★

扣缴义务人依照法律、行政法规的规定履行代扣、代收税款的义务。对法律、行政法规没有规定负有代扣、代收税款义务的单位和个人,税务机关不得要求其履行代扣、代收税款义务。

扣缴义务人依法履行代扣、代收税款义务时,纳税人不得拒绝。纳税人拒绝的,扣缴义务人应当及时报告税务机关处理。

税务机关按照规定付给扣缴义务人代扣、代收手续费。

第34条【完税凭证、代扣代收税款凭证的开具】 ★

税务机关征收税款时,必须给纳税人开具完税凭证。扣缴义务人代扣、代收税款时,纳税人要求扣缴义务人开具代扣、代收税款凭证的,扣缴义务人应当开具。

---

[1] 简称《税收征收管理法》。

中华人民共和国邮政法[1]

(1986年12月2日第六届全国人民代表大会常务委员会第十八次会议通过,根据2009年4月24日第十一届全国人民代表大会常务委员会第八次会议修订,根据2012年10月26日第十一届全国人民代表大会常务委员会第二十九次会议《关于修改〈中华人民共和国邮政法〉的决定》第一次修正,根据2015年4月24日第十二届全国人民代表大会常务委员会第十四次会议《关于修改〈中华人民共和国义务教育法〉等五部法律的决定》第二次修正)

第45条【邮件和汇款的损失赔偿】　★

邮政普遍服务业务范围内的邮件和汇款的损失赔偿,适用本章规定。

邮政普遍服务业务范围以外的邮件的损失赔偿,适用有关民事法律的规定。

邮件的损失,是指邮件丢失、损毁或者内件短少。

第47条【邮政企业对给据邮件的损失的赔偿】　★

邮政企业对给据邮件的损失依照下列规定赔偿:

(一)保价的给据邮件丢失或者全部损毁的,按照保价额赔偿;部分损毁或者内件短少的,按照保价额与邮件全部价值的比例对邮件的实际损失予以赔偿。

(二)未保价的给据邮件丢失、损毁或者内件短少的,按照实际损失赔偿,但最高赔偿额不超过所收取资费的三倍;挂号信件丢失、损毁的,按照所收取资费的三倍予以赔偿。

邮政企业应当在营业场所的告示中和提供给用户的给据邮件单据上,以足以引起用户注意的方式载明前款规定。

邮政企业因故意或者重大过失造成给据邮件损失,或者未履行前款规定义务的,无权援用本条第一款的规定限制赔偿责任。

---

[1] 简称《邮政法》。

中华人民共和国涉外民事关系法律适用法[1]

(2010年10月28日第十一届全国人民代表大会常务委员会第十七次会议通过,自2011年4月1日起施行)

第41条【合同的法律适用】 ★★

当事人可以协议选择合同适用的法律。当事人没有选择的,适用履行义务最能体现该合同特征的一方当事人经常居所地法律或者其他与该合同有最密切联系的法律。

中华人民共和国铁路法[2]

(1990年9月7日第七届全国人民代表大会常务委员会第十五次会议通过,根据2009年8月27日第十一届全国人民代表大会常务委员会第十次会议《关于修改部分法律的决定》第一次修正,根据2015年4月24日第十二届全国人民代表大会常务委员会第十四次会议《关于修改〈中华人民共和国义务教育法〉等五部法律的决定》第二次修正)

第10条【保证安全、正点到达】 ★

铁路运输企业应当保证旅客和货物运输的安全,做到列车正点到达。

第11条【铁路运输合同】 ★

铁路运输合同是明确铁路运输企业与旅客、托运人之间权利义务关系的协议。

旅客车票、行李票、包裹票和货物运单是合同或者合同的组成部分。

---

[1] 简称《涉外民事关系法律适用法》。
[2] 简称《铁路法》。

第 12 条【保证按票乘车】 ★

铁路运输企业应当保证旅客按车票载明的日期、车次乘车,并到达目的站。因铁路运输企业的责任造成旅客不能按车票载明的日期、车次乘车的,铁路运输企业应当按照旅客的要求,退还全部票款或者安排改乘到达相同目的站的其他列车。

第 17 条【铁路运输企业的赔偿责任;托运人或者旅客自愿投保】 ★

铁路运输企业应当对承运的货物、包裹、行李自接受承运时起到交付时止发生的灭失、短少、变质、污染或者损坏,承担赔偿责任:

(一)托运人或者旅客根据自愿申请办理保价运输的,按照实际损失赔偿,但最高不超过保价额。

(二)未按保价运输承运的,按照实际损失赔偿,但最高不超过国务院铁路主管部门规定的赔偿限额;如果损失是由于铁路运输企业的故意或者重大过失造成的,不适用赔偿限额的规定,按照实际损失赔偿。

托运人或者旅客根据自愿可以向保险公司办理货物运输保险,保险公司按照保险合同的约定承担赔偿责任。

托运人或者旅客根据自愿,可以办理保价运输,也可以办理货物运输保险;还可以既不办理保价运输,也不办理货物运输保险。不得以任何方式强迫办理保价运输或者货物运输保险。

第 25 条【铁路的旅客票价率和货物、行李运价率以及相关杂费项目标准的确定】 ★

铁路的旅客票价率和货物、行李的运价率实行政府指导价或者政府定价,竞争性领域实行市场调节价。政府指导价、政府定价的定价权限和具体适用范围以中央政府和地方政府的定价目录为依据。铁路旅客、货物运输杂费的收费项目和收费标准,以及铁路包裹运价率由铁路运输企业自主制定。

第 58 条【因铁路行车事故及其他铁路运营事故造成人身伤亡时铁路运输企业的责任承担规则】 ★

因铁路行车事故及其他铁路运营事故造成人身伤亡的,铁路运输企业应当承担赔偿责任;如果人身伤亡是因不可抗力或者由于受害人自身的原因造成的,铁路运输企业不承担赔偿责任。

违章通过平交道口或者人行过道,或者在铁路线路上行走、坐卧造成的人身伤亡,属于受害人自身的原因造成的人身伤亡。

中华人民共和国人民调解法①

(2010年8月28日第十一届全国人民代表大会常务委员会第十六次会议通过,自2011年1月1日起施行)

第31条【调解协议的效力:当事人履行协议、人民调解委员会监督、督促履行】 ★

经人民调解委员会调解达成的调解协议,具有法律约束力,当事人应当按照约定履行。

人民调解委员会应当对调解协议的履行情况进行监督,督促当事人履行约定的义务。

第32条【经人民调解委员会调解达成协议,可就协议的履行和内容提起诉讼】 ★

经人民调解委员会调解达成调解协议后,当事人之间就调解协议的履行或者调解协议的内容发生争议的,一方当事人可以向人民法院提起诉讼。

中华人民共和国仲裁法②

(1994年8月31日第八届全国人民代表大会常务委员会第九次会议通过,根据2009年8月27日第十一届全国人民代表大会常务委员会第十次会议《关于修改部分法律的决定》修正)

第16条【仲裁协议的形式和内容】 ★

仲裁协议包括合同中订立的仲裁条款和以其他书面方式在纠纷发生前

---

① 简称《人民调解法》。
② 简称《仲裁法》。

或者纠纷发生后达成的请求仲裁的协议。

仲裁协议应当具有下列内容：

（一）请求仲裁的意思表示；

（二）仲裁事项；

（三）选定的仲裁委员会。

中华人民共和国城市房地产管理法①

(1994年7月5日第八届全国人民代表大会常务委员会第八次会议通过，根据2007年8月30日第十届全国人民代表大会常务委员会第二十九次会议《关于修改〈中华人民共和国城市房地产管理法〉的决定》第一次修正，根据2009年8月27日第十一届全国人民代表大会常务委员会第十次会议《关于修改部分法律的决定》第二次修正)

第15条【土地使用权出让合同：书面形式、合同主体】　　★

土地使用权出让，应当签订书面出让合同。

土地使用权出让合同由市、县人民政府土地管理部门与土地使用者签订。

第18条【改变约定的土地用途】　　★

土地使用者需要改变土地使用权出让合同约定的土地用途的，必须取得出让方和市、县人民政府城市规划行政主管部门的同意，签订土地使用权出让合同变更协议或者重新签订土地使用权出让合同，相应调整土地使用权出让金。

---

① 简称《房地产管理法》。

中华人民共和国专利法[1]

(1984年3月12日第六届全国人民代表大会常务委员会第四次会议通过,根据1992年9月4日第七届全国人民代表大会常务委员会第二十七次会议《关于修改〈中华人民共和国专利法〉的决定》第一次修正,根据2000年8月25日第九届全国人民代表大会常务委员会第十七次会议《关于修改〈中华人民共和国专利法〉的决定》第二次修正,根据2008年12月27日第十一届全国人民代表大会常务委员会第六次会议《关于修改〈中华人民共和国专利法〉的决定》第三次修正)

第8条【合作完成的发明创造和接受委托完成的发明创造申请专利的权利及专利权归属】★

两个以上单位或者个人合作完成的发明创造、一个单位或者个人接受其他单位或者个人委托所完成的发明创造,除另有协议的以外,申请专利的权利属于完成或者共同完成的单位或者个人;申请被批准后,申请的单位或者个人为专利权人。

第44条【专利权提前终止的情形】★

有下列情形之一的,专利权在期限届满前终止:
(一)没有按照规定缴纳年费的;
(二)专利权人以书面声明放弃其专利权的。
专利权在期限届满前终止的,由国务院专利行政部门登记和公告。

中华人民共和国消防法[2]

(1998年4月29日第九届全国人民代表大会常务委员会第二次会议通过,根据2008年10月28日第十一届全国人民代表大会常务委员会

---

[1] 简称《专利法》。
[2] 简称《消防法》。

第五次会议修订)

第 15 条【公众聚集场所投入使用、营业前的消防安全检查】 ★

公众聚集场所在投入使用、营业前,建设单位或者使用单位应当向场所所在地的县级以上地方人民政府公安机关消防机构申请消防安全检查。

公安机关消防机构应当自受理申请之日起十个工作日内,根据消防技术标准和管理规定,对该场所进行消防安全检查。未经消防安全检查或者经检查不符合消防安全要求的,不得投入使用、营业。

中华人民共和国证券法①

(1998 年 12 月 29 日第九届全国人民代表大会常务委员会第六次会议通过,根据 2004 年 8 月 28 日第十届全国人民代表大会常务委员会第十一次会议《关于修改〈中华人民共和国证券法〉的决定》第一次修正,根据 2005 年 10 月 27 日第十届全国人民代表大会常务委员会第十八次会议修订,根据 2013 年 6 月 29 日第十二届全国人民代表大会常务委员会第三次会议《关于修改〈中华人民共和国文物保护法〉等十二部法律的决定》第二次修正,根据 2014 年 8 月 31 日第十二届全国人民代表大会常务委员会第十次会议《关于修改〈中华人民共和国保险法〉等五部法律的决定》第三次修正)

第 145 条【禁止证券公司及其从业人员私下接受委托】 ★

证券公司及其从业人员不得未经过其依法设立的营业场所私下接受客户委托买卖证券。

---

① 简称《证券法》。

中华人民共和国海商法[①]

(1992年11月7日第七届全国人民代表大会常务委员会第二十八次会议通过,自1993年7月1日起施行)

第55条【货物灭失、损坏赔偿额的计算;货物实际价值的确定】 ★

货物灭失的赔偿额,按照货物的实际价值计算;货物损坏的赔偿额,按照货物受损前后实际价值的差额或者货物的修复费用计算。

货物的实际价值,按照货物装船时的价值加保险费加运费计算。

前款规定的货物实际价值,赔偿时应当减去因货物灭失或者损坏而少付或者免付的有关费用。

第71条【提单的定义和主要功能】 ★

提单,是指用以证明海上货物运输合同和货物已经由承运人接收或者装船,以及承运人保证据以交付货物的单证。提单中载明的向记名人交付货物,或者按照指示人的指示交付货物,或者向提单持有人交付货物的条款,构成承运人据以交付货物的保证。

第86条【无人提取货物或收货人延迟、拒绝提取货物的处理】 ★

在卸货港无人提取货物或者收货人迟延、拒绝提取货物的,船长可以将货物卸在仓库或者其他适当场所,由此产生的费用和风险由收货人承担。

第102条【多式联运合同的定义】 ★

本法所称多式联运合同,是指多式联运经营人以两种以上的不同运输方式,其中一种是海上运输方式,负责将货物从接收地运至目的地交付收货人,并收取全程运费的合同。

前款所称多式联运经营人,是指本人或者委托他人以本人名义与托运人订立多式联运合同的人。

---

① 简称《海商法》。

中华人民共和国个人独资企业法①

(1999年8月30日第九届全国人民代表大会常务委员会第十一次会议通过，自2000年1月1日起施行)

第2条【个人独资企业的定义】 ★

本法所称个人独资企业，是指依照本法在中国境内设立，由一个自然人投资，财产为投资人个人所有，投资人以其个人财产对企业债务承担无限责任的经营实体。

第17条【个人独资企业财产的所有权归属及其转让或继承】 ★

个人独资企业投资人对本企业的财产依法享有所有权，其有关权利可以依法进行转让或继承。

第31条【个人独资企业的定义以及投资人的无限责任】 ★

个人独资企业财产不足以清偿债务的，投资人应当以其个人的其他财产予以清偿。

中华人民共和国安全生产法②

(2002年6月29日第九届全国人民代表大会常务委员会第二十八次会议通过，根据2009年8月27日第十一届全国人民代表大会常务委员会第十次会议关于《关于修改部分法律的决定》第一次修正，根据2014年8月31日第十二届全国人民代表大会常务委员会第十次会议《关于修改〈中华人民共和国安全生产法〉的决定》第二次修正)

**第27条【特种作业人员经专门安全作业培训取得相应资格方可上岗作

---

① 简称《个人独资企业法》。
② 简称《安全生产法》。

业】

生产经营单位的特种作业人员必须按照国家有关规定经专门的安全作业培训,取得相应资格,方可上岗作业。

特种作业人员的范围由国务院安全生产监督管理部门会同国务院有关部门确定。

第 60 条【安全生产监督管理职责部门的职责】

负有安全生产监督管理职责的部门依照有关法律、法规的规定,对涉及安全生产的事项需要审查批准(包括批准、核准、许可、注册、认证、颁发证照等,下同)或者验收的,必须严格依照有关法律、法规和国家标准或者行业标准规定的安全生产条件和程序进行审查;不符合有关法律、法规和国家标准或者行业标准规定的安全生产条件的,不得批准或者验收通过。对未依法取得批准或者验收合格的单位擅自从事有关活动的,负责行政审批的部门发现或者接到举报后应当立即予以取缔,并依法予以处理。对已经依法取得批准的单位,负责行政审批的部门发现其不再具备安全生产条件的,应当撤销原批准。

中华人民共和国社会保险法①

(2010 年 10 月 28 日第十一届全国人民代表大会常务委员会第十七次会议通过,自 2011 年 7 月 1 日起施行)

第 63 条【用人单位未按时足额缴纳社会保险费的处理】

用人单位未按时足额缴纳社会保险费的,由社会保险费征收机构责令其限期缴纳或者补足。

用人单位逾期仍未缴纳或者补足社会保险费的,社会保险费征收机构可以向银行和其他金融机构查询其存款账户;并可以申请县级以上有关行政部门作出划拨社会保险费的决定,书面通知其开户银行或者其他金融机构划拨社会保险费。用人单位账户余额少于应当缴纳的社会保险费的,社会保险费

---

① 简称《社会保险法》。

征收机构可以要求该用人单位提供担保,签订延期缴费协议。

用人单位未足额缴纳社会保险费且未提供担保的,社会保险费征收机构可以申请人民法院扣押、查封、拍卖其价值相当于应当缴纳社会保险费的财产,以拍卖所得抵缴社会保险费。

中华人民共和国广告法①

(1994年10月27日第八届全国人民代表大会常务委员会第十次会议通过,根据2015年4月24日第十二届全国人民代表大会常务委员会第十四次会议修订)

第54条【消费者组织的监督义务】 ★

消费者协会和其他消费者组织对违反本法规定,发布虚假广告侵害消费者合法权益,以及其他损害社会公共利益的行为,依法进行社会监督。

第55条【发布虚假广告的责任】 ★

违反本法规定,发布虚假广告的,由工商行政管理部门责令停止发布广告,责令广告主在相应范围内消除影响,处广告费用三倍以上五倍以下的罚款,广告费用无法计算或者明显偏低的,处二十万元以上一百万元以下的罚款;两年内有三次以上违法行为或者有其他严重情节的,处广告费用五倍以上十倍以下的罚款,广告费用无法计算或者明显偏低的,处一百万元以上二百万元以下的罚款,可以吊销营业执照,并由广告审查机关撤销广告审查批准文件、一年内不受理其广告审查申请。

医疗机构有前款规定违法行为,情节严重的,除由工商行政管理部门依照本法处罚外,卫生行政部门可以吊销诊疗科目或者吊销医疗机构执业许可证。

广告经营者、广告发布者明知或者应知广告虚假仍设计、制作、代理、发布的,由工商行政管理部门没收广告费用,并处广告费用三倍以上五倍以下的罚款,广告费用无法计算或者明显偏低的,处二十万元以上一百万元以下

---

① 简称《广告法》。

的罚款;两年内有三次以上违法行为或者有其他严重情节的,处广告费用五倍以上十倍以下的罚款,广告费用无法计算或者明显偏低的,处一百万元以上二百万元以下的罚款,并可以由有关部门暂停广告发布业务、吊销营业执照、吊销广告发布登记证件。

广告主、广告经营者、广告发布者有本条第一款、第三款规定行为,构成犯罪的,依法追究刑事责任。

中华人民共和国合伙企业法①

(1997年2月23日第八届全国人民代表大会常务委员会第二十四次会议通过,2006年8月27日第十届全国人民代表大会常务委员会第二十三次会议修订)

第2条【合伙企业的类型:普通合伙企业、有限合伙企业】 ★

本法所称合伙企业,是指自然人、法人和其他组织依照本法在中国境内设立的普通合伙企业和有限合伙企业。

普通合伙企业由普通合伙人组成,合伙人对合伙企业债务承担无限连带责任。本法对普通合伙人承担责任的形式有特别规定的,从其规定。

有限合伙企业由普通合伙人和有限合伙人组成,普通合伙人对合伙企业债务承担无限连带责任,有限合伙人以其认缴的出资额为限对合伙企业债务承担责任。

第39条【合伙人的无限连带责任】 ★

合伙企业不能清偿到期债务的,合伙人承担无限连带责任。

---

① 简称《合伙企业法》。

中华人民共和国海域使用管理法①

(2001年10月27日第九届全国人民代表大会常务委员会第二十四次会议通过,自2002年1月1日起施行)

第27条【海域使用权的变更、转让和继承】 ★

因企业合并、分立或者与他人合资、合作经营,变更海域使用权人的,需经原批准用海的人民政府批准。

海域使用权可以依法转让。海域使用权转让的具体办法,由国务院规定。

海域使用权可以依法继承。

---

① 简称《海域使用管理法》。

二、行政法规

物业管理条例①
★★★

(2003年6月8日国务院令第379号公布,根据2007年8月26日《国务院关于修改〈物业管理条例〉的决定》修订,根据2016年1月13日国务院第119次常务会议通过的《国务院关于修改部分行政法规的决定》修改)

第2条【物业管理的定义】 ★★★
本条例所称物业管理,是指业主通过选聘物业服务企业,由业主和物业服务企业按照物业服务合同约定,对房屋及配套的设施设备和相关场地进行维修、养护、管理,维护物业管理区域内的环境卫生和相关秩序的活动。

第6条【物业管理中业主的权利】 ★★★★
房屋的所有权人为业主。
业主在物业管理活动中,享有下列权利:
(一)按照物业服务合同的约定,接受物业服务企业提供的服务;
(二)提议召开业主大会会议,并就物业管理的有关事项提出建议;
(三)提出制定和修改管理规约、业主大会议事规则的建议;
(四)参加业主大会会议,行使投票权;
(五)选举业主委员会成员,并享有被选举权;
(六)监督业主委员会的工作;
(七)监督物业服务企业履行物业服务合同;
(八)对物业共用部位、共用设施设备和相关场地使用情况享有知情权和监督权;
(九)监督物业共用部位、共用设施设备专项维修资金(以下简称专项维修资金)的管理和使用;

---

① 简称《物业管理条例》。

（十）法律、法规规定的其他权利。

第 7 条【物业管理中业主的义务】 ★★★★★

业主在物业管理活动中，履行下列义务：

（一）遵守管理规约、业主大会议事规则；

（二）遵守物业管理区域内物业共用部位和共用设施设备的使用、公共秩序和环境卫生的维护等方面的规章制度；

（三）执行业主大会的决定和业主大会授权业主委员会作出的决定；

（四）按照国家有关规定交纳专项维修资金；

（五）按时交纳物业服务费用；

（六）法律、法规规定的其他义务。

第 12 条【业主大会的议事规则】 ★★★★

业主大会会议可以采用集体讨论的形式，也可以采用书面征求意见的形式；但是，应当有物业管理区域内专有部分占建筑物总面积过半数的业主且占总人数过半数的业主参加。

业主可以委托代理人参加业主大会会议。

业主大会决定本条例第十一条第（五）项和第（六）项规定的事项，应当经专有部分占建筑物总面积 2/3 以上的业主且占总人数 2/3 以上的业主同意；决定本条例第十一条规定的其他事项，应当经专有部分占建筑物总面积过半数的业主且占总人数过半数的业主同意。

业主大会或者业主委员会的决定，对业主具有约束力。

业主大会或者业主委员会作出的决定侵害业主合法权益的，受侵害的业主可以请求人民法院予以撤销。

第 15 条【业主委员会的性质与职责】 ★★★

业主委员会执行业主大会的决定事项，履行下列职责：

（一）召集业主大会会议，报告物业管理的实施情况；

（二）代表业主与业主大会选聘的物业服务企业签订物业服务合同；

（三）及时了解业主、物业使用人的意见和建议，监督和协助物业服务企业履行物业服务合同；

（四）监督管理规约的实施；

（五）业主大会赋予的其他职责。

第 21 条【前期物业服务合同的签订】 ★★★★

在业主、业主大会选聘物业服务企业之前，建设单位选聘物业服务企业的，应当签订书面的前期物业服务合同。

第29条【在办理物业承接验收手续时建设单位应当向物业服务企业移交的资料】 ★

在办理物业承接验收手续时,建设单位应当向物业服务企业移交下列资料:

(一)竣工总平面图,单体建筑、结构、设备竣工图,配套设施、地下管网工程竣工图等竣工验收资料;

(二)设施设备的安装、使用和维护保养等技术资料;

(三)物业质量保修文件和物业使用说明文件;

(四)物业管理所必需的其他资料。

物业服务企业应当在前期物业服务合同终止时将上述资料移交给业主委员会。

第36条【物业服务企业提供服务的义务与责任】 ★★★★

物业服务企业应当按照物业服务合同的约定,提供相应的服务。

物业服务企业未能履行物业服务合同的约定,导致业主人身、财产安全受到损害的,应当依法承担相应的法律责任。

第41条【物业服务收费标准的确定原则】 ★★★★

物业服务收费应当遵循合理、公开以及费用与服务水平相适应的原则,区别不同物业的性质和特点,由业主和物业服务企业按照国务院价格主管部门会同国务院建设行政主管部门制定的物业服务收费办法,在物业服务合同中约定。

第42条【物业服务费用的交纳主体】 ★★★★★

业主应当根据物业服务合同的约定交纳物业服务费用。业主与物业使用人约定由物业使用人交纳物业服务费用的,从其约定,业主负连带交纳责任。

已竣工但尚未出售或者尚未交给物业买受人的物业,物业服务费用由建设单位交纳。

第67条【业主逾期不交纳物业服务费用的处理:督促限期交纳、起诉】

★★★★

违反物业服务合同约定,业主逾期不交纳物业服务费用的,业主委员会应当督促其限期交纳;逾期仍不交纳的,物业服务企业可以向人民法院起诉。

城市房地产开发经营管理条例

★

(1998年7月20日国务院常务会议通过,根据2011年1月8日国务院第138次常务会议通过的《国务院关于废止和修改部分行政法规的决定》修订)

第9条【房地产开发企业资质等级的核定】 ★

房地产开发主管部门应当根据房地产开发企业的资产、专业技术人员和开发经营业绩等,对备案的房地产开发企业核定资质等级。房地产开发企业应当按照核定的资质等级,承担相应的房地产开发项目。具体办法由国务院建设行政主管部门制定。

第17条【房地产开发项目交付使用的条件:竣工并经验收合格;房地产开发项目竣工验收程序】 ★★

房地产开发项目竣工,经验收合格后,方可交付使用;未经验收或者验收不合格的,不得交付使用。

房地产开发项目竣工后,房地产开发企业应当向项目所在地的县级以上地方人民政府房地产开发主管部门提出竣工验收申请。房地产开发主管部门应当自收到竣工验收申请之日起30日内,对涉及公共安全的内容,组织工程质量监督、规划、消防、人防等有关部门或者单位进行验收。

第26条【房地产开发企业的虚假广告禁止及商品房预售广告中预售许可证文号的载明义务】 ★★★★

房地产开发企业不得进行虚假广告宣传,商品房预售广告中应当载明商品房预售许可证明的文号。

第33条【手续办理时间:商品房买卖土地使用权变更和房屋所有权登记】 ★★★

预售商品房的购买人应当自商品房交付使用之日起90日内,办理土地使用权变更和房屋所有权登记手续;现售商品房的购买人应当自销售合同签

---

① 简称《城市房地产管理条例》。

订之日起90日内,办理土地使用权变更和房屋所有权登记手续。房地产开发企业应当协助商品房购买人办理土地使用权变更和房屋所有权登记手续,并提供必要的证明文件。

中华人民共和国电信条例[1]

(2000年9月20日国务院第31次常务会议通过,根据2014年7月29日《国务院关于修改部分行政法规的决定》第一次修订,根据2016年1月3日国务院第119次常务会议通过的《国务院关于修改部分行政法规的决定》第二次修订)

第35条【因各种原因影响电信服务时的报告义务及损失承担】

★★★★

电信业务经营者因工程施工、网络建设等原因,影响或者可能影响正常电信服务的,必须按照规定的时限及时告知用户,并向省、自治区、直辖市电信管理机构报告。

因前款原因中断电信服务的,电信业务经营者应当相应减免用户在电信服务中断期间的相关费用。

出现本条第一款规定的情形,电信业务经营者未及时告知用户的,应当赔偿由此给用户造成的损失。

机动车交通事故责任强制保险条例[2]

(2006年3月1日国务院第127次常务会议通过,2012年3月30日《国务院关于修改〈机动车交通事故责任强制保险条例〉的决定》第一次修订,根据2012年12月17日《国务院关于修改〈机动车交通事故责

---

① 简称《电信条例》。
② 简称《交强险条例》。

任强制保险条例〉的决定》第二次修订,根据 2016 年 1 月 13 日国务院第 119 次常务会议通过的《国务院关于修改部分行政法规的决定》修改)

第 21 条【保险公司在交通事故中的赔偿范围以及不予赔偿的情形】
★★★

被保险机动车发生道路交通事故造成本车人员、被保险人以外的受害人人身伤亡、财产损失的,由保险公司依法在机动车交通事故责任强制保险责任限额范围内予以赔偿。

道路交通事故的损失是由受害人故意造成的,保险公司不予赔偿。

第 23 条【交强险的责任限额及其确定机关】
★★★

机动车交通事故责任强制保险在全国范围内实行统一的责任限额。责任限额分为死亡伤残赔偿限额、医疗费用赔偿限额、财产损失赔偿限额以及被保险人在道路交通事故中无责任的赔偿限额。

机动车交通事故责任强制保险责任限额由保监会会同国务院公安部门、国务院卫生主管部门、国务院农业主管部门规定。

电力供应与使用条例①

(1996 年 4 月 17 日国务院令第 196 号公布,根据 2016 年 1 月 13 日国务院第 119 次常务会议通过的《国务院关于修改部分行政法规的决定》修改)

第 27 条【供用电合同当事人的权利义务】
★★

供电企业应当按照国家核准的电价和用电计量装置的记录,向用户计收电费。

用户应当按照国家批准的电价,并按照规定的期限、方式或者合同约定的办法,交付电费。

---

① 简称《电力供应与使用条例》。

第 30 条【危害供电、用电安全，扰乱正常供电、用电秩序的行为：擅自改变用电类别，超过约定容量用电，超过计划分配用电指标，使用或启用电力设备，引入、供出电源或者将自备电源并网】★

用户不得有下列危害供电、用电安全，扰乱正常供电、用电秩序的行为：

（一）擅自改变用电类别；

（二）擅自超过合同约定的容量用电；

（三）擅自超过计划分配的用电指标的；

（四）擅自使用已经在供电企业办理暂停使用手续的电力设备，或者擅自启用已经被供电企业查封的电力设备；

（五）擅自迁移、更动或者擅自操作供电企业的用电计量装置、电力负荷控制装置、供电设施以及约定由供电企业调度的用户受电设备；

（六）未经供电企业许可，擅自引入、供出电源或者将自备电源擅自并网。

第 39 条【用电人逾期交付电费的法律责任】★★

违反本条例第二十七条规定，逾期未交付电费的，供电企业可以从逾期之日起，每日按照电费总额的千分之一至千分之三加收违约金，具体比例由供用电双方在供用电合同中约定；自逾期之日起计算超过 30 日，经催交仍未交付电费的，供电企业可以按照国家规定的程序停止供电。

国有土地上房屋征收与补偿条例①

（2011 年 1 月 19 日国务院第 141 次常务会议通过，自 2011 年 1 月 21 日起施行）

第 25 条【房屋征收部门与被征收人补偿协议的订立与履行】★★

房屋征收部门与被征收人依照本条例的规定，就补偿方式、补偿金额和支付期限、用于产权调换房屋的地点和面积、搬迁费、临时安置费或者周转用房、停产停业损失、搬迁期限、过渡方式和过渡期限等事项，订立补偿协议。

---

① 简称《土地房屋征收补偿条例》。

补偿协议订立后,一方当事人不履行补偿协议约定的义务的,另一方当事人可以依法提起诉讼。

中华人民共和国民办教育促进法实施条例①

(2004 年 2 月 25 日国务院第 41 次常务会议通过,自 2004 年 4 月 1 日起施行)

第 8 条【民办学校举办人的出资规则;民办学校举办人资金筹集禁止情形】 ★★

民办学校的举办者应当按时、足额履行出资义务。民办学校存续期间,举办者不得抽逃出资,不得挪用办学经费。

民办学校的举办者不得向学生、学生家长筹集资金举办民办学校,不得向社会公开募集资金举办民办学校。

探矿权采矿权转让管理办法②

(1998 年 2 月 12 日国务院令第 242 号发布,根据 2014 年 7 月 9 日国务院第 54 次常务会议通过的《国务院关于修改部分行政法规的决定》修改)

第 3 条【探矿权、采矿权可以转让的情形】 ★

除按照下列规定可以转让外,探矿权、采矿权不得转让:

(一)探矿权人有权在划定的勘查作业区内进行规定的勘查作业,有权优先取得勘查作业区内矿产资源的采矿权。探矿权人在完成规定的最低勘

---

① 简称《民办教育促进法实施条例》。
② 简称《探矿采矿权转让管理办法》。

查投入后,经依法批准,可以将探矿权转让他人。

(二)已经取得采矿权的矿山企业,因企业合并、分立,与他人合资、合作经营,或者因企业资产出售以及有其他变更企业资产产权的情形,需要变更采矿权主体的,经依法批准,可以将采矿权转让他人采矿。

第 5 条【探矿权转让的法定条件】 ★

转让探矿权,应当具备下列条件:

(一)自颁发勘查许可证之日起满 2 年,或者在勘查作业区内发现可供进一步勘查或者开采的矿产资源;

(二)完成规定的最低勘查投入;

(三)探矿权属无争议;

(四)按照国家有关规定已经缴纳探矿权使用费、探矿权价款;

(五)国务院地质矿产主管部门规定的其他条件。

第 10 条【探矿权、采矿权转让的程序】 ★

申请转让探矿权、采矿权的,审批管理机关应当自收到转让申请之日起 40 日内,作出准予转让或者不准转让的决定,并通知转让人和受让人。

准予转让的,转让人和受让人应当自收到批准转让通知之日起 60 日内,到原发证机关办理变更登记手续;受让人按照国家规定缴纳有关费用后,领取勘查许可证或者采矿许可证,成为探矿权人或者采矿权人。

批准转让的,转让合同自批准之日起生效。

不准转让的,审批管理机关应当说明理由。

中华人民共和国招标投标法实施条例①

(2011 年 11 月 30 日国务院第 183 次常务会议通过,根据 2017 年 3 月 1 日《国务院关于修改和废止部分行政法规的决定》修改)

第 57 条【招标人和中标人签订书面合同;投标保证金的退还】 ★★

招标人和中标人应当依照招标投标法和本条例的规定签订书面合同,合

---

① 简称《招标投标法实施条例》。

同的标的、价款、质量、履行期限等主要条款应当与招标文件和中标人的投标文件的内容一致。招标人和中标人不得再行订立背离合同实质性内容的其他协议。

招标人最迟应当在书面合同签订后 5 日内向中标人和未中标的投标人退还投标保证金及银行同期存款利息。

国有资产评估管理办法①

(1991 年 11 月 16 日国务院令第 91 号发布,自 1991 年 11 月 16 日起施行)

第 3 条【国有资产占有单位应当进行资产评估的情形】 ★

国有资产占有单位(以下简称占有单位)有下列情形之一的,应当进行资产评估:

(一) 资产拍卖、转让;

(二) 企业兼并、出售、联营、股份经营;

(三) 与外国公司、企业和其他经济组织或者个人开办中外合资经营企业或者中外合作经营企业;

(四) 企业清算;

(五) 依照国家有关规定需要进行资产评估的其他情形。

农药管理条例②

(1997 年 5 月 8 日国务院令第 216 号发布,根据 2001 年 11 月 29 日《国务院关于修改〈农药管理条例〉的决定》修订,2017 年 2 月 8 日国务院

---

① 简称《国资评估办法》。
② 简称《农药管理条例》。

第164次常务会议修订）

第7条【国家农药登记制度;生产、进口农药必须登记】★

国家实行农药登记制度。农药生产企业、向中国出口农药的企业应当依照本条例的规定申请农药登记,新农药研制者可以依照本条例的规定申请农药登记。

国务院农业主管部门所属的负责农药检定工作的机构负责农药登记具体工作。省、自治区、直辖市人民政府农业主管部门负责农药检定工作的机构协助做好本行政区域的农药登记具体工作。

第18条【经营农药的单位:供销合作社的农业生产资料经营单位、植物保护站、土壤肥料站、农林业技术推广机构、森林病虫害防治机构、农药生产企业;经营的农药属于危化品的应按规定办理许可证】★

下列单位可以经营农药:

（一）供销合作社的农业生产资料经营单位;

（二）植物保护站;

（三）土壤肥料站;

（四）农业、林业技术推广机构;

（五）森林病虫害防治机构;

（六）农药生产企业;

（七）国务院规定的其他经营单位。经营的农药属于化学危险物品的,应当按照国家有关规定办理经营许可证。

第22条【使用农药应当注意的事项】★

农药经营单位销售农药,必须保证质量,农药产品与产品标签或者说明书、产品质量合格证应当核对无误。

农药经营单位应当向使用农药的单位和个人正确说明农药的用途、使用方法、用量、中毒急救措施和注意事项。

第30条【禁止生产未取得生产许可证或生产批文的农药;不得生产、经营、进口、使用未取得登记证或临时登记证的农药;进口农药货主或其代理人应出示登记文件】★

任何单位和个人不得生产未取得农药生产许可证或者农药生产批准文件的农药。

任何单位和个人不得生产、经营、进口或者使用未取得农药登记证或者农药临时登记证的农药。

进口农药应当遵守国家有关规定,货主或者其代理人应当向海关出示其取得的中国农药登记证或者农药临时登记证。

中华人民共和国劳动合同法实施条例①

(国务院令第535号,2008年9月3日国务院第25次常务会议通过,自2008年9月18日起施行)

第27条【经济补偿月工资的计算】 ★

劳动合同法第四十七条规定的经济补偿的月工资按照劳动者应得工资计算,包括计时工资或者计件工资以及奖金、津贴和补贴等货币性收入。劳动者在劳动合同解除或者终止前12个月的平均工资低于当地最低工资标准的,按照当地最低工资标准计算。劳动者工作不满12个月的,按照实际工作的月数计算平均工资。

建设工程质量管理条例②

(2000年1月10日国务院第25次常务会议通过,自2000年1月30日起施行)

第40条【正常使用条件下建设工程的最低保修期限】 ★

在正常使用条件下,建设工程的最低保修期限为:

(一)基础设施工程、房屋建筑的地基基础工程和主体结构工程,为设计文件规定的该工程的合理使用年限;

---

① 简称《劳动合同法实施条例》。
② 简称《建设工程质量管理条例》。

（二）屋面防水工程、有防水要求的卫生间、房间和外墙面的防渗漏，为5年；

（三）供热与供冷系统，为2个采暖期、供冷期；

（四）电气管线、给排水管道、设备安装和装修工程，为2年。

其他项目的保修期限由发包方与承包方约定。

建设工程的保修期，自竣工验收合格之日起计算。

三、司法解释

最高人民法院关于适用
《中华人民共和国婚姻法》若干问题的解释(二)①

★★★★

(法释[2003]19号,2003年12月4日最高人民法院审判委员会第1299次会议通过,根据2017年2月20日最高人民法院审判委员会第1710次会议《最高人民法院关于适用〈中华人民共和国婚姻法〉若干问题的解释(二)的补充规定》修正)

第8条【离婚财产分割协议的效力】 ★★★

离婚协议中关于财产分割的条款或者当事人因离婚就财产分割达成的协议,对男女双方具有法律约束力。

当事人因履行上述财产分割协议发生纠纷提起诉讼的,人民法院应当受理。

第10条【允许返还彩礼的情形】 ★★★

当事人请求返还按照习俗给付的彩礼的,如果查明属于以下情形,人民法院应当予以支持:

(一)双方未办理结婚登记手续的;

(二)双方办理结婚登记手续但确未共同生活的;

(三)婚前给付并导致给付人生活困难的。

适用前款第(二)、(三)项的规定,应当以双方离婚为条件。

第19条【由一方婚前承租、婚后用共同财产购买的房屋属于夫妻共同财产】 ★★

由一方婚前承租、婚后用共同财产购买的房屋,房屋权属证书登记在一方名下的,应当认定为夫妻共同财产。

---

① 简称《婚姻法司法解释二》。

第 24 条【离婚时夫妻一方所欠债务的处理**】** ★★★★

债权人就婚姻关系存续期间夫妻一方以个人名义所负债务主张权利的,应当按夫妻共同债务处理。但夫妻一方能够证明债权人与债务人明确约定为个人债务,或者能够证明属于婚姻法第十九条第三款规定情形的除外。

第 26 条【生存一方对夫妻共同债务的连带清偿责任**】** ★★

夫或妻一方死亡的,生存一方应当对婚姻关系存续期间的共同债务承担连带清偿责任。

最高人民法院关于审理民间借贷案件适用法律若干问题的规定①

★★★

(法释〔2015〕18 号,2015 年 6 月 23 日最高人民法院审判委员会第 1655 次会议通过,自 2015 年 9 月 1 日起施行)

第 26 条【民间借贷年利率的限定**】** ★★★★

借贷双方约定的利率未超过年利率24%,出借人请求借款人按照约定的利率支付利息的,人民法院应予支持。

借贷双方约定的利率超过年利率36%,超过部分的利息约定无效。借款人请求出借人返还已支付的超过年利率36%部分的利息的,人民法院应予支持。

第 27 条【民间借贷案件审理中本金的认定**】** ★★★

借据、收据、欠条等债权凭证载明的借款金额,一般认定为本金。预先在本金中扣除利息的,人民法院应当将实际出借的金额认定为本金。

第 28 条【借款本息结算后将利息计入后期借款本金并重新出具债权凭证的本息支付**】** ★

借贷双方对前期借款本息结算后将利息计入后期借款本金并重新出具债权凭证,如果前期利率没有超过年利率24%,重新出具的债权凭证载明的金额可认定为后期借款本金;超过部分的利息不能计入后期借款本金。约定

---

① 简称《审理民间借贷案件规定》。

的利率超过年利率24％，当事人主张超过部分的利息不能计入后期借款本金的，人民法院应予支持。

按前款计算，借款人在借款期间届满后应当支付的本息之和，不能超过最初借款本金与以最初借款本金为基数，以年利率24％计算的整个借款期间的利息之和。出借人请求借款人支付超过部分的，人民法院不予支持。

第29条【逾期利率的处理规则】 ★★★★★

借贷双方对逾期利率有约定的，从其约定，但以不超过年利率24％为限。

未约定逾期利率或者约定不明的，人民法院可以区分不同情况处理：

（一）既未约定借期内的利率，也未约定逾期利率，出借人主张借款人自逾期还款之日起按照年利率6％支付资金占用期间利息的，人民法院应予支持；

（二）约定了借期内的利率但未约定逾期利率，出借人主张借款人自逾期还款之日起按照借期内的利率支付资金占用期间利息的，人民法院应予支持。

第30条【同时约定逾期利率、违约金、其他费用的适用规则】 ★★

出借人与借款人既约定了逾期利率，又约定了违约金或者其他费用，出借人可以选择主张逾期利息、违约金或者其他费用，也可以一并主张，但总计超过年利率24％的部分，人民法院不予支持。

最高人民法院关于适用《中华人民共和国担保法》若干问题的解释[①]

★★★

（法释[2000]44号，2000年9月29日最高人民法院审判委员会第1133次会议通过，自2000年12月13日起施行）

第6条【对外担保合同无效情形】 ★

有下列情形之一的，对外担保合同无效：

（一）未经国家有关主管部门批准或者登记对外担保的；

---

① 简称《担保法司法解释》。

（二）未经国家有关主管部门批准或者登记，为境外机构向境内债权人提供担保的；

（三）为外商投资企业注册资本、外商投资企业中的外方投资部分的对外债务提供担保的；

（四）无权经营外汇担保业务的金融机构、无外汇收入的非金融性质的企业法人提供外汇担保的；

（五）主合同变更或者债权人将对外担保合同项下的权利转让，未经担保人同意和国家有关主管部门批准的，担保人不再承担担保责任。但法律、法规另有规定的除外。

第 8 条【主合同无效导致担保合同无效时担保人责任】 ★★★

主合同无效而导致担保合同无效，担保人无过错的，担保人不承担民事责任；担保人有过错的，担保人承担民事责任的部分，不应超过债务人不能清偿部分的三分之一。

第 10 条【主合同解除后担保人的责任】 ★★★★

主合同解除后，担保人对债务人应当承担的民事责任仍应承担担保责任。但是，担保合同另有约定的除外。

第 11 条【超越权限订立的担保合同的效力】 ★★

法人或者其他组织的法定代表人、负责人超越权限订立的担保合同，除相对人知道或者应当知道其超越权限的以外，该代表行为有效。

第 19 条【连带共同保证的认定】 ★★★★★

两个以上保证人对同一债务同时或者分别提供保证时，各保证人与债权人没有约定保证份额的，应当认定为连带共同保证。

连带共同保证的保证人以其相互之间约定各自承担的份额对抗债权人的，人民法院不予支持。

第 20 条【连带共同保证的责任承担】 ★★★★★

连带共同保证的债务人在主合同规定的债务履行期届满没有履行债务的，债权人可以要求债务人履行债务，也可以要求任何一个保证人承担全部保证责任。

连带共同保证的保证人承担保证责任后，向债务人不能追偿的部分，由各连带保证人按其内部约定的比例分担。没有约定的，平均分担。

第 22 条【保证合同的成立】 ★★★

第三人单方以书面形式向债权人出具担保书，债权人接受且未提出异议的，保证合同成立。

主合同中虽然没有保证条款，但是，保证人在主合同上以保证人的身份签字或者盖章的，保证合同成立。

第 23 条【最高额保证合同的担保范围】 ★★

最高额保证合同的不特定债权确定后，保证人应当对在最高债权额限度内就一定期间连续发生的债权余额承担保证责任。

第 32 条【保证合同约定的保证期间有瑕疵时保证期间的确定规则】

★★★★

保证合同约定的保证期间早于或者等于主债务履行期限的，视为没有约定，保证期间为主债务履行期届满之日起六个月。

保证合同约定保证人承担保证责任直至主债务本息还清时为止等类似内容的，视为约定不明，保证期间为主债务履行期届满之日起二年。

第 33 条【主合同对主债务履行期限没有约定或约定不明时保证期间的起算】 ★★★

主合同对主债务履行期限没有约定或者约定不明的，保证期间自债权人要求债务人履行义务的宽限期届满之日起计算。

第 34 条【保证合同诉讼时效的起算】 ★★★

一般保证的债权人在保证期间届满前对债务人提起诉讼或者申请仲裁的，从判决或者仲裁裁决生效之日起，开始计算保证合同的诉讼时效。

连带责任保证的债权人在保证期间届满前要求保证人承担保证责任的，从债权人要求保证人承担保证责任之日起，开始计算保证合同的诉讼时效。

第 42 条【保证人追偿权的行使与诉讼时效】 ★★★★★

人民法院判决保证人承担保证责任或者赔偿责任的，应当在判决书主文中明确保证人享有担保法第三十一条规定的权利。判决书中未予明确追偿权的，保证人只能按照承担责任的事实，另行提起诉讼。

保证人对债务人行使追偿权的诉讼时效，自保证人向债权人承担责任之日起开始计算。

第 64 条【抵押物孳息的清偿顺序】 ★★

债务履行期届满，债务人不履行债务致使抵押物被人民法院依法扣押的，自扣押之日起抵押权人收取的由抵押物分离的天然孳息和法定孳息，按照下列顺序清偿：

（一）收取孳息的费用；

（二）主债权的利息；

（三）主债权。

第 79 条【担保方式并存时的优先性】 ★★

同一财产法定登记的抵押权与质权并存时,抵押权人优先于质权人受偿。

同一财产抵押权与留置权并存时,留置权人优先于抵押权人受偿。

第 85 条【债权人对以特户、封金、保证金等形式特定化后的金钱担保的优先受偿】 ★★

债务人或者第三人将其金钱以特户、封金、保证金等形式特定化后,移交债权人占有作为债权的担保,债务人不履行债务时,债权人可以以该金钱优先受偿。

第 95 条【质权人的权利及怠于返还质物的责任】 ★

债务履行期届满质权人未受清偿的,质权人可以继续留置质物,并以质物的全部行使权利。出质人清偿所担保的债权后,质权人应当返还质物。

债务履行期届满,出质人请求质权人及时行使权利,而质权人怠于行使权利致使质物价格下跌的,由此造成的损失,质权人应当承担赔偿责任。

第 115 条【定金罚则】 ★★★

当事人约定以交付定金作为订立主合同担保的,给付定金的一方拒绝订立主合同的,无权要求返还定金;收受定金的一方拒绝订立合同的,应当双倍返还定金。

第 118 条【未约定定金性质:主张定金权利不予支持】 ★

当事人交付留置金、担保金、保证金、订约金、押金或者订金等,但没有约定定金性质的,当事人主张定金权利的,人民法院不予支持。

第 120 条【因一方迟延履行或其他违约行为致使合同目的不能实现的定金罚则的适用规则】 ★★★

因当事人一方迟延履行或者其他违约行为,致使合同目的不能实现,可以适用定金罚则。但法律另有规定或者当事人另有约定的除外。

当事人一方不完全履行合同的,应当按照未履行部分所占合同约定内容的比例,适用定金罚则。

第 121 条【定金数额的限制:主合同标的额的 20%】 ★★★

当事人约定的定金数额超过主合同标的额百分之二十的,超过的部分,人民法院不予支持。

第 126 条【连带保证债权人的诉权】 ★★★

连带责任保证的债权人可以将债务人或者保证人作为被告提起诉讼,也可以将债务人和保证人作为共同被告提起诉讼。

最高人民法院关于审理买卖合同纠纷案件适用法律问题的解释[①]

★★★

(法释[2012]8号,2012年3月31日最高人民法院审判委员会第1545次会议通过,自2012年7月1日起施行)

第1条【一方以送货单、收货单、结算单、发票、对账确认函、债权确认书主张买卖合同关系存在时的认定】 ★★★★

当事人之间没有书面合同,一方以送货单、收货单、结算单、发票等主张存在买卖合同关系的,人民法院应当结合当事人之间的交易方式、交易习惯以及其他相关证据,对买卖合同是否成立作出认定。

对账确认函、债权确认书等函件、凭证没有记载债权人名称,买卖合同当事人一方以此证明存在买卖合同关系的,人民法院应予支持,但有相反证据足以推翻的除外。

第2条【当事人签订预约合同约定在将来一定期限内订立买卖合同而不履行订立买卖合同的义务的处理】 ★★

当事人签订认购书、订购书、预订书、意向书、备忘录等预约合同,约定在将来一定期限内订立买卖合同,一方不履行订立买卖合同的义务,对方请求其承担预约合同违约责任或者要求解除预约合同并主张损害赔偿的,人民法院应予支持。

第3条【不能以出卖人在缔约时对标的物没有所有权或处分权为由主张合同无效;出卖人未取得所有权或处分权致使标的物所有权不能转移买受人可以要求出卖人承担违约责任或解除合同主张损害赔偿】 ★★★

当事人一方以出卖人在缔约时对标的物没有所有权或者处分权为由主张合同无效的,人民法院不予支持。

出卖人因未取得所有权或者处分权致使标的物所有权不能转移,买受人要求出卖人承担违约责任或者要求解除合同并主张损害赔偿的,人民法院应

---

① 简称《买卖合同司法解释》。

予支持。

第7条【出卖人义务:交付单证、交付资料】 ★★★

合同法第一百三十六条规定的"提取标的物单证以外的有关单证和资料",主要应当包括保险单、保修单、普通发票、增值税专用发票、产品合格证、质量保证书、质量鉴定书、品质检验证书、产品进出口检疫书、原产地证明书、使用说明书、装箱单等。

第11条【买卖合同标的物的交付地点:标的物需要运输的情形及风险承担】 ★

合同法第一百四十一条第二款第(一)项规定的"标的物需要运输的情形及风险承担",是指标的物由出卖人负责办理托运,承运人系独立于买卖合同当事人之外的运输业者的情形。标的物毁损、灭失的风险负担,按照合同法第一百四十五条的规定处理。

第15条【买受人的及时检验义务:当事人对标的物检验期间未作约定的处理】 ★★

当事人对标的物的检验期间未作约定,买受人签收的送货单、确认单等载明标的物数量、型号、规格的,人民法院应当根据合同法第一百五十七条的规定,认定买受人已对数量和外观瑕疵进行了检验,但有相反证据足以推翻的除外。

第17条【合理时间的认定】 ★★★

人民法院具体认定合同法第一百五十八条第二款规定的"合理期间"时,应当综合当事人之间的交易性质、交易目的、交易方式、交易习惯、标的物的种类、数量、性质、安装和使用情况、瑕疵的性质、买受人应尽的合理注意义务、检验方法和难易程度、买受人或者检验人所处的具体环境、自身技能以及其他合理因素,依据诚实信用原则进行判断。

合同法第一百五十八条第二款规定的"两年"是最长的合理期间。该期间为不变期间,不适用诉讼时效中止、中断或者延长的规定。

第20条【检验期间、合理期间、两年期间经过买受人不能主张标的物的数量或质量不符合约定;出卖人承担违约责任不能以检验期间、合理期间、两年期间经过为由翻悔】 ★★★

合同法第一百五十八条规定的检验期间、合理期间、两年期间经过后,买受人主张标的物的数量或者质量不符合约定的,人民法院不予支持。

出卖人自愿承担违约责任后,又以上述期间经过为由翻悔的,人民法院不予支持。

第 24 条【买卖合同逾期付款违约金的适用规则】 ★★★★

买卖合同对付款期限作出的变更,不影响当事人关于逾期付款违约金的约定,但该违约金的起算点应当随之变更。

买卖合同约定逾期付款违约金,买受人以出卖人接受价款时未主张逾期付款违约金为由拒绝支付该违约金的,人民法院不予支持。

买卖合同约定逾期付款违约金,但对账单、还款协议等未涉及逾期付款责任,出卖人根据对账单、还款协议等主张欠款时请求买受人依约支付逾期付款违约金的,人民法院应予支持,但对账单、还款协议等明确载有本金及逾期付款利息数额或者已经变更买卖合同中关于本金、利息等约定内容的除外。

买卖合同没有约定逾期付款违约金或者该违约金的计算方法,出卖人以买受人违约为由主张赔偿逾期付款损失的,人民法院可以中国人民银行同期同类人民币贷款基准利率为基础,参照逾期罚息利率标准计算。

第 25 条【出卖人没有履行或不当履行从给付义务致使合同目的不能实现的买受人享有解除权】 ★

出卖人没有履行或者不当履行从给付义务,致使买受人不能实现合同目的,买受人主张解除合同的,人民法院应当根据合同法第九十四条第(四)项的规定,予以支持。

第 30 条【合同损失的过失相抵】 ★★

买卖合同当事人一方违约造成对方损失,对方对损失的发生也有过错,违约方主张扣减相应的损失赔偿额的,人民法院应予支持。

第 35 条【所有权保留:取回权;取回情形;损失赔偿】 ★★★

当事人约定所有权保留,在标的物所有权转移前,买受人有下列情形之一,对出卖人造成损害,出卖人主张取回标的物的,人民法院应予支持:

(一)未按约定支付价款的;

(二)未按约定完成特定条件的;

(三)将标的物出卖、出质或者作出其他不当处分的。

取回的标的物价值显著减少,出卖人要求买受人赔偿损失的,人民法院应予支持。

第 36 条【出卖人不能取回标的物的情形:买受人已经支付标的物总价款的百分之七十五以上、第三人善意取得】 ★★

买受人已经支付标的物总价款的百分之七十五以上,出卖人主张取回标的物的,人民法院不予支持。

在本解释第三十五条第一款第(三)项情形下,第三人依据物权法第一百零六条的规定已经善意取得标的物所有权或者其他物权,出卖人主张取回标的物的,人民法院不予支持。

第 37 条【买受人在回赎期间内消除出卖人取回标的物的事由的可以回赎标的物;回赎期间内没有回赎标的物可以另行出卖;出卖人另行出卖标的物所得价款的处理】 ★★

出卖人取回标的物后,买受人在双方约定的或者出卖人指定的回赎期间内,消除出卖人取回标的物的事由,主张回赎标的物的,人民法院应予支持。

买受人在回赎期间内没有回赎标的物的,出卖人可以另行出卖标的物。

出卖人另行出卖标的物的,出卖所得价款依次扣除取回和保管费用、再交易费用、利息、未清偿的价金后仍有剩余的,应返还原买受人;如有不足,出卖人要求原买受人清偿的,人民法院应予支持,但原买受人有证据证明出卖人另行出卖的价格明显低于市场价格的除外。

第 45 条【债权转让、股权转让等权利转让合同的法律适用】 ★★

法律或者行政法规对债权转让、股权转让等权利转让合同有规定的,依照其规定;没有规定的,人民法院可以根据合同法第一百二十四条和第一百七十四条的规定,参照适用买卖合同的有关规定。

权利转让或者其他有偿合同参照适用买卖合同的有关规定的,人民法院应当首先引用合同法第一百七十四条的规定,再引用买卖合同的有关规定。

最高人民法院关于审理建设工程
施工合同纠纷案件适用法律问题的解释①

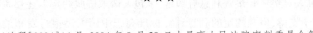

★★★

(法释[2004]14 号,2004 年 9 月 29 日由最高人民法院审判委员会第 1327 次会议通过,自 2005 年 1 月 1 日起施行)

第 1 条【建设工程施工合同无效的情形】

建设工程施工合同具有下列情形之一的,应当根据合同法第五十二条第

---

① 简称《建设工程合同纠纷司法解释》。

(五)项的规定,认定无效:

(一)承包人未取得建筑施工企业资质或者超越资质等级的;

(二)没有资质的实际施工人借用有资质的建筑施工企业名义的;

(三)建设工程必须进行招标而未招标或者中标无效的。

第 2 条【建设工程施工合同无效时承包人的付款请求权】 ★★★★★

建设工程施工合同无效,但建设工程经竣工验收合格,承包人请求参照合同约定支付工程价款的,应予支持。

第 3 条【建设工程施工合同无效且建设工程经竣工验收不合格时的处理规则;发包人的责任承担】 ★★

建设工程施工合同无效,且建设工程经竣工验收不合格的,按照以下情形分别处理:

(一)修复后的建设工程经竣工验收合格,发包人请求承包人承担修复费用的,应予支持;

(二)修复后的建设工程经竣工验收不合格,承包人请求支付工程价款的,不予支持。

因建设工程不合格造成的损失,发包人有过错的,也应承担相应的民事责任。

第 4 条【建设工程非法转包、违法分包、借用资质的处理:合同无效、收缴非法所得】 ★★★★

承包人非法转包、违法分包建设工程或者没有资质的实际施工人借用有资质的建筑施工企业名义与他人签订建设工程施工合同的行为无效。人民法院可以根据民法通则第一百三十四条规定,收缴当事人已经取得的非法所得。

第 6 条【垫资和垫资利息:按约定、按工程欠款、不予支持】 ★

当事人对垫资和垫资利息有约定,承包人请求按照约定返还垫资及其利息的,应予支持,但是约定的利息计算标准高于中国人民银行发布的同期同类贷款利率的部分除外。

当事人对垫资没有约定的,按照工程欠款处理。

当事人对垫资利息没有约定,承包人请求支付利息的,不予支持。

第 8 条【发包人解除建设工程施工合同的情形】 ★

承包人具有下列情形之一,发包人请求解除建设工程施工合同的,应予支持:

(一)明确表示或者以行为表明不履行合同主要义务的;

（二）合同约定的期限内没有完工，且在发包人催告的合理期限内仍未完工的；

（三）已经完成的建设工程质量不合格，并拒绝修复的；

（四）将承包的建设工程非法转包、违法分包的。

第 9 条【承包人能够解除建设施工合同的法定情形】★★

发包人具有下列情形之一，致使承包人无法施工，且在催告的合理期限内仍未履行相应义务，承包人请求解除建设工程施工合同的，应予支持：

（一）未按约定支付工程价款的；

（二）提供的主要建筑材料、建筑构配件和设备不符合强制性标准的；

（三）不履行合同约定的协助义务的。

第 10 条【建设工程施工合同解除的法律后果：价款结算；违约方责任承担】★★

建设工程施工合同解除后，已经完成的建设工程质量合格的，发包人应当按照约定支付相应的工程价款；已经完成的建设工程质量不合格的，参照本解释第三条规定处理。

因一方违约导致合同解除的，违约方应当赔偿因此而给对方造成的损失。

第 11 条【建设工程质量不符合约定：承包人的过错、拒绝修理、拒绝返工、拒绝改建、减少支付工程价款】★★

因承包人的过错造成建设工程质量不符合约定，承包人拒绝修理、返工或者改建，发包人请求减少支付工程价款的，应予支持。

第 12 条【发包人造成建设工程质量缺陷承担过错责任的情形：设计缺陷、提供或指定购买的建筑材料、建筑构配件、设备不符合强制性标准、指定分包人分包专业工程；承包人的过错责任】★

发包人具有下列情形之一，造成建设工程质量缺陷，应当承担过错责任：

（一）提供的设计有缺陷；

（二）提供或者指定购买的建筑材料、建筑构配件、设备不符合强制性标准；

（三）直接指定分包人分包专业工程。

承包人有过错的，也应当承担相应的过错责任。

第 13 条【擅自使用未经竣工验收的建设工程的法律后果：不能以使用部分质量不符合约定主张权利、承包人对建设工程在合理使用寿命期内承担民事责任】★★★★

建设工程未经竣工验收,发包人擅自使用后,又以使用部分质量不符合约定为由主张权利的,不予支持;但是承包人应当在建设工程的合理使用寿命内对地基基础工程和主体结构质量承担民事责任。

第14条【建设工程实际竣工日期有争议时的不同处理规则】 ★★★★

当事人对建设工程实际竣工日期有争议的,按照以下情形分别处理:

(一)建设工程经竣工验收合格的,以竣工验收合格之日为竣工日期;

(二)承包人已经提交竣工验收报告,发包人拖延验收的,以承包人提交验收报告之日为竣工日期;

(三)建设工程未经竣工验收,发包人擅自使用的,以转移占有建设工程之日为竣工日期。

第16条【建设工程的计价:工程量变化、质量标准变化、竣工验收不合格时】 ★★★★

当事人对建设工程的计价标准或者计价方法有约定的,按照约定结算工程价款。

因设计变更导致建设工程的工程量或者质量标准发生变化,当事人对该部分工程价款不能协商一致的,可以参照签订建设工程施工合同时当地建设行政主管部门发布的计价方法或者计价标准结算工程价款。

建设工程施工合同有效,但建设工程经竣工验收不合格的,工程价款结算参照本解释第三条规定处理。

第17条【拖欠工程价款利息的计付标准】 ★★★★★

当事人对欠付工程价款利息计付标准有约定的,按照约定处理;没有约定的,按照中国人民银行发布的同期同类贷款利率计息。

第18条【建设工程应付款时间】 ★★★★★

利息从应付工程价款之日计付。当事人对付款时间没有约定或者约定不明的,下列时间视为应付款时间:

(一)建设工程已实际交付的,为交付之日;

(二)建设工程没有交付的,为提交竣工结算文件之日;

(三)建设工程未交付,工程价款也未结算的,为当事人起诉之日。

第19条【建设工程的工程量确认:签证或其他证据】 ★★★

当事人对工程量有争议的,按照施工过程中形成的签证等书面文件确认。承包人能够证明发包人同意其施工,但未能提供签证文件证明工程量发生的,可以按照当事人提供的其他证据确认实际发生的工程量。

第20条【视为认可建设工程竣工结算的情形及其处理】 ★

当事人约定,发包人收到竣工结算文件后,在约定期限内不予答复,视为认可竣工结算文件的,按照约定处理。承包人请求按照竣工结算文件结算工程价款的,应予支持。

第22条【当事人约定按照固定价结算工程价款不能请求鉴定工程造价】

★

当事人约定按照固定价结算工程价款,一方当事人请求对建设工程造价进行鉴定的,不予支持。

第26条【建设施工纠纷中实际施工人起诉时被告的认定】 ★★★★

实际施工人以转包人、违法分包人为被告起诉的,人民法院应当依法受理。

实际施工人以发包人为被告主张权利的,人民法院可以追加转包人或者违法分包人为本案当事人。发包人只在欠付工程价款范围内对实际施工人承担责任。

第27条【保修人未及时履行保修义务致损的责任承担】 ★

因保修人未及时履行保修义务,导致建筑物毁损或者造成人身、财产损害的,保修人应当承担赔偿责任。

保修人与建筑物所有人或者发包人对建筑物毁损均有过错的,各自承担相应的责任。

最高人民法院关于适用《中华人民共和国合同法》若干问题的解释(二)①

★★★

(法释[2009]5号,2009年2月9日最高人民法院审判委员会第1462次会议通过,自2009年5月13日起施行)

第1条【认定合同成立的标准:能够确定当事人名称或者姓名、标的和数量;合同欠缺其他内容时的协商补充】 ★★

当事人对合同是否成立存在争议,人民法院能够确定当事人名称或者姓

---

① 简称《合同法司法解释二》。

名、标的和数量的,一般应当认定合同成立。但法律另有规定或者当事人另有约定的除外。

对合同欠缺的前款规定以外的其他内容,当事人达不成协议的,人民法院依照合同法第六十一条、第六十二条、第一百二十五条等有关规定予以确定。

第2条【合同订立的形式:其他形式】 ★★

当事人未以书面形式或者口头形式订立合同,但从双方从事的民事行为能够推定双方有订立合同意愿的,人民法院可以认定是以合同法第十条第一款中的"其他形式"订立的合同。但法律另有规定的除外。

第6条【免除或限制责任的格式条款的特别提示规则】 ★★★

提供格式条款的一方对格式条款中免除或者限制其责任的内容,在合同订立时采用足以引起对方注意的文字、符号、字体等特别标识,并按照对方的要求对该格式条款予以说明的,人民法院应当认定符合合同法第三十九条所称"采取合理的方式"。

提供格式条款一方对已尽合理提示及说明义务承担举证责任。

第8条【未履行合同批准或登记手续的处理】 ★

依照法律、行政法规的规定经批准或者登记才能生效的合同成立后,有义务办理申请批准或者申请登记等手续的一方当事人未按照法律规定或者合同约定办理申请批准或未申请登记的,属于合同法第四十二条第(三)项规定的"其他违背诚实信用原则的行为",人民法院可以根据案件的具体情况和相对人的请求,判决相对人自己办理有关手续;对方当事人对由此产生的费用和给相对人造成的实际损失,应当承担损害赔偿责任。

第9条【格式条款的撤销】 ★★★

提供格式条款的一方当事人违反合同法第三十九条第一款关于提示和说明义务的规定,导致对方没有注意免除或者限制其责任的条款,对方当事人申请撤销该格式条款的,人民法院应当支持。

第10条【格式条款无效情形】 ★★★★

提供格式条款的一方当事人违反合同法第三十九条第一款的规定,并具有合同法第四十条规定的情形之一的,人民法院应当认定该格式条款无效。

第12条【被代理人对合同的追认:履行合同义务】 ★★

无权代理人以被代理人的名义订立合同,被代理人已经开始履行合同义务的,视为对合同的追认。

第14条【合同无效的情形:"强制性规定"的定义】 ★★★★

合同法第五十二条第(五)项规定的"强制性规定",是指效力性强制性规定。

第19条【明显不合理的低价的确认;视为明显不合理的低价的情形;视为明显不合理的高价的情形;债务人以明显不合理的高价收购他人财产的撤销】 ★★★

对于合同法第七十四条规定的"明显不合理的低价",人民法院应当以交易当地一般经营者的判断,并参考交易时交易地的物价部门指导价或者市场交易价,结合其他相关因素综合考虑予以确认。

转让价格达不到交易时交易地的指导价或者市场交易价百分之七十的,一般可以视为明显不合理的低价;对转让价格高于当地指导价或者市场交易价百分之三十的,一般可以视为明显不合理的高价。

债务人以明显不合理的高价收购他人财产,人民法院可以根据债权人的申请,参照合同法第七十四条的规定予以撤销。

第21条【债务人的给付不足以清偿全部债务时的抵充顺序】 ★★★

债务人除主债务之外还应当支付利息和费用,当其给付不足以清偿全部债务时,并且当事人没有约定的,人民法院应当按照下列顺序抵充:

(一)实现债权的有关费用;

(二)利息;

(三)主债务。

第26条【情势变更规则】 ★★★

合同成立以后客观情况发生了当事人在订立合同时无法预见的、非不可抗力造成的不属于商业风险的重大变化,继续履行合同对于一方当事人明显不公平或者不能实现合同目的,当事人请求人民法院变更或者解除合同的,人民法院应当根据公平原则,并结合案件的实际情况确定是否变更或者解除。

第27条【违约金的数额及其调整】 ★★★★

当事人通过反诉或者抗辩的方式,请求人民法院依照合同法第一百一十四条第二款的规定调整违约金的,人民法院应予支持。

第28条【违约金的数额及其调整:增加】 ★★

当事人依照合同法第一百一十四条第二款的规定,请求人民法院增加违约金的,增加后的违约金数额以不超过实际损失额为限。增加违约金以后,当事人又请求对方赔偿损失的,人民法院不予支持。

第 29 条【违约金的数额及其调整:适当减少】 ★★★★★

当事人主张约定的违约金过高请求予以适当减少的,人民法院应当以实际损失为基础,兼顾合同的履行情况、当事人的过错程度以及预期利益等综合因素,根据公平原则和诚实信用原则予以衡量,并作出裁决。

当事人约定的违约金超过造成损失的百分之三十的,一般可以认定为合同法第一百一十四条第二款规定的"过分高于造成的损失"。

最高人民法院关于审理人身损害赔偿案件适用法律若干问题的解释①

★★★

(法释[2003]20 号,2003 年 12 月 4 日最高人民法院审判委员会第 1299 次会议通过,自 2004 年 5 月 1 日起施行)

第 2 条【受害人有过错:减免赔偿义务人的赔偿责任】 ★

受害人对同一损害的发生或者扩大有故意、过失的,依照民法通则第一百三十一条的规定,可以减轻或者免除赔偿义务人的赔偿责任。但侵权人因故意或者重大过失致人损害,受害人只有一般过失的,不减轻赔偿义务人的赔偿责任。

适用民法通则第一百零六条第三款规定确定赔偿义务人的赔偿责任时,受害人有重大过失的,可以减轻赔偿义务人的赔偿责任。

第 4 条【共同危险行为人的侵权责任】 ★

二人以上共同实施危及他人人身安全的行为并造成损害后果,不能确定实际侵害行为人的,应当依照民法通则第一百三十条规定承担连带责任。共同危险行为人能够证明损害后果不是由其行为造成的,不承担赔偿责任。

第 8 条【用人单位的替代责任:在执行职务中致人损害的赔偿责任;国家赔偿责任】 ★

法人或者其他组织的法定代表人、负责人以及工作人员,在执行职务中致人损害的,依照民法通则第一百二十一条的规定,由该法人或者其他组织

---

① 简称《人身损害赔偿司法解释》。

承担民事责任。上述人员实施与职务无关的行为致人损害的,应当由行为人承担赔偿责任。

属于《国家赔偿法》赔偿事由的,依照《国家赔偿法》的规定处理。

第9条【用人单位的替代责任:雇员致害时雇主的赔偿责任;对"从事雇佣活动"的界定】★★

雇员在从事雇佣活动中致人损害的,雇主应当承担赔偿责任;雇员因故意或者重大过失致人损害的,应当与雇主承担连带赔偿责任。雇主承担连带赔偿责任的,可以向雇员追偿。

前款所称"从事雇佣活动",是指从事雇主授权或者指示范围内的生产经营活动或者其他劳务活动。雇员的行为超出授权范围,但其表现形式是履行职务或者与履行职务有内在联系的,应当认定为"从事雇佣活动"。

第10条【承揽人致人损害或损害自身时定作人的赔偿责任】★★★★

承揽人在完成工作过程中对第三人造成损害或者造成自身损害的,定作人不承担赔偿责任。但定作人对定作、指示或者选任有过失的,应当承担相应的赔偿责任。

第11条【雇员在雇佣活动中遭受人身损害时的责任承担】★★

雇员在从事雇佣活动中遭受人身损害,雇主应当承担赔偿责任。雇佣关系以外的第三人造成雇员人身损害的,赔偿权利人可以请求第三人承担赔偿责任,也可以请求雇主承担赔偿责任。雇主承担赔偿责任后,可以向第三人追偿。

雇员在从事雇佣活动中因安全生产事故遭受人身损害,发包人、分包人知道或者应当知道接受发包或者分包业务的雇主没有相应资质或者安全生产条件的,应当与雇主承担连带赔偿责任。

属于《工伤保险条例》调整的劳动关系和工伤保险范围的,不适用本条规定。

第17条【人身损害赔偿项目:一般人身损害赔偿项目、伤残赔偿项目、死亡赔偿项目】★★★★★

受害人遭受人身损害,因就医治疗支出的各项费用以及因误工减少的收入,包括医疗费、误工费、护理费、交通费、住宿费、住院伙食补助费、必要的营养费,赔偿义务人应当予以赔偿。

受害人因伤致残的,其因增加生活上需要所支出的必要费用以及因丧失劳动能力导致的收入损失,包括残疾赔偿金、残疾辅助器具费、被扶养人生活费,以及因康复护理、继续治疗实际发生的必要的康复费、护理费、后续治疗费,赔偿义务人也应当予以赔偿。

受害人死亡的,赔偿义务人除应当根据抢救治疗情况赔偿本条第一款规定的相关费用外,还应当赔偿丧葬费、被扶养人生活费、死亡补偿费以及受害人亲属办理丧葬事宜支出的交通费、住宿费和误工损失等其他合理费用。

第 18 条【精神损害抚慰金的请求权及其法律适用】　　　★★★★

受害人或者死者近亲属遭受精神损害,赔偿权利人向人民法院请求赔偿精神损害抚慰金的,适用《最高人民法院关于确定民事侵权精神损害赔偿责任若干问题的解释》予以确定。

精神损害抚慰金的请求权,不得让与或者继承。但赔偿义务人已经以书面方式承诺给予金钱赔偿,或者赔偿权利人已经向人民法院起诉的除外。

第 19 条【医疗费的计算标准】　　　★★★★

医疗费根据医疗机构出具的医药费、住院费等收款凭证,结合病历和诊断证明等相关证据确定。赔偿义务人对治疗的必要性和合理性有异议的,应当承担相应的举证责任。

医疗费的赔偿数额,按照一审法庭辩论终结前实际发生的数额确定。器官功能恢复训练所必要的康复费、适当的整容费以及其他后续治疗费,赔偿权利人可以待实际发生后另行起诉。但根据医疗证明或者鉴定结论确定必然发生的费用,可以与已经发生的医疗费一并予以赔偿。

第 20 条【误工费的计算标准】　　　★★★★

误工费根据受害人的误工时间和收入状况确定。

误工时间根据受害人接受治疗的医疗机构出具的证明确定。受害人因伤致残持续误工的,误工时间可以计算至定残日前一天。

受害人有固定收入的,误工费按照实际减少的收入计算。受害人无固定收入的,按照其最近三年的平均收入计算;受害人不能举证证明其最近三年的平均收入状况的,可以参照受诉法院所在地相同或者相近行业上一年度职工的平均工资计算。

第 21 条【护理费的计算标准】　　　★★★★

护理费根据护理人员的收入状况和护理人数、护理期限确定。

护理人员有收入的,参照误工费的规定计算;护理人员没有收入或者雇佣护工的,参照当地护工从事同等级别护理的劳务报酬标准计算。护理人员原则上为一人,但医疗机构或者鉴定机构有明确意见的,可以参照确定护理人员人数。

护理期限应计算至受害人恢复生活自理能力时止。受害人因残疾不能恢复生活自理能力的,可以根据其年龄、健康状况等因素确定合理的护理期限,但最长不超过二十年。

受害人定残后的护理,应当根据其护理依赖程度并结合配制残疾辅助器具的情况确定护理级别。

第22条【交通费的计算标准】　　　　　　　　　　★★★★

交通费根据受害人及其必要的陪护人员因就医或者转院治疗实际发生的费用计算。交通费应当以正式票据为凭;有关凭据应当与就医地点、时间、人数、次数相符合。

第23条【伙食费、住宿费的计算标准】　　　　　★★★★

住院伙食补助费可以参照当地国家机关一般工作人员的出差伙食补助标准予以确定。

受害人确有必要到外地治疗,因客观原因不能住院,受害人本人及其陪护人员实际发生的住宿费和伙食费,其合理部分应予赔偿。

第24条【营养费的计算标准】　　　　　　　　　★★★★

营养费根据受害人伤残情况参照医疗机构的意见确定。

第25条【残疾赔偿金的计算标准】　　　　　　　★★★★

残疾赔偿金根据受害人丧失劳动能力程度或者伤残等级,按照受诉法院所在地上一年度城镇居民人均可支配收入或者农村居民人均纯收入标准,自定残之日起按二十年计算。但六十周岁以上的,年龄每增加一岁减少一年;七十五周岁以上的,按五年计算。

受害人因伤致残但实际收入没有减少,或者伤残等级较轻但造成职业妨害严重影响其劳动就业的,可以对残疾赔偿金作相应调整。

第27条【丧葬费的计算标准】　　　　　　　　　★★★

丧葬费按照受诉法院所在地上一年度职工月平均工资标准,以六个月总额计算。

第28条【被扶养人生活费数额的确定】　　　　　★★★★

被扶养人生活费根据扶养人丧失劳动能力程度,按照受诉法院所在地上一年度城镇居民人均消费性支出和农村居民人均年生活消费支出标准计算。被扶养人为未成年人的,计算至十八周岁;被扶养人无劳动能力又无其他生活来源的,计算二十年。但六十周岁以上的,年龄每增加一岁减少一年;七十五周岁以上的,按五年计算。

被扶养人是指受害人依法应当承担扶养义务的未成年人或者丧失劳动能力又无其他生活来源的成年近亲属。被扶养人还有其他扶养人的,赔偿义务人只赔偿受害人依法应当负担的部分。被扶养人有数人的,年赔偿总额累计不超过上一年度城镇居民人均消费性支出额或者农村居民人均年生活消费支出额。

第 29 条【死亡赔偿金的计算标准】　　　　　　　　　　★★★

死亡赔偿金按照受诉法院所在地上一年度城镇居民人均可支配收入或者农村居民人均纯收入标准,按二十年计算。但六十周岁以上的,年龄每增加一岁减少一年;七十五周岁以上的,按五年计算。

第 31 条【物质损害赔偿金、精神损害抚慰金的确定与给付:一次性给付】
★★★

人民法院应当按照民法通则第一百三十一条以及本解释第二条的规定,确定第十九条至第二十九条各项财产损失的实际赔偿金额。

前款确定的物质损害赔偿金与按照第十八条第一款规定确定的精神损害抚慰金,原则上应当一次性给付。

第 35 条【人身损害赔偿相关统计数据概念的界定】　　　★★★

本解释所称"城镇居民人均可支配收入"、"农村居民人均纯收入"、"城镇居民人均消费性支出"、"农村居民人均年生活消费支出"、"职工平均工资",按照政府统计部门公布的各省、自治区、直辖市以及经济特区和计划单列市上一年度相关统计数据确定。

"上一年度",是指一审法庭辩论终结时的上一统计年度。

最高人民法院关于审理商品房买卖合同纠纷案件适用法律若干问题的解释①

★★★

(法释[2003]7 号,2003 年 3 月 24 日最高人民法院审判委员会第 1267 次会议通过,自 2003 年 6 月 1 日起施行)

第 1 条【商品房买卖合同的定义】　　　　　　　　　　★★★

本解释所称的商品房买卖合同,是指房地产开发企业(以下统称为出卖

---

① 简称《商品房买卖合同纠纷司法解释》。

人)将尚未建成或者已竣工的房屋向社会销售并转移房屋所有权于买受人，买受人支付价款的合同。

第 2 条【预售许可证是商品房预售合同的生效条件】 ★★★

出卖人未取得商品房预售许可证明，与买受人订立的商品房预售合同，应当认定无效，但是在起诉前取得商品房预售许可证明的，可以认定有效。

第 3 条【商品房的销售广告和宣传资料的性质：要约邀请、要约】 ★★★

商品房的销售广告和宣传资料为要约邀请，但是出卖人就商品房开发规划范围内的房屋及相关设施所作的说明和允诺具体确定，并对商品房买卖合同的订立以及房屋价格的确定有重大影响的，应当视为要约。该说明和允诺即使未载入商品房买卖合同，亦应当视为合同内容，当事人违反的，应当承担违约责任。

第 4 条【定金罚则：以认购、订购、预订方式收受定金的处理】 ★★★

出卖人通过认购、订购、预订等方式向买受人收受定金作为订立商品房买卖合同担保的，如果因当事人一方原因未能订立商品房买卖合同，应当按照法律关于定金的规定处理；因不可归责于当事人双方的事由，导致商品房买卖合同未能订立的，出卖人应当将定金返还买受人。

第 5 条【商品房买卖合同的认定】 ★★★

商品房的认购、订购、预订等协议具备《商品房销售管理办法》第十六条规定的商品房买卖合同的主要内容，并且出卖人已经按照约定收受购房款的，该协议应当认定为商品房买卖合同。

第 9 条【买受人可以请求出卖人返还已付购房款及利息、赔偿损失的情形】 ★★

出卖人订立商品房买卖合同时，具有下列情形之一，导致合同无效或者被撤销、解除的，买受人可以请求返还已付购房款及利息、赔偿损失，并可以请求出卖人承担不超过已付购房款一倍的赔偿责任：

（一）故意隐瞒没有取得商品房预售许可证明的事实或者提供虚假商品房预售许可证明；

（二）故意隐瞒所售房屋已经抵押的事实；

（三）故意隐瞒所售房屋已经出卖给第三人或者为拆迁补偿安置房屋的事实。

第 12 条【房屋主体结构质量不合格的合同解除权和赔偿损失请求权】 ★★

因房屋主体结构质量不合格不能交付使用，或者房屋交付使用后，房屋主体结构质量经核验确属不合格,买受人请求解除合同和赔偿损失的,应予支持。

第 13 条【因房屋质量引起的商品房买卖违约的责任承担】 ★★★

因房屋质量问题严重影响正常居住使用,买受人请求解除合同和赔偿损失的,应予支持。

交付使用的房屋存在质量问题,在保修期内,出卖人应当承担修复责任;出卖人拒绝修复或者在合理期限内拖延修复的,买受人可以自行或者委托他人修复。修复费用及修复期间造成的其他损失由出卖人承担。

第 14 条【交付使用的房屋面积与商品房买卖合同约定面积不符时的处理规则】 ★★★★

出卖人交付使用的房屋套内建筑面积或者建筑面积与商品房买卖合同约定面积不符,合同有约定的,按照约定处理;合同没有约定或者约定不明确的,按照以下原则处理:

(一)面积误差比绝对值在3%以内(含3%),按照合同约定的价格据实结算,买受人请求解除合同的,不予支持;

(二)面积误差比绝对值超出3%,买受人请求解除合同、返还已付购房款及利息的,应予支持。买受人同意继续履行合同,房屋实际面积大于合同约定面积的,面积误差比在3%以内(含3%)部分的房价款由买受人按照约定的价格补足,面积误差比超出3%部分的房价款由出卖人承担,所有权归买受人;房屋实际面积小于合同约定面积的,面积误差比在3%以内(含3%)部分的房价款及利息由出卖人返还买受人,面积误差比超过3%部分的房价款由出卖人双倍返还买受人。

第 15 条【延迟交付房屋或者延迟支付购房款时的购房合同解除权】 ★★

根据《合同法》第九十四条的规定,出卖人迟延交付房屋或者买受人迟延支付购房款,经催告后在三个月的合理期限内仍未履行,当事人一方请求解除合同的,应予支持,但当事人另有约定的除外。

法律没有规定或者当事人没有约定,经对方当事人催告后,解除权行使的合理期限为三个月。对方当事人没有催告的,解除权应当在解除权发生之日起一年内行使;逾期不行使的,解除权消灭。

第 16 条【商品房买卖合同违约金的调整】 ★★★★

当事人以约定的违约金过高为由请求减少的,应当以违约金超过造成的损失30%为标准适当减少;当事人以约定的违约金低于造成的损失为由请求增加的,应当以违约造成的损失确定违约金数额。

第 17 条【商品房买卖合同没有约定违约金或者损失赔偿额计算方法时的参照标准**】** ★★★★

商品房买卖合同没有约定违约金数额或者损失赔偿额计算方法,违约金数额或者损失赔偿额可以参照以下标准确定:

逾期付款的,按照未付购房款总额,参照中国人民银行规定的金融机构计收逾期贷款利息的标准计算。

逾期交付使用房屋的,按照逾期交付使用房屋期间有关主管部门公布或者有资格的房地产评估机构评定的同地段同类房屋租金标准确定。

第 18 条【在法定期限内商品房买受人未取得房屋权属证书的出卖人应承担违约责任**】** ★★★★★

由于出卖人的原因,买受人在下列期限届满未能取得房屋权属证书的,除当事人有特殊约定外,出卖人应当承担违约责任:

(一)商品房买卖合同约定的办理房屋所有权登记的期限;

(二)商品房买卖合同的标的物为尚未建成房屋的,自房屋交付使用之日起 90 日;

(三)商品房买卖合同的标的物为已竣工房屋的,自合同订立之日起 90 日。

合同没有约定违约金或者损失数额难以确定的,可以按照已付购房款总额,参照中国人民银行规定的金融机构计收逾期贷款利息的标准计算。

第 24 条【解除商品房担保贷款合同:商品房买卖合同无效、商品房买卖合同被撤销、商品房买卖合同被解除**】** ★★

因商品房买卖合同被确认无效或者被撤销、解除,致使商品房担保贷款合同的目的无法实现,当事人请求解除商品房担保贷款合同的,应予支持。

第 25 条【涉及担保贷款合同解除的审理程序**】** ★★

以担保贷款为付款方式的商品房买卖合同的当事人一方请求确认商品房买卖合同无效或者撤销、解除合同的,如果担保权人作为有独立请求权第三人提出诉讼请求,应当与商品房担保贷款合同纠纷合并审理;未提出诉讼请求的,仅处理商品房买卖合同纠纷。担保权人就商品房担保贷款合同纠纷另行起诉的,可以与商品房买卖合同纠纷合并审理。

商品房买卖合同被确认无效或者被撤销、解除后,商品房担保贷款合同也被解除的,出卖人应当将收受的购房贷款和购房款的本金及利息分别返还担保权人和买受人。

最高人民法院关于审理物业服务纠纷案件具体应用法律若干问题的解释①

★★

(法释[2009]8号,2009年4月20日由最高人民法院审判委员会第1466次会议通过,自2009年10月1日起施行)

第1条【前期物业服务合同及物业服务合同的约束力】 ★★★★★

建设单位依法与物业服务企业签订的前期物业服务合同,以及业主委员会与业主大会依法选聘的物业服务企业签订的物业服务合同,对业主具有约束力。业主以其并非合同当事人为由提出抗辩的,人民法院不予支持。

第3条【物业服务企业不履行或者不完全履行维修、养护、管理和维护义务的违约责任;物业服务企业公开作出的服务承诺及制定的服务细则认定为物业服务合同的组成部分】 ★★★

物业服务企业不履行或者不完全履行物业服务合同约定的或者法律、法规规定以及相关行业规范确定的维修、养护、管理和维护义务,业主请求物业服务企业承担继续履行、采取补救措施或者赔偿损失等违约责任的,人民法院应予支持。

物业服务企业公开作出的服务承诺及制定的服务细则,应当认定为物业服务合同的组成部分。

第5条【业主对违规收费的抗辩权、返还请求权】 ★★★

物业服务企业违反物业服务合同约定或者法律、法规、部门规章规定,擅自扩大收费范围、提高收费标准或者重复收费,业主以违规收费为由提出抗辩的,人民法院应予支持。

业主请求物业服务企业退还其已收取的违规费用的,人民法院应予支持。

第6条【未交纳物业费的处理规则】 ★★★★★

经书面催交,业主无正当理由拒绝交纳或者在催告的合理期限内仍未交

---

① 简称《物业服务纠纷司法解释》。

纳物业费,物业服务企业请求业主支付物业费的,人民法院应予支持。物业服务企业已经按照合同约定以及相关规定提供服务,业主仅以未享受或者无需接受相关物业服务为抗辩理由的,人民法院不予支持。

最高人民法院关于贯彻执行《中华人民共和国民法通则》若干问题的意见(试行)①

★★

(法(办)发[1988]6号,1988年1月26日最高人民法院审判委员会讨论通过,自1988年4月2日起施行)

第1条【公民的民事权利能力自出生时开始:户籍证明、医院出具的出生证明、其他证明】　　　　　　　　　　　　　　　　★★★★★

公民的民事权利能力自出生时开始。出生的时间以户籍证明为准;没有户籍证明的,以医院出具的出生证明为准。没有医院证明的,参照其他有关证明认定。

第45条【起字号的个人合伙及其负责人的诉讼地位;未起字号的个人合伙及各合伙人的诉讼地位】★

起字号的个人合伙,在民事诉讼中,应当以依法核准登记的字号为诉讼当事人,并由合伙负责人为诉讼代表人。合伙负责人的诉讼行为,对全体合伙人发生法律效力。

未起字号的个人合伙,合伙人在民事诉讼中为共同诉讼人。合伙人人数众多的,可以推举诉讼代表人参加诉讼,诉讼代表人的诉讼行为,对全体合伙人发生法律效力。推举诉讼代表人,应当办理书面委托手续。

第47条【民事合伙的债务承担规则】★★

全体合伙人对合伙经营的亏损额,对外应当负连带责任;对内则应按照协议约定的债务承担比例或者出资比例分担;协议未规定债务承担比例或者出资比例的,可以按照约定的或者实际的盈余分配比例承担。但是对造成合伙经营亏损有过错的合伙人,应当根据其过错程度相应的多承担责任。

---

① 简称《民通意见》。

第50条【认定合伙关系:无合伙协议且未登记时的认定方式】 ★★★
当事人之间没有书面合伙协议,又未经工商行政管理部门核准登记,但具备合伙的其他条件,又有两个以上无利害关系人证明有口头合伙协议的,人民法院可以认定为合伙关系。

第52条【合伙人的退伙及其赔偿责任】 ★★★
合伙人退伙,书面协议有约定的,按书面协议处理;书面协议未约定的,原则上应予准许。但因其退伙给其他合伙人造成损失的,应当考虑退伙的原因、理由以及双方当事人的过错情况,确定其应当承担的赔偿责任。

第53条【退伙人对合伙期间债务的分担】 ★
合伙经营期间发生亏损,合伙人退出合伙时未按约定分担或者未合理分担合伙债务的,退伙人对原合伙的债务,应当承担清偿责任;退伙人已分担合伙债务的,对其参加合伙期间的全部债务仍负连带责任。

第54条【合伙人退伙时合伙财产的分割】 ★★★
合伙人退伙时分割的合伙财产,应当包括合伙时投入的财产和合伙期间积累的财产,以及合伙期间的债权和债务。入伙的原物退伙时原则上应予退还,一次清退有困难的,可以分批分期清退;退还原物确有困难的,可以折价处理。

第55条【合伙终止时合伙财产处理规则】 ★★★
合伙终止时,对合伙财产的处理,有书面协议的,按协议处理;没有书面协议,又协商不成的,如果合伙人出资额相等,应当考虑多数人意见酌情处理;合伙人出资额不等的,可以按出资额占全部合伙额多的合伙人意见处理,但要保护其他合伙人的利益。

第72条【显失公平的认定】 ★
一方当事人利用优势或者利用对方没有经验,致使双方的权利与义务明显违反公平、等价有偿原则的,可以认定为显失公平。

第121条【公民间借款的返还:约定期限返还、随时返还、分期返还】 ★
公民之间的借贷,双方对返还期限有约定的,一般应按约定处理;没有约定的,出借人随时可以请求返还,借款方应当根据出借人的请求及时返还;暂时无力返还的,可以根据实际情况责令其分期返还。

第123条【公民之间的无息借款逾期未偿还或经催告不偿的准许出借人要求借款人偿还逾期利息】 ★
公民之间的无息借款,有约定偿还期限而借款人不按期偿还,或者未约定偿还期限但经出借人催告后,借款人仍不偿还的,出借人要求借款人偿付逾期利息,应当予以准许。

第 126 条【借用实物的归还方式】 ★★

借用实物的,出借人要求归还原物或者同等数量、质量的实物,应当予以支持;如果确实无法归还实物的,可以按照或者适当高于归还时市场零售价格折价给付。

第 127 条【因管理、使用不善造成借用物毁损的赔偿责任】 ★★

借用人因管理、使用不善造成借用物毁损的,借用人应当负赔偿责任,借用物自身有缺陷的,可以减轻借用人的赔偿责任。

第 131 条【不当利益返还:原物、孳息、其他利益】 ★★★★

返还的不当利益,应当包括原物和原物所生的孳息。利用不当得利所取得的其他利益,扣除劳务管理费用后,应当予以收缴。

第 132 条【无因管理人的费用求偿权】 ★★

民法通则第九十三条规定的管理人或者服务人可以要求受益人偿付的必要费用,包括在管理或者服务活动中直接支出的费用,以及在该活动中受到的实际损失。

最高人民法院关于审理城镇房屋租赁合同纠纷案件具体应用法律若干问题的解释①

★

(法释[2009]11 号,2009 年 6 月 22 日由最高人民法院审判委员会第 1469 次会议通过,自 2009 年 9 月 1 日起施行)

第 1 条【《最高人民法院关于审理城镇房屋租赁合同纠纷案件具体应用法律若干问题的解释》的效力范围】 ★★

本解释所称城镇房屋,是指城市、镇规划区内的房屋。

乡、村庄规划区内的房屋租赁合同纠纷案件,可以参照本解释处理。但法律另有规定的,适用其规定。

当事人依照国家福利政策租赁公有住房、廉租住房、经济适用住房产生

---

① 简称《城镇房屋租赁合同纠纷司法解释》。

的纠纷案件,不适用本解释。

第 2 条【出租人就未取得许可证建设的房屋所订立的租赁合同的效力】
★★★★

出租人就未取得建设工程规划许可证或者未按照建设工程规划许可证的规定建设的房屋,与承租人订立的租赁合同无效。但在一审法庭辩论终结前取得建设工程规划许可证或者经主管部门批准建设的,人民法院应当认定有效。

第 3 条【违规建设的临时建筑租赁合同的效力;租赁期限超过临时建筑使用期限的效力】
★★

出租人就未经批准或者未按照批准内容建设的临时建筑,与承租人订立的租赁合同无效。但在一审法庭辩论终结前经主管部门批准建设的,人民法院应当认定有效。

租赁期限超过临时建筑的使用期限,超过部分无效。但在一审法庭辩论终结前经主管部门批准延长使用期限的,人民法院应当认定延长使用期限内的租赁期间有效。

第 5 条【房屋租赁合同无效时使用费的支付义务;当事人的损害赔偿请求权】
★★★★

房屋租赁合同无效,当事人请求参照合同约定的租金标准支付房屋占有使用费的,人民法院一般应予支持。

当事人请求赔偿因合同无效受到的损失,人民法院依照合同法的有关规定和本司法解释第九条、第十三条、第十四条的规定处理。

第 7 条【承租人擅自变动房屋建筑主体和承重结构或扩建的责任】 ★★

承租人擅自变动房屋建筑主体和承重结构或者扩建,在出租人要求的合理期限内仍不予恢复原状,出租人请求解除合同并要求赔偿损失的,人民法院依照合同法第二百一十九条的规定处理。

第 8 条【导致租赁房屋无法使用的情形:租赁房屋被依法查封、房屋权属有争议、违反房屋使用条件强制性规定】
★

因下列情形之一,导致租赁房屋无法使用,承租人请求解除合同的,人民法院应予支持:

(一)租赁房屋被司法机关或者行政机关依法查封的;

(二)租赁房屋权属有争议的;

(三)租赁房屋具有违反法律、行政法规关于房屋使用条件强制性规定情况的。

第 10 条【租期届满时经出租人同意的未形成附合的装饰装修的:拆除与恢复原状】 ★★

承租人经出租人同意装饰装修,租赁期间届满或者合同解除时,除当事人另有约定外,未形成附合的装饰装修物,可由承租人拆除。因拆除造成房屋毁损的,承租人应当恢复原状。

第 11 条【房屋租赁合同解除时对已形成附合的装饰装修物的处理规则】 ★★

承租人经出租人同意装饰装修,合同解除时,双方对已形成附合的装饰装修物的处理没有约定的,人民法院按照下列情形分别处理:

(一)因出租人违约导致合同解除,承租人请求出租人赔偿剩余租赁期内装饰装修残值损失的,应予支持;

(二)因承租人违约导致合同解除,承租人请求出租人赔偿剩余租赁期内装饰装修残值损失的,不予支持。但出租人同意利用的,应在利用价值范围内予以适当补偿;

(三)因双方违约导致合同解除,剩余租赁期内的装饰装修残值损失,由双方根据各自的过错承担相应的责任;

(四)因不可归责于双方的事由导致合同解除的,剩余租赁期内的装饰装修残值损失,由双方按照公平原则分担。法律另有规定的,适用其规定。

第 12 条【经出租人同意的装饰装修在租赁期间届满后承租人无权请求补偿附和装饰装修费用,但另有约定的除外】 ★★

承租人经出租人同意装饰装修,租赁期间届满时,承租人请求出租人补偿附合装饰装修费用的,不予支持。但当事人另有约定的除外。

第 13 条【承租人未经出租人同意装饰装修或扩建的责任】 ★★

承租人未经出租人同意装饰装修或者扩建发生的费用,由承租人负担。出租人请求承租人恢复原状或者赔偿损失的,人民法院应予支持。

第 15 条【超出剩余租赁期限转租的效力】 ★★

承租人经出租人同意将租赁房屋转租给第三人时,转租期限超过承租人剩余租赁期限的,人民法院应当认定超过部分的约定无效。但出租人与承租人另有约定的除外。

第 16 条【出租人知道或者应当知道承租人转租但在 6 个月内未提出异议的转租合同有效;承租人可作为第三人参加租赁合同纠纷诉讼的规定】 ★★

出租人知道或者应当知道承租人转租,但在六个月内未提出异议,其以承租人未经同意为由请求解除合同或者认定转租合同无效的,人民法院不予支持。

因租赁合同产生的纠纷案件,人民法院可以通知次承租人作为第三人参加诉讼。

第 18 条【出租人对逾期腾房占有使用费的支付请求权:房屋租赁合同无效、履行期限届满、或者解除时】 ★★★★

房屋租赁合同无效、履行期限届满或者解除,出租人请求负有腾房义务的次承租人支付逾期腾房占有使用费的,人民法院应予支持。

第 20 条【买卖不破租赁及其特例】 ★★

租赁房屋在租赁期间发生所有权变动,承租人请求房屋受让人继续履行原租赁合同的,人民法院应予支持。但租赁房屋具有下列情形或者当事人另有约定的除外:

(一)房屋在出租前已设立抵押权,因抵押权人实现抵押权发生所有权变动的;

(二)房屋在出租前已被人民法院依法查封的。

第 21 条【承租人优先购买权受侵害后的求偿权】 ★★

出租人出卖租赁房屋未在合理期限内通知承租人或者存在其他侵害承租人优先购买权情形,承租人请求出租人承担赔偿责任的,人民法院应予支持。但请求确认出租人与第三人签订的房屋买卖合同无效的,人民法院不予支持。

第 24 条【人民法院不予支持承租人优先购买权的情形】 ★★

具有下列情形之一,承租人主张优先购买房屋的,人民法院不予支持:

(一)房屋共有人行使优先购买权的;

(二)出租人将房屋出卖给近亲属,包括配偶、父母、子女、兄弟姐妹、祖父母、外祖父母、孙子女、外孙子女的;

(三)出租人履行通知义务后,承租人在十五日内未明确表示购买的;

(四)第三人善意购买租赁房屋并已经办理登记手续的。

最高人民法院关于审理融资租赁合同纠纷案件适用法律问题的解释[①]

★

(法释[2014]3号,2013年11月25日最高人民法院审判委员会第1597次会议通过,自2014年3月1日起施行)

第1条【融资租赁法律关系的认定】 ★

人民法院应当根据合同法第二百三十七条的规定,结合标的物的性质、价值、租金的构成以及当事人的合同权利和义务,对是否构成融资租赁法律关系作出认定。

对名为融资租赁合同,但实际不构成融资租赁法律关系的,人民法院应按照其实际构成的法律关系处理。

第6条【承租人对出卖人行使索赔权不影响其融资租赁合同项下的租金支付义务及例外情形】 ★

承租人对出卖人行使索赔权,不影响其履行融资租赁合同项下支付租金的义务,但承租人以依赖出租人的技能确定租赁物或者出租人干预选择租赁物为由,主张减轻或者免除相应租金支付义务的除外。

第12条【出租人解除融资租赁合同的情形】 ★★★

有下列情形之一,出租人请求解除融资租赁合同的,人民法院应予支持:

(一)承租人未经出租人同意,将租赁物转让、转租、抵押、质押、投资入股或者以其他方式处分租赁物的;

(二)承租人未按照合同约定的期限和数额支付租金,符合合同约定的解除条件,经出租人催告后在合理期限内仍不支付的;

(三)合同对于欠付租金解除合同的情形没有明确约定,但承租人欠付租金达到两期以上,或者数额达到全部租金百分之十五以上,经出租人催告后在合理期限内仍不支付的;

(四)承租人违反合同约定,致使合同目的不能实现的其他情形。

---

① 简称《融资租赁合同司法解释》。

第 20 条【承租人逾期履行付款义务的出租人有权要求支付逾期利息、相应违约金】 ★★★★

承租人逾期履行支付租金义务或者迟延履行其他付款义务,出租人按照融资租赁合同的约定要求承租人支付逾期利息、相应违约金的,人民法院应予支持。

第 21 条【出租人的租金支付请求权以及合同解除权】 ★★★

出租人既请求承租人支付合同约定的全部未付租金又请求解除融资租赁合同的,人民法院应告知其依照合同法第二百四十八条的规定作出选择。

出租人请求承租人支付合同约定的全部未付租金,人民法院判决后承租人未予履行,出租人再行起诉请求解除融资租赁合同、收回租赁物的,人民法院应予受理。

第 22 条【出租人依法解除融资租赁合同可以同时请求收回租赁物并赔偿损失;融资租赁合同损失赔偿范围的确定】 ★★★

出租人依照本解释第十二条的规定请求解除融资租赁合同,同时请求收回租赁物并赔偿损失的,人民法院应予支持。

前款规定的损失赔偿范围为承租人全部未付租金及其他费用与收回租赁物价值的差额。合同约定租赁期间届满后租赁物归出租人所有的,损失赔偿范围还应包括融资租赁合同到期后租赁物的残值。

最高人民法院关于审理道路交通事故损害赔偿案件适用法律若干问题的解释①

(法释[2012]19 号,2012 年 9 月 17 日由最高人民法院审判委员会第 1556 次会议通过,自 2012 年 12 月 21 日起施行)

第 3 条【挂靠机动车交通事故责任;挂靠人与被挂靠人承担连带责任】 ★★

以挂靠形式从事道路运输经营活动的机动车发生交通事故造成损害,属

---

① 简称《道路交通事故司法解释》。

于该机动车一方责任,当事人请求由挂靠人和被挂靠人承担连带责任的,人民法院应予支持。

第 14 条【人身伤亡、财产损失的概念】 ★★

道路交通安全法第七十六条规定的"人身伤亡",是指机动车发生交通事故侵害被侵权人的生命权、健康权等人身权益所造成的损害,包括侵权责任法第十六条和第二十二条规定的各项损害。

道路交通安全法第七十六条规定的"财产损失",是指因机动车发生交通事故侵害被侵权人的财产权益所造成的损失。

第 15 条【交通事故财产损失赔偿范围】 ★

因道路交通事故造成下列财产损失,当事人请求侵权人赔偿的,人民法院应予支持:

(一)维修被损坏车辆所支出的费用、车辆所载物品的损失、车辆施救费用;

(二)因车辆灭失或者无法修复,为购买交通事故发生时与被损坏车辆价值相当的车辆重置费用;

(三)依法从事货物运输、旅客运输等经营性活动的车辆,因无法从事相应经营活动所产生的合理停运损失;

(四)非经营性车辆因无法继续使用,所产生的通常替代性交通工具的合理费用。

第 16 条【交强险和商业三者险并存时的赔付规则】 ★★★★

同时投保机动车第三者责任强制保险(以下简称"交强险")和第三者责任商业保险(以下简称"商业三者险")的机动车发生交通事故造成损害,当事人同时起诉侵权人和保险公司的,人民法院应当按照下列规则确定赔偿责任:

(一)先由承保交强险的保险公司在责任限额范围内予以赔偿;

(二)不足部分,由承保商业三者险的保险公司根据保险合同予以赔偿;

(三)仍有不足的,依照道路交通安全法和侵权责任法的相关规定由侵权人予以赔偿。

被侵权人或者其近亲属请求承保交强险的保险公司优先赔偿精神损害的,人民法院应予支持。

第 18 条【保险公司在交强险责任限额范围内赔偿的情形;保险公司的追偿权;追偿权的诉讼时效期间】 ★★★★

有下列情形之一导致第三人人身损害,当事人请求保险公司在交强险责

任限额范围内予以赔偿,人民法院应予支持:

(一)驾驶人未取得驾驶资格或者未取得相应驾驶资格的;

(二)醉酒、服用国家管制的精神药品或者麻醉药品后驾驶机动车发生交通事故的;

(三)驾驶人故意制造交通事故的。

保险公司在赔偿范围内向侵权人主张追偿权的,人民法院应予支持。追偿权的诉讼时效期间自保险公司实际赔偿之日起计算。

第21条【投保交强险的多辆机动车及依法分别投保交强险的连接使用的牵引车和挂车发生交通事故造成第三人损害时的赔偿责任;各自责任限额、各自责任限额与责任之和的比例、未投保交强险;牵引车和挂车连接使用】 ★

多辆机动车发生交通事故造成第三人损害,损失超出各机动车交强险责任限额之和的,由各保险公司在各自责任限额范围内承担赔偿责任;损失未超出各机动车交强险责任限额之和,当事人请求由各保险公司按照其责任限额与责任限额之和的比例承担赔偿责任的,人民法院应予支持。

依法分别投保交强险的牵引车和挂车连接使用时发生交通事故造成第三人损害,当事人请求由各保险公司在各自的责任限额范围内平均赔偿的,人民法院应予支持。

多辆机动车发生交通事故造成第三人损害,其中部分机动车未投保交强险,当事人请求先由已承保交强险的保险公司在责任限额范围内予以赔偿的,人民法院应予支持。保险公司就超出其应承担的部分向未投保交强险的投保义务人或者侵权人行使追偿权的,人民法院应予支持。

最高人民法院关于适用《中华人民共和国合同法》若干问题的解释(一)[①]

(法释[1999]19号,1999年12月1日由最高人民法院审判委员会第1090次会议通过,自1999年12月29日起施行)

---

① 简称《合同法司法解释一》。

第1条【合同法的溯及力】 ★

合同法实施以后成立的合同发生纠纷起诉到人民法院的,适用合同法的规定;合同法实施以前成立的合同发生纠纷起诉到人民法院的,除本解释另有规定的以外,适用当时的法律规定,当时没有法律规定的,可以适用合同法的有关规定。

第2条【合同法的溯及力】 ★

合同成立于合同法实施之前,但合同约定的履行期限跨越合同法实施之日或者履行期限在合同法实施之后,因履行合同发生的纠纷,适用合同法第四章的有关规定。

第9条【未办批准、登记手续的合同效力】 ★

依照合同法第四十四条第二款的规定,法律、行政法规规定合同应当办理批准手续,或者办理批准、登记等手续才生效,在一审法庭辩论终结前当事人仍未办理批准手续的,或者仍未办理批准、登记等手续的,人民法院应当认定该合同未生效;法律、行政法规规定合同应当办理登记手续,但未规定登记后生效的,当事人未办理登记手续不影响合同的效力,合同标的物所有权及其他物权不能转移。

合同法第七十七条第二款、第八十七条、第九十六条第二款所列合同变更、转让、解除等情形,依照前款规定处理。

第11条【债权人的代位权:债权人提起代位权诉讼的条件】 ★★★

债权人依照合同法第七十三条的规定提起代位权诉讼,应当符合下列条件:

(一)债权人对债务人的债权合法;

(二)债务人怠于行使其到期债权,对债权人造成损害;

(三)债务人的债权已到期;

(四)债务人的债权不是专属于债务人自身的债权。

第13条【债权人的代位权:对"债务人怠于行使其到期债权,对债权人造成损害的"的界定;次债务人的举证责任】 ★★★

合同法第七十三条规定的"债务人怠于行使其到期债权,对债权人造成损害的",是指债务人不履行其对债权人的到期债务,又不以诉讼方式或者仲裁方式向其债务人主张其享有的具有金钱给付内容的到期债权,致使债权人的到期债权未能实现。

次债务人(即债务人的债务人)不认为债务人有怠于行使其到期债权情况的,应当承担举证责任。

第 19 条【代位权诉讼债权人胜诉时诉讼费的负担规则】 ★★★

在代位权诉讼中,债权人胜诉的,诉讼费由次债务人负担,从实现的债权中优先支付。

第 20 条【认定代位权成立的法律后果】 ★★★

债权人向次债务人提起的代位权诉讼经人民法院审理后认定代位权成立的,由次债务人向债权人履行清偿义务,债权人与债务人、债务人与次债务人之间相应的债权债务关系即予消灭。

第 24 条【债权人的撤销权:债权人撤销权诉讼的第三人追加】 ★

债权人依照合同法第七十四条的规定提起撤销权诉讼时只以债务人为被告,未将受益人或者受让人列为第三人的,人民法院可以追加该受益人或者受让人为第三人。

第 25 条【债权人的撤销权:债权人行使撤销权的效力;债权人撤销权诉讼的合并审理】 ★★★

债权人依照合同法第七十四条的规定提起撤销权诉讼,请求人民法院撤销债务人放弃债权或转让财产的行为,人民法院应当就债权人主张的部分进行审理,依法撤销的,该行为自始无效。

两个或者两个以上债权人以同一债务人为被告,就同一标的提起撤销权诉讼的,人民法院可以合并审理。

第 26 条【行使撤销权的必要费用负担】 ★★★

债权人行使撤销权所支付的律师代理费、差旅费等必要费用,由债务人负担;第三人有过错的,应当适当分担。

最高人民法院关于人民法院民事执行中查封、扣押、冻结财产的规定①

(法释[2004]15 号,2004 年 10 月 26 日由最高人民法院审判委员会第 1330 次会议通过,根据 2008 年 12 月 16 日发布的《最高人民法院关于调整司法解释等文件中引用〈中华人民共和国民事诉讼法〉条文序号

---

① 简称《民事执行查封扣押冻结财产规定》。

的决定》调整,自 2008 年 12 月 31 日起施行)

第 14 条【对被执行人与他人共有的财产进行查封、扣押、冻结的规定】 ★★

对被执行人与其他人共有的财产,人民法院可以查封、扣押、冻结,并及时通知共有人。

共有人协议分割共有财产,并经债权人认可的,人民法院可以认定有效。查封、扣押、冻结的效力及于协议分割后被执行人享有份额内的财产;对其他共有人享有份额内的财产的查封、扣押、冻结,人民法院应当裁定予以解除。

共有人提起析产诉讼或者申请执行人代位提起析产诉讼的,人民法院应当准许。诉讼期间中止对该财产的执行。

第 19 条【被执行人购买的需要办理过户登记的第三人财产作为执行标的物时的查封、扣押、冻结处理】 ★

被执行人购买需要办理过户登记的第三人的财产,已经支付部分或者全部价款并实际占有该财产,虽未办理产权过户登记手续,但申请执行人已向第三人支付剩余价款或者第三人同意剩余价款从该财产变价款中优先支付的,人民法院可以查封、扣押、冻结。

最高人民法院关于建设工程价款优先受偿权问题的批复①

(法释[2002]16 号,2002 年 6 月 11 日最高人民法院审判委员会第 1225 次会议通过,2002 年 6 月 20 日公布,自 2002 年 6 月 27 日起施行)

第 1 条【承包人的建设工程优先受偿权】 ★★

人民法院在审理房地产纠纷案件和办理执行案件中,应当依照《中华人民共和国合同法》第二百八十六条的规定,认定建筑工程的承包人的优先受偿权优于抵押权和其他债权。

---

① 简称《建设工程价款优先受偿权问题的批复》。

第3条【建设工程价款的范围】 ★★★

建筑工程价款包括承包人为建设工程应当支付的工作人员报酬、材料款等实际支出的费用,不包括承包人因发包人违约所造成的损失。

第4条【建设工程承包人行使优先权的期限】 ★★★

建设工程承包人行使优先权的期限为六个月,自建设工程竣工之日或者建设工程合同约定的竣工之日起计算。

最高人民法院关于审理涉及金融资产管理公司收购、管理、处置国有银行不良贷款形成的资产的案件适用法律若干问题的规定①

(法释[2001]12号,2001年4月3日最高人民法院审判委员会第1167次会议通过,自2001年4月23日起施行)

第6条【金融资产管理公司受让国有银行债权后原债权银行履行通知义务的方式;债务人以原债权银行转让债权未履行通知义务为由进行抗辩的处理】 ★★★

金融资产管理公司受让国有银行债权后,原债权银行在全国或者省级有影响的报纸上发布债权转让公告或通知的,人民法院可以认定债权人履行了《中华人民共和国合同法》第八十条,第一款规定的通知义务。

在案件审理中,债务人以原债权银行转让债权未履行通知义务为由进行抗辩的,人民法院可以将原债权银行传唤到庭调查债权转让事实,并责令原债权银行告知债务人债权转让的事实。

第7条【逾期归还贷款的利息计算方法】 ★

债务人逾期归还贷款,原借款合同约定的利息计算方法不违反法律法规规定的,该约定有效。没有约定或者不明的,依照中国人民银行《人民币利率管理规定》计算利息和复息。

---

① 简称《收购、管理、处置国有银行不良贷款形成的资产案件规定》。

第9条【金融资产管理公司受让有抵押担保的债权：原抵押权继续有效】
★★

金融资产管理公司受让有抵押担保的债权后，可以依法取得对债权的抵押权，原抵押权登记继续有效。

最高人民法院关于审理涉及农村土地承包纠纷案件适用法律问题的解释①

（法释[2005]6号，2005年3月29日最高人民法院审判委员会第1346次会议通过，自2005年9月1日起施行）

第6条【因发包方违法收回、调整承包地，或者因发包方收回承包方弃耕、撂荒的承包地产生的纠纷的处理规则】
★★

因发包方违法收回、调整承包地，或者因发包方收回承包方弃耕、撂荒的承包地产生的纠纷，按照下列情形，分别处理：

（一）发包方未将承包地另行发包，承包方请求返还承包地的，应予支持；

（二）发包方已将承包地另行发包给第三人，承包方以发包方和第三人为共同被告，请求确认其所签订的承包合同无效、返还承包地并赔偿损失的，应予支持。但属于承包方弃耕、撂荒情形的，对其赔偿损失的诉讼请求，不予支持。

前款第（二）项所称的第三人，请求受益方补偿其在承包地上的合理投入的，应予支持。

第13条【未经发包方同意转让土地承包经营权无效】
★★

承包方未经发包方同意，采取转让方式流转其土地承包经营权的，转让合同无效。但发包方无法定理由不同意或者拖延表态的除外。

第14条【承包方依法采取转包、出租、互换或其他方式流转土地承包经营权的合同未报发包方备案不当然无效】
★

承包方依法采取转包、出租、互换或者其他方式流转土地承包经营权，发

---

① 简称《农村土地承包纠纷司法解释》。

包方仅以该土地承包经营权流转合同未报其备案为由,请求确认合同无效的,不予支持。

第 15 条【以土地承包经营权抵押或抵偿债务的无效及责任承担】 ★

承包方以其土地承包经营权进行抵押或者抵偿债务的,应当认定无效。对因此造成的损失,当事人有过错的,应当承担相应的民事责任。

第 16 条【家庭承包纠纷中情势变更的适用】 ★★

因承包方不收取流转价款或者向对方支付费用的约定产生纠纷,当事人协商变更无法达成一致,且继续履行又显失公平的,人民法院可以根据发生变更的客观情况,按照公平原则处理。

第 17 条【对转包、出租地流转期限与承包地交回时间的规定;承包方对提高土地生产能力的投入的相应补偿】 ★★★

当事人对转包、出租地流转期限没有约定或者约定不明的,参照合同法第二百三十二条规定处理。除当事人另有约定或者属于林地承包经营外,承包地交回的时间应当在农作物收获期结束后或者下一耕种期开始前。

对提高土地生产能力的投入,对方当事人请求承包方给予相应补偿的,应予支持。

最高人民法院关于确定民事侵权精神损害赔偿责任若干问题的解释①

(2001 年 2 月 26 日由最高人民法院审判委员会第 1161 次会议通过,自 2001 年 3 月 10 日起施行)

第 8 条【致人精神损害的责任方式】 ★★

因侵权致人精神损害,但未造成严重后果,受害人请求赔偿精神损害的,一般不予支持,人民法院可以根据情形判令侵权人停止侵害、恢复名誉、消除影响、赔礼道歉。

因侵权致人精神损害,造成严重后果的,人民法院除判令侵权人承担停

---

① 简称《精神损害赔偿司法解释》。

止侵害、恢复名誉、消除影响、赔礼道歉等民事责任外,可以根据受害人一方的请求判令其赔偿相应的精神损害抚慰金。

第 10 条【精神损害赔偿数额的确定标准】 ★★★

精神损害的赔偿数额根据以下因素确定:

(一)侵权人的过错程度,法律另有规定的除外;

(二)侵害的手段、场合、行为方式等具体情节;

(三)侵权行为所造成的后果;

(四)侵权人的获利情况;

(五)侵权人承担责任的经济能力;

(六)受诉法院所在地平均生活水平。

法律、行政法规对残疾赔偿金、死亡赔偿金等有明确规定的,适用法律、行政法规的规定。

最高人民法院关于审理旅游纠纷案件适用法律若干问题的规定①

(法释[2010]13 号,2010 年 9 月 13 日最高人民法院审判委员会第 1496 次会议通过,自 2010 年 11 月 1 日起施行)

第 3 条【旅游合同纠纷中的违约责任和侵权责任案由选择】 ★★

因旅游经营者方面的同一原因造成旅游者人身损害、财产损失,旅游者选择要求旅游经营者承担违约责任或者侵权责任的,人民法院应当根据当事人选择的案由进行审理。

第 7 条【旅游经营者、旅游辅助服务者未尽到安全保障义务的责任承担;因第三人的行为造成旅游者损害的责任承担规则】 ★★★

旅游经营者、旅游辅助服务者未尽到安全保障义务,造成旅游者人身损害、财产损失,旅游者请求旅游经营者、旅游辅助服务者承担责任的,人民法院应予支持。

---

① 简称《旅游纠纷司法解释》。

因第三人的行为造成旅游者人身损害、财产损失,由第三人承担责任;旅游经营者、旅游辅助服务者未尽安全保障义务,旅游者请求其承担相应补充责任的,人民法院应予支持。

最高人民法院关于审理涉及人民调解协议的民事案件的若干规定①

(法释[2002]29号,2002年9月5日最高人民法院审判委员会第1240次会议通过,自2002年11月1日起施行)

第1条【人民调解协议的性质及法律效力】 ★★

经人民调解委员会调解达成的、有民事权利义务内容,并由双方当事人签字或者盖章的调解协议,具有民事合同性质。当事人应当按照约定履行自己的义务,不得擅自变更或者解除调解协议。

第2条【人民调解协议案件的起诉与受理:请求对方履行、变更、撤销、确认调解协议无效时】 ★

当事人一方向人民法院起诉,请求对方当事人履行调解协议的,人民法院应当受理。

当事人一方向人民法院起诉,请求变更或者撤销调解协议,或者请求确认调解协议无效的,人民法院应当受理。

第3条【人民调解协议案件的双方当事人的举证责任:请求对方履行、变更、撤销、确认无效时】 ★★

当事人一方起诉请求履行调解协议,对方当事人反驳的,有责任对反驳诉讼请求所依据的事实提供证据予以证明。

当事人一方起诉请求变更或者撤销调解协议,或者请求确认调解协议无效的,有责任对自己的诉讼请求所依据的事实提供证据予以证明。

当事人一方以原纠纷向人民法院起诉,对方当事人以调解协议抗辩的,应当提供调解协议书。

---

① 简称《审理调解协议案件规定》。

第4条【民事调解协议有效的条件】 ★★
具备下列条件的,调解协议有效:
(一)当事人具有完全民事行为能力;
(二)意思表示真实;
(三)不违反法律、行政法规的强制性规定或者社会公共利益。

第5条【调解协议无效的情形】 ★
有下列情形之一的,调解协议无效:
(一)损害国家、集体或者第三人利益;
(二)以合法形式掩盖非法目的;
(三)损害社会公共利益;
(四)违反法律、行政法规的强制性规定。
人民调解委员会强迫调解的,调解协议无效。

第6条【可变更、可撤销的调解协议】 ★
下列调解协议,当事人一方有权请求人民法院变更或者撤销:
(一)因重大误解订立的;
(二)在订立调解协议时显失公平的;
一方以欺诈、胁迫的手段或者乘人之危,使对方在违背真实意思的情况下订立的调解协议,受损害方有权请求人民法院变更或者撤销。
当事人请求变更的,人民法院不得撤销。

最高人民法院关于审理存单纠纷案件的若干规定①

(法释[1997]8号,1997年11月25日最高人民法院审判委员会第946次会议通过,自1997年12月13日公布起施行)

第5条【一般存单纠纷案件的认定和处理】 ★★
对一般存单纠纷案件的认定和处理
(一)认定

---

① 简称《审理存单纠纷案件规定》。

当事人以存单或进账单、对账单、存款合同等凭证为主要证据向人民法院提起诉讼的存单纠纷案件和金融机构向人民法院提起的确认存单或进账单、对账单、存款合同等凭证无效的存单纠纷案件,为一般存单纠纷案件。

(二) 处理

人民法院在审理一般存单纠纷案件中,除应审查存单、进账单、对账单、存款合同等凭证的真实性外,还应审查持有人与金融机构间存款关系的真实性,并以存单、进账单、对账单、存款合同等凭证的真实性以及存款关系的真实性为依据,作出正确处理。

1. 持有人以上述真实凭证为证据提起诉讼的,金融机构应当对持有人与金融机构间是否存在存款关系负举证责任。如金融机构有充分证据证明持有人未向金融机构交付上述凭证所记载的款项的,人民法院应当认定持有人与金融机构间不存在存款关系,并判决驳回原告的诉讼请求。

2. 持有人以上述真实凭证为证据提起诉讼的,如金融机构不能提供证明存款关系不真实的证据,或仅以金融机构底单的记载内容与上述凭证记载内容不符为由进行抗辩的,人民法院应认定持有人与金融机构间存款关系成立,金融机构应当承担兑付款项的义务。

3. 持有人以在样式、印鉴、记载事项上有别于真实凭证,但无充分证据证明系伪造或变造的瑕疵凭证提起诉讼的,持有人应对瑕疵凭证的取得提供合理的陈述。如持有人对瑕疵凭证的取得提供了合理陈述,而金融机构否认存款关系存在的,金融机构应当对持有人与金融机构间是否存在存款关系负举证责任。如金融机构有充分证据证明持有人未向金融机构交付上述凭证所记载的款项的,人民法院应当认定持有人与金融机构间不存在存款关系,判决驳回原告的诉讼请求;如金融机构不能提供证明存款关系不真实的证据,或仅以金融机构底单的记载内容与上述凭证记载内容不符为由进行抗辩的,人民法院应认定持有人与金融机构间存款关系成立,金融机构应当承担兑付款项的义务。

4. 存单纠纷案件的审理中,如有充足证据证明存单、进账单、对账单、存款合同等凭证系伪造、变造,人民法院应在查明案件事实的基础上,依法确认上述凭证无效,并可驳回持上述凭证起诉的原告的诉讼请求或根据实际存款数额进行判决。如有本规定第三条中止审理情形的,人民法院应当中止审理。

最高人民法院关于审理涉及国有土地使用权合同纠纷案件适用法律问题的解释①

(法释[2005]5号,2004年11月23日最高人民法院审判委员会第1334次会议通过,自2005年8月1日起施行)

第9条【未取得出让土地使用权证书的土地使用权转让合同的效力】　　★★

转让方未取得出让土地使用权证书与受让方订立合同转让土地使用权,起诉前转让方已经取得出让土地使用权证书或者有批准权的人民政府同意转让的,应当认定合同有效。

第14条【合作开发房地产合同的定义】　　★★

本解释所称的合作开发房地产合同,是指当事人订立的以提供出让土地使用权、资金等作为共同投资,共享利润、共担风险合作开发房地产为基本内容的协议。

第15条【房地产开发合同当事人的经营资质与房地产开发合同的效力】　　★★

合作开发房地产合同的当事人一方具备房地产开发经营资质的,应当认定合同有效。

当事人双方均不具备房地产开发经营资质的,应当认定合同无效。但起诉前当事人一方已经取得房地产开发经营资质或者已依法合作成立具有房地产开发经营资质的房地产开发企业的,应当认定合同有效。

---

① 简称《国有土地使用权合同纠纷司法解释》。

最高人民法院关于适用《中华人民共和国保险法》若干问题的解释(二)[①]

(法释[2013]14号,2013年5月6日最高人民法院审判委员会第1577次会议通过,自2013年6月8日起施行)

第9条【免除保险人责任的条款的具体解释】 ★

保险人提供的格式合同文本中的责任免除条款、免赔额、免赔率、比例赔付或者给付等免除或者减轻保险人责任的条款,可以认定为保险法第十七条第二款规定的"免除保险人责任的条款"。

保险人因投保人、被保险人违反法定或者约定义务,享有解除合同权利的条款,不属于保险法第十七条第二款规定的"免除保险人责任的条款"。

第11条【保险人是否履行提示、说明义务的认定标准】 ★★

保险合同订立时,保险人在投保单或者保险单等其他保险凭证上,对保险合同中免除保险人责任的条款,以足以引起投保人注意的文字、字体、符号或者其他明显标志作出提示的,人民法院应当认定其履行了保险法第十七条第二款规定的提示义务。

保险人对保险合同中有关免除保险人责任条款的概念、内容及其法律后果以书面或者口头形式向投保人作出常人能够理解的解释说明的,人民法院应当认定保险人履行了保险法第十七条第二款规定的明确说明义务。

第13条【保险人对其明确说明义务的举证责任及其认定】 ★

保险人对其履行了明确说明义务负举证责任。

投保人对保险人履行了符合本解释第十一条第二款要求的明确说明义务在相关文书上签字、盖章或者以其他形式予以确认的,应当认定保险人履行了该项义务。但另有证据证明保险人未履行明确说明义务的除外。

第19条【保险人不得以被保险人或受益人未要求第三者承担责任为由拒绝承担保险责任;被保险人取得的第三者赔偿不足弥补财产损失的可要求

---

① 简称《保险法司法解释二》。

保险人承担赔偿责任】　　★

保险事故发生后,被保险人或者受益人起诉保险人,保险人以被保险人或者受益人未要求第三者承担责任为由抗辩不承担保险责任的,人民法院不予支持。

财产保险事故发生后,被保险人就其所受损失从第三者取得赔偿后的不足部分提起诉讼,请求保险人赔偿的,人民法院应予依法受理。

最高人民法院关于适用《中华人民共和国婚姻法》若干问题的解释(一)①

(法释[2001]30号,2001年12月24日最高人民法院审判委员会第1202次会议通过,自2001年12月27日起施行)

第17条【夫妻对共有财产有平等处理权的理解】　　★★

婚姻法第十七条关于"夫或妻对夫妻共同所有的财产,有平等的处理权"的规定,应当理解为:

(一)夫或妻在处理夫妻共同财产上的权利是平等的。因日常生活需要而处理夫妻共同财产的,任何一方均有权决定。

(二)夫或妻非因日常生活需要对夫妻共同财产做重要处理决定,夫妻双方应当平等协商,取得一致意见。他人有理由相信其为夫妻双方共同意思表示的,另一方不得以不同意或不知道为由对抗善意第三人。

第18条【第三人知道夫妻财产约定的举证责任】　　★

婚姻法第十九条所称"第三人知道该约定的",夫妻一方对此负有举证责任。

---

① 简称《婚姻法司法解释一》。

最高人民法院关于审理海上货运代理纠纷案件若干问题的规定①

(法释〔2012〕3号,2012年1月9日最高人民法院审判委员会第1538次会议通过,自2012年5月1日起施行)

第9条【货运代理企业获取合理费用的权利】 ★★

货运代理企业按照概括委托权限完成海上货运代理事务,请求委托人支付相关合理费用的,人民法院应予支持。

最高人民法院关于金融资产管理公司收购、处置银行不良资产有关问题的补充通知②

(法发〔2005〕62号,2005年5月30日施行)

第2条【国有商业银行向金融资产管理公司转让不良贷款,或者金融资产管理公司收购、处置不良贷款时的担保债权】 ★★

国有商业银行(包括国有控股银行)向金融资产管理公司转让不良贷款,或者金融资产管理公司收购、处置不良贷款的,担保债权同时转让,无须征得担保人的同意,担保人仍应在原担保范围内对受让人继续承担担保责任。担保合同中关于合同变更需经担保人同意的约定,对债权人转让债权没有约束力。

---

① 简称《审理海上货运代理纠纷案件规定》。
② 简称《收购、处置银行不良资产补充通知》。

最高人民法院关于审理劳动争议案件适用法律若干问题的解释(二)[①]

(法释[2006]6号,2006年7月10日最高人民法院审判委员会第1393次会议通过,自2006年10月1日起施行)

第3条【视为拖欠劳动报酬争议的起诉】 ★★

劳动者以用人单位的工资欠条为证据直接向人民法院起诉,诉讼请求不涉及劳动关系其他争议的,视为拖欠劳动报酬争议,按照普通民事纠纷受理。

最高人民法院关于审理劳动争议案件适用法律若干问题的解释(三)[②]

(法释[2010]12号,2010年7月12日最高人民法院审判委员会第1489次会议通过,自2010年9月14日起施行)

第1条【法院受理用人单位未办社保且社保机构不能补办而导致劳动者社保待遇损失的赔偿请求】 ★

劳动者以用人单位未为其办理社会保险手续,且社会保险经办机构不能补办导致其无法享受社会保险待遇为由,要求用人单位赔偿损失而发生争议的,人民法院应予受理。

---

① 简称《劳动争议案件司法解释二》。
② 简称《劳动争议案件司法解释三》。

第7条【用人单位与其招用的已经依法享受养老保险待遇或领取退休金的人员发生用工争议按劳务关系处理的规定】 ★★

用人单位与其招用的已经依法享受养老保险待遇或领取退休金的人员发生用工争议,向人民法院提起诉讼的,人民法院应当按劳务关系处理。

第9条【劳动者主张加班费时的举证责任】 ★

劳动者主张加班费的,应当就加班事实的存在承担举证责任。但劳动者有证据证明用人单位掌握加班事实存在的证据,用人单位不提供的,由用人单位承担不利后果。

最高人民法院关于适用《中华人民共和国婚姻法》若干问题的解释(三)①

(法释[2011]18号,2011年7月4日最高人民法院审判委员会第1525次会议通过,自2011年8月13日起施行)

第6条【撤销婚前或婚姻关系存续期间夫妻之间房产赠与的处理】 ★★

婚前或者婚姻关系存续期间,当事人约定将一方所有的房产赠与另一方,赠与方在赠与房产变更登记之前撤销赠与,另一方请求判令继续履行的,人民法院可以按照合同法第一百八十六条的规定处理。

最高人民法院关于审理劳动争议案件适用法律若干问题的解释②

(法释[2001]14号,2001年3月22日最高人民法院审判委员会第1165次会议通过,根据2008年12月16日最高人民法院《关于调整司

---

① 简称《婚姻法司法解释三》。
② 简称《劳动争议案件司法解释一》。

法解释等文件中引用〈中华人民共和国民事诉讼法〉条文序号的决定》调整,自 2001 年 4 月 30 日起施行)

第 3 条【法院对超出仲裁申请期限的劳动争议案件的处理规则】★★

劳动争议仲裁委员会根据《劳动法》第八十二条之规定,以当事人的仲裁申请超过六十日期限为由,作出不予受理的书面裁决、决定或者通知,当事人不服,依法向人民法院起诉的,人民法院应当受理;对确已超过仲裁申请期限,又无不可抗力或者其他正当理由的,依法驳回其诉讼请求。

最高人民法院关于适用简易程序审理民事案件的若干规定①

(法释[2003]15 号,2003 年 7 月 4 日最高人民法院审判委员会第 1280 次会议通过,自 2003 年 12 月 1 日起施行)

第 30 条【拒不到庭或中途退庭的处理:原告撤诉、被告缺席判决;文书送达】★★

原告经传票传唤,无正当理由拒不到庭或者未经法庭许可中途退庭的,可以按撤诉处理;被告经传票传唤,无正当理由拒不到庭或者未经法庭许可中途退庭的,人民法院可以根据原告的诉讼请求及双方已经提交给法庭的证据材料缺席判决。

按撤诉处理或者缺席判决的,人民法院可以按照当事人自己提供的送达地址将裁判文书送达给未到庭的当事人。

---

① 简称《适用简易程序民事案件规定》。

最高人民法院关于涉港澳民商事案件司法文书送达问题若干规定[①]

(法释[2009]2号,2009年2月16日最高人民法院审判委员会第1463次会议通过,自2009年3月16日起施行)

第9条【涉港澳民商事文书的公告送达】 ★

人民法院不能依照本规定上述方式送达的,可以公告送达。公告内容应当在内地和受送达人住所地公开发行的报刊上刊登,自公告之日起满三个月即视为送达。

最高人民法院关于在审理经济纠纷案件中涉及经济犯罪嫌疑若干问题的规定[②]

(法释[1998]7号,1998年4月9日最高人民法院审判委员会第974次会议通过,自1998年4月29日起施行)

第5条【行为人以单位名义进行诈骗活动时的责任划分方式】 ★

行为人盗窃、盗用单位的公章、业务介绍信、盖有公章的空白合同书,或者私刻单位的公章签订经济合同,骗取财物归个人占有、使用、处分或者进行其他犯罪活动构成犯罪的,单位对行为人该犯罪行为所造成的经济损失不承担民事责任。

行为人私刻单位公章或者擅自使用单位公章、业务介绍信、盖有公章的空白合同书以签订经济合同的方法进行的犯罪行为,单位有明显过错,且该

---

① 简称《涉港澳民商事案件文书送达规定》。
② 简称《经济纠纷涉及犯罪嫌疑的规定》。

过错行为与被害人的经济损失之间具有因果关系的,单位对该犯罪行为所造成的经济损失,依法应当承担赔偿责任。

最高人民法院关于审理铁路运输人身损害赔偿纠纷案件适用法律若干问题的解释①

(法释[2010]5号,2010年1月4日最高人民法院审判委员会第1482次会议通过,自2010年3月16日起施行)

第12条【铁路运输人身损害中的违约责任和侵权责任】 ★

铁路旅客运送期间发生旅客人身损害,赔偿权利人要求铁路运输企业承担违约责任的,人民法院应当依照《中华人民共和国合同法》第二百九十条、第三百零一条、第三百零二条等规定,确定铁路运输企业是否承担责任及责任的大小;赔偿权利人要求铁路运输企业承担侵权赔偿责任的,人民法院应当依照有关侵权责任的法律规定,确定铁路运输企业是否承担赔偿责任及责任的大小。

最高人民法院关于审理食品药品纠纷案件适用法律若干问题的规定②

(法释[2013]28号,2013年12月9日最高人民法院审判委员会第1599次会议通过,自2014年3月15日起施行)

第5条【食品药品违约或侵权诉讼中的不同举证责任】 ★

消费者举证证明所购买食品、药品的事实以及所购食品、药品不符合合同的约定,主张食品、药品的生产者、销售者承担违约责任的,人民法院应予支持。

---

① 简称《铁路人身损害司法解释》。
② 简称《食品药品纠纷司法解释》。

消费者举证证明因食用食品或者使用药品受到损害,初步证明损害与食用食品或者使用药品存在因果关系,并请求食品、药品的生产者、销售者承担侵权责任的,人民法院应予支持,但食品、药品的生产者、销售者能证明损害不是因产品不符合质量标准造成的除外。

最高人民法院关于审理技术合同纠纷案件适用法律若干问题的解释[①]

(法释[2004]20号,2004年11月30日最高人民法院审判委员会第1335次会议通过,自2005年1月1日起施行)

第22条【对技术转让合同的界定】 ★

合同法第三百四十二条规定的"技术转让合同",是指合法拥有技术的权利人,包括其他有权对外转让技术的人,将现有特定的专利、专利申请、技术秘密的相关权利让与他人,或者许可他人实施、使用所订立的合同。但就尚待研究开发的技术成果或者不涉及专利、专利申请或者技术秘密的知识、技术、经验和信息所订立的合同除外。

技术转让合同中关于让与人向受让人提供实施技术的专用设备、原材料或者提供有关的技术咨询、技术服务的约定,属于技术转让合同的组成部分。因此发生的纠纷,按照技术转让合同处理。

当事人以技术入股方式订立联营合同,但技术入股人不参与联营体的经营管理,并且以保底条款形式约定联营体或者联营对方支付其技术价款或者使用费的,视为技术转让合同。

---

① 简称《审理技术合同案件司法解释》。

法律规范性文件简全称对照索引表

简称(拼音序)	全称	法合二维码 法合引证码	页码
安全生产法	中华人民共和国安全生产法	L1.1.242	1004
保险法司法解释二	最高人民法院关于适用《中华人民共和国保险法》若干问题的解释(二)	L1.3.147	1068
保险法	中华人民共和国保险法	L1.1.59	0937
产品质量法	中华人民共和国产品质量法	L1.1.190	0980
城市房地产管理条例	城市房地产开发经营管理条例	L1.2.31	1012
城镇房屋租赁合同纠纷司法解释	最高人民法院关于审理城镇房屋租赁合同纠纷案件具体应用法律若干问题的解释	L1.3.69	1049

简称(拼音序)	全称	法合二维码 法合引证码	页码
村民委员会组织法	中华人民共和国村民委员会组织法	L1.1.34	0991
担保法司法解释	最高人民法院关于适用《中华人民共和国担保法》若干问题的解释	L1.3.49	1024
担保法	中华人民共和国担保法	L1.1.58	0909
道路交通安全法	中华人民共和国道路交通安全法	L1.1.145	0952
道路交通事故司法解释	最高人民法院关于审理道路交通事故损害赔偿案件适用法律若干问题的解释	L1.3.113	1054
电力法	中华人民共和国电力法	L1.1.202	0990
电力供应与使用条例	电力供应与使用条例	L1.2.74	1014
电信条例	中华人民共和国电信条例	L1.2.77	1013

简称(拼音序)	全称	法合二维码 法合引证码	页码
房地产管理法	中华人民共和国城市房地产管理法	L1.1.105	1000
个人独资企业法	中华人民共和国个人独资企业法	L1.1.64	1004
个人所得税法	中华人民共和国个人所得税法	L1.1.171	0989
公司法	中华人民共和国公司法	L1.1.55	0955
广告法	中华人民共和国广告法	L1.1.199	1006
国有土地使用权合同纠纷司法解释	最高人民法院关于审理涉及国有土地使用权合同纠纷案件适用法律问题的解释	L1.3.47	1067
国资评估办法	国有资产评估管理办法	L1.2.167	1018
海商法	中华人民共和国海商法	L1.1.52	1003

简称(拼音序)	全称	法合二维码 法合引证码	页码
海域使用管理法	中华人民共和国海域使用管理法	L1.1.211	1008
合伙企业法	中华人民共和国合伙企业法	L1.1.61	1007
合同法司法解释二	最高人民法院关于适用《中华人民共和国合同法》若干问题的解释(二)	L1.3.60	1035
合同法司法解释一	最高人民法院关于适用《中华人民共和国合同法》若干问题的解释(一)	L1.3.59	1056
合同法	中华人民共和国合同法	L1.1.63	0209
婚姻法司法解释二	最高人民法院关于适用《中华人民共和国婚姻法》若干问题的解释(二)	L1.3.101	1022
婚姻法司法解释三	最高人民法院关于适用《中华人民共和国婚姻法》若干问题的解释(三)	L1.3.102	1072
婚姻法司法解释一	最高人民法院关于适用《中华人民共和国婚姻法》若干问题的解释(一)	L1.3.100	1069

简称(拼音序)	全称	法合二维码 法合引证码	页码
婚姻法	中华人民共和国婚姻法	L1.1.42	0953
继承法	中华人民共和国继承法	L1.1.45	0973
建设工程合同纠纷司法解释	最高人民法院关于审理建设工程施工合同纠纷案件适用法律问题的解释	L1.3.73	1031
建设工程价款优先受偿权问题的批复	最高人民法院关于建设工程价款优先受偿权问题的批复	L1.3.72	1059
建设工程质量管理条例	建设工程质量管理条例	L1.2.203	1020
建筑法	中华人民共和国建筑法	L1.1.123	0958
交强险条例	机动车交通事故责任强制保险条例	L1.2.189	1013
经济纠纷涉及犯罪嫌疑的规定	最高人民法院关于在审理经济纠纷案件中涉及经济犯罪嫌疑若干问题的规定	L1.3.368	1074

简称(拼音序)	全称	法合二维码 法合引证码	页码
精神损害赔偿司法解释	最高人民法院关于确定民事侵权精神损害赔偿责任若干问题的解释	L1.3.90	1062
矿产资源法	中华人民共和国矿产资源法	L1.1.179	0993
劳动法	中华人民共和国劳动法	L1.1.237	0972
劳动合同法实施条例	中华人民共和国劳动合同法实施条例	L1.2.235	1020
劳动合同法	中华人民共和国劳动合同法	L1.1.243	0983
劳动争议案件司法解释二	最高人民法院关于审理劳动争议案件适用法律若干问题的解释(二)	L1.3.152	1071
劳动争议案件司法解释三	最高人民法院关于审理劳动争议案件适用法律若干问题的解释(三)	L1.3.153	1071
劳动争议案件司法解释一	最高人民法院关于审理劳动争议案件适用法律若干问题的解释	L1.3.150	1072

简称(拼音序)	全称	法合二维码 法合引证码	页码
劳动争议调解仲裁法	中华人民共和国劳动争议调解仲裁法	L1.1.245	0994
旅游法	中华人民共和国旅游法	L1.1.228	0988
旅游纠纷司法解释	最高人民法院关于审理旅游纠纷案件适用法律若干问题的规定	L1.3.61	1063
买卖合同司法解释	最高人民法院关于审理买卖合同纠纷案件适用法律问题的解释	L1.3.68	1028
民办教育促进法实施条例	中华人民共和国民办教育促进法实施条例	L1.2.252	1016
民办教育促进法	中华人民共和国民办教育促进法	L1.1.140	0992
民法通则	中华人民共和国民法通则	L1.1.46	0916
民事执行查封扣押冻结财产规定	最高人民法院关于人民法院民事执行中查封、扣押、冻结财产的规定	L1.3.314	1058

简称(拼音序)	全称	法合二维码 法合引证码	页码
民通意见	最高人民法院关于贯彻执行《中华人民共和国民法通则》若干问题的意见(试行)	L1.3.2220	1047
农村土地承包法	中华人民共和国农村土地承包法	L1.1.67	0945
农村土地承包纠纷司法解释	最高人民法院关于审理涉及农村土地承包纠纷案件适用法律问题的解释	L1.3.46	1061
农药管理条例	农药管理条例	L1.2.271	1018
拍卖法	中华人民共和国拍卖法	L1.1.60	0975
侵权责任法	中华人民共和国侵权责任法	L1.1.73	0960
人民调解法	中华人民共和国人民调解法	L1.1.259	0999
人身损害赔偿司法解释	最高人民法院关于审理人身损害赔偿案件适用法律若干问题的解释	L1.3.91	1038

法律规范性文件简全称对照索引表 1085

简称(拼音序)	全称	法合二维码 法合引证码	页码
融资租赁合同司法解释	最高人民法院关于审理融资租赁合同纠纷案件适用法律问题的解释	L1.3.2163	1053
商品房买卖合同纠纷司法解释	最高人民法院关于审理商品房买卖合同纠纷案件适用法律若干问题的解释	L1.3.67	1042
商业银行法	中华人民共和国商业银行法	L1.1.56	0970
社会保险法	中华人民共和国社会保险法	L1.1.226	1005
涉港澳民商事案件文书送达规定	最高人民法院关于涉港澳民商事案件司法文书送达问题若干规定	L1.3.338	1074
涉外民事关系法律适用法	中华人民共和国涉外民事关系法律适用法	L1.1.74	0997
审理存单纠纷案件规定	最高人民法院关于审理存单纠纷案件的若干规定	L1.3.78	1065
审理调解协议案件规定	最高人民法院关于审理涉及人民调解协议的民事案件的若干规定	L1.3.275	1064

简称（拼音序）	全称	法合二维码 法合引证码	页码
审理海上货运代理纠纷案件规定	最高人民法院关于审理海上货运代理纠纷案件若干问题的规定	L1.3.181	1070
审理技术合同案件司法解释	最高人民法院关于审理技术合同纠纷案件适用法律若干问题的解释	L1.3.75	1076
审理民间借贷案件规定	最高人民法院关于审理民间借贷案件适用法律若干问题的规定	L1.3.2193	1023
食品安全法	中华人民共和国食品安全法	L1.1.113	0985
食品药品纠纷司法解释	最高人民法院关于审理食品药品纠纷案件适用法律若干问题的规定	L1.3.114	1075
适用简易程序民事案件规定	最高人民法院关于适用简易程序审理民事案件的若干规定	L1.3.261	1073
收购、处置银行不良资产补充通知	最高人民法院关于金融资产管理公司收购、处置银行不良资产有关问题的补充通知	L1.3.1103	1070

简称(拼音序)	全称	法合二维码 法合引证码	页码
收购、管理、处置国有银行不良贷款形成的资产案件规定	最高人民法院关于审理涉及金融资产管理公司收购、管理、处置国有银行不良贷款形成的资产的案件适用法律若干问题的规定	L1.3.139	1060
水法	中华人民共和国水法	L1.1.182	0979
税收征收管理法	中华人民共和国税收征收管理法	L1.1.189	0995
探矿采矿权转让管理办法	探矿权采矿权转让管理办法	L1.2.357	1016
铁路法	中华人民共和国铁路法	L1.1.185	0997
铁路人身损害司法解释	最高人民法院关于审理铁路运输人身损害赔偿纠纷案件适用法律若干问题的解释	L1.3.112	1075
土地房屋征收补偿条例	国有土地上房屋征收与补偿条例	L1.2.165	1015

简称(拼音序)	全称	法合二维码 法合引证码	页码
土地管理法	中华人民共和国土地管理法	L1.1.180	0942
物权法	中华人民共和国物权法	L1.1.72	0927
物业服务纠纷司法解释	最高人民法院关于审理物业服务纠纷案件具体应用法律若干问题的解释	L1.3.45	1046
物业管理条例	物业管理条例	L1.2.401	1009
消保法	中华人民共和国消费者权益保护法	L1.1.54	0966
消防法	中华人民共和国消防法	L1.1.126	1001
邮政法	中华人民共和国邮政法	L1.1.181	0996

简称(拼音序)	全称	法合二维码 法合引证码	页码
招标投标法实施条例	中华人民共和国招标投标法实施条例	L1.2.952	1017
招标投标法	中华人民共和国招标投标法	L1.1.65	0981
证券法	中华人民共和国证券法	L1.1.62	1002
种子法	中华人民共和国种子法	L1.1.210	0978
仲裁法	中华人民共和国仲裁法	L1.1.255	0999
著作权法	中华人民共和国著作权法	L1.1.50	0963
专利法	中华人民共和国专利法	L1.1.44	1001

后记
用大数据圆十年说法梦！

一、梦回十年——编写本丛书的初衷

作为丛书主编，首先我想谈一下编写本丛书的初衷，这还要从10年前我的个人经历说起。我2006年开始在中国人民大学法学院攻读民商法学博士学位，在完成学业之余，曾经受多家出版社邀请，编写过一些实务类法条图书，主要集中在民法领域。当时，一方面是希望通过编写图书获得一定稿费以支持自己在北京的学业；另一方面也是希望通过系统地编写法条类图书让自己对中国现行法律有更加全面和深刻的认识。实际上，不管是海峡对岸的我国台湾地区，还是我长期访学过的美国和英国，不少学者都深度参与编写法条书、经典案例集或者建设法律、案例数据库。这种学者的参与对司法实务有非常强的促进作用，本身也是学者跟进司法实务的绝佳方式。

我当时参考过市面上绝大多数的实务类法条书，发现包括自己编写的法条书在内，形式上无外乎是将法律条文列出，然后列出与某一法律条文相关的条文，如有需要，还根据编者的理解撰写一定的说明。在编写过程中，我发现这种编写方式有一个致命的缺陷，那就是法条之间的关联是基于编写者的主观认识，这就存在如下三种风险：第一，法条之间的联系是基于编写者个人的判断，或许符合学术观点和立法规划，但在司法实务中可能并非如此。第二，部分法条之间客观上存在明显的或者潜在的矛盾，从编写者的角度只能全部列出，无法也难以确定到底哪些法条才是实务中实际适用的。第三，由于无法作出法律条文之间相关度的判断，只能尽量全面地列举法条，即"宁多毋缺"。

2008—2009年，我获得美国富布赖特基金会资助，到美国康奈尔大学法学院和耶鲁大学法学院完成我的博士论文，同时也有机会深度感受英美判例法的运作方式。我惊讶于判例报告的公开性、延续性和实用性，加上Westlaw

和 LexisNexis 的数字化处理,通过判例法的运作方式,达到与成文法的异曲同工之妙,令我十分羡慕。同时也认识到,对法律条文的研究和阐释,如果不能与司法判例结合起来,就只可能沦落为法律人的纯粹想象而丧失其实用性。而当时国内尚无权威的判例获取渠道,裁判文书公开的前景也不明朗,对此也只能望洋兴叹。

因此,尽管我编写的实务类法条书销量甚好(可能只是专业领域的原因),但在我 2009 年到四川大学法学院任教之后,只是应邀完成了自己主攻的《侵权责任法》的相关图书编写,就停止了全部同类图书的编写和更新工作。究其主要原因,还是对法条书的这种编写方式以及它对司法实务的实际作用持保留态度。当时我就在想,如果有一天,各级人民法院能够公布全部的裁判文书,我们再通过软件(当时还没有"大数据"的概念)分析一下实务中每个法律条文的实际适用情况,不但会对学术研究和立法活动有极大的促进作用,也可以避免之前编写这类图书的诸多弊端,就可以圆了自己编写一套真正贴近和促进司法实务的法条书的梦想!

二、"用大数据说法"之梦

一晃又是五年。2014 年年初,最高人民法院建立"中国裁判文书网",开始公布裁判文书。截至 2016 年 12 月 1 日,公布的裁判文书总量已经超过 2 300 万份。尽管比起各级人民法院每年超过 1 600 万件的审结、执结案件总量,这似乎还远未达到全面公布的程度①,但已经为"法律大数据分析"提供了足够大的数据样本。

几乎就在同时,"大数据分析"的春风吹遍神州。谈不上跟风,我总算是弄明白了自己想做的事情原来叫做"法律+大数据分析"。所以,从 2014 年开始酝酿,2015 年开始筹备,四川大学法学院法律大数据实验室(以下简称"法律大数据实验室")终于于 2016 年年初挂牌成立了。

作为国内高校第一家"法律大数据"专业研究机构,从酝酿之初,我就确定了机构的宗旨——"用大数据说法"。这个口号的灵感,来自于中央电视台

---

① "中国裁判文书网"2014 年公布裁判文书约 535 万篇,同期审结、执结案件 1 381 万件;2015 年公布裁判文书约 713 万篇,同期审结、执结案件 1 673 万件。参见王竹:《法律大数据要注重质与量的提升》,载《社会科学报》,2016 年 6 月 2 日,第 4 版。

两个黄金栏目的宣传语,即焦点访谈栏目的"用事实说话"和今日说法栏目的"今日说法"。我个人认为,"法律+大数据分析"是未来法学研究的一个重要发展方向,而这种新的研究方法最简洁的表达,就是"用大数据说法!"

在追求"用大数据说法!"的梦想过程中,我首先面临的不可回避的问题,就是缺乏现成的可用于法律领域的"大数据分析"技术。我并不认为,法律人需要从最初就自己掌握"大数据分析"技术,我们需要掌握的是符合法律人思维的算法设计。我之前编写实务类法条图书和担任"中国民商法律网"编辑部主任期间设计数据库的经历,再加上恶补一些必要的大数据分析的基础知识,让我勉强能够胜任这一工作。很有幸,我找到了志同道合而且是技术流取向的"法合实验室"(www.LawSum.com),而且欣闻他们获得了最高人民法院信息中心的权威授权,可以合法地使用和分析"中国裁判文书网"公布的全部裁判文书。万事俱备,开工!

三、十年梦终圆

经过与蒋浩老师和陆建华编辑的沟通,我们一拍即合!这套"法律大数据·案由法条关联丛书",就是"法律大数据实验室"与北京大学出版社共同策划的"法律大数据"系列丛书之一。本丛书首先由数据合作伙伴"法合实验室"利用大数据分析技术对"中国裁判文书网"公布的超过2300万份裁判文书进行分析,提供基础数据支持;然后由"法律大数据实验室"组织司法实务和学术研究领域的法律专业人士进行分析,首度体现了"法律+大数据分析"完美结合的理念。

通过"法律+大数据分析"的方式编写本套"法律大数据·案由法条关联丛书",是"法律大数据实验室"践行"用大数据说法!"理念的初步尝试,也是我构想的"法律大数据报告"(BigLaw DataReport,简称"BL-DL")的首次出版。①

除了精确地展示司法实务中不同案由和不同法律条文的实际适用情况,并体现法律专业人士的经验判断之外,本丛书还将持续跟进"中国裁判文书

---

① 2016年初,"法律大数据实验室"联合"法合实验室"通过微信公众号发布了《法律大数据双年报》(2014—2015年)第001—008号。

网"公布案件的进度和司法实务以及理论进展,基于最鲜活、权威的法律大数据,服务法律共同体,推动中国法治化进程!

本丛书的编写离不开大量的基础性后台编辑工作,这些都是我的学生团队多年来的工作成果积累,他们是:刘雨林、李东岳、孙琦琳、饶王林、栾维维、赵晓芹、张建芳、蔡娜、朱律、舒星旭、王蕾、冯瑶、江霞、方延、舒栎宇、谈亮、李莎莎、祝婉丽、钟琴、向新梅、刘娟、张益珍、周旭、曾勇、陈了、杨亦楠、时爽、余盛军、杨彧、张晶、云姣、王轶晗、张雨、徐丹、何丹、詹诗渊、吉星、罗雅文、程丽莉、唐烨、杨淇茜、苟海川、刘丽均、孟琪、冯沛波、王艳玲、余翔宇、邹勋、徐永炜、聂超、蔡婧雪、崔梅楠、刘潺和刘忠炫。牛津大学法学院的博士生苏颖和吴至诚从英美判例法角度对本丛书的编写提供了大量有益的建议和意见。"法合实验室"的张恒、代杨、孙兆云、王世坤和秦雷为本丛书的编写提供了数据支持。在此一并致谢!

本书系司法部国家法治与法学理论研究项目"民法典编纂疑难问题法律大数据分析研究"(16SFB3032)的中期成果。感谢司法部对本书写作的支持。

"用大数据说法!"这一全新理念还在逐步完善,"法律大数据实验室"也在逐渐成长。对于本丛书以及"法律大数据实验室"的后续作品,欢迎读者提出宝贵意见和建议!

王 竹

法学博士、教授、博士生导师

四川大学法学院法律大数据实验室主任

中国人民大学民商事法律科学研究中心侵权法研究所副所长

2016 年 8 月 21 日 于 牛津大学 Worcester 学院湖畔 初稿

2017 年 7 月 12 日 定稿

法律大数据实验室

bldl.scu.edu.cn

联系方式:biglawdata@163.com